COME UN LIBRO
è Multilibro

www.imparosulweb.eu

mia LIM è la versione digitale, sfogliabile, personalizzabile del libro di testo.

Il motore di ricerca per stringhe di testo e di navigazione per numero di pagina.

L'indice del volume.

Le ~~cartelle~~ dei materiali caricati dall'utente o disponibili in Imparo sul web.

Paletta degli strumenti per interagire con la pagina e personalizzarla.

Il tutor on-line che aiuta passo passo nell'**analisi** e nella **comprensione** dei testi: grazie al motore **adattivo**, che permette di impostare le domande su livelli diversi, **Eugenio** è in grado di valutare la padronanza delle **competenze di lettura**.

...e ancora: i files MP3 dell'antologia, tanti testi integrativi per continuare a leggere, schede di approfondimento, interviste, video, esercizi interattivi di lessico e grammatica.

COME UN LIBRO progetto triennale

I anno	II anno	III anno
CONOSCERSI, CONFRONTARSI, CRESCERE — Testi per la formazione personale			
1 Io, gli amici e i compagni	1 Scrivere per sé: il diario	1 L'età dei cambiamenti
2 Io e gli adulti	2 Scrivere di sé: la lettera e l'autobiografia	2 Il romanzo di formazione
NARRARE, INTERPRETARE, ESPRIMERE — Testi per la formazione letteraria			
SAPERI DI BASE Il testo narrativo / Il testo descrittivo	SAPERI DI BASE Il testo narrativo / Il testo descrittivo	SAPERI DI BASE Il testo narrativo e letterario / L'analisi del testo
3 La favola	3 Il fantasy	3 Il giallo e il noir
4 La fiaba	4 Il fantastico strano e orrorifico	4 La fantascienza
5 L'avventura	5 L'umorismo e la comicità	5 La narrazione realistica e sociale
6 Incontri con la storia: i cavalieri antichi	6 Incontri con la storia: i secoli moderni	6 Incontri con la storia: guerra e guerre
SAPERI DI BASE Il testo poetico / Il testo teatrale	SAPERI DI BASE Il testo poetico / Il testo teatrale	SAPERI DI BASE Il testo poetico / Il testo teatrale
7 La poesia	7 La poesia	7 La poesia
8 Il teatro	8 Il teatro	8 Il teatro
DOCUMENTARSI, RIFLETTERE, DISCUTERE — Testi per la formazione delle idee e dei concetti			
SAPERI DI BASE Il testo espositivo / Il testo argomentativo	SAPERI DI BASE Il testo espositivo / Il testo argomentativo	SAPERI DI BASE Il testo espositivo / Il testo argomentativo
9 La sfida dell'integrazione	9 Non mangiamoci la Terra!	9 Questioni di scelta
10 Dialoghi con Sofia: apprendisti saggi	10 Dialoghi con Sofia: i diritti dell'uomo	10 Dialoghi con Sofia: legge e legalità
PROGETTARE, PARTECIPARE, COLLABORARE — Progetti di classe			
Un romanzo a fumetti	Una mostra per l'acqua	Il giornale di classe
I QUADERNI DEL METODO — Percorsi operativi per i traguardi delle competenze linguistiche			

▸ **QM1**
1° Biennio
- Ascoltare, parlare, interagire
- Leggere e comprendere
- Scrivere e comunicare
- Imparare ad imparare

▸ **QM2**
Terzo anno
- Ascoltare e comprendere testi di vario tipo
- Interagire ed esporre oralmente SPECIALE ESAME
- Scrivere correttamente testi di tipi diverso SPECIALE ESAME
- Leggere in modo esperto SPECIALE INVALSI PER L'ESAME
- Imparare ad imparare SPECIALE ORIENTAMENTO

terzo anno

Articolazione delle unità, gruppi di lettura, laboratori, progetti di classe

		LEGGIMI E STUDIAMI	CONTINUA A LEGGERE	IMPARA DI PIÙ	VALUTA LE TUE COMPETENZE
1	L'età dei cambiamenti	– **Narrativa** a tematica di genere – **Saggi** divulgativi	– I **cambiamenti** e le trasformazioni dell'adolescenza – Il **mondo interiore** degli adolescenti	**Il lessico e la lingua** – La scrittura di sé: emozioni e sentimenti **La scrittura** – Raccontare esperienze di vita e di crescita personale **Per l'Esame di Stato**	Ascolto Scrittura Lettura Invalsi
2	Il romanzo di formazione	– **Romanzi** classici e moderni	– Giovani eroi protagonisti della loro **crescita** – La **consapevolezza di sé** e l'adattamento alle circostanze – I riti di iniziazione	**Il lessico e la lingua** – Le emozioni "adolescenti" **La scrittura** – Il questionario di Proust **Per l'Esame di Stato** – Scrivere in forma di lettera – Traccia di colloquio	Ascolto Scrittura Lettura Invalsi Autovalutazione
3	Il giallo e il noir	– Il giallo **classico** – Il giallo **d'azione**	– Indagini sul **crimine** – Momenti di **suspense** – L'**indagine sociale** del giallo	**Il lessico e la lingua** – I verbi di parola **La scrittura** – Dialoghi "gialli"	Ascolto Scrittura Lettura Invalsi
4	La fantascienza	– Narrativa fantascientifica, **classica e moderna**	– I rapporti tra uomo e **tecnologia** – Incontri con **alieni** – Scenari futuri	**Il lessico e la lingua** – Il lessico della fantascienza **La scrittura** – Scrivere un racconto di fantascienza	Ascolto Scrittura Lettura Invalsi
5	La narrazione realistica e sociale	– Il realismo in letteratura: **romanzo e novella** – Il romanzo **naturalista e verista** – La narrativa **neorealista**	– I cambiamenti della società – La condizione borghese, operaia e contadina – Esigenze della nuova realtà	**Il lessico e la lingua** – *Focus* sui personaggi **La scrittura** – Narrare in modo realistico **Per l'Esame di Stato** – Trattazione di un argomento – Traccia di colloquio	Ascolto Scrittura Lettura Invalsi
6	Incontri con la storia: guerra e guerre	– La narrazione a sfondo storico del XX secolo	– **Prima e Seconda guerra mondiale** – La **Resistenza** – Guerre di **oggi**	**Il lessico e la lingua** – Il lessico della guerra **La scrittura** – Scrivere di guerra **Per l'Esame di Stato** – Trattazione di un argomento – Traccia di colloquio	Ascolto Scrittura Lettura Invalsi
7	La poesia	– Poesia **lirica** – Poesia **civile**	– Crescere, vivere, stare da soli, stare con gli altri – Sentimenti civili – Sentimenti della vita	**Il laboratorio del poeta** – Parole, frasi e immagini da poeta	Ascolto Scrittura Lettura Invalsi
8	Il teatro	– Il **dramma borghese** – Il teatro di **impegno** e di denuncia – Il teatro dell'**assurdo**	– I diversi aspetti della società – I rapporti umani – La comunicazione	**Il laboratorio del teatro** – Imparare a recitare e drammatizzare	Ascolto Lettura Invalsi
9	Questioni di scelta	– Testi espositivi, argomentativi, espressivi	– I cambiamenti globali – Le scelte per il futuro – L'**orientamento**	**Laboratorio: autovalutazione e conoscenza di sé** – Il mio anno scolastico di terza – Le mie risorse, le mie attitudini, i miei interessi **Per l'orientamento**	Ascolto Scrittura Lettura Invalsi
10	Dialoghi con Sofia: legge e legalità	– Testi argomentativi, espositivi, espressivi, narrativi	– Il valore della **legge; etica e legalità** – Lotta al crimine – La legalità nelle mani dei ragazzi	**Il lessico e la lingua** – Le parole dell'onestà **La scrittura** – Mettersi in discussione	Ascolto Scrittura Lettura Invalsi
Il giornale di classe		**Progetto di classe** – Il giornale – Dossier sull'anno di terza – Allestimento di un **quotidiano-portfolio** per la presentazione della classe all'esame			

 Gruppi di lettura: suggerimenti di libri adatti ai ragazzi per temi ed età di riferimento, con tracce di lettura e di ascolto e spunti per scritture creative; una griglia di domande guida le tappe della lettura e permette di organizzare anche lavori di gruppo in classe.

Sezione 1
conoscersi confrontarsi crescere

Unità 1 — L'età dei cambiamenti

LEGGIMI E STUDIAMI

Voce del verbo "crescere" — 6
T1 Dana Reinhardt, *Una Vespa verde acido* (da *Il giorno in cui imparai a volare*) — 9
T2 Jerry Spinelli, *Parole per mano nella notte* (da *Fuori dal guscio*) — 13
SINTESI DEGLI APPUNTI DELLE LEZIONI — 18

CONTINUA A LEGGERE

T3 Nick Hornby, *Sentirsi diversi* (da *Un ragazzo*) — 19
 L'adolescenza al cinema *About a boy – Un ragazzo* — 20
T4 Scott Westerfeld, *Diventare Perfetti* (da *Brutti*) — 27
T5 Marie-Aude Murail, *Quale futuro per Louis?* (da *Nodi al pettine*) — 31
T6 Alberto Pellai, *Dire no o dire sì?* (da *Questa casa non è un albergo!*) — 36
T7 Ibrahin Kane Annour, Elisa Cozzarini, *Il deserto negli occhi* (da *Il deserto negli occhi*) Africa — 40
T8 Fabio Geda, *Il battesimo della parola* (da *L'estate alla fine del secolo*) — 44
T9 Melania G. Mazzucco, *In fuga* (da *Sei come sei*) — 50
GRUPPO DI LETTURA
Dana Reinhardt, *Il giorno in cui imparai a volare* — 54

IMPARA DI PIÙ

Strumenti del lessico e forme di scrittura
■ La scrittura di sé: emozioni, sensazioni, affettività, 56 ■ Raccontare esperienze di vita e di crescita personale, 57
PER LA PROVA SCRITTA D'ESAME, 58

VALUTA LE TUE COMPETENZE

■ Verifica di ascolto *Caro Cristophe* — 59
■ Verifica di scrittura *Scritture adolescenti* — 60
■ Verifica di lettura INVALSI Nataša Dragnic, *Dora e Luka* (da *Ogni giorno, ogni ora*) Croazia — 61

NEL WEB

■ Marie-Aude Murail, *Quattro fratelli* (da *Oh, boy*)
■ Luigi Malerba, *Un gioco per mio figlio* (da *Dopo il pescecane*)
■ Edna O' Brien, *L'ultimo giorno dell'infanzia* (da *Ragazze di campagna*)

■ Gabriele Romagnoli, *Hanno vinto, Francesco* (da *Navi in bottiglia*)
■ Raffaella Romagnolo, *Laconica, ma ineccepibile* (da *Tutta questa vita*)

 testi in pdf scaricabili per arricchire l'antologia
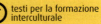 testi per la formazione interculturale
 testi da leggere comprendere analizzare con Eugenio, il tutor di italiano on line
 files mp3 scaricabili dei testi di ascolto

Indice generale

Unità 2 — Il romanzo di formazione

LEGGIMI E STUDIAMI

La narrazione di formazione — 68
- T1 Charles Dickens, *Così solo* (da *Oliver Twist*) — 71
- T2 Charlotte Brontë, *In piedi sullo sgabello* (da *Jane Eyre*) — 77

SINTESI DEGLI APPUNTI DELLE LEZIONI — 83

CONTINUA A LEGGERE

- T3 Thomas Mann, *Come fu che Tonio si innamorò di Inge* (da *Tonio Kröger*) — 84
- T4 Jerome David Salinger, *Sally, tagliamo la corda?* (da *Il giovane Holden*) — 91
- T5 Khaled Hosseini, *Che cosa devo fare?* (da *Il cacciatore di aquiloni*) 🧍 **Afghanistan** — 98
- T6 Daniel Pennac, *Duro di comprendonio* (da *Diario di scuola*) — 105
- ■ Il romanzo di formazione al cinema *Caterina va in città* — 108
- T7 Francesco Piccolo, *Incidente in motorino* (da *Storie di primogeniti e figli unici*) — 111
- T8 Enrico Palandri, *Nel sole e nel vento* (da *Angela prende il volo*) — 115

IMPARA DI PIÙ

Strumenti del lessico e forme di scrittura
- Le emozioni "adolescenti", 120 ■ Il questionario di Proust, 121

PER LA PROVA SCRITTA D'ESAME
- L'argomento, 122 ■ Il progetto, 122

PER IL COLLOQUIO D'ESAME
- La narrazione di formazione, 123

VALUTA LE TUE COMPETENZE

- Verifica di ascolto *Ragazzo in fuga* — 124
- Verifica di scrittura Maria Rosa Cutrufelli, *Ero cresciuta* (da *I bambini della Ginestra*) — 125
- Verifica di lettura INVALSI Fabio Geda, *Posso venire a Berlino?* (da *Per il resto del viaggio ho sparato agli indiani*) — 128

NEL WEB

- Niccolò Ammaniti, *Bisogna avere paura degli uomini, non dei mostri* (da *Io non ho paura*)
- Jostein Gaarder, *Tu sei me* (da *Il mondo di Sofia*)
- Khalil Gibran, *L'orgoglio ferito* (da *Il profeta e il bambino*) 🧍 **Libano**

- Elsa Morante, *Mio padre* (da *L'isola di Arturo*)
- Paolo Giordano, *Darsi la mano* (da *La solitudine dei numeri primi*)

Sezione 2 narrare interpretare esprimere

Saperi di base
- Il testo narrativo e letterario, 136 ■ L'analisi del testo, 145

Unità 3 — Il giallo e il noir

LEGGIMI E STUDIAMI

Il colore del crimine — 150
- T1 Agatha Christie, *Hercule Poirot indaga* (da *La torta di more*) — 154
- T2 Raymond Chandler, *Il "duro" Philip Marlowe* (da *La matita*) — 165

SINTESI DEGLI APPUNTI DELLE LEZIONI — 170

CONTINUA A LEGGERE

- T3 Arthur Conan Doyle, *Veleno per Holmes* (da *L'avventura del poliziotto morente*) — 171
- T4 Sergio Rossi, *Autopsia* (da *Un lampo nell'ombra*) — 177
- ■ parole concetti idee La "scientifica" — 178
- T5 Fred Vargas, *L'enigma dei cerchi* (da *L'uomo dei cerchi azzurri*) — 184
- T6 Andrea Camilleri, *La bomba di via Pisacane* (da *Il gioco degli specchi*) — 192
- ■ parole concetti idee Gli investigatori: dalla carta allo schermo — 193

IMPARA DI PIÙ

Strumenti del lessico e forme di scrittura
- ■ I verbi di parola, 200 ■ Dialoghi "gialli", 201

VALUTA LE TUE COMPETENZE

- ■ Verifica di ascolto *Ellery Queen indaga* — 205
- ■ Verifica di scrittura *Gialli e giallisti* — 206
- ■ Verifica di lettura INVALSI Gianrico Carofiglio, *Da grande volevo fare lo sceriffo* (da *Testimone inconsapevole*) — 207

NEL WEB

- ■ Deborah Ellis, *Libellula sotto torchio* (da *Il coraggio della libellula*)
- ■ Cornell Woolrich, *L'ultimo appuntamento* (da *Appuntamenti in nero*)
- ■ Georges Simenon, *Maigret in rue Pigalle*

Indice generale

Unità 4 — La fantascienza

LEGGIMI E STUDIAMI

Domani accadrà 212
- T1 Philip K. Dick, *La leggenda del Mondo di Williamson* (da *I labirinti della memoria e altri racconti*) 215
- T2 Fredric Brown, *Questione di scala* (da *Il secondo libro della fantascienza*) 223

SINTESI DEGLI APPUNTI DELLE LEZIONI 226

CONTINUA A LEGGERE

- T3 Richard Matheson, *Verso un altro futuro* (da *Terzo dal Sole*) 227
- T4 Edward D. Hoch, *Lo zoo più bello dell'universo* (da *Storie di giovani allievi*) 234
- parole concetti idee **Gli effetti speciali** 236
- T5 Stephen Wallenfels, *I POD sono qui* (da *POD. Perle di Orrore e Distruzione*) 239

IMPARA DI PIÙ

Strumenti del lessico e forme di scrittura
- Il lessico della fantascienza, 246 ■ Usare il lessico della fantascienza, 246 ■ Scrivere la fantascienza, 249

VALUTA LE TUE COMPETENZE

- Verifica di ascolto **La guerra dei mondi** 252
- Verifica di scrittura Isaac Asimov, *Razza di deficienti* (da *Antologia personale*) 253
- Verifica di lettura INVALSI Isaac Asimov, *La storia di Emma Due* (da *La prima legge*) 255

NEL WEB

- Ray Bradbury, *Il passato e il futuro* (da *Cronache marziane*)
- Philip K. Dick, *Modello due*
- James G. Ballard, *Rapporto da un pianeta sconosciuto*

- Fredric Brown, *Sentinella* (da *Le meraviglie del possibile*)
- Aldous Huxley, *Il mondo nuovo*

Unità 5 — La narrazione realistica e sociale

LEGGIMI E STUDIAMI

Il racconto del vero nella letteratura — 262
- **T1** Giovanni Verga, *Una brutta domenica di settembre* (da *I Malavoglia*) — 264
- ■ **parole concetti idee** *I Malavoglia* e la questione meridionale — 265
- **T2** Cesare Pavese, *Il nome* (da *Feria d'agosto*) — 269
- **SINTESI DEGLI APPUNTI DELLE LEZIONI** — 273

CONTINUA A LEGGERE

- **T3** Guy de Maupassant, *La collana* (da *Pallina e altri racconti*) — 274
- **T4** Émile Zola, *Lo sciopero* (da *Nuove storielle a Ninetta*) — 281
- ■ **parole concetti idee** La seconda rivoluzione industriale — 282
- **T5** Luigi Pirandello, *La giara* (da *Novelle per un anno*) — 288
- **T6** Italo Calvino, *Fuga dal carcere* (da *Il sentiero dei nidi di ragno*) — 297
- ■ **parole concetti idee** Il Neorealismo — 298
- **T7** Ornela Vorpsi, *Vivere nel Paese di Madre-Partito* (da *Il paese dove non si muore mai*) ⊙ Albania — 301
- **T8** Fabio Geda, Enaiatollah Akbari, *Enaiatollah* (da *Nel mare ci sono i coccodrilli*) ⊙ Afghanistan — 306

GRUPPO DI LETTURA
Louis Sachar, *Buchi nel deserto* — 310

IMPARA DI PIÙ

Strumenti del lessico e forme di scrittura
- ■ La caratterizzazione sociale e psicologica dei personaggi, 312 ■ Narrare e descrivere in modo realistico, 314

PER LA PROVA SCRITTA D'ESAME ■ L'argomento, 315 ■ Il progetto, 315
PER IL COLLOQUIO D'ESAME ■ La realtà di oggi, 316

VALUTA LE TUE COMPETENZE

- ■ **Verifica di ascolto** *Una lezione da maestro* — 317
- ■ **Verifica di scrittura** *La storia del dottor Gachet* — 318
- ■ **Verifica di lettura** INVALSI Leonardo Sciascia, *Il lungo viaggio* (da *Il mare colore del vino*) — 319

NEL WEB

- ■ Melania G. Mazzucco, *Chisso è pàteme – Questo è mio padre?* (da *Vita*)
- ■ Ivo Andric, *Il serpente* (da *Racconti di Bosnia*) ⊙ Bosnia
- ■ Nagib Mahfuz, *Ricordi di scuola* ⊙ Egitto
- ■ Émile Zola, *Lavoro, pane e giustizia* (da *Germinal*)
- ■ Giovanni Verga, *Libertà* (da *Novelle rusticane*)
- ■ Guy de Maupassant, *I gioielli*

- ■ Italo Calvino, *Il nascondiglio perfetto* (da *Il sentiero dei nidi di ragno*)
- ■ Fëdor M. Dostoevskij, *Kòlja*
- ■ Simone Cristicchi, *I due fratelli*

Indice generale

Unità 6 — Incontri con la storia: guerra e guerre

LEGGIMI E STUDIAMI

1915-2015: cento anni di guerra — 326
- T1 Mario Rigoni Stern, *Il caposaldo* (da *Il sergente nella neve*) — 329
- T2 Erich Maria Remarque, *Belve pericolose* (da *Niente di nuovo sul fronte occidentale*) — 331
- T3 Anne Frank, *Cara Kitty* (da *Il diario di Anne Frank*) — 334

SINTESI DEGLI APPUNTI DELLE LEZIONI — 337

CONTINUA A LEGGERE

- T4 Emilio Lussu, *Io non sparo* (da *Un anno sull'altipiano*) — 338
- parole concetti idee **Il romanzo storico** — 339
- T5 Elsa Morante, *Un tuono enorme* (da *La Storia*) — 342
- T6 Beppe Fenoglio, *Il coraggio del Riccio* (da *Una questione privata*) — 345
- parole concetti idee **La "soluzione finale"** — 351
- T7 Joseph Joffo, *Arrestati dalle SS* (da *Un sacchetto di biglie*) — 352
- T8 Vincent e Kris Bailly, *Siete ebrei?* (da *Un sacchetto di biglie*) — 360
- T9 Primo Levi, *Rimanere uomini* (da *Se questo è un uomo*) — 366
- parole concetti idee **Primo Levi e *Se questo è un uomo*** — 367
- parole concetti idee **Le guerre nel mondo** — 371
- T10 China Keitetsi, *Soldati a nove anni* (da *Una bambina soldato*) 🚶 Uganda — 372
- T11 Elizabeth Laird, *Coprifuoco in Palestina* (da *Un piccolo pezzo di terra*) 🚶 Palestina — 377
- T12 Yasmina Khadra, *Vivere a Kabul* (da *Le rondini di Kabul*) 🚶 Afghanistan — 381

GRUPPO DI LETTURA
Paul Dowswell, *Ausländer* — 384

IMPARA DI PIÙ

Strumenti del lessico e forme di scrittura
- Il lessico della guerra, 386 ▪ Scrivere di guerra, 387
- **PER LA PROVA SCRITTA D'ESAME** ▪ L'argomento, 388 ▪ Il progetto, 388
- **PER IL COLLOQUIO D'ESAME** ▪ La Resistenza, 389

VALUTA LE TUE COMPETENZE
- Verifica di ascolto *Mandate penne, non fucili* — 390
- Verifica di scrittura *Arte contro la guerra* — 391
- Verifica di lettura invalsi Tiziano Terzani, *La follia dell'uomo* (da *Lettere contro la guerra*) — 392

NEL WEB
- Michael Morpurgo, *Carica di cavalleria sul fronte occidentale* (da *War horse*)
- Italo Calvino, *Ultimo viene il corvo*
- Daniel Tomescu, *La caduta del regime comunista* 🚶 Romania
- Ishmael Beah, *Memorie di un soldato bambino* 🚶 Sierra Leone
- Daoud Hari, *Quando gli uccelli sono volati via* (da *Il traduttore del silenzio*) 🚶 Sudan
- Asne Seierstad, *Non è tempo per i bambini* (da *Il bambino dal cuore di lupo*) 🚶 Cecenia
- Don De Lillo, *Il crollo delle Twin Towers* (da *L'uomo che cade*)
- Uri Orlev, *L'isola in via degli uccelli*

Saperi di base
- Il testo poetico, 394
- Il testo teatrale, 404

Unità 7 — La poesia

LEGGIMI E STUDIAMI

La poesia è dentro la vita — 410
- T1 Salvatore Quasimodo, *Vicolo* — 412
- T2 Eugenio Montale, *Meriggiare pallido e assorto* — 414
- T3 Paul Éluard, *La curva dei tuoi occhi* — 417
- T4 Giovanni Pascoli, *Il lampo* — 419

SINTESI DEGLI APPUNTI DELLE LEZIONI — 422

CONTINUA A LEGGERE

 T5, T6, T7

- T5 Giovanni Pascoli, *La mia sera* — 423
- T6 Gabriele D'Annunzio, *La sera fiesolana* — 426
- T7 Eugenio Montale, *I limoni* — 430
- T8 Antonia Pozzi, *Sventatezza* — 434
- T9 Camillo Sbarbaro, *Felicità fatta di nulla* — 436
- T10 Robert Frost, *Polvere di neve* — 438
- T11 Martha Medeiros, *Ode alla vita* — Brasile — 440
- T12 Nazim Hikmet, *Il più bello dei mari* — Turchia — 442
- T13 Jacques Prévert, *I ragazzi che si amano* — 444

Vivere, crescere, amare

- T14 Alda Merini, *L'ora più solare per me* — 446
- T15 Vittorio Sereni, *Strada per Creva* — 448
- T16 Umberto Saba, *La capra* — 450
- T17 Sandro Penna, *Il mare è tutto azzurro* — 452
- T18 Arturo Graf, *Il mio romitaggio* — 454
- T19 Joy Harjo, *Ricorda* — Nativi Americani — 456
- T20 Camillo Sbarbaro, *Il mio cuore si gonfia per te, Terra* — 458
- T21 Giuseppe Ungaretti, *In memoria* — 460
- T22 David Maria Turoldo, *Povera che dorme entro i giornali* — 463
- T23 Nazim Hikmet, *Nel sangue e nel sudore* — Turchia — 465
- T24 Walt Whitman, *O Capitano! o mio Capitano!* — 468

Stare da soli, stare con gli altri

Dalla parte degli ultimi

- **La poesia al cinema** *L'attimo fuggente* — 469
- T25 Anna Achmatova, *Diciassette mesi che grido* — Russia — 472
- T26 Langston Hughes, *Libertà* — 474
- T27 Georgios Seferis, *Ancora un poco* — Grecia — 476
- T28 Giuseppe Ungaretti, *Dal fronte sul Carso: Veglia, Soldati, Fratelli, San Martino del Carso* — 478
- **parole concetti idee** I poeti e la guerra — 479
- T29 Bertolt Brecht, *Mio fratello era aviatore* — 482
- T30 Leila Djabali, *Per il mio torturatore, il tenente D…* — Algeria — 484
- T31 Richard Rive, *Dove termina l'arcobaleno* — 486
- T32 Salvatore Quasimodo, *Uomo del mio tempo* — 488

 La poesia di impegno civile

Indice generale

IMPARA DI PIÙ

Il laboratorio del poeta
- La magia del linguaggio figurato, 490 ■ "Metri" e "misure" da poeta, 493 ■ Prendi la penna del poeta!, 495

VALUTA LE TUE COMPETENZE
- **Verifica di ascolto** *Natale* — 496
- **Verifica di scrittura** Eugenio Montale, *Ho sceso, dandoti il braccio…* — 497
- **Verifica di lettura** INVALSI Vittorio Sereni, *Non sa più nulla, è alto sulle ali* — 498

NEL WEB
- Maria Luisa Spaziani, *Il granello di sabbia*
- Wisława Szymborska, *La fine e l'inizio* ✱ Polonia
- Patrizia Cavalli, *Adesso che il tempo sembra tutto mio*
- Ingeborg Bachmann, *Tutti i giorni*

- Umberto Saba, *La fanciulla*
- William Shakespeare, *Ti comparerò dunque a una giornata d'estate?*
- Giuseppe Ungaretti, *I fiumi*

Unità 8 — Il teatro

LEGGIMI E STUDIAMI

Il teatro moderno e contemporaneo — 502
- **T1** Anton Čechov, *Un salotto russo* (da *Le tre sorelle*) — 506
- **T2** Bertolt Brecht, *Un carro al seguito della guerra* (da *Madre Courage e i suoi figli*) — 510
- **T3** Samuel Beckett, *E se non viene?* (da *Aspettando Godot*) — 515

SINTESI DEGLI APPUNTI DELLE LEZIONI — 519

CONTINUA A LEGGERE
- **T4** Henrik Ibsen, *La resa dei conti tra Nora e Torvald* (da *Casa di bambola*) — 520
- **T5** Eugène Ionesco, *Sei proprio tu, darling!* (da *La cantatrice calva*) — 528
- **T6** Eduardo De Filippo, *Una lezione di vita* (da *Napoli milionaria!*) — 535

IMPARA DI PIÙ

Il laboratorio del teatro
- Imparare a recitare, 541 ■ Guida alla rappresentazione di uno spettacolo di classe, 542

VALUTA LE TUE COMPETENZE
- **Verifica di ascolto** *Mistero buffo* — 544
- **Verifica di lettura** INVALSI Luigi Pirandello, *Liolà* — 545

NEL WEB
- Stefano Massini, *Fede e Olocausto* (da *Una quadrilogia. Processo a Dio*)
- Luigi Pirandello, *La patente*
- Dario Fo, *Padroni e contadini*

Sezione 3 documentarsi riflettere discutere

Saperi di base
- Il testo espositivo, 550 ■ Il testo argomentativo, 552

Unità 9 ● Questioni di scelta

LEGGIMI E STUDIAMI

Questioni di scelta … 562
- T1 Al Gore, *Il cambiamento globale* (da *Il mondo che viene*) … 565
- T2 Guido Corradi, Monica Morazzoni, *La mondializzazione delle migrazioni* (da *La rosa dei venti*) … 568

SINTESI DEGLI APPUNTI DELLE LEZIONI … 570

CONTINUA A LEGGERE
- T3 Beppe Severgnini, *Otto chiavi per il futuro* (da *Italiani di domani*) … 571
- T4 Fernando Savater, *La libertà di scegliere* (da *Etica per un figlio*) … 578
- T5 Giovanna Giuffredi, *La scelta della scuola superiore* (da *Guida alla scelta del 2° ciclo*) … 580
- T6 Pietro Ichino, *Che lavoro farò da grande?* (da *Il lavoro spiegato ai ragazzi*) … 584

IMPARA DI PIÙ

Laboratorio di autovalutazione e conoscenza di sé
- Capirsi per capire, 588

VALUTA LE TUE COMPETENZE
- Verifica di ascolto *Non darti mai per vinto* … 594
- Verifica di scrittura *La mia strada* … 595
- Verifica di lettura INVALSI Fulvio Scaparro, *Autori delle proprie scelte* (da *La bella stagione*) … 596

NEL WEB
- Lidia Galimberti, *Il mondo è un villaggio* (da ww.treccani.it)
- Jorge Bucay, *La verità è dentro di te* (da *Lascia che ti racconti*)
- Chaim Potok, *Il significato della vita* (da *Danny l'eletto*)

Indice generale

Unità 10 — Dialoghi con Sofia: legge e legalità

LEGGIMI E STUDIAMI

Sofia e il filosofo — 600
- T1 Marco Tullio Cicerone, **La legge rende liberi** (da *Pro Cluentio*) — 602
- T2 Gherardo Colombo, Anna Sarfatti, **Legalità e altre parole da sapere** (da *Educare alla legalità*) — 604
- T3 Bruce Weinstein, **L'etica, ovvero l'arte di fare la cosa giusta** (da *E se nessuno mi becca?*) — 607

SINTESI DEGLI APPUNTI DELLE LEZIONI — 610

CONTINUA A LEGGERE

- T4 R.J. Palacio, **Agguato nel bosco** (da *Wonder*) — 611
- T5 Roberto Saviano, **Furti e rapine: le baby-gang a Napoli** — 618
- T6 Anna Oliverio Ferraris, **Il mito della violenza** (da *Piccoli bulli crescono*) — 623
- T7 Antonio Nicaso, **Che cos'è la mafia?** (da *La mafia spiegata ai ragazzi*) — 627
- T8 Luigi Garlando, **Incontro con il mostro** (da *Per questo mi chiamo Giovanni*) — 629
- T9 Claudio Stassi, **L'albero delle figurine** (da *Per questo mi chiamo Giovanni*) — 634
- T10 Gherardo Colombo, **Legge, legalità, giustizia** (da *Sulle regole*) — 639

GRUPPO DI LETTURA
Gherardo Colombo, *Sulle regole* — 642

IMPARA DI PIÙ

Strumenti del lessico e forme di scrittura
- Le parole dell'onestà, 644 ■ Mettere in discussione opinioni e valori individuali, 645

VALUTA LE TUE COMPETENZE

- Verifica di ascolto *A che cosa serve la scuola?* — 647
- Verifica di scrittura *La legalità nelle mani dei ragazzi* — 648
- Verifica di lettura INVALSI Brigitte Labbé, Michel Puech, *In nome della legge* (da *I capi e gli altri*) — 649

NEL WEB

- Harpeer Lee, **Il processo** (da *Il buio oltre la siepe*)
- Doris Lessing, **Teppisti in metropolitana** (da *Racconti londinesi*)
- Italo Calvino, **Nel paese dei corrotti**, **Apologo sull'onestà**
- Leonardo Sciascia, **Western di cose nostre** (da *Il mare color del vino*)
- Norberto Bobbio, **Contro la pena di morte**

- Silvana Gandolfi, **In trappola** (da *Io dentro gli spari*)

Sezione 4 — progettare partecipare collaborare

Progetto per lettori di classe: il giornale di classe

L'articolo di giornale, 654 ■ Com'è fatto un quotidiano, 656 ■ Il progetto: *il giornale di classe*, 660

XV

Sezione 1

conoscersi confrontarsi crescere

Testi per la formazione personale

Competenze disciplinari

- Leggere testi letterari di vario tipo e costruirne un'interpretazione collaborando con compagni e insegnanti.
- Scrivere correttamente testi adeguati per situazione, argomento, scopo e destinatario.
- Usare la comunicazione orale per collaborare con i compagni e per formulare giudizi su problemi personali.
- Utilizzare gli strumenti di conoscenza per comprendere se stessi e gli altri.
- Esprimere le proprie opinioni e sensibilità.

Competenze di cittadinanza

- Agire in modo autonomo e responsabile
- Imparare a imparare
- Comunicare

La formazione personale

Come suggeriscono le Indicazioni nazionali, «le finalità della scuola devono essere definite a partire dalla persona che apprende, con l'originalità del suo percorso individuale e le aperture offerte dalla rete di relazioni che lo legano alla famiglia e agli ambiti sociali. La definizione e la realizzazione delle strategie educative e didattiche devono sempre tener conto della singolarità di ogni persona, della sua articolata identità, delle sue aspirazioni, delle sue capacità e delle sue fragilità, nelle varie fasi di sviluppo e di formazione».

Lo studente, dunque, è posto al centro dell'azione educativa in tutti i suoi aspetti: cognitivi, affettivi, corporei, estetici ed etici. In questa prospettiva, è importante pensare un progetto educativo che sia in relazione con i bisogni fondamentali degli adolescenti, per analizzare insieme a loro i momenti di passaggio che segnano le tappe principali di apprendimento e di crescita.

Questa sezione offre sia allo studente sia all'insegnante l'opportunità di riflettere sui problemi dell'adolescenza e della formazione giovanile, per acquisire **consapevolezza** di sé e una sempre maggiore **capacità di adattamento** alle circostanze e alle situazioni.

Tema privilegiato dei brani raccolti nella sezione è proprio il processo di **crescita psicologica, intellettuale, sentimentale e morale dalla giovinezza all'età adulta**, attraverso una serie di prove, sorprese e difficoltà.

I percorsi di lettura del terzo anno

Unità 1 L'età dei cambiamenti
Unità 2 Il romanzo di formazione

L'età dei cambiamenti

Obiettivi
- Riflettere su cambiamenti e trasformazioni dell'adolescenza.
- Capire e interpretare emozioni e sentimenti.

Conoscenze: saperi di base, metodi, strategie

- Le tematiche dell'adolescenza.
- Interagire ed esporre oralmente. ▶ **QM2** Percorso 3
- Narrare. ▶ **QM2** Percorso 9
- Argomentare. ▶ **QM2** Percorso 11

Capacità e abilità

- Individuare il tema e il messaggio.
- Analizzare i sentimenti espressi dai protagonisti.
- Confrontare il proprio vissuto con quello dei personaggi.
- Discutere dei temi affrontati.
- Produrre testi legati al tema dell'adolescenza.

L'età dei cambiamenti **U1**

Voglia di crescere

- Qual è l'età dei ragazzi fotografati?

- Osserva l'abbigliamento: ti sembra denoti l'appartenenza a uno stesso gruppo o attività?

- Lo zaino è il fedele amico di ogni adolescente: ne hai uno anche tu? In quale modo l'hai personalizzato?

- Quale stato d'animo comunicano i ragazzi che guardano verso l'obiettivo? Motiva la tua risposta.

- Il gruppo di amici della foto ti ispira fiducia e simpatia? Vorresti farne parte? Perché?

Sezione 1   Conoscersi, confrontarsi, crescere

Voce del verbo "crescere"

Essere adolescenti

L'adolescenza è un tempo di **grandi mutamenti**: fisici, emotivi e affettivi. A un adolescente, niente sembra più come prima: i genitori "rompono", il corpo cambia vistosamente, l'umore è instabile; si affacciano alla mente, per la prima volta, domande profonde su di sé, sul senso della vita, sugli altri. Si tratta di una fase impegnativa, "difficile" come lo sono tutti i momenti di passaggio ma allo stesso tempo creativa e stimolante, perché è proprio durante l'adolescenza che si diventa un po' più "grandi", dentro e fuori.

Che cos'è l'adolescenza

L'adolescenza inizia dopo la pubertà, un periodo di circa due anni durante il quale si realizzano le trasformazioni somatiche che culminano con la comparsa della prima mestruazione (*menarca*) per le ragazze e degli spermatozoi vitali nei maschi, e termina quando lo sviluppo fisico è completo, di solito intorno ai 18-19 anni. Durante l'adolescenza giungono a maturazione i **caratteri sessuali primari** (gli organi riproduttivi) e **secondari** (ad esempio il seno nelle donne e la barba negli uomini).

Il ruolo della famiglia

Queste fondamentali trasformazioni del corpo devono essere vissute in modo sereno e naturale poiché riguardano proprio tutti, anche se compaiono in momenti diversi. La famiglia può avere un ruolo importante nell'accompagnare e accogliere tali cambiamenti: se i genitori affrontano in modo pacato e fiducioso gli argomenti relativi alla sfera sessuale, l'adolescente ne ricaverà maggiore sicurezza e uno sguardo positivo su di sé.

Il ruolo del gruppo

Nel passaggio dalla dipendenza parentale all'**autonomia** nei valori e nel comportamento, l'adolescente si "libera" progressivamente del controllo emotivo e affettivo dei genitori. È per questo motivo che la dimensione del "gruppo" è tanto importante per i ragazzi: nei loro pari, infatti, trovano un sostegno e una sicurezza che li aiuta a varcare le "barriere" emotive che gli adulti erigono, spesso inconsapevolmente. Talvolta i genitori interpretano l'adesione del figlio a un gruppo come conformismo assoluto a valori imposti dalla "moda", ma in realtà i ragazzi mantengono sempre un certo senso critico, anche non manifesto.

Quando il gruppo diventa "branco"

In genere, c'è una forte distinzione tra chi è "dentro" e chi è "fuori" dal gruppo. Tale distinzione diventa preoccupante se il gruppo sviluppa un forte atteggiamento di chiusura e rifiuto nei confronti di chi è "fuori"; quando poi la chiusura e il rifiuto si trasformano in molestie di vario genere a danno di chi è isolato – perché visto come "diverso", debole, ingenuo – allora ci si trova di fronte al **bullismo**, un fenomeno che appare in preoccupante crescita. Spesso chi è vittima di bullismo non ne parla, perché teme ritorsioni e vendette; è invece fondamentale parlarne con gli adulti, genitori o insegnanti, fidandosi delle loro capacità di intervento: non è solo la vittima, infatti, ad avere bisogno di aiuto, ma anche il bullo stesso, il quale manifesta aggressività per nascondere debolezze e insicurezze spesso legate a vissuti personali problematici. Poiché il bullismo è tra le prime forme di **violenza organizzata** con cui un ragazzo viene in contatto, occorre ricordare sempre che tacere, anche se non si è la vittima, rende complici di un sopruso.

Sarà amore?

L'adolescenza è anche l'età delle prime "cotte", dei primi interessi verso chi fino a poco tempo prima era forse un semplice compagno di giochi e ora viene visto con occhi e sentimenti diversi. Spesso basta questo per far credere al ragazzo, o alla ragazza, di aver conosciuto il "vero" amore. Altrettanto spesso, tuttavia, questo "vero" amore svanisce in poco tempo, e basta poco per dimenticarlo o fingere di non averlo mai conosciuto. Sono, queste, le tipiche **infatuazioni** giovanili, da non confondere con l'amore che è invece un sentimento complesso e dinamico, che si costruisce nel tempo attraverso la completa accettazione dell'altro.

Quanti "perché"!

Durante l'adolescenza ci si pongono i primi **interrogativi sulla vita** e si cercano risposte a molti "perché". Si tratta di domande impegnative, alle quali i filosofi cercano ancora di dare risposta; ciò nonostante, è impor-

Sezione 1   Conoscersi, confrontarsi, crescere

tante porsi tali quesiti, perché in questo modo ci si sposta dal pensiero concreto a quello astratto, tipico dell'età adulta. È come trovarsi **di fronte a un bivio**: da una parte c'è la possibilità di maturare verso un nuovo modo di guardare se stessi e il mondo; dall'altra quella di scivolare verso l'accettazione passiva e acritica della propria identità, senza partecipare alla sua costruzione. Il primo percorso è più problematico e difficile, ma rappresenta la vera sfida per gli adolescenti, e anche per gli adulti.

Scegliere cosa fare "da grandi"

L'attuale ordinamento scolastico prevede un **percorso formativo** che si conclude ai diciotto anni di età, con la possibilità di svolgere gli ultimi due anni in ambiente professionale, con appositi contratti di apprendistato. Tuttavia, al termine della terza "media" occorre fare una scelta importante: quale scuola superiore? E, di conseguenza, quale futuro? Si tratta di un momento importante che va vissuto in modo consapevole, tenendo presenti le proprie attitudini e il proprio temperamento, ascoltando i consigli di genitori, insegnanti e amici, e senza prendere decisioni affrettate, dettate magari dall'imitazione di parenti o conoscenti. Di fronte alla prima scelta "grande", vale la pena di riflettere bene e valutare pro e contro di ogni possibilità, al fine di assicurarsi un futuro scolastico e professionale di tutta soddisfazione.

Le letture

I brani che stai per leggere hanno come protagonisti degli adolescenti, come te: alcuni sono stranieri, altri vivono nel futuro, altri ancora in un recente passato. Tutti, però, condividono le emozioni e i sentimenti dell'adolescenza, si sentono di volta in volta smarriti, confusi o pieni di gioia, vanno incontro alla vita formandosi, a poco a poco, strumenti di conoscenza e chiavi di lettura del reale, proprio come stai facendo tu.

Conoscerai Drew, che vive l'emozione e la delusione del primo amore (▶**T1**); Dora e Luka, che nonostante la distanza si sentono ancora "connessi" da un sentimento forte e inspiegabile (▶**Verifica di lettura**); David e Primrose, che dopo essere fuggiti da casa scoprono di non essere più così arrabbiati col mondo (▶**T2**); Marcus, cui un vicino insegna qualcosa di nuovo e molto utile (▶**T3**); e Shay e Tally, le ragazze del futuro costrette a diventare "perfette" (▶**T4**).

Proseguendo nelle letture antologiche, scoprirai come Ibrahin (▶**T7**) e Zeno (▶**T8**) cominciano a chiedersi il "perché" di alcuni cambiamenti nella loro vita e osserverai le conseguenze del bullismo e dei pregiudizi (▶**T9**).

Lezione 1

T1 Una Vespa verde acido
Dana Reinhardt

I contenuti L'estate dei tredici anni sembra a Drew qualcosa di meraviglioso. In realtà, chi la guarda dall'esterno potrebbe pensare che la ragazza ha ben pochi motivi per essere felice: il padre se ne è andato molti anni prima, tanto che lei quasi non lo ricorda; la madre è affettuosa, ma ha tanto da fare nel suo negozio di formaggi, in cui anche Drew lavora quando non è a scuola. Da qualche tempo, però, la mamma ha assunto un nuovo commesso: Nick, che è un poco più grande di Drew, vive solo e ama il surf. Quando Nick invita Drew a fare un giro sulla sua Vespa, la ragazza comprende di essere a una svolta nel suo percorso di crescita: dietro di lei c'è la bambina obbediente che è sempre stata; davanti a lei, l'adolescente che sta per diventare, con tante nuove emozioni da imparare a riconoscere.

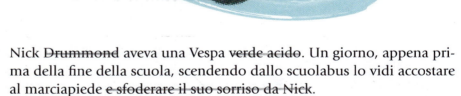

Nick ~~Drummond~~ aveva una Vespa ~~verde acido~~. Un giorno, appena prima della fine della scuola, scendendo dallo scuolabus lo vidi accostare al marciapiede ~~e sfoderare il suo sorriso da Nick~~.
— ~~Passaggio?~~

5   Sono nata prudente. ~~Non mi sono mai piaciuti le montagne russe e i film di paura~~. Avevo sempre trovato ridicole le ragazze che fumavano fuori dal minimarket, come i bambini che provano le scarpe col tacco ~~della mamma~~.

Facevo sempre scelte oculate. Fino al pomeriggio in cui Nick ~~Drum-
10   mond~~ mi offrì un passaggio sulla sua Vespa ~~verde acido e, senza esitare~~, per paura che potesse cambiare idea e sfrecciare via senza di me, accettai.

Eravamo solo a tre isolati dal negozio, non avevo veramente bisogno di un passaggio. Non era una questione di necessità.

Lanciai un'occhiata allo scuolabus ~~alle mie spalle, ma si stava già
15   allontanando~~. Sfrecciammo via nella direzione opposta.

Sezione 1   Conoscersi, confrontarsi, crescere

1. dopo la disgrazia ... tempo: come Drew racconta più avanti, durante l'estate Nick avrà un grave incidente con la Vespa.

– Devo rientrare al negozio tra mezz'ora – urlò Nick ruotando la testa. – Facciamo un giro.

Lo strinsi ancora più forte. I suoi lunghi capelli biondi mi sventolavano sulla faccia e una ciocca mi finì in bocca.

20   Staccò una mano dal manubrio. Non mi spaventai. Indicò l'oceano.
– Guarda che cavalloni!

Ebbi l'impressione che la cosa avesse a che fare con il surf, ma non ne ero del tutto sicura.

– Wow – risposi.

25   Nick aveva finito le superiori l'estate precedente e seguiva qualche lezione al college locale. Prima di trovare l'annuncio di mamma sul giornale, faceva il benzinaio. Ora, quando non era al negozio o a lezione di meccanica, lo si trovava sempre in spiaggia. Odorava di mare.

La mamma di Nick se n'era andata in Argentina con un uomo che 30 aveva incontrato in un bar, e non era più tornata. Gli aveva lasciato l'appartamento, i soldi per pagare l'affitto per un anno e la sua vecchia Vespa. Nick badava a se stesso da quando aveva sedici anni e, a parer mio, se la cavava egregiamente.

Era stato il primo dipendente del negozio e mamma lo adorava. Vo-
35 leva che avesse di più dalla vita. Voleva che frequentasse una vera università. Che diventasse più serio. Che smettesse di sprecare il suo talento naturale. In autunno lo avrebbe tormentato perché facesse domanda a scuole che non si poteva permettere, soprattutto dopo la disgrazia che gli sarebbe capitata, ma per quello ci voleva ancora tempo[1].

In quel pomeriggio di inizio giugno, invece, potevo contare sulle dita di una mano i giorni che mancavano alle vacanze estive.

Gli altri ragazzi avevano in programma un campeggio sulle High Sierras o una visita ai nonni in città lontane o magari un corso di pittura a olio o di fotografia.

Io no.

Mi aspettava un lavoro al negozio. Avrei spazzato pavimenti e lucidato banconi. Portato fuori la spazzatura. A volte persino rifornito la cella frigorifera. E non riuscivo a immaginare niente di più perfetto.

L'età dei cambiamenti U1

50   Nick sterzò di colpo e inchiodò con la Vespa e io non potei fare a meno di pensare che si stesse mettendo in mostra. (Mettendosi in mostra davanti a me!) Mi strinsi più forte a lui e affondai il viso nella sua schiena. Pensai che forse era un modo per andare incontro alla morte, con le braccia intorno alla vita di Nick Drummond, e decisi che in fondo c'erano modi peggiori per morire.
55   Spense il motore. Io mollai la presa e cercai di riprendere fiato. Solo allora mi ricordai di Hum[2].
    Era dove lo tenevo sempre: nello zaino. Dentro la gabbia. Avevo smesso di riempire lo zaino di libri e l'avevo foderato con degli stracci e delle vecchie magliette per evitare che Hum subisse troppi scossoni. Nella gabbia avevo messo anche un vecchio calzino senza dita in cui gli piaceva infilarsi e qualche noce macadamia con il guscio, il suo spuntino preferito. Portavo a scuola i libri dentro un sacchetto di carta marrone, di quelli che si usano per la spesa, e comunque la scuola era
65 quasi finita e i libri non mi servivano più a granché.
    Aprii la cerniera, estrassi delicatamente la gabbia di Hum e spiai attraverso la rete di metallo.
    – Hum?
    I ratti non vomitano mai, ma io non lo sapevo ancora. L'avrei sco-
70 perto più avanti, insieme a un sacco di altre cose sui ratti. Quando tirai fuori Hum dallo zaino dopo quella spericolata corsa lungo la costa, mi aspettai di trovarlo coperto di vomito.
    E invece avevo davanti un ratto che dormiva della grossa.
    Alzai lo sguardo e vidi Nick che entrava nel negozio. Mi aveva lascia-
75 ta sola nel parcheggio con il mio ratto e la mia inutile preoccupazione e capii all'improvviso che era quello l'aspetto crudele e inevitabile dell'amare da lontano qualcuno come Nick Drummond. Per lui io ero solo una ragazzina piena di inutili preoccupazioni.

da D. Reinhardt, *Il giorno in cui imparai a volare*,
trad. it. di V. Marconi, Mondadori, Milano 2013

2. **Hum:** l'inseparabile topolino di Drew.

Obiettivo della lezione   Riflettere su cambiamenti e trasformazioni dell'adolescenza

— Drew

1. All'inizio del testo, Drew descrive brevemente il proprio carattere [rr. 5-9]. Che cosa racconta di sé?
HA 13 ANNI, MOLTO ATTENTA VERSO SOBBIE

2. Perché Drew accetta «senza esitare» il giro in Vespa? Si tratta di una scelta diversa dal suo solito modo di fare, oppure no? Motiva la tua risposta.
SI MA A LEI PIACEVA NICK

3. La prospettiva di passare l'estate al lavoro nel negozio della mamma non preoccupa affatto Drew, anzi. Per quale motivo?
PERCHÉ COSÌ C'È ANCHE NICK

4. Da quale preoccupazione viene colta Drew, quando Nick spegne il motore della Vespa [rr. 56-73]?
SI VUOLE METTERE IN MOSTRA

Sezione 1 — Conoscersi, confrontarsi, crescere

Nick

5. Completa la descrizione di Nick raccogliendo le informazioni sparse nel testo.
   a. Aspetto fisico: ALTO
   b. Età: 20
   c. Situazione familiare: VIVE DA SOLO
   d. Professione: LAVORAVA IN UN NEGOZIO
   e. Hobby e passioni: SURF

6. Come sono i rapporti tra la mamma di Drew e il suo commesso Nick [rr. 34-39]?
   MOLTO GENTILI

7. In quale modo Nick guida la sua Vespa? Che cosa puoi dedurre del suo carattere da questa informazione?
   ERA SPERICOLATO

8. Che cosa fa Nick al termine del giro in Vespa?
   LASCIA DREW SOLA

Nuove emozioni

9. Che cosa prova Drew durante il giro in Vespa? Individua i passi che ti sembrano più significativi per comprendere le emozioni della ragazza.
   GLI PIACE ABBRACCIARE NICK
   18-19

10. Quali comportamenti di Nick le fanno pensare che il ragazzo potrebbe essere interessato a lei?
    LA VUOLE ACCOMPAGNARE
    SI METTE IN MOSTRA

11. Alla fine del giro in moto, Drew si sente improvvisamente mortificata: perché? Trascrivi le parole con cui la ragazza esprime il suo stato d'animo.
    HA PENSATO A HAVIN IVECE DI NI CK

Appunti della lezione

- Durante l'adolescenza (dal latino *adolescĕre*, "crescere") si vive un **momento di passaggio** tra l'infanzia e l'età adulta: Drew descrive bene tale momento, presentando se stessa come una bambina obbediente che, quasi all'improvviso, decide di vivere una situazione del tutto estranea al suo solito modo di comportarsi.
- Spesso l'adolescente è affascinato da giovani un poco più grandi che, come Nick, sembrano vivere in modo libero e **anticonformista**.
- Anche il desiderio di **mettersi in mostra**, di non essere più considerati bambini, è forte negli adolescenti.
- Il sentimento d'**amore** si manifesta, nell'adolescenza, con un'altalena di emozioni che si susseguono rapidissime: dopo l'intensa gioia provata durante il giro in Vespa, Drew precipita nello sconforto quando si accorge che Nick se ne è andato senza salutarla.
- La **fragilità interiore** e la **mancanza di autostima** sono naturali negli adolescenti, ma fanno molto soffrire. Lo dimostra Drew alla fine del brano: quando Nick si allontana bruscamente, lei non lo considera maleducato ma rivolge il giudizio negativo su se stessa, sentendosi «una ragazzina piena di inutili preoccupazioni».

I MIEI APPUNTI

Lezione 2

T2 Parole per mano nella notte
Jerry Spinelli

I contenuti | David e Primrose hanno tredici anni e stanno fuggendo verso Filadelfia: lei scappa da una mamma chiromante di cui si vergogna, lui da se stesso, perché da quando è morta sua madre non riesce più a trovare pace in nessun luogo, neppure dalla nonna che lo ospita con molto affetto quando il padre si assenta per lavoro. Durante il viaggio dividono poche provviste, rabbia e insoddisfazione, finché una notte scoprono che le parole possono tenersi per mano, e trovano dentro di sé un sentimento nuovo, che li fa crescere.

Le loro parole si tennero la mano nella notte.
– Primrose?
– Eh?
– Ho un altro segreto di cui non sai *veramente* niente.
5   – Sì?
– Sì. Lo vuoi sentire?
– No.
Silenzio.
Lei scoppiò a ridere. – Stavo scherzando.
10 – Ho paura di dirlo.
– Riguarda tua madre.
Lui sussultò. – Come fai a saperlo?
– Ho tirato a indovinare.
– È il mio segreto più segretissimo che c'è.
15 – Hai tempo fino al tre. Uno… due…
– Io credo che se obbedisco a tutte le regole, mia madre tornerà.
– È per questo che raccogli sempre le cartacce?
– Sì.
– E al supermercato non entri mai dall'uscita?
20 – Sì.
– Ci credi davvero, eh?
– Sì. Perché, pensi che sia una cosa stupida?
– Credi quello che ti pare. Siamo in un paese libero.
David strappò un po' di erba dalla terra fresca. – E se fosse una cosa
25 stupida?
– Cosa vuoi che ti dica? Ti sembro un professore o roba del genere? Ho tredici anni. Sono una ragazzina.
– E se non fossi abbastanza bravo? Se mia mamma stesse aspettando da qualche parte, se stesse soltanto aspettando che io sia abbastanza bra-

30 vo per poter tornare, ma non lo può fare perché io continuo a fare casino?
Si tirò un pugno sulla gamba a ogni parola. – Fare casino… fare casino…
Stava piangendo.
– Allunga una mano – disse Primrose.
David sentì che gliela sfiorava e la girava con il palmo all'insù. Poi
35 sentì qualcosa di liscio e tondo. – Una pallina di malto?
– Quella in più. L'ho tenuta.
– Per me?
– Mangiala.
Lui la mangiò.
40 – Allunga la mano.
Lui lo fece. Lei gli diede una bottiglia.
– Resta solo un sorso. Non si può mangiare una pallina di malto senza berci qualcosa dietro. – Fece una risatina. – È una regola.
Lui bevve. Primrose aveva ragione, era rimasto solo un sorso, che finì
45 quando ancora la sua bocca ne stava cercando un altro po'. Ma fu il sorso più fantastico che avesse mai assaporato. E poi all'improvviso la vide.
Primrose sollevò lo sguardo e indicò: – È uscita la luna.
Era un po' storta, come una palla da pallavolo sgonfia, immobile in mezzo al viavai fumoso delle nuvole.
50 Primrose infilò una mano nello zaino e tirò fuori il fumetto di *Veronica*. Glielo mise davanti alla faccia. – Presto – gli disse. – Leggimelo.
– È buio – osservò lui.
– Usa la luce della luna. Puoi farcela. Dai, prima che scompaia. Aspetta… – Si tolse le scarpe e le calze. Appiattì i calzini e li stese per
55 terra uno sopra all'altro. Poi si sdraiò sulla schiena, usando i calzini come cuscino. – Okay, vai.
David aprì il fumetto. – Non ci riesco. È troppo buio.
– Ecco cosa succede a non mangiare le carote. Voltati in modo da avere la luna alle spalle.
60 David lo fece. Aveva ragione lei. La luna, come una lampada sopra la sua spalla, illuminava abbastanza le pagine da distinguere le parole.
– Aspetta! – Primrose fece stendere le gambe a David e si girò in modo da appoggiargli la testa in grembo. Okay, adesso vai, *vai*.
David iniziò a leggere.
65 Primrose lo interruppe. – Leggi anche la pubblicità.

David scattò: – Okay, però adesso sta' zitta.

Continuò a leggere. Lesse una storia sul compleanno di Veronica e sul piano che aveva elaborato per farsi comprare da Archie il regalo che desiderava. Non capì tutte le parole, ma non era un problema, perché tutto quello che doveva fare era pronunciarle, e in questo era bravo. Era bravo soprattutto con gli effetti sonori, tipo crrr-rash! e oof! Scoprì che il suo personaggio preferito non era né Veronica né Archie, ma la signora Beazly, la tizia della tavola calda con i capelli da matta. Era così sgarbata con tutti, anche con il suo capo, che David la trovava divertente.

Quando finì la storia del compleanno, sollevò il giornaletto e guardò Primrose. Aveva gli occhi chiusi. C'era l'ombra di un sorriso sul suo volto, lo stesso volto da cui aveva spazzato via le foglie al parco. Le sue mani erano congiunte sopra al petto, come quelle di sua madre nella camera ardente. Non gli piaceva. Le sollevò una mano il più delicatamente possibile e la spostò. E poi notò anche qualcos'altro: dei brutti lividi sul suo braccio illuminato dal chiaro di luna, dove l'aveva presa a pugni. Sussurrò:

– Primrose. – Lei non si mosse.

Lesse ancora un po'. Era a metà della storia successiva, che parlava del lavoro di Veronica in una gelateria, quando la luce si spense. Una nuvola aveva coperto la luna.

– David? – La sua voce era sonnolenta, gli occhi ancora chiusi.

– Eh?

– Cosa è successo?

– La luna è scomparsa. Credevo che dormissi.

– Sì. Ma tu ti sei fermato.

– Adesso è uscita di nuovo. Dormi.

Lei spostò la testa dal grembo di lui e si stese su un fianco. La luna non era uscita veramente, ma quello non era un problema. David sapeva cosa fare. Sollevò il fumetto e attaccò: – Così Veronica doveva preparare un banana split[1], ma non trovava le banane, per cui… – Parola per parola, si inventò la storia, voltando le pagine come se stesse leggendo. Si assicurò che la signora Beazly facesse un salto in gelateria.

Quando finì quella storia, ne inventò un'altra che parlava di Veronica che si arruolava nell'esercito e incontrava Beetle Bailey[2].

Poi raccontò la storia di Mike Mulligan e della sua scavatrice a vapore che si chiamava Mary Anne. Se la ricordava parola per parola, perché sua madre gliela leggeva tutte le sere.

Raccontò la storia di *Riccioli d'oro e i tre orsi*. E poi la trasformò in *Beetle Bailey e i tre orsi*. E poi in *Mike Mulligan e i tre orsi*. E poi in *La signora Beazly e i tre orsi*. In quella ci mise un sacco di oof! e di crr-rash!

Non aveva mai saputo di avere tutte quelle storie dentro di sé. Ogni volta che la luna usciva di nuovo – un minuto qua, un minuto là – usava la luce per guardare Primrose. Dormiva come nessuno aveva mai fatto. Si stava rifacendo di una vita intera di storie della buonanotte, e

---

1. **banana split:** dessert a base di banane e gelato.
2. **Beetle Bailey:** protagonista di un fumetto ambientato nell'esercito degli Stati Uniti.

Sezione 1 Conoscersi, confrontarsi, crescere

David era deciso a dargliene l'equivalente di mille notti.
La piccola locomotiva che correva.
Jack e la pianta di fagioli.
La piccola pianta di fagioli che correva.
115 *Una scavatrice di nome Primrose.*
E poi, con gli occhi che si chiudevano, raccontò l'ultima storia. Si intitolava *David e sua madre*. Parlava di un ragazzino che aveva perso la madre. Era successo perché qualcuno aveva fatto uno stupidissimo errore e non aveva seguito una regola. E così il ragazzino decide di seguire un
120 migliaio di regole tutte sue. Magari un milione. E prima o poi quella regola infranta verrà riparata e sua madre tornerà. Poi incontra una ragazza con i capelli di corda, un'adolescente che infrange tutte le regole e va via da casa per allontanarsi da sua madre. Ed è una storia tutta al contrario, perché il ragazzino che vuole una madre non ce l'ha, e la ragazza che
125 ce l'ha la lascia. E lui vorrebbe urlare alla ragazza: "Tu non sai quanto sei fortunata!", e invece va a trovare sua madre, che è una chiromante, e lei fa credere al ragazzino di essere capace di riportare indietro sua mamma, e invece non può perché è una matta. Però vuole bene a sua figlia, David lo sa, le vuole bene come la mamma di David voleva bene a lui, e a volte
130 David sente lo stesso amore che sentiva una volta, solo che adesso arriva da altri posti, altre persone, ed è una bella cosa che questo amore arrivi, perché lui sta cominciando a pensare che non ci siano abbastanza regole nell'universo per riportare indietro sua madre.
Quando finì la storia, era sdraiato accanto a lei. Un treno in lonta-
135 nanza fischiò sopra il fiume argenteo come un ultimo, lungo addio. David si accucciò con la schiena contro il corpo di Primrose. Le prese un braccio e se lo mise attorno. Chiuse gli occhi, e poi non ci fu più nulla a parte il suono del respiro di lei nel suo orecchio.

J. Spinelli, *Fuori dal guscio*, trad. it. di F. Paracchini, Mondadori, Milano 2007

Obiettivo della lezione Capire e interpretare emozioni e sentimenti

— Confidarsi [rr. 1-32]

1. Quale «segreto segretissimo» confida David a Primrose?

2. Come reagisce Primrose alla confessione del segreto di David?
   - **A** È evidentemente molto scettica e lo prende apertamente in giro.
   - **B** È commossa ed emozionata, e spera che il suo desiderio si avveri presto.
   - **C** Si augura che anche a lei possa accadere ciò che sogna David.
   - **D** Pensa che sia qualcosa di irrealizzabile, ma rispetta il dolore del suo amico.

3. Perché David conclude la sua rivelazione piangendo?

— Condividere [rr. 33-80]

4. Perché Primrose cede a David l'ultima pallina di malto e l'ultimo sorso di bibita, cioè tutto quel che restava delle loro magre provviste?

5. Nonostante fosse uno solo, non sufficiente a dissetarlo, per David è «il sorso più fantastico che avesse mai assaporato». Per quale motivo?

6. Che cosa chiede Primrose a David, quando appare la luna? Che cosa risponde David?

7. Primrose sembra dormire: David la guarda, le sposta un braccio, poi continua a leggere. Quali sentimenti mostrano questi gesti?

Inventare storie per parlare di sé
[rr. 93-138]

8. A mano a mano che racconta storie a Primrose addormentata, David scopre di possedere qualcosa di cui prima non sospettava l'esistenza: di che cosa si tratta?

9. Perché David continua a inventare e a raccontare storie per Primrose, anche se lei dorme «come nessuno aveva mai fatto»?

10. Qual è la trama dell'ultima storia inventata da David, *David e sua madre*? Si tratta di una storia davvero inventata, oppure i personaggi e le vicende sono reali?

11. Alla fine della storia *David e sua madre*, il ragazzo comprende due cose molto importanti per la sua crescita: quali?
   - **A** Sua madre non tornerà mai più.
   - **B** La madre di Primrose è pazza.
   - **C** La madre di Primrose fa la chiromante.
   - **D** Primrose detesta sua madre.
   - **E** L'amore esiste e può unire le persone.

12. Che cosa rappresenta, simbolicamente, il fischio del treno in lontananza?

Appunti della lezione

- Gli adolescenti scoprono in sé nuovi sentimenti ed emozioni, di cui diventano lentamente **consapevoli**: David si distacca dal desiderio infantile che la madre torni e si accorge di provare amore per Primrose.
- Passaggi importanti nel percorso di crescita sono la **fiducia** e la **condivisione**. David mostra di fidarsi di Primrose quando le rivela il suo sogno segreto, mentre la ragazza dimostra la sua vicinanza affettiva ed emotiva cedendogli le ultime provviste.
- Il **pianto** apparentemente senza motivo è frequente negli adolescenti, e spesso segna **passaggi emotivi** importanti: le lacrime con cui David conclude la sua confessione rivelano che il ragazzo sta acquistando una nuova consapevolezza di sé.
- Attraverso l'**invenzione di storie** i ragazzi rappresentano se stessi e i propri sentimenti, come fa David inventando la storia *David e sua madre*, nella quale **rielabora** le vicende personali sue e di Primrose.
- Dopo aver raccontato a Primrose le storie della buonanotte che tanto le erano mancate, David è cambiato: non pensa più solo al proprio dolore ma sa prendersi cura degli altri.

I MIEI APPUNTI

Sezione 1 — Conoscersi, confrontarsi, crescere

Appunti delle lezioni

Sintesi

Voce del verbo crescere

- L'**adolescenza** è un tempo di grandi **cambiamenti** fisici, emotivi e affettivi, che inizia dopo la pubertà e termina intorno ai 18-19 anni.
- Durante l'adolescenza giungono a maturazione i **caratteri sessuali primari** e secondari: si tratta di trasformazioni che devono essere vissute in modo sereno e naturale, anche con il sostegno della famiglia.
- Sorgono spontaneamente le **domande sul senso della vita** che non vanno ignorate perché rappresentano l'inizio di un percorso di costruzione di sé.
- L'adesione a un **gruppo di pari** aiuta l'adolescente ad acquistare autonomia rispetto alla dipendenza parentale.
- Se si manifestano chiusura, rifiuto e molestie nei confronti di chi è visto come "diverso", il gruppo si trasforma in un "**branco**".
- I fenomeni di **bullismo**, connessi alle dinamiche di "branco", sono la prima forma di **violenza organizzata** con cui un ragazzo viene in contatto: pertanto vanno sempre denunciati, rivolgendosi con fiducia a un adulto.
- L'adolescenza è l'età delle prime **infatuazioni**: esse non vanno frettolosamente confuse con l'amore, che è invece un sentimento dinamico che si costruisce nel tempo.
- La prima scelta importante che un adolescente è chiamato a fare è quella degli **studi superiori**. Tale scelta va ben meditata, poiché anche da essa dipende il **futuro**.

Scritture adolescenti

- Al centro dei romanzi e dei racconti sull'adolescenza (**narrazione di formazione**) c'è la rappresentazione del **momento di passaggio** tra infanzia ed età adulta.
- Le tematiche più ricorrenti sono: il desiderio di **mettersi alla prova** e di **mettersi in mostra**; il fascino esercitato da ragazzi più grandi e **anticonformisti**; i primi **innamoramenti**; la **fragilità interiore** e talvolta la **mancanza di autostima**.
- Grande spazio viene dedicato alla **descrizione** di **nuovi sentimenti ed emozioni**, di cui i ragazzi diventano **consapevoli**.
- La **fiducia** e la **condivisione** con altri dei propri **passaggi emotivi** interiori rinsaldano i legami con "l'amico del cuore", che spesso diviene il primo e unico confidente.

L'età dei cambiamenti U1

T3 Nick Hornby
Sentirsi diversi

I contenuti | La vita di Marcus nella scuola in cui si è appena trasferito è difficile. I compagni lo insultano e lo deridono perché sembra un ragazzo strano, soprattutto per l'abbigliamento "strambo". Marcus soffre in silenzio e cerca di ascoltare la mamma, che gli raccomanda di non essere una "pecora" al pari degli altri. Finché un giorno, per sfuggire all'ennesima persecuzione, Marcus si rifugia da Will, un vicino di casa solitario e poco incline a occuparsi di ragazzini. Ecco che cosa accade da quel momento.

L'appuntamento di Will con *Countdown*[1] fu interrotto da una pioggia che sembrava ghiaia sul vetro della finestra e poi dal suono isterico del campanello, un suono fastidioso e continuo. Will sapeva che erano guai: non ti beccavi la ghiaia sulle finestre e nessuno ti avrebbe suonato in quella maniera convulsa[2] il campanello se non ci fossero stati guai in arrivo, pensò. Il suo primo impulso fu quello di alzare il volume della tv e far finta di niente. Ma alla fine un po' di amor proprio spazzò via la vigliaccheria, e dal divano si fiondò verso la porta d'ingresso.

Sulla soglia c'era Marcus: stavano bombardandolo con certe caramelle, dure come sassi e che potevano benissimo causare gli stessi danni. Will se ne accorse perché qualcuna beccò in pieno anche lui. Fece entrare Marcus e riuscì a individuare i bombardieri, due ragazzi dall'aria cattiva e la testa rapata.

«Che cosa pensate di fare?»

«Chi sei?»

«Non importa chi sono io. Chi siete voi?» Will non si ricordava quando era stata l'ultima volta che aveva avuto voglia di picchiare qualcuno, ma quei due li avrebbe picchiati volentieri. «Fuori dai piedi».

«Hu-hu», fece uno dei due criptico[3]. Will pensò che volesse dire che non avevano paura, ma subito dopo la loro incursione[4] finì in una misera ritirata. Fu una sorpresa e un sollievo. Will tornò in casa con la sensazione di essere più grande e più grosso, e non del tutto scontento di se stesso.

Marcus si era preso un biscotto ed era seduto sul divano a guardare la tv. Aveva lo stesso aspetto di sempre, assorto nel programma, il biscotto sospeso a metà strada verso la bocca; non c'era alcun segno evidente di angoscia. Se il ragazzo, quello seduto sul divano che guardava *Countdown*, era mai stato vittima di angherie[5], questo era successo secoli fa, e aveva ormai da tempo dimenticato tutto.

«E allora, chi erano?»

«Chi?»

---

1. ***Countdown***: "Conto alla rovescia", quiz della televisione inglese basato su parole e numeri.
2. **convulsa**: frenetica, febbrile.
3. **criptico**: oscuro, incomprensibile.
4. **incursione**: attacco.
5. **angherie**: persecuzioni, maltrattamenti.

«Chi? Quei ragazzi che hanno appena tentato di conficcarti delle caramelle nel cranio».

«Ah, loro», disse Marcus, con gli occhi ancora sullo schermo. «Non so come si chiamano. Sono di terza».

«E non sai come si chiamano?»

«No. Uscendo da scuola hanno cominciato a seguirmi verso casa. Allora ho pensato che era meglio che non andassi a casa, così non scoprivano dove abito. Ho pensato di fare un salto qui».

«Grazie mille».

«A te non tireranno caramelle. Volevano me».

«E ti succede spesso?»

«Non mi hanno mai tirato caramelle prima. Gli è venuto in mente oggi. Adesso».

Will stava cominciando a perdere le staffe; se avesse avuto delle caramelle alla mano avrebbe cominciato anche lui a scagliarle addosso a Marcus. «Marcus, per l'amor di Dio, non sto parlando di quelle maledette caramelle. Prendi sempre tutto così maledettamente alla lettera?

L'ADOLESCENZA AL CINEMA
About a boy – Un ragazzo

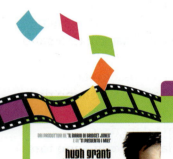

Spunti di riflessione — Prima del film
1. Tra i tuoi amici e amiche, ci sono persone adulte? Come ti trovi con loro?
2. Ti è mai capitato di sentirti isolato o rifiutato dagli altri? Con chi ti sei confidato?

La trama
Will, un ricco single che vive spensieratamente, decide di fingersi un padre separato, al solo scopo di frequentare un corso per genitori separati e conoscere così nuove ragazze. In questo modo conosce Susie e la sua amica Fiona, e soprattutto il figlio di quest'ultima, Marcus, che trova in Will un amico, quasi un fratello maggiore, con il quale può parlare di tutto ciò che alla madre non riesce a confidare. Will inizialmente non ne vuole sapere, ma poi scopre che il rapporto con Marcus è positivo pure per lui, e che la vita che conduceva prima di conoscerlo non era così attraente come sembrava.

regia di Chris e Paul Weitz, tratto dal romanzo di Nick Hornby; Gran Bretagna e Usa, 2002

Spunti di riflessione — Dopo il film
1. Ti sembra possibile un'amicizia come quella tra Marcus e Will? Motiva la tua risposta.
2. Quando Fiona, parlando con Marcus, dice «noi siamo vegetariani», ti sembra che Marcus sia convinto della scelta? Perché?
3. Nella penultima scena, Will accompagna alla chitarra Marcus, mentre questi canta davanti ai suoi compagni di scuola una canzone sdolcinata. Perché lo fa, secondo te?
4. Nelle ultime scene, parlando degli affetti Marcus sostiene che più ce ne sono, meglio è. Sei d'accordo con lui?

Ho capito che non l'hanno mai fatto prima. Ma è un sacco di tempo che ti danno noia».

«Ah, sì. Ma non quei due…»

«No, ok, ok, non quei due. Ma altri come loro».

«Sì. Un sacco».

«Bene. Questo è tutto quello che stavo cercando di scoprire».

«Bastava che chiedessi».

Will andò in cucina e mise su un tè, se non altro per fare qualcosa che gli impedisse di commettere un crimine, ma non riuscì a lasciar perdere.

«Cosa hai intenzione di fare al riguardo?»

«Eh?»

«Hai intenzione di lasciare che vada avanti così per chissà quanti anni?»

«Sei come i professori a scuola».

«Che cosa dicono?»

«Oh, dai. "Sta' lontano da loro". Voglio dire, è chiaro che non sono io a stargli tra i piedi».

«Ma deve farti star male».

«Penso di sì. È semplice, non ci penso. Come quando mi sono rotto il polso cadendo da quella cosa su cui ci si arrampica».

«Non ti seguo».

«Ho cercato di non pensarci. È successo e avrei voluto che non fosse successo, ma così è la vita, no?» A volte Marcus parlava come se avesse avuto cent'anni, e a Will si spezzava il cuore.

«Ma non dev'essere così la vita, no?»

«Boh. Dimmelo tu. Io non ho fatto niente. Ho solo cambiato scuola e mi è successo. Non so perché».

Sezione 1   Conoscersi, confrontarsi, crescere

«E alla tua vecchia scuola?»
«Là era diverso. I ragazzi non erano tutti uguali. C'erano quelli intelligenti e quelli stupidi, quelli che seguivano la moda e quelli strambi. Là non mi sentivo diverso. Qui mi sento diverso».
«Non possono esserci generi di ragazzi diversi qui. I ragazzi sono ragazzi».
«E allora dove sono tutti gli strambi?»
«Forse cominciano che sono strambi, e poi si tirano insieme. Sono ancora strambi ma è solo che non li vedi. Il guaio è che questi ragazzi ti vedono. Ti rendi evidente».
«Quindi devo rendermi invisibile?» Marcus sbuffò di fronte all'entità del compito. «Come faccio? Una delle tue macchinette in cucina è quella per diventare trasparenti?»
«Non devi diventare invisibile. Devi solo camuffarti».
«Come, con i baffi e tutto il resto?»
«Sì, dai, con i baffi. Nessuno noterebbe un ragazzino di dodici anni con i baffi, vero?»
Marcus lo guardò. «Stai scherzando. Tutti lo noterebbero. Sarei l'unico in tutta la scuola».
«Ok, niente baffi, allora. Brutta idea. Ma che ne dici di portare gli stessi vestiti degli altri e gli stessi occhiali e lo stesso taglio di capelli? Dentro puoi rimanere strambo quanto vuoi. Fai qualcosa solo per il fuori».

Iniziarono dai piedi. Marcus indossava un paio di scarpe che Will pensava non fabbricassero neanche più, dei mocassini neri che al massimo potevano portare il loro proprietario su e giù per i corridoi della scuola senza attirare l'attenzione del vicepreside.
«Ti piacciono quelle scarpe?» gli chiese Will. Stavano passeggiando per Holloway Road guardando le scarpe da ginnastica. Marcus si scrutò i piedi nella luce del crepuscolo e subito si scontrò con una donna grassa che portava tante borse del discount[6] strapiene.
«Cosa vuoi dire?»
«Voglio dire, ti piacciono?»
«Sono le scarpe per andare a scuola. Non devono piacermi».
«Ti può piacere tutto quello che indossi, se ti prendi il disturbo».
«A te piace tutto quello che indossi?»
«Non indosso niente che odio».
«Che cosa fai con la roba che odi, allora?»
«Non la compro, no?»
«Sì, perché non hai una mamma. Mi spiace dirtelo così, ma non ce l'hai».
«Non c'è problema. Mi sono abituato all'idea».
Il negozio di scarpe da ginnastica era enorme e pieno di gente.
«Quali ti piacerebbero?»
«Non so».

---

6. **discount:** negozio di tipo economico.

Le scarpe erano esposte divise per marca.

«Pecore», disse Marcus mentre si stavano avvicinando. «Beee».

«E questa da dove viene?»

«È quello che dice mia mamma quando pensa che le persone non abbiano una testa loro».

«Lo scopo fondamentale di questa spedizione, Marcus, è che tu impari a diventare una pecora».

«Davvero?»

«Certo. Tu non vuoi che qualcuno ti noti. Non vuoi apparire diverso. Beeee». Will prese su un paio di scarpe da pallacanestro che sembravano "troppo giuste" ma che non davano troppo nell'occhio.

«Che ne dici di queste?»

«Vengono sessanta sterline».

«Non importa quanto vengono. Che ne dici?»

«Sì, belle».

Will fermò un commesso e si fece portare il numero che gli serviva, e Marcus camminò su e giù per un po'. Si guardò allo specchio e cercò di reprimere un sorriso.

«Sei fico, eh?» disse Will.

«Sì. A parte… a parte il fatto che adesso tutto il resto sembra fuori luogo».

«Così la prossima volta penseremo a tutto il resto».

Dopodiché Marcus andò dritto a casa, con le sue scarpe infilate nello zaino; Will tornò indietro radioso nella sua generosità. Così era questo che intendeva la gente con "euforia"! Non riusciva a ricordare di essersi mai sentito così prima, così in pace con se stesso, così convinto del suo valore. E, quel che era più incredibile, gli era costato solo sessanta sterline! Per un po' aveva fatto felice un bambino infelice, senza che in questo ci fosse stato alcun tornaconto personale.

Il giorno dopo Marcus si presentò alla porta di Will in lacrime con un paio di calzini neri fradici al posto delle scarpe; gliele avevano rubate, evidentemente.

Se glielo avesse chiesto, Marcus avrebbe raccontato a sua mamma da dove arrivavano quelle scarpe da ginnastica, ma lei non lo fece perché non si accorse neanche che le aveva addosso. Ma si accorse che erano sparite.

«Dove sono le scarpe?» strillò quando Marcus arrivò a casa. (Will gli aveva dato un passaggio, ma era novembre, era piovuto, e nel breve tratto di marciapiede e su per le scale fino alla porta aveva di nuovo inzuppato i calzini). Marcus si guardò i piedi e per un attimo non disse

Sezione 1   Conoscersi, confrontarsi, crescere

niente: aveva pensato di fare l'aria sorpresa e di dirle che non lo sapeva, ma si rese subito conto che non gli avrebbe creduto.

«Rubate», disse alla fine.

«Rubate? Perché mai qualcuno dovrebbe rubarti le scarpe?»

170 «Perché...» Avrebbe dovuto raccontarle la verità, ma il problema era che la verità avrebbe portato a tutta una serie di altre domande. «Perché erano belle».

«Erano dei normali mocassini neri».

«No. Erano delle scarpe da ginnastica nuove».

175 «Dove hai preso delle scarpe da ginnastica nuove?»

«Me le ha comperate Will».

«Will chi? Will il tipo che ci ha portati fuori a pranzo?»

«Sì, Will. È diventato un po' un mio amico».

«È diventato un po' un tuo amico?»

180 C'era una valanga di domande pronte per lui e tutte fatte nella stessa maniera, uguale e noiosa: lei ripeteva l'ultima cosa che diceva lui, ci piazzava un punto di domanda alla fine e urlava.

«Dopo la scuola vado a casa sua».

«DOPO LA SCUOLA VAI A CASA SUA?»

185 Comunque, alla fine della sessione di domande lui era in un mare di guai, anche se probabilmente non in un mare così grande come quello in cui si trovava Will. Marcus si rimise le sue vecchie scarpe, e poi lui e sua mamma andarono dritti a casa di Will. Dal momento in cui fu invitata a entrare Fiona cominciò ad assalire Will e, all'inizio, Will aveva
190 l'aria imbarazzata e contrita[7]. Ma poi cominciò anche lui ad arrabbiarsi.

«Ok», stava dicendo Fiona. «Sto semplicemente chiedendo perché intrattieni dei dodicenni a casa tua».

Will perse le staffe. Diventò tutto rosso in viso e iniziò a urlarle addosso.

195 «Non ho scelta, no? Tuo figlio viene qui ogni maledetto pomeriggio senza neanche essere invitato. Certe volte è inseguito da bande di selvaggi. Potevo lasciarlo fuori, ma l'ho fatto entrare per la sua incolumità[8]. La prossima volta me ne sbatterò. Al diavolo tutti e due. E adesso, se avete finito, potete togliere il disturbo».

200 «A dire il vero, non ho ancora finito. Perché gli hai comperato un paio di scarpe da ginnastica, care per giunta?»

«Perché... perché guardalo».

Lo guardarono. Anche Marcus si guardò.

«Che cos'ha che non va?»

205 Will la guardò. «Non ne hai la più pallida idea, vero? Non ne hai proprio idea».

«Di cosa?»

«Lo stanno mangiando vivo a scuola, sai. Lo fanno a pezzi ogni giorno della settimana, e tu ti preoccupi di sapere da dove arrivano le sue
210 scarpe da ginnastica».

---

7. contrita: pentita, mortificata.
8. per la sua incolumità: perché non venisse ferito.

«So che ci sta mettendo del tempo ad ambientarsi nella nuova scuola, ma…»

Will rise. «Sì. Dagli un paio di settimane e starà benone, eh? Una volta che la smetteranno di rubargli le scarpe e di seguirlo da scuola a casa andrà tutto a meraviglia».

Non era così. Erano tutti pazzi. «Non penso», disse Marcus. «Ci vorrà di più di un paio di settimane».

«Ok, lo so», disse Will. «Stavo scherzando».

Marcus non pensava che fosse il genere di conversazione in cui si potesse scherzare, ma se non altro significava che qualcuno capiva quel che stava succedendo. Ma perché a farlo era Will, che conosceva da due minuti, e non sua mamma, che conosceva da… be', da una vita?

da N. Hornby, *Un ragazzo*, trad. it. di F. Pedrotti, Guanda, Parma 2002

COMPRENDERE E INTERPRETARE

■ Vie di fuga [rr. 1-29]

1. Riassumi l'episodio che dà il via all'amicizia tra Marcus e Will.
   a. Aggressori: ....
   b. Vittima: ....
   c. "Armi": ....
   d. Luogo in cui avviene l'aggressione: ....
   e. "Salvatore": ....

2. Una volta entrato in casa di Will, Marcus si siede a guardare la televisione mangiando biscotti, come se l'episodio appena avvenuto non lo riguardasse. Come spieghi il suo comportamento?
   A Ha rapidamente dimenticato l'accaduto.
   B È molto interessato al programma, non vuole essere disturbato.
   C Preferisce non pensare, non affrontare il problema.
   D Non vuole sembrare maleducato parlando con la bocca piena.

■ Affrontare i problemi [rr. 30-98]

3. Che cosa apprende Will della vita di Marcus, nella loro prima conversazione? Barra le opzioni corrette.
   A Da molto tempo i ragazzi della scuola bersagliano Marcus con le caramelle.
   B Da molto tempo i ragazzi della scuola prendono di mira Marcus.
   C Gli insegnanti non stanno aiutando Marcus.
   D Gli insegnanti stanno dando utili consigli a Marcus per risolvere la situazione.
   E Nella vecchia scuola Marcus non aveva problemi.
   F Anche nella vecchia scuola Marcus veniva preso di mira.

4. Will suggerisce a Marcus di "camuffarsi": che cosa intende con questa espressione?

....

Sezione 1 Conoscersi, confrontarsi, crescere

■ Trovare soluzioni [rr. 99-222]

5. Che cosa fa Will per Marcus, quando escono insieme a passeggiare lungo Holloway Road?

....

6. Tra le rr. 156 e 184, la struttura del racconto presenta un'ellissi e due flashback: riconoscili, attribuendo agli eventi indicati la corretta definizione narratologica.

   a. I compagni di scuola rubano le scarpe a Marcus.
   A Ellissi.   B Flashback.

   b. La mamma di Marcus non si accorge che il ragazzo indossa scarpe nuove.
   A Ellissi.   B Flashback.

   c. Will accompagna Marcus a casa.
   A Ellissi.   B Flashback.

7. Perché la mamma di Marcus si arrabbia con Will, quando scopre che lo ospita spesso a casa sua e che gli ha comprato le scarpe?

....

8. Rileggi il capoverso finale: perché Will capisce «quel che stava succedendo» a Marcus, mentre sua madre no?

....

STUDIARE LA LINGUA

9. Marcus dice che nella sua vecchia scuola c'erano «quelli che seguivano la moda e quelli strambi». Quale significato assume la parola "strambo" nel contesto della conversazione tra il ragazzo e Will [rr. 75-86]?

....

10. A chi o a che cosa si riferisce Marcus quando parla di *pecore*? Perché Will risponde che il ragazzo deve imparare «a diventare una pecora» [r. 128]?

....

PARLARE

11. La "spedizione" nel negozio di scarpe ha un effetto positivo sia su Marcus sia su Will; rifletti su questo aspetto rispondendo alle domande; e confronta poi le tue risposte con i compagni:

   a. che cosa prova il ragazzo, guardandosi allo specchio mentre prova le scarpe nuove?
   b. come si sente Will, dopo aver comprato le scarpe per Marcus?

SCRIVERE

12. Rileggi le rr. 162-184 e rifletti per iscritto sul modo in cui comunicano Will e sua madre: è una comunicazione autentica, aperta, sincera? Oppure sembra difficoltosa, inceppata? Perché? Nel rispondere, descrivi brevemente il carattere dei due personaggi coinvolti.

L'età dei cambiamenti U1

T4 Scott Westerfeld
Diventare *Perfetti*

I contenuti Nel mondo futuro in cui vivono le amiche Shay e Tally, il sedicesimo compleanno rappresenta un appuntamento importante: proprio quel giorno i ragazzi vengono sottoposti a un intervento di chirurgia estetica che li trasforma da *Brutti a Perfetti*. Nell'attesa di quel momento, il gioco preferito tra bambini e adolescenti è simulare la propria futura fisionomia "perfetta". Quando Tally scopre che Shay non ama quel genere di passatempo rimane stupita, ma cerca di coinvolgerla ugualmente: accende il computer e, un attimo dopo, un sofisticato programma proietta sul grande schermoparete due possibili visi "perfetti" di Shay. La reazione di quest'ultima, però, non è come Tally si aspettava.

LEGGIMI FORTE

Dapprima leggete il brano silenziosamente, per rendervi conto dei contenuti, poi organizzatevi per leggere il brano ad alta voce e in modo espressivo. Occorrono tre lettori:
- il narratore che legge le parti di raccordo;
- la voce di Shay;
- la voce di Tally.

Il dialogo tra Shai e Tally è spesso acceso: cercate, di volta in volta, di dare il tono giusto alle loro parole (arrabbiato, risentito, divertito, ironico, annoiato, sorpreso...).

Tally ruotò l'anello interfaccia per fare comparire un menu sulla schermoparete, muovendosi rapida fra innumerevoli scelte. La macchina fotografica incorporata nello schermo lampeggiò di luci laser, proiettando una griglia verde sul viso di Shay: una distesa di quadratini che si
5 sovrappose a zigomi, naso, labbra e fronte.

Pochi istanti dopo sullo schermo comparvero. Entrambe erano Shay, con delle differenze, ovviamente: una aveva un che di selvaggio, di rabbioso; l'altra invece un'espressione vagamente sognante.

– Strano, eh? – commentò Tally. – Sembrano due persone diverse.
10 Shay annuì. – Da brivido.

Le facce dei Brutti erano sempre asimmetriche, la parte destra diversa dalla sinistra. Perciò per prima cosa il morfosoftware[1] isolava le due metà e le duplicava, come quando si appoggia il bordo di uno specchio esattamente al centro del viso, creando due esempi di simmetria per-
15 fetta.

Entrambe le Shay simmetriche sembravano già più carine dell'originale.

– Allora, quale ti sembra il tuo lato migliore?
– Perché devo per forza essere simmetrica? Mi piace avere una faccia
20 con due parti diverse.

– Lo sai benissimo che questo è un sintomo d'immaturità – replicò Tally esasperata. – Nessuno può volere una cosa del genere.

– Figuriamoci se voglio sembrare immatura. – Shay scrollò le spalle e indicò il viso dall'espressione selvaggia.
25 – D'accordo. La destra mi sembra migliore, non credi?
– Io lo *detesto*, il mio lato destro. Comincio sempre dal sinistro.
– Invece a me piace. Ha l'aria più tosta.
– Va bene, come preferisci.

Tally batté le palpebre e la faccia doppio-lato-destro riempì lo schermo.

---

1. **morfosoftware:** dal greco *morphé*, "forma"; si tratta di un software che modifica la forma del viso, simulando quello che avverrà al compimento del sedicesimo anno.

Sezione 1   Conoscersi, confrontarsi, crescere

30   – Prima l'essenziale. – Il software entrò in azione. Gli occhi si ingrandirono lentamente, facendo rimpicciolire il naso; gli zigomi salirono e le labbra si riempirono (in effetti, erano già belle). Ogni minima imperfezione scomparve, lasciando la pelle levigata e senza difetti. Il cranio si spostò leggermente sotto la carne: l'angolo della fronte s'inclinò
35   un poco all'indietro, il mento diventò più deciso, la mascella più forte.
     Tally fischiò. – Niente male.
     – Fantastico – sbuffò Shay. – Così sono uguale a tutti gli altri Neo-Perfetti.
     – Abbiamo appena iniziato. Che ne dici di aggiungere i capelli? –
40   Tally passò rapidamente in rassegna il menu, scegliendo uno stile a casaccio.
     Quando l'immagine cambiò, Shay si rotolò sghignazzando sul pavimento. L'alta acconciatura di capelli platinati, assurdi con la carnagione olivastra, torreggiava come un berretto d'asino sul viso sottile.
45   – D'accordo – balbettò Tally fra una risata e l'altra. – Forse non è la soluzione migliore. –Fece scorrere il menu, optando per la versione base: capelli scuri e corti. – Prima sistemiamo la faccia.
     Rese più drammatico l'arco delle sopracciglia e arrotondò le guance del morfo[2] ma, nonostante l'intervento del programma, Shay era anco-
50   ra troppo magra.
     – Se schiarissimo un po' la pelle? – Tally spostò la sfumatura della carnagione verso la media.
     – Ehi, Guercetta[3] – protestò Shay. – Di chi è la faccia?
     – È solo un gioco. Vuoi provare?
55   – No, voglio fare un giro in librella[4].
     – D'accordo, ma prima vediamo di darti la faccia giusta.
     – Come sarebbe "giusta"? La mia faccia è già "giusta"!
     – Sì, certo – sbuffò Tally. – Per una Brutta.
     Shay si acciglio. – Cos'è, ti faccio schifo? Hai bisogno di sovrapporre
60   l'immagine di un'altra faccia alla mia per riuscire a guardarmi?
     – E dai! È solo per divertirsi.
     – Farci sentire brutte non è divertente.
     – Ma *siamo* brutte!
     – È tutto studiato per farci odiare il nostro aspetto.
65   Tally sbuffò e si lasciò ricadere sul letto, fissando irritata il soffitto. A volte Shay era così strana. Dava sempre in smanie quando parlavano dell'operazione, come se qualcuno la *costringesse* a compiere sedici anni. – Sicuro! E quando tutti erano Brutti, le cose andavano a meraviglia. O te la sei persa, quella lezione?
70   – Sì, sì, lo so – recitò Shay. – Tutti giudicavano gli altri in base all'apparenza. Le persone più alte avevano i lavori migliori, e addirittura certi politici venivano votati solo perché erano meno brutti di altri. E bla bla bla.
     – Esatto! E ci si uccideva l'un l'altro perché si aveva la pelle di colore diverso. – Tally scosse la testa. Per quante volte glielo avessero ripetuto

---

2. del morfo: della figura che il software sta creando.
3. Guercetta: è il soprannome che Shay ha dato a Tally.
4. librella: una sorta di skateboard volante. Shay vi compie vere acrobazie, e ha insegnato a Tally come usarlo.

a scuola, a quello proprio non riusciva a crederci. – Perciò che c'è di male se ora le persone si somigliano di più? È il solo modo per renderle tutte uguali.

– E perché invece non renderle più intelligenti?

Tally scoppiò a ridere. – Impossibile! Insomma, il programma serve solo per vedere che aspetto avremo fra… due mesi e quindici giorni[5].

– Non possiamo aspettare fino ad allora?

Tally chiuse gli occhi e sospirò. – Certe volte non penso di riuscirci.

– Peggio per te. – Sentì il peso di Shay sul letto e un pugno leggero sul braccio. – Ehi, tanto vale che nel frattempo ce la godiamo. Adesso possiamo farci un giro in librella? Sì?

Tally aprì gli occhi e vide il sorriso dell'amica. – D'accordo. – Si sedette e lanciò un'occhiata alla schermoparete. Senza bisogno di lavorarci tanto, la faccia di Shay era già attraente, sana… perfetta. – Non ti sembra bella?

Shay scrollò le spalle senza neanche degnarla di uno sguardo. – Quella non sono io. È l'idea di come dovrei essere secondo non so quale comitato.

Tally sorrise e l'abbracciò.

– Però *sarai* tu. Lo diventerai. Presto.

S. Westerfeld, *Brutti*, trad. it. di A. Ragusa, in *Beauty. La trilogia: Brutti, Perfetti, Speciali*, Mondadori, Milano 2011

5. due mesi e quindici giorni: Shay e Tally sono nate lo stesso giorno, e quindi sono destinate a diventare "perfette" contemporaneamente.

COMPRENDERE E INTERPRETARE

■ Verso la "perfezione"

1. Come funzionano le sofisticate apparecchiature con cui Tally gioca a trasformare l'immagine di Shay? Riordina le sequenze nell'ordine in cui compaiono nel testo.

   A Vengono aggiunti i capelli.
   B Il morfosoftware annulla le naturali asimmetrie tra le due parti del viso.
   C La macchina fotografica incorporata nello schermo "fotografa" il viso di Shay.
   D Viene cancellata ogni imperfezione del viso e dell'epidermide.

Sezione 1   Conoscersi, confrontarsi, crescere

2. Lo schermoparete visualizza due immagini di Shay: quali differenze ci sono tra l'una e l'altra? Quale, tra le due, viene scelta dalla ragazza [rr. 6-24]?

3. Le due amiche non la pensano allo stesso modo sul gioco della simulazione "perfetta": chi ne è più entusiasta? Chi, invece, appare molto critica?

4. Per quale motivo nel mondo di Shay e Tally si viene trasformati in "Perfetti", al compimento del sedicesimo anno [rr. 65-77]?

▬ I dubbi di Shay

5. Rileggi le rr. 6-24: quale aspetto del carattere di Shay viene rivelato dalla sua scelta?

6. Perché Shay non sopporta l'idea di rendere "perfetto" il proprio viso?

STUDIARE LA LINGUA

7. Mentre Tally lavora all'immagine di Shay, quest'ultima esprime alcune osservazioni ironiche. Evidenziane due esempi, a tua scelta, spiegando in che cosa consiste l'ironia della ragazza.

8. Quali parole nuove, inventate dal narratore per ambientare la vicenda nel futuro, figurano nel testo? Trascrivile.

PARLARE

9. Shay sogna una società in cui le persone siano «più intelligenti». Secondo te, in quale modo si potrebbe migliorare l'intelligenza delle persone, escludendo il ricorso a mezzi futuristici? Discutine in classe con i compagni.

SCRIVERE

10. Nel mondo di Shay e Tally, la mentalità dominante è che la "perfezione" estetica rende tutti uguali, eliminando il rischio di rivalità e scontri. Shay, invece, pensa che per ottenere lo stesso risultato si dovrebbe migliorare l'intelligenza, conservando le naturali differenze esteriori.
Scrivi un breve testo argomentativo in cui sostieni l'una o l'altra posizione: ricorda di individuare argomenti ed esempi convincenti a sostegno della tesi che hai scelto.

L'età dei cambiamenti U1

T5 Marie-Aude Murail
Quale futuro per Louis?

I contenuti Tra Louis e suo padre, il noto chirurgo Feyrières, i rapporti non sono buoni. Mentre il padre, professionista di successo che si è fatto da sé, vorrebbe per il figlio un futuro da laureato, Louis desidera fare il parrucchiere: per realizzare questo sogno, d'accordo con la mamma ma all'insaputa del papà, fa l'apprendista in un negozio, dove conosce persone di tutti i tipi e si fa apprezzare per il carattere sincero e disinteressato. Un giorno, però, il signor Feyrières scopre che in famiglia lo stanno ingannando e decide di controllare di persona: ed ecco quello che accade non appena il chirurgo entra da *Maïté Coiffure*, il salone di bellezza in cui lavora Louis.

Il signor Feyrières fece tintinnare il carillon[1]. Vide una grossa signora[2] troppo truccata dietro il bancone.
   «Buongiorno, signore, vuole un appuntamento?»
   «È possibile adesso?»
5 «Le prendo il cappotto?» gli chiese una ragazzina dagli occhi sornioni.
   «Grazie» rispose gentilmente il signor Feyrières.
   Il battito era accelerato.
   «Lei è… Fifi[3], scommetto?»
   Garance[4] lo squadrò come se avesse a che fare con lo scemo del vil-
10 laggio.
   «No» disse puntando il dito verso il giovane parrucchiere. «È lui Fifi».
   Il cuore del signor Feyrières smise di battere. Ma, nello stesso istante, la signorina Rapoport[5] chiese se fosse possibile avere un tè.
   «Naturalmente, signorina. Louis!» chiamò la titolare. Il ragazzo era
15 sull'ammezzato. Scese i primi gradini e si bloccò a metà della scala.
   «Allora, Louis, puoi pensare tu al tè?» lo incalzò la signora Maïté.
   Il ragazzo scese lentamente gli ultimi gradini. Gli occhi fissi in quelli di suo padre.
   «Te l'ha detto mamma che ero qui?»
20 «No». Il signor Feyrières tirò fuori dalla tasca un foglio di carta stropicciato e lo buttò in faccia al figlio[6].
   «Torna a casa».
   Tacevano tutti. Clara[7] scese a sua volta dall'ammezzato. Il signor Feyrières la squadrò dai tacchi a spillo fino alle ciocche ribelli del suo
25 chignon, poi si girò verso la signora Maïté.
   «Lei sta facendo lavorare un minorenne che non ha alcun contratto di tirocinio con lei. Se mio figlio rimette piede qui dentro, la denuncio».
   Appena fu uscito, tutti si scatenarono. Che bruto! Che maleducato! Ma chi credeva di essere! Solo la signora Maïté taceva.
30 «Louis?»

---

1. **carillon:** il campanello appeso alla porta, che suona quando entra un cliente.
2. **una grossa signora:** la signora Maïté, titolare del negozio.
3. **Fifi:** Philippe Loisel, uno dei lavoranti del negozio. Un biglietto trovato in camera di Louis aveva fatto sospettare al signor Feyrières che potesse trattarsi di una ragazza che aveva "cattiva influenza" su Louis. Scoprire che si tratta invece di un ragazzo, evidentemente omosessuale, fa molta impressione al chirurgo: teme che anche suo figlio lo sia.
4. **Garance:** una lavorante del negozio. Era diventata molto amica di Louis.
5. **la signorina Rapoport:** una cliente abituale.
6. **un foglio … al figlio:** un volantino del negozio che il chirurgo aveva trovato in camera di Louis.
7. **Clara:** un'altra lavorante del negozio.

CONTINUA A LEGGERE

31

Sezione 1   Conoscersi, confrontarsi, crescere

«Sì?»
«Tuo padre non sapeva che venivi qui?»
«No».
Poiché né Louis, né sua madre avevano avuto il coraggio di affrontare il signor Feyrières, *Maïté Coiffure* era dalla parte del torto. Louis si diresse verso lo spogliatoio. Garance lo bloccò al passaggio appoggiandogli la mano sul petto: «Te ne vai?».
«Sì».
«Ma…»
La sua voce tremò: «Per sempre?».
Louis non rispose. Prese il suo giubbotto.
«Ciao, Louis».
Philippe gli tese la mano.
«Louis!» esclamò Clara. Gli si precipitò addosso facendo stridere i tacchi a spillo sulle piastrelle e lo baciò su entrambe le guance con trasporto. Chi l'avrebbe protetta, adesso? Il ragazzo si avvicinò al bancone.
«Tornerò».
«Non fare sciocchezze, Louis. La cosa più importante è la tua vita».
«Certo».
Appena fu in strada, Louis si mise a correre per raggiungere il padre.
Il signor Feyrières camminava velocemente. Non riusciva a mettere ordine nei suoi pensieri. Allora quello era il cinema[8]. E sua moglie lo sapeva. Era complice. Da quanto tempo gli mentivano? E Fifi, chi era? Louis non poteva essere… Il signor Feyrières non riusciva a finire la frase.

«Papà!»

8. quello era il cinema: per coprire Louis, la signora Feyrières aveva detto al marito che il ragazzo era andato a vedere un film.

L'età dei cambiamenti **U1**

Si girò di scatto: «Ah, eccoti».

La notte scendeva in rue Jeanne d'Arc.

«Allora, è così che occupi il tuo tempo libero?»

60 La gente stava rincasando e dava un'occhiata distratta a quel padre e a quel figlio che bloccavano il passaggio.

«Vai a fare il lacché in quel posto orribile invece di lavorare per te, per il tuo futuro».

Se Louis avesse trovato le parole, avrebbe potuto dire a suo padre che 65 stava effettivamente lavorando per il proprio avvenire. Visto che voleva fare il parrucchiere. Si portò le mani al cuore. Avrebbe voluto strapparsi qualcosa.

«Non capisci che quella gente ti sfrutta? Che ti fanno lavorare per niente? È… è indegno!»

70 Parla, Louis. Di' a tuo padre che quella gente ti ha accolto, ti ha dato delle responsabilità, ha creduto in te perfino dopo che avevi mentito.

«Ma non vedi che gente è? Apri gli occhi, Louis! Quella grossa ruffiana…»

La signora Maïté.

75 «Quel piccolo finocchio…»

Philippe Loisel.

«Quella ragazzina volgare…»

Garance.

«Quella mezza putt…»

80 Clara[9].

«Ma cosa c'è? Mi vuoi dire qualcosa? Parla!»

Louis tendeva quasi le mani. Implorava. Ma senza parole. Senza frasi.

«Non vorrai dirmi che hai voglia di finire così come quel… quel Fifi, eh?»

85 Erano uno di fronte all'altro. Louis sosteneva lo sguardo di suo padre. Forza, parla. Adesso o mai più.

«Sei troppo idiota».

«Cosa? Cosa hai detto? Osi ripeterlo? Sai con chi stai parlando?»

«Un idiota».

90 Partì un colpo, non una sberla, ma un colpo per uccidere. Il bambino andò a terra e all'improvviso i passanti si raggrupparono. Il signor Feyrières si inginocchiò.

«Louis! Louis!»

Era svenuto. Gli usciva sangue dal naso e dalla bocca.

95 «È stato lui, l'ha colpito» disse qualcuno indicando il signor Feyrières.

Il ragazzo era sempre in ginocchio.

«Louis, piccolo mio! Ma cosa ti ho fatto? Non volevo…» gli sentì il polso, poi lo appoggiò a terra. «Il pronto soccorso. Il mio cellulare. Dove l'ho messo?»

100 Si frugò in tasca.

«Tranquillo» disse una voce. «Ho chiamato un'ambulanza».

9. Quella grossa ruffiana … Clara: nello scambio di battute, è evidente il disprezzo del signor Feyrières, che insulta senza conoscerle persone a cui Louis vuole bene.

CONTINUA A LEGGERE

33

Sezione 1 — Conoscersi, confrontarsi, crescere

Il signor Feyrières alzò la testa e vide il raggruppamento attorno a sé. «È mio figlio! È mio figlio!» disse a tutti.

105 Il signor Feyrières fu ammesso nella stanza di suo figlio lunedì pomeriggio. Il ragazzo aveva il naso ingessato. Riusciva appena ad aprire gli occhi. Le labbra avevano raddoppiato di volume. Soffriva. Ma, nella sua testa fratturata, l'implacabile rotella continuava a girare.

Il signor Feyrières si sedette sul bordo del letto e rivolse uno sguardo rattristato al figlio.

110 «Vorrei essere al tuo posto».

«Non puoi» articolò faticosamente il ragazzo.

Il signor Feyrières fece un sorriso amaro. Non riusciva più a essere il padre dei suoi figli.

«Papà» sussurrò Louis.

115 «Sì?»

Il signor Feyrières si avvicinò un po' al figlio.

«Puoi…»

Ogni parola faceva soffrire Louis.

«Posso?» lo incoraggiò il padre.

120 «… cercarmi…» Louis chiuse gli occhi per il dolore.

«… una… buona scuola…»

Tacque così a lungo che suo padre completò timidamente:

«Per parrucchieri?».

M.-A. Murail, *Nodi al pettine*, trad. it. di F. Angelini, Giunti, Firenze 2011

COMPRENDERE E INTERPRETARE

Lo scontro [rr. 1-103]

1. Qual è l'atteggiamento del signor Feyrières appena entra in negozio?

2. Il testo non descrive le emozioni di Louis nel momento in cui vede il padre, ma le fa capire dai suoi gesti. Scrivi quale emozione corrisponde, secondo te, ai gesti indicati.

Gesto	Emozione
a. Si bloccò a metà della scala.	
b. Scese lentamente gli ultimi gradini.	
c. Gli occhi fissi in quelli del padre.	

3. Qual è la prima domanda che Louis rivolge a suo padre? Perché il ragazzo rivolge proprio quella domanda, e nessun'altra?

L'età dei cambiamenti **U1**

4. Il signor Feyrières esce sconvolto dal negozio: quali pensieri gli turbinano in testa? Quali timori?

5. Quando Louis raggiunge il padre, la scena diventa drammatica: che cosa accade?

▬ L'incontro [rr. 104-123]

6. Quali vistose conseguenze ha riportato Louis dallo scontro con il padre?

7. Louis ha talmente soggezione di suo padre che fino alla fine non riesce a chiedere... che cosa? Chi lo aiuta a formulare per intero la domanda?

STUDIARE LA LINGUA

8. Osserva le **rr. 9-13**: quale tipo di focalizzazione individui (▶Saperi di base, p. 140)?
   - A Interna fissa del signor Feyrières.
   - B Interna fissa di Louis.
   - C Esterna onnisciente.
   - D Esterna imparziale.

9. Il signor Feyrières è molto volgare quando, parlando con Louis, nomina i suoi amici e colleghi. Perché si esprime in quel modo, pur essendo un uomo colto e intelligente?

PARLARE

10. Il testo affronta diversi temi, che indichiamo di seguito. Quale ritieni più interessante? Quali sono le tue idee in proposito? Discutine con i compagni, con la guida dell'insegnante.
    ▸ Le difficoltà di comunicazione in famiglia.
    ▸ L'omosessualità.
    ▸ Il timore nei confronti dei genitori.
    ▸ La disobbedienza.
    ▸ Il desiderio di sentirsi realizzati.

SCRIVERE

11. Prosegui il racconto, descrivendo il momento in cui Louis può tornare da Maïté Coiffure senza dover più mentire al padre. Trova di nuovo i suoi amici? Come lo accolgono? E lui, come si sente? Torna da solo o è il padre ad accompagnarlo, magari per scusarsi della sua visita precedente? Cerca, come fa l'autrice, di rappresentare i sentimenti dei personaggi descrivendone i gesti.

Alberto Pellai
Dire no o dire sì?

I contenuti | Accade che i figli adolescenti diventino un vero mistero per i genitori, i quali si domandano, spaesati, "che fine hanno fatto la mia bambina, il mio bambino?". Alberto Pellai, medico e psicoterapeuta dell'età evolutiva, riflette su questo importante e delicatissimo passaggio di crescita osservando un aspetto particolare: il ruolo dei padri. Leggere queste pagine consente ai figli di guardare con occhi un po' diversi il proprio genitore, comprendendo comportamenti a volte difficili da accettare.

Accorgersi che diventano grandi

Per i papà, l'adolescenza dei propri figli è un territorio dai confini alquanto indefiniti. Alcuni padri scoprono per la prima volta – e finalmente, verrebbe da dire – il valore dei propri figli. Rimangono colpi-
5 ti dalle loro capacità, dalla loro crescita, spesso anche dalla bellezza del loro corpo. Si rendono conto dell'enorme differenza che esiste tra l'adolescente magari un po' gracile e brufoloso che loro sono stati e quel gigante, campione di basket, che invece hanno cresciuto in tutti questi anni e che si muove con passo ondeggiante tra le mura di casa.
10 O rimangono senza parole davanti alla bellezza seducente della donna quindicenne che scopre l'amore. Ci sono molti motivi per esserne più che orgogliosi. Ma, al contempo, i padri sanno che l'adolescenza

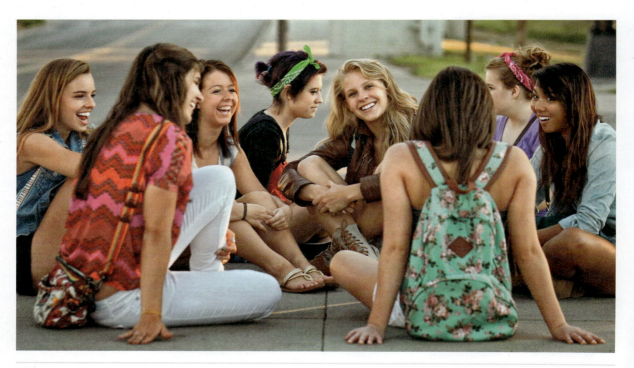

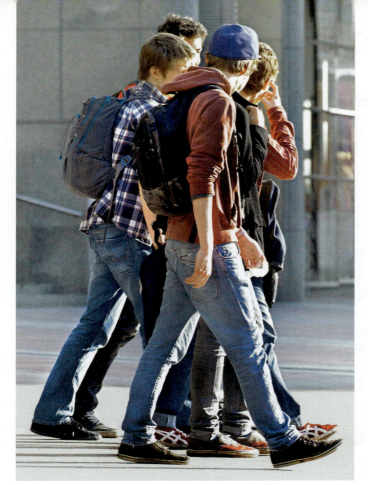

dei figli è un periodo in cui avvengono molte cose – e assai velocemente – e in cui soprattutto i figli possono esplorare il territorio del rischio in modo molto pericoloso.

Solitamente il padre è il "portatore della norma" dentro la famiglia, colui che presidia il campo delle regole e dei limiti. Insomma è al padre che spetta il compito scomodo, ma fondamentale, di dire i no che si credono necessari per i figli in crescita.

Saper dire no

Dire no a un figlio non è mai un compito facile. Si corre il rischio di farlo sentire triste, oppure arrabbiato, e in tale caso si dovrà gestire anche tutto ciò che segue quel no: le sue crisi di mutismo, i pianti disperati, le ribellioni con sbattimento di porte. Molti papà hanno una buona dose di sicurezza e tranquillità interiore: sanno che stanno facendo la cosa giusta e quindi reggono senza tentennamenti questi terremoti emotivi, ben sapendo che sono di breve durata. Altri invece si sentono subito messi dietro il banco degli imputati. Spesso non riescono a convincersi che quel no sia davvero così utile, e quindi poco dopo cedono. Molti di questi padri ammettono che non sono capaci di dire no, perché non sopportano il dolore o la rabbia che il loro divieto produce. Ma andando più a fondo nella questione, è ben chiaro che è diverso ciò che per loro risulta insopportabile: questi papà spesso non sanno tollerare la frustrazione di sembrare un padre cattivo agli occhi di figli molto amati. È una specie di "ferita narcisistica" quella che li porta ad acconsentire sempre a ogni richiesta, a dire comunque sempre sì, a non mettere nulla davvero in discussione. La percezione di questi padri è che, dando tutto, saranno amati sempre e incondizionatamente. A volte, questo è un atteggiamento adottato per tenere sedati e sopiti forti sensi di colpa: padri molto impegnati sul lavoro, che hanno investito tutte le migliori energie sul fronte extrafamiliare, placano il proprio senso di inadeguatezza con un atteggiamento lassista e permissivo. Spesso però la radice del permissivismo di questi padri è molto più antica: hanno sperimentato un genitore, quando erano adolescenti, che è stato molto più *padrone* che padre, infliggendo sofferenze e ingiustizie delle quali è stato impossibile cogliere il senso.

Sezione 1   Conoscersi, confrontarsi, crescere

La ferita dei non amati
Di fronte a quella che potremmo definire la "ferita dei non amati", gli adulti che non hanno rielaborato gli accadimenti emotivi del proprio percorso di crescita possono comportarsi solo in due modi:

60 o riservare ai propri figli lo stesso trattamento che è stato riservato a loro. In tal caso, l'autorità si sostituisce all'autorevolezza, la disciplina diventa un codice di leggi inalienabili e immodificabili e l'amore per i figli viene sacrificato all'altare del rispetto ossequioso "a prescindere";

65 o agire in modo specularmente opposto. Per ogni no ricevuto quando erano bambini e adolescenti, i loro figli ricevono decine e decine di sì, senza condizioni, senza percorso, senza negoziazioni. A volte la generosità di questi padri è talmente esagerata da lasciare stupiti gli stessi figli che, parlando tra coetanei, raccontano con un certo imba-
70 razzo che per loro non c'è mai da discutere per ottenere un permesso.

A. Pellai, *Questa casa non è un albergo!*, Kowalski, Milano 2009

COMPRENDERE E INTERPRETARE

Figli "nuovi" [rr. 1-24]

1. Perché, secondo l'autore, l'adolescenza dei figli è «un territorio dai confini alquanto indefiniti»?
   ....

2. Per i padri, la crescita dei figli ha una doppia valenza: individua tale ambivalenza completando le frasi.
   a. È motivo di orgoglio perché: ....
   b. È motivo di preoccupazione perché: ....

3. Qual è il ruolo del padre all'interno della famiglia secondo l'autore?
   ....

I "no" aiutano a crescere? [rr. 25-55]

4. Perché «dire no a un figlio non è mai un compito facile»?
   ....

5. Che cosa intende l'autore per «ferita narcisistica»?
   A La tendenza di alcuni figli a sfidare l'autorità paterna per affermare la propria personalità.
   B La tendenza di alcuni figli a esagerare con le richieste per soddisfare il loro bisogno di sentirsi amati.
   ☒ C La tendenza di alcuni padri a respingere ogni richiesta del figlio per affermare la propria autorità.
   D La tendenza di alcuni padri a dire sempre di sì per timore di non essere più amati dai figli.

6. L'autore spiega l'eccessiva permissività di alcuni padri in due modi: quali, tra i seguenti?

- [ ] **A** Senso di colpa per essere molto impegnati fuori casa.
- [x] **B** Senso di colpa per aver detto troppi no in passato.
- [x] **C** Aver avuto un padre "padrone".
- [ ] **D** Eccessiva bontà di carattere.

▬ Una causa, due comportamenti [rr. 56-70]

7. In che cosa consiste la «ferita dei non amati»?

....

8. Gli adulti, che non hanno rielaborato la «ferita dei non amati», una volta diventati padri possono comportarsi in due modi opposti: quali?

....

9. Perché davanti a un comportamento paterno eccessivamente permissivo, i figli provano addirittura imbarazzo nel riferire agli amici che «non c'è mai da discutere per ottenere un permesso» [rr. 69-70]?

....
....

STUDIARE LA LINGUA

10. Il testo è scritto in un linguaggio molto semplice, ma vi compaiono alcune espressioni specifiche della psicologia. Individuale, proseguendo l'elenco.

"Portatore della norma", tollerare la frustrazione, ...

11. Chiarisci il significato di queste espressioni:
- **a.** «terremoti emotivi» [r. 36]: ....
- **b.** «atteggiamento lassista» [r. 51]: ....
- **c.** «leggi inalienabili e immodificabili» [r. 62]: ....

PARLARE

12. L'autore opera una distinzione tra "autorità" e "autorevolezza": spiega a voce tale differenza, confrontandoti con i compagni. Fai anche un esempio di persona autoritaria e uno di persona autorevole, motivando le tue scelte.

SCRIVERE

▬ Confronto tra i testi

13. Prova ad applicare il ragionamento di Pellai al brano *Quale futuro per Louis?* (▶T5): quale "tipo" di padre è impersonato dal personaggio del signor Feyrières? Quale potrebbe essere la causa del suo atteggiamento nei confronti del figlio? Argomenta la tua risposta facendo riferimento al testo; aggiungi poi una breve riflessione sul motivo per cui lo stesso signor Feyrières, alla fine, si mostra più aperto e comprensivo con Louis.

Sezione 1   Conoscersi, confrontarsi, crescere

Africa

T7

Ibrahin Kane Annour, Elisa Cozzarini
Il deserto negli occhi

I contenuti | I Tuareg sono un popolo berbero di tradizione nomade, che vive nel deserto del Sahara. A questo popolo appartengono Kane e suo figlio Ibrahin, che ha dodici anni e vive seguendo il padre e lo zio Haidara lungo le piste carovaniere. Il deserto, per Ibrahin, è una dimensione familiare e affettiva: ha imparato ad amarlo dai racconti dei familiari, e quando si trasferisce con la famiglia ad Arlit ne rimpiange gli spazi sconfinati, i colori, l'impressione di assoluta libertà. Un giorno, Ibrahin ha la possibilità di tornare nel deserto con il padre e un medico francese, ed è proprio quel giorno che il ragazzo sperimenta per la prima volta la paura della solitudine, uscendone trasformato: un po' più uomo, un po' meno ragazzo.

Finite le vacanze, tornammo ad Arlit[1]. Era strano vedere mio padre uscire di casa con addosso la tuta da lavoro, quel tubo di pantaloni e camicia legati assieme, e il *taguelmoust*[2] da cui non si separava mai. Papà aveva ottenuto il posto di caporeparto in miniera perché era andato a
5   scuola e aveva imparato il francese. Questo gli aveva permesso anche di fare amicizia con i *tubab*, gli uomini bianchi. Partiva con loro nel deserto e si riprendeva la libertà per qualche giorno. A volte mi portava con sé e, appena ci fermavamo, io correvo in giro senza meta. Stavo bene lì, mi sembrava di poter fare qualsiasi cosa.
10   Ma a dodici anni conobbi per la prima volta il terrore della solitudine assoluta.
Ero appena tornato da scuola e mio padre mi disse:
«Ibrahim, partiamo».
Era altissimo, imponente, con la *gellaba*[3] e il turbante blu.
15   Uscimmo in strada per aspettare il dottor Philippe, un medico dell'ospedale di Arlit, che doveva visitare alcuni accampamenti nel deserto. Venne a prenderci con due fuoristrada. Uno lo guidava lui, l'altro il suo domestico, un *hausa*[4]. Dopo un giorno di viaggio, senza aver ancora raggiunto nessun insediamento nomade, una delle due jeep si fermò.
20   Era piena di medicine, i regali che il dottore bianco portava alla nostra gente. Papà, l'autista e il *tubab* fecero alcuni tentativi per farla ripartire, ma niente. Quella brontolava un po', poi restava muta.
«Dobbiamo tornare in città» disse mio padre.
«Kane, solo tu conosci la strada» fece il domestico.
25   «È vero, ma io non so guidare. Andremo noi tre. Ibrahim resterà qui, vigilerà lui sulla jeep, ormai è grande».
«Il ragazzo è troppo giovane, mi fermerò qui con lui» disse l'uomo bianco.

---

1. Arlit: località della Nigeria, nota per le miniere di uranio.
2. taguelmoust: copricapo tipico dei Tuareg. Consiste in una lunga fascia di stoffa che si avvolge sul capo e intorno al viso, lasciando liberi solo gli occhi. Serve per proteggersi dalla sabbia e dal vento del deserto.
3. gellaba: ampia tunica di cotone o lana, che si porta drappeggiata intorno al corpo. È la veste tipica dell'Africa centro-settentrionale.
4. hausa: gruppo etnico del Niger.

«Tu sei un *tubab*, per te è troppo rischioso. I nomadi conoscono mio figlio, nessuno gli farà del male».

Papà non lasciò che Philippe replicasse. Io ascoltavo in silenzio, immobile. Lui mi prese la mano e disse:

«Ibrahim, tu starai qui».

Mi guardai attorno, con il vuoto sotto i piedi. Non risposi, abbassai lo sguardo sulla terra ciottolosa e pensai che mio padre era cattivo.

Rimasi solo nell'infinito che zio Haidara mi aveva insegnato ad amare. Ero terrorizzato.

Avevo con me quaranta litri d'acqua, pane, datteri, arachidi. Quella notte, rannicchiato sul sedile posteriore della jeep, pensavo a papà che era andato via con il dottore bianco e il domestico hausa. Piangevo, non capivo come avesse potuto farmi una cosa simile. Quando chiusi gli occhi rividi tutta la scena e solo allora mi accorsi che papà si era allontanato con il volto girato all'indietro, verso di me. Finché era diventato un puntino ed era scomparso. Lo sentii vicino, capii che mi teneva nel suo cuore e smisi di tremare. Ero un uomo, stavo facendo la guardia al fuoristrada di un *tubab* da solo nel deserto.

Con la prima luce del mattino che filtrava dal parabrezza, vidi una figura in sella a un dromedario avvicinarsi alla macchina. Cercai di rimanere calmo. Presi un coltello e lo infilai nei pantaloni. Le gambe tremavano come foglie e il cuore usciva dal petto. L'uomo scese e fece mettere in ginocchio l'animale.

«Tu sei il figlio di Kane» disse.

Papà era stato maestro di scuola, tutti lo stimavano nel Ténéré[5]. Il tuareg restò con me, raccontandomi storie della mia famiglia e di come mi conosceva anche prima di incontrarmi. Alcune ore dopo mio padre, il domestico e il francese tornarono con il pezzo di ricambio. Papà salutò quell'uomo come un grande amico e per ringraziarlo gli donò zucchero, tè, miglio, farina, olio e acqua per il suo viaggio verso nord. Anche noi proseguimmo. Ci fermavamo nei villaggi e negli accampamenti

5. Ténéré: regione desertica del Sahara centromeridionale, tra la Nigeria e il Ciad.

Sezione 1   Conoscersi, confrontarsi, crescere

60 dei nomadi e il dottore *tubab* si dava da fare, curava le persone anziane e malate, visitava i bambini. Alla fine, stanco per la fatica e il caldo, si sedeva accanto a mio padre e stava ad ascoltarlo. La sua casa fresca, con l'aria condizionata sempre accesa, era lontana, eppure Philippe era felice, lo vedevo. Mi sembrava strano, ma avevo paura di chiedere spiega-
65 zioni a mio padre. È difficile parlare con i propri genitori. Avrei voluto che ci fosse zio Haidara, lui mi avrebbe detto che ogni uomo cerca la libertà e solo se dimentichi il tempo che passa puoi vivere appieno.

    Il Sahara in quegli anni era pieno di vita. C'erano periodi di siccità, ma la pioggia faceva ancora rinascere la terra, si vedevano struzzi, scia-
70 calli, gazzelle. E le antilopi addax, dalle lunghe corna a spirale e gli zoccoli larghi, fatti apposta per non affondare nella sabbia. I francesi restavano ipnotizzati dai tramonti, dalle dune che si spostano con il vento e dalle sagome spettacolari delle montagne. Si stupivano di fronte ai siti preistorici, con le impronte di dinosauri, fossili di pesci, tartarughe, le
75 punte delle frecce e gli utensili, i resti delle oasi abbandonate di Djado, Jaba, Chirfa.

    «Ecco le radici del popolo tuareg» spiegava mio padre ai bianchi, «la nostra storia è qui, nelle tracce svelate dal vento».

    Quegli oggetti stavano anche nei miei libri di scuola. Voleva dire
80 che erano preziosi, bisognava conservarli con gelosia. Eppure, diceva papà, lo Stato faceva poco per salvarli, perché i grandi spazi del deserto sfuggono al controllo. Poi, quando i *tubab* non ci sentivano, mi narrava le avventure straordinarie di Anougurran, l'antenato di tutte le genti del deserto. Erano storie a cui i bianchi non avrebbero mai creduto. I tuareg
85 invece sanno che i graffiti rupestri sono i messaggi del grande Anougurran per gli uomini di ogni epoca.

I. Kane Annour, E. Corazzini, *Il deserto negli occhi*, Nuova Dimensione, Portogruaro 2011

COMPRENDERE E INTERPRETARE

Tornare nel deserto [rr. 1-35]

1. **Dalle prime battute del racconto, si capisce che vivere ad Arlit è una condizione nuova per Ibrahin. Individua gli aspetti di novità rispondendo alle domande.**
   a. Che cosa vede di "strano" in suo padre, il tuareg Kane?
   b. Quale sentimento prova nei confronti del deserto, dove torna ogni tanto col padre?

2. **Chi è il dottor Philippe, e perché Kane e Ibrahin si mettono in viaggio con lui nel deserto?**

3. **Di che cosa sono cariche le jeep con cui i tre adulti e Ibrahim viaggiano verso il deserto?**

L'età dei cambiamenti U1

4. Quando la jeep si ferma, Kane prende tre decisioni, che riportiamo di seguito: per ciascuna, indica la motivazione.

Decisione di Kane	Motivazione
a. Tornare in città con il dottor Philippe e il suo domestico.	PERCHÉ LA JEEP SI ERA GUASTATA AL MOTORE
b. Lasciare da solo Ibrahin.	PERCHÉ I NOMADI LO CONOSCONO
c. Non permettere al dottor Philippe di restare nel deserto con Ibrahin.	PERCHÉ È UN TUBAB E NEL DESERTO ERA IN PERICOLO

5. Quale sentimento prova Ibrahin nei confronti del padre, quando rimane solo a custodire la jeep?

....

La paura, il coraggio, l'amore per la propria terra [rr. 36-86]

6. Ibrahin ama il deserto e nella Jeep vi sono molte provviste; tuttavia, piange ed è terrorizzato: perché?

....

7. Che cosa accade, alla prima luce del mattino?

....

8. Chi è Anougurran, e perché per i Tuareg è così importante?

....

STUDIARE LA LINGUA

9. Nel testo vi sono alcuni vocaboli stranieri, legati alle tradizioni degli uomini del deserto. Evidenziali e spiegane il significato, aiutandoti con le note.

....

10. Il brano si conclude con una sequenza descrittiva e una riflessiva. Individuale, segnalandone a margine, con un breve titolo a tua scelta, il contenuto.

PARLARE

11. Quale riflessione fa comprendere a Ibrahin il motivo per cui il padre l'ha lasciato solo nel deserto? Come si sente il ragazzo, dopo aver compreso? Rispondi a queste domande, confrontando le tue interpretazioni con quelle dei compagni.

SCRIVERE

12. Ibrahin è orgoglioso delle sue origini Tuareg, del suo amore per il deserto, degli insegnamenti ricevuti dal padre e dallo zio. Rifletti su questo: è importante, nel proprio processo di crescita, prendere coscienza delle proprie origini familiari e culturali? Quali sono gli insegnamenti, a parole o nei fatti, che "fanno crescere"? Tu ne hai già ricevuto qualcuno che hai avvertito come particolarmente importante? Racconta le tue esperienze e discuti le tue idee in proposito.

Sezione 1   Conoscersi, confrontarsi, crescere

T8 Fabio Geda
Il battesimo della parola

I contenuti | Quando Zeno, dodici anni e una vita tranquilla, trascorsa tra la scuola e i giochi in spiaggia con gli amici del villaggio siciliano in cui vive, viene accusato di aver commesso un atto vandalico, si sente profondamente ferito. Nessuno gli crede, nemmeno i suoi genitori, che pure ama e che lo amano molto. Solo un'uscita in barca con il padre, nel silenzio del grande mare, sbloccherà la situazione, facendo uscire figlio e genitore dall'incomprensione reciproca.

E quindi, uscendo di casa con i pantaloni della tuta e il kway, due scatole di arenicole[1] a testa – una per me, una per mio padre – il guadino in una mano e la canna da pesca nuova nell'altra, in punta di piedi per evitare di svegliare mamma, dissi: «Va bene, va bene, hai ragione tu».
5   Mio padre non aggiunse altro. In questi casi, ripeteva, ragionare con me era come pescare il dentice d'inverno: ci voleva pazienza, e una buona lenza da fondo; inutile lo strascico.

Non scambiammo una sola parola fino a quando la barca non fu in acqua. Mentre vogava comodo a prua, immergendo i remi senza
10   spruzzi in quello stile garbato che gli apparteneva, come se con il mare, lui, avesse un conto in sospeso, senza parole, occhi e mento, mi fece segno di guardare dietro: Capo Galilea[2], il nostro paese, era una frana sulla battigia, case color sabbia e, tra i vicoli, le luci come fuochi. La luna era alta, sopra il bacino di carenaggio[3] e sopra la collina che fuoco
15   prendeva sul serio, ogni estate, per dolo e malavoglia; due anni prima, cercando di salvare il capanno e i filari del suocero, era morto il padre di un amico mio. Perché il fuoco non è vero che purifica, come diceva il parroco, don Luciano, il fuoco è ingiusto, e si prende gli innocenti. Il cielo era indaco, con nubi a oriente. Mio padre remava e io, flesso nel
20   pozzetto[4], lasciavo che trainasse la barca; non importava dove, avrei attraversato il mare, sarei arrivato in Africa, sarei andato ovunque, con lui.

Per questo faceva male, il dubbio. Quando il parroco e i carabinieri erano venuti a bussare, poco prima di cena, e mi avevano accusato di aver lanciato, con
25   Michele e Salvo, le pietre che quel pomeriggio avevano rotto uno dei vetri della sacrestia, quelli satinati – "E per poco non prendevate in testa la signora Puglisi, che stava passando lo straccio" – mio padre non si era girato a cercare conferme o
30   smentite, nonostante fossi lì, in poltrona, a una spanna. Aveva detto solo: «Mi rincresce».

Ero scattato in piedi. «Ma cosa ti rincresce, papà?

1. **arenicole:** sono vermi molto usati come esche perché graditi a tanti tipi di pesce.
2. **Capo Galilea:** il nome della località è inventato, ma la descrizione è assai verosimile; si tratta di un paese di pescatori, in Sicilia.
3. **bacino di carenaggio:** struttura di ampie dimensioni e presente in molti porti: serve per ospitare imbarcazioni che necessitano di manutenzione.
4. **pozzetto:** è la parte aperta delle imbarcazioni, dove in genere si trovano il timone, panche per sedersi, un tavolo.

5. caddusu: in siciliano significa "calloso". I ragazzini chiamano così una zona con molte dune dove possono scorrazzare in bicicletta.

Io non ho fatto nulla. Non c'entro. Manco li ho visti, oggi, Michele e Salvo. Ero al caddusu[5] con la bici.» Poi, paonazzo, spaventato dal mio stesso osare: «E voi come lo sapete che sono stati loro?» avevo urlato ai carabinieri e a don Luciano. «Li avete fotografati?»

«Li ha riconosciuti il garzone di Celima.»

«Quello del macellaio, il cieco?»

«Non è cieco.»

«Ma dico, li avete visti gli occhiali? Li avete presente? Io lo conosco.»

«Ecco, appunto», era intervenuto il carabiniere, quello alto con i baffi; la figlia veniva nella mia scuola, ed era brutta. «E lui conosce voi.»

«Mente.»

Aveva sorriso. «Perché dovrebbe farlo?»

Mi strizzai nelle spalle. «E che ne so? Chiedete a lui.»

Papà si era allontanato per cercare un fazzoletto. Era tornato asciugandosi il sangue dal naso; gli capitava spesso. «Gli altri due cosa dicono?»

«Michele e Salvo? Negano. E sa dove affermano di essere stati?»

«Al caddusu?»

Il carabiniere aveva sorriso come a dire che era roba per cervelli fini coprirsi a vicenda e che noi, così furbi, non eravamo.

«No. Uno a casa a studiare, *da solo*. L'altro a casa a guardare la televisione, *da solo*. Il garzone di Celima ne ha riconosciuti due su tre, di quelli che hanno lanciato la pietra, e», continuò rivolto a me, «lo sanno tutti che tu, Michele e Salvo viaggiate in gruppo come le alici.»

Mia madre aveva preparato il caffè; loro avevano rifiutato – «Grazie assai signora, ma la faccenda è grave» – e avevano detto che bisognava pagare il vetro e che dovevamo lavorare per espiare la colpa – «Per farvi assolvere da tutta la comunità», aveva aggiunto don Luciano disegnando con gli indici un arco in aria. «E chiederete scusa alla signora Puglisi per lo spavento.»

Usciti tutti, ero rimasto seduto, incredulo. Mi accusavano a torto, ma non avevo voce per discolparmi: non c'era nessuno al caddusu, quel giorno. Non c'erano Michele e Salvo. Non c'era Alfio, il figlio adottivo del farmacista. Non c'era Marinella. Ma io sì. Ero rimasto lì a sdrucciolare tra le dune in bicicletta due ore almeno. Ero pure caduto. La prova: un graffio irregolare sul polpaccio. Ma il sangue non parla, non poteva indicare la pietra che mi aveva inciso la carne, uno sperone di tufo a lato del muro di cinta.

Papà era uscito scalzo in pantaloncini e guanti (stava pulendo il pesce) e aveva accompagnato i carabinieri e il parroco al cancello. I termini rammarico, punizione, colpa, erano rimasti nell'aria e coprivano l'odore dello sgombro. Rientrato lui, mamma si era seduta sul bracciolo del divano e tutti e due, in coro, avevano detto:

«Allora?»

Non avevo ribattuto nulla.

«Cos'hai da aggiungere?»

Sezione 1 — Conoscersi, confrontarsi, crescere

6. afasia: letteralmente, significa perdere la voce. Il ragazzo intende dire che l'ingiustizia di cui si sente vittima gli ha tolto la parola.
7. miniato: scritto in maniera evidente; il *minio* è un minerale del piombo di colore rosso intenso, che un tempo veniva usato come colorante.
8. aerografo: strumento di disegno professionale che consente di sfumare perfettamente il colore.
9. camurrìa: espressione tipica del dialetto siciliano che significa "confusione, caos, baccano".
10. posidonie: tipo di alghe.
11. mormorette: la mormora è un pesce d'acqua salata, molto comune nel Mediterraneo.

Muto.
«Ecco, bravo, forse il silenzio è la cosa migliore.»
Mi avevano ordinato di andare in camera. Niente radio, niente televisione, niente *X-Men*, sarei sprofondato nell'afasia[6] dell'ingiustizia e da lì in un sentimento doloroso e superbo, intriso d'orgoglio, che si nutriva di quella mia – rara, in effetti – innocenza segreta: ero senza colpa e non volevo dimostrarlo perché era evidente, doveva essere evidente, perlomeno ai loro occhi. Avrebbero dovuto capirlo guardandomi in faccia, leggerlo miniato[7] sulla mia pelle. Il serbatoio dell'aerografo[8] era pieno. Per tre giorni, scuola a parte, compiti a parte, nutrimento obbligatorio a parte – vivere sopra il ristorante di famiglia uccide qualsiasi tentativo di sciopero della fame – ero rimasto inchiodato al tavolo da disegno a colorare il primo personaggio a fumetti di quella che sarebbe stata – perdio, se l'avessi intuito allora sarei andato dritto per la mia strada invece di barcollare per tutti gli anni del liceo – una fulminante carriera da fumettista. Per cinque giorni disegnai *L'Innocente*, creato da me medesimo, Zeno Montelusa, anni dodici, Capo Galilea, Sicilia.

Mio padre fermò la barca a trecento metri dalla costa, dietro un'insenatura che, a dargli retta, era il posto migliore della provincia per pescare a lenza, forse anche della regione. C'eravamo arrivati a remi non perché fossimo senza motore, ma perché a lui il motore dava fastidio. Diceva: «Voglio lo sciabordio». Da giorni soffiava uno scirocco che aveva reso la barca oleosa, roba da scivolare in acqua senza avere il tempo di trattenere il fiato, così mi rannicchiai in un angolo del pozzetto a preparare la lenza, mentre papà se ne stava in piedi a guardare il mare, in attesa che lo scirocco portasse le parole giuste per me, oltre alla sabbia del deserto.

L'idea era stata di mamma. Aveva detto: «Uscitevene con la barca voi due soli, domenica mattina. Padre e figlio. Chissà che la risacca non porti anche un po' di verità».

Ma quale verità? pensavo. La verità la trovi se la cerchi. Se invece vuoi solo conferme a ciò che sei già sicuro di sapere, allora è una camurrìa[9], perché poi devi chiedere scusa, dire avevi ragione. Mamma, lei era dubbiosa. Me n'ero accorto da come parlava. Ma era un periodo che non riuscivo proprio a dirle le cose, nemmeno le sciocchezze, nemmeno che a scuola, la merenda, non mi piaceva fatta in casa, avrei voluto andare al bar con tutti gli altri: va bene che avevamo il ristorante e il cibo era sano, ma questo non giustificava i panini con gli avanzi. Ecco, non riuscivo a dirle quello, figuriamoci un'arringa in mia difesa, che solo a pensarci mi salivano le lacrime agli occhi.

Presi un'arenicola grassa e bruna dalla scatola. Le avevamo raccolte io e Salvo il giorno prima dei fatti della sacrestia in una spiaggia di Mazara marcia di posidonie[10] e cozze, spolverando il fondale con la mano.
Il primo lancio cadde male, ripresi e rilanciai con forza, e dopo dieci minuti avevo le prime due mormorette[11] nel secchio. Mio padre, dopo

12. spigola maculata: pesce marino molto simile al branzino.

avere innescato con cura le arenicole, pescava dalla parte opposta per evitare di darci fastidio. Manovrava il filo con quegli strappi nervosi che avevo visto tante volte e che diceva essere una tecnica di famiglia che prima o poi mi avrebbe insegnato; tirò su una spigola maculata[12], ma piccola, e qualche mormoretta pure lui.

Dopo un'ora di tocche continue tutto si fermò. Anche lo scirocco. Il giorno stava avanzando in sciami di molecole di luce che irradiavano la cresta delle onde, le loro sinuosità. Le catture si erano fatte rade e le prede minute. In quella quiete papà riuscì a trovare fiato e pensiero. Ma lo fece partendo dal basso, e fu come se si fosse aperta una voragine nel mare.

«Perché lo avete fatto?» disse.

«Cosa?»

«Lo sai benissimo.»

«È una domanda che non ha senso», risposi.

«Cosa non avrebbe senso?» Aveva alzato la voce, e la scossa nel corpo si trasmise al rollio della barca. «Capire perché tre ragazzini che hanno tutto, cose, posti per giocare, la fiducia dei loro genitori, ecco, la fiducia dei genitori, decidono di spaccare il vetro di una chiesa. Zeno. Di una chiesa. Cos'è? La noia, la rabbia? Ci sono problemi in casa, eh? Vedi forse me e tua madre picchiarci o lanciarci i piatti o prenderci a male parole? Perché poi è questo che si dice o che dicono i tuoi insegnanti a scuola quando voi andate male: ci saranno dei problemi in casa. E invece in casa nostra non c'è nessun problema. Giusto?»

Era la prima volta che si rivolgeva a me in quel modo. La barca stava dondolando e le vibrazioni risalivano le ossa; ero tra lo spaventato e il fiero. Spaventato perché non sapevo cos'altro ancora potesse fare o dire mio padre, quale altro limite a me sconosciuto avrebbe valicato; fiero

Sezione 1 — Conoscersi, confrontarsi, crescere

150 perché non era il nostro solito rapporto. Eravamo a un punto di non ritorno, avevamo superato una boa; navigavamo in un mare sconosciuto ed eravamo lui e io.

Fu allora che catturai la spigola più grossa della mia vita. Mentre ero distratto, compresso tra l'ascolto di una voce che conoscevo meglio della mia, ma che mai era risuonata così straniera, e lo stupore di un rito 155 di passaggio imprevisto – il battesimo della parola, quando tra padre e figlio il vocabolario si modifica – ecco, mentre tenevo la canna a filo di dita, sentii tirare. Forte. Uno strattone improvviso. Per un istante ebbi paura che la canna volasse via, dritta in mare. Mi aggrappai all'impugnatura e al mulinello e gridai, non so cosa gridai, forse «Ehi, è enorme, 160 aiutami, questa dev'essere una dannata balena, papà, un capodoglio o il tonno re degli abissi». Sarei orgoglioso di averlo detto. Ma non credo. Quello che so – perché ne conservo una memoria fisica: l'odore della salsedine, quello del dopobarba di mio padre, l'umidità scivolosa sulle mani e gli spruzzi – è che lui, un istante dopo, era in piedi accanto a 165 me e tira e lascia e tendi e allenta, alla fine una spigola da farci Natale e Capodanno era sbucata dal mare come un missile, portandosi dietro mezzo Mediterraneo, ed era planata, sconfitta, lì sulla nostra barca, dibattendosi ancora come per sfondare lo scafo e farceli vedere, gli abissi.

Per alcuni secondi restammo entrambi piegati, sopraffatti dallo sfor-
170 zo e dall'eccitazione. Quando stavo per alzarmi e abbracciarlo e la gioia era tale che avrei avuto il coraggio di dirgli che la domanda non aveva senso perché io non c'entravo, doveva credermi, lo avrei dimostrato – non sapevo come, ma glielo avrei dimostrato.

F. Geda, *L'estate alla fine del secolo*, Dalai editore, Milano 2011

COMPRENDERE E INTERPRETARE

La struttura del testo

1. Il brano ha una costruzione a intreccio: individua i momenti in cui viene alterato l'ordine naturale del racconto, cioè la fabula, e annotali a margine con un tratto di matita.

2. Il narratore è:

   A esterno.   B interno.

3. La focalizzazione è:

   A interna.   B esterna.   C zero.

4. Quale effetto espressivo ottengono le scelte narrative legate al narratore e alla focalizzazione?

   A Aumentare l'immedesimazione del lettore nella vicenda.
   B Far comprendere al lettore che la vicenda è inventata.
   C Stimolare nel lettore una riflessione critica, anziché una partecipazione emotiva alle vicende.

L'età dei cambiamenti U1

Fuori dall'infanzia

5. Di che cosa viene accusato Zeno [rr. 22-28]?
....

6. Indica le reazioni dei personaggi dopo le rivelazioni sull'atto vandalico contro la chiesa [rr. 29-94].

Personaggi	Reazioni
a. Zeno.	
b. Il padre.	
c. La madre.	
d. I carabinieri.	

7. In che cosa consiste il "battesimo della parola" che, all'improvviso, fa sentire Zeno "spaventato" e "fiero" [rr. 136-151]?
....

STUDIARE LA LINGUA

8. Nel testo vi sono molti vocaboli tratti dal campo semantico del mare e della pesca. Evidenziali, spiegandone il significato. Puoi aiutarti con le note.

9. Spiega queste espressioni figurate:
   a. «roba per cervelli fini» [r. 50] ....
   b. «inchiodato al tavolo» [r. 89] ....
   c. «fulminante carriera» [rr. 92-93] ....
   d. «era sbucata dal mare come un missile» [r. 166] ....

PARLARE

10. Prepara una breve presentazione dei due personaggi principali della vicenda, Zeno e suo padre. Per ciascuno, raccogli dal testo il maggior numero di informazioni possibili (età, professione, passioni...) e completa con un ritratto psicologico, ricavando carattere e temperamento dalle loro azioni e dalle loro parole.

SCRIVERE

11. Per sua stessa ammissione, Zeno fa molta fatica a difendere la propria innocenza di fronte ai genitori: perché? Rifletti su questo aspetto per iscritto, poi racconta una tua esperienza in cui, a tua volta, sei stato accusato di qualche cosa che non avevi commesso: come hai reagito? Come ti sei comportato di fronte ai rimproveri? Sei riuscito a discolparti oppure no?

Sezione 1 Conoscersi, confrontarsi, crescere

Melania G. Mazzucco
T9
In fuga

I contenuti Eva vive da poco a Milano, frequenta la seconda media e ha un segreto: i suoi genitori sono, o meglio erano, due padri, Giose e Christian. Si volevano bene da molto tempo e infine erano riusciti a coronare il loro sogno di paternità grazie a una gravidanza assistita. Ma Christian, che è il suo padre biologico, muore in un incidente; Giose, che per la legge è semplicemente un amico, non può tenerla con sé: il tribunale stabilisce che Eva debba vivere con uno zio, il fratello di Christian. Nonostante gli insegnanti della nuova scuola le abbiano chiesto di tacere la verità sulla sua famiglia, Eva si confida con Loris, un compagno apparentemente diverso, più gentile e accogliente, che però la tradisce raccontando tutto agli altri. Da quel momento la vita scolastica di Eva diventa un inferno di insulti ed emarginazione. Finché, durante un'uscita didattica, Eva reagisce di fronte all'ennesima provocazione, spingendo Loris verso i binari della metropolitana. Convinta di aver ucciso il compagno, che invece si salva, Eva fugge...

Il treno per Roma parte puntuale[1]. Eva è seduta in seconda classe, accanto al finestrino. Non è il suo posto. Ma non le piaceva, quello che le ha assegnato il computer. Il vagone 9 era troppo vuoto, e lei avrebbe dato nell'occhio. Le ragazzine di undici anni non viaggiano da sole. Si
5 è posizionata in uno degli scompartimenti di centro, mescolandosi a una comitiva di turisti spagnoli. Sono bruni, con le facce mediterranee, come lei. Forse il controllore penserà che fa parte del gruppo. Li ha scelti proprio perché spagnoli. Nella sua famiglia la Spagna somiglia al Paradiso, i suoi genitori ne parlavano con affetto e nostalgia, le diceva-
10 no: ricordati sempre che tu hai l'anima andalusa.

Gli ultimi ritardatari si affrettano a salire; col piede sullo scalino una donna aspira le ultime boccate della sigaretta. Chiudi le porte, chiudi le porte, prega Eva. Dovrebbe offrire uno scambio al destino. Tipo: se il treno parte prima che vengano a tirarmi giù, io non prenderò mai più
15 la metropolitana; oppure: se la passo liscia non ucciderò mai neanche una zanzara, smetterò di studiare, andrò a pulire il sedere ai malati terminali, rinuncerò ai miei sogni. Ma ha la mente vuota, e non riesce a promettere di sacrificare qualcosa abbastanza importante da compensare la morte di Loris Forte. La vita non può paragonarsi a nient'altro,
20 non si baratta. Se solo potesse tornare indietro, se solo quei cinque minuti non li avesse vissuti.

I suoi occhi frugano il binario, ma non si vedono sbirri. Non la stanno ancora cercando. Ma lo faranno. Manca soltanto lei all'appello della II B. Gli innocenti non scappano. E poi ci sono le telecamere di
25 sorveglianza, nella stazione. L'avranno inquadrata mentre... No, non

---

1. **il treno ... puntuale:** Prima della morte di Christian, Eva viveva a Roma, e lì abita tuttora Giose.

deve pensare al viso terrorizzato di Loris Forte mentre cade all'indietro. Sarà durato un nanosecondo. Ma l'immagine si è tatuata sulla retina e solo pensarci le fa male. Il cuore indolenzito non riesce quasi a pompare sangue nel cervello. I polmoni stentano a dilatarsi, fatica a respirare. Ha la nausea. Un sibilo annuncia che finalmente le porte si sono chiuse. Con lentezza esasperante, il treno si stacca dalla banchina. Dio ti ringrazio.

È una mattina grigia di dicembre. Pioviggina, e la periferia di Milano ha lo stesso colore del cielo. Di là dal finestrino scorrono condomini, viali, palazzi, tram, semafori, cavalcavia, campi sportivi, poi capannoni industriali, ciminiere, scheletri di cascine diroccate, silos, spicchi di campagna zebrata da onde di fango, filari di pioppi. Senza quasi più foglie. Nidi di rovi secchi ondeggiano fra i rami più alti. Ma solo stormi neri di cornacchie si levano in volo dalle cime sguarnite degli alberi e cabrano sui solchi bruni. I turisti spagnoli consultano le guide. Scenderanno a Firenze, dovrà trovarsi un altro posto. Eva è fiera di essere riuscita a comprarsi il biglietto da sola alle macchinette automatiche. Non l'ha mai fatto prima in vita sua. Però nel borsellino le sono rimasti appena dieci euro. Non immaginava che un viaggio in treno di cinquecento chilometri potesse costare tanto. Non si regola coi soldi. I bambini non comprano mai niente.

Estrae il cellulare dallo zainetto, sbircia le chiamate perse – già dieci... –, sta per digitare il numero, poi cambia idea. Vede molti telefilm polizieschi e ha anche cominciato a scrivere un romanzo giallo. La cosa

Sezione 1   Conoscersi, confrontarsi, crescere

50 più stupida che possa fare un ricercato è usare il cellulare. Ti localizzano all'istante. Così non telefona a casa – per avvisare che è viva, sta bene, è pentita di quello che ha fatto, e chiede scusa alla famiglia di Loris. Ma non devono preoccuparsi per lei, non darà più fastidio, non tornerà mai più.

55 Né telefona a qualcun altro. Del resto non ha molti numeri in rubrica. Per questo non è su Facebook. Aveva paura di avere pochi amici e di essere derisa. Chi ha pochi amici è uno sfigato. Cioè, veramente ora è su Facebook, ma è una pagina contro – di quelle che si creano per denigrare qualcuno e lapidarlo sotto una scarica di parole. L'ha informata Morgana, ieri. Morgana siede nel banco alla sua sinistra, è una compagna scialba, inoffensiva, onesta. Morgana l'ha vista, la pagina contro Eva, forse l'hanno vista tutti. Insulti, offese, minacce, immagini di escrementi umani photoshoppate con la sua testa, a formare un ibrido repellente. Eva non ha voluto vederla. Ha detto che non gliene
65 importa niente, ma non è vero. Dovrebbe bloccarla e rimuoverla, però non è capace, e se chiedesse aiuto a qualcuno – al cugino Valerio, per esempio – dovrebbe spiegargli tutto e morirebbe di vergogna. E poi ormai chissenefrega. Non ci tornerà più, nella II B.

Il primo nome della rubrica è Aurelia, il secondo è Loris. Invece non
70 deve avere più niente a che fare con lui. Sul display compare la scritta: Vuoi cancellare? Eva conferma ed elimina Loris Forte dalla memoria del cellulare. Ma non dalla sua. Lo rivede mentre cade, con la faccia graffiata e il sangue sulle guance. Io non volevo spingerti sotto la metropolitana. O forse sì. Te lo meriti, stupido idiota. Non dovevi nominarlo[2]. Ti
75 avevo avvertito. Poi spegne il cellulare e lo lascia cadere nello zainetto. Deve resistere alla tentazione e ricordarsi di non accenderlo mai.

M.G. Mazzucco, *Sei come sei*, Einaudi, Torino 2013

2. non dovevi nominarlo: mentre aspettavano il treno, Loris e altri compagni avevano insultato il padre di Eva.

COMPRENDERE E INTERPRETARE

▬ Strategie di fuga

1. Eva prende il treno per Roma: perché vuole andare in quella città? Chi sta cercando di raggiungere?

   ....

2. In quale modo Eva si procura il biglietto [rr. 41-46]?

   ....

3. Pur essendo molto giovane, Eva elabora velocemente alcune strategie per mettersi al sicuro durante la fuga: quali, tra le seguenti?
   - **A** Raccontare tutto al cugino Valerio.
   - **B** Confondersi in mezzo a un gruppo di turisti spagnoli.
   - **C** Spegnere il cellulare.
   - **D** Cancellare il numero di Loris Forte.

L'età dei cambiamenti **U1**

■ Pregiudizi e soprusi

4. Perché Eva viene insultata e derisa dai compagni?

....

....

5. Quali atti di bullismo sono stati commessi a danno di Eva?

....

....

6. Durante il viaggio in treno, Eva rivive il momento in cui ha spinto Loris: quali sentimenti prova? Sottolinea quelli che ritieni adatti e motiva le tue scelte.

pentimento • speranza • malinconia • rabbia • disperazione • angoscia • ferocia

STUDIARE LA LINGUA

7. Rileggi la sequenza in cui viene descritto il paesaggio milanese che scorre dietro al finestrino del treno [rr. 33-40]: si tratta di una descrizione oggettiva o soggettiva? Motiva la tua risposta.

....

....

8. In alcuni passaggi del testo, il narratore riporta i pensieri di Eva direttamente, senza mettere le virgolette. Quale effetto espressivo ottiene con questo apparente errore di grammatica?

....

....

9. Quali, tra le seguenti scelte di stile, hai osservato nel brano?
- **A** Periodi brevi e semplici.
- **B** Periodi lunghi e complessi.
- **C** Linguaggio quotidiano, a tratti gergale.
- **D** Linguaggio formale, elegante.
- **E** Forte presenza di figure retoriche e di linguaggio connotativo.
- **F** Prevalenza di un lessico denotativo.

PARLARE

10. Eva è oggetto di bullismo "virtuale" attraverso un famoso social network. Rifletti insieme ai compagni, con la guida dell'insegnante, sull'impatto che tali forme di vera e propria persecuzione informatica possono avere sulle vittime, poi discuti sui motivi che spingono alcuni ragazzi a praticare tali forme di persecuzione.

SCRIVERE

11. Scrivi un testo argomentativo sui social network: rappresentano un utile e positivo strumento di relazione con gli altri, oppure "amplificano" comportamenti negativi, rendendoli ancora più preoccupanti? Aggiungi anche una parte espositiva, in cui spieghi come funzionano, in genere, i social network.

CONTINUA A LEGGERE

53

Sezione 1   Conoscersi, confrontarsi, crescere

SCOPRIRE un libro

(trad. it. di V. Marconi, Mondadori, Milano 2013)

Il giorno in cui imparai a volare
di Dana Reinhardt

L'AUTRICE **Dana Reinhardt**, californiana, dopo aver fatto diversi lavori ha scoperto la vocazione per la scrittura, incoraggiata da una persona amica, che, ai tempi del college, aveva frequentato con lei un corso di scrittura creativa. «Questo» scrive sul suo sito «mi ricorda quanto importanti siano gli amici e come essi possano cambiare la tua vita...».

IL LIBRO *Il giorno in cui imparai a volare* è uscito negli Stati Uniti nel 2011 e racconta dell'estate del 1986, in cui la vita di Drew, la protagonista tredicenne, cambia per sempre. Il mondo di Drew è un universo semplice e ordinato: orfana del papà a soli tre anni, Drew vive con la mamma, titolare di un negozio di formaggi, il suo topo addomesticato Hum e le poche e non profonde amicizie fatte a scuola. C'è sempre, però, un momento in cui anche le esistenze più tranquille sono destinate a cambiare e la svolta aspetta dietro l'angolo: nel caso di Drew è un misterioso ragazzo di nome Emmett, che ruba gli avanzi di formaggio sul retro del negozio. Sarà grazie al coraggio datole dalla sua amicizia che Drew affronterà la fatica di crescere e di lasciare le sicure rive dell'infanzia, per spiccare finalmente il volo.

ASCOLTARE un brano del romanzo

Il quaderno segreto

In questo breve brano ascolterai il racconto di quando Drew si imbatte per caso nel quaderno del suo papà. Ascolta attentamente e poi rispondi alle domande.

1. Che cosa stava cercando Drew quando trova il quaderno del padre?
2. Come viene descritta la copertina del quaderno? E la grafia di chi l'ha compilato?
3. Che cosa decide di fare Drew con ciò che ha ritrovato?
4. Quale importanza inizia a rivestire per la ragazzina il quaderno scritto dal padre?
5. Qual è la frase che più la colpisce profondamente?

L'età dei cambiamenti U1

◉ LEGGERE il libro

Leggi il romanzo suddividendo la lettura in tre tappe. Poi confrontati con i compagni sulle risposte da dare alle domande chiave.

Prima tappa	Domande chiave
Da *L'inaugurazione* a *Un giorno libero*	1. Qual è il vero nome della protagonista? E perché viene invece chiamata Drew? 2. Come viene soprannominato l'ispettore sanitario che effettua i controlli nel negozio della mamma della protagonista? 3. Descrivi brevemente, utilizzando le informazioni tratte dal libro, il personaggio di Nick. 4. Che regalo riceve Drew il giorno dell'inaugurazione del negozio? 5. Che cosa rappresenta Nick per Drew? 6. Come descriveresti il rapporto tra Drew e sua madre? 7. Che cosa fa incrinare il rapporto di fiducia tra madre e figlia? 8. Come avviene il primo incontro tra Drew ed Emmett?
Seconda tappa	
Da *Garfield Park* a *Chiuso*	1. Dove si incontrano per il primo appuntamento Drew ed Emmett? 2. Come sono i biglietti che lui le lascia? 3. Che cosa le dichiara Emmett quando la va a trovare a casa? 4. Come sono e come vivono gli amici di Emmett che incontrano in spiaggia? 5. Che cosa accade proprio il giorno in cui Drew passa la giornata in spiaggia con Emmett? 6. Come reagisce lui alla vista di Swoozie quando la accompagna a casa? 7. Che cosa è accaduto a Nick? 8. Perché Drew è delusa da Emmett? 9. Qual è il segreto che nasconde il misterioso ragazzo?
Terza tappa	
Da *In punizione* a *Epilogo*	1. Quale punizione impone la mamma a Drew? 2. Qual è la vera storia di Emmett? 3. Qual è il progetto di Emmett? In base a quale leggenda l'ha elaborato? 4. Come reagisce Drew al racconto di Emmett? 5. Che cosa decide la ragazza riguardo al progetto di Emmett? 6. Che cosa simboleggia per Drew l'automobile argentata? Chi ne è il proprietario? 7. In che senso la decisione di Drew di aiutare Emmett significa "prendere il volo"? 8. Che cosa fanno insieme i due ragazzi? 9. Come si conclude la vicenda?

◉ SCRIVERE *oltre*

Rileggi la pagina finale del libro e, in base a quanto afferma la voce narrante della protagonista, prova a formulare tu una lettera da indirizzare a Emmett, immaginando di essere Robin, in risposta alla sua. Prova a utilizzare lo stesso stile limpido ed essenziale, per raccontare quanto anche lui sia stato importante per te. In alternativa, se ti ispira di più, scrivi una breve lettera a un amico o un'amica che ti abbia aiutato in un passaggio difficile della tua vita. Non sarà necessario raccontare in dettaglio i fatti, ma dire quanto lui o lei siano stati essenziali per te.

GRUPPO DI LETTURA

Sezione 1   Conoscersi, confrontarsi, crescere

STRUMENTI DEL LESSICO E FORME DI SCRITTURA

La scrittura di sé: emozioni, sensazioni, affettività

Per scrivere di sé è importante saper riconoscere il proprio vissuto interiore, cioè dare un nome alle emozioni, alle sensazioni e ai sentimenti che proviamo; in questo modo, possiamo imparare a conoscerci meglio, diventando via via più consapevoli del nostro modo di entrare in relazione con noi stessi e con gli altri.

1. Completa queste tabelle lessicali, da solo o insieme con i compagni: ti aiuterà a "trovare le parole" per esprimere te stesso, a scuola e nella vita.

Le coppie fondamentali del cuore		
Gioia/tristezza.	**Gioia**: felicità, allegria, contentezza, esultanza, ...	
	Tristezza: dolore, pena, pianto, ...	
Paura/rabbia.	**Paura**: spavento, timore, tremore, panico	
	Rabbia: collera, ira, sdegno, ...	
Eccitazione/calma.	**Eccitazione**: emotività, agitazione, animazione, confusione, ...	
	Calma: quiete, silenzio, distensione, ...	
Accettazione/rifiuto.	**Accettazione**: accoglienza, approvazione, consenso, ...	
	Rifiuto: rigetto, rinuncia, ripulsa, diniego, ...	
Piacere/dispiacere.	**Piacere**: soddisfazione, delizia, dolcezza, sollievo, ...	
	Dispiacere: fastidio, noia, disgusto, ansia, ...	
Amore/odio.	**Amore**: affetto, amicizia, attaccamento, devozione, passione, ...	
	Odio: avversione, antipatia, astio, freddezza	

Raccontare esperienze di vita e di crescita personale

2. Drew, la protagonista di *Una Vespa verde acido* (▶T1) si trova di fronte a una scelta: essere la bambina obbediente che è sempre stata o "trasgredire" alle regole, salendo su una moto con il ragazzo che le piace? Descrivi il suo stato d'animo scrivendo una sequenza riflessiva in cui, narrando in terza persona, indaghi l'animo della ragazza, soffermandoti sulle sue emozioni di quel momento: la felicità nel sentirsi invitata dall'amico, il timore di disobbedire, il desiderio di mostrarsi in compagnia di un ragazzo molto popolare, la paura di non essere all'altezza...

3. Primrose, la protagonista di *Parole per mano nella notte* (▶T2), si vergogna della mamma, che le vuole bene ma fa la chiromante, un mestiere che la ragazza ritiene inadatto a una persona "perbene". Per questo fugge di casa con David, e insieme a lui riscopre la tenerezza. Soffermati sullo stato d'animo di Primrose, descrivendo il suo contraddittorio sentimento nei confronti della madre e la scoperta di un tenero sentimento dentro di sé: esplora soprattutto le emozioni legate alla paura, alla rabbia e all'amore.

4. Marcus viene perseguitato da un gruppo di bulli della sua nuova scuola (▶T3), ma non riesce a parlarne con la madre: perché? Rileggi il testo in cui è protagonista e aggiungi una sequenza dialogica in cui il ragazzo, finalmente, riesce a esprimere alla madre i suoi sentimenti, le sue paure, i suoi desideri.

5. Essere "perfetti" (▶T4) è un sogno di molti adolescenti, influenzati in questo anche dai modelli di bellezza femminile e maschile proposti dai mezzi di comunicazione di massa. Avere il fisico "giusto", indossare gli indumenti e gli accessori alla moda, frequentare posti di grido... descrivi un ragazzo o una ragazza "ideale" che secondo te rappresenta la perfezione, poi confronta il tuo scritto con quello dei compagni: ti accorgerai che, in realtà, nessuno è perfetto, e ognuno è interessante proprio grazie alle differenze e imperfezioni individuali.

6. Louis è costretto a lavorare di nascosto da *Maïté Coiffure* perché il padre non sopporta l'idea che diventi parrucchiere (▶T5): tu che cosa faresti, se in famiglia il tuo progetto per il futuro venisse ostacolato in tutti i modi? Agiresti di nascosto, come Louis, o troveresti altre strategie, e quali? Rifletti per iscritto, indicando anche quali sono, secondo te, gli errori commessi da Louis e dal padre nell'ambito del loro complicato e conflittuale rapporto.

7. Nei ▶T3 e ▶T9 hai riflettuto sul tema delle conseguenze del bullismo sulle vittime, Marcus ed Eva, e ti sei accorto che tacere è l'unica cosa da non fare, anche se parlare a volte sembra molto, molto difficile. Rifletti proprio su questo: perché rivelare a qualcuno di essere stati "presi di mira" è così complicato? Quali sentimenti si agitano nella vittima di bullismo? In quale modo i compagni e gli amici possono sostenerla?

8. Per Ibrahin (▶T7) il deserto è il "posto dell'anima", dove sono custodite le tradizioni familiari e dove ci si sente a casa. Qual è il tuo "posto dell'anima"? Descrivilo, ma soprattutto descrivi i tuoi sentimenti quando ti trovi in quel luogo.

9. A volte, ci si accorge di essere cresciuti quando ci si sente parlare con un linguaggio diverso, come capita a Zeno con suo padre (▶T8). È capitato anche a te di accorgerti che qualcuno si stava rivolgendo a te come a una persona cambiata, cresciuta? Come ti sei sentito in quel momento? Racconta.

PER LA PROVA SCRITTA D'ESAME

In questa unità hai affrontato, tra l'altro, anche il tema della scelta sul futuro formativo: quale percorso intraprendere dopo la terza media? Scrivi un testo argomentativo seguendo la scaletta proposta:

▶ rifletti sulle tue attitudini (per esempio: ho un carattere riflessivo o impulsivo? Socievole o introverso? Amo scrivere oppure preferisco guardare la televisione?), cercando di capire quali sono le potenzialità che puoi sfruttare e quali, invece, gli aspetti eventualmente da correggere;
▶ descrivi i percorsi formativi su cui ti sei informato e che hai valutato: per ciascuno, indica il motivo per cui lo hai preso in considerazione, e se le informazioni che hai raccolto soddisfano le tue aspettative oppure no;
▶ analizza il tuo rapporto con i genitori in questa circostanza: hai ricevuto consigli? Imposizioni? Ti sei sentito supportato dalle loro riflessioni? Racconta, anche in forma di sequenza dialogica che simuli una conversazione in famiglia;
▶ infine, spiega a quale decisione sei arrivato, se si tratta di una decisione definitiva, oppure se potrà essere sottoposta a un'ulteriore riflessione. Concludi con una sequenza riflessiva in cui analizzi il tuo stato d'animo, cercando di riconoscere le emozioni che questo importante passaggio di crescita ha suscitato in te.

L'età dei cambiamenti **U1**

1) VERIFICA DI ASCOLTO

OBIETTIVI
- Comprendere il contenuto.
- Riflettere sui passaggi che fanno crescere.

Mathieu scrive al fratello Cristophe mentre si trova al mare con la mamma, il papà, la sorellina Sylvie, il fratellino Antoine e un cane. In famiglia c'è stata una grossa lite, che ha portato all'allontanamento di Cristophe. Ascolta con attenzione la lettura, poi rispondi alle domande. Se vuoi prendi appunti, che potrai consultare durante lo svolgimento della prova.

Caro Cristophe

1. Qual è l'atmosfera familiare all'inizio delle vacanze? Barra le opzioni corrette.
   - A ☐ La mamma non vuole che si nomini Cristophe.
   - B ☐ Il mare sembra una pattumiera.
   - C ☐ Sylvie si è chiusa nella stanza.
   - D ☐ Il papà si è ammalato.
   - E ☐ Antoine si sporca spesso.
   - F ☐ La mamma non si cura del suo aspetto.
   - G ☐ Mathieu si è innamorato e non sa a chi chiedere consiglio.

2. Dove si trova Cristophe, e con chi?
   ....

3. Quali reazioni provoca la lettera con cui Cristophe annuncia il suo arrivo? Abbina correttamente i comportamenti ai personaggi.
   - a. ☐ Mathieu…
   - b. ☐ La mamma…
   - c. ☐ Il papà…
   - d. ☐ Sylvie…

   1. si arrabbia moltissimo.
   2. non dice niente.
   3. fa il girotondo con Antoine e il cane.
   4. è così felice che corre a dirlo ai genitori.

4. Qual è la «colpa grave» di Cristophe, secondo la mamma? Che cosa pensa invece Mathieu?
   ....

5. Quale evento "sblocca" la situazione, convincendo la mamma a cambiare atteggiamento?
   - A ☐ Una discussione con il papà.
   - B ☐ La "sfuriata" di Mathieu.
   - C ☐ Un incidente con la barca.
   - D ☐ La malattia di Antoine.

6. Come cambia l'atmosfera familiare, dopo la visita di Cristophe? Barra le opzioni corrette.
   - A ☐ Mathieu è felice di vivere il suo primo amore.
   - B ☐ Mathieu è triste perché gli manca il fratello.
   - C ☐ La mamma ha paura che Cristophe abbia un incidente.
   - D ☐ La mamma va in spiaggia e chiacchiera con le amiche.
   - E ☐ Il papà riprende ad andare in barca a vela.
   - F ☐ Antoine non si sporca più.
   - G ☐ Antoine impara a parlare.

Segui la correzione dell'insegnante e attribuisci il punteggio stabilito per ogni risposta esatta.

VALUTA LE TUE COMPETENZE

Sezione 1   Conoscersi, confrontarsi, crescere

2) VERIFICA DI SCRITTURA   Scritture adolescenti

OBIETTIVO

Riflettere su di sé e sul proprio essere adolescente.

Scrivi un testo espressivo dal titolo *Ho quattordici anni (o quasi)...* seguendo queste indicazioni:

- descrivi il tuo aspetto esteriore, come se ti guardassi allo specchio: osserva i particolari, soffermati su ciò che ti piace di più e spiega che cosa (ancora) non ti piace di te stesso, e perché;
- rifletti sul tuo carattere, utilizzando in modo appropriato gli aggettivi che ritieni opportuni, ma attenzione, gli aggettivi non bastano! Motiva le tue scelte facendo riferimento ad azioni, episodi, eventi che dimostrano determinati aspetti del tuo carattere;
- individua un fatto (anche apparentemente di poca importanza) che ti ha fatto comprendere di essere "fuori" dall'infanzia: raccontalo e rifletti, con la tua attuale consapevolezza, sul motivo per cui quel fatto ha segnato il passaggio simbolico dalla fanciullezza all'adolescenza.

Puoi autovalutare il tuo scritto in base alla tabella proposta; confronta poi la tua valutazione con quella dell'insegnante.

Griglia di autovalutazione

		sì	abb.	no
Organizzazione delle idee	Ho seguito i punti della scaletta?	☐	☐	☐
	Ho inserito gli episodi personali che "dimostrano" il mio carattere?	☐	☐	☐
	Ho individuato l'episodio "chiave" di passaggio tra l'infanzia e l'adolescenza?	☐	☐	☐
Stile della presentazione	Ho usato il lessico della descrizione?	☐	☐	☐
	Ho descritto con chiarezza?	☐	☐	☐
	Ho usato qualche espressione figurata?	☐	☐	☐
Esposizione	La grafia è chiara?	☐	☐	☐
	L'ortografia è rispettata?	☐	☐	☐
	Le frasi sono ben costruite?	☐	☐	☐
	La punteggiatura è corretta?	☐	☐	☐

3) VERIFICA DI LETTURA

OBIETTIVI
- Comprendere il contenuto.
- Riflettere su emozioni e sentimenti dell'adolescenza.

Leggi il testo e rispondi alle domande.

Dora e Luka

Croazia

Dora e Luka si sono conosciuti all'asilo di Makarska, una piccola cittadina affacciata sul mare croato. Sono diventati subito inseparabili, ma poi la vita li ha divisi: a sette anni, Dora si è trasferita a Parigi, mentre Luka è rimasto in Croazia. Intanto, il tempo passa: nel brano che ti proponiamo li troviamo adolescenti, lontani, impegnati a realizzare i propri sogni. Non lo sanno ancora, ma la vita li farà incontrare di nuovo.

Luka è molto eccitato. È la sua prima mostra. Be', d'accordo, è una mostra organizzata a scuola, ma per lui è lo stesso, è comunque la sua prima mostra. La signora Mesmer, l'insegnante di educazione artistica, ha organizzato tutto. Ci ha dedicato tempo, si è guardata i suoi quadri, i suoi tanti quadri, che c'entrano poco con le lezioni, li ha scelti, selezionati,
5 messi via, analizzati di nuovo, si è tolta gli occhiali, ha osservato le tele tenendole a distanza, le ha posate, è rimasta in silenzio. Alla fine ha scelto venti acquerelli e cinque dipinti a olio e li ha messi da parte. «Meraviglioso,» si è limitata a dire prima di chiudere gli occhi e sospirare dal profondo dell'anima. «Meraviglioso.»

È il primo sabato dell'ultimo mese di scuola e il momento è arrivato. C'è tutto l'istituto
10 tecnico, i genitori, il sindaco, i parenti, il segretario di partito, gli amici. Ha voluto esserci anche la vecchia ostetrica Anka, con i suoi occhiali spessi e il bastone. «Rimani sempre il mio bambino,» gli sussurra quando lui va a salutarla. C'è anche un giornalista da Spalato[1]. La signora Mesmer si è data parecchio da fare. Luka non deve dire niente, grazie a Dio. Deve solo starsene lì e sorridere, se gli va. La signora Mesmer lo presenta brevemente, il signor
15 Mastilica, il direttore della scuola, ne fa un lungo elogio, anche se non ci sa fare granché con le parole, balbetta e incespica spesso. Ma nessuno ride, o almeno non si sente ridere nessuno. Il direttore ha la faccia rossa, sembra quasi gonfia, fa caldo e tonde chiazze bagnate appaiono sotto le sue ascelle. Più volte si aggiusta la cravatta come se gli mancasse l'aria. Poi, alla buon'ora, arriva alla conclusione, dopo aver detto cinque volte «Da ultimo». Finalmen-
20 te si possono ammirare i quadri di Luka. Si può girare a piacere e guardarli quante volte si vuole. Luka se ne sta su un piccolo palco, su cui talvolta nei giorni di festa si balla e si recita e si canta. Guarda i visitatori e interpreta le loro facce: «Meraviglioso,» dicono. La signora Mesmer passa da un gruppo all'altro e parla, spiega, risponde alle domande. «Sì, li ha fatti tutti da solo. Straordinario. Un talento eccezionale. Che colori. Ed è ancora così giovane. Sì,
25 certo, si possono acquistare. E che sentimento. Sì, provo anch'io la stessa cosa. Ti stregano,

---

1. **Spalato:** capoluogo della regione spalatino-dalmata, in Croazia.

ti attirano. Ti raccontano una storia. Sì, riesco a sentirlo anch'io. Così profondo. Sì, siamo molto orgogliosi di lui. L'ho sempre detto io che…»

Luka ha solo quindici anni e la gente vuole già avere i suoi quadri appesi in soggiorno. Anche se quel soggiorno si trova solo a Makarska. Deve combattere contro se stesso, per non chiudere gli occhi. Per non smettere di respirare. Ed ecco che tutto comincia a girare, uno, due, tre, quattro, cinque…

Ana è lì vicino e cerca la sua mano. Non dice niente. Ha dieci anni. Ma sta diventando grande standogli accanto. Quasi a dire: «Mio fratello». O anche: «Su, ripigliati, apri gli occhi, dacci un taglio». Ana si occupa di lui.

E quella mano calda è carica di così tanti ricordi che Luka si trova costretto ad aprire gli occhi e riprendere a respirare e, anche se quegli occhi sono gonfi di lacrime e bruciano, non li richiude, di proposito, è una sua decisione, la prima da molto tempo, da un'eternità, o almeno così gli pare. Stringe forte la mano di Ana, senza chiedere niente. «Prego,» dice lei piano, senza guardarlo. E Luka ha la sensazione che lei sia l'unico essere umano sul suo pianeta. L'unica che parla la sua lingua in silenzio.

Il volto di Dora è raggiante, nello splendore dei suoi quattordici anni. Non sente né vede niente. Il suo corpo è tutto un fuoco. Fa esattamente come le hanno insegnato. Soprattutto però fa quello che ha nel cuore, quello che la realizza, quello che si annida in ogni suo respiro. Ce li ha dentro i sentimenti giusti, non deve sforzarsi per trovarli, deve invece impegnarsi per frenarli, per non esternarli tutti in una volta, per tenerli sotto controllo e distillarli goccia a goccia. Sì, perché è così che bisogna fare. Non troppo. Non tutto in una volta. Il segreto della brava attrice.

Lo spettacolo è un gran successo. E non solo perché tra il pubblico ci sono parenti e amici dei giovani attori. No, dipende dalla magia che lei sparge attorno a sé e dal vuoto che si lascia dietro quando abbandona il palco. Be', d'accordo, è solo il palco di una scuola, piccolo e senza velluti rossi a far da sipario. Ma era comunque Racine[2], un autentico, classico, difficile – d'accordo, in versione ridotta – Racine! E lei è stata una meravigliosa Fedra[3], anche se così giovane e anche se la parte e il dramma sono stati adattati ai giovani attori e spettatori! Una prestazione degna della Comédie Française[4]! Dora non ce la fa a uscire dal suo stato di esaltazione, vive e muore ancora diecimila volte prima di raggiungere gli altri. Non vuole, non può abbandonare la parte, non riesce a smettere di essere un'eroina tragica, a uscire da quei panni, che non sono affatto panni di scena. Sono la sua vita. È sempre stato così. Chiude gli occhi e si vede riflessa nello specchio, una bambinetta, muove i muscoli del viso con consapevolezza, ne controlla l'espressione, in ogni istante sa cosa sta facendo. Non sta recitando, lei è così. Lei è tutto. È il mondo intero, che il mondo la stia a guardare o no.

E anche se il mondo attorno si muove in una direzione e lei in un'altra, non fa niente. Congratulazioni, abbracci, baci, risate soddisfatte. Lei è tutto questo, e non lo è. Jeanne le sta accanto. Almeno questo lo percepisce. Jeanne la tira per un braccio e sta cercando o di scuoterla o di portarla via di lì. Dora non lo sa bene, e non le importa. In quel momento non ha desideri. Vorrebbe solo che tutto restasse così. Che restasse com'è adesso. Fedra per

---

2. **Jean Racine:** è uno dei più grandi drammaturghi francesi (1639-1699).
3. **Fedra:** è la protagonista di una delle più note tragedie di Racine, ispirata al mito greco di Fedra, infelice innamorata di Ippolito.
4. **Comédie Française:** tra le più antiche e oggi la più famosa compagnia teatrale francese, con sede stabile nell'omonimo teatro parigino.

sempre. Sì, perché adesso, finalmente, è tutto chiaro. Chiaro come raramente lo è il cielo di Parigi. E nella sua eccitazione è calma, non sente nessun impeto. Si può fermare finalmente. Ha trovato.

«Vedi, è lì e ti sta guardando, non riesce proprio a smettere, non ti stacca gli occhi di dos-
70 so.» Jeanne bisbiglia e Dora l'ascolta, senza capirla davvero. Anche lei però la vede: quella figura di ragazzo, timido ma determinato, se ne sta accanto all'ingresso del palcoscenico e la segue con lo sguardo. A Dora pare di conoscerlo. Ha due anni più di lei, l'ha già visto diverse volte nel corridoio, occhi blu, capelli lunghi biondi, deve essere uno sportivo, basket, sì, ecco, una volta aveva visto una partita. Era bravo. Forse non il migliore, ma molto bravo.
75 Veloce. Gérard. Si chiama Gérard. Giusto. E la saluta sempre con un lieve cenno del capo, quasi impercettibile. Lei non sa cosa pensare. Non oggi. Non è mica Ippolito. Ma a vederlo lì, in piedi, che la guarda timido, le viene un groppo in gola, ha d'un tratto la sensazione – una sensazione come una nuvola – di essere altrove, un'altra, diversa, quasi quasi le manca l'aria: se lei fosse qualcun altro adesso sicuramente sverrebbe.
80 «Penso che stia venendo qui!» Jeanne annuncia entusiasta e stringe la mano di Dora così forte da farle male. E così la salva da quella sensazione opprimente al petto, alla testa e in tutto il corpo, e la riporta indietro, e Gérard è solo Gérard e va tutto bene e lei riesce a respirare di nuovo, libera, e a essere una Fedra meravigliosa.

Ed eccolo lì, per davvero. Continua a non essere Ippolito – e forse va bene così, Ippolito
85 mica l'amava Fedra! –, il sorriso gli illumina il volto e gli occhi gli brillano, così lei è costretta a prendere coscienza del proprio respiro. Che oggi ci sia un altro spettacolo, di cui non le hanno detto niente? Sulle prime prova una specie di panico, ma quella sensazione si dissolve subito, sì perché lei può recitare qualsiasi cosa, sostenere qualsiasi parte, ed è brava a improvvisare! Non c'è proprio niente che possa andare storto.

da N. Dragnić, Ogni giorno, ogni ora, trad. it. di A. Pizzone, Feltrinelli, Milano 2011

Sezione 1   Conoscersi, confrontarsi, crescere

1. Quanti anni ha Luka, e quanti Dora?
   a. Luka: ....
   b. Dora: ....

2. Quali sono le passioni dei due ragazzi?
   a. La passione di Luka: ....
   b. La passione di Dora: ....

3. Rispondi alle seguenti domande riferite alla mostra di Luka [rr. 1-40].
   a. Dove si svolge? ....
   b. Che cosa viene esposto? ....
   c. In quale periodo dell'anno? ....
   d. Da chi è stata organizzata? ....
   e. Che relazione c'è tra Luka e l'organizzatrice della mostra? ....
   f. La mostra ha successo di pubblico? ....
   g. Che cosa fa Luka, mentre il pubblico visita la mostra? ....

4. La frase «Luka non deve dire niente, grazie a Dio» [r. 13] è un esempio di:
   A ☐ discorso diretto libero.
   B ☐ discorso indiretto libero.
   C ☐ discorso diretto.
   D ☐ discorso indiretto.

5. Chi è Ana, e quanti anni ha?
   ....

6. L'emozione della mostra e il ricordo di Dora, riattivato dalla «mano calda» di Ana, assalgono Luka all'improvviso, provocandogli alcune reazioni fisiche: quali, tra le seguenti [rr. 35-40]?
   A ☐ Deve farsi forza per non chiudere gli occhi e per non smettere di respirare.
   B ☐ Ha un capogiro.
   C ☐ Il cuore batte all'impazzata.
   D ☐ Gli occhi si riempiono di lacrime e bruciano.
   E ☐ Chiude gli occhi per non vedere più niente.
   F ☐ Ricambia la stretta di Ana.

7. Individua le righe in cui il narratore descrive il forte legame affettivo tra Luka e Ana.
   ....

8. Se non fosse per la presenza di Ana, Luka si sentirebbe completamente solo, diverso, estraneo: quale frase fa capire questo suo stato d'animo? Trascrivila.
   ....
   ....

9. In relazione alla recita di Dora [rr. 41-89], rispondi alle seguenti domande.
   a. Dove si svolge? ....
   b. Chi è l'autore della tragedia rappresentata? ....
   c. Quale personaggio viene interpretato da Dora? ....
   d. La recita ha successo? ....
   e. Dora è soddisfatta della sua performance? ....

10. L'espressione «il suo corpo è tutto un fuoco» [r. 42] è
   A ☐ una similitudine.
   B ☐ una sinestesia.
   C ☐ una metafora.
   D ☐ un ossimoro.

11. Qual è, secondo Dora, il «segreto della brava attrice»?
   A ☐ Esprimere gradualmente l'intensità dei propri sentimenti.
   B ☐ Fare esattamente quello che le hanno insegnato a scuola di recitazione.
   C ☐ Non sforzarsi per trovare i sentimenti giusti.
   D ☐ Non tentare di controllare l'espressione dei propri sentimenti.

12. Anche Dora, come Luka, si sente diversa dagli altri. Trascrivi la riga che rivela questo suo stato d'animo.
   ....

13. L'amica Jeanne attira l'attenzione di Dora su un ragazzo che la guarda con insistenza: di chi si tratta? Rispondi alle domande.
   a. Come si chiama? ....
   b. Quanti anni ha? ....
   c. Quali sono i particolari del suo aspetto fisico? ....
   d. Che sport pratica? ....

14. Il successo della recita e la consapevolezza che un ragazzo la guarda provocano in Dora alcune reazioni fisiche: quali, tra le seguenti [rr. 76-79]?
   A ☐ Le si stringe la gola.
   B ☐ Le viene da piangere.
   C ☐ Le manca l'aria.
   D ☐ Diventa rossa.
   E ☐ Le sembra di poter svenire.

15. Anche Dora prova, per un momento, l'intenso ricordo di Luka, e si sente trasportata altrove: in quali righe viene espresso questo suo stato d'animo?
   ....

16. Dora riprende il controllo di sé pensando che... (barra l'opzione corretta)
   A ☐ l'amica Jeanne è lì con lei.
   B ☐ può recitare qualsiasi parte.
   C ☐ deve prepararsi per un altro spettacolo.
   D ☐ deve controllare meglio la respirazione.

Segui la correzione dell'insegnante e attribuisci il punteggio stabilito per ogni risposta esatta.

Il romanzo di formazione

Obiettivi
- Riconoscere i temi caratteristici del romanzo di formazione.
- Analizzare lo stile espressivo del romanzo di formazione.

Conoscenze: saperi di base, metodi, strategie

- Le caratteristiche della narrazione di formazione.
- Le tematiche adolescenziali.
- Tecniche per descrivere, narrare, riflettere. ▸QM2 Percorsi 8-9
- La discussione e il dibattito. ▸QM2 Percorso 3

Capacità e abilità

- Analizzare le caratteristiche dei personaggi protagonisti dei brani.
- Indagare i motivi delle loro azioni e reazioni.
- Immedesimarsi nei protagonisti e valutarne sentimenti ed emozioni.
- Ricavare dalle storie lette *lezioni di vita* e confrontarle con il proprio vissuto.
- Riflettere su di sé e sul proprio rapporto con gli altri.
- Dibattere sul tema e sul messaggio dei brani letti.

Il romanzo di formazione **U2**

Guardare avanti, verso se stessi

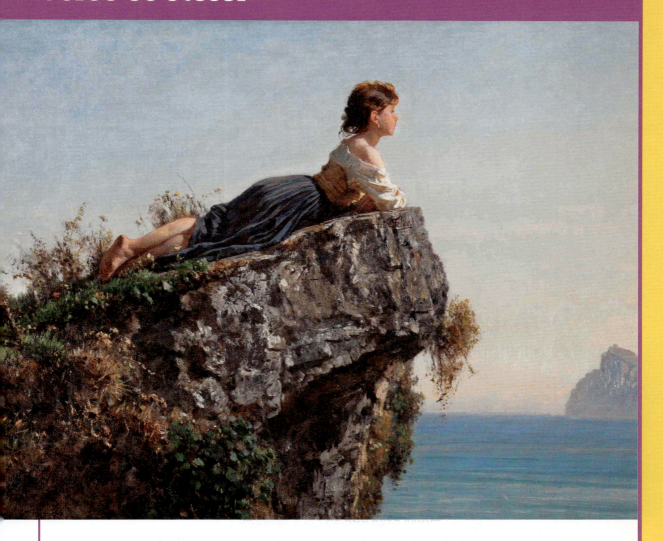

- Descrivi la ragazza del ritratto: età, aspetto fisico, abbigliamento... poi immagina anche la sua personalità, utilizzando alcuni aggettivi che secondo te le si adattano.

- La ragazza guarda lontano... verso dove?

- L'osservatore del quadro riesce a capire che cosa sta guardando la ragazza? Perché?

- Che cosa comunica il quadro? Solitudine, inquietudine, serenità, fiducia... Motiva la tua risposta.

La narrazione di formazione

■ Raccontare l'"arte" di crescere

Crescere significa formarsi come persone, cioè acquisire **consapevolezza** di sé e una sempre maggiore **capacità di adattamento** alle circostanze e alle situazioni. Questo processo dura tutta la vita, ma è particolarmente intenso negli anni giovanili, quando si ha ancora poca esperienza di sé e degli altri.

Tema principale della narrazione di formazione, come suggerisce il termine, è proprio il processo di **crescita psicologica, intellettuale, sentimentale e morale dalla giovinezza all'età adulta**, attraverso una serie di prove, sorprese e difficoltà.

Poiché si tratta di un tema molto ampio, è possibile trovarlo in storie classificate in vari generi: per esempio, *L'isola del tesoro* di R.L. Stevenson, considerato un classico dell'avventura, descrive anche la maturazione del giovane protagonista attraverso le prove che deve superare per trovare il tesoro.

■ Il romanzo di formazione

Oltre che un tema trasversale, la formazione costituisce un genere a sé, con alcune caratteristiche specifiche e una sua storia particolare.

Al centro della vicenda vi è un **giovane protagonista**, di cui viene raccontato il percorso di crescita; talvolta la narrazione è svolta in prima persona dal protagonista diventato adulto, mentre in altri casi il narratore è esterno; in ogni caso, il punto di vista è sempre soggettivo e grande spazio hanno le sequenze riflessive, in cui il protagonista rielabora gli eventi accaduti individuando significativi passaggi di crescita.

Poiché la maturazione di ogni individuo avviene in un **contesto familiare, sociale ed economico**, anche le ricostruzioni d'ambiente sono molto importanti: esse mostrano le difficoltà con cui si deve scontrare il protagonista e le risorse che può mettere in campo.

La necessità di seguire il percorso evolutivo del protagonista in un lungo periodo di tempo, e di descrivere accuratamente il contesto, fa sì che la narrazione di formazione si esprima soprattutto attraverso il genere del **romanzo**.

■ La storia del genere

Il primo romanzo di formazione propriamente detto è *Gli anni di apprendistato di Wilhelm Meister* (1796) dello scrittore e poeta tedesco **Johann Wolfgang von Goethe**, in cui si narra la storia di Wilhelm Meister, un giovane tedesco che attraverso un lungo viaggio per l'Europa compie una serie di esperienze che lo porteranno a inserirsi positivamente nella società.

Da questa "nascita" tedesca deriva la definizione di *Bildungsroman* ("romanzo di formazione", appunto) con cui spesso si indica questo genere.

Nell'**Ottocento** il genere del romanzo di formazione si coniuga efficacemente all'esigenza, molto sentita a quell'epoca, di una narrazione aderente al vero, che metta in luce sia i percorsi individuali sia le ingiustizie delle dinamiche economiche e sociali: ne sono esempi i romanzi *Oliver Twist* (1838) e *David Copperfield* (1850) di **Charles Dickens**; *Il rosso e il nero* (1830) di Stendhal, *Jane Eyre* (1847) di **Charlotte Brontë** e *L'educazione sentimentale* (1869) di **Gustave Flaubert**.

Nel corso del **Novecento** l'attenzione per l'individuo aumenta, mentre meno sentita è l'esigenza di rappresentare la società con le sue contraddizioni e le sue storture. I romanzi di formazione diventano quindi più psicologici e intimisti di quelli del periodo precedente, pur non potendo prescindere dalla collocazione in un contesto di realtà. Ne sono famosi esempi *Tonio Kröger* (1903) di **Thomas Mann**, *I turbamenti del giovane Törless* (1906) di Robert Musil, e *Ritratto dell'artista da giovane* (1916) di James Joyce.

Negli ultimi decenni, coerentemente con la sempre maggiore attenzione rivolta al mondo dell'infanzia e dell'adolescenza, molti scrittori

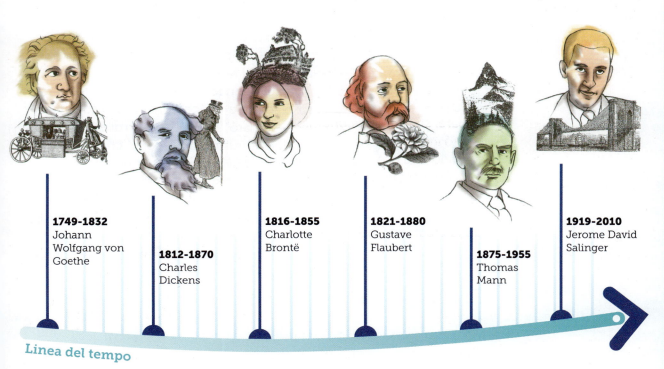

Linea del tempo

- **1749-1832** Johann Wolfgang von Goethe
- **1812-1870** Charles Dickens
- **1816-1855** Charlotte Brontë
- **1821-1880** Gustave Flaubert
- **1875-1955** Thomas Mann
- **1919-2010** Jerome David Salinger

Sezione 1   Conoscersi, confrontarsi, crescere

hanno scelto di narrare storie di formazione, concentrandosi in particolare sulle dinamiche di relazione in famiglia e con gli amici. Questi romanzi di formazione moderni figurano spesso nella narrativa per ragazzi: sono letture molto interessanti, piacevoli e accessibili anche a giovani lettori, che hanno così l'opportunità di assistere a processi di crescita e maturazione molto simili ai loro.

▬ I brani della selezione

I protagonisti delle storie che leggerai sono giovani come te. Alcuni sono personaggi "classici", tratti da famosi romanzi di formazione; altri, invece, popolano la "nuova generazione" di storie di formazione, e sono perciò meno noti ma non meno significativi.

Tra i personaggi classici dell'Ottocento abbiamo scelto Oliver Twist (❯T1) e Jane Eyre (❯T2), due giovani orfani che sperimentano sulla propria pelle l'ingiustizia e la crudeltà della società inglese del primo Ottocento, scoprendo però di avere le risorse per resistere e per maturare nonostante le avversità.

Tonio Kröger (❯T3) è un classico personaggio del Novecento, che cresce sentendosi diviso a metà tra le sue aspirazioni artistiche e i valori imposti dalla società borghese, in cui non crede e che gli appaiono del tutto in contrasto con il suo desiderio di bellezza e di verità.

Holden Caulfield (❯T4) è un giovane "ribelle" degli anni Cinquanta, divenuto un simbolo per generazioni di lettori.

Amir (❯T5) appartiene alla narrativa dei giorni nostri, ma può essere già considerato un classico: ne *Il cacciatore di aquiloni* si scontra con se stesso e con la sua viltà e si condanna a crescere con un enorme senso di colpa, che dovrà faticosamente rielaborare nel tempo.

Daniel Pennac (❯T6), insegnante e ora famoso scrittore francese, rievoca la sua infanzia da "somaro", individuando in quelle antiche delusioni e frustrazioni i "semi" che gli hanno permesso di sviluppare le sue potenzialità.

Infine, conoscerai un ragazzo come te, che a quattordici anni si accorge che l'amicizia ha un significato ben preciso (❯T7); e Angela, che vola da un Paese all'altro per ritrovare un papà che non vedeva da troppo tempo (❯T8).

Lezione 1

T1 — Così solo
Charles Dickens

I contenuti | Il romanzo *Oliver Twist* di Charles Dickens è un celebre esempio di narrativa di formazione. Ambientato in Inghilterra all'inizio dell'Ottocento, narra la storia dell'orfano Oliver, costretto a confrontarsi con un mondo duro e ostile, dove sembra non ci siano né comprensione né aiuto. Eppure, proprio attraverso le difficoltà Oliver impara a contare su se stesso e a fidarsi delle proprie risorse, che a mano a mano gli appaiono sempre più chiare. In questo episodio lo conosciamo ancora giovanissimo, a nove anni: dopo aver osato chiedere una razione più abbondante di zuppa ai direttori dell'orfanotrofio in cui è ospitato, viene bollato come ribelle disobbediente e inviato a fare l'apprendista in un luogo assai poco accogliente.

Quando Oliver fu condotto innanzi a quei "signori gentiluomini"[1] e fu informato che quella sera avrebbe dovuto iniziare l'apprendistato presso un fabbricante di bare, e che se si fosse lamentato della sua situazione o fosse di nuovo ritornato alla parrocchia, sarebbe stato mandato
5 per mare, dove sarebbe finito affogato o con la testa fracassata, a seconda dei casi, egli mostrò così poca emozione che essi lo apostrofarono come piccolo delinquente incallito e ordinarono a Bumble[2] che lo portasse via immediatamente.

Ora, sebbene fosse più che naturale che i componenti della Dire-
10 zione, più di altri al mondo, dovessero sentirsi in uno stato di grande e virtuosa meraviglia al minimo accenno da parte di chiunque di aridità di sentimenti, in questo caso particolare rimasero piuttosto sconcertati. Fatto si è che Oliver, invece di essere arido di sentimenti, ne era semplicemente troppo ricco; era però sulla strada buona per trovarsi
15 definitivamente ridotto a uno stato di bruta stupidità e inerzia per i maltrattamenti subiti. Ascoltò la notizia della sua nuova destinazione in perfetto silenzio, e quando gli fu messo in mano il suo bagaglio (non molto difficile da portare in quanto racchiuso nei limiti di un pacchetto di carta marrone di circa mezzo piede[3] per mezzo piede di base per tre
20 pollici[4] d'altezza) si tirò il cappello sugli occhi e, ancora una volta attaccandosi ai risvolti delle maniche del cappotto di Bumble, fu condotto da questo funzionario verso una nuova scena di sofferenza.

Bumble si trascinò dietro Oliver per un po' senza notarne o avvertirne la presenza, portando la testa molto eretta come un custode deve
25 sempre fare, e poiché tirava un vento forte, il piccolo Oliver si trova completamente avvolto dai lembi svolazzanti del cappotto di Bumble, i quali lasciavano in bella mostra il panciotto a risvolti e le brache al

---

1. **signori gentiluomini:** le autorità della parrocchia, chiamate anche "la Direzione", sotto la cui tutela si trova Oliver.
2. **Bumble:** l'uomo incaricato di occuparsi degli orfani.
3. **piede:** unità di misura inglese, pari a 30,48 cm.
4. **pollice:** unità di misura inglese, pari a 2,54 cm.

Sezione 1 Conoscersi, confrontarsi, crescere

ginocchio in velluto. Avvicinandosi però alla loro destinazione il signor Bumble ritenne opportuno guardar giù per assicurarsi che il ragazzo fosse presentabile al suo nuovo padrone. E ciò fece, con l'aria di graziosa condiscendenza che gli si addiceva.

«Oliver!», disse Bumble.

«Sì, signore», rispose Oliver a voce bassa e tremante.

«Tirati su quel cappello dagli occhi, e porta alta la testa, ragazzo».

Sebbene Oliver eseguisse all'istante quell'ordine, e rapidamente si passasse sugli occhi il dorso della mano libera, una lacrima rimase in bilico quando egli alzò lo sguardo in su alla sua guida, e gli cadde giù lungo la gota quando Bumble abbassò su di lui lo sguardo severo. Un'altra la seguì, e un'altra ancora. Il ragazzo cercò di trattenerle come poteva, ma senza successo. Ritraendo l'altra mano da quella del signor Bumble, si coprì con entrambe il volto e pianse finché le lacrime non gli uscirono tra le dita scarne e ossute.

«Beh!», esclamò il signor Bumble fermandosi di colpo e fulminando il piccolo con uno sguardo di intensa malignità. «Beh! Di tutti i ragazzi ingratissimi e più maldisposti che ho conosciuto in vita mia, Oliver, tu sei il più...».

«No, signore, no!», singhiozzò Oliver aggrappandosi alla mano che stringeva il ben noto bastone. «No, signore, no! Farò il bravo, veramente, veramente, signore! È che sono solo un ragazzo, signore, e sono così... sono così...».

«Così cosa?», chiese sorpreso il signor Bumble.

«Sono così solo! Così solo!», singhiozzò il bambino. «Tutti mi odiano. Oh!, signore, vi prego, non adiratevi con me!». Il ragazzo si batté con la mano sul cuore e guardò il suo accompagnatore con lacrime di autentica angoscia.

Il signor Bumble osservò meravigliato l'espressione smarrita e sgomenta di Oliver per qualche secondo. Si raschiò tre o quattro volte la gola e borbottando qualcosa a proposito di una "fastidiosa tosse", disse a Oliver di asciugarsi le lacrime e fare il bravo ragazzo. Poi, ripresagli la mano, camminò con lui in silenzio.

L'impresario, che aveva appena chiuso le imposte della bottega, stava registrando le transazioni del giorno nel suo libro mastro[5] alla luce di una lugubre candela, quanto mai appropriata, allorché fece il suo ingresso il signor Bumble.

«Ah!», disse l'impresario sollevando gli occhi dal registro e lasciando una parola a mezzo. «Siete voi, Bumble?»

«Proprio io, signor Sowerberry», replicò il custode. «Ecco! Vi ho portato il ragazzo». Oliver fece un inchino.

«Oh! Sicché questo è il ragazzo?», disse l'impresario sollevando la candela sopra la testa per poterlo osservare meglio. «Signora Sowerberry! Mia cara, avresti la bontà di venire qui un momento?».

La signora Sowerberry spuntò da una stanzetta sul retro della botte-

5. libro mastro: il libro in cui venivano registrati giornalmente i guadagni e le spese dell'azienda.

6. bilioso: nervoso, irritabile. La bile è un liquido secreto dal fegato, indispensabile per la digestione dei grassi; in senso figurato, si usa per intendere rabbia e nervosismo.
7. Trip: il cane di casa.

ga, palesandosi come una donna bassa, smilza e rinsecchita, dall'aspetto bilioso[6].

«Mia cara», disse reverente il signor Sowerberry, «questo è il ragazzo della parrocchia di cui ti ho parlato». Oliver fece un altro inchino.

«Santo cielo!», osservò la moglie dell'impresario. «Com'è piccino.».

«Eh sì! È piuttosto piccino», ribatté il signor Bumble guardando Oliver come se fosse colpa sua di non essere più grande. «È piccino. Non si può negarlo. Ma crescerà, signora Sowerberry, crescerà».

«Ah! Lo credo bene!», ribatté la donna astiosa, «con tutto il mangiare e bere che bisognerà dargli. Non vedo come ci si possa guadagnare con i ragazzi della parrocchia, non so vederlo, io, dato che costa più mantenerli di quanto ci si possa ricavare. Ma comunque, gli uomini pensano di saperla sempre più lunga. Su! Va' giù da basso, sacchetto d'ossa». Con ciò la moglie dell'impresario aprì una porticina da un lato, e spinse Oliver giù per una ripida scala in uno stanzino coi muri di pietra, umido e buio, che costituiva l'anticamera del deposito di carbone, noto come "la cucina", dove era seduta una ragazza dall'aspetto sciatto, con scarpe sdrucite e calze di lana blu in estremo bisogno di restauro.

«Su, Charlotte», disse la signora Sowerberry che aveva seguito Oliver da basso, «da' al ragazzo quegli avanzi di carne che avevamo messi da parte per Trip[7]. È da stamani che è in giro e se non è ancora tornato a casa, vuol dire che può farne benissimo a meno. Voglio sperare che il ragazzo non sia tanto schizzinoso da rifiutarli… vero ragazzo?».

Oliver, i cui occhi brillarono alla semplice menzione del cibo e che a stento si reggeva dalla fame, rispose negativamente, e gli fu messo innanzi un piatto di avanzi e rimasugli.

Vorrei che qualche ben nutrito filosofo, a cui il mangiare e bere si volge in bile, il cui sangue è ghiaccio e il cui cuore è pietra, avesse potuto vedere Oliver buttarsi su quelle squisite vivande sdegnate dal cane; vorrei che avesse potuto osservare l'orribile avidità con la quale Oliver lacerava e smembrava quei resti con tutta la ferocia dell'affamato. E soltanto una cosa vorrei ancora di più: vorrei vedere quel filosofo consumare quello stesso genere di pasto, con lo stesso gusto.

«Bene!», disse la moglie dell'impresario quando Oliver ebbe finito la sua cena – l'aveva guardato in silenzioso orrore, con terribili premonizioni circa il suo futuro appetito – «Hai finito?».

Non essendovi null'altro di commestibile alla sua portata, Oliver rispose affermativamente.

«Vieni con me, allora», disse la signora Sowerberry prendendo una lampada fioca e sporca e facendo strada su per le scale. «Il tuo letto è sotto il bancone. Niente in contrario a dormire tra le bare, suppongo? Ma non importa poi molto, se sì o no, dato che non c'è altro posto per dormire. Su! Non farmi star qui tutta la notte!».

Oliver non indugiò oltre, e seguì mitemente la sua nuova padrona.

Lasciato solo nella bottega dell'impresario, Oliver posò la lampada su una panca da lavoro e si guardò timidamente attorno con un sentimento di spavento e terrore che molte persone parecchio più grandi di lui non avranno difficoltà a comprendere. Una bara ancora da finire, su dei trespoli neri, al centro della bottega sembrava così lugubre e sinistra da dargli brividi freddi ogni volta che vi cadeva lo sguardo, ed egli quasi si aspettava di vedere qualche figura orrenda levare lentamente il capo da quel triste articolo per farlo ammattire di paura. Una quantità di tavole di legno d'olmo tagliate a misura erano appoggiate, in file regolari, contro il muro, sembrando, in quella luce fioca, come fantasmi dalle spalle squadrate con le mani ficcate nelle tasche dei pantaloni. Placche per bare, schegge di legno, chiodi a testa dorata e brandelli di panno grigio erano disseminati sul pavimento, e il muro dietro il bancone era adornato con una vivace raffigurazione di due muti in rigidi colletti inamidati che attendevano, presso un ampio portone di casa, mentre a distanza s'avvicinava un catafalco tirato da quattro cavalli neri. C'era un'aria stantia e soffocante nella bottega, come pervasa da un sentore di bare. La nicchia sotto al bancone dov'era gettato un materasso di cascame[8] di lana pareva una tomba.

Né questi soltanto erano i cupi sentimenti che opprimevano Oliver. Egli era solo, in un luogo sconosciuto, e sappiamo tutti come anche i più coraggiosi, in una situazione simile, possano sentirsi gelare il sangue. Il ragazzo non aveva amici a cui badare o che badassero a lui. Non gli pesava il rammarico di alcuna separazione recente, né l'assenza e il ricordo di qualche persona amata gli opprimeva l'animo. Eppure si sentiva il cuore oppresso come da un macigno, e scivolando in quell'angusto lettuccio desiderò che fosse veramente la sua bara, e che lo seppellissero per un tranquillo e lungo riposo nel cimitero accanto alla chiesa, con l'erba alta a ondeggiargli mollemente sul capo e i rintocchi profondi della vecchia campana a consolarlo nel sonno.

Ch. Dickens, *Oliver Twist*, trad. it. di M. Martino, Newton Compton, Roma 2010

8. cascame: gli scarti dopo la filatura.

Obiettivo della lezione — Riconoscere i temi caratteristici del romanzo di formazione

▬ Il giovane protagonista

1. Quale genere di apprendistato deve svolgere Oliver Twist [rr. 1-3]?
   ....

2. Come reagisce Oliver alla notizia? Come spieghi tale reazione [rr. 13-22]?
   ....
   ....

3. Oliver è povero e denutrito: quali passaggi del testo segnalano questa sua sfortunata condizione? Indicane le righe e fanne una breve sintesi, come nell'esempio.
   a. *Rr. 17-20 – Come unico bagaglio, Oliver ha un piccolo involucro di carta che contiene le sue poche cose.*
   b. ....
   c. ....
   d. ....

4. Quali aspetti del carattere di Oliver emergono dal suo comportamento? Sottolineali tra i seguenti e motiva le tue scelte.
   tranquillo • timido • vile • <u>addolorato</u> • <u>spaventato</u> • gentile • coraggioso • furbo • fiducioso • <u>silenzioso</u> • educato • spigliato

▬ Gli adulti

5. In quale modo i «signori gentiluomini» comunicano a Oliver il suo nuovo apprendistato [rr. 3-8]?
   ....

6. Esamina il comportamento del signor Bumble: come si comporta con Oliver? Che cosa gli dice? Ti sembra che comprenda lo stato d'animo del ragazzo oppure no? Motiva la tua risposta.
   ....

7. In quale modo il signor Sowerberry accoglie Oliver?
   ....

8. Descrivi l'accoglienza che la signora Sowerberry riserva a Oliver.
   ....

▬ Il ruolo del narratore

9. Individua il tipo di narratore e di focalizzazione presenti nel testo (▶ Saperi di base, pp. 139-140).

   a. Narratore
   A interno.
   ☒ esterno.

   b. Focalizzazione
   A esterna.
   ☒ interna.
   C onnisciente.

Sezione 1   Conoscersi, confrontarsi, crescere

10. Alcuni interventi del narratore rivelano il suo giudizio sui personaggi: evidenzia tali interventi nel testo e barra la sintesi opportuna.

- **A** Il narratore mostra accettazione e comprensione sia per Oliver sia per gli adulti.
- **B** Il narratore esprime simpatia e compassione per Oliver, disprezzo e condanna per gli adulti. ✗
- **C** Il narratore commisera Oliver, sottolineando la sua incapacità di reagire ai soprusi.
- **D** Il narratore condivide il punto di vista degli adulti che ritengono Oliver un poco di buono.

11. Dalla lettura del brano, quali considerazioni in generale si possono ricavare a proposito dell'atteggiamento delle autorità e degli adulti nei confronti dei ragazzi in difficoltà?

....
....

12. Nella descrizione del luogo in cui Oliver deve dormire, il narratore usa alcune similitudini che comunicano efficacemente lo stato d'animo del ragazzo. Evidenzia tali similitudini nel testo e spiegale con parole tue.

....
....

Appunti della lezione

- Al centro della narrativa di formazione c'è un **giovane protagonista**, in questo caso Oliver Twist, di cui viene raccontato il processo di **trasformazione** dall'infanzia, o dalla giovinezza, all'età adulta.
- La crescita del protagonista viene messa in relazione al **contesto storico**, **culturale e sociale**. Dall'episodio che abbiamo esaminato, per esempio, è possibile ricavare molte informazioni sull'Inghilterra del primo Ottocento: la scarsa attenzione per i poveri e per i giovani, l'indifferenza (o addirittura la crudeltà) delle autorità, l'assenza di una legislazione a tutela dei più deboli, il costante ricorso al lavoro minorile.
- Una parte importante dei romanzi di formazione riguarda il **confronto tra il giovane protagonista e gli adulti**, o le autorità in generale. Oliver è solo di fronte ai «signori gentiluomini» della parrocchia, così come lo è di fronte a Bumble o ai Sowerberry: nessuno, se non per brevi attimi, sembra capirlo, accoglierlo, aiutarlo a trovare una propria dimensione emotiva e affettiva.
- Di fronte a un mondo ostile, il giovane sviluppa **strumenti e difese** che, col tempo, lo sosterranno nel suo percorso di vita. Durante la sua prima notte in mezzo alle bare, Oliver è solo con il suo dolore e con la sua paura: si tratta di una **prova** che egli supera, acquisendo una forza di cui imparerà a essere consapevole.

I MIEI APPUNTI

Lezione 2

T2 — In piedi sullo sgabello
Charlotte Brontë

I contenuti | Il romanzo di formazione *Jane Eyre*, ambientato in Inghilterra intorno alla metà dell'Ottocento, è un classico del genere. Racconta il percorso di crescita di Jane, che dopo essere rimasta orfana da bambina viene accolta da uno zio affettuoso. Dopo la precoce morte di questi, però, la ragazza rimane sola con la zia e i cugini, che la detestano e la maltrattano. Quando la convivenza diventa impossibile, la zia affida Jane a un istituto religioso di carità. È in questo luogo che conosciamo la nostra eroina e assistiamo a una prova di formazione.

Il signor Brocklehurst[1], dritto davanti al caminetto con le mani dietro la schiena, guardava solennemente l'intera scolaresca. D'improvviso il suo occhio ebbe un lampo, come se le sue pupille fossero state abbagliate o ferite; voltandosi, balbettò convulsamente:

5 «Signorina Tempie[2], signorina Tempie, che cosa… *che cosa* è mai quella ragazza con i capelli ricci? Capelli rossi, signorina, e ricci… completamente ricci!». E tendendo il bastone lo puntava con mano tremante verso il terribile oggetto.

«È Julia Severn», rispose la signorina Tempie con molta calma.

10 «Julia Severn, signorina! E perché mai lei, o chiunque altra, ha i capelli ricci? Perché mai, a sfida di tutte le regole e i principi di questa casa, si segue così sfacciatamente la moda – qui, in un istituto evangelico e di beneficenza – da portare una massa di riccioli?».

«I capelli di Julia sono ricci naturalmente», rispose la signorina
15 Tempie ancora più calma.

«Naturalmente! Sì, ma noi non dobbiamo sottometterci alla natura; io voglio che queste ragazze siano figlie della Grazia: e perché allora tanta abbondanza? Ho detto e ridetto chiaramente che desidero che i capelli siano pettinati lisci, con modestia e semplicità. Signorina
20 Tempie, bisogna assolutamente tagliare i capelli di questa ragazza; manderò un barbiere domani; e vedo altre capellone… quella ragazza alta: ditele di voltarsi. Dite a tutte quelle della prima panca di alzarsi e di girarsi verso il muro».

La signorina Tempie si passò il fazzoletto sulle labbra come per can-
25 cellare un involontario sorriso; ordinò tuttavia alle allieve della prima classe, ed esse obbedirono. Tirandomi un po' indietro sulla mia panca potevo osservare gli sguardi e le smorfie e udire i commenti di questa manovra: peccato che anche il signor Brocklehurst non potesse vederli; forse si sarebbe reso conto che, per quanto potesse agire sull'esterno

---

1. **signor Brocklehurst:** il rettore della Casa di Carità.
2. **signorina Tempie:** educatrice della Casa di Carità.

30 del vaso, l'interno era molto più al di là della sua influenza di quanto immaginasse.
Scrutò per circa cinque minuti il rovescio di queste medaglie viventi, e poi pronunciò la sentenza. Le sue parole caddero come i rintocchi del destino:
35 «Tutti questi *chignons* devono essere tagliati».
La signorina Tempie tentò di protestare.
«Signorina», proseguì lui, «io servo un Maestro il cui regno non è di questo mondo: la mia missione è di mortificare in queste ragazze i desideri della carne; di insegnar loro a vestirsi con modestia e semplicità,
40 senza pettinature elaborate né fronzoli costosi; e tutte queste ragazze hanno trecce che forse la vanità stessa ha creato. Ripeto che devono essere tagliati; pensate al tempo male impiegato, al…».
A questo punto le parole del signor Brocklehurst furono interrotte dall'ingresso di tre signore. Le nuove ospiti avrebbero dovuto arrivare
45 un po' prima per udire il suo sermone sull'abbigliamento, infatti erano splendidamente abbigliate in velluto, seta e pelliccia. Le due più giovani del trio (belle ragazze di sedici e diciassette anni) avevano cappellini di castoro grigio, allora molto di moda, con piume di struzzo, e sotto la tesa di questi graziosi copricapo s'intravvedeva una profusione di
50 morbide ciocche artisticamente arricciate; la più anziana era avvolta in un costoso scialle di velluto ornato di ermellino e portava in fronte una frangia di riccioli posticci alla francese.

3. lenti ustorie: lenti in grado di concentrare i raggi paralleli del sole, oggi usate in alcune centrali eoliche. Un tempo si riteneva che potessero avere impieghi militari, riscaldando un obiettivo tanto da fargli prendere fuoco.

Queste dame vennero accolte dalla signorina Tempie col rispetto dovuto alla signora e alle signorine Brocklehurst, e accompagnate ai posti d'onore al fondo della stanza. A quanto pare erano venute in carrozza col loro reverendo congiunto e avevano condotto una sconvolgente perquisizione al piano superiore mentre egli rivedeva i conti con l'economa, interrogava la lavandaia e faceva la predica alla direttrice.

Finora, pur ascoltando i discorsi del signor Brocklehurst e della signorina Tempie, non avevo trascurato di prendere ogni precauzione per difendere la mia sicurezza personale; e pensavo di riuscirvi evitando, per quanto possibile, di farmi notare. A questo scopo mi ero seduta molto indietro sulla panca e, fingendo di essere assorta nelle mie operazioni di aritmetica, tenevo la lavagna in modo da nascondere il volto; avrei potuto sfuggire a ogni attenzione se quella lavagna traditrice non mi fosse sfuggita dalle mani e, cadendo con fracasso inopportuno, non avesse richiamato tutti gli sguardi su di me. Mi resi conto che era finita e, mentre mi chinavo per raccogliere la lavagna, andata in pezzi, radunai le mie forze per far fronte al peggio. E il peggio venne.

«Che distratta!», disse il signor Brocklehurst: «È la nuova allieva, a quanto vedo». E prima che potessi tirare il fiato: «A proposito, non devo dimenticare che ho da dire una parola a suo riguardo». Poi a voce alta: e come mi parve alta! «La bambina che ha rotto la lavagna venga avanti».

Non riuscivo a muovermi: ero paralizzata; ma due ragazze grandi, che mi sedevano ai lati, mi misero in piedi e mi spinsero verso il terribile giudice; allora la signorina Tempie mi venne affabilmente in aiuto mentre ero già davanti a lui e la sentii sussurrare:

«Non aver paura, Jane, ho visto che è stata una disgrazia, non sarai punita».

Queste affettuose parole mi penetrarono nel cuore come una pugnalata:

«Fra un minuto mi disprezzerà per la mia ipocrisia», pensai; e un'ondata di rabbia mi assalì.

«Portate qui quello sgabello», disse il signor Brocklehurst indicandone uno molto alto dal quale si era alzato un prefetto proprio in quel momento: lo sgabello fu portato.

«Fatela sedere».

Mi ci trovai sopra. Non so chi mi fece sedere: non ero in condizioni di notare i particolari; mi resi solo conto di essere stata issata all'altezza del naso del signor Brocklehurst, che era a circa una iarda da me.

Il signor Brocklehurst tossicchiò. «Signore», disse volgendosi alla sua famiglia, «signorina Tempie, insegnanti e ragazze, vedete tutte questa bambina?».

Naturalmente mi vedevano, perché sentivo i loro sguardi bruciarmi il volto come lenti ustorie[3].

«Potete vedere che è ancora piccola; potete osservare che possiede le consuete forme dell'infanzia; Dio le ha benignamente concesso l'aspet-

Sezione 1   Conoscersi, confrontarsi, crescere

to che ha dato a tutte voi; nessuna deformità rivela in lei un carattere particolare. Chi potrebbe pensare che il Maligno ha già trovato in lei un suo servo e un suo agente? Eppure, sono dolente di dirlo, purtroppo è così».

Ci fu una pausa durante la quale cominciai a dominare la paralisi dei miei nervi rendendomi conto che il Rubicone era già stato passato[4] e che, non potendo evitare quella vergogna, tanto valeva affrontarla con fermezza.

«Mie care bambine», continuò pateticamente quell'ecclesiastico di marmo nero, «è questa una triste e malinconica situazione: perché mi si impone il dovere di avvertirvi che questa bambina, che potrebbe essere una delle pecorelle di Dio, è una piccola criminale: non un membro del vero gregge ma evidentemente un'intrusa inopportuna. Dovete guardarvi da lei, dovete cercare di non assomigliarle; se è necessario evitate la sua compagnia, escludetela dai vostri giuochi, tenetela fuori dalle vostre conversazioni. Voi insegnanti, dovete sorvegliarla: tener d'occhio ogni sua mossa, soppesare le sue parole, valutare le sue azioni, punire il suo corpo per salvare la sua anima: se pure questa salvezza è possibile, perché (mi trema la lingua nel dirlo) questa ragazzina, questa bambina, nata in terra cristiana, peggiore di tante piccole pagane che dicono le loro preghiere a Brahma[5] e si inginocchiano davanti a Juggernaut[6]… questa bambina è… una bugiarda!».

Seguì una pausa di dieci minuti durante la quale, ormai del tutto padrona di me, notai che tutti i membri femminili della famiglia Brocklehurst tiravan fuori i fazzoletti asciugandosi gli occhi, mentre la signora anziana si dondolava avanti e indietro e le due giovani mormoravano: «Che disgusto!».

Il signor Brocklehurst concluse:

"Ho saputo questo dalla sua benefattrice: dalla pia e caritatevole signora che l'adottò orfana, l'allevò come una figlia, ma il suo affetto e la sua generosità furono ripagate da questa disgraziata bambina con tale slealtà e ingratitudine, che alla fine la sua ottima protettrice fu costretta ad allontanarla dai propri figli per paura che con il cattivo esempio ne contaminasse la purezza: l'ha mandata qui per essere risanata come gli antichi Ebrei mandavano i loro malati alle ribollenti acque di Bethesda[7]; insegnanti, direttrice, vi prego di non permettere che le acque ristagnino intorno a lei».

Con questo finale in stile aulico, il signor Brocklehurst si abbottonò l'ultimo bottone del cappotto, mormorò qualche cosa ai suoi familiari, che si alzarono, fecero un inchino alla signorina Tempie, dopo di che veleggiarono tutti in gran pompa fuori della stanza. Sulla soglia il mio giudice si voltò dicendo:«Fatela stare ancora mezz'ora su quello sgabello e non lasciate che alcuno le parli per tutto il resto della giornata».

Eccomi dunque là in alto, messa alla berlina; io, che avevo affermato di non poter sopportare la vergogna di stare naturalmente in piedi

---

4. il Rubicone … passato: nel 49 a.C. Giulio Cesare con il suo esercito varcò il Rubicone, un piccolo fiume della Romagna, violando la norma che impediva l'ingresso di armati oltre quel limite. Fu il segnale d'inizio della seconda guerra civile romana. Qui l'espressione è usata in senso figurato, per intendere che ormai il danno era stato fatto e bisognava accettarne le conseguenze.
5. Brahma: una delle tre divinità fondamentali della religione indù.
6. Juggernaut: è uno dei nomi di Krishna, un'altra divinità indù.
7. Bethesda: secondo la Bibbia, erano piscine dalle acque miracolose, a Gerusalemme. Gli infermi vi si recavano nella speranza di guarire.

Il romanzo di formazione U2

nel mezzo di una stanza, ero adesso esposta alla vista di tutti su di un piedistallo di vergogna. È impossibile descrivere le mie sensazioni di allora; ma proprio mentre si accavallavano nel mio animo, mozzandomi il respiro e serrandomi la gola, una ragazza si avvicinò e passandomi accanto alzò gli occhi su di me. Che strana luce li animava! E che straordinaria impressione mi fece! Come mi sentii rinfrancata da quel nuovo sentimento! Mi parve che un martire, un eroe avesse sfiorato una vittima schiava e innocente trasmettendole una nuova forza. Dominai la crisi isterica che stava per travolgermi, sollevai la testa e rimasi saldamente in piedi sullo sgabello.

da C. Brontë, Jane Eyre, trad. it. di U. Dettore, Garzanti, Milano 2007

Obiettivo della lezione Analizzare lo stile espressivo del romanzo di formazione

▬ Lo spazio della narrazione

1. In quale ambiente si svolge l'episodio?
   - A Nell'ufficio del direttore.
   - B Nella stanza di Jane.
   - C Nel cortile della Casa di Carità.
   - ☒ Nella sala della Casa di Carità.

2. Quali personaggi compaiono, mano a mano, sulla scena? Indicali in ordine di apparizione, dando una breve descrizione del ruolo di ciascuno. Segui l'esempio.
   - *Signor Brocklehurst: rettore della Casa di Carità.*

3. Come definiresti l'atmosfera della scena?
   - A Dinamica e vivace.
   - B Solenne e festosa.
   - ☒ Cupa e oppressiva.
   - D Angosciante e spaventosa.

▬ Il tempo della narrazione

4. Quale tipo di sequenza prevale nell'episodio?
   - A Narrativa.
   - B Descrittiva.
   - C Riflessiva.
   - ☒ Dialogica.

5. Tenendo conto della risposta precedente, spiega se il ritmo della narrazione è veloce o lento, e perché.

6. L'episodio si chiude con una sequenza riflessiva: quali sentimenti esprime Jane? Che cosa le dà la forza di sopportare il sopruso di cui è vittima?

▬ La descrizione dei personaggi

7. Quali tra le seguenti definizioni si adattano al signor Brocklehurst? Motiva le tue scelte con riferimenti al testo.
   - A È un rigido aguzzino.
   - ☒ Tormenta le ospiti del collegio con le sue prediche.
   - C È coerente con i suoi insegnamenti.
   - ☒ È ipocrita e falso.
   - ☒ Impone castighi crudeli.
   - F È severo ma giusto.
   - ☒ Non mostra alcun senso di comprensione e autentica compassione.

8. Individua le affermazioni attribuibili a Jane Eyre, motivandole con riferimenti al testo.
   - ☒ È la protagonista.
   - ☒ È la voce narrante del romanzo.
   - ☒ È dotata di spirito di osservazione e senso critico.
   - D È paurosa e vile.
   - E È determinata e coraggiosa.
   - ☒ Trova la forza per affrontare una dura prova.
   - G Preferisce nascondersi per non dover affrontare una situazione che la spaventa.

Sezione 1   Conoscersi, confrontarsi, crescere

9. Quale funzione espressiva ha la sequenza in cui vengono descritte le signore Brocklehurst? Barra le risposte corrette.

- A Mostrare l'incoerenza e l'ipocrisia degli insegnamenti del signor Brocklehurst.
- B Dare informazioni sulla moda del tempo.
- C Esaltare la bellezza e l'eleganza della moglie e delle figlie del rettore.
- D Condannare lo sfoggio di lusso ed eleganza delle tre donne.

Stile e linguaggio

10. Dal racconto emergono commenti ironici, come nelle rr. 44-46. Sottolinea altri esempi, spiegando in che cosa consiste l'ironia.

11. Il romanzo è stato scritto a metà Ottocento, e pertanto stile e linguaggio possono sembrare complessivamente un po' antiquati: tuttavia, è possibile notare una differenza tra le parole del signor Brocklehurst e il modo di esprimersi di Jane. Di quale differenza si tratta? Individuala barrando le caselle opportune.

- A Il rettore parla in moto retorico ed enfatico, con molte citazioni sacre.
- B Il rettore parla in modo elegante e raffinato, con molte citazioni letterarie.
- C Jane si esprime con un linguaggio diretto, aperto e sincero.
- D Jane si esprime con un linguaggio elevato, solenne, di difficile comprensione.

Appunti della lezione

- Nel romanzo di formazione le **descrizioni d'ambiente** hanno grande importanza, perché servono a ricostruire il **contesto economico e sociale** in cui avviene la crescita del giovane protagonista: qui ci troviamo nella sala di una Casa di Carità, uno **spazio chiuso** dominato da un'**atmosfera oppressiva**.
- In questo episodio, in cui prevalgono le **sequenze dialogiche**, il ritmo è veloce, ma nei romanzi di formazione hanno grande importanza le **sequenze riflessive**, in cui il narratore dà voce ai pensieri e agli stati d'animo del protagonista. Qui ne trovi un esempio nelle rr. 102-105 e 141-152.
- Il **contrasto giovani-adulti**, tipico dei romanzi di formazione, viene qui espresso attraverso l'opposizione tra la protagonista **Jane** e l'antagonista **Brocklehurst**. Questi è un personaggio piatto, sempre uguale a se stesso: un rigido e ipocrita aguzzino che parla come la Bibbia ma non conosce alcuna compassione cristiana; Jane, al contrario, appare intelligente e determinata, qualità che le permettono di affrontare e superare la prova del castigo.
- Nel brano proposto, il **narratore interno** che adotta una **focalizzazione interna** (cioè il punto di vista di Jane) consente al lettore di comprendere a fondo il carattere della protagonista e le sue sfumature, come ad esempio l'ironia che caratterizza alcuni suoi commenti.

I MIEI APPUNTI

Appunti delle lezioni

Sintesi

Il romanzo di formazione U2

Raccontare l'"arte di crescere"

- Tema della narrazione di formazione è il processo di **crescita psicologica, intellettuale, sentimentale e morale dalla giovinezza all'età adulta**.
- Poiché si tratta di un tema molto ampio, lo si può trovare in storie classificate in vari generi: avventura, fantasy, giallo e così via.

Il romanzo di formazione

- Il romanzo di formazione costituisce un **genere** a sé, con alcune caratteristiche specifiche e una sua storia particolare.
- Al centro della vicenda vi è un **giovane protagonista** di cui viene raccontato il percorso di crescita attraverso l'**incontro/scontro con gli adulti**, o le autorità in generale.
- Di fronte a un mondo ostile, il giovane sviluppa **strumenti e difese** che, col tempo, lo sosterranno nel suo percorso.
- Poiché la maturazione di ogni individuo avviene in un **contesto familiare, sociale ed economico**, le ricostruzioni d'ambiente sono molto importanti.
- La narrazione può essere svolta in **prima persona** dal protagonista diventato adulto, oppure da un **narratore esterno**; in ogni caso, il punto di vista è **soggettivo** e le **sequenze riflessive** sono numerose.

La storia del genere

- Il primo romanzo di formazione è *Gli anni di apprendistato di Wilhelm Meister* (1796) di Johann Wolfgang Goethe.
- Nell'**Ottocento** il genere del romanzo di formazione si coniuga all'esigenza di una narrazione aderente al vero, che metta in luce anche le dinamiche economiche e sociali: ne è un esempio il romanzo *Oliver Twist* (1838) di **Charles Dickens**.
- Nel corso del **Novecento** l'attenzione per l'individuo aumenta, mentre meno sentita è l'esigenza di rappresentare la società con le sue contraddizioni. I romanzi di formazione diventano quindi più psicologici e intimisti, come *Tonio Kröger* (1903) di Thomas Mann.
- Negli ultimi decenni molti scrittori hanno scelto di narrare storie di formazione, concentrandosi in particolare sulle dinamiche di relazione in famiglia e con gli amici.

Sezione 1 Conoscersi, confrontarsi, crescere

T3

Thomas Mann

Come fu che Tonio si innamorò di Inge

I contenuti | Nel breve romanzo di formazione *Tonio Kröger*, lo scrittore Thomas Mann racconta la storia dell'omonimo protagonista, ispirandosi in parte a eventi autobiografici. Tonio vive a Lubecca, dove frequenta il ginnasio sentendosi, però, diverso dai compagni e anche dal caro amico Hans. Questi gli appare sicuro di sé, positivo ed esuberante, mentre Tonio si sente riflessivo, timido, amante della poesia e dell'arte, incline alla meditazione. Quando Tonio si innamora della bionda Inge, come leggerai in questo episodio, scopre che l'amore può dare molta gioia, ma anche molta solitudine e tristezza.

La bionda Inge, Ingeborg Holm, figlia del dottor Holm, che abitava in piazza del mercato, dove si ergeva l'alta fontana gotica dai pinnacoli aguzzi[1], fu lei che Tonio Kröger amò quando ebbe sedici anni.

Come accadde? L'aveva vista mille volte. Una sera però la vide in una
5 certa luce: vide come, discorrendo con un'amica, piegava il capo da un lato ridendo in un certo modo petulante[2], come in un certo modo portasse la mano alla nuca – una mano di ragazzina non eccessivamente bella né eccessivamente fine – facendo scivolare oltre il gomito la manica di velo bianco, udì come accentuava in un certo modo una parola,
10 una parola indifferente, con una sonorità calda nella voce, e un incanto rapì il suo cuore invaso da un rapimento.

Quella sera portò via con sé la sua immagine con la treccia bionda e folta, gli occhi allungati, azzurri e ridenti e le leggere efelidi[3] appena accennate sulla sella del naso; non poteva addormentarsi perché udiva
15 la sonorità della sua voce, e tentò piano di imitare l'inflessione con cui aveva pronunciato quella parola insignificante e a ogni tentativo rabbrividiva. L'esperienza gli insegnava che quello era l'amore. Ma quantunque sapesse benissimo che l'amore gli avrebbe portato pene, tormenti e umiliazioni, che per di più avrebbe distrutto la sua pace e riempito il
20 suo cuore di melodie senza lasciargli la quiete necessaria per definire una forma e foggiarne con calma qualcosa di compiuto, tuttavia l'accolse con gioia, gli si abbandonò interamente e lo coltivò con tutte le forze dell'animo, perché sapeva che esso rende ricchi e vivi, e aspirava a essere ricco e vivo, invece di trarne posatamente una cosa compiuta.

25 Che Tonio Kröger s'innamorasse della gaia Inge Holm accadde nel salone della moglie del console Husteede, sgomberato di tutti i mobili, perché toccava a lei quella sera ospitare la lezione di ballo: era infatti un corso privato al quale partecipavano solo gli appartenenti alle migliori

---

1. fontana ... aguzzi: la fontana di stile gotico è adorna di guglie appuntite.
2. petulante: impertinente, provocatorio.
3. efelidi: lentiggini.

4. *J'ai l'honneur ... est*: Ho l'onore di presentarmi a voi... il mio nome è... (in francese).
5. finanziera: giacca lunga a doppio petto.
6. segoso: che ha l'aspetto del sego, un grasso animale presente soprattutto nei bovini.

famiglie, che si radunavano a turno nelle case dei genitori per farsi dare lezione di ballo e di belle maniere. A questo scopo il maestro di ballo Knaak veniva da Amburgo una volta la settimana.

Si chiamava François Knaak, e che tipo era! «*J'ai l'honneur de me vous représenter* – diceva – *mon nom est*[4] *Knaak*. Questo non va detto mentre si fa l'inchino, ma quando si è ripresa la posizione eretta, in tono sommesso e tuttavia ben chiaro. Non capita tutti i giorni di doversi presentare in francese, ma se si sa farlo in modo corretto e impeccabile in questa lingua, non si sbaglierà certo neppure in tedesco». Come si tendeva stupendamente sui suoi fianchi grassocci la finanziera[5] di un nero segoso[6]! I calzoni cadevano in morbide pieghe sulle scarpe di vernice ornate di larghi nodi di raso, e i suoi occhi scuri si guardavano intorno godendo con stanca soddisfazione della propria bellezza.

Tutti erano sopraffatti da quel suo eccesso di sicurezza e di signorilità. Egli camminava – e nessuno camminava come lui, con quell'incedere elastico, ondeggiante, dondolante, regale – verso la padrona di casa, s'inchinava e attendeva ch'ella gli porgesse la mano. Avutala, ringraziava a bassa voce, arretrava con passo molleggiato, si girava sul piede sinistro, sollevava di scatto il destro premendone giù la punta, e si allontanava ancheggiando.

Nell'andarsene da un ricevimento bisognava camminare all'indietro verso la porta facendo riverenze; non si doveva avvicinare a sé una sedia tirandola per la gamba o facendola strisciare sul pavimento, ma la si doveva prendere leggermente per la spalliera e posarla per terra senza

Sezione 1   Conoscersi, confrontarsi, crescere

7. talco: il talco veniva steso sul pavimento per renderlo più scivoloso al contatto con i piedi, assecondando così i movimenti.
8. mazurca: è un ballo, come la quadriglia successivamente menzionata.

rumore. Non era permesso starsene con le mani incrociate sulla pancia e la lingua infilata in un angolo della bocca; e se qualcuno lo faceva, il signor Knaak aveva un modo di rifargli il verso che chiunque ne sarebbe stato disgustato per tutto il resto della propria vita.

Queste erano le buone maniere. Quanto al ballo, il signor Knaak ne era maestro, se possibile, in un grado ancora più eccelso. Nel salotto sgombro ardevano le fiammelle a gas del lampadario e le candele sul caminetto. Il pavimento era cosparso di talco[7] e gli allievi stavano muti in semicerchio. Ma al di là delle portiere, nella stanza attigua, le madri e le zie sedute in poltrone di peluche, contemplavano attraverso i loro occhialini il signor Knaak che, curvo in avanti, tenendo sollevate con due dita le falde della finanziera, con le gambe scattanti mostrava le figure della mazurca[8]. Quando però il signor Knaak voleva addirittura sbalordire il suo pubblico, spiccava all'improvviso e senza motivo impellente un gran salto, movendo in aria le gambe con incredibile velocità e compiendo con esse una specie di trillo dopo di che tornava su questa terra con un tonfo soffocato, che però faceva vacillare tutto dalle fondamenta.

Che inconcepibile scimmia, pensava Tonio Kröger. Ma vedeva bene che Inge Holm, l'allegra Inge, sovente seguiva con un sorriso estatico le evoluzioni del signor Knaak, e non era soltanto per queste che il meraviglioso dominio del proprio corpo gli conquistava in fondo qualcosa di simile all'ammirazione. Com'era sereno e imperturbabile lo sguardo del signor Knaak! I suoi occhi non guardavano all'interno delle cose, dov'esse diventano tristi e complicate; non sapevano nulla, tranne che di essere neri e belli. Ma appunto per questo il suo portamento era così impettito! Sì, bisognava essere sciocchi per potersi muovere come

lui; e allora si era amati perché si era amabili. Tonio capiva benissimo che Inge, la bionda e dolce Inge guardasse in quel modo il signor Knaak. Ma sarebbe mai accaduto che una ragazza guardasse così anche lui, Tonio?

Oh sì, era possibile. C'era Magdalena Vermehren, la figlia dell'avvocato Vermehren, una ragazza dalla bocca delicata, dai grandi occhi scuri e lucidi pieni di gravità e di entusiasmo. Cadeva spesso, ballando; ma quando toccava alle dame invitare il ballerino, veniva da lui, sapeva che egli scriveva versi, due volte l'aveva pregato di mostrarglieli, e spesso lo guardava di lontano col capo chino. Ma a lui che cosa importava? Lui, lui amava Inge Holm, la bionda e gaia Inge, che certo lo disprezzava perché scriveva poesie… la guardava, vedeva i suoi lunghi occhi azzurri pieni di gioia e di derisione; e uno struggimento invidioso, un acerbo, opprimente dolore di essere messo al bando da lei e di restarle eternamente estraneo gli bruciava nel petto…

«*Prima coppia en avant*[9]!» disse il signor Knaak e non ci sono parole per descrivere con quanta perfezione emettesse il suono nasale[10]. Si provava la quadriglia, e con profondo sgomento di Tonio Kröger egli si trovò incluso nello stesso quadrato di Inge Holm. La evitò come poteva e tuttavia continuamente le capitava accanto; proibiva ai suoi occhi di volgersi a lei, e tuttavia il suo sguardo a ogni istante la incontrava… Ecco che ella scivolò avanti, tenuta per mano da Ferdinand Matthiessen, dai capelli rossi, gettò indietro il capo e traendo un profondo respiro gli si pose di fronte; il signor Heinzelmann, il pianista, tese verso i tasti le mani ossute e al comando del signor Knaak, la quadriglia incominciò.

Ella si moveva davanti a Tonio su e giù, avanti e indietro, camminando e girando, un profumo che emanava dai suoi capelli o dalla sottile stoffa bianca del suo vestito lo sfiorava ogni tanto, e gli occhi gli si offuscavano sempre più. Ti amo, cara, dolce Inge, egli diceva dentro di sé, ed esprimeva con quelle parole tutta la sofferenza che provava nel vederla danzare così allegra e infervorata, senza badare a lui. Una bellissima poesia di Storm[11] gli venne alla mente: «Vorrei dormire, ma tu vuoi danzare…» L'umiliante controsenso che vi era in questo lo tormentava… dover ballare mentre era innamorato…

«*Prima coppia en avant*!» disse il signor Knaak, perché un nuovo giro incominciava! «*Compliment*! *Moulinet des dames*! *Tour de main*[12]!». E nessuno saprebbe descrivere con quanta grazia egli inghiottisse l'«*e*» muta del *de*.

«*Seconda coppia en avant*!» Toccava a Tonio Kröger e alla sua dama. «*Compliment*!» E Tonio Kröger s'inchinò. «*Moulinet des dames*!» e Tonio Kröger, a capo basso e con la fronte aggrottata, mise la sua mano sulle mani riunite delle quattro dame, su quella di Inge Holm, e ballò il *moulinet*.

Tutt'intorno sorsero sussurri e risatine; il signor Knaak assunse una posa da balletto che esprimeva un raccapriccio stilizzato[13]. «Ohimè»

---

9. *en avant*: in avanti (in francese).

10. suono nasale: il buon francese richiede tale pronuncia.

11. Storm: Hans Theodor Storm, poeta e scrittore tedesco (1817-88) che Mann amava particolarmente. I versi sono tratti dalla poesia *Giacinti*.

12. *Compliment ... main*: le parole indicano gli ordini che Knaak impartisce. Nella quadriglia il *compliment* è l'inchino che devono fare i cavalieri; il *moulinet* è una figura che eseguono le dame ruotando in cerchio; il *tour de main* si ha quando dame e cavalieri girano l'uno intorno all'altro, tenendosi per mano.

13. raccapriccio stilizzato: Knaak assume volutamente una posa di orrore molto espressiva.

gemette. «Fermi, fermi! Kröger è andato a finire fra le dame! *En arrière*, signorina Kröger, indietro, *fi donc*[14]! Tutti hanno capito, tranne lei. Via, svelto, si faccia in là!» E tirato fuori il fazzoletto di seta gialla, scacciò Tonio Kröger e lo fece tornare al suo posto.

Tutti ridevano, i ragazzi, le ragazze e le signore al di là delle portiere, perché il signor Knaak aveva trasformato l'incidente in qualcosa di molto comico, e si divertivano come a teatro. Solo il signor Heinzelmann aspettava con la sua asciutta aria professionale il segno di rimettersi a suonare, perché era ormai indifferente alle trovate del signor Knaak.

Poi la quadriglia riprese. E dopo ci fu l'intervallo. La cameriera entrò con un tintinnante vassoio pieno di coppe di gelatina d'uva e la cuoca seguì nella sua scia con un carico di plumcake. Ma Tonio Kröger sgusciò fuori, andò di nascosto nel corridoio e con le mani dietro la schiena si mise davanti a una finestra che aveva le persiane abbassate, senza pensare che attraverso quelle persiane non si poteva veder niente e che perciò era ridicolo starsene lì con l'aria di guardar fuori.

Guardava invece dentro di sé, dove c'era tanta pena, tanta malinconia. Perché, perché era lì? Perché non era nella sua stanza, presso la finestra, a leggere *Immensee* di Storm contemplando ogni tanto il giardino immerso nella sera, dove il vecchio noce scricchiolava pesantemente? Quello sarebbe stato il suo posto. Ballassero pure gli altri, ballassero con abilità e allegria!... Eppure no, no, il suo posto era qui dove sapeva di essere vicino a Inge pur restando solo e lontano, cercando di distinguere fra i sussurri, i tintinnii, le risate, che venivano dall'interno, la sua voce in cui si sentiva il suono caldo della vita. I tuoi lunghi occhi azzurri, ridenti, o bionda Inge! Bello e gaio come te può essere solo chi non legge *Immensee* e non tenta mai di far qualcosa di simile: questo è il triste destino!...

Sarebbe dovuta venire! Avrebbe dovuto accorgersi che lui era sparito, intuire ciò che lui provava, seguirlo di nascosto, anche soltanto per pietà, posargli la mano sulla spalla e dirgli: Vieni dentro con noi; sii contento, io ti amo. E Tonio tendeva l'orecchio dietro di sé, attendeva con ansia assurda che ella venisse. Ma non venne. Simili cose non accadono sulla terra.

Anch'ella aveva riso di lui come tutti gli altri? Sì, aveva riso, per

14. *En arrière ... fi donc!*: all'indietro... forza!

quanto egli desiderasse negarlo, per amor suo e per amor proprio. Eppure egli aveva ballato il *moulinet des dames* solo perché rapito dalla sua vicinanza. Ma che c'era di male? Forse un giorno avrebbero smesso di ridere. Una rivista non aveva accettato ultimamente una sua poesia, anche se aveva cessato le pubblicazioni prima di poterla stampare? Sarebbe venuto il giorno in cui divenuto celebre, avrebbero pubblicato tutto quello che scriveva, e allora si sarebbe visto se questo non avrebbe fatto impressione su Inge Holm… No, non le avrebbe fatto la minima impressione, questa era la verità. Ne avrebbe fatto su Magdalena Vermehren, quella che cadeva sempre, su di lei sì. Ma mai su Inge Holm, sulla gaia Inge dagli occhi azzurri. E dunque non era tutto inutile?…

Il cuore di Tonio Kröger si strinse di dolore a questo pensiero. Sentire come dentro di te si agitino forze meravigliose, giocose e malinconiche, e sapere che coloro a cui vanno le tue ardenti aspirazioni rimangono serenamente inaccessibili di fronte a esse, fa molto male. Ma sebbene egli stesse solo, escluso e senza speranza davanti a una finestra con le persiane chiuse, e nella sua angoscia fingesse di potervi guardare attraverso, tuttavia era felice. Perché allora il suo cuore viveva. Caldo e triste batteva per te, Inge Holm, e la sua anima beatamente dimentica di sé, abbracciava la tua piccola, bionda, chiara, petulante e comune personcina.

da T. Mann, *Tonio Kröger*, trad. it. di A. Rho, Einaudi, Torino 1972

COMPRENDERE E INTERPRETARE

L'ambientazione

1. Dove è ambientato l'episodio? Qual è il contesto sociale in cui vive Tonio [rr. 25-31]?

2. Quali sono le «buone maniere» che vengono insegnate a Tonio e agli altri ragazzi [rr. 49-57]?

3. Perché il narratore descrive accuratamente le «buone maniere» e il rituale della lezione di danza? Barra le risposte opportune.
   - **A** Per caratterizzare la società borghese del tempo, attenta all'osservazione di regole di comportamento esteriori e interessata agli eventi mondani.
   - **B** Per sottolineare la differenza tra gli insegnamenti impartiti e la personalità di Tonio.
   - **C** Per sottolineare l'affinità tra gli insegnamenti impartiti e la personalità di Tonio.
   - **D** Per valorizzare la buona educazione che veniva impartita un tempo.

Lo stile della narrazione

4. Individua il tipo di narratore e di focalizzazione. Se la focalizzazione è interna, precisa a chi appartiene il punto di vista (▶ Saperi di base, pp. 139-140).
   - **a.** Narratore   **A** esterno.   **B** interno.
   - **b.** Focalizzazione   **A** esterna.   **B** interna.   **C** onnisciente.

Sezione 1   Conoscersi, confrontarsi, crescere

5. Quale tipo di sequenza prevale nel brano? Com'è, di conseguenza, il ritmo della narrazione?

▬ L'esperienza formativa

6. Perché Tonio si innamora di Inge e non di Magdalena, che prova interesse per lui? Barra le risposte opportune.
   - A Inge è disinvolta, mentre Magdalena è impacciata.
   - B Inge è diversa da Tonio e perciò lo attrae.
   - C Inge sa come rendersi interessante.
   - D Inge è bella e Magdalena è brutta.
   - E Inge rappresenta ciò che Tonio non potrà mai essere.
   - F Spesso ci si innamora di chi non ci considera.

7. Che cosa accade a Tonio durante il ballo? Quali emozioni prova in quel momento, e come reagisce?

8. Di che cosa è simbolo il silenzio di Tonio? Barra le risposte opportune e motiva le tue scelte.
   - A Isolamento.
   - B Timidezza.
   - C Orgoglio.
   - D Forte emozione.
   - E Incapacità di vivere.
   - F Disprezzo per gli altri.
   - G Sensibilità.
   - H Paura.

STUDIARE LA LINGUA

9. Nella presentazione di Knaak, il narratore utilizza il registro ironico: evidenzia qualche passo in cui l'ironia appare evidente.

10. Nell'ultima sequenza [rr. 182-190] troviamo l'antitesi tra dolore e felicità, le due contraddittorie emozioni che si agitano nel cuore di Tonio: spiega con tue parole perché il ragazzo le prova entrambe nello stesso momento.

PARLARE

11. Prepara una presentazione dei tre personaggi principali: Tonio, Knaak e Inge. Raccogli dal testo le informazioni legate all'aspetto fisico, all'abbigliamento, al modo di comportarsi e al carattere, poi esponi a voce il ritratto, motivando con riferimenti al testo le tue interpretazioni dei personaggi.

SCRIVERE

12. Che cosa sta imparando Tonio da questa esperienza? Esponilo in un breve testo, argomentando la tua interpretazione.

Il romanzo di formazione — U2

T4 — Jerome David Salinger
Sally, tagliamo la corda?

I contenuti | Il romanzo *Il giovane Holden* ha appassionato generazioni di lettori, soprattutto ragazzi che si sono riconosciuti nel sedicenne Holden, scontroso e in perenne conflitto con quasi tutti gli adulti. Holden si esprime in gergo, sembra non avere rispetto per nessuno e mostra totale disinteresse per gli studi, tanto da essere espulso dal college. Senza alcun rimpianto lascia la scuola e torna a New York, dove vivono i suoi genitori, ma temendo i loro rimproveri non rientra a casa, si stabilisce in un hotel di infima categoria e chiama la sua amica Sally. Holden la accompagna a teatro, poi a pattinare, e infine la invita a bere qualcosa. E lì, nel suo modo stravagante e contraddittorio, le fa una dichiarazione di "quasi" amore...

1. **vecchia Sally:** "vecchia" è un'espressione gergale tipica di Holden, che il ragazzo in genere usa per esprimere affetto.
2. **non volle portarmelo:** perché Holden è minorenne.
3. **Aveva ... pattinava:** mentre cercavano di pattinare, a Sally, molto inesperta, si piegavano le caviglie in continuazione. Per questo sembra infastidita e un po' arrabbiata (*pizzicata*).

    Ci togliemmo quei maledetti pattini e andammo in quel bar dove si può bere qualcosa e guardare i pattinatori senza bisogno di rimettersi le scarpe. Appena ci sedemmo, la vecchia Sally[1] si tolse i guanti e io le
5 diedi una sigaretta. Non aveva l'aria tanto felice. Venne il cameriere e io ordinai una coca cola per lei – che non beve – e un whisky e soda per me, ma quel figlio di cagna non volle portarmelo[2], così presi una coca cola anch'io. Poi mi misi ad accendere fiammiferi. È una cosa che faccio spesso, quando sono di un certo umore. Li lascio bruciare finché non posso più tenerli in mano, e allora li butto nel posacenere. È una specie
10 di tic nervoso.
    Poi tutt'a un tratto, come un fulmine a ciel sereno, la vecchia Sally mi fa: – Sta' a sentire. Bisogna che lo sappia. La vigilia di Natale vieni sì o no ad aiutarmi a decorare l'albero? Bisogna che lo sappia –. Aveva ancora l'aria pizzicata per quella faccenda delle caviglie mentre pattinava[3].

Sezione 1   Conoscersi, confrontarsi, crescere

4. Madison Avenue: un viale di Manhattan.
5. i Lunt: gli interpreti dello spettacolo teatrale appena visto da Holden e Sally.
6. Brooks: grande magazzino di New York.

15   – Ti ho scritto che venivo. Me l'hai domandato una ventina di volte. Certo che vengo –.

– Bisogna che lo sappia, sul serio, – disse lei. E cominciò a girare lo sguardo per quella maledetta sala.

Tutt'a un tratto, io smisi di accendere fiammiferi e mi chinai un po'
20   sul tavolo verso di lei. Mi giravano per la testa un sacco di cose. – Di' un po', Sally,– dissi.

– Cosa?– disse lei. Stava guardando una ragazza dall'altra parte della sala.

– Ti succede mai di averne fin sopra i capelli? – dissi. – Voglio dire, ti
25   succede mai d'aver paura che tutto vada a finire in modo schifo se non fai qualcosa? Voglio dire, ti piace la scuola e tutte quelle buffonate? –.

– È una *barba* tremenda –.

– Voglio dire, la odi? Lo so che è una barba tremenda, ma la *odi*, voglio dire? –.

30   – Be', non è proprio che la *odio*. Uno deve sempre… –.

– Be', *io* la odio. Ragazzi, se la odio, – dissi. – Ma non è solo questo. È tutto. Odio vivere a New York e via discorrendo. I tassì, e gli autobus di Madison Avenue[4], con i conducenti e compagnia bella che ti urlano sempre di scendere dietro, ed essere presentato a dei palloni gonfiati
35   che chiamano angeli i Lunt[5], e andare su e giù con gli ascensori ogni volta che vuoi mettere il naso fuori di casa, e quegli scocciatori sempre lì da Brooks[6], e la gente che non fa altro… –.

– Non gridare, per piacere, – disse la vecchia Sally. Il che era buffo, perché non stavo gridando per niente.

– Prendi le macchine, – dissi. Lo dissi a voce bassissima. – Prendi la maggior parte della gente, hanno il pallino delle macchine. Sudano freddo per un graffio alla carrozzeria, e non la finiscono più di raccontarti quanti chilometri fanno con un litro, e se prendono un nuovo modello già pensano di cambiarlo con un altro ancora più nuovo. A me non mi piacciono nemmeno le macchine *vecchie*, figurati. Voglio dire, non mi interessano nemmeno. Preferirei avere un maledetto cavallo. Almeno un cavallo è *umano*, Dio santo. Almeno un cavallo puoi… –.

– Non so nemmeno di che cosa stai parlando, – disse la vecchia Sally. – Salti di palo … –.

– Sai una cosa? – dissi io. – Probabilmente tu sei l'unica ragazza per cui adesso sono a New York o in un posto qualunque. Se non ci fossi tu, probabilmente sarei a casa del diavolo. Nei boschi o in chi sa che maledetto posto. Tu sei l'unica ragione per cui ci sono, praticamente –.

– Sei carino, – disse. Ma si vedeva lontano un miglio che se cambiavo quel maledetto discorso le facevo un piacere.

– Dovresti andare in un collegio maschile, una volta. Provaci, una volta, – dissi. – È pieno di palloni gonfiati, e non fai altro che studiare, così impari quanto basta per essere furbo quanto basta per poterti comprare un giorno o l'altro una maledetta Cadillac, e devi continuare a far la commedia che ti strappi i capelli se la squadra di rugby perde, e tutto il giorno non fai che parlare di ragazze e di liquori e di sesso, e tutti fanno lega tra loro in quelle piccole sporche maledette cricche. Quelli della squadra di pallacanestro fanno lega tra loro, i cattolici fanno lega tra loro, i maledetti intellettuali fanno lega tra loro, quelli che giocano a bridge fanno lega tra loro. Fanno lega perfino quelli che appartengono a quel dannato Club del Libro del Mese! Se cerchi di fare un discorso intell… –.

– Be', sta' a sentire, – disse la vecchia Sally. – C'è un mucchio di ragazzi che nella scuola trovano molto più di *questo* –.

– Eccome! È proprio così, per certi. Ma *io* non ne cavo fuori altro. Vedi? Ecco il mio guaio. Proprio questo è il mio maledettissimo guaio, – dissi. – Non mi riesce di cavar fuori niente da niente. Sono fatto molto male. Sono fatto in modo *schifo* –.

– Senza dubbio –.

Allora, tutt'a un tratto, mi venne quell'idea.

– Sta' a sentire, – dissi. – Ho avuto un'idea. Che ne diresti di tagliare la corda? Ho avuto un'idea. Conosco quel tale del Greenwich Village[7] che può prestarci la macchina per un paio di settimane. Andavamo alla stessa scuola e mi deve ancora dieci dollari. Possiamo fare così, domattina ce ne andiamo nel Massachusetts e nel Vermont e tutto lì intorno, capisci? È bellissimo, laggiù, una meraviglia –. Non stavo più nella pelle dall'entusiasmo via via che ci pensavo, così allungai un po' il

7. Greenwich Village: quartiere di New York abitato da intellettuali, artisti e persone dagli atteggiamenti anticonformisti.

braccio e strinsi la stramaledetta mano della vecchia Sally. Che dannato cretino! – Senza scherzi, – dissi. – Ho circa centottanta dollari in banca. Posso ritirarli domattina appena apre e poi vado a prendere la macchina di quel tale. Senza scherzi. andremo a stare in quei campeggi di casette di legno o in un posto così finché non restiamo a corto di soldi. Poi, quando restiamo a corto, posso trovarmi un lavoro in qualche posto e possiamo vivere in qualche posto con un ruscello e tutto quanto, e dopo possiamo sposarci eccetera eccetera. Posso spaccare tutta la legna che ci occorre d'inverno eccetera eccetera. Parola d'onore, ci divertiremmo in un modo fantastico! Che ne dici? Forza! Che ne dici? Vieni via con me? Te ne prego! –.

– Non si possono *fare* certe cose, – disse la vecchia Sally. Sembrava arrabiatissima.

– Perché no? Perché diavolo non si può? –.

– Smettila di gridare, per piacere, – disse la vecchia Sally. Il che era una cretinata, perché non stavo gridando per niente.

– Perché non si può? Perché? –.

– Perché non si può, ecco tutto. Tanto per cominciare, siamo praticamente due *bambini*. E poi, ti sei fermato un momento a considerare che cosa faresti se *non* trovassi un lavoro quando resti a corto di soldi? Moriremmo di *fame*. Tutta questa storia è così assurda che non è nemmeno… –.

– Non è assurda. Un lavoro lo trovo. Non ti preoccupare di questo. Non devi preoccupartene. Che ti piglia? Non vuoi venire con me? *Dillo*, se non vuoi –.

– Non è *questo*. Non è affatto questo, – disse la vecchia Sally. Stavo cominciando a odiarla, in certo qual modo. – Avremo un sacco di tempo per far queste cose, tutte queste cose. Voglio dire, dopo che sarai andato all'università eccetera eccetera, e se ci sposeremo eccetera eccetera. Ci saranno un sacco di posti meravigliosi dove andare. Tu sei soltanto… –.

– Neanche per sogno. Non ci sarebbero un sacco di posti meravigliosi dove andare eccetera eccetera. Sarebbe tutta un'altra cosa, – dissi. Stavo ricominciando a sentirmi depresso da morire.

– Cosa? – disse lei. – Non ti sento. Un po' strilli e un po'… –.

– Ho detto di no, che non ci sarebbero posti meravigliosi dove andare dopo che avrò fatto l'università e tutto quanto. Sturati le orecchie. Sarebbe tutta un'altra cosa. Dovremmo scendere in ascensore con le valigie e tutto. Dovremmo telefonare alla gente e salutarla e mandare cartoline dagli alberghi e via discorrendo. E io avrei un impiego, farei un sacco di soldi, andrei in ufficio col tassì e con l'autobus della Madison Avenue e leggerei i giornali e giocherei a bridge tutto il tempo e andrei al cinema a vedere un sacco di cortometraggi e di prossimamente e di cinegiornali. I cinegiornali. Cristo onnipotente. C'è sempre qualche idiotissima corsa di cavalli, qualche gran dama che spacca una bottiglia su una nave e uno scimpanzé in pantaloni su una dannata bicicletta. Non sarebbe proprio la stessa cosa. Non capisci proprio quello che voglio dire.

– Può darsi! Ma può darsi che non lo capisci nemmeno tu, – disse la vecchia Sally. A quel punto ci odiavamo a morte. Si vedeva lontano un miglio che il tentativo di fare un discorso intelligente era del tutto sprecato. Rimpiangevo con tutta l'anima d'averlo cominciato.

– Forza, andiamocene di qui, – dissi. – Se proprio vuoi saperlo, mi stai sulle scatole che non ne hai un'idea –.

Ragazzi! A questa mia uscita montò su tutte le furie. Lo so che non avrei dovuto dirlo, e in circostanze normali probabilmente non l'avrei detto, ma lei mi stava deprimendo da morire. Di solito io alle ragazze non dico mai frasi tanto forti. *Ragazzi*, se montò su tutte le furie! Io non la finivo più di scusarmi, ma lei non volle accettare le mie scuse. Si mise perfino a piangere. E questo mi spaventò un poco, perché avevo una certa fifa che andasse a casa a raccontare a suo padre che io le avevo detto che mi stava sulle scatole. Suo padre era uno di quei grossi bastardi taciturni, e non aveva mai avuto una gran passione per me. Una volta aveva detto alla vecchia Sally che ero troppo maledettamente rumoroso.

– Senza scherzi. Mi dispiace, – continuavo a dirle.

– Ti dispiace. Ti dispiace. Questa è proprio buffa, – disse lei. Stava ancora piangendo un poco, e tutt'a un tratto a me dispiacque sul serio d'averlo detto.

– Andiamo, ti accompagno a casa. Senza scherzi –.

– A casa posso andarci da sola, grazie. Se credi che permetta a uno come te di accompagnarmi a casa, sei matto. Nessun ragazzo mi ha mai detto una cosa simile in tutta la mia vita –.

A pensarci bene, tutta la faccenda era un po' buffa, in un certo senso, e a un tratto feci una cosa che non avrei dovuto fare. Mi misi a ridere. E io ho una di quelle stupide risate che fanno girare tutti. Voglio dire che se mai mi capitasse di star seduto dietro di me al cinema o in un altro posto, probabilmente mi sporgerei in avanti e mi pregherei di piantarla. La vecchia Sally s'infuriò peggio che mai.

Io mi fermai ancora un poco, scu-

Sezione 1   Conoscersi, confrontarsi, crescere

175 sandomi e cercando di farmi perdonare, ma lei niente. Continuava a dirmi di andar via e di lasciarla in pace. E finii col farlo. Andai dentro a mettermi le scarpe e tutto quanto, poi me ne andai senza di lei. Non avrei dovuto, ma a quel punto ne avevo fin sopra i capelli, accidenti.

Se proprio volete saperlo, non so nemmeno perché avessi cominciato tutta quella storia. Voglio dire, di andarcene in qualche posto, nel Massachusetts e nel Vermont e compagnia bella. È probabile che non ce 180 l'avrei portata nemmeno se fosse voluta venire. Non era proprio il tipo di ragazza che uno si porta dietro. La cosa terribile, però, è che quando gliel'avevo chiesto dicevo sul serio. Questa è la cosa terribile. Giuro davanti a Dio che sono matto.

J.D. Salinger, *Il giovane Holden*, trad. it. di A. Motti, Einaudi, Torino 2008

COMPRENDERE E INTERPRETARE

I personaggi

1. Nell'episodio ci sono due personaggi: quali? Chi tra i due è il narratore? Com'è, di conseguenza, la focalizzazione?

   ....

2. Holden confida a Sally di odiare alcune cose e di desiderarne, invece, altre: classifica le une e le altre, che ti forniamo in disordine.

   la scuola • il campeggio con le casette di legno • la vita cittadina di New York • le automobili • un cavallo • spaccare la legna per l'inverno • i college maschili • vivere accanto a un ruscello • il tifo sportivo

   a. Holden odia: ....
   b. Holden vorrebbe: ....

3. Considera la risposta precedente: che cosa puoi dedurre del carattere di Holden? Barra le risposte corrette.
   A Non sopporta la vita artificiale e ipocrita della città.
   B Vorrebbe aprire un maneggio.
   C Aspira a un'esistenza più autentica e naturale.
   D Si sente diverso dagli altri coetanei maschi.
   E Ama gli sport all'aria aperta.
   F Pensa che la scuola non offra vere possibilità di crescita.
   G Non ha ambizioni legate al denaro e al prestigio sociale.
   H È invidioso del successo degli altri ragazzi.
   I Ha bisogno di contatti umani, personali e sinceri.
   L Vorrebbe rimediare l'insuccesso scolastico ma non sa come fare.
   M Non vuole omologarsi in gruppi che gli appaiono vuoti e fasulli.

4. Ti sembra che Sally comprenda i discorsi di Holden? Dalle parole della ragazza emerge vicinanza affettiva ed emotiva oppure no? Motiva la tua risposta.

   ....

5. Che cosa puoi dedurre del carattere di Sally, dal suo comportamento e dalle sue parole? Barra le risposte corrette.

- **A** È molto legata alle formalità e alle convenzioni sociali.
- **B** È trasgressiva e ribelle.
- **C** Accetta le regole imposte dalla società senza metterle in discussione.
- **D** È coraggiosa e intraprendente.
- **E** È spaventata da discorsi che mettono in discussione le sue certezze.
- **F** Desidera una vita benestante e regolare.
- **G** È curiosa, intuitiva, interessata a ciò che appare nuovo e diverso dal solito.
- **H** È permalosa.

È forse amore?

6. In quale punto della conversazione Holden fa capire a Sally di essere interessato a lei? Evidenzialo sul testo.

7. In quali singolari termini Holden propone a Sally di sposarlo? Come argomenta la sua proposta?

8. Perché Holden dice a Sally «mi stai sulle scatole» [rr. 135-136]? È arrabbiato perché lei ha rifiutato la sua proposta, oppure ci sono altri motivi? Quali?

STUDIARE LA LINGUA

9. Holden si esprime in gergo giovanile, ripetendo spesso alcune espressioni come «vecchia…» oppure «maledetto…». Rintraccia altre espressioni gergali ripetute e trascrivile.

10. Nei commenti di Holden su se stesso e sugli altri è spesso presente un'ironia tagliente, ma non malevola. Individua alcuni esempi di tale registro espressivo ed evidenziali sul testo.

PARLARE

11. Holden sogna una vita autentica, a contatto con la natura, fuori dalle ambizioni e dalla corsa al denaro e al successo [rr. 79-93]. Sally risponde richiamandolo su questioni pratiche come l'età, la mancanza di lavoro, la necessità di finire gli studi… [rr. 94-113]. Quale tra i due personaggi senti più simile a te, e perché? Parlane in classe con i compagni

SCRIVERE

12. Quando Holden immagina la sua futura vita da adulto laureato, ne dà un'immagine molto negativa [rr. 118-130]: perché? Quali sono gli aspetti di questa ipotetica vita futura che egli rifiuta? Scrivilo in un breve testo, aggiungendo la tua opinione: condividi il punto di vista di Holden, in tutto o in parte, e perché?

Sezione 1   Conoscersi, confrontarsi, crescere

Afghanistan

Khaled Hosseini
T5
Che cosa devo fare?

I contenuti | Amir e Hassan crescono insieme, come fratelli, in una bella casa di Kabul, nei primi anni Settanta, quando ancora l'Afghanistan non aveva conosciuto l'invasione sovietica e la guerra. Ma Amir e Hassan non sono uguali: il primo è figlio di Baba, un ricco commerciante, e appartiene all'etnia dominante pashtun; il secondo è figlio di Ali, il servo di casa, ed è di etnia hazara, sottomessa e discriminata. Perciò Amir va a scuola, mentre Hassan lavora con suo padre, come servo e cameriere. Hassan è così affezionato ad Amir che darebbe la vita per lui: così, in occasione dell'annuale gara di aquiloni, non esita a sacrificarsi perché l'amico ottenga l'agognata vittoria. Quel giorno, però, accade molto altro: per difendere Amir, Hassan litiga con un ragazzo pashtun, il quale si prende una vendetta orrenda: insieme a un gruppo di amici, isola Hassan in un vicolo. Lì avviene uno stupro. Amir si accorge della violenza in atto ma non interviene in difesa dell'amico: assiste in silenzio, nascosto. Da quel momento, convive con un terribile senso di colpa che lo spinge a detestare Hassan, il quale continua, invece, a manifestargli amicizia, rispetto e fiducia.

1. **Parlai ... giorni:** la storia è raccontata da Amir adulto, che qui rievoca i giorni successivi allo stupro.
2. **collina:** il luogo in cui Amir e Hassan amavano giocare.
3. ***Shahnamah:*** o *Libro dei Re*, poema epico persiano molto amato dai due amici, che si immedesimavano nei nobili guerrieri protagonisti.
4. **per la prima volta ... primavera:** cioè l'inizio della scuola.
5. ***kaka:*** letteralmente, "zio", ma viene attribuito anche ad adulti con cui si è in rapporti di confidenza e familiarità.
6. **Rhaim Khan:** amico fraterno e socio in affari di Baba, il padre di Amir.

Parlai di nuovo con Hassan dopo una decina di giorni[1]. Avevo solo mangiucchiato il mio pranzo e lui lavava i piatti.

Stavo salendo in camera mia quando mi chiese se volevo andare sulla collina[2]. Risposi che ero stanco. Anche Hassan aveva l'aria stanca, 5 era dimagrito e i suoi occhi gonfi erano cerchiati di grigio. Ma quando ripeté l'invito accettai, controvoglia.

Salimmo sulla collina in silenzio, a ogni passo i nostri stivali affondavano nella neve fangosa. Quando ci sedemmo sotto il nostro melograno mi resi conto di aver commesso un errore. Non avrei dovuto 10 andare sulla collina. Non potevo neppure guardare le parole che avevo inciso sul tronco con il coltello di Ali: Amir e Hassan, i sultani di Kabul.

Hassan mi chiese di leggergli un episodio dello *Shahnamah*[3], ma io dissi che avevo cambiato idea e che volevo tornare a casa. Distolse lo sguardo e scrollò le spalle.

15   Scendemmo dalla collina come l'avevamo salita, in silenzio. Per la prima volta in vita mia desiderai che venisse la primavera[4].

Conservo ricordi nebulosi delle ultime settimane dell'inverno 1975. Quando Baba era in casa ero relativamente felice. Mangiavamo insieme, andavamo al cinema, facevamo visita a *kaka*[5] Homayun o a *kaka* 20 Faruq. A volte veniva a casa nostra Rahim Khan[6] e Baba mi permetteva di stare con loro nello studio e bere tè. Mi aveva persino chiesto di leggergli qualche mio racconto. Ero tanto contento da credere che sarebbe

98

7. il torneo: la gara di aquiloni che Amir aveva vinto grazie ad Hassan.
8. come se ... separava: Amir teneva tanto alla vittoria nella gara di aquiloni perché pensava così di compiacere il padre e ottenerne l'affetto. Ora si rende conto che un trofeo (il «giocattolo di carta, colla e bambù») non può bastare a colmare la distanza emotiva e affettiva tra lui e Baba.
9. farsi: variante della lingua persiana parlata in Afghanistan.
10. Ivanhoe: famoso romanzo storico dell'Ottocento, di Walter Scott.
11. naan: un tipo di pane.

durata. Forse anche Baba lo credeva. Per qualche mese dopo il torneo[7] rimanemmo entrambi vittime di una dolce illusione. In quel periodo ciascuno di noi vedeva l'altro in modo nuovo, un modo che non era mai esistito in precedenza, e che non si sarebbe ripetuto in seguito. Come se un giocattolo di carta, colla e bambù potesse colmare il baratro che ci separava[8].

Ma quando Baba non era a casa – e succedeva spesso – io mi chiudevo in camera mia. Leggevo, scrivevo racconti, disegnavo cavalli. La mattina sentivo Hassan muoversi in cucina, ascoltavo il tintinnio delle stoviglie, il fischio del bollitore. Aspettavo di sentire la porta chiudersi alle sue spalle per scendere a fare colazione. Sul mio calendario feci un cerchio attorno alla data del primo giorno di scuola e iniziai il conto alla rovescia.

Con mio stupore, Hassan continuava a cercare di riavvicinarsi a me. Ricordo il suo ultimo tentativo.

Ero nella mia stanza e leggevo una riduzione in farsi[9] di *Ivanhoe*[10] quando bussò alla porta.

«Che c'è?».

«Vado dal panettiere a comprare il *naan*[11]» disse. «Ti andrebbe di venire con me?».

«Voglio leggere» risposi strofinandomi le tempie. Negli ultimi tempi mi veniva mal di testa ogni volta che Hassan mi era vicino.

«C'è un bel sole» insistette.

«Lo vedo».

«Sarebbe bello fare una passeggiata».

«Vai tu».

«Mi piacerebbe che venissi anche tu». Sentii un tonfo contro la porta.
50 Forse la sua fronte. «Non so che cosa ti ho fatto, Amir *agha*[12]. Vorrei che me lo dicessi. Non so perché non giochiamo più insieme».

«Non hai fatto niente, Hassan. Lasciami stare».

«Se me lo spiegassi potrei smettere».

Chinai la testa e me la strinsi fra le ginocchia come in una morsa.
55 «Sai che cosa devi fare?» gli chiesi con gli occhi serrati.

«Dimmi».

«Devi smetterla di darmi fastidio. Va' via» tagliai corto. Avrei voluto che mi rispondesse per le rime, che spalancasse la porta e mi dicesse il fatto suo. Avrebbe reso tutto più facile. Invece non fece niente e quando
60 aprii la porta dopo qualche minuto lui non c'era più. Mi lasciai cadere sul letto, nascosi la testa sotto il cuscino e piansi.

Da quel giorno Hassan si tenne ai margini della mia vita. Io organizzavo le giornate in modo che le nostre strade si incrociassero il meno possibile. Perché quando era vicino a me mi sentivo mancare l'ossigeno.
65 Ma non riuscivo a liberarmi della sua presenza. Hassan era negli abiti lavati, stirati e appesi alla poltrona di vimini, nelle pantofole calde che mi lasciava fuori dalla porta, nella stufa che ardeva quando scendevo per la colazione. Dovunque guardassi vedevo segni della sua incrollabile fedeltà.

70 Una mattina fredda e grigia d'inizio primavera, pochi giorni prima che riaprissero le scuole, Baba e io piantavamo tulipani in giardino. La neve si era quasi completamente sciolta e le colline a nord erano già chiazzate di verde. Baba, accucciato accanto a me, scavava buche nel terreno in cui piantava i bulbi che io gli passavo. Stava dicendo che al-
75 cuni pensano, sbagliando, che sia meglio piantare i tulipani in autunno

---

12. *agha*: padrone.

quando, di punto in bianco, gli chiesi: «Hai mai pensato di cambiare i servi?».

Lasciò cadere il bulbo, infilzò la paletta nel terreno e si tolse i guanti da giardinaggio.

Lo avevo sconcertato. «Che cos'hai detto?».

«Niente. Pensavo…».

«Perché mai dovrei cambiare i servi?».

«Era solo una domanda» dissi con la voce che si perdeva in un balbettio.

Mi ero già pentito di aver parlato.

«So che fra te e Hassan c'è qualcosa che non va, ma è una cosa tua, io voglio rimanerne fuori».

«Scusa, Baba».

Si rimise i guanti. «Io sono cresciuto con Ali[13]» sibilò. «Mio padre lo amava come un figlio. Sono quarant'anni che Ali fa parte della famiglia. E tu pensi che io possa buttarlo fuori, così, come se niente fosse?». Aveva il viso rosso come un tulipano. «Non ho mai alzato un dito su di te, Amir, ma se dici ancora una cosa del genere…». Distolse gli occhi scuotendo la testa. «Tu mi disonori. E Hassan… Hassan rimane qui, è chiaro?».

Abbassai lo sguardo e raccolsi una manciata di terra. La lasciai scorrere tra le dita.

«Ho detto, è chiaro?» tuonò.

Mi ritrassi. «Sì, Baba».

«Hassan rimane qui con noi» ripeté con durezza, «perché questa è la sua casa e noi siamo la sua famiglia. Non chiedermi mai più una cosa simile».

«Non lo farò più, Baba, perdonami».

Piantammo il resto dei bulbi in silenzio.

Quando la settimana successiva iniziò la scuola, provai un certo sollievo. Mentre gruppi di scolari con i quaderni nuovi e le matite appuntite chiacchieravano nel cortile in attesa del fischio dei capiclasse, Baba percorse con la sua Mustang[14] nera la strada attirando molti sguardi invidiosi. Avrei dovuto sprizzare d'orgoglio – prima infatti succedeva – ma ora non provavo che una blanda forma di imbarazzo. E un senso di vuoto. Baba si allontanò senza salutarmi.

Evitai il tradizionale confronto tra compagni delle cicatrici lasciate dal *tar*[15]. Al suono della campanella ci dirigemmo, in fila per due, verso le aule cui eravamo stati assegnati. Mi sedetti nell'ultima fila. Quando l'insegnante di farsi ci distribuì i libri di testo, pregai che ci caricasse di compiti.

La scuola mi offriva il pretesto per starmene ore chiuso in camera e per distogliere la mente da ciò che era successo quell'inverno, ciò che io avevo *lasciato* succedere. Per alcune settimane fui assorbito da atomi e cellule, da forza di gravità e massa e dalle guerre anglo-afghane. Ma ap-

13. Ali: il padre di Hassan.
14. Mustang: automobile di lusso.
15. tar: il filo dell'aquilone.

Sezione 1   Conoscersi, confrontarsi, crescere

16. Wazir Akbar Khan: è il quartiere residenziale in cui vivono i due ragazzi.

pena si allentava la concentrazione, il mio pensiero tornava al vicolo. In un pigro pomeriggio di prima estate, chiesi ad Hassan di accompagnarmi sulla collina. Gli dissi che volevo leggergli un nuovo racconto che avevo scritto. Nella fretta con cui finì di stendere il bucato in giardino, colsi la sua impazienza.

Salimmo sulla collina parlando del più e del meno. Mi chiese della scuola e io gli raccontai dei miei insegnanti, in particolare del modo con cui il professore di matematica puniva gli studenti che chiacchieravano. Infilava una verga di metallo tra le dita della vittima e poi le stringeva con forza. Hassan ebbe un sussulto, sperava che non dovessi mai subire quella tortura. Gli dissi che fino a quel momento ero stato fortunato, ben sapendo che la fortuna non c'entrava niente. Anch'io chiacchieravo, ma mio padre e ricco e tutti lo sapevano, ecco perché venivo risparmiato.

Ci sedemmo contro il muro del cimitero all'ombra del melograno. Quell'anno le piogge primaverili si erano protratte sino all'inizio dell'estate e i prati erano ancora verdi, disseminati di fiori selvatici. Sotto di noi, i muri e i tetti bianchi di Wazir Akbar Khan[16] splendevano al sole mentre la brezza faceva svolazzare i panni stesi come farfalle.

Avevamo colto una dozzina di melagrane. Ne raccolsi da terra una molto matura.

«Cosa faresti se te la tirassi addosso?» chiesi lanciando in aria e riafferrando il frutto.

Il sorriso di Hassan si spense. Sembrava più vecchio di come me lo ricordavo. Anzi, sembrava proprio *vecchio*. Il viso abbronzato era solcato da rughe e una rete di grinze si stendeva attorno agli occhi e alla bocca.

«Cosa faresti?».

Impallidì. Accanto a lui, le pagine pinzate del racconto che gli avevo promesso di leggere svolazzavano. Lanciai la melagrana che lo colpì in pieno petto, spaccandosi e lanciando schizzi di polpa rossa. Hassan emise un grido colmo di sorpresa e dolore.

«Colpiscimi!» gli gridai. I suoi occhi passavano da me alla macchia sul petto della sua camicia.

«Alzati e colpiscimi!» gli ordinai. Hassan si alzò, ma rimase fermo, come allucinato. Sembrava un uomo trascinato in mare da un'ondata improvvisa, mentre si godeva una passeggiata sulla spiaggia.

Lo colpii con un'altra melagrana. Su una spalla. Il succo schizzò sul suo viso. «Colpiscimi!» urlai. «Colpiscimi, accidenti a te!». Avrei dato qualsiasi cosa perché lo facesse, perché mi infliggesse la punizione che agognavo. Forse così sarei riuscito

a dormire la notte. Ma Hassan non si mosse, mentre io continuavo a colpirlo. «Sei un vigliacco!» gli dissi. «Nient'altro che un maledetto vigliacco!».

Non so quante volte lo colpii. So solo che quando finalmente mi 170 fermai esausto e ansimante, Hassan era coperto di rosso <u>come fosse stato fucilato da un plotone d'esecuzione</u>. Caddi in ginocchio, spossato e colmo di frustrazione.

Poi Hassan raccolse una melagrana e mi si avvicinò. La spaccò in due e la schiacciò contro la propria fronte. «Ecco» disse una voce rauca, 175 mentre il succo rosso gli colava lungo il viso come sangue. «Sei soddisfatto? Ti senti meglio adesso?». Mi voltò le spalle e s'incamminò giù per la collina.

Scoppiai a piangere, dondolandomi avanti e indietro. «Che cosa devo fare con te, Hassan? Che cosa devo fare?». Ma quando le lacrime si asciu-180 garono sul mio viso e ripresi la strada di casa, avevo trovato la risposta.

Kh. Hosseini, *Il cacciatore di aquiloni*, trad. it. di I. Vaj, Piemme, Casale Monferrato 2004

COMPRENDERE E INTERPRETARE

Struttura e ritmo del testo (▶ Saperi di base, pp. 136-137)

1. Il brano si articola in sei parti, di cui ti diamo le righe iniziali e finali. Per ciascuna parte individua una brevissima frase che ne sintetizzi il contenuto, come nell'esempio.
   a. rr. 1-16 Hassan tenta di riavvicinarsi ad Amir invitandolo ad andare sulla collina.
   b. rr. 17-28 I RICORDI DELL'INVERNO DI HASSAN E AMIR
   c. rr. 29-61 L'INVITO DI HASSAN
   d. rr. 62-104 BABA SI ARRABBIA CON AMIR
   e. rr. 105-121 L'INIZIO DELLA SCUOLA
   f. rr. 122-180 IL RITORNO SULLA COLLINA

2. Considera l'esercizio precedente e, per ogni parte, indica il tempo della narrazione (pausa, scena, sommario, ellissi); chiarisci poi se il ritmo complessivo del brano è veloce o lento.
   IL RITMO È LENTO

Crescere col senso di colpa

3. Perché Amir si rende conto di aver commesso un errore, accettando l'invito di Hassan a salire sulla collina [rr. 1-16]?

4. Qual è la «dolce illusione» che nell'inverno del 1975 culla sia Amir sia Baba [rr. 17-28]?

Sezione 1   Conoscersi, confrontarsi, crescere

5. Ad Amir piace scrivere racconti: ti sembra che Baba noti o apprezzi questo talento del figlio? Motiva la tua risposta.

6. Perché Amir non vede l'ora che ricominci la scuola?

7. Come reagisce Baba quando Amir gli chiede di cambiare i servi, cioè Alì e Hassan [rr. 70-103]? La conversazione che ne segue avvicina o allontana ancora di più padre e figlio? Perché?

STUDIARE LA LINGUA

8. Spiega il significato delle seguenti immagini figurate:
   a. «ricordi nebulosi» [r. 17] _RICORDI BRUTTI_
   b. «il baratro che ci separava» [rr. 27-28]
   c. «rispondesse per le rime» [r. 58] _RISPONDERLI PER BENE_
   d. «mi sentivo mancare l'ossigeno» [r. 64] _ANSIOSO_
   e. «sprizzare d'orgoglio» [r. 109] _ESSERE MOLTO ORGOGLIOSI_

9. Amir descrive lo stato d'animo di Hassan indirettamente, cogliendo alcuni particolari del suo aspetto fisico e del suo comportamento: quale stato d'animo si può ricavare, secondo te, dai seguenti passi?
   a. «Hassan aveva l'aria stanca, era dimagrito e i suoi occhi gonfi erano cerchiati di grigio» [rr. 4-5] _ESASPERATO_
   b. «Distolse lo sguardo e scrollò le spalle» [r. 13-14] _INDIFFERENTE_
   c. «Sentii un tonfo contro la porta. Forse la sua fronte» [r. 49-50]
   d. «sembrava proprio *vecchio*. Il viso abbronzato era solcato da rughe e una rete di grinze si stendeva attorno agli occhi e alla bocca» [rr. 144-147] _STANCO_

10. Quale similitudine utilizza Amir per descrivere l'aspetto di Hassan imbrattato di succo di melograna? Evidenziala sul testo e spiegane il significato simbolico.

PARLARE

11. Come spieghi il comportamento di Amir nell'ultima parte del testo [rr. 126-180]? Perché umilia e insulta Hassan? E perché Hassan non reagisce? Discutine in classe con i compagni.

SCRIVERE

12. Il testo si chiude con l'angosciosa domanda di Amir: «Che cosa devo fare con te, Hassan?». Prova a rispondere tu, scrivendo ad Amir una lettera per suggerirgli come comportarsi per riportare la pace nella sua coscienza e, di conseguenza, nel rapporto con Hassan.

Daniel Pennac
T6 Duro di comprendonio

I contenuti | Daniel Pennac, ex insegnante e noto scrittore francese, rievoca alcuni episodi della sua vita di scolaro e studente "somaro", e poi di professore a colloquio con una studentessa in lacrime perché si sente, a sua volta, "somara". Con il suo stile ironico e lieve, Pennac suggerisce che un accidentato percorso scolastico può essere un significativo passaggio di crescita.

Insomma, andavo male a scuola. Ogni sera della mia infanzia tornavo a casa perseguitato dalla scuola. I miei voti sul diario dicevano la riprovazione dei miei maestri. Quando non ero l'ultimo della classe, ero il penultimo. (Evviva!) Refrattario[1] dapprima all'aritmetica, poi alla matematica, profondamente disortografico[2], poco incline alla memorizzazione delle date e alla localizzazione dei luoghi geografici, inadatto all'apprendimento delle lingue straniere, ritenuto pigro (lezioni non studiate, compiti non fatti), portavo a casa risultati pessimi che non erano riscattati né dalla musica, né dallo sport né peraltro da alcuna attività parascolastica.

«Capisci? *Capisci* o no quello che ti spiego?».

Non capivo. Questa inattitudine a capire aveva radici così lontane che la famiglia aveva immaginato una leggenda per datarne le origini: il mio apprendimento dell'alfabeto. Ho sempre sentito dire che mi ci era voluto un anno intero per imparare la lettera *a*. La lettera *a*, in un anno. Il deserto della mia ignoranza cominciava al di là dell'invalicabile *b*.

---

1. **Refrattario:** letteralmente, che oppone resistenza.
2. **disortografico:** la disortografia è un disturbo della scrittura. Chi ne è affetto ha difficoltà a trasformare la lingua parlata in lingua scritta, e di conseguenza fa molti errori di ortografia.

Sezione 1   Conoscersi, confrontarsi, crescere

«Niente panico, tra ventisei anni³ padroneggerà perfettamente l'alfabeto».

Così ironizzava mio padre per esorcizzare⁴ i suoi stessi timori. Molti anni dopo, mentre ripetevo l'ultimo anno delle superiori inseguendo un diploma di maturità che si ostinava a sfuggirmi, farà questa battuta:

«Non preoccuparti, anche per la maturità alla fine si acquisiscono degli automatismi...».

O, nel settembre del 1968, quando ho avuto finalmente in tasca la mia laurea in lettere:

«Ti ci è voluta una rivoluzione⁵ per la laurea, dobbiamo temere una guerra mondiale per il dottorato⁶?».

Detto senza alcuna particolare malignità. Era la nostra forma di complicità. Mio padre e io abbiamo optato molto presto per il sorriso.

Ma torniamo ai miei inizi. Ultimogenito di quattro fratelli, ero un caso a parte. I miei genitori non avevano avuto occasione di fare pratica con i miei fratelli maggiori, la cui carriera scolastica, seppur non eccezionalmente brillante, si era svolta senza intoppi.

Ero oggetto di stupore, e di stupore costante poiché gli anni passavano senza apportare il benché minimo miglioramento nel mio stato di ebetudine⁷ scolastica. «Mi cadono le braccia», «Non posso capacitarmi» sono per me esclamazioni familiari, associate a sguardi adulti in cui colgo un abisso di incredulità scavato dalla mia incapacità di assimilare alcunché.

A quanto pareva, tutti capivano più in fretta di me.

«Ma sei proprio duro di comprendonio!».

Eppure, esteriormente, pur non essendo agitato, ero un bambino vivace che amava giocare. Bravissimo alle biglie e agli aliossi⁸, imbattibile a palla prigioniera, campione del mondo nelle battaglie di cuscini, amavo giocare. Piuttosto chiacchierone e ridanciano, diciamo pure burlone, mi facevo degli amici a tutti i livelli della classe, fra i somari, certo, ma anche fra le teste di serie⁹ – non avevo pregiudizi. Più di qualunque cosa, alcuni insegnanti mi rimproveravano questa allegria. Oltre che negato, insolente. Il minimo della buona educazione, per un somaro, è essere discreto: nato morto sarebbe l'ideale. Ma la vitalità era vitale per me, se così si può dire. Il gioco mi salvava dall'amarezza che provavo non appena ripiombavo nella mia vergogna solitaria. Mio Dio, la solitudine del somaro nella vergogna di non *fare mai quello che è giusto*! E il desiderio di fuggire... Ho provato presto il desiderio di fuggire. Dove? Non è chiaro. Diciamo fuggire da me stesso, e tuttavia dentro di me. Ma in un io che fosse accettato dagli altri. Devo probabilmente a questa voglia di fuggire gli strani ideogrammi che precedettero la mia grafia. Invece di formare le lettere dell'alfabeto, disegnavo omini che scappavano sui margini e lì creavano delle bande. Eppure all'inizio mi applicavo, rifinivo le lettere meglio che potevo, ma pian piano le lettere si trasformavano in quegli esserini allegri e

---

3. tra ventisei anni: l'alfabeto francese conta 26 lettere.
4. esorcizzare: allontanare.
5. rivoluzione: si riferisce alle contestazioni studentesche e operaie avvenute a Parigi e in altre città europee, tra cui Milano e Roma, nel 1968.
6. dottorato: corso di specializzazione successivo alla laurea.
7. ebetudine: totale incapacità di comprendere.
8. aliossi: antico gioco, ormai quasi scomparso, dove si utilizzano quattro dadi a quattro facce.
9. teste di serie: i migliori studenti.

saltellanti che se ne andavano a folleggiare altrove, ideogrammi della mia sete di vivere:

Ancora oggi uso questi omini quando firmo le copie dei miei libri. Rappresentano una risorsa preziosa per dare un taglio alle eleganti banalità che ci si sente in dovere di scrivere sulla pagina di guardia[10] di quelle inviate alla stampa. È la banda della mia infanzia, cui sono fedele.

L'avvenire, una strana minaccia…

Pomeriggio d'inverno. Nathalie scende di corsa le scale della scuola media singhiozzando. Un magone[11] che vuole farsi sentire. Che usa il cemento come cassa di risonanza. È ancora piccola, i suoi passi di bambina sui gradini riecheggiano leggeri. Sono le cinque e mezzo, quasi tutti gli studenti se ne sono andati. Sono uno degli ultimi professori a passare di lì. Il tam-tam dei passi sugli scalini, l'esplosione dei singhiozzi: ohi ohi, patema scolastico, pensa il professore, esagerazione, esagerazione, patema probabilmente esagerato! Nathalie è giunta ai piedi delle scale. Be', Nathalie, be', be', cos'è questo patema? Conosco questa allieva, l'ho avuta l'anno precedente, in prima. Una bambina insicura, da tranquillizzare spesso. Che succede, Nathalie? Resistenza di principio: Niente, prof, niente. Allora, tanto rumore per niente[12], signorinella! I singhiozzi raddoppiano e Nathalie, finalmente, spiega tra i singulti la propria pena:

«Pro… Profes… ssore… non… non… riesco… non riesco a capi… non riesco a capire…».

«A capire cosa? Cosa non riesci a capire?».

«La pr… la pro…».

E di colpo il tappo salta, ed esce tutto d'un fiato:

«La proposizione-subordinata-concessiva-introdotta-da-congiunzione…».

Silenzio.

Non ridere.

Mi raccomando, non ridere.

«La proposizione subordinata concessiva? È lei a ridurti in questo stato?».

Sollievo. Il prof si mette a pensare molto in fretta e molto seriamente alla proposizione in questione; come spiegare all'allieva che non c'è da farne una tragedia, che lei la usa senza saperlo, questa cavolo di propo-

---

10. **pagina di guardia:** è il foglio bianco inserito tra la copertina rigida e il frontespizio di un libro cartonato.
11. **magone:** commozione, pianto.
12. **tanto … niente:** allusione al titolo di una celebre commedia di William Shakespeare, *Molto rumore per nulla*.

sizione (peraltro una delle mie preferite, ancorché sia possibile preferire una subordinata a un'altra...), la proposizione che rende possibili tutte le discussioni, condizione prima della sottigliezza, nella sincerità come nella malafede, bisogna ammetterlo, e tuttavia non c'è tolleranza senza concessione, piccola mia, sta tutto qui, basta elencare le congiunzioni che la introducono, questa subordinata: *benché*, *nonostante che*, *ancorché*, *sebbene*, *malgrado*, lo senti che dopo parole del genere ci avviamo verso la sottigliezza, che andremo a dividere capra e cavoli, che questa proposizione farà di te una ragazza misurata e riflessiva, pronta ad ascoltare e a non rispondere a vanvera, una donna con argomenti, magari una filosofa, ecco cosa farà di te, la subordinata concessiva!

Ecco, il professore è partito: come consolare una ragazzina con una lezione di grammatica? Vediamo un po'... Hai cinque minuti, Natha-

IL ROMANZO DI FORMAZIONE AL CINEMA
Caterina va in città

di Paolo Virzì; Italia, 2003.

Spunti di riflessione — Prima del film
1. Ti sarà già capitato di cambiare scuola, se non altro per il passaggio dalla primaria alla secondaria. Come ricordi il tuo ingresso nella nuova scuola?
2. Secondo te il trasferimento in un'altra città può diventare un'occasione di crescita e di maturazione personale?

La trama
Caterina è una ragazza di tredici anni che vive in un paesino di provincia. Il padre, insegnante, decide di chiedere il trasferimento a Roma, e lei inizia lì il terzo anno di scuola. La classe di Caterina è nettamente divisa in due fazioni, ognuna con la sua leader (Margherita e Daniela); Caterina oscilla tra l'una e l'altra, ricevendo però delusioni da entrambe. Dopo una breve storia d'amore con il cugino di Daniela, e dopo essersi innamorata di un ragazzo vicino di casa, Caterina litiga violentemente con Daniela e poi scappa di casa. Nel frattempo anche suo padre (sempre più deluso dalla vita nella grande città) scopre che la moglie lo tradisce, e scappa pure lui. Le due fughe però si concludono in modo diverso...

Spunti di riflessione — Dopo il film
1. Come hai visto, la classe di Caterina è divisa in due fazioni, separate dalle simpatie politiche ma anche da altri elementi. Elencali e poi discuti in classe con i compagni: queste divisioni secondo voi sono insuperabili oppure no?
2. Secondo te Caterina si sente a proprio agio in questo nuovo ambiente oppure ti sembra confusa e smarrita?
3. Che cosa pensi dei genitori di Caterina? Ti sembrano sinceramente preoccupati per i problemi della figlia?
4. Sia Caterina sia suo papà alla fine scappano dal loro mondo, ma Caterina – a differenza del padre – ritorna a casa. Come interpreti queste due "fughe"?

lie? Vieni che ti spiego. Classe vuota, siediti, stammi bene a sentire che è semplicissimo… Si siede, mi ascolta, è semplicissimo. Ci siamo? Hai capito? Prova un po' a farmi un esempio? Esempio giusto. Ha capito.
125 Bene. Va meglio adesso? Neanche per sogno, non va affatto meglio, nuova crisi di pianto, lacrime grosse così, e di colpo questa frase che non ho mai dimenticato:

«Non si rende conto, professore, ho dodici anni e mezzo e non ho concluso niente».

130 «…».

Tornato a casa, rimugino la frase. Cos'ha mai voluto dire quella ragazzina? «Non ho concluso niente». Niente di male, in ogni caso, innocente Nathalie.

Dovrò aspettare l'indomani sera, dopo aver chiesto informazioni,
135 per venire a sapere che il padre di Nathalie è stato licenziato dopo dieci anni di onorato servizio in qualità di dirigente di una ditta di non so più cosa. È uno dei primissimi dirigenti licenziati. Siamo alla metà degli anni ottanta, fino ad allora la disoccupazione apparteneva alla cultura operaia, se così si può dire. E quell'uomo, giovane, che non ha
140 mai dubitato del proprio ruolo nella società, dirigente modello e padre attento (l'ho visto più volte l'anno precedente, preoccupato per la figlia così timida, così priva di fiducia in se stessa) è crollato. Ha fatto un bilancio definitivo. A tavola, in famiglia, continua a ripetere:

«Ho trentacinque anni e non ho concluso niente».

da D. Pennac, *Diario di scuola*, trad. it. di Y. Melaouah, Loescher, Torino 2009.

COMPRENDERE E INTERPRETARE

Imparare, che cosa difficile

1. Perché Pennac era oggetto di «stupore costante» [r. 45] nella sua famiglia?
   IN CONFRONTO AI SUOI FRATELLI LUI NON ERA PER NULLA BRAVO A SCUOLA

2. Quali erano le difficoltà scolastiche dell'autore? In quali attività, invece, eccelleva?
   ARITMETICA, MATE, DATE, GEOGRAFIA, LINGUE

3. Per quale motivo alcuni insegnanti rimproveravano a Pennac la sua allegria [rr. 55-60]?
   I PROF GLI DAVANO DELL' INSOLENTE PERCHÉ SE ANDAVA MALE A SCUOLA DOVEVA COMPORTARSI BENE

4. Quali sono le emozioni che il "somaro" provava di fronte alle difficoltà scolastiche [rr. 61-69]?
   AMAREZZA

Sezione 1 Conoscersi, confrontarsi, crescere

L'arte di insegnare

5. Che cosa rappresentano, per l'autore, gli omini che disegnava da bambino? Perché, da scrittore famoso, preferisce autografare i suoi libri con gli omini anziché con dediche?
RAPPRESENTANO LUI CHE SCAPPA

6. Chi è Nathalie, e perché piange disperatamente?
HA UN PROBLEMA CON LA GRAMMATICA ED HA PAURA DI FARE LA FINE DEL PADRE

7. Quale informazione consente al professor Pennac di comprendere la frase di Nathalie, «ho dodici anni e mezzo e non ho concluso niente»?
È UNA FRASE CHE IL PADRE RIPETEVA SPESSO PK ERA STATO LICENZIATO

STUDIARE LA LINGUA

8. Spiega il significato di queste espressioni figurate:
   a. «mi cadono le braccia» [r. 47] *SONO SCONFORTATO*
   b. «duro di comprendonio» [r. 51] *DURO DI TESTA*
   c. «patema scolastico» [r. 86] *SOFFERENZA SCOLASTICA*
   d. «dividere capra e cavoli» [r. 116] *DIVIDERE IL GIUSTO DAL SBAGLIATO*

9. Pennac insegna la grammatica in un modo particolare: con quali argomenti spiega a Nathalie la subordinata concessiva?
CERCA DI SPIEGARLE MEGLIO LA SUBORDINATO

10. Lo stile di Pennac è particolare: egli utilizza infatti sia parole ricercate e costruzioni sintattiche complesse, sia espressioni gergali, tipiche della lingua parlata. Dopo aver individuato un esempio dell'uno e dell'altro tipo, spiega se questo stile conferisce al testo chiarezza e vivacità oppure lo rende più complesso e solenne.
A SECONDA DELLA SUA SITUAZIONE VIVACITÀ

PARLARE

11. Il padre di Pennac, anziché disperarsi per l'andamento scolastico del figlio, ne fa un'occasione di sorriso e di ironia. Pensi che un atteggiamento affettuosamente ironico, come questo, possa aiutare a comprendere e a sostenere chi si trova in difficoltà? Esponi ai compagni le tue riflessioni su questo argomento.

SCRIVERE

12. Traccia un ritratto di Daniel Pennac insegnante: come giudichi il suo comportamento con Nathalie? Ritieni che il suo passato scolastico gli offra uno strumento in più per comprendere le difficoltà degli allievi? Argomenta le tue risposte per iscritto.

Francesco Piccolo
T7
Incidente in motorino

I contenuti | Il narratore protagonista, ormai adulto, si rivolge a un amico di infanzia rievocando i tempi in cui sembravano inseparabili e confrontando quel rapporto infantile con un'altra amicizia, maturata invece al tempo dell'adolescenza. Comprende così che nel suo processo di formazione quei due rapporti, così diversi, hanno avuto un preciso significato.

Non so se siamo stati amici. Ora di sicuro non lo siamo più. Ogni tanto ci incontriamo sul lungomare e se siamo in compagnia di qualcuno, ci mettiamo a parlare del passato, sempre del passato. Sembra che non riusciamo a fare altro – e ci scaldiamo, e raccontiamo gli episodi migliori
5   dei giorni migliori, ci guardano divertiti, e ci chiedono come è possibile che non ci vediamo più. E noi rispondiamo che è vero, che una volta o l'altra dobbiamo ricominciare a stare insieme. Ce lo chiedono gli altri, noi no, abbiamo smesso di farlo pian piano, anzi no, abbiamo smesso di farlo all'improvviso, un'estate – come se fosse l'unica cosa da farsi,
10 e quasi una liberazione. Non so se siamo stati amici, perché abbiamo passato tutti i nostri giorni insieme a competere, a litigare, a prenderci in giro. È vero che quando conoscevamo qualcuno gli raccontavamo di quanto eravamo amici, ma se continuavamo a vederlo lottavamo per diventare il migliore, per allearci con quello prima che lo facesse l'altro.
15 Sono sicuro di averlo imparato da te, ma poi chissà che tu non pensi la stessa cosa. Succede; io so soltanto che quando eravamo piccoli, mi

stupivo e soffrivo di come correvi a giocare con un bambino sconosciuto. Ti guardavo, e quasi subito piangevo e correvo da mia madre o dalla tua, sfidando la sabbia bollente, e la tua mi prendeva per mano e mi accompagnava lì dove eravate. Diceva con rabbia di far giocare anche me, tu non alzavi nemmeno gli occhi per guardarla, lei si allontanava e io restavo minuti eterni a guardarvi in silenzio, non mi rivolgevate la parola e mi sentivo umiliato, ce l'avevi con me ed erano mattine interminabili. Poi ho imparato a lottare, e qualche volta ho conquistato gli altri prima di te, e da quel momento la gara è diventata alla pari.

Ma era così faticoso.

Se ho un ricordo più netto degli altri, in quelle estati, era la fatica di arrivare alla fine di ogni giornata senza litigare o soffrire per un torto, o portare a termine un qualsiasi gioco. Avevo voglia di dire a tutti che essere amico di un altro era una cosa estremamente faticosa, era un impegno continuo – a un certo punto avrei quasi consigliato di non diventarlo.

Poi ho scoperto qualcosa di diverso. E ho cominciato a capire meglio. È successo nella mia città. Ero al primo anno di liceo, e fino ad allora c'erano i compagni di scuola e gli amici del parco, ma nessuno in esclusiva. Poi da un certo giorno in poi, non so come, cominciai a vedere un ragazzo un po' più grande di me. Veniva a prendermi a casa con un motorino alle cinque del pomeriggio, e andavamo insieme in un parco, dove incontravamo alcune ragazze. Davvero non so come sia successo che è venuto la prima volta, ricordo solo la sensazione che avevo, e cioè che fosse un fatto straordinario, che sarebbe successo quel giorno e poi mai più. Lui era basso, un po' grosso e camminava in maniera strana, come quelli che non hanno mai fatto sport; era molto amato, aveva tanti amici – insomma, per me fu un evento quando disse: "vengo a prenderti oggi alle cinque". Poi però venne anche il giorno dopo e ancora l'altro. Stavamo molto tempo insieme; prima con queste ragazze e poi, quando dovevano tornare a casa, andavamo noi due in giro con il motorino; parlavamo e ridevamo, e a me sembrava ogni giorno di aver conquistato la possibilità che il pomeriggio seguente potesse tornare a prendermi, perché avevo una gran paura che non venisse più. Poi man mano che il tempo passa ci si dimentica delle assurde gerarchie dei primi giorni, non c'è più paura o cos'altro, diventa naturale sentire il suono del citofono e dire "scendo" e scendere le scale volando, tenendosi con il braccio teso e fermo alla ringhiera nelle curve, per farsi trascinare più veloci, e montare sul motorino pronto a partire.

Ma fu nel primo periodo che accadde quella cosa.

Una sera di un inverno freddo chiesi di guidare il motorino: andavamo da quelle ragazze. C'era traffico. Pioveva. Ci piaceva andare da quelle ragazze. C'era traffico, e io cominciai a zigzagare tra le auto così come avevo visto fare a lui. Ma io non ero bravo come lui con il motorino – con le ragazze e per tante altre cose. Uscii dalla mia corsia e non seppi rientrare in tempo, l'auto che arrivava di fronte rallentò e lampeggiò, tentò di frenare. Sarebbe stato facile per lui rientrare. Io invece non seppi farlo, persi il controllo e urlai di paura. Non fu un vero incidente. Ma pur evitando di prendere in pieno l'auto di fronte, sterzai alla fine e lui che stava dietro la toccò con il ginocchio e poi cademmo sull'asfalto bagnato. La gente accorse per vedere se ci eravamo fatti male, io mi vergognavo, lui si alzò – zoppicava, ma rideva. Pensai che ridesse di me, pensai "ma che ho fatto"; e invece no, rideva per tutta quella gente intorno. A quella età, il motorino bisogna saperlo guidare, perché lo sanno guidare tutti. Mi vergognavo mentre tentavo di ripulirmi. Pensai a cosa sarebbe successo quando lo avesse raccontato alle ragazze. Mi avrebbero preso in giro, non lo avrei sopportato. Mi feci forza. Dissi una cosa che non avevo mai avuto il coraggio di dire: "Ora lo racconterai alle ragazze?" e lo dissi in un modo che faceva capire che proprio non volevo, e lo dissi quasi perché mi sembrava ormai di non avere più nulla da perdere e allora potevo lasciarmi umiliare del tutto.

"Ma sei pazzo?" rispose, "queste cose non le dobbiamo dire a nessuno. Noi non siamo mai caduti."

Fui felice, felicissimo. Non sapevo che qualcuno potesse proteggerti, che non avesse voglia di dire a tutto il mondo "sapete cosa è successo oggi?", e allora non potevi far altro che ascoltare il racconto facendo finta di stare al gioco, ma sentendoti male, così male che poi per qualche giorno ci sarebbe stato un malessere sordo che avrebbe impedito di godere fino in fondo di qualsiasi cosa.

da F. Piccolo, *Storie di primogeniti e figli unici*, Feltrinelli, Milano 1996

COMPRENDERE E INTERPRETARE

Ma è amicizia?

1. All'inizio del brano il narratore protagonista descrive il suo rapporto attuale con l'amico di un tempo [rr. 1-7]: di che cosa parlano, quando si incontrano sul lungomare? In quale modo si svolgono le loro conversazioni?
PARLANO DEL PASSATO

2. Perché l'autore non sa se chiamare "amicizia" il rapporto con l'amico? Quali aspetti contraddittori e conflittuali individua, ora che è adulto, in quell'antico legame [rr. 10-25]?
ERANO SEMPRE IN SFIDA

Sezione 1   Conoscersi, confrontarsi, crescere

■ **Amici veri**

3. Com'è il nuovo amico del protagonista? Descrivi l'aspetto del personaggio raccogliendo le informazioni dal testo.

   ....

   ....

4. Come passano i pomeriggi il protagonista e il nuovo amico?

   CON DELLE RAGAZZE AL PARCO

5. Perché all'inizio della nuova amicizia il protagonista pensa che essere invitato a fare un giro in motorino sia «un fatto straordinario» [r. 41]? Quando, invece, diventa un fatto naturale [r. 55]?

   ....

6. La felicità che il protagonista prova per questa nuova amicizia non viene descritta direttamente, ma attraverso alcuni gesti [rr. 55-58]: quali? Trascrivili.

   ....

7. Che cosa accade una sera d'inverno [rr. 60-71] ai due amici?

   ....

8. Di che cosa ha paura il protagonista, quando vede l'amico ridere [rr. 71-81]?

   ....

STUDIARE LA LINGUA

9. Il racconto si basa sul confronto tra due rapporti di amicizia: individua tre sostantivi che, secondo te, rappresentano efficacemente sia il primo sia il secondo. Segui l'esempio.
   a. La prima amicizia si basava su: *competizione,*
   b. La seconda amicizia si basa su: *COMPAGNIA, USCITE*

10. Come spieghi l'espressione *malessere sordo* [r. 88]? Trova dei sinonimi che mantengano lo stesso significato.

PARLARE

11. Come si comporta l'amico, dopo l'incidente in motorino? Secondo te, la sua è una grande prova di amicizia, così come pensa il protagonista? Elabora una risposta argomentata ed esponila alla classe.

SCRIVERE

12. Da ragazzino, il narratore pensava che essere amico di qualcuno fosse molto faticoso, e quasi avrebbe sconsigliato ad altri di esserlo o diventarlo. Hai pensato anche tu, qualche volta, che avere un "amico" può essere una fatica e una sofferenza? Perché? In quale occasione, invece, hai capito che i veri amici stanno insieme in sincerità e leggerezza, senza competere o farsi dispetti? Racconta la tua esperienza per iscritto.

Enrico Palandri
Nel sole e nel vento

I contenuti | Appena arrivata nella cittadina inglese di Cambridge, su invito del padre Guido che lì insegna all'università e vive con la nuova famiglia, Angela approfitta della bella giornata estiva per fare un giro in bicicletta. Molti ricordi dolorosi le si affacciano alla mente: la separazione dei genitori, il rapporto conflittuale col padre, la faticosa ricerca di serenità ed equilibrio, da sola… eppure, mentre pedala nel sole, sente che tutto questo l'ha fatta diventare grande, anche se non riesce ancora a dirlo a Guido.

Da questo cielo azzurro che le mattine d'estate chiama lo sguardo lontano, fin dove arriva il mondo e non finisce, Angela è scesa in bicicletta. Cioè, ha preso prima l'aereo, poi è salita in macchina con il padre e si sono infilati nel traffico, tra circonvallazioni e svincoli autostradali
5 che a viverci sono un incubo ma ad Angela sembrano subito belle e moderne, le vene di una enorme bestia; arrivata a Cambridge le hanno prestato una bicicletta e adesso continua a volare con ogni pedalata, come non fosse mai scesa dall'aereo, ancora in cielo, a correre con le nuvole e il vento. Volare bene, verso quello che c'è, via da tutto quello
10 che pensa, teme, crede.

Dal momento in cui suo padre è riapparso con una lettera, *verresti in Inghilterra a conoscere la mia nuova famiglia…* le sono ritornate in gola le domande che non ha potuto fargli: perché te ne sei andato? era il lavo-

ro? la mamma? ero io che non ti piacevo? Le risposte le conosce, se ne stanno da qualche parte nella loro storia, spiegazioni ragionevoli fino alla banalità; ma Angela non si accontenta di sapere, vorrebbe aprire, iniziare un discorso con lui e non può, le rimane la voce nella bocca per giornate intere e diventa faticoso persino mangiare, respirare, quindi cerca di non pensarci. Meglio lasciare tutto lassù, nella nuvolaglia indistinta che copre il cielo, chissà che non si apra e non torni il sereno! Se però qualcuno lo nomina o qualcosa glielo fa tornare in mente non c'è via di scampo: la sensazione della presenza di lui e il momento in cui la sua famiglia è finita le risale da dentro, la tira via dal suo sorriso, dalla voglia di volare. Il suo piccolo mondo si rompe di nuovo, sente lo stomaco irrigidirsi: i genitori ricominciano a litigare nella sua pancia, si dividono le cose, i soldi, i mobili, la casa, e lei non sa in quale modo dividersi, con chi stare, ma intanto si divide, si spezza. È come stare a prendersi delle botte, non riuscire a difendersi e neppure a venire via. Angela in quei momenti guarda fuori, cerca la voglia di vivere, se magari continua in una canzone, una frase che coglie per caso da qualcuno per strada, un pezzo di cielo tra le case, un'espressione qualunque del mondo. Se è in autobus o in metropolitana si appoggia alle conversazioni degli sconosciuti e si preoccupa per loro: *quella signora avrà dei*

problemi con il marito stasera, oppure *farete in tempo ragazzi a vedere la partita?* o ancora, *chissà se ti ha telefonato mentre eri al lavoro* e così via, tutti i bei chiacchiericci confusi della città. Basta che sia fuori dall'anima, nel mondo, perché se in quei momenti si lascia prendere dal vento che le soffia dentro le viene solo voglia di attraversare distratta una strada e scivolare sotto una macchina, andare più vicina possibile alla morte. Solo allora e per un attimo le sembra di poter dire "non ho paura" ed è vero che Angela della morte non ha paura. È di quello che l'aspetta che ha paura, dell'ombra che dal futuro arriva a rosicchiarle le unghie dei piedi come se domani fosse già cominciato e tutto potesse passare in un attimo, lasciarla là fuori tra le cose mentre la vita finisce, in equilibrio su una briciola d'eterno che non si è fatto neppure in tempo a notare.

Cambridge è piena di verde, la domenica ci sono tante famiglie a spasso. C'è una bambina che impara ad andare in bicicletta, il padre la tiene per il sellino e poi la lascia andare da sola. Angela pedala adagio per non interferire con le difficoltà della principiante, si tiene alla larga dalla traiettoria incerta della biciclettina per qualche metro, poi vede che la piccola inizia a sbandare e chiede aiuto: *help, daddy, help!* Lui la raggiunge di corsa e la riprende prima che cada. *Bisogna farsi male*, pensa Angela, *dovete lasciarli soffrire in pace i figli se no non cresceranno mai*. Il signore inglese sta rassicurando la piccola e le sussurra in un orecchio *amore mio, dai che ce la fai! Non avere paura, lasciati dare un bacio mia ciclista!* e Angela certo non può sentire se le parole sono davvero quelle, ma non sta più pensando alla bambina, è volata via di nuovo, indietro e lontano, laggiù dove chiudeva gli occhi negli abbracci di suo padre, in una felicità che c'era e da cui poi è caduta con il sedere per terra. Allora rideva e non era solo la testa che le volava via, ma tutto il corpo, mentre lui la faceva girare o la lanciava per aria e le scrollava di dosso le paure per darle un rifugio totale nel suo abbraccio. Nei gridolini di spavento e di sollievo, nel *prendimi* e *fammi girare come un elicottero* o *tirami su*, non era più lì o da qualche parte, passava alta come una nuvola, agile, leggera, aerea. Era quello l'amore eterno di cui avrà per sempre nostalgia. Adesso per ridere con suo padre bisogna mettercela proprio tutta.

Del resto lo sa già: i padri giocano a far morire di paura i figli e a trasformare il loro spavento in uno scherzo, è il loro mestiere. Li lanciano in aria, raccontano storie minacciose, sbucano all'improvviso da dietro un angolo per vedere il loro smarrimento che si trasforma in un sorriso. *Sei tu, papà, mi avevi fatto paura*. Angela è cresciuta e suo padre non ha avuto più tempo per giocare, per spiegare, per esserci. L'ha lasciata. Ma andando ha lasciato la porta aperta e da lì non ha più smesso di entrare il freddo. Tanto che in aereo, tra gli uomini d'affari che fanno su e giù tra Londra e Milano, si è sentita senza età, più vecchia e più giovane insieme, come se tutti i maschi avessero un pezzo di suo padre sotto la camicia e la minacciassero. Ha paura come un agnello in un branco di lupi, ma ha dentro una tale rabbia che forse è lei il lupo che si vuole mangiare il mondo. Esagera, certo, del resto guardando il cielo azzurro non riesce a non esagerare, a sentire che tutto è così grande e lei ha già chiaro come funziona anche se non ha quasi iniziato a vivere. Pensa che sa già cos'è il divorzio, l'avventura, l'amore, l'abbandono, la morte. Le verranno incontro un po' alla volta e lei li saluterà: ah ecco, questo è il primo amore, sapevo tutto di te! Questo è il piacere sessuale, avevo letto un articolo dal dentista. Così per il tradimento, il lavoro, l'ambizione, la morte delle persone amate; una alla volta o tutte insieme, le cose arriveranno a riempire i nomi. Oggi però sono ancora solo idee, frammenti colti da un film o un romanzo, da una lite dei genitori o di due estranei in un bar; hanno già formato un orizzonte e lei lo guarda come un sipario appena mosso dagli attori che prendono posto sul palcoscenico prima dell'inizio della commedia.

Comunque Angela è pronta. Avrebbe voluto parlarne subito con suo padre, al terminal di Gatwick[1]. Dirgli solo questo: sono grande.

Lo ha riconosciuto senza doverlo cercare, al di là della gente che aspetta accalcata all'uscita e poi ride, abbraccia, bacia parenti e amici, cerca il proprio nome sui cartelli che gli autisti tengono in mano. Guido naturalmente si era tirato via dalla bolgia: se ne stava in un angolo, come lì per caso, a guardare le prime pagine dei giornali nell'edicola, le mani infilate nelle tasche del giaccone. Angela si è guardata intorno, ha respirato l'aria rumorosa e densa dell'aeroporto e appena l'ha visto ha sentito in gola il disagio di sempre. L'ansia di rivederlo era già vuota, un ennesimo, inutile, imbarazzante sentimento. Non sapeva neppure bene come chiamarlo mentre gli occhi l'avevano già indovinato tra la folla. Si è avvicinata silenziosamente mentre lui continuava a guardare i giornali e gli ha detto ciao, piano, quasi gli sparasse nella schiena. Lui si è girato e hanno fatto il gesto di un abbraccio, ma Angela non è riuscita a lasciarsi andare; mentre lui la stringeva lei ha riconosciuto l'odore di mela e tabacco del suo fiato, l'impaccio gentile dei suoi movimenti e avrebbe potuto sciogliersi nel rimpianto. Invece, per tante ragioni ha resistito, rigida come dentro un'armatura a mormorarsi in testa *cosa ci faccio qua, perché sono venuta*.

E. Palandri, *Angela prende il volo*, Feltrinelli, Milano 2000

1. **Gatwick**: uno degli aeroporti di Londra.

COMPRENDERE E INTERPRETARE

Il narratore e il contesto

1. Individua il tipo di narratore e di focalizzazione presenti nel testo (▶ Saperi di base, pp. 139-140).

2. In quale luogo sta pedalando Angela? Perché si trova lì?

Tanti ricordi, tanti pensieri

3. Che cosa prova Angela, ricordando la separazione dei genitori? In quale modo ha imparato a reagire [rr. 21-36]?

4. Pedalando per Cambridge, Angela vede una bimba in difficoltà sulla bici, e il papà che corre ad aiutarla: quale ricordo le si affaccia alla mente, in quel momento [rr. 56-63]?

5. Angela non ha paura della morte; che cosa teme, invece [rr. 40-45]?

6. Lo stato d'animo di Angela dopo la separazione dei genitori viene espresso anche con due immagini figurate: rileggi le rr. 59 e 77-79 e spiegane il significato.

7. Perché Angela sente di essere diventata "grande" [rr. 72-74]?

STUDIARE LA LINGUA

8. Dal punto di vista del tempo della narrazione, il testo rappresenta in gran parte:
   A una pausa.
   B un sommario.
   C una scena.
   D un'ellissi.

9. Lo stile del testo è elaborato, ricco di suggestive figure retoriche. Spiega le seguenti:
   a. «le vene di una enorme bestia» [r. 6]
   b. «come una nuvola, agile, leggera, aerea» [rr. 64-65]
   c. «come un agnello in un branco di lupi» [r. 77]
   d. «come dentro un'armatura [r. 110]

PARLARE

10. Quando abbraccia il padre all'aeroporto, Angela vorrebbe «sciogliersi», ma poi «per tante ragioni» non lo fa, e rimane dura e fredda [rr. 109-110]. Quali sono le ragioni per cui Angela non cede alla tenerezza? Elabora le tue ipotesi, esponile ai compagni e ascolta le loro interpretazioni.

SCRIVERE

11. Angela è convinta che «bisogna farsi male» e che i genitori dovrebbero lasciar «soffrire in pace i figli, se no non cresceranno mai» [r. 53]. Pensi anche tu che i dolori siano un necessario momento di crescita? Perché? Scrivi un testo argomentativo in cui discuti questo argomento.

Sezione 1　Conoscersi, confrontarsi, crescere

STRUMENTI DEL LESSICO E FORME DI SCRITTURA

Le emozioni "adolescenti"

Il tema principale della narrazione di formazione, come hai imparato, è il percorso di maturazione di un individuo dalla giovinezza all'età adulta nell'ambito di un determinato contesto familiare, economico e sociale.

1. Di seguito abbiamo individuato alcune parole chiave che gli psicologi indicano come comportamenti, sensazioni, emozioni che ricorrono negli adolescenti. È vero che essi sono così? Leggi le parole dell'elenco, cerca il significato di quelle che non conosci e insieme ai compagni valuta se e quanto esse fanno parte del modo di essere dei giovanissimi.

Parola chiave	Valutazione		
	Non vero	Abbastanza vero	Molto vero
Amore			
Ansia			
Attrazione			
Incoscienza			
Desiderio			
Disperazione			
Gelosia			
Esibizionismo			
Imbarazzo			
Inadeguatezza			
Insofferenza			
Invidia			
Odio			
Paura			
Confusione			
Rabbia			
Senso di colpa			
Timidezza			
Trasgressione			
Vergogna			

Il questionario di Proust

2. Ti proponiamo ora una serie di questioni che ti guideranno a comporre una specie di "autoritratto", un'occasione in più per parlare di te e per riflettere, anche insieme ai tuoi compagni e insegnanti. Si tratta di una serie di "punti", tratti (e in parte adattati) dal cosiddetto *Questionario di Marcel Proust*, scrittore francese vissuto fra la fine dell'Ottocento e i primi decenni del Novecento. Compila in modo breve e sincero la tabella.

1. I principali tratti del mio carattere.	
2. Le qualità che apprezzo in un coetaneo.	
3. Le qualità che apprezzo in una coetanea.	
4. Quello che apprezzo di più nei miei amici.	
5. Il mio principale difetto.	
6. La mia occupazione preferita.	
7. Il mio sogno di felicità.	
8. Quello che mi rende infelice.	
9. Quello che vorrei essere.	
10. Dove mi piacerebbe vivere.	
11. I miei film preferiti.	
12. Che cos'è l'amore secondo me.	
13. Quello che mi fa paura.	
14. I miei libri preferiti.	
15. La mia musica preferita.	
16. Che cosa mi emoziona.	
17. Quello che rimpiango.	
18. Quello che non sopporto.	
19. I miei personaggi-mito.	
20. Il dono naturale che mi piacerebbe avere.	
21. Il mio stato d'animo attuale.	
22. Quello che detesto negli altri.	
23. Quello che apprezzo nella mia famiglia.	
24. La persona che vorrei accanto a me per tutta la vita.	

Sezione 1 — Conoscersi, confrontarsi, crescere

PER LA PROVA SCRITTA D'ESAME

L'argomento

Tra gli argomenti di studio che hai affrontato quest'anno c'è anche quello della *narrazione di formazione*, i cui protagonisti sono giovani di cui viene raccontato il processo di evoluzione dall'infanzia, o dalla giovinezza, all'età adulta. Anche tu sei un **giovane in formazione**, e come tale avverti i cambiamenti dell'età adolescenziale. Per spiegarne gli aspetti più autentici, scrivi una lettera a un caro amico che non vedi da tempo e raccontagli questo momento della tua vita: le tue esperienze, i tuoi cambiamenti fisici e psicologici, ciò che per te è importante, i tuoi problemi, i tuoi progetti.

Il progetto

Ti proponiamo di seguito una mappa da sviluppare, alla quale potrai aggiungere altri spunti del tutto personali.

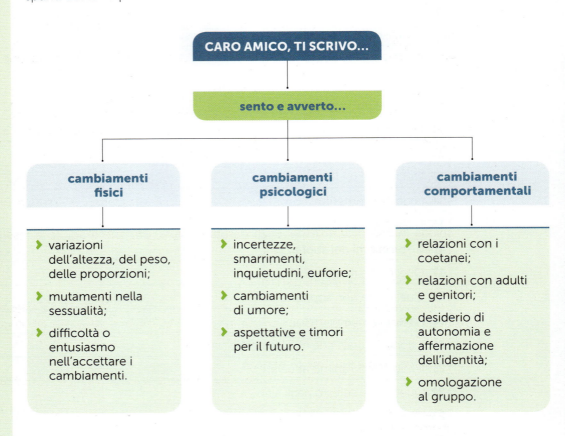

Il romanzo di formazione U2

PER IL COLLOQUIO D'ESAME

La narrazione di formazione

Allenati a formulare risposte strutturate e argomentate, affrontando le tre domande di simulazione del colloquio.

1 Domanda di esordio (Italiano)

Nel brano tratto da *Tonio Kröger*, dello scrittore Thomas Mann, abbiamo conosciuto Tonio, un ragazzo che si sente diverso dai compagni e dall'amico Hans. Questi gli appare sicuro di sé, positivo ed esuberante, mentre Tonio si sente timido e riflessivo. Quando, poi, Tonio si innamora della bionda Inge... ricordi che cosa accade? Perché accade, che cosa sente Tonio?

Elaborazione della risposta (4/5 minuti)
- Inquadra brevemente il brano, per ricordarne la trama e la situazione di contesto;
- poni l'attenzione sulla figura di Tonio, del quale metti in evidenza la personalità introversa e incline allo studio e alla meditazione;
- spiega l'imbarazzo che prova di fronte a Inge, accresciuto dalla goffa prestazione durante la lezione di ballo;
- spiega il suo sentimento di avvilimento e di esclusione, ma anche di attrazione per Inge.

2 Ripresa della domanda (Italiano)

Sì, hai detto bene, la sensibilità di Tonio è per lui motivo di gioia e di sofferenza. Ricordi, invece, un altro brano in cui l'autore parla del proprio accidentato percorso scolastico che, come tale, diventa un significativo passaggio di crescita?

Elaborazione della risposta (3/4 minuti)
- Presenta brevemente il brano di Pennac, *Duro di comprendonio*, e i suoi contenuti;
- spiega quali impressioni hanno lasciato nell'autore le esperienze vissute a scuola e in famiglia;
- spiega in che modo l'esperienza vissuta lo aiuta, ora che è adulto e insegnante, a capire i problemi dei suoi alunni.

3 Collegamento (Scienze)

Hai parlato di ragazzi e di testimonianze che riguardano il periodo dell'adolescenza, argomento che abbiamo trattato anche in ambito scientifico. Quali aspetti o concetti ti sono sembrati rilevanti a questo proposito?

Elaborazione della risposta (2 minuti)
- Chiarisci, innanzitutto, che cosa significa *adolescenza* e quali anni occupa tale periodo di vita;
- descrivi con terminologia più specifica i principali mutamenti, soprattutto in relazione ai processi fisiologici;
- fai riferimento a qualche particolare lettura o esperimento fatto nel corso dell'anno.

Sezione 1 — Conoscersi, confrontarsi, crescere

1) VERIFICA DI ASCOLTO

OBIETTIVI
- Riflettere su contesti di crescita difficili.
- Individuare le caratteristiche del racconto di formazione.

Alex è un adolescente californiano che vive per strada, perennemente in fuga da istituti per ragazzi difficili. Un giorno, sorpreso mentre cerca di rubare in un supermercato, trova una pistola sotto il bancone e ferisce un uomo. Viene di nuovo portato in un istituto psichiatrico. Ma il suo desiderio di fuga lo porta a infrangere di nuovo le regole: il ragazzo esce dall'area sorvegliata e incontra altri due giovani internati, che a differenza sua hanno il permesso di aggirarsi nella fattoria adiacente all'istituto.

Ragazzo in fuga

1. Dove avviene l'incontro tra Alex e gli altri due ragazzi?

2. Che cosa stanno facendo Robert e Pat quando Alex li incontra?
   - A ☐ Lavorano presso la fattoria, secondo le regole dell'istituto.
   - B ☐ Si aggirano nei dintorni del recinto dei cavalli.
   - C ☐ Mangiano angurie, violando le regole dell'istituto.
   - D ☐ Cercano un modo per fuggire dall'istituto.

3. Robert e Pat, pur non conoscendolo, sapevano già qualcosa di Alex. Quali informazioni avevano? Barra le risposte corrette.
   - A ☐ Che è internato nel Reparto Quattordici.
   - B ☐ Che si intende di cavalli.
   - C ☐ Che aveva sparato a un uomo.
   - D ☐ Che è orfano.

4. Qual è la reazione di Robert e Pat quando Alex conferma il crimine commesso?
   - A ☐ Temono che Alex possa fare del male anche a loro.
   - B ☐ Lo invitano a riflettere e a pentirsi.
   - C ☐ Gli chiedono di raccontare nei dettagli l'accaduto.
   - D ☐ Sono meravigliati e ammirati.

5. Perché Alex prova rimorso, dopo essere stato scoperto?
   - A ☐ Ha di nuovo infranto le regole senza volerlo.
   - B ☐ Teme di aver danneggiato la cavalla.
   - C ☐ Ha deluso i suoi nuovi amici.
   - D ☐ Ha ingannato il personale dell'istituto.

6. Quali caratteristiche del romanzo di formazione hai individuato nel brano?
   - A ☐ Il protagonista è un adolescente.
   - B ☐ Il contesto sociale è ben delineato.
   - C ☐ Il punto di vista è soggettivo, appartiene al protagonista.
   - D ☐ Il protagonista è in contrasto col mondo degli adulti.
   - E ☐ Il protagonista trova un compromesso col mondo degli adulti.
   - F ☐ Vi sono molte sequenze riflessive che presentano i pensieri del protagonista.

Segui la correzione dell'insegnante e attribuisci il punteggio stabilito per ogni risposta esatta.

2) VERIFICA DI SCRITTURA — Dalla lettura all'analisi e al commento

OBIETTIVO
Analizzare e commentare una narrazione di formazione.

Leggi il brano che ti proponiamo e poi elabora un'analisi e un commento seguendo le indicazioni.

Ero cresciuta

Arrivata a casa, scoprii di avere la febbre alta. Bruciavo dalla punta del naso ai piedi, dentro e fuori, bruciavo senza risparmio.

La febbre divenne parte di me.
S'impose segregandomi, tenendomi lontana dalla scuola, dalle amiche e da ogni altro interesse: fuori dalla mia stanza, il mondo forse c'era, nonostante i dubbi espressi dal vecchio sulla panchina[1], ma finalmente era diventato muto. Avevo scoperto la maniera di metterlo a tacere.
In compenso, sognavo moltissimo.
Una notte sentii il freddo di una balaustra contro le dita: ero sulla terrazza, quella grande della casa di Piana[2].
Sotto di me c'era il lago. Immobile. Ghiacciato. La superficie rappresa in schiume bianche e dure che, nella forma, somigliavano ai pietroni della Ginestra[3].

Le giornate erano lente e lunghissime, ma io non volevo guarire.
Volevo rimanere in eterno sotto la coperta, a osservare le foglie del platano che il vento, nel cortile, spingeva contro i vetri.
Le lenzuola erano sempre umide, per quanto mia madre le cambiasse.
Sudavo in continuazione, mi disfacevo nel sudore e tuttavia la febbre non se ne andava. Saliva e scendeva a intermittenza e, a ogni caduta, raccoglieva le forze per un nuovo balzo. Poi se ne stava quieta, appesa al mio corpo come un pipistrello abituato all'umido e al buio.
Mi rannicchiavo sotto la coltre bianca con i ricami in rilievo, leggermente ruvida, per respirare l'odore della malattia.
Canfora[4].
Carne sudata.
Un amaro di medicinali.
Il tessuto pesante attutiva i rumori esterni. Me lo tiravo sulla testa, lo scostavo un poco allargando lo spazio, lo tendevo perché mi facesse da capanna. Ma pure in quel rifugio, anche da là sentivo Giosi[5] che, addormentato sullo scendiletto, russava peggio di un cristiano.

---

1. **nonostante ... panchina:** il giorno prima Enza era stata fermata da un vecchio che, seduto su una panchina, chiedeva a tutti i passanti se il mondo esiste per davvero.
2. **casa di Piana:** Piana degli Albanesi, in provincia di Palermo, dove Enza viveva prima del trasferimento nel capoluogo.
3. **Ginestra:** si riferisce a Portella della Ginestra, il luogo della strage, vicinissimo a Piana degli Albanesi.
4. **Canfora:** sostanza naturale un tempo usata come antinfiammatorio.
5. **Giosi:** il cane di Enza.

Mio padre, viceversa, era un autentico cane da guardia. Al contrario di Giosi, lui vigilava e, fra mamma e papà, era impossibile sottrarsi alle cure.

30 Così a furia di farmaci – sciroppi liquorosi, impacchi, granuli chiusi in un'ostia che si attaccava al palato – alla fine la febbre mi abbandonò, lasciandomi in uno stato di debolezza estrema. Appoggiare i piedi a terra e camminare fino al bagno per lavarmi i denti era un'operazione complessa, che richiedeva un'enorme cautela: le mie ossa erano così fragili! Composte di una materia molto friabile.

35 Insomma la convalescenza rischiava di prolungarsi in modo allarmante. Malgrado ciò il dottor Cardella, ossia il nostro medico di famiglia, insisteva a dire: niente di grave. *Pacienza, pane e tempo e tutto si risolve*.

I miei genitori gli davano fiducia perché ci curava da anni, dal nostro trasferimento a Palermo, e dunque mi conosceva bene. Allora come adesso, mi visitava estraendo lo stetosco-
40 pio da una vecchia borsa sdrucita agli angoli, mi voltava e rivoltava per auscultarmi, mentre i peli della sua barba ispida, che sapeva di tabacco, mi morsicavano la schiena saltando come pulci. Finito quel tormento, emetteva la sentenza. In dialetto.

Questa picciotta[6], disse stavolta a mia madre, è *disfiziata*. Senza sfizi e soprattutto senza volontà. Apatica. Ci vuole *pacienza*, disse di nuovo, ripetendosi. "Pazienza, pane e tempo,
45 più qualche ricostituente, e tornerà a essere il diavolo di prima."

La mamma fece una faccia dubitosa, ma si dichiarò d'accordo. Ed è probabile che lo fosse davvero, dato che aggiunse, con un risolino incerto: almeno le ha levato il selvaggio dal

6. **picciotta:** ragazza.

carattere! In realtà intendeva insinuare che la malattia – di qualunque genere fosse, febbre nervosa o semplice influenza invernale – mi aveva reso più malleabile. Più "ragazza".

50 Effettivamente, quando scesi dal letto, mi accorsi di non essere più quella di prima. Le gonne mi stavano corte perché mi ero allungata. Allo specchio, avevo uno sguardo diverso. Non avrei saputo precisare meglio: diverso, tutto qui. E i miei polpastrelli erano puliti, senza nemmeno un'ombra d'inchiostro. Come se, nel lavarmi, avessi usato una pietra pomice, passandola sul corpo e sull'animo, raschiando via ogni residuo dell'infanzia.

55 In altri termini, ero cresciuta, se crescere significa rendersi conto che le cose accadono indipendentemente da noi. Accadono e basta. E poi bisogna conviverci.

Accettarle... Be', questo è un altro discorso.

M.R. Cutrufelli, *I bambini della Ginestra*, Frassinelli, Milano 2012

1. Scrivere l'analisi del testo

Le domande che seguono ti guideranno a osservare gli aspetti di contenuto e formali utili per sviluppare l'analisi. Leggi attentamente le consegne e rispondi, anche in forma molto schematica, su un foglio di brutta copia, poi rielabora le tue risposte in un testo espositivo continuo.

Il contenuto del testo
a. Chi è la protagonista? Che cosa le sta succedendo?
b. Quali altri personaggi vi sono? Descrivili brevemente.
c. Perché Enza sogna ancora la sua casa di Piana e i "pietroni" della Ginestra?
d. Di che cosa si accorge Enza, dopo essere guarita?

La forma del testo
a. Indica il tipo di *narratore* e di *focalizzazione* presenti nel testo.
b. Rifletti sul rapporto tra tempo della storia e tempo della narrazione (Vi sono pause? Scene? Sommari? Ellissi?) e individua il *ritmo* complessivo del brano.
c. Definisci lo spazio in cui è ambientato il brano: si tratta di un luogo aperto o chiuso? Familiare alla protagonista o estraneo? Confortevole oppure ostile?
d. L'*ambientazione* è collocabile intorno al 1965: vi sono elementi che consentono di verificare questa informazione? Pensa, ad esempio, alle cure somministrate a Enza.
e. Com'è lo *stile narrativo*? Il lessico è elegante e ricercato oppure semplice, di facile comprensione? Come sono i periodi? Brevi oppure lunghi e complessi?

2. Elaborare il commento

Il commento è un testo personale in cui esprimi, in forma argomentata, le riflessioni, le idee e le emozioni che la lettura ha sollecitato. In relazione a questo brano, puoi riflettere sui seguenti aspetti.

› Perché Enza dice di non voler guarire?
› La malattia di Enza è una semplice influenza, oppure rappresenta qualcosa di più, una sorta di distacco emotivo da un passato "ingombrante"?
› Che cosa, secondo te, fa guarire Enza?
› Come spieghi la similitudine della pietra pomice [rr. 53-54]?
› Che cosa significa "crescere", per Enza? Sei d'accordo con il suo pensiero?
› Che differenza c'è tra "convivere" con le cose accadute e "accettarle"?

3) VERIFICA DI LETTURA

OBIETTIVI
– Comprendere il contenuto.
– Riflettere su emozioni e sentimenti in passaggi formativi importanti.

Leggi il testo e rispondi alle domande.

Posso venire a Berlino?

Qualcuno mi ha tirato un calcio esattamente fra le gambe. L'inguine è diventato di burro e non ho potuto fare altro che mugolare, sull'orlo delle lacrime.
"Addosso, Lufth, addosso."
Poi, d'un tratto, non ho più sentito nulla. Solo il latrare sommesso di un cane.
5   Lento, mi sono seduto in ginocchio. Una lingua mi ha leccato la testa. Il sangue, colloso e nauseante, mi colava dal naso alle labbra. Ho infilato una nocca nella narice per fermare l'emorragia. Sentivo l'ansimare del cane di fronte a me.
La voce dolce e femminile di prima ha detto: "Usa questo".
Mi sono pulito gli occhi con il polso.
10 Ci ho messo un po' a metterla a fuoco.
Mi faceva male la testa.
La ragazza stava carezzando un grosso Labrador. Aveva il viso allungato, da elfo, bucato da piercing colorati. I capelli corti e scuri. Il collo lungo. Un trucco pesante, nero, attorno agli occhi. La pelle bianca. E indossava un vestito fatto di tanti pezzi che, nel complesso,
15 aveva un'aria scozzese.
Ho pensato: È stupenda.
Ho preso il fazzoletto. Ho tamponato.
Mi ha chiesto: "Stai bene?".
Mi sono tastato le gambe. Il petto. Come per contare i pezzi. "Penso di sì." Ho infilato
20 una mano in tasca per sentirmi l'inguine. La tasca destra era bucata. Mi sono massaggiato i testicoli, così, per essere certo.
Lei ha detto: "Li conosco quelli. Brutta gente. Ma non sono tutti così i rom. Alcuni sono gentili. Ma loro… Li hanno cacciati dal campo sul Lungostura[1]. Ora vagano per la stazione".
Poi ha detto: "Tu non sei italiano, vero?".
25 "Perché? Non sembro italiano?"
"No. Sei rumeno?"
Ho fatto sì. Con la testa.
"Io mi chiamo Asia. Lei è Lufthansa."
"Emil."
30 Improvvisamente sono sbiancato.

---

1. **Lungostura:** zona sul fiume Stura in cui il comune di Torino aveva allestito un campo nomadi.

"Che c'è?" ha chiesto Asia.
Ho pensato: *La borsa*²...

Siamo usciti alla luce, nei corridoi della stazione.
Non sapevo assolutamente cosa fare, il panico mi succhiava via l'ossigeno, come il bacio di un Dissennatore³. Ho provato, balbettando, a spiegare ad Asia perché ero lì, che dovevo partire, che non sapevo dove andare. E davvero non so cosa avrei fatto, se Asia non avesse detto: "Vai all'Ufficio Informazioni, tranquillo, del tuo borsone me ne occupo io".
Nell'ufficio c'era odore di pipa. Un ferroviere con l'uniforme sgualcita mi ha studiato, curioso, da sopra gli occhiali. Si è grattato il pizzetto. Stava bevendo un caffè. "Che hai fatto all'occhio?" ha chiesto.
Ho risposto: "Una gomitata del mio fratellino. Era il suo compleanno. Aveva bevuto troppo".
"Il tuo fratellino?"
"Già."
Ha gonfiato le guance. Con la bocca ha fatto il rumore di un colpo di ping-pong.
Ha detto: "Capisco".
"Posso sapere gli orari dei treni per Bran?"
"Per Bran? E dove sta, Bran?"
"In Romania."
"In Romania?"
"Esatto."
Ho infilato la mano nella tasca sfondata per cercare di alleviare il dolore all'inguine. Alleviare l'ho imparato leggendo "Tex". Significa che ti fa meno male, come quando i banditi sparano a Kit Carson e gli indiani gli mettono un unguento sopra le ferite. Unguento e inguine, secondo me, sono parole simili.
Il ferroviere si è fatto scivolare gli occhiali dorati sulla punta del naso. Ha preso fiato. Ha detto: "Vedi. Ci sono almeno tre confini da superare. Brennero. Kufstein⁴. E poi l'Ungheria... Lì sono molto severi. Lo sai, vero?". Poi, con un tono strano e vagamente accusatorio, ha aggiunto: "Non è che c'è qualcosa che vuoi dirmi? Forse potrei aiutarti...".
Ho detto: "Grazie".
E sono uscito.

Asia camminava con la schiena dritta da ballerina e le mani unite dietro il sedere, evanescente come quando il calore fa sembrare bagnato l'asfalto. Lufthansa stringeva fra i denti una bottiglia di Peroni⁵ vuota. L'ho indicata, stupido.
"È stato mio fratello. Le ha insegnato a rubare le birre di nostro padre dalla veranda."
Ha gettato il JanSport⁶ ai miei piedi.
"Dov'era?"

---

2. **La borsa**: Emil aveva una borsa in cui teneva alcuni vestiti e, soprattutto, ricordi molto preziosi per lui, come le lettere del padre e del nonno cui accenna più avanti.
3. **Dissennatore**: malvagia creatura del magico mondo di Harry Potter. Si aggira come un fantasma tenebroso e quando sceglie la vittima la "bacia", cioè le risucchia l'anima e la felicità.
4. **Kufstein**: cittadina austriaca al confine con la Germania.
5. **Peroni**: una marca di birra.
6. **JanSport**: lo zaino di Emil.

> Sezione 1   Conoscersi, confrontarsi, crescere

"Vicino a un bidone. Ti hanno preso qualcosa?"
Anche senza aprirlo si vedeva che era meno gonfio e pesante. "Vestiti. Mancano due paia di pantaloni. Il maglione giallo della Kappa. Le ciabatte da doccia." I fumetti di "Tex" c'erano. Ho cercato nella tasca interna.
"Cosa sono?"
"Lettere. Di mio padre e di mio nonno[7]."
"Allora? Parti?"
Ho pensato: … ?
E ho pensato: … ?
Ho rivisto la scena dell'Ufficio Informazioni. Ho riflettuto. Su tutto quello che poteva succedere. Ho contato i piercing di Asia. Uno aveva il segno della pace, quello che sembra il marchio della Mercedes. Lufthansa ha lasciato cadere la Peroni e mi ha leccato i polpastrelli. Il panico è sbocciato d'un tratto, come quei fiori che sbocciano a mezzanotte e durano solo pochi istanti. L'ho visto crescere come uno tsunami. Come si forma uno tsunami l'ho imparato nell'aula video, alla Ippolito Nievo[8]: prima la corrente prosciuga l'acqua vicino alla spiaggia, perché quell'acqua va a formare l'onda enorme, che si abbatte sulla spiaggia e spazza via tutto, anche i carretti degli hot dog e le scimmie sulle palme, ed è così che la paura mi ha prosciugato i polmoni, il cervello e il sangue dalle vene, in un istante, mettendomi sottovuoto, tanto che quasi stavo per cadere, poi l'onda si è riversata contro la stazione di Porta Nuova e gli occhi si sono riempiti di lacrime, così, senza che potessi prevederlo e cercare di bloccarle. Oppure che potessi chiuderli, quegli enormi, ingombranti, imbarazzanti occhi.
Mi sono accucciato.
Ho nascosto il viso tra le ginocchia.
Mi vergognavo. Mi vergognavo tantissimo.
Ho coperto la testa con le braccia. Il JanSport giaceva senza vita sul pavimento freddo della stazione. Svuotato. Gli avevano sparato alle spalle. Non ero riuscito a difenderlo, ed era solo colpa mia. Che prendessero pure il mio scalpo. La mia pistola. Il mio cavallo. Che mi impiccassero.
Una radio, da qualche parte, trasmetteva *Banane e lamponi*[9].
Era tutto ciò che restava di me.
Di me, Emil, e del mio borsone.

L'aria gelida brillava, rarefatta. Ovunque lo scintillio lunare delle luci natalizie. La gente si stringeva nelle sciarpe.
Ho pensato: *Non ho mai dormito sotto una tenda.*
Ho sorseggiato il tè bollente alla menta. Eravamo seduti sugli sgabelli alti di un kebab di via Nizza. Asia aveva insistito nel dire che avevo bisogno di qualcosa di caldo.
"Sei il ragazzino con l'aria più disperata che abbia mai visto."
Ho seguito con lo sguardo il proprietario arabo. Canticchiava. Pareva pregasse. Affettava brandelli di carne arrosto.

---

7. **Lettere … mio nonno:** il padre di Emil è in carcere in Romania, dove sconta una pena per aver cercato di rientrare in Italia con un passaporto falso; il nonno è un artista inaffidabile che vive a Berlino, ma Emil ne ha perso le tracce.
8. **Ippolito Nievo:** una scuola media di Torino.
9. *Banane e lamponi*: una nota canzone di Gianni Morandi.

Il romanzo di formazione U2

"Mi ricordi Akira."
"Chi è Akira?"
"Non hai mai letto 'Akira'?"
"No."
Ha detto: "È un fumetto giapponese. Un manga".
"Io leggo solo 'Tex'."
Asia ha strabuzzato gli occhi: "Tex? Ripetilo. Diosantissimo, 'Tex'?". Poi ha detto: "Lo leggeva mio padre".
Ho inarcato le sopracciglia. "E allora?"
Asia ha detto: "Io tra poco devo andare".
Ho alzato le labbra dal bicchiere decorato. Ho ingoiato il sorso di tè. Con la faccia interrogativa.
"Passano a prendermi."
Ho chiesto: "Dove vai?".
"A Berlino."
"A Berlino?"
"Per Capodanno."
"A Berlino?"
"Strana eco in questo posto."
"Come?"
"Vuoi dire *come* con quale mezzo?"
È bastato un nanosecondo, che so cos'è perché una volta al posto di "Tex" ho letto "Nathan Never". Leggendo "Nathan Never" ho imparato anche cos'è un esoscheletro[10]. Ma non mi è piaciuto. A me piace il caldo. E i cavalli. A Bran, dai miei nonni materni, c'era un pony, che cavalcavo lungo le linee di terra che i contadini segnano per traversare i campi. Non era mio, ma lo chiamavo Gengis Khan[11]. E quando lo chiamavo Gengis Khan, e lui nitriva, era come se lo fosse.
È bastato un nanosecondo e tutte le poche certezze che avevo si sono dissolte. Dovevo andare da mio padre, in Romania? Dovevo andare a salvarlo? Dovevo tornare a vivere a Bran, dai genitori di mia madre, e cavalcare Gengis Khan?
Mi è tornata in mente una storia.
L'avevo ascoltata dalla madre di Marek[12]. Era notte, pioveva, e non riuscivo a dormire. Era verso mezzanotte, o l'una. Nel periodo dell'inverno in cui io e Assunta siamo stati ospiti da loro. Prima di incontrare l'Architetto[13]. Lei si era alzata a farmi una tazza di camomilla e mentre bevevo, seduto al tavolo della cucina, di punto in bianco aveva cominciato a raccontare.
"Un uomo molto religioso, una sera di cento o duecento anni fa, cadde in mare. Stava attraversando l'oceano per andare a fondare una nuova chiesa, in una zona del mondo appena scoperta. Si aggrappò a un pezzo di legno che galleggiava. Non era lontanissimo dalla riva. Vedeva all'orizzonte le luci di una piccola città. Pregò, dicendo: 'Signore, se davvero vuoi che

---

10. **esoscheletro:** anche detto corazza o carapace, è una struttura esterna che protegge il corpo dell'animale.
11. **Gengis Khan:** famoso condottiero mongolo del XIII secolo.
12. **Marek:** è un amico di Emil.
13. **Assunta, l'Architetto:** Assunta è la giovane fidanzata italiana del padre di Emil, l'Architetto un ambiguo personaggio che ha offerto ai due una casa con l'obiettivo di circuire Emil.

io vada a fondare questa chiesa per te, per la tua gloria, per la tua parola, ti prego, salvami'. Subito ebbe la sensazione netta e rinvigorente di essere stato ascoltato. Intonò tra sé e sé una lode al suo Dio. Dopo qualche minuto una barca di pescatori gettò le reti da quelle parti. Vide l'uomo, e si accostò per prestare soccorso. 'Andatevene,' disse l'uomo. 'Non mi servite, tra poco verrà il mio Dio a salvarmi, lo so.' I pescatori, impressionati dalla fede dell'uomo, si allontanarono di buona lena. Il più anziano di loro suggerì di rimanere in zona, così da accorrere in caso il Dio dell'uomo non fosse giunto in tempo. Poco dopo, una seconda barca, più piccola della prima, si avvicinò all'uomo, cui il freddo dell'acqua stava cominciando a rosicchiare le gambe. Testardo, da uomo di vera fede, fece allontanare anche quella barca. 'So che mi hai ascoltato, Signore,' disse, e continuò a pregare. Si ritrovò di nuovo solo. Era l'alba, forse le cinque o le sei del mattino, quando una terza barca di pescatori di tonni vide l'uomo, quasi svenuto per il freddo, attaccato con le unghie al pezzo di legno che lo aveva tenuto a galla per buona parte della notte. 'Si aggrappi alla cima,' disse il proprietario di quella piccola barchetta, con le vele mezzo strappate. 'No,' rispose l'uomo. 'Tra poco verrà il mio Dio, a salvarmi.' Detto questo, fu come se qualcuno lo avesse tirato sotto prendendolo per i pantaloni. Andò a fondo come un sasso. Affogò. Il suo Dio gli aveva mandato tre barche. Non una. Tre. Ma lui non aveva capito."

Ho detto ad Asia: "Posso venire con te?" cercando di nascondere l'imbarazzo.
"…Con me? A Berlino?"
"Sì."
"Che ci vieni a fare a Berlino?"
"Mio nonno. Abita lì."
"Davvero? Quello delle lettere?"
"Dev'esserlo. Per forza."
"Non so se è una buona idea. Devo chiedere agli altri. Se ci fermano? Non possiamo mica far emigrare clandestinamente un minorenne."
Ho tirato su con il naso.
L'inguine mi ha fatto malissimo.
Ho detto: "Ti prego. Se ci fermano. Chiunque sia. Io. Dirò che è stata colpa mia, che voi non sapevate nulla. So come sparire. Due anni fa sono sparito a Brasov e sono ricomparso a Bolzano. Sono un mago, lo sai. Sono anche capace di levitare. Che è diverso da *lievitare*…".
Sembrava che Asia avesse ingoiato del pongo fritto. Si è allungata. Mi ha passato le ultime falangi dell'indice e del medio sul livido acido che intasava il contorno dell'occhio. È scivolata su di me, senza che me ne accorgessi. Mi ha baciato sulla fronte. Lufthansa ha abbaiato. Il piercing al centro del labbro inferiore ha trovato casa nella conca spoglia che separa occhi e naso. *Lobotomia frontale*[14]. *Il patto di sangue*[15]. Le ho annusato il collo, che sapeva di sapone e cannella, e avrei voluto annusarglielo per il resto della mia vita, così, immobile, benedetto dal tocco metallico del piercing.
Ma lei si è alzata.
Ha detto: "Andiamo".

da F. Geda, *Per il resto del viaggio ho sparato agli indiani*, Feltrinelli, Milano 2009

---

14. Lobotomia frontale: intervento molto invasivo di neurochirurgia, un tempo usato per sedare pazienti psichiatrici ritenuti pericolosi.
15. Il patto di sangue: titolo di un famoso albo di Tex Willer.

Il romanzo di formazione **U2**

1. Individua il tipo di narratore e di focalizzazione.
   a. Narratore   A ☐ esterno.   B ☐ interno.
   b. Focalizzazione   A ☐ esterna.   B ☐ interna.   C ☐ onnisciente.

2. In quale situazione si trova Emil, all'inizio del brano [rr. 1-2]?
   ....

3. Chi è Lufthansa, e che cosa fa per Emil? ....

4. A chi appartiene la «voce dolce e femminile» che pronuncia le parole delle rr. 3 e 8?
   ....

5. Come definiresti l'aspetto di Asia [rr. 12-15]?
   A ☐ Elegante, curato.   C ☐ Modesto, poco appariscente.
   B ☐ Eccentrico, anticonformista.   D ☐ Alla moda, "griffato".

6. Asia si mostra molto solidale con Emil: riordina le azioni compiute dalla ragazza nella sequenza con cui compaiono nel testo.
   a. Lo bacia sulla fronte ....
   b. Gli cerca la borsa. ....
   c. Gli dà un fazzoletto per ripulirsi dal sangue. ....
   d. Lo porta a bere qualcosa da un venditore di kebab. ....

7. Emil ha due passioni: riconoscile tra quelle indicate.
   A ☐ I fumetti di Tex Willer.   C ☐ I manga.
   B ☐ La birra Peroni.   D ☐ Le parole nuove e inconsuete.

8. Descrivi lo stato d'animo di Emil quando si accorge che la borsa è sparita [rr. 34-37].
   ....

9. Perché Emil non rivela al ferroviere di essere stato picchiato e, in più, rifiuta l'aiuto che l'uomo gli offre [rr. 38-61]?
   A ☐ Non vuole rivelare i suoi segreti a nessuno.
   B ☐ È clandestino e teme di essere scoperto e arrestato.
   C ☐ Non si fida degli Italiani.
   D ☐ Non si fida degli adulti in generale.

10. Quando Emil ritorna in possesso della sua borsa, scopre che qualcosa manca, ma non tutto [rr. 66-73]. Indica ciò che è stato rubato e ciò che, invece, si è salvato.
    a. Oggetti rubati: ....
    b. Oggetti rimasti nella borsa: ....

11. Uscito dall'Ufficio informazioni, Emil è assalito dapprima dal panico [rr. 81-89], e poi dalla vergogna [rr. 90-99]: perché prova queste emozioni?
    ....

12. Perché Emil chiede ad Asia di portarlo a Berlino con lei [rr. 165-173]?
    ....

13. Con quali argomenti Emil convince Asia [rr. 176-178]?
    ....

Segui la correzione dell'insegnante e attribuisci il punteggio stabilito per ogni risposta esatta.

Sezione 2

narrare
interpretare
esprimere

Generi della narrazione

Testi per la formazione letteraria

Competenze disciplinari

- Leggere testi letterari di vario tipo e costruirne un'interpretazione collaborando con compagni e insegnanti.
- Scrivere testi narrativi, descrittivi, espressivi.
- Ascoltare e comprendere testi di vario tipo, diretti e trasmessi, riconoscendo il tema e le intenzioni dell'emittente.
- Esporre oralmente all'insegnante e ai compagni argomenti di studio e di ricerca.
- Interagire in situazione di dialogo.

Competenze di cittadinanza

- Imparare a imparare
- Comunicare
- Collaborare
- Partecipare
- Risolvere problemi

La formazione letteraria

Come le Indicazioni nazionali ricordano, «ruolo primario assume il leggere per soddisfare il piacere estetico dell'incontro con il testo letterario e il gusto intellettuale della ricerca di risposte a domande di senso». La sezione porta, dunque, a compimento l'educazione letteraria e l'acquisizione delle tecniche di comprensione del testo narrativo, necessarie agli alunni che devono concludere il primo ciclo di istruzione.

La pratica della lettura è proposta come:
- attività di analisi e interpretazione di testi letterari, significativi per tematica e stile, praticata su un'ampia gamma di generi;
- occasione di socializzazione e di discussione nell'apprendimento di contenuti;
- momento di ricerca autonoma e individuale, utile a sviluppare la capacità di concentrazione e riflessione critica;
- strumento per reperire informazioni, ampliare le conoscenze, ottenere risposte significative;
- attività autonoma e personale, al fine di promuovere il gusto per la lettura, sviluppare la fantasia, il piacere della ricerca personale, far conoscere le storie di ogni civiltà e tempo, avvicinarsi all'altro e al diverso da sé.

I percorsi di lettura del terzo anno

- **unità 3** Il giallo e il noir
- **unità 4** La fantascienza
- **unità 5** La narrazione realistica e sociale
- **unità 6** Incontri con la storia: guerra e guerre
- **unità 7** La poesia
- **unità 8** Il teatro

Il testo narrativo e letterario

 ## 1 Ripassiamo i concetti

Prima di procedere nello studio della descrizione, è bene ripassare i concetti che hai già studiato (vol. 1, p. 104; vol. 2, p. 117). Ecco qui di seguito un riepilogo.

1 Caratteristiche generali

Un **testo narrativo** racconta una **storia** di cui sono protagonisti uno o più **personaggi**. Ogni storia è ambientata in un **luogo**, si sviluppa in un certo **tempo** ed è riferita da un **narratore** o **voce narrante**.

2 La struttura del testo

La fabula. Lo schema degli eventi della *storia* raccontati **in ordine cronologico** (cioè secondo la loro successione nel tempo) è detto fabula e normalmente è composta da:

- **situazione iniziale**, cioè l'inizio della storia;
- **esordio**, cioè il cambiamento della situazione iniziale;
- **peripezie**, cioè le vicissitudini attraverso cui si sviluppa la vicenda;
- **conclusione**, cioè il termine della vicenda.

L'intreccio. È il montaggio degli eventi organizzati **secondo le scelte, del tutto personali, dell'autore**. Le tecniche narrative più efficaci per ottenere un intreccio articolato sono il *flashback* (o *analessi*, o *retrospezione*) e il *flashforward* (o *prolessi*, o *anticipazione*).

Il finale. La storia può concludersi bene (**lieto fine**), male (**finale amaro**), in maniera inaspettata (**finale a sorpresa**) o incerta (**finale aperto**).

3 Le sequenze

Una *sequenza* è un blocco di testo che **sviluppa una fase della narrazione**: in essa l'autore può *descrivere*, *raccontare*, esprimere una *riflessione* oppure riprodurre un *dialogo* tra i personaggi. In tal modo ogni sequenza può risultare diversa dalla sequenza che la precede e da quella che la segue. In un testo narrativo esistono quattro tipi di sequenze, in base alla funzione che esse assumono:

- le **sequenze narrative** contengono la narrazione di fatti, vicende, azioni compiute dai personaggi;
- le **sequenze descrittive** contengono la descrizione di luoghi, ambienti, cose, persone, animali;
- le **sequenze riflessive** contengono le riflessioni e i commenti del protagonista o di altri personaggi;
- le **sequenze dialogiche** presentano i dialoghi dei personaggi.

4 L'ambientazione

L'epoca. Tutte le storie sono situate in un'**epoca**: alcune storie si svolgono nel passato, altre in epoca contemporanea, altre ancora nel futuro, come accade nei romanzi di fantascienza. L'epoca può essere **chiaramente espressa**, quando nel racconto sono fornite datazioni esplicite, oppure può essere **ricostruibile tramite indizi**. L'epoca può essere anche **imprecisata e generica**, come avviene in favole, fiabe o in certi racconti fantastici.

Lo spazio. È l'insieme dei luoghi in cui si sviluppano i fatti narrati. L'ambiente può essere assai vario: **aperto** o **chiuso**, **limitato a uno spazio ristretto** oppure **amplissimo**. Può trattarsi di un luogo **reale**, indicato con riferimenti geografici, oppure inesistente e **frutto della fantasia** dell'autore.

5 Tempo della storia e tempo della narrazione

La durata. Esprime il rapporto tra il *tempo reale della storia* (**TS**) e il *tempo della narrazione* (**TN**), cioè lo spazio di tempo che l'autore riserva ai fatti nel racconto. Di seguito sono riassunti i principali rapporti di durata.

Il sommario e l'ellissi: TN < TS. Per riassumere i fatti in modo più o meno sintetico, l'autore ricorrere a un **sommario**. Con questa tecnica il tempo del racconto si accorcia, perché in poche righe sono narrati eventi che nella realtà occuperebbero più tempo. Tramite l'**ellissi**, l'autore può addirittura saltare la narrazione di fatti dei quali non vuole parlare.

La scena: TN = TS. L'autore può scegliere di descrivere l'evento in tempo reale (**scena**). Di solito, una **scena** presenta un **dialogo** fra due o più personaggi, i discorsi di una folla o il monologo recitato da un personaggio, che impiegano tanto tempo a essere letti o raccontati quanto ne impiegherebbero a svolgersi realmente.

La pausa: TN > TS. Infine, l'autore può decidere di fermare la narrazione (**pausa**) per descrivere un luogo, analizzare la psicologia di un personaggio, esprimerne riflessioni, sensazioni, stati d'animo ecc. La narrazione occupa un tempo maggiore rispetto alla storia.

6 I personaggi

Gerarchia e ruolo. In base alla **gerarchia**, cioè il diverso grado di importanza che i personaggi assumono all'interno della narrazione, essi possono essere classificati in:

- **personaggi principali**, tra cui emerge il **protagonista**;
- **personaggi secondari**, che affiancano i protagonisti;
- **comparse**.

I personaggi possono avere **ruoli** o funzioni diversi:

- il **protagonista** (**eroe** o **eroina**);

- l'**antagonista**, cioè il personaggio che ha il ruolo di contrastare il protagonista;
- gli **aiutanti**, cioè i personaggi che hanno il ruolo di assistere il protagonista o l'antagonista. Chi si allea con il protagonista è un **aiutante positivo**, mentre chi appoggia l'antagonista è detto **aiutante negativo** o **oppositore**.

Presentazione. La **presentazione** di un personaggio riguarda la descrizione del suo aspetto fisico, del carattere e del modo di comportarsi. In particolare:

- le **caratteristiche fisiche** mettono in rilievo le caratteristiche esteriori;
- le **caratteristiche psicologiche** rappresentano il mondo interiore del personaggio;
- le **caratteristiche sociali** forniscono informazioni sulla posizione socio-economica del personaggio, il suo lavoro, le sue amicizie e le sue inimicizie;
- le **caratteristiche culturali e ideologiche** descrivono il personaggio sotto il profilo dell'attività che conduce, delle conoscenze che possiede, degli interessi che dimostra, dei valori morali che esprime.

7 I discorsi dei personaggi

Discorso diretto. Un **discorso diretto** riproduce fedelmente le parole dei personaggi, segnalando il cambiamento di voce con l'uso delle virgolette ("...", «...») o dei trattini (–...–) e introducendo il discorso con verbi dichiarativi come *disse*, *affermò*, *rispose* che, in realtà, non è sempre necessario mettere.

Discorso indiretto. Nel **discorso indiretto** le parole del personaggio sono introdotte da verbi dichiarativi (*affermare*, *pensare*, *chiedere*, *rispondere* ecc.) e da *connettivi* (*che*, *come*, *se* ecc.).

8 Il narratore o voce narrante

Autore e narratore. L'**autore** è la persona che elabora e scrive il testo narrativo; il **narratore** (o **voce narrante**) è colui che racconta ciò che accade nel testo.

Narratore interno ed esterno. Il narratore è **interno** se coincide con uno dei personaggi; in questo caso, egli racconta i fatti ai quali prende parte o come **protagonista**, o come **testimone**, narrando in prima persona (singolare o plurale) i fatti, le emozioni e le sensazioni vissute. Il narratore è **esterno** se riferisce la vicenda senza parteciparvi come personaggio. La sua è una voce che narra i fatti in terza persona rimanendo al di fuori della storia.

Io narrante e *io narrato*. Spesso il **narratore interno** racconta in prima persona (**io narrante**) avvenimenti di cui lui stesso è stato protagonista (**io narrato**), a volte anche molto tempo prima (come accade, per esempio, nei testi autobiografici).

Il testo narrativo e letterario

2 Narratore palese e nascosto

Se nel racconto il narratore esprime in modo esplicito la propria presenza con commenti, valutazioni sulle azioni o sui pensieri dei personaggi, informazioni aggiuntive, si tratta di un **narratore palese**. Per esempio:

> **Non possiam lasciar di fermarci** un momento a fare una riflessione. Renzo, che strepitava di notte in casa altrui, che vi s'era introdotto di soppiatto, e teneva il padrone stesso assediato in una stanza, ha tutta l'apparenza d'un oppressore; eppure, alla fin de' fatti, era l'oppresso. Don Abbondio, sorpreso, messo in fuga, spaventato, mentre attendeva tranquillamente a' fatti suoi, parrebbe la vittima; eppure, in realtà, era lui che faceva un sopruso. **Così va spesso il mondo… voglio dire**, così andava nel secolo decimo settimo.
>
> A. Manzoni, *I promessi sposi*, Zanichelli, Bologna 2004

A.

==Il narratore manifesta la propria presenza usando prima un *noi* riferito a se stesso («Non possiam lasciar di fermarci»); poi, interviene apertamente in prima persona («voglio dire») per giudicare e commentare i fatti secondo il proprio modo di pensare.==

Se, al contrario, il narratore rimane rigorosamente estraneo, evitando di esprimere giudizi e raccontando azioni, gesti, atti o pensieri dei personaggi senza valutarli, si tratta di un **narratore nascosto**.

> Mentre i muratori si riparavano ancora dall'acquazzone dentro il frantoio di Giolio vasto quanto una chiesa facendo alle piastrelle, entrò il ragazzo che stava a guardia sull'uscio, addentando un pezzo di pane, colla bocca piena, vociando:
> «Il padrone!… ecco il padrone!…»
> Dietro di lui comparve mastro-don Gesualdo, bagnato fradicio, tirandosi dietro la mula che scuoteva le orecchie.
> «Bravi!… Mi piace!… Divertitevi! Tanto, la paga vi corre lo stesso!… Corpo di!… Sangue di!…»
>
> G. Verga, *Mastro-don Gesualdo*, Einaudi, Torino 2005

==Nel brano il narratore usa la terza persona singolare e narra l'episodio senza esprimere giudizi su quanto scrive, anzi riporta le parole dei personaggi tratte dal linguaggio popolare senza alcuna spiegazione: «fare alle piastrelle» significa "giocavano a piastrelle"; «la paga vi corre lo stesso» significa "la paga vi arriva ugualmente".==

Sezione 2 Narrare, interpretare, esprimere

3 Punto di vista e focalizzazione

Il narratore, inoltre, deve scegliere un **punto di vista**, cioè una *prospettiva*, secondo la quale narrare le vicende, che può essere la sua o quella di un altro personaggio.

Sono possibili tre *punti di vista*, detti anche **focalizzazioni**.

■ **La focalizzazione zero** si verifica quando il narratore è esterno e **onnisciente**, cioè *vede e sa tutto*. Egli è in grado di riferire tutti i fatti; penetra nei pensieri dei personaggi, dei quali conosce passato, presente e futuro; sa anche ciò che altri personaggi non sanno:

> Il distinto signore in questione (che la servitù, nei suoi anni ruggenti, chiamava il maggiore) viveva su un promontorio, che dominava un tratto di costa che veniva sommerso dall'alta marea, e con la bassa marea restava paludoso e desolato. La casa era vuota di tutto tranne che delle cose strettamente necessarie, perché il maggiore aveva dissipato le sue ricchezze, che stavano ora per ridursi a zero.
> In quel momento, leggeva un giornale prestatogli dall'unica domestica rimasta, una cuoca tuttofare così dedita all'alcool e ai furtarelli che nessun altro le avrebbe dato un lavoro.
>
> P. Pullman, *Il rubino di fumo*, trad. it. di M. Zannini, Salani, Milano 2003

Come avrai notato, il *narratore onnisciente* conosce molti aspetti della vita del *distinto signore*: sa tutto del passato e delle vicende del personaggio, sa dove vive e perché nulla gli è rimasto di tutta la ricchezza che possedeva. È in grado di riferire particolari e spiegare dettagli segreti (l'ambiguità della *domestica*): egli ne sa più di tutti gli altri personaggi.

Anche il brano di Alessandro Manzoni (presentato come esempio a pag. 139) presenta una focalizzazione *zero* con narratore *onnisciente*.

■ **La focalizzazione interna** si verifica quando il narratore assume il punto vista di un personaggio (non necessariamente il protagonista), sicché i fatti vengono presentati secondo una prospettiva particolare e ristretta. Egli ne sa quanto il personaggio, anche quando questo è un... animale.

> Un giorno io e il padrone, dopo pranzato, si stava quieti nella nostra tana quando venne Anna ad avvisare che c'erano delle visite. Il padrone urlò non so se dal piacere o dispiacere. Lo seppi o credetti di saperlo presto. Nel dubbio m'ero messo a scodinzolargli d'intorno ed egli mi diede un calcio. Ciò mi parve ragionevolissimo perché così potevo sapere quale umore fosse il suo, e mi trassi in disparte.
>
> I. Svevo, *Argo e il suo padrone*, in *Racconti e scritti autobiografici*, Mondadori, Milano 2004

■ **La focalizzazione esterna** si verifica quando il narratore narra in modo oggettivo, senza esprimere giudizi o commenti. I personaggi

Il testo narrativo e letterario

agiscono davanti al lettore e il narratore è solo un *testimone* che ne sa meno di qualunque altro personaggio.

Nel brano proposto, due clienti entrano in una trattoria e il narratore esterno descrive la scena rimanendo rigorosamente estraneo e nascosto.

> La porta della Trattoria Enrico si aprì ed entrarono due uomini. Si sedettero al banco.
> "Cosa desiderate?" chiese George.
> "Non saprei" uno dei due disse. "Cosa vuoi mangiare, Al?"
> "Per me è lo stesso" disse Al "non lo so proprio cos'è che voglio".
> Fuori stava facendosi buio. La luce di un lampione brillò attraverso la finestra. I due uomini si misero a leggere il menu mentre all'altra estremità del banco Nick Adams li stava a guardare.
>
> E. Hemingway, *Gli uccisori*, in *Tutti i racconti*, a cura di F. Pivano, Mondadori, Milano 2004

Il narratore si astiene dal formulare qualsiasi giudizio sul comportamento dei personaggi: riferisce oggettivamente parole, atti e gesti senza valutarli. Anche il brano di Giovanni Verga (proposto nelle pagine precedenti) presenta una focalizzazione *esterna*.

Per vedere se hai capito, leggi il testo e poi indica quale fra le tre affermazioni ti sembra quella corretta.

Sherlock Holmes, il dottor Watson (suo compagno e aiutante) e l'ispettore Lestrade stanno indagando su un omicidio.
L'ispettore Lestrade non aveva neanche finito di parlare quando entrò precipitosamente nella stanza una delle più belle ragazze che mi sia mai capitato di vedere in vita mia. Gli occhi viola brillavano, la bocca era leggermente dischiusa, un delicato rossore le colorava le guance; l'ansia e la preoccupazione di cui era in balìa sembravano averle fatto completamente dimenticare la sua naturale riservatezza.
– Oh, signor Sherlock Holmes! – gridò, guardando prima l'uno poi l'altro di noi due, e infine, con rapida intuizione femminile, soffermando lo sguardo sul mio compagno. – Come sono felice che lei sia venuto. Sono corsa fin qui apposta per dirglielo. So che James è innocente. Ne sono sicura e voglio che lei si metta al lavoro con la stessa certezza.

A.C. Doyle, *Il mistero di valle Boscombe*, trad. it. di C. Niceta, Punto di fuga, Cagliari 2008

A Il narratore è nascosto e la focalizzazione è interna (il punto di vista è quello della ragazza).
B Il narratore è palese e la focalizzazione è interna (il punto di vista è quello di Watson).
C Il narratore è palese e la focalizzazione è onnisciente (il narratore è esterno ma ne sa più tutti i personaggi).

Sezione 2   Narrare, interpretare, esprimere

4 Le parole e i pensieri dei personaggi

Hai già appreso che i due principali tipi di discorso sono il **discorso diretto** e il **discorso indiretto**. Esistono tuttavia altri modi di dare voce ai personaggi.

■ Con il **discorso indiretto libero** l'autore riferisce indirettamente i pensieri o le parole dei personaggi, usando le medesime parole da loro espresse ma senza introdurle con verbi dichiarativi; egli sembra fare propria la voce del personaggio:

> A sentir lui, non c'era peggior miseria di quella di esser ricchi. Quanti pensieri! Quanti grattacapi! E come invidiava quegli straccioni che non avevano un soldo in tasca, né un palmo di terreno al sole, né un tetto sotto cui ricoverarsi! Per loro non c'erano Esattori, né Agenti delle Tasse, né Ricevitori del Registro, né focatico, né dazio di consumo, né ruoli di vetture! Essi potevano ridere allegramente in faccia al governo e alla morte, mentre lui, disgraziato, non rifiatava da mattina a sera, sempre in giro di qua e di là, per pagare, pagare, pagare.
>
> L. Capuana, *Le paesane*, Giannotta, Catania 1894

■ Nel **monologo interiore** il personaggio parla tra sé e sé o con un interlocutore immaginario. Egli può esprimersi in modo diretto o indiretto, a voce alta o mentalmente, in ogni caso nessuno lo ascolta:

> «Eppure vado a uccidere un uomo» pensò. «Bisogna ucciderlo» pensò febbrilmente «ucciderlo… così… senza troppo rumore… così… ecco: mirare al petto… egli cade… cade in terra… mi chino, senza far rumore, con lentezza, lo finisco».
>
> A. Moravia, *Gli indifferenti*, Bompiani, Milano 1982

■ Nel **flusso di coscienza** il personaggio esprime liberamente i propri pensieri che fluiscono senza apparente collegamento logico. Le frasi che riportano tali pensieri si susseguono irregolarmente l'una all'altra così come nella mente del personaggio:

> Sulla soglia si tastò nella tasca posteriore dei pantaloni per accertare se aveva la chiave. Non c'è. Nei pantaloni che mi sono cambiato. Devo prenderla. La patata c'è. L'armadio scricchiola. Inutile disturbarla. Quando s'è rivoltata era piena di sonno. Si tirò dietro la porta d'ingresso molto piano, ancora un po', finché la parte inferiore del battente ricadde piano sulla soglia, lento coperchio. Sembrava chiusa. Va bene finché torno comunque.
>
> J. Joyce, *Ulisse*, trad. it. di G. de Angelis, Mondadori, Milano 2000

Nel contesto del racconto, Leopold Bloom sta per uscire di casa, mentre la moglie dorme ancora. Quando è già sulla soglia, si tasta la tasca dei pantaloni per controllare se ha preso la chiave, ma l'ha dimenticata:

nella tasca trova solo una patata. La chiave è rimasta in un altro paio di pantaloni, ma siccome l'armadio scricchiola e Bloom non vuole svegliare la moglie, lascia la porta socchiusa ed esce senza chiave, pensando che comunque sarebbe ritornato nel giro di poco tempo.

> Per vedere se hai capito, leggi il testo e poi valuta quale tipo di discorso è utilizzato. Motiva la tua scelta.
>
> Don Abbondio lo sogguardava, avrebbe voluto attaccare un discorso amichevole; ma, «Cosa devo dirgli? – pensava – devo dirgli ancora: mi rallegro? Mi rallegro di che? che essendo stato finora un demonio, vi siate finalmente risoluto di diventare un galantuomo come gli altri? Bel complimento! Eh eh eh! in qualunque maniera io le rigiri, le congratulazioni non vorrebbero dir altro che questo. E se sarà poi vero che sia diventato galantuomo: così ad un tratto!»
>
> A. Manzoni, *I promessi sposi*, Zanichelli, Bologna 2004

5 Le scelte stilistiche

Uno degli aspetti più importanti dello stile è il **registro linguistico**. In un'opera il registro può essere:

■ **alto**, **letterario**, quando la costruzione delle frasi è elaborata e il lessico è ricercato, cioè le parole usate sono solenni, raffinate.

> L'ombra sul volto di una barba di due giorni faceva risaltare gli zigomi larghi, la perfetta, snella linea del naso terminante a punta, le labbra, lo sguardo. Le piccole, nere pupille scrutavano dagli angoli degli occhi e le labbra appena si stendevano in un sorriso. Tutta l'espressione di quel volto era fissata, per sempre, nell'increspatura sottile, mobile, fuggevole dell'ironia, velo sublime d'aspro pudore con cui gli esseri intelligenti coprono la pietà.
>
> V. Consolo, *Il sorriso dell'ignoto marinaio*, Einaudi, Torino 1992

■ **medio**, quando la costruzione delle frasi è fluente, chiara, a volte anche elegante ma senza costruzioni particolarmente difficili. Il lessico è efficace, ben scelto ma senza ricercatezze esagerate.

> Dopo il nostro primo incontro io e Guido Laremi non ci siamo più visti per nove mesi. L'ho accompagnato a casa e ci siamo salutati, e malgrado la simpatia e la curiosità che provavamo l'uno per l'altro non ci siamo detti i nostri nomi né in che classe eravamo, né abbiamo poi fatto il minimo tentativo di rintracciarci a scuola.
>
> A. De Carlo, *Due di due*, Einaudi, Torino 1999

■ **informale**, quando il tono linguistico è colloquiale, familiare ed è caratterizzato da spontaneità espressiva. A volte utilizza anche espres-

Sezione 2 Narrare, interpretare, esprimere

sioni gergali. Può rivelare scarsa attenzione alla sintassi, proprio perché usato in situazioni che non richiedono un controllo.

> Nonna Flaminia a ottantasei anni teneva ancora la botta. Le avevano portato via un paio di metri d'intestino, ma resisteva in quel letto del policlinico, attaccata alla vita come una zecca. Suo nipote, Fabietto Ricotti, le era seduto accanto. In mano stringeva un libro ingiallito dall'uso: «Nonna, allora, vuoi che ti leggo una favola?».
>
> N. Ammaniti, *Il momento è delicato*, Einaudi, Torino 2012

Un altro aspetto importante dello stile è la **costruzione del periodo**. Nell'organizzazione sintattica del periodo sono utilizzate sia la **paratassi** (struttura per frasi indipendenti o accostate *per coordinazione*), sia l'**ipotassi** (struttura con frase reggente e organizzazione *per subordinazione*), con effetti stilistici differenti. Leggi i brani che seguono.

> È notte. È molto buio. Siamo Embryo, Zdeneck, Peter e io. Ci avventuriamo in silenzio lungo una via. Dormono, dalle case nessun rumore, nessuna luce. Camminiamo in fila come ladri, sottili come il colore sui muri. A ogni angolo, il primo guarda fuori nella strada che incrocia, poi ci fa un cenno se non c'è nessuno. Si va. Si cammina.
>
> M. Corradini, *La repubblica delle farfalle*, Rizzoli, Milano 2012

La presenza di brevi frasi indipendenti («È notte. È molto buio.») e l'uso della coordinazione («e», «poi») sono gli ingredienti di uno stile semplice e lineare, vicino a quello della lingua parlata. In questo modo il ritmo narrativo è più dinamico e veloce. Invece, se la struttura del periodo presenta più subordinate, la narrazione diventa più complessa, il ritmo più lento e pacato. Anche la comprensione del testo diventa più impegnativa, soprattutto se il registro linguistico è letterario:

> L'economia di quel paese sgraziato, che alla fine degli anni Sessanta sembrava già ben avviata verso un definitivo climaterio, nel decennio successivo aveva infatti conosciuto una seconda giovinezza grazie alla fortunata posizione che la poneva all'incrocio di grandi direttrici autostradali e allo snodo di due importanti linee ferroviarie.
>
> A. Scurati, *Il sopravvissuto*, Rizzoli, Milano 2005

Il testo di Scurati è composto da un unico periodo di quattro righe, in cui si incastrano due subordinate piuttosto articolate.

> **Per vedere se hai capito, prova a valutare lo stile del brano proposto: com'è il registro linguistico? E la sintassi?**
>
> Ci conoscevamo da tre settimane e Adelmo non mi aveva ancora baciata. Va bene, era come se stavamo insieme davvero, perché facevamo cose da fidanzati, tipo andare a pesca da soli io e lui. Però quella sera, la notte delle stelle cadenti, potevamo baciarci.
>
> T. Ciabatti, *Adelmo, torna da me*, Einaudi, Torino 2002

L'analisi del testo

Analizzare un testo, in questo caso un **testo narrativo letterario**, significa comprenderne il **significato letterale**, riconoscerne le **caratteristiche più importanti**, interpretarne il **messaggio**.

Ti suggeriamo una possibile scaletta da seguire ogni volta che l'insegnante ti chiederà di svolgere, in modo autonomo, un'analisi e un breve commento di un racconto.

> **Titolo**: indica il titolo preciso del racconto e, se puoi, specifica se si trova all'interno di una raccolta di racconti, se l'hai letto in un'edizione particolare ecc.
> **Autore**: cita le notizie essenziali sull'autore del testo, se possibile con riferimento a particolari che riguardano il racconto in questione.
> **Riassunto**: realizza una sintesi della vicenda narrata, che contenga tutti gli avvenimenti principali, senza soffermarti troppo sui particolari.
> **Personaggi**: presenta le caratteristiche fisiche, psicologiche e di comportamento dei personaggi principali; metti in evidenza i cambiamenti che essi subiscono nel corso della vicenda e fai un accenno ai personaggi secondari.
> **Spazio**: spiega in quali luoghi si svolge la vicenda. Sono luoghi aperti o chiusi? Sono luoghi che fanno soltanto da sfondo alle vicende o hanno una funzione più specifica?
> **Tempo**: in quale periodo storico si inseriscono i fatti narrati? In quale arco di tempo si svolge la vicenda (dieci anni, due mesi, un giorno ecc.)? Prevalgono i tempi lenti (pause, riflessioni…) oppure i fatti scorrono rapidamente, con riassunti ed ellissi temporali? Vi è corrispondenza tra *fabula* e *intreccio*? Ci sono *analessi* (flashback, ricordi) o *prolessi* (anticipazioni)?
> **Stile**: qual è il linguaggio adottato dall'autore? Ci sono elementi dialettali o provenienti da lingue straniere? C'è una sintassi particolare? Il registro è colloquiale o formale? Prevale il discorso diretto, o quello indiretto? È presente il discorso indiretto libero? Ci sono monologhi interiori?

- **Narratore**: il narratore è onnisciente o racconta i fatti come uno spettatore esterno, oppure è un personaggio, se non addirittura il protagonista della vicenda? Il narratore, anche se non è interno, assume il punto di vista di uno o più personaggi?
- **Tematiche**: quali sono gli argomenti su cui fa riflettere il testo? A proposito di questi temi è presente un giudizio dominante oppure sono presenti varie idee, a seconda del pensiero dei diversi personaggi? È rappresenta la mentalità o il modo di vedere le cose dell'epoca in cui il racconto è ambientato o è stato scritto? Il testo letto può risultare ancora attuale?
- **Commento**: perché questo testo ti è piaciuto, oppure non ti è piaciuto? Esprimi liberamente un tuo giudizio, motivando però le tue affermazioni anche con riferimenti precisi al testo.

Ricorda che ogni tua affermazione deve essere sostenuta da esempi e sempre coerentemente motivata.

Per capire meglio come può essere svolto un commento, ti proponiamo un esempio. Il testo seguente è il commento del racconto *Ultimo viene il corvo*, che puoi scaricare dal sito web dell'antologia.

Titolo e autore

Il racconto *Ultimo viene il corvo*, che fa parte di una raccolta di racconti dall'omonimo titolo, è stato scritto da Italo Calvino nell'immediato dopoguerra; in esso l'autore narra un episodio della Resistenza, ma senza dare valutazioni sulla guerra partigiana, che fa da semplice sfondo alla vicenda.

Riassunto

Alcuni partigiani di pattuglia in un bosco incontrano un ragazzo, che si dimostra abile nel tiro con il fucile; decidono così di portarlo con sé e di affidargli un'arma. Il ragazzo si diverte a sparare a tutto ciò che incontra, animali e cose. Durante una caccia vede avvicinarsi una pattuglia di tedeschi. Il ragazzo punta il fucile contro un soldato che, per ripararsi, si nasconde dietro a una roccia, ma il ragazzo lo tiene sotto mira e non gli lascia via di fuga. L'uomo, disperato, spera che l'attenzione del suo nemico venga attirata da alcuni uccelli che volano sulla radura, in modo che possa fuggire. Ma il giovane, pur colpendo gli uccelli, non perde di vista l'avversario. A un tratto un corvo si avvicina alla roccia che nasconde il soldato. Quest'ultimo non capisce come mai il ragazzo tardi a sparare alla preda; l'ansia del tedesco è tale che egli si alza e urla "Là c'è il corvo!". Subito il colpo parte e il proiettile gli perfora il petto.

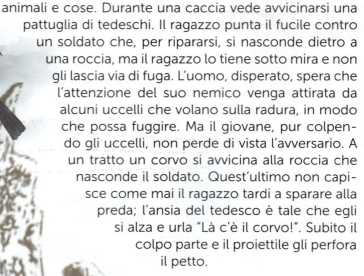

L'analisi del testo

Personaggi

Il protagonista è un giovane montanaro «con la faccia a mela» che diventa partigiano solo per avere un fucile: egli non ha idee politiche e dei nemici vede solo i bottoni d'oro, le mostrine, l'elmo. Spara e combatte unicamente per mettere alla prova la propria abilità: i tedeschi sono per lui come il falchetto, le trote, le ghiandaie, le pigne cui dà la caccia; sono dei bersagli da centrare e non veri nemici da odiare: l'aquila ricamata sulla giacca del soldato tedesco è solo il più difficile dei bersagli e forse il più gratificante.

Spazio, tempo, stile

Fa da sfondo alla vicenda il bosco in cui i partigiani si nascondono e nel quale anche il ragazzo stana le sue vittime. Il ritmo della narrazione è alterno: le mosse del giovane tiratore, giocate con astuzia, sono raccontate in modo veloce; al contrario, nei punti in cui emerge il punto di vista del ragazzo («Le pigne in cima agli alberi dell'altra riva perché si vedevano e non si potevano toccare?»), il ritmo rallenta. Nel finale si avverte anche il punto di vista del soldato tedesco («E perché non provava a raggiungere il ragazzo con una bomba, pur stando nascosto?»).

Tematiche e commento personale

Nel complesso il racconto è narrato secondo la fabula, con uno stile semplice e immediato, ma molto efficace.

L'autore ci fa riflettere su due temi: la spietatezza della guerra, che insegna anche a un bambino a sparare, e l'agonia dell'attesa della morte. Penso che la figura del corvo nero assuma il valore emblematico della morte incombente e inevitabile, già annunciata dalla caduta degli altri uccelli.

Il racconto mi è piaciuto molto, anche se il suo messaggio è drammaticamente pessimistico. Tuttavia mi piace vedere anche una nota positiva nel finale: forse il ragazzo "uccide" l'aquila perché è simbolo dell'esercito tedesco e solo la sconfitta del nazismo potrà garantire la libertà di tutti.

Unità 3
Il giallo e il noir

Obiettivi
- Analizzare le caratteristiche del giallo classico.
- Analizzare le caratteristiche del giallo d'azione.

Conoscenze: saperi di base, metodi, strategie

- Le caratteristiche del giallo.
- L'evoluzione e le varianti del genere.
- Gli autori e i personaggi più rappresentativi.
- Analizzare e interpretare. ▸ **QM2** Percorso 12

Capacità e abilità

- Distinguere il tipo di giallo.
- Individuare gli elementi tipici del racconto.
- Analizzare la struttura narrativa.
- Cogliere la caratterizzazione dei personaggi.
- Raccontare e scrivere un giallo.

Il giallo e il noir U3

Elementare, Watson!

- Holmes e Watson sono una celebre coppia di investigatori, qui impersonati dai due interpreti della più recente riduzione cinematografica delle loro avventure. Chi è Holmes, e chi Watson? Da quali particolari lo capisci?

- Lo sfondo della foto suggerisce il luogo di ambientazione: dove si trovano i due detective?

- Che cosa si staglia sulla parete di fianco ai due?

- Quali emozioni trasmette l'immagine? Paura, suspense, mistero... scegli i sostantivi adatti e motivali.

Il colore del crimine

La narrativa "gialla"

Quando pensiamo al termine "giallo" in letteratura, ci vengono subito in mente storie centrate su un crimine (o più di uno) e sull'indagine relativa: questi due elementi, il crimine e l'indagine, costituiscono la parte essenziale e immancabile di ogni giallo.

Ma perché "giallo"? Si tratta di una definizione nata dall'editoria: nel 1929 la casa editrice Mondadori avviò la pubblicazione di una fortunata serie di romanzi polizieschi, scegliendo il giallo come colore di copertina. Da allora, il termine è entrato nell'uso comune e col tempo è diventato una definizione di genere narrativo.

Tra scienza e giustizia

Il giallo nasce intorno alla **metà del XIX secolo**, un'epoca caratterizzata da grandi cambiamenti economici e sociali. È questo il periodo in cui, a partire dall'Inghilterra, l'Europa occidentale viene interessata dal fenomeno della seconda rivoluzione industriale: si moltiplicano le fabbriche, le città diventano rumorose e affollate, si creano vasti quartieri periferici sovente squallidi e degradati, dove la criminalità e la delinquenza – conseguenza diretta dell'emarginazione, della sottoccupazione, della povertà – sono in costante crescita.

D'altro canto, questo è anche il periodo in cui si diffonde un nuovo modo di pensare, fondato sulla fiducia nelle potenzialità della scienza e della tecnologia, considerate capaci di condurre l'uomo verso un futuro di sicuro benessere.

La narrativa gialla riflette questa realtà sociale e culturale: da un lato, infatti, mostra la convinzione che grazie all'**intelligenza razionale** e a un opportuno uso di **conoscenze scientifiche e tecniche** sia possibile far luce su qualsiasi crimine, anche il più misterioso e intricato; dall'altro lato, esprime il bisogno di ordine e di giustizia che si fa più sentito in una società in cui i fenomeni criminali vanno aumentando.

I gialli offrono pertanto **risposte rassicuranti**: il colpevole viene arrestato e giudicato, l'ordine sociale infranto dal crimine viene ripristinato, la giustizia e la ragione trionfano sui reati e sulla malvagità.

Un genere molto fortunato

L'"inventore" del giallo è **Edgar Allan Poe** (1809-49), scrittore e poeta geniale: egli creò la figura di Auguste Dupin, abilissimo investigatore dilettante cui la polizia è costretta a ricorrere per risolvere i casi più complicati. Da allora, il genere gode di ininterrotta fortuna e di sempre maggiore successo presso il largo pubblico, tanto da essere diventato, ai giorni nostri, il più letto e venduto.

Le ragioni del successo passato e attuale del giallo vanno cercate in più fattori. Innanzi tutto, si tratta di una lettura avvincente, che tiene il lettore incollato alle pagine grazie a un particolare meccanismo narrativo, la **suspense**, che stimola la curiosità e l'aspettativa attraverso colpi di scena, "false piste", indizi di difficile interpretazione, delitti apparentemente inspiegabili (come il classico cadavere nella stanza chiusa dall'interno) e così via. In secondo luogo, lo **schema narrativo di base** – la rottura dell'ordine sociale a causa di un crimine – fa riflettere sulla realtà e acquisire la consapevolezza che le certezze non sono mai totali e definitive, poiché un evento imprevedibile può interrompere il flusso regolare della vita.

Le varianti del giallo

Il crescente successo del giallo ha prodotto una notevole **diversificazione** di questo genere narrativo, fermi restando i due ingredienti di base, cioè il crimine e l'indagine.

▸ David Suchet interpreta Poirot in molti dei film tratti dai gialli di Agatha Christie. Qui in una scena di *Assassinio sull'Orient Express*.

Sezione 2   Narrare, interpretare, esprimere

1. Il **giallo classico**, detto anche "a enigma", è il più antico. Esso è centrato in particolare sull'indagine, svolta in relazione a un crimine che appare subito di difficile soluzione. Il detective, però, riesce a risolvere il caso con un'**accurata valutazione degli indizi**, una **straordinaria capacità di osservazione** e un **intuito psicologico** particolare. Puoi leggere un esempio di giallo classico nel ▶T1, *Hercule Poirot indaga*.

2. Il **giallo d'azione**, più moderno, vede come protagonista un detective che unisce all'intuito e all'osservazione la **forza fisica**, l'**intraprendenza**, la **prontezza di riflessi**. A differenza del detective "classico", quello d'azione gira armato e non deve risolvere delitti apparentemente insolubili ma confrontarsi faccia a faccia con spietati gangster o bande criminali: è il caso del "duro" **Philip Marlowe**, protagonista del ▶T2.

3. Nel "**nero**" (dal francese *noir*) troviamo non l'indagine ma l'azione criminale: l'autore indaga le **manifestazioni di violenza**, le sue **cause psicologiche e sociali**, le sue **conseguenze** sulle vite degli individui coinvolti; quando il **detective** c'è, è un individuo **problematico** e **contraddittorio**, afflitto da dubbi, spesso con un passato doloroso (lutti, emarginazione, conflitti con i superiori...).

Accanto a queste tre varianti, che talvolta si contaminano tra loro, negli ultimi anni ne sono sorte molte altre, tra le quali vanno ricordati i **thriller**, nei quali il lettore assiste alla preparazione del crimine, a volte senza sapere chi e quando sarà colpito (ne è un esempio il ▶T5, *L'enigma dei cerchi*); i **legal thriller** e i **thriller medici**, dove i ruoli principali sono svolti, rispettivamente, da avvocati, magistrati o medici della polizia scientifica; i **gialli storici** (come il ▶**T4**, *Autopsia*) ambientati in epoche passate accuratamente ricostruite dagli autori; i **gialli per ragazzi**, dove a svolgere il ruolo di detective, risolvendo brillantemente intricati casi, sono giovani come te.

Particolare successo ha avuto in Italia il cosiddetto "**scandinoir**", cioè il noir scandinavo, i cui autori sono per lo più svedesi: tra i più celebri, Henning Mankell e Stieg Larsson.

■ Scrittori e investigatori

Gli autori dei romanzi gialli dedicano grande attenzione alla figura del detective, che deve presentare caratteristiche particolari e ricorrenti in modo da essere ben riconoscibile. Tra le "coppie" di scrittori e investigatori più noti, un ruolo di primo piano spetta senz'altro ad **Arthur Conan Doyle**, il creatore di **Sherlock Holmes** e del suo fidato amico **dottor Watson** (▶**T3**, *Veleno per Holmes*); alla fervida e diabolica fantasia di **Agatha Christie** si devono ben due celebri investigatori: il poliziotto belga **Hercule Poirot**, che si trasferisce in Inghilterra dove diventa investigatore privato, e l'adorabile nonnina **Miss Marple**, che con il suo acume arriva laddove la polizia fallisce. La più famosa coppia francese è quella formata da **Georges Simenon**, l'autore, e il commissario **Jules Maigret**, che per la risoluzione di casi intricati si affida soprattutto alla conoscenza di luoghi, atmosfere e comportamenti che sfuggono ai più; in territorio americano troviamo **Raymond Chandler**, che ha portato al successo il "suo" investigatore **Philip Marlowe**, e Dashiell Hammett, creatore di Sam Spade.

In tempi recenti, anche le donne hanno fatto la loro comparsa nel mondo del giallo: tra le più note vi sono l'ispettore di Barcellona Petra Delicado, della scrittrice Alicia Giménez-Bartlett, e Kay Scarpetta, il medico legale creato dall'autrice statunitense Patricia Cornwell.

Affollatissimo è ormai il panorama dei detective storici: rivestono i panni di investigatore personaggi come il filosofo greco Aristotele, rielaborato dalla scrittrice Margaret Moody, e Dante Alighieri, impegnato in complicati casi creati per lui da Giulio Leoni; ma anche personaggi fittizi come Publio Aurelio Stazio, senatore romano del I secolo d.C. creato da Danila Comastri Montanari.

Tra le "coppie" contemporanee italiane, notissima è quella formata dallo scrittore **Andrea Camilleri** e dal commissario **Salvo Montalbano** (▶**T6**, *La bomba di via Pisacane*). **Gianrico Carofiglio**, magistrato di professione, ha introdotto in Italia il fortunato filone del *legal thriller* creando la figura dell'avvocato penalista **Guido Guerrieri** (*Da grande volevo fare lo sceriffo*, p. 207), coinvolto in casi che offrono uno spaccato dell'Italia di oggi e delle sue molte contraddizioni.

Sezione 2   Narrare, interpretare, esprimere

Lezione 1

Hercule Poirot indaga
Agatha Christie

I contenuti | A Hercule Poirot, celebre detective ideato da Agatha Christie, nulla sfugge. Non solo è un "mago" delle deduzioni, ma è anche un profondo conoscitore dell'animo umano. Perciò, lo strano cambiamento di abitudini da parte di un vecchio signore che di lì a poco scompare non può che destargli più di un sospetto... ed eccolo in azione.

Hercule Poirot stava cenando col suo amico Henry Bonnington al Gallant Endeavor, in King's Road, a Chelsea[1].
Si guardò intorno nel locale.
«Il mondo è buffo. Vede quello strano vecchio con la barba seduto nell'angolo? Molly[2] potrà dirle che è sempre qui martedì e giovedì sera, sono quasi dieci anni ormai che ci viene... è una specie di caratteristica del locale. Eppure nessuno sa come si chiami, dove abiti e che attività eserciti. È strano, a pensarci bene».
Quando la cameriera portò il tacchino le disse: «Vedo che il Vecchio è sempre lì nel suo angolo».
«Esatto, signore, i suoi giorni sono il martedì e il giovedì. Tranne che la settimana scorsa: è venuto qui di lunedì e la cosa mi ha sconvolta. In un primo momento ho pensato di essermi sbagliata e che fosse martedì! Ma è venuto anche la sera dopo e quindi il lunedì è stato una specie di extra».
«Un'interessante deroga alle abitudini» mormorò Poirot. «Mi domando qual è stato il motivo».
«Se vuole il mio parere, signore, credo che avesse una qualche preoccupazione, era molto teso».
«Perché pensa questo? Per il modo in cui si è comportato?»
«No, signore, non per questo. Era molto silenzioso come al solito, non dice mai granché, tranne "buona sera" quando entra e quando se ne va. No, si è trattato della sua ordinazione».
«La sua ordinazione?»
«Forse lei riderà di me» Molly arrossì. «Ma quando un cliente viene da dieci anni, si impara a sapere quello che gli piace e quello che non gli piace. Ha sempre detestato il pasticcio di rognone e le more e non l'ho mai visto prendere una volta il minestrone. Invece quel lunedì sera ha ordinato una minestra di verdure, bistecca e pasticcio di rognone e torta di more! Era come se non notasse nemmeno quello che ordinava!»

---

1. **Chelsea**: elegante quartiere di Londra.
2. **Molly**: la cameriera del ristorante.

«Sa», disse Hercule Poirot «trovo questo che mi dice straordinariamente interessante».

Molly parve gratificata e se ne andò. Circa tre settimane dopo Hercule Poirot e Bonnington si rividero, questa volta nella metropolitana.

«A proposito» disse il signor Bonnington «si ricorda quel vecchio che avevamo notato al Gallant Endeavor? Non mi stupirei se fosse passato nel mondo dei più. Non viene da un'intera settimana e Molly è piuttosto preoccupata».

Hercule Poirot si eresse e i suoi occhi lampeggiarono.

«Davvero?» esclamò. «Davvero?»

Bonnington continuò: «Si ricorda che io avevo pensato che fosse andato da un medico e che questi lo avesse messo a dieta? La storia della dieta è assurda, naturalmente, ma non mi stupirei se lui avesse consultato un medico circa la propria salute e il dottore gli avesse dato una notizia sconvolgente. Questo spiegherebbe come mai ha ordinato senza notare quello che faceva. Molto probabilmente lo shock provato deve averlo spedito all'altro mondo prima del tempo. I dottori dovrebbero stare attenti a quello che dicono ai loro clienti».

«Di solito lo fanno» rispose Hercule Poirot.

«Io scendo qui» disse il signor Bonnington. «Arrivederci. Non credo che sapremo mai chi era quel vecchio e nemmeno come si chiamava. Il mondo è buffo!» E scese in fretta.

Hercule Poirot, che era rimasto seduto con espressione accigliata, sembrava non pensare che il mondo fosse poi tanto buffo. Andò a casa e diede alcuni ordini al suo fedele maggiordomo George.

Poco dopo, stava passando il dito su un elenco di nomi di persone defunte entro un raggio delimitato della città. Il suo dito si fermò.

«Henry Gascoigne. Sessantanove anni. Potrei provare da questo».

60   Più tardi nel corso della giornata Hercule Poirot sedeva nello studio del dottor MacAndrew poco lontano da King's Road; il dottore era un uomo alto, uno scozzese dai capelli rossi e dalla faccia intelligente.

«Gascoigne?» chiese. «Sì, esatto. Un vecchio eccentrico. Viveva solo in una di quelle vecchie case abbandonate che vengono demolite per
65   ricostruire isolati di appartamenti moderni. Non l'avevo mai curato prima, ma l'avevo visto in giro e sapevo chi era. È stato il garzone del lattaio a dare l'allarme. Le bottiglie di latte avevano cominciato ad accumularsi dietro la porta. Alla fine i vicini hanno chiamato la polizia che ha sfondato la porta e lo ha trovato. Era caduto dalla scala e si era rotto
70   l'osso del collo. Indossava una vecchia vestaglia con la cintura sfilacciata e può benissimo darsi che ci sia inciampato dentro».

«Capisco» disse Hercule Poirot. «Molto semplice, un incidente».

«Esatto».

«Aveva parenti?»

75   «Un nipote che veniva a trovare suo zio una volta al mese. Ramsey, si chiama George Ramsey e anche lui è medico, vive a Wimbledon».

«Da quanto tempo era morto il signor Gascoigne quando l'ha visto lei?»

«Ah» disse il dottor MacAndrew. «Da non meno di quarantotto ore e non più di settantadue. L'hanno trovato il mattino del giorno sei. In effetti siamo stati anche più precisi di tanto. Aveva nella tasca della vestaglia una lettera scritta il giorno tre, impostata a Wimbledon nel pomeriggio e consegnata più o meno verso le nove e venti di sera. Questo stabilisce l'ora della morte a dopo le nove e venti della sera del tre. Il che si accorda con il contenuto dello stomaco e con i processi digestivi. Aveva mangiato circa due ore prima della morte. L'ho esaminato la mattina del sei e la sua condizione fisica indicava che la morte era avvenuta circa sessanta ore prima, verso le dieci di sera del giorno tre».

«Tutto quadra. Ditemi, quando è stato visto l'ultima volta vivo?»

«È stato visto quella stessa sera verso le sette in King's Road, giovedì tre, e ha cenato al Gallant Endeavor verso le sette e trenta. Pare che andasse a cena lì tutti i giovedì».

«Non aveva altri parenti? Solo quel nipote?»

«C'era un fratello gemello. Tutta la faccenda è piuttosto curiosa. Non si vedevano da anni. Da giovane Henry voleva fare l'artista, ma non valeva nulla. Pare invece che l'altro fratello, Anthony Gascoigne, avesse sposato una donna molto ricca e avesse rinunciato all'arte… e i fratelli avevano litigato per questo. Non si sono visti più da allora, credo. Ma, stranamente, *sono morti entrambi lo stesso giorno*. Il maggiore è spirato all'una del pomeriggio del tre. Mi è già capitato di sentire di due gemelli morti lo stesso giorno in parti diverse del mondo! Probabilmente è solo una coincidenza… però è successo proprio così».

«La moglie del fratello è viva?»

«No, è morta qualche anno fa».

«Dove abitava Anthony Gascoigne?»

«Aveva una casa a Kingston Hill. Da quanto mi dice il dottor Ramsey, era una specie di recluso».

Hercule Poirot annuì pensosamente.

Lo scozzese lo guardò con occhi penetranti. «Cosa ha in testa esattamente, monsieur Poirot?» chiese in tono brusco. «Io ho risposto alle sue domande, come era mio dovere, ma non capisco assolutamente di che si tratta».

Poirot rispose parlando lentamente: «Un semplice caso di morte incidentale. È questo che lei ha detto. Quello che ho in mente io è una cosa altrettanto semplice: un semplice spintone».

Il dottor MacAndrew parve sbalordito.

«In altre parole, omicidio! Ha qualche motivo per crederlo?»

«No, è una semplice supposizione» rispose Poirot.

«Ci deve essere qualcosa…» insistette l'altro.

Poirot non parlò.

Strinse la mano al dottore e se ne andò.

«E adesso» disse ad alta voce «occupiamoci della mia idea».

Prima di andarsene, però, Poirot pone al medico una strana domanda: «Il signor Gascoigne portava la dentiera?». Gli viene risposto che i suoi denti erano ancora in eccellente stato: bianchi e ben tenuti. Dal dottor MacAndrew Poirot viene inoltre a sapere che il nipote del defunto la sera del 3, dalle 8 e 30 fino a mezzanotte, ha giocato a bridge. Recatosi al Gallant Endeavor, Poirot si informa di ciò che ha mangiato il signor Henry Gascoigne la sera del 3: zuppa indiana, torta di more e mele e formaggio.

Munito della presentazione di un personaggio altolocato, Hercule Poirot non ebbe difficoltà alcuna a farsi ricevere dal coroner[3] del distretto.

«Uno strano personaggio, il defunto Gascoigne» disse il coroner. «Un uomo solo ed eccentrico; ma la sua morte sembra suscitare un insolito interesse». Mentre parlava, fissava con curiosità il suo visitatore.

Hercule Poirot scelse le parole con cura. «Alcune circostanze collegate a questo fatto, monsieur, rendono auspicabile un'indagine».

---

3. coroner: nei Paesi anglosassoni, è il magistrato che indaga in caso di morti violente o sospette.

140 «Bene, come posso aiutarla?»
«Penso sia di sua competenza decidere se i documenti esibiti in tribunale debbano essere distrutti o archiviati. Nella tasca della vestaglia di Henry Gascoigne è stata trovata una lettera, vero?»
«Vero».
145 «Una lettera del nipote, il dottor George Ramsey, non è così?»
«Esatto. La lettera è stata esibita all'inchiesta per poter stabilire l'ora della morte».
«Questa lettera è stata archiviata?»
Hercule Poirot attese piuttosto ansiosamente la risposta e, quando 150 gli fu detto che la lettera c'era, trasse un respiro di sollievo. Dopo che gliela ebbero portata la esaminò con una certa cura. Era stata scritta con una penna stilografica in una calligrafia piuttosto confusa. Diceva:

Caro zio Henry,
mi spiace dirti che non ho avuto successo per quanto riguarda zio Anthony.
155 *Non ha manifestato alcun entusiasmo all'idea di una tua visita e non ha voluto darmi alcuna risposta in merito alla tua richiesta di dimenticare il passato. Naturalmente lui è molto malato e la sua mente è molto indebolita. Ho l'impressione che la fine sia molto vicina. Quasi non si ricordava di te. Mi dispiace di aver fallito in questo tentativo, ma ti assicuro che ho fatto del mio meglio.*
160 *Il tuo affezionato nipote,*
George Ramsey

La lettera era datata tre novembre. Poirot guardò il timbro postale sulla busta: ore sedici e trenta.
Mormorò: «Tutto perfetto, vero?»
165 Dopo cena si recò a Helmcrest in Dorset Road, Wimbledon, la residenza del dottor George Ramsey.

Il dottore era in casa. Hercule Poirot fu fatto passare nello studio e di lì a poco il dottore entrò nella stanza. Si era chiaramente appena alzato da tavola.

«Non sono un paziente, dottore» disse Hercule Poirot. «E la mia visita forse può essere considerata un'impertinenza, ma io credo nelle trattative semplici e dirette. Non mi vanno gli avvocati coi loro metodi contorti e prolissi».

Aveva manifestamente suscitato l'interesse di Ramsey. Il dottore era un uomo di mezza età, ben rasato, con capelli castani ma ciglia quasi bianche che facevano apparire gli occhi smorti e spenti. I suoi modi erano decisi e non privi di umorismo.

«Avvocati?» chiese inarcando le sopracciglia. «Li odio! Mi incuriosisce, mio caro signore, la prego si accomodi».

Poirot sedette, poi tolse dalla tasca un biglietto da visita che porse al dottore. Le ciglia bianche di George Ramsey sbatterono.

Poirot si chinò verso di lui e disse in tono confidenziale: «Molti dei miei clienti sono donne».

«Naturalmente» disse il dottor George Ramsey ammiccando lievemente.

«Naturalmente, come dice lei» si dichiarò d'accordo Poirot. «Le donne diffidano della polizia, preferiscono le indagini private. Non vogliono che i loro guai vengano resi pubblici. Una donna anziana qualche giorno fa è venuta da me. Era molto infelice per colpa di un marito col quale aveva litigato molti anni prima. Il marito di quella donna era suo zio, il defunto signor Gascoigne».

George Ramsey divenne violaceo: «Mio zio? Sciocchezze! Sua moglie è morta anni fa».

«Non suo zio il signor *Anthony* Gascoigne, suo zio il signor *Henry* Gascoigne».

«Zio Henry! Ma lui non era sposato».

«Oh sì che lo era» ribatté Hercule Poirot mentendo spudoratamente. «Non ci sono dubbi, la signora mi ha persino portato il certificato di matrimonio».

«È una menzogna!» esclamò George Ramsey, il cui volto ora era viola come una prugna. «Non ci credo, mente spudoratamente».

«Un vero peccato, no?» disse Poirot. «Ha commesso un delitto per niente».

«Delitto?» chiese Ramsey con voce tremula. I suoi occhi smorti erano terrorizzati.

«Tra l'altro» disse Poirot «vedo che ha mangiato di nuovo la torta di more. Un'abitudine poco saggia. Dicono che le more siano piene di vitamine ma per altri versi possono essere micidiali. In questa occasione particolare, ho l'impressione che abbiano contribuito a mettere una corda attorno al collo di un uomo, al suo collo, dottor Ramsey».

«Vede, *mon ami*[4], la sua tesi era sbagliata». Hercule Poirot, sorridendo placido attraverso il tavolo al suo amico Bonnington, agitò una mano in modo eloquente.

«Un uomo che non ama la minestra densa, il pasticcio di rognone e le more, all'improvviso una sera ordina tutte e tre le cose. *Lei dice* che lo fa perché pensa a qualcos'altro, ma io dico che *un uomo che ha qualcosa per la testa ordinerà automaticamente il piatto che ha quasi sempre ordinato in precedenza*.

«*Eh bien*[5], allora che altra spiegazione ci potrebbe essere? Non riuscivo assolutamente a trovarne una ragionevole ed ero preoccupato. Era tutto sbagliato».

«Poi lei mi ha detto che quell'uomo era morto. Per la prima volta nel corso di molti anni era stato assente un martedì e un giovedì. Questo mi è piaciuto ancor meno. Una strana ipotesi mi è balzata alla mente e se era giusta l'affermazione *quell'uomo era morto*... Ho fatto delle indagini. L'uomo era *effettivamente* morto, proprio morto. In altre parole il pesce cattivo era stato ricoperto di salsa[6]!»

«Era stato visto in King's Road alle sette. Aveva cenato qui alle sette e trenta, due ore prima di morire. Tutto combaciava: la prova del contenuto dello stomaco, la prova della lettera, la salsa era troppa! Non si riusciva più a vedere assolutamente il pesce».

«Il devoto nipote ha scritto la lettera, il devoto nipote aveva un bellissimo alibi per l'ora della morte. Una morte semplicissima: una caduta dalle scale. Semplice incidente? Oppure omicidio? Tutti sostengono che si è trattato della prima possibilità».

«Il devoto nipote è l'unico parente sopravvissuto. Il devoto nipote erediterà... ma c'è poi qualcosa da ereditare? Lo zio è notoriamente povero».

«Ma c'è un fratello. Un fratello che a suo tempo ha sposato una moglie ricca e abita in una grande casa lussuosa in Kingston Hill. Parrebbe che la ricca moglie gli abbia lasciato tutto il denaro. Vede la sequenza: la moglie ricca lascia il denaro ad Anthony, Anthony lascia il denaro a Henry, il denaro di Henry va a George. L'asse ereditario è completo».

«In teoria è molto bello» disse il signor Bonnington. «Ma cosa ha fatto lei in concreto?»

«Una volta che *si sa*... di solito si riesce a ottenere ciò che si vuole. Henry era morto due ore dopo il pasto e questa è l'unica cosa di cui all'inchiesta si sono occupati. Ma supponiamo che quel *pasto* non fosse la cena bensì il *pranzo*. Si metta al posto di George. George vuole i soldi, li desidera moltissimo; Anthony Gascoigne sta morendo ma la sua morte non serve a George. Il denaro di Anthony va a Henry e Henry potrebbe vivere ancora per anni. Quindi anche Henry deve morire – e prima è meglio è – ma la sua morte deve aver luogo *dopo* quella di Anthony e, nel contempo, George deve avere un alibi. L'abitudine di Henry di

---

4. mon ami: "amico mio", in francese.
5. bien: "bene", in francese.
6. pesce ... salsa: si tratta di una metafora per dire che sono state fabbricate delle false prove (la «salsa») per mascherare l'omicidio (il «pesce cattivo») e farlo sembrare un incidente.

cenare regolarmente al ristorante due sere alla settimana suggerisce un alibi a George. Dato che è una persona prudente prima esperimenta il piano che ha in mente. *Impersona suo zio un lunedì sera al ristorante in questione.*

«Tutto procede bene, al ristorante lo accettano per lo zio. Lui è soddisfatto. Deve solo aspettare che zio Anthony sia in punto di morte. Arriva il momento. Spedisce una lettera a suo zio il pomeriggio del due novembre, ma appone la data del tre. Viene in città il pomeriggio del tre, va da suo zio e porta a compimento il suo piano. Una spinta violenta ed ecco che zio Henry finisce giù per le scale».

«Va alla ricerca della lettera che gli ha scritto e la ficca nella tasca della vestaglia di suo zio. Alle sette e trenta è al Gallant Endeavor completo di barba e di sopracciglia cespugliose. Non ci sono dubbi sul fatto che il signor Henry Gascoigne è vivo alle sette e mezzo. Poi una rapida metamorfosi in un gabinetto pubblico e ritorna a tutta velocità alla macchina per recarsi a Wimbledon dove passa la serata a giocare a bridge. Un alibi perfetto».

Il signor Bonnington lo guardò. «Ma il timbro postale sulla lettera?»

«Oh, è stato molto semplice. Il timbro postale era sporco. Perché? Perché era stato modificato con l'aiuto del nerofumo[7] e la data era stata trasformata dal due al tre novembre. Una cosa che non si nota, a meno che non la si cerchi appositamente. E poi c'erano le more».

«Le more?»

290 «Sì, la torta di more! George alla fin fine non si è rivelato un attore abbastanza bravo. *Somigliava* a suo zio e *camminava* come suo zio e *parlava* come suo zio e aveva la barba e le sopracciglia come suo zio, ma si è dimenticato di *mangiare* come suo zio. Ha ordinato i piatti che gli piacevano».

295 «Le more anneriscono i denti, i denti del cadavere non erano anneriti, eppure Henry Gascoigne quella sera al Gallant Endeavor aveva mangiato le more. Ma nello stomaco non sono state trovate tracce di more. Mi sono informato questa mattina. Oh! Un numero di prove maggiore di quanto ve ne fosse bisogno. Sono andato da George e l'ho
300 smascherato. Tra l'altro aveva di nuovo mangiato le more. Una persona

7. **nerofumo:** pigmento in polvere, di colore nero, ottenuto dal petrolio.

Sezione 2 Narrare, interpretare, esprimere

ingorda molto interessata al cibo. *Eh bien*, l'ingordigia lo manderà sulla forca, a meno che io non mi sia sbagliato di grosso».

La cameriera portò due porzioni di torta alle more e alle mele.

«Le porti via» disse il signor Bonnington. «Non si è mai abbastanza
305 prudenti. Mi porti una porzione di zuppa inglese!»

da A. Christie, *La torta di more*, in *Il meglio dei racconti di Agatha Christie*,
a cura di F. Roncoroni, Mondadori, Milano 2002

Obiettivo della lezione Analizzare le caratteristiche del giallo classico

I personaggi e l'ambiente

1. A fianco di ciascuna descrizione, scrivi il nome del personaggio e il suo ruolo, scegliendolo tra i seguenti:

~~protagonista~~ • ~~personaggio principale~~ • personaggio secondario • ~~comparsa~~

Descrizione	Nome	Ruolo
Famoso investigatore, risolve il caso della "torta di more".	POIROT	PROTAGONISTA
Anziano signore, frequentatore abituale del ristorante Gallant Endeavor di Chelsea.	HENRY	PERSONAGGIO PRINCIPALE
Suo fratello gemello, vedovo ricco e solitario, morente.		COMPARSA
Nipote dei due fratelli gemelli, è medico e abita a Wimbledon.	GEORGE	COMPARSA
Cameriera del ristorante.	MOLLY	COMPARSA
Amico dell'investigatore, cena con lui al ristorante.	BONNINGTON	PERS. SECOND
Medico scozzese dalla faccia intelligente.		COMPARSA
Fidato maggiordomo dell'investigatore.		COMPARSA

2. A quale classe sociale appartengono il protagonista e i personaggi principali?
- **A** Nobiltà.
- **B** Agiata borghesia. ✗
- **C** Piccola borghesia.
- **D** Proletariato operaio e agricolo.

3. In quali ambienti si svolge il racconto?
- **A** Umili, popolari. ✗
- **B** Sontuosi, ricercati.
- **C** Eleganti, agiati.
- **D** Modesti, semplici.

Il crimine, la vittima, l'assassino

4. Chi sono, rispettivamente, la vittima e l'assassino?

5. La vittima muore in circostanze apparentemente accidentali, ma in realtà si è trattato di un delitto. Indica quali sono le circostanze accidentali e qual è, invece, la vera causa della morte.

6. Il delitto è crudele ed efferato?
- Sì. ✗
- No. ✗

7. Qual è il movente?
- **A** L'interesse economico. ✗
- **B** La vendetta.
- **C** La gelosia.
- **D** La rivalità sul lavoro.

Il giallo e il noir — U3

■ L'investigatore si insospettisce, indaga...

8. Poirot non viene incaricato da nessuno di risolvere il caso, eppure... rispondi alle domande.
   a. Perché decide di svolgere indagini per conto suo [rr. 4-56]? ✗ GIUSTIZIA
   b. In quale modo riesce a dare un'identità al morto [rr. 57-59]? DALL' ELENCO DEI MORTI

9. Quali interessanti informazioni apprende Poirot dalle visite al medico e al coroner [rr. 60-164]? Barra le risposte corrette.
   ✗ A Era un vecchio solitario ed eccentrico.
   B Era un vecchio collerico e aggressivo.
   C Aveva un fratello gemello malato, morto poche ore prima di lui.
   D Riceveva solo le visite del nipote medico.
   E Era sposato.
   F Aveva in tasca una lettera ricevuta la sera della morte.
   G Era morto alle dieci di sera del 3 novembre.
   H Aveva da poco fatto pace con il fratello gemello.
   ✗ I Non parlava da anni con il fratello gemello.
   L Il cadavere era stato trovato in seguito all'allarme dato dal ragazzo del latte.
   M Era stato visto l'ultima volta al ristorante, la sera stessa della morte.
   ✗ N Il gemello aveva sposato una donna ricca, era vedovo e viveva come un recluso.
   O Il nipote gli aveva scritto di non essere riuscito a procurargli una visita presso il fratello gemello.

■ ... e risolve il caso

10. In che cosa consiste il "tranello" che Poirot tende all'assassino [rr. 182-205]?

11. Nell'ultima conversazione con l'amico Bonnington [rr. 211-302], Poirot spiega nel dettaglio le modalità con cui l'assassino ha pianificato il suo delitto "perfetto", commettendo però alcuni errori. Individua gli errori commessi in ogni fase del piano completando la tabella, come nell'esempio.

Il piano dell'assassino	Gli errori
a. Finge di essere lo zio Henry e si reca all'abituale ristorante per verificare se il travestimento è credibile.	Va al ristorante di lunedì, cosa del tutto inusuale per lo zio, che cena al ristorante solo il martedì e il giovedì.
b. Ordina la cena alla cameriera, che non si accorge dello scambio di persona.	ORDINA LE COSE CHE NON PIACEVANO ALLO ZIO
c. Quando lo zio ricco è in punto di morte, il 2 novembre, invia una lettera a Henry, che viene consegnata alle nove di sera.	
d. Appena lo zio ricco muore, il 3 novembre, va a Londra nel pomeriggio e spinge Henry giù dalle scale, poi modifica la data della lettera (cambiando il 2 in 3).	
e. Si veste come lo zio e si reca al ristorante.	MA NON HA GLI STESSI GUSTI DELLO ZIO
f. Va a giocare a bridge, procurandosi l'alibi per la serata.	AVEVA I DENTI SPORCHI DI MARMELLATA

12. La battuta finale di Bonnington [rr. 304-305] dà al racconto un'atmosfera
   ✗ A leggera, ironica.
   B inquietante e misteriosa.
   C crudele e violenta.
   D serena e lieta.

Sezione 2 — Narrare, interpretare, esprimere

Appunti della lezione

- Il primo ingrediente essenziale del giallo classico (o "a enigma") è il **crimine**: può trattarsi di un furto o, come accade molto più spesso, di **un delitto apparentemente insolubile**. In questo racconto, troviamo addirittura un delitto abilmente mascherato da incidente domestico.
- Il delitto **non è crudele ed efferato**: può avvenire per avvelenamento, o con un colpo di pistola, oppure, come in questo caso, con uno spintone e una caduta dalle scale. Non vengono descritti particolari impressionanti perché lo scopo non è suscitare orrore o paura, ma **sfidare l'intelligenza del lettore** nella scoperta del colpevole.
- L'**investigatore**, il secondo ingrediente essenziale, è un poliziotto, oppure un detective privato, come Poirot, o ancora un dilettante che per vari motivi si trova coinvolto nell'indagine. In ogni caso, egli possiede alcune doti particolari: è **lucido**, **razionale**, **intuitivo**, attento **osservatore** degli uomini e delle situazioni.
- L'**indagine** non viene risolta grazie a una confessione spontanea o a un'azione di forza dell'investigatore: egli trova il colpevole collegando piccoli indizi, attraverso **deduzioni logiche** e **intuito**, proprio come fa Poirot in questo racconto.
- L'**assassino** può essere **qualunque personaggio**, e fa parte della storia, direttamente o indirettamente, sin dall'inizio: George Ramsey compare solo alla fine, ma viene citato dal dottore nella prima parte del testo.
- I **personaggi** principali fanno parte delle **classi sociali medio-alte** (agiata borghesia, ricchi uomini d'affari, ereditieri...) e si muovono in **ambienti confortevoli**, quando non esclusivi. Per esempio, in questo racconto troviamo un ricco vedovo, due medici, l'uomo d'affari Bonnington.
- La **suspense**, cioè la particolare curiosità che spinge il lettore a non staccarsi dalle pagine del giallo, è data dalla **sfida intellettuale con l'investigatore**. A mano a mano che l'indagine procede, anche il lettore viene a conoscenza di indizi rivelatori, esattamente come il detective. Chi riuscirà a scoprire il colpevole per primo?
- Il finale è **confortante**: il colpevole viene assicurato alla giustizia, il detective svela e spiega razionalmente il piano dell'assassino, l'ordine sociale viene ristabilito.

I MIEI APPUNTI

Lezione 2

T2 Il "duro" Philip Marlowe
Raymond Chandler

I contenuti | Malavita, agguati, sparatorie e pestaggi sono pane quotidiano per Philip Marlowe, il famoso detective privato creato da Raymond Chandler. In quest'avventura lo vediamo in azione a Los Angeles, dove ha preso sotto la sua protezione Ikky Rosenstein, un gangster che ha deciso di abbandonare la grossa organizzazione criminale di cui faceva parte: la caccia all'uomo ha inizio proprio nell'ufficio del detective, che riceve una visita inaspettata. Ma, come sempre, Marlowe sa bene come reagire all'imprevisto...

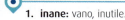

1. **inane:** vano, inutile.

Stavo per andarmene quando suonò il campanello della sala di aspetto. Aprii la porta di comunicazione. Un ometto basso e magro stava proprio nel centro della stanza, ruotando sui tacchi, con le mani dietro la schiena. Si sforzò di sorridermi, senza troppo successo. Non sapeva
5 sorridere. Poi si avvicinò a me.

«Siete Marlowe, voi?»

«E chi dovrei essere? In che cosa posso esservi utile?»

Ora mi stava vicino. Con rapido gesto, portò avanti la mano destra che impugnava una pistola. Me la puntò contro lo stomaco.
10 «Lascia perdere Ikky Rosenstein» disse piano, con una voce dura che ben si addiceva all'espressione della faccia «O ti prenderai una scarica di piombo nel pancino».

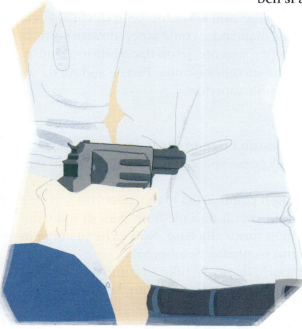

Era un dilettante. Se fosse rimasto a due metri di distanza, avrebbe potuto anche combinare qualcosa, ma così... Mi tolsi la sigaretta di bocca e la tenni fra le due dita, con molta calma.

«Che cosa vi fa pensare che io conosca Ikky Rosenstein?»

Scoppiò a ridere, istericamente, affondandomi la canna della pistola nello stomaco.

«Ti piacerebbe saperlo, eh?!» Nella sua risata echeggiava l'inane[1], trionfante senso di potere proveniente da una grossa pistola in una debole mano. «Sarebbe giusto che me lo diceste».

Mentre la sua bocca si apriva di nuovo a uno scoppio di riso, gettai via la sigaretta e allungai la mano. So essere veloce, quando è necessario. C'è chi è più veloce di me, ma quelli non ti piantano la pistola nello stomaco. Poggiai il pollice sul grilletto, e la mia mano sulla sua. Gli mollai un calcio all'inguine. Cadde in ginocchio cacciando un urlo. Gli torsi il braccio verso destra e gli strappai la pistola. Incuneai il mio calcagno dietro il suo, e l'attimo dopo giaceva sul pavimento, strabuzzando gli occhi dalla sorpresa e dal dolore, le ginocchia ripiegate contro il ventre.

Si rotolava in terra gemendo, lamentandosi. Mi chinai, gli afferrai la mano sinistra e con uno strattone lo rimisi in piedi. Ero di parecchio più alto di lui, e molto più robusto. Avrebbero dovuto mandarmi un messaggero diverso, più vigoroso, più allenato. «Andiamo nel mio studio» dissi. «Faremo una chiacchierata, e berrai un goccio per tirarti su. La prossima volta non avvicinarti troppo alla vittima, se non vuoi farti levare di mano la pistola. Voglio vedere se hai addosso altre ferraglie…»

Non ne aveva. Lo spinsi attraverso la porta, e poi su una sedia. Respirava a fatica. Tirò fuori un fazzoletto e si asciugò la faccia.

«La prossima volta» borbottò fra i denti. «La prossima volta!»

«Non essere troppo ottimista. Non hai la faccia di uno che ci sa fare».

Gli versai uno Scotch[2] in un bicchiere di carta, e sedetti davanti a lui. Aprii la sua 38[3] facendo rimbalzare le cartucce dentro un cassetto della mia scrivania. Poi richiusi il caricatore e posai l'arma.

«Te la restituirò quando te ne andrai… se pure te ne andrai».

«Che modo sleale di battersi!» disse, ansimando ancora.

«Certo! Sparare a bruciapelo è molto più leale. Adesso sentiamo, come sei arrivato qui?»

«Va' all'inferno!»

«Non fare l'idiota. Ho degli amici… non molti, ma qualcuno ne ho. Lo sai che ti posso denunciare per aggressione a mano armata? Lo sai che ti succederebbe? Spiccherebbero contro di te un bel mandato di cattura e chi si è visto si è visto. I capoccia[4] non si curano certo di chi si lascia beccare. E adesso parla: chi ti ha mandato, e come sapevi dove trovarmi?»

«Ikky è stato pedinato» disse cupamente. «È un tipo piuttosto chiuso. L'ho pedinato sin qui senza che succedesse nulla. Perché andava da un investigatore privato? C'è chi vuole saperlo».

«Continua».

«Va' all'inferno!»

«A pensarci bene, non c'è nessun bisogno che ti denunci per aggressione a mano armata» dissi. «Ti posso spaccare la testa qui, subito, senza tante storie».

Mi alzai e lui stese in avanti il palmo della mano, aperto.

«Se mi succede qualcosa, ti troverai tra i piedi un paio di individui duri sul serio! Lo stesso, se non torno alla base. Non è che tu abbia in mano carte straordinarie, tutto sommato. Sembrano!»

«Ma cos'hai a riferire ai tuoi? Niente. Se Ikky è venuto a trovarmi il motivo non lo sai; non sai nemmeno se l'ho ricevuto. Se è un gangster non è il mio tipo di cliente».

«È venuto a chiederti di proteggerlo, di salvarlo».

---

2. **Scotch:** whisky scozzese.
3. **38:** calibro della pistola.
4. **capoccia:** Marlowe si riferisce ai capi dell'organizzazione criminale.

«Salvarlo da chi?»

«Questo è da vedere».

«Continua, continua! Fatti uscire il fiato. E di' ai tuoi che quando ci sto dentro io a una faccenda del genere, la porto sempre in fondo».

Ogni tanto, nel mio mestiere, qualche piccola bugia bisogna pur dirla.

«Che ha fatto Ikky per farsi prendere sul naso? Oppure anche questo è da vedere?»

«Ti credi un grand'uomo, eh?» sbottò lui, stropicciandosi il punto dove l'avevo colpito. «Nella mia banda farebbero presto a levarti di mezzo».

Gli risi in faccia. Poi gli afferrai il polso destro e glielo torsi dietro la schiena. Si mise a urlare come un'aquila mentre io, con la sinistra, gli sfilavo il portafoglio dalla tasca interna della giacca. Lo lasciai andare. Lui si buttò sulla pistola posata sul piano della scrivania, ma gliela feci saltare di mano con un colpo secco che gli assestai all'avambraccio. Cadde nella poltrona dove di solito siedono i miei clienti, con un gemito.

«La riprenderai quando te la darò io» dissi. «Adesso sta' buono o ti spacco il muso, tanto per divertirmi».

Nel portafoglio trovai una patente di guida a nome di Charles Hickon. Non mi serviva a niente. Individui di quella razza hanno sempre un mucchio di pseudonimi: capace che i suoi compagni lo chiamassero il Secco, oppure Pallino. Oppure che lo chiamassero: Ehi tu! e basta. Gli buttai il portafoglio, cadde sul pavimento. Non ce la fece nemmeno a prenderlo al volo. «Accidenti!» dissi «si vede che hanno deciso di fare economia se mandano te per un lavoro del genere. Più che a raccoglier cicche direi che non sei adatto».

Sezione 2 — Narrare, interpretare, esprimere

«Va' al diavolo!»

«Come vuoi, amico. Vallo a raccontare, se ci tieni. Ecco la tua pistola».

La prese, con un grande sfoggio di gesti, la ripose nella fondina che portava sotto l'ascella, si alzò in piedi, mi lanciò l'occhiata più storta 105 che avesse in serbo, e si avviò alla porta con l'aria indifferente di una donna di classe avvolta in una stola di visone nuova di zecca. Giunto alla porta si voltò, per scoccare la sua ultima frecciata.

«Statti attento, trombone, la latta si piega facilmente!»

E con questa brillante battuta uscì dalla stanza e dall'ufficio.

110 Dopo un po', chiusi l'altra porta che dal mio studio dava direttamente sul pianerottolo, staccai il citofono, spensi la luce e me ne andai anch'io. Per la strada non incontrai anima viva, non una sola persona che avesse l'aspetto di un assassino. Tornai in macchina a casa, preparai la valigia, guidai sino a una stazione di servizio dove mi volevano quasi bene, la- 115 sciai lì la mia automobile e in cambio mi feci dare una Hertz Chevrolet. A bordo della Chevrolet mi recai in Poynter Street, lasciai la valigia nello squallido appartamento che avevo preso in affitto nel primo pomeriggio, e andai a pranzo da Victor. Erano le nove, troppo tardi per andare a prendere Anna a Bay City. Di certo aveva mangiato già da un pezzo.

120 Ordinai un doppio Gibson[5] con una fetta di limone e lo buttai giù d'un fiato. Avevo una fame da quindicenne!

R. Chandler, *La matita*, in *Tutto Marlowe investigatore*, trad. it. di O. Del Buono e I. Omboni, Mondadori, Milano 1971

5. **Gibson:** un cocktail fortemente alcolico.

Obiettivo della lezione — Analizzare le caratteristiche del giallo d'azione

■ I personaggi e l'ambientazione

1. Chi è Ikky Rosenstein?

2. Quali caratteristiche presenta Charles Hickon? Barra le risposte esatte.
- A È basso e magro.
- B Sorride molto.
- C Si esprime con un linguaggio gergale.
- D È abile con la pistola.
- E Ha un atteggiamento spavaldo.
- F Non ha prontezza di riflessi.
- G Ha un ruolo importante nell'organizzazione criminale.
- H È un criminale di mezza tacca.

3. Qual è la minaccia che Hickon rivolge a Marlowe?

4. In quali ambienti si svolge l'episodio?

■ Il detective in azione

5. Qual è lo stile di vita di Marlowe? Individua le affermazioni corrette.
- A Fuma.
- B Beve superalcolici.
- C Gioca d'azzardo.
- D Vive in affitto in uno squallido appartamento.
- E Ha una grande casa lussuosa.
- F È dinamico e sempre in movimento.
- G Si esprime in modo elegante e formale.
- H Ha uno studio privato.
- I Usa un linguaggio gergale.

6. Come reagisce Marlowe quando Hickon gli punta la pistola nella pancia?

Il giallo e il noir U3

7. Durante l'incontro con Hickon, Marlowe si mostra...

- A duro, sprezzante, ironico.
- B temerario, generoso, pronto al perdono.
- C teso, spaventato, preoccupato.
- D furibondo, collerico, crudele.

8. L'incontro con Hickon serve a Marlowe per capire... (barra i completamenti esatti)

- A la vera identità di Rosenstein.
- B che l'organizzazione criminale sa del suo contatto con Rosenstein.
- C di essere in pericolo insieme a Rosenstein.
- D i nomi dei capi dell'organizzazione criminale.

La costruzione della storia

9. Indica il tipo di narratore e di focalizzazione.
....

10. Dal punto di vista del tempo della narrazione, come classificheresti le sequenze indicate?

a. Rr. 1-109
- A Scena.
- B Sommario.
- C Pausa.

b. Rr. 110-121
- A Scena.
- B Sommario.
- C Pausa.

11. Su quali elementi si basa la suspense del racconto?

- A Ritmo serrato, incalzante, ricco di azione.
- B Curiosità di scoprire il colpevole.
- C Atmosfere inquietanti e misteriose.
- D Descrizioni crudeli e raccapriccianti.

Appunti della lezione

- Il giallo d'azione (o *thriller*) si caratterizza, come il giallo classico, per la presenza di **detective**, in questo caso l'investigatore privato Philip Marlowe, e di **crimini**: qui abbiamo la presenza di una pericolosa banda che dà la caccia al "traditore" Rosenstein e a Marlowe stesso.
- I **personaggi** vivono ai margini della società: sono piccoli delinquenti (come Hickon), criminali in fuga (come Rosenstein), boss della malavita (come i "capoccia" di Hickon), poliziotti corrotti, alcolisti, prostitute e così via.
- Gli **ambienti** sono coerenti con i personaggi: squallidi appartamenti (come quello affittato da Marlowe), motel a poco prezzo, locali malfamati, sobborghi cittadini...
- Il **detective** è un personaggio duro, che usa la violenza e le armi al pari dei suoi antagonisti; conduce le indagini basandosi sul "**fiuto**", sulla **prontezza di riflessi** e sulla **forza fisica**, ma è anche un uomo con vizi e debolezze, come l'alcol e il fumo nel caso di Marlowe.

I MIEI APPUNTI

Sezione 2　Narrare, interpretare, esprimere

Appunti delle lezioni

Sintesi

Il colore del crimine

- Il genere narrativo **giallo** narra storie centrate sul **crimine** e sulle relative **indagini**.
- Il termine "giallo" nasce dal colore di copertina dei primi romanzi polizieschi pubblicati in Italia.
- Il genere nasce intorno alla **metà del XIX secolo** ed esprime la **fiducia nella razionalità**, grazie alla quale viene individuato il colpevole.
- L'"inventore" del giallo è l'americano **Edgar Allan Poe**, che creò la figura dell'investigatore dilettante Auguste Dupin.
- Il meccanismo narrativo alla base del giallo è la *suspense*, che stimola l'aspettativa del lettore.
- All'interno della narrativa gialla si possono riconoscere alcune varianti: il **giallo classico**, il **giallo d'azione**, il **nero**, il *thriller*, il **giallo storico**.
- Tra le più famose coppie di scrittori e investigatori vi sono Arthur Conan Doyle e il "suo" Sherlock Holmes; Agatha Christie, che ha creato Hercule Poirot e Miss Marple; Georges Simenon, "inventore" del commissario Jules Maigret; Raymond Chandler, creatore di Philip Marlowe.

Le caratteristiche del giallo classico e del giallo d'azione

- Il **giallo classico** presenta alcune caratteristiche ricorrenti:
  – un crimine apparentemente **insolubile**;
  – un detective che risolve il caso grazie all'**intelligenza** e all'**intuito**;
  – un'indagine condotta attraverso **deduzioni logiche** e **capacità di osservazione**;
  – l'ambientazione nelle **classi sociali medio-alte**;
  – la **suspense** basata sulla **sfida intellettuale** tra detective e lettore;
  – un finale rassicurante.
- Le caratteristiche del **giallo d'azione**, invece, sono queste:
  – personaggi appartenenti al **mondo del crimine** (gangster, boss della malavita, ladri di quartiere…);
  – ambientazione in **luoghi periferici e degradati**;
  – indagine condotta con **azione**, sangue freddo, armi;
  – detective "duro", che si basa sul "fiuto", sulla prontezza di riflessi, sulla **spregiudicatezza** nei fatti e nelle parole.

Arthur Conan Doyle
Veleno per Holmes

I contenuti | Sherlock Holmes è in Cornovaglia, dove sta trascorrendo un periodo di riposo in compagnia dell'amico nonché assistente John Watson. Una mattina si presenta a lui un certo signor Mortimer Tregennis: è agitatissimo perché ha appena scoperto un fatto orribile. Dopo essere arrivato alla casa dei suoi tre fratelli, vi ha trovato la sorella morta e gli altri due impazziti, come se avessero assistito a un evento terrificante. Holmes si occupa del caso e, nel frattempo, conosce un altro singolare personaggio: il dottor Leon Sterndale, celebre esploratore che, vivamente interessato alle indagini, rinuncia a partire per l'Africa. Il mattino seguente viene annunciato a Holmes un nuovo orribile delitto: lo stesso Mortimer Tregennis ha trovato una morte spaventosa. Immediatamente Holmes si reca sul luogo dell'omicidio e dà inizio alle indagini.

Desidero descrivere esattamente la scena come essa si presentò a noi in quella nebbiosa mattina di marzo. Mi ha lasciato nell'animo un'impressione che nulla potrà mai cancellare.

L'atmosfera della stanza era intollerabilmente soffocante. La dome-
5 stica che era entrata per prima nel locale aveva dovuto spalancare la finestra, ché altrimenti l'aria vi sarebbe stata ancora più irrespirabile. Ciò poteva essere dovuto in parte al fatto che una lampada posta al centro della tavola ardeva e fumava ancora. Accanto a questa sedeva il morto,

arrovesciato nella poltrona, la rada barba sporgente, gli occhiali spinti indietro sulla fronte, la scura e magra faccia volta verso la finestra e contorta in quella medesima smorfia di orrore che aveva alterato i lineamenti della sua povera sorella. Anche le sue membra erano convulse e le dita contratte come se egli fosse morto in un vero e proprio parossismo di paura. Era completamente vestito, per quanto appariva evidente che aveva dovuto far toeletta in modo sommario. Già sapevamo che il suo letto mostrava chiaramente come Tregennis vi avesse dormito, e che la tragica fine era sopravvenuta durante le prime ore del mattino.

Chiunque avesse assistito al mutamento improvviso sopravvenuto in lui dal momento in cui entrò in quella stanza fatale, avrebbe compreso l'incandescente energia che si nascondeva sotto l'aspetto esternamente flemmatico di Holmes. In un attimo era divenuto vigile, intento; i suoi occhi si erano messi a brillare, la sua faccia si era chiusa, le sue membra vibravano di un fremito intensissimo di attività. Usciva sul prato, rientrava dalla finestra, faceva il giro della stanza, saliva su nella camera da letto, proprio come un cane irrequieto a caccia di volpi che si appresti a stanare la sua preda. Nella camera da letto compì un rapido giro e finì con lo spalancare la finestra, il che sembrò procurargli un nuovo motivo di agitazione, perché si sporse da questa lanciando alte esclamazioni d'interesse e di compiacimento. Si precipitò quindi abbasso, e fuori un'altra volta per la finestra aperta; quindi si buttò a faccia a terra sul prato, balzò in piedi e ripiombò nuovamente nella stanza, il tutto con l'energia del cacciatore che è sul punto di acciuffare la sua selvaggina. La lampada, che era di tipo ordinario, fu da lui esaminata con minuziosa cura, soprattutto per quel che riguardava certe misurazioni della boccia. Ispezionò quindi attentamente con la propria lente lo schermo che ricopriva la sommità del tubo, e ne grattò alcuni rimasugli di cenere che avevano aderito alla sua superficie, nel punto più alto, e che ripose in una busta che mise a sua volta nel portafoglio. Infine, proprio mentre il medico e la polizia ufficiale facevano la loro comparsa, egli fece un cenno al vicario e tutti e tre ci avviammo sul prato.

"Sono lieto di comunicarle che la mia investigazione non è stata del tutto infruttuosa" disse. "Non posso fermarmi a discutere l'argomento con la polizia, ma le sarei obbligatissimo, signor Roundhay, se ella volesse avere la bontà di salutare da parte mia l'ispettore e pregarlo di rivolgere la sua attenzione alla finestra della camera da letto e alla lampada del salotto. Ciascuno di questi elementi è interessante e insieme io li giudicherei pressoché conclusivi. Se la polizia desiderasse ulteriori informazioni sarò lieto di fornirgliele al villino. E adesso, Watson, credo che la nostra presenza si dimostrerà più utile altrove."

È probabile che la polizia si fosse seccata dell'intrusione di un dilettante, o forse pensava di trovarsi su una linea di ricerca più sicura; comunque è certo che nessuno della forza ufficiale si fece vedere nei due giorni seguenti. Durante questo intervallo Holmes trascorse parzialmente il proprio tempo fumando e sognando nella casetta; ma spese la maggior parte di quelle giornate in passeggiate campestri che intraprendeva solo, ritornando dopo molte ore senza dirmi sia pure con accenni dove fosse stato. Un'esperienza servì a dimostrarmi la sua linea di ricerca. Aveva acquistato una lampada che era la copia esatta di quella che era rimasta accesa nella stanza di Mortimer Tregennis il mattino della tragedia. La riempì con lo stesso petrolio usato al vicariato, e calcolò esattamente il tempo necessario che occorreva a esaurirla. Eseguì poi un'altra esperienza di natura più sgradevole, e tale che non sarà facile dimenticarla.

"Lei avrà notato, Watson" mi disse un pomeriggio, "che vi è un unico punto comune di rassomiglianza negli elementi disparati che siamo riusciti a raccogliere. Questo consiste nell'effetto prodotto in ciascun caso dall'atmosfera della stanza su quelli che vi sono entrati per primi. Si rammenterà che Mortimer Tregennis, nel descrivere l'episodio della sua ultima visita alla casa dei suoi fratelli, disse che il medico entrando nella stanza si era accasciato su una seggiola… Lo ha dimenticato? Bene, io no. E adesso rammenterà che anche la signora Porter, la governante, ci disse che anche lei era svenuta, appena entrata, e che solo successivamente aveva aperto la finestra. Nel secondo caso, nel caso dello stesso Mortimer Tregennis, lei non può aver scordato il senso orribile di soffocazione che ci serrò la gola come arrivammo, benché la domestica avesse già spalancato la finestra. Orbene, questa domestica, mi sono informato, era stata talmente male che aveva dovuto mettersi a letto. Lei ammetterà, Watson, che questi fatti sono molto significativi. In ciascun caso abbiamo una prova inconfutabile di avvelenamento dell'atmosfera. In ciascun caso inoltre ci troviamo di fronte a un processo di combustione. Nel primo caso il fuoco era acceso nel camino, nel secondo una lampada ardeva. Del fuoco c'era stato bisogno, ma la lampada era stata accesa – come dimostrerà un paragone col petrolio consumato – molto tempo dopo che s'era fatto giorno. Perché? Indubbiamente perché deve esistere un nesso tra questi tre fattori: la combustione, l'atmosfera soffocante e infine la pazzia o la morte di questa disgraziata gente. Ciò è chiaro, non trova?"

"Direi di sì."

"Accettiamola almeno come ipotesi operante. Ammetteremo dunque che in ciascun caso fu bruciato qualcosa che produsse nell'atmosfera misteriosi effetti tossici. Benissimo. Nel primo caso – il caso della famiglia Tregennis – questa sostanza fu posta nel fuoco. Ora la finestra era chiusa, ma il fuoco avrebbe naturalmente trasportato i vapori su per la cappa, almeno per un certo tempo. Perciò si dovrebbe supporre che qui gli effetti del veleno fossero minori che non nel secondo caso, dove i fumi venefici avevano una via di uscita minore. I risultati sembrano indicare che così fu infatti, giacché nel primo caso la donna soltanto, dotata presumibilmente di un organismo più sensibile, fu uccisa, mentre gli altri offrirono fenomeni di pazzia temporanea o permanente che deve essere evidentemente il primo stadio provocato dalla droga. Nel secondo caso il risultato fu totale. Pertanto i fatti sembrano avvalorare l'ipotesi di un veleno operante attraverso un processo di combustione.

"Seguendo nel mio cervello questo procedimento argomentativo era naturale che cercassi nella stanza di Mortirner Tregennis qualche traccia di questa sostanza. Il primo oggetto che ispezionai, logicamente, fu lo schermo o paralume che dir si voglia della lampada. Ed ecco infatti che vi scorsi immediatamente una certa quantità di cenere fioccosa, e intorno ai bordi notai una frangia di polvere bruniccia, che non si era ancora del tutto consumata. Di questa ne ho prelevato una parte, come lei ha veduto, e l'ho riposta in una busta."

"Perché una parte soltanto, Holmes?"

"Non sta a me, mio caro Watson, intralciare le ricerche della polizia ufficiale. Io lascio a loro le stesse prove trovate da me. Se avranno l'intelligenza di scoprirlo, il veleno si trova ancora sullo schermo. E adesso, Watson, accenderemo la nostra lampada. Prenderemo la precauzione di aprire la finestra onde evitare il prematuro decesso di due degni membri della società umana, e lei si metterà in poltrona vicino a quella finestra aperta, a meno che da persona di buon senso non decida di non aver nulla a che fare con questa storia. Oh, vuol vedere come va a finire?"

A. Conan Doyle, *L'avventura del poliziotto morente*, trad. it. di M. Gallone, Mondadori, Milano 1961

Il giallo e il noir U3

COMPRENDERE E INTERPRETARE

La struttura del testo

1. Abbiamo sintetizzato il contenuto delle cinque sequenze che formano il brano proposto: completa la tabella come nell'esempio.

	Sintesi	Righe	Tipo di sequenza
a.	L'aspetto della stanza del signor Tregennis e del suo cadavere.	rr. 1-17	Descrittiva
b.	Il sopralluogo di Holmes della stanza.	rr. 18-48	NARRATIVE
c.	Holmes comunica al signor Roundhay di aver scoperto qualcosa.	rr. 49-59	DIALOGICA
d.	Holmes si prepara a verificare le proprie supposizioni.	rr. 60-73	NARRATIVA
e.	Holmes espone a Watson le proprie ipotesi.	rr. 74-141	DIALOGICA

La personalità di Sherlock Holmes

2. Quali aspetti del carattere di Holmes si manifestano attraverso le espressioni del volto, i gesti e le azioni, nel corso dell'ispezione del luogo del delitto [rr. 18-48]? Barra le risposte corrette.

   ☒ Energia. C Vanità. E Superficialità. G Impulsività.
   ☒ Meticolosità. D Modestia. ☒ Razionalità. H Simpatia.

3. Indica le parti del testo che rivelano i diversi atteggiamenti di Holmes nei confronti della polizia.
   a. Ostilità e presunzione: ✓ 60 - 63
   b. Disponibilità alla collaborazione: 49 - 59

4. Quale atteggiamento mostra l'investigatore nei confronti del suo fedele collaboratore Watson, quando gli spiega i risultati delle sue ricerche e riflessioni?

   ☒ Gentile e supponente. C Scortese e arrogante.
   B Impaziente e irritato. D Rassegnato e sconfortato.

Il ragionamento di Sherlock Holmes

5. Sherlock Holmes ha evidenziato un nesso di causa-effetto fra tre fenomeni: un processo di combustione, l'atmosfera soffocante a causa di una sostanza tossica bruciata e la morte e la pazzia. Completa la tabella seguendo l'esempio.

	La combustione	Il soffocamento	La pazzia e la morte
Le prove.	Il fuoco del camino.	Il medico si accascia su una seggiola.	

Sezione 2   Narrare, interpretare, esprimere

6. Quale ulteriore aspetto delle vicende conferma l'ipotesi di Holmes che la soluzione del caso sia da ricercarsi nel processo di combustione di sostanze tossiche?
   LE MACCHIE SUL TUBO

7. Watson ha il ruolo di interlocutore che conferma la validità delle ipotesi di Holmes e ne sollecita le spiegazioni con domande e dubbi. Individua alcuni passi del brano proposto in cui tra i due personaggi si sviluppa questo rapporto.
   r 131 - 134

STUDIARE LA LINGUA

8. Nella descrizione del cadavere di Tregennis compaiono numerosi termini che rinviano alla lenta e sofferente agonia della vittima prima di morire. Individua almeno tre sostantivi e tre aggettivi che suggeriscono questa sensazione.
   a. Sostantivi: _____
   b. Aggettivi: _____

9. La descrizione del sopralluogo della stanza di Tregennis da parte di Holmes è caratterizzata dalla presenza di numerosi verbi di movimento (usciva, rientrava, faceva il giro, saliva ecc.) e dalla paratassi. Quale effetto determina questa scelta espressiva?
   A Comunica la rabbia di Holmes per l'omicidio di Tregennis.
   B Trasmette l'eccitazione di Holmes per aver intuito la soluzione.
   ~~C~~ Si contrappone alla fredda razionalità con cui Holmes effettua le ricerche.
   D Evidenzia la confusione di Holmes che è ancora lontano dalla soluzione.

10. Individua le due similitudini che nella descrizione della ricerca di indizi da parte di Holmes ne enfatizzano l'ostinazione e il "fiuto" investigativo.
    r 39

PARLARE

11. Spiega con un intervento orale di cinque minuti quali sono le varie tappe del processo che permette a Holmes di ricostruire gli avvenimenti.

SCRIVERE

12. Riscrivi la scena del ritrovamento del corpo di Tregennis adottando il punto di vista di Holmes: tieni presente quanto scritto da Watson [rr. 1-43], ma analizza "dall'interno" sensazioni ed emozioni dell'investigatore. Segui l'esempio.
    Quando entrai nella stanza, fui colto dalla sensazione esaltante di aver compreso quanto fosse avvenuto. Mi sentii percorrere da una scarica elettrica e credo che il mio volto esprimesse la soddisfazione per essere vicino all'obiettivo. Non riuscivo a stare fermo: uscivo sul prato...

Sergio Rossi

T4

Autopsia

I contenuti Bologna, 1909. A qualche ora di distanza vengono ritrovati due cadaveri, uno dei quali "eccellente": si tratta infatti di Andrea Mazzoni, un poliziotto coinvolto nelle ricerche su un gruppo anarchico sospettato di preparare un attentato politico. Data la delicatezza della situazione, l'incarico dell'indagine viene affidato al generale Riccardo De Lorenzis, capo dell'Ufficio Affari Riservati, affiancato dall'amico e brillante anatomo-patologo Giacomo Montanari. Questi procede con l'autopsia e illustra al generale le conclusioni cui è giunto.

Montanari sbuffò. – Cosa vuoi che ti racconti... come è ovvio, c'è un assassino in città. Meno ovvio è il suo profilo: agisce da solo, è un medico, ha fatto di sicuro una guerra o comunque è stato militare, veste con eleganza, non è di queste parti e quindi qualcuno lo protegge, ed è
5 un tipo di cui Mazzoni si fidava. Fine del rapporto.

De Lorenzis sentì il mal di testa attenuarsi e pensò di essere caduto in uno dei romanzi di quello scrittore inglese di enigmi che piaceva tanto a Conchita... no, non Wilkie Collins, come si chiamava, tutta colpa del mal di testa... massì, quello di Sherlock Holmes, l'improbabile
10 investigatore che girava con la lente d'ingrandimento e le indovinava tutte, anche le più assurde, con un'occhiata... romanzi che a lui non erano piaciuti, e neppure a Montanari, ora che ci pensava.

– Allora, Riccardo, sei dei nostri? Che ne pensi?

– Scusa, stavo aspettando che mi fornissi anche la foto e l'indirizzo dell'assassino...

– To', il conte De Lorenzis che fa una battuta! Settimio[1], segnalo sul calendario... Ma hai ragione, Riccardo, devi scusarmi, purtroppo l'acqua ha sciolto l'inchiostro e la foto è venuta mossa... sai com'è, i tempi di esposizione sono lunghi, basta vedere cosa accade quando cerchiamo di fare le foto segnaletiche ai criminali. Spero che qualcuno migliori le macchine fotografiche, prima o poi...

– Battute a parte, Giacomo...

– Battute a parte, il profilo dell'assassino è quello che ti ho esposto e, se posso dirlo, è pure molto bravo in quello che fa, sebbene non sia piacevole.

– Addirittura. E puoi spiegarlo anche a noi comuni mortali?

1. **Settimio:** è l'assistente di Montanari.

La "scientifica"

Come avrai letto, ma anche visto tante volte nei film e telefilm, nelle indagini interviene spesso la "scientifica", soprattutto nei casi di omicidio o di morte violenta. Di che cosa si tratta?

La "scientifica" si occupa dei rilievi sulla scena del crimine, raccoglie campioni e reperti, fotografa la posizione del cadavere, cerca tracce di qualsiasi tipo che possano condurre alla soluzione del caso. I suoi componenti sono specialisti, laureati in biologia, chimica, farmacia, fisica, ingegneria e psicologia. Essi devono infatti:

- esaminare le tracce biologiche ritrovate sulla scena del delitto (come macchie di sangue o altri liquidi organici) e procedere se necessario all'analisi del DNA;
- esaminare altri componenti non organici ritrovati sulla scena, come tracce di vernice, sostanze chimiche, fibre tessili;
- effettuare le perizie balistiche, cioè tutto quello che riguarda le armi (da fuoco ma anche pugnali e coltelli), individuare il tipo di arma che ha sparato, il calibro dei proiettili e così via;
- nel caso di esplosioni o di incendi, esaminare i residui per capire che tipo di esplosivo o di liquido infiammabile è stato usato;
- effettuare le perizie foniche e grafologiche, cioè l'analisi dei documenti sonori e scritti, ma anche delle riprese video effettuate dalle telecamere di sicurezza;
- tracciare un profilo psicologico del criminale, soprattutto nei casi di persecuzione (*stalking*) e di bullismo.

L'autopsia, cioè il sezionamento del corpo e l'esame medico degli organi interni, è invece affidata al *medico legale*, di norma un anatomo-patologo, il quale riferisce agli investigatori i risultati delle sue analisi.

In Italia questo servizio è affidato alla sezione della Polizia di Stato denominata appunto Polizia Scientifica (nata nel 1902) e al RIS (Reparto Investigazioni Scientifiche) dei Carabinieri.

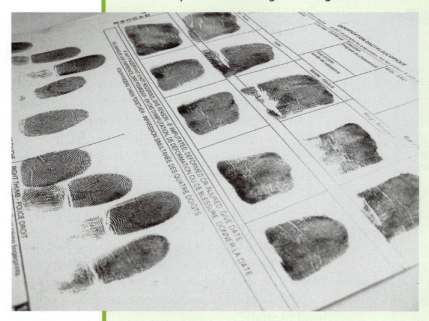

◀ Set di impronte digitali schedate dalla polizia scientifica.

Montanari fermò la mano di Settimio che stava ricucendo il corpo di Mazzoni.

– Va bene, va bene, te lo spiego più lentamente, poi però non dirmi che la faccio lunga. Allora… guarda il torace di Mazzoni, qui… no, *qui*, ho detto, sulla sinistra… Vedi questa ferita com'è pulita e piccola? È il punto d'ingresso dello stiletto[2] che l'ha ucciso.

– Uno stiletto, sei sicuro?

– Nell'archivio della Scientifica ho catalogato, a mie spese, ovvio, ogni tipo di ferita da arma da taglio e da fuoco, e questa è stata fatta con uno stiletto sottile e affilato… tipo quello con cui il nostro connazionale Lucheni ha ucciso l'imperatrice d'Austria[3]… è entrato qui, sì, *qui*, esatto stavolta, proprio sotto il cuore, spaccandolo e provocando una morte istantanea, pulita, efficace. Per questo dico che l'assassino è un medico.

– Scusa, non vedo il collegamento.

– Perché conosce l'anatomia alla perfezione. Non è facile uccidere con uno stiletto. È facile nasconderlo e puoi andarci in giro senza che nessuno lo scopra, ma è troppo delicato per la caccia, per affettare la carne a tavola o dal macellaio, o come tagliacarte. Quindi a che serve uno stiletto? Voglio dire, uno stiletto serve solo per uccidere, meglio alle spalle e nell'ombra e se il malcapitato è fermo. Infatti l'imperatrice d'Austria morì per le conseguenze del colpo ricevuto e le pessime cure mediche, non per il colpo in sé. Non a caso, nel Medioevo era usato per dare il colpo di grazia ai condannati a morte. Infatti era anche chiamato "misericordia", forse la stessa che dispensavano i tuoi antenati ai condannati a morte… Grazie, Settimio, puoi andare avanti.

– Che noia, te la prendi sempre con il mio albero genealogico[4]…

– Lo so, le scienze naturali non ti sono mai piaciute… Insomma, è un'arma che non compri dall'arrotino[5], ma te la fai fabbricare su commissione, e non te ne sbarazzi dopo un omicidio, infatti non c'era sul luogo del delitto.

– E invece cos'altro c'era di interessante?

– Nulla, ovvio. Voglio dire, gli agenti sono capitati sulla scena del crimine ore dopo che è successo. Chissà quanti altri sono passati e hanno inquinato la zona… una situazione da evitare in futuro. Voglio dire, sennò che ci sta a fare la Scientifica, a raccattar cadaveri? Inutile anche cercare impronte digitali, oppure di scarpe.

– Sei fissato con questa idea delle impronte digitali.

– Questa idea fissa è del grande Giovanni Gasti[6], e la stanno adottando tutte le Polizie del mondo. Comunque, andiamo avanti con la nostra. Mazzoni e il facchino sono stati uccisi nello stesso modo. Guarda *qua*… stesso foro e nello stesso punto, o quasi. Il colpo è stato portato da una diversa inclinazione perché il facchino[7] è più alto di Mazzoni, quindi possiamo dire che l'assassino è alto più o meno come me e te.

– Quindi, è uno alto come noi, ma perché avrebbe fatto il militare?

– Perché è abituato a uccidere, e ieri l'ha fatto senza esitare, in stra-

---

2. **stiletto:** piccolo pugnale molto aguzzo.
3. **Lucheni … d'Austria:** il 10 settembre 1898, a Ginevra, l'anarchico Luigi Lucheni uccise con una pugnalata al petto l'imperatrice Elisabetta d'Austria.
4. **albero genealogico:** un grafico utilizzato per mostrare i legami di parentela tra i membri di una famiglia.
5. **arrotino:** chi per mestiere lima e ridà il taglio alle lame di coltelli, forbici ecc.
6. **Giovanni Gasti:** (1869-1939), questore di polizia che ha inventato il sistema di catalogazione delle impronte digitali.
7. **facchino:** si tratta della seconda vittima.

da, rischiando di farsi vedere da qualcuno, nello stesso modo per due volte di seguito. E dove s'impara a uccidere senza esitare? In guerra o nell'esercito, ovvio...

– Ti dispiace se andiamo avanti e mi dici perché l'assassino veste bene e aveva la fiducia di Mazzoni?

– Guardali con attenzione.

– Devo proprio?

– Fai come ti pare. Comunque né Mazzoni né Cappelli[8] hanno tracce di lotta su collo, testa, unghie e mani. Voglio dire, sai com'è andata secondo me? Mazzoni aveva un appuntamento con il suo assassino, solo che non lo sapeva. – Montanari gli porse la bacinella che aveva accanto a sé. – Da' un'occhiata qui.

– Ancora!?

– Guarda che questa roba non morde. Incredibile che un tempo fosse commestibile, eh? L'ho trovata nel suo intestino... una cena normale, nessun veleno, solo cibo. Purtroppo non so stabilire quanto aveva bevuto Mazzoni o se gli hanno dato una droga... il problema è che del corpo umano sappiamo poco, Riccardo, troppo poco, e invece queste sarebbero informazioni essenziali nel nostro lavoro...

– Ti ricordo che le scienze naturali mi annoiano.

– Peccato, impareresti molte cose, specie quelle che servono a una vera Polizia Scientifica. Comunque, resta da capire che ci faceva il tuo agente sulla riva del Reno[9]: non ci sarà andato solo per orinare in mezzo alla strada.

De Lorenzis non aveva scelta. Non poteva continuare a tenere tutto segreto. Montanari non era solo un genio, ma anche un amico, vero. E proprio per questo esitava a coinvolgerlo.

– Allora? Ti ascolto.

– E va bene... Mazzoni era infiltrato come cameriere al Collegio di Spagna. Sai, dopo l'attentato ad Alfonso XIII[10] di Spagna ci hanno chiesto di tenere d'occhio i giovani venuti a studiare in Italia, controllare chi frequentino, cose così, di routine...

– E *di routine* ti faceva rapporti tutti i giorni, al mattino, e perciò quando oggi non l'hai ricevuto hai subito pensato al peggio e hai fatto dragare[11] i canali perché era ovvio che fosse stato ucciso. Voglio dire, spiegami perché dovrei credere a questa idiozia.

– Non posso dirti tutto, Giacomo, almeno non ancora. Scusami, ma non voglio mettere in pericolo anche te.

– Fossi in te, piuttosto io mi preoccuperei per chi vorrebbe farmi del male. Comunque, di questo ne parliamo dopo. Adesso finiamo il rapporto del povero Mazzoni. Dov'ero rimasto? Ah, sì, poi è arrivato l'altro, il facchino, Cappelli, ma non ha capito che cosa stava succedendo *davvero*, sennò sarebbe scappato.

– Va bene, però che c'entra con il fatto che l'assassino veste bene ed era da solo?

---

8. **Cappelli:** il cognome del facchino.
9. **Reno:** fiume che attraversa Bologna.
10. **l'attentato ad Alfonso XIII:** nel 1906, in occasione della cerimonia nuziale con Vittoria Eugenia di Battenberg, il re di Spagna Alfonso XIII sfuggì a una bomba lanciata da un anarchico, che provocò diverse vittime fra i membri del corteo regale e i cittadini che stavano assistendo al passaggio dei due sposi.
11. **dragare:** scavare il fondo di un corso d'acqua.

– Riccardo, sveglia. Cammini di notte, vedi un tipo che traffica con un altro corpo vicino al fiume, ma non scappi. Perché? Perché quel tipo è vestito bene, ha un portamento signorile, e quindi pensi che stia aiutando un amico, e non che lo stia ammazzando. Perciò lo lasci avvicinare, magari ti chiede l'ora o da accendere, e intanto quello ti uccide senza che neanche te ne accorgi.

– E perché sarebbe stato da solo?

Montanari guardò Settimio che si stava lavando le mani.

– L'allievo è intelligente ma non si applica. Voglio dire, se fossero stati in due avremmo due modi di uccidere, oppure anche il cadavere del facchino sarebbe finito in acqua. Essendo questo Cappelli più grande di lui, l'assassino non ha avuto tempo e modo di spostarlo da solo.

– Perché questo tipo sarebbe di fuori Bologna?

– Conosco tutti i medici, militari e non, in città e nei dintorni, che hanno preso servizio negli ultimi quindici anni, e nessuno ha queste caratteristiche. Non è che al ministero degli Interni avete un archivio con i nomi di militari, laureati, eccetera… operanti in Italia negli ultimi anni?

– Guarda che siamo un paese unito da neanche cinquant'anni, è già tanto che si usino le stesse unità di misura in tutte le regioni… In Francia un archivio simile lo stanno facendo adesso e sono uno stato unitario da secoli.

– E a contatti con le Polizie degli altri paesi come stiamo?

– Lenti, dipendono dai trattati internazionali e, come sai, il nostro paese oggi non gode di una buona fama neanche tra i nostri alleati nella Triplice[12], e non saprei dare loro torto… E poi a che ti serve?

– Perché questo tipo può essere straniero, ci hai pensato? No, eh? Mi stupisco sempre di quanti crimini insoluti ci siano in Italia, poi quando tocco con mano l'organizzazione delle forze di Polizia mi stupisco che siano così pochi.

È incredibile, pensò De Lorenzis. Questo vive murato, con le finestre oscurate, ma vede più di noi che stiamo all'aperto.

S. Rossi, *Un lampo nell'ombra*, Feltrinelli, Milano 2013

12. Triplice: la Triplice alleanza era l'alleanza militare difensiva che legava dal maggio del 1882 il Regno d'Italia agli imperi di Germania e Austria.

Sezione 2 Narrare, interpretare, esprimere

COMPRENDERE E INTERPRETARE

Il procedimento deduttivo

1. Montanari ricostruisce le modalità di svolgimento dell'omicidio attraverso un brillante processo deduttivo, giustificando dettagliatamente le sue affermazioni. Completa la tabella, come nell'esempio, indicando le ragioni addotte dal medico per ciascuna delle ipotesi sulle caratteristiche del colpevole.

Il profilo dell'assassino	Gli argomenti a supporto
a. Agisce da solo.	Le vittime sono state uccise con la stessa modalità.
b. È un medico.	
c. Ha partecipato a una guerra, è stato un militare.	
d. Veste con eleganza.	
e. Proviene da un'altra città o da un paese straniero.	
f. Godeva della fiducia della vittima.	

2. Oltre alle informazioni comunicate nella parte iniziale del brano, quale ulteriore elemento ha ricavato Montanari sul criminale, seguendo il metodo deduttivo? Dopo aver scelto la risposta, spiega da quale particolare ha tratto tale conclusione.
   - **A** Porta gli occhiali.
   - **B** Fuma sigari.
   - **C** È alto come Montanari e De Lorenzis.
   - **D** È un esperto conoscitore di veleni.

3. Il testo contiene un esplicito riferimento a un detective letterario, considerato l'iniziatore del metodo deduttivo. Di quale personaggio si tratta? Quale giudizio viene espresso nei suoi confronti?

   ....
   ....
   ....

Il rapporto fra i personaggi

4. Quali modalità di relazione tra Montanari e De Lorenzis possiamo riconoscere nel loro fitto scambio di battute?
   - **A** Stima reciproca.
   - **B** Diffidenza.
   - **C** Rivalità.
   - **D** Complicità.
   - **E** Confidenza.
   - **F** Fiducia.
   - **G** Ipocrisia.
   - **H** Disprezzo.

5. Tra Montanari e De Lorenzis traspare per un attimo un motivo di tensione: qual è la ragione di questo momentaneo attrito?

- **A** La richiesta di Montanari di guardare la bacinella con i resti dei cibi mangiati da Mazzoni prima della morte.
- **B** Il riferimento alla condizione di arretratezza in cui si trovano gli archivi del Ministero degli Interni.
- **C** L'atteggiamento polemico di Montanari nei confronti della guerra e dell'esercito.
- **D** Il ruolo svolto da Mazzoni nelle indagini sull'eventuale presenza di anarchici spagnoli a Bologna.

Il contesto storico

6. Sulla base del dialogo fra i due personaggi, possiamo dedurre il clima sociale e politico che caratterizzava l'Europa all'inizio del secolo scorso. Individualo e motivalo con riferimenti al testo.

- **A** Conflittualità politica e sociale.
- **B** Distensione fra le classi sociali.
- **C** Dubbi nel progresso economico.
- **D** Fiducia nei confronti del potere.

7. Individua i passi del testo in cui Montanari prefigura lo sviluppo di alcune delle sofisticate tecniche utilizzate ai giorni nostri dagli investigatori.

STUDIARE LA LINGUA

8. Il dialogo è caratterizzato dallo scambio di numerose battute di tono ironico: trascrivine qualche esempio.

9. Rileggi con attenzione le ultime quattro battute del brano [rr. 140-151] e trasforma il dialogo in discorso indiretto. Prosegui l'esempio.
De Lorenzis ricordò a Montanari che l'Italia era un paese unito da neanche cinquant'anni. Secondo il generale, era già tanto che si usassero...

PARLARE

10. I protagonisti del testo disputano bonariamente su due questioni: quali? Confronta la tua "indagine" sul testo con quella dei compagni.

SCRIVERE

11. Il brano proposto non contiene alcuna informazione sull'aspetto di De Lorenzis e di Montanari. Scrivi per ciascun personaggio una descrizione fisica che ne rispecchi le caratteristiche psicologiche e sociali. Cerca di utilizzare il linguaggio figurato per dare maggiore "spessore" alle descrizioni.

Sezione 2   Narrare, interpretare, esprimere

Fred Vargas
L'enigma dei cerchi

I contenuti Da quattro mesi a Parigi non si parla d'altro: un individuo misterioso traccia grandi cerchi azzurri intorno a piccoli e insignificanti oggetti caduti o abbandonati sui marciapiedi, accompagnando le sue "opere" con la scritta «Victor, malasorte, il domani è alle porte». Mentre i dibattiti televisivi e le inchieste giornalistiche formulano le più diverse ipotesi su quello che sembra l'innocuo passatempo di uno "svitato", il commissario Adamsberg, noto per il suo acume nella risoluzione di casi complicati e per le modalità apparentemente casuali con cui conduce le indagini, è di tutt'altro avviso: teme che, presto, i cerchi azzurri ospiteranno cadaveri. Nel brano che ti proponiamo, il commissario riceve una donna che ha i suoi stessi timori, e incarica il fido vicecommissario Danglard di seguire più da vicino la faccenda.

Adamsberg prese la pila di giornali che gli avevano preparato. In tre di essi trovò quello che cercava. La stampa non dedicava ancora molto spazio al fenomeno, ma lui era certo che sarebbe successo. Ritagliò grossolanamente una piccola colonna e la posò dinnanzi a sé. Aveva 5 sempre bisogno di molta concentrazione per leggere, e se doveva farlo ad alta voce era ancora peggio. Adamsberg era stato un pessimo scolaro, poiché non aveva mai capito il motivo per cui lo facessero andare a scuola, ma aveva sempre cercato di far finta di studiare meglio che poteva per non dare un dispiacere ai genitori e soprattutto perché non 10 scoprissero che non gliene fregava niente. Lesse:

Uno scherzo o l'ossessione di un filosofo mancato? Quale che sia la risposta, i cerchi tracciati con il gessetto azzurro continuano a spuntare nottetempo come gramigna[1] sui marciapiedi di Parigi stuzzicando la curiosità degli intellettuali della 15 capitale. Compaiono a un ritmo sempre più serrato: dopo i primi individuati quattro mesi fa nel dodicesimo arrondissement[2], oggi se ne contano ben sessantatré. È un nuovo passatempo, sempre più simile a una caccia al tesoro, che offre un inedito argomento di conversazione a coloro che non hanno 20 nient'altro da dirsi nei caffè. E siccome di costoro ve ne sono molti, se ne parla ovunque…

Adamsberg si interruppe per correre alla firma dell'articolo. Da questo cretino, mormorò, non si può pretendere l'impossibile.

… Ben presto si farà a gara per avere l'onore di trovare un cer-
25 chio davanti alla porta di casa uscendo al mattino per andare

---

1. **gramigna:** erba infestante che produce gravi danni alle colture.
2. **arrondissement:** uno dei quartieri in cui è suddiviso il territorio di Parigi.

3. **cinico:** sprezzante e senza scrupoli.

al lavoro. Che sia un cinico[3] buffone o un autentico matto, se l'autore dei cerchi è tentato dalla gloria, il suo obiettivo è quasi raggiunto. Con grande scandalo di tutti coloro che si dannano in cerca di fama, egli ci dimostra che bastano un gessetto e qualche giro notturno per ambire al titolo di personaggio parigino più famoso del 1990. Se solo si riuscisse a mettere le mani su di lui, sarebbe senz'altro invitato a comparire in tivù tra i «Fenomeni culturali della fine del secondo millennio». Si tratta invece di un vero e proprio fantasma. Nessuno l'ha ancora sorpreso a tracciare i suoi ampi cerchi azzurri sull'asfalto. Non lo fa tutte le notti e sceglie a caso fra i quartieri di Parigi. Possiamo essere certi che già molti nottambuli lo braccano per puro divertimento. Buona caccia a tutti.

Un altro articolo era apparso su un giornale di provincia.

Parigi alle prese con un inoffensivo maniaco.
Tutti lo trovano divertente, ma il fatto rimane curioso. Da più di quattro mesi, durante la notte, a Parigi qualcuno, si presume un uomo, traccia con il gessetto azzurro un grande cerchio, di circa due metri di diametro, intorno a un rifiuto trovato sul marciapiede. Le uniche «vittime» di questa strana ossessione sono gli oggetti che il personaggio chiude nei suoi cerchi, sempre in un unico esemplare. La sessantina di casi che ha già fornito permette di stilarne una lista assai singolare: dodici tappi di birra, una cassetta della frutta, quattro graffette, due scarpe, una rivista, una borsa di pelle, quattro accendini, un fazzoletto, una zampa di piccione, una lente

Sezione 2   Narrare, interpretare, esprimere

di occhiali, cinque taccuini, un osso di costina di agnello, la ricarica di una biro, un orecchino, una cacca di cane, un pezzo del fanale di un'auto, una lattina di Coca, un filo di ferro, un gomitolo di lana, un portachiavi, un'arancia, un tubetto di carbone vegetale, una chiazza di vomito, un cappello, il contenuto di un posacenere da auto, due libri, una targa automobilistica, un uovo schiacciato, una spilletta con la scritta «Io amo Elvis[4]», una pinzetta, la testa di una bambola, un ramo, una canottiera, un rullino fotografico, uno yogurt alla vaniglia, una candela e una cuffia da piscina. Elenco pedante[5], ma rivelatore degli inaspettati tesori che hanno in serbo i marciapiedi della città per coloro che sanno cercarli. Sulla scorta del subitaneo interesse dello psichiatra René Vercors Laury, che ha tentato di gettare qualche lume su questo caso, si parla ora di «oggetto rivisitato[6]», e l'uomo dei cerchi è divenuto un argomento di conversazione alla moda in tutta la capitale, facendo passare in secondo piano i «graffitari[7]» che non devono certo vedere di buon occhio la dura concorrenza rappresentata da costui per le loro opere. Tutti si interrogano su quale possa essere la pulsione[8] che anima l'uomo dei cerchi azzurri. Ciò che più desta curiosità è infatti la scritta tracciata intorno a ogni cerchio in una bella grafia inclinata, colta, si direbbe, la frase che fa piombare gli psicologi in un mare di interrogativi: «Victor, malasorte, il domani è alle porte».

Una foto venuta male illustrava il testo.
    Il terzo articolo, infine, era meno preciso e molto breve, ma segnalava la scoperta della notte precedente, in rue Caulaincourt. Nel grande

---

4. Elvis: si tratta di Elvis Presley (1939-1977), cantante americano, ritenuto una delle leggende del rock and roll e oggetto di culto da parte dei fans.
5. pedante: pignolo e noioso.
6. oggetto rivisitato: l'espressione indica l'impiego nuovo e insolito di un oggetto normalmente destinato a un altro uso.
7. graffitari: artisti di strada che dipingono sui muri o su altri elementi dell'arredo urbano.
8. pulsione: forte emozione di natura istintiva.

cerchio azzurro c'era un topo morto, e come al solito intorno al cerchio era stato scritto: «Victor, malasorte, il domani è alle porte».

Adamsberg fece una smorfia. Era esattamente quello che presentiva.

La donna[9] rimase un istante senza dire nulla, come se esitasse a prendere una decisione. Adamsberg aveva di nuovo tirato fuori sigaretta e foglio. No, non avrebbe dimenticato quella donna, quel frammento della bellezza del mondo sul punto di infrangersi. E non era in grado di sapere in anticipo ciò che lei gli avrebbe detto.

– Lo sa – riprese Mathilde – che le cose succedono quando scende la notte, tanto nell'oceano come in città. Tutto si muove, quelli che hanno fame e quelli che stanno male. E anche quelli che cercano, come lei Jean-Baptiste Adamsberg, si muovono.

– Lei crede che io cerchi?

– Sicuramente, e anche molte cose alla volta. Così l'uomo dei cerchi azzurri esce quando ha fame. Gironzola, spia e tutt'a un tratto disegna il suo cerchio. Io lo conosco. L'ho cercato, da subito, e l'ho trovato, la sera dell'accendino, la sera della testa di bambola di plastica. Anche ieri sera, in rue Caulaincourt.

– Come ci è riuscita?

– Glielo dirò, non è importante, sono cose mie. Ed è strano, è un po' come se l'uomo dei cerchi azzurri mi lasciasse fare, come se familiarizzassimo da lontano. Se una sera vuole vederlo, venga a trovarmi. Ma solo vederlo da lontano, senza avvicinarlo, senza rompergli le scatole. Il mio segreto non lo offro allo sbirro famoso, ma all'uomo che mi ha fatto entrare nel suo ufficio.

– Mi sta bene, – disse Adamsberg.

– Ma perché l'uomo dei cerchi azzurri? Non ha fatto niente di male.

9. **La donna:** è Mathilde Forestier, famosa oceanografa. Si è recata in commissariato per riferire ad Adamsberg di aver visto più volte in lontananza l'uomo dei cerchi azzurri.

Perché le interessa?

Adamsberg levò il viso verso Mathilde.

– Perché un bel giorno diventerà grossa. La cosa nel cerchio pian piano diventerà grossa. Non mi chieda come faccio a saperlo, per favore, perché non lo so, ma è inevitabile.

Lui scosse il capo e si levò i capelli dagli occhi.

– Sì, la cosa diventerà grossa.

Adamsberg disaccavallò le gambe e prese a riordinare senza un criterio i fogli sulla scrivania.

– Non posso impedirle di seguirlo, – aggiunse. – Ma glielo sconsiglio. Stia in guardia, faccia attenzione. Mi raccomando.

Pareva a disagio, come se la sua stessa convinzione gli desse la nausea. Mathilde sorrise e lo lasciò.

Uscendo poco dopo, Adamsberg prese Danglard per la spalla e gli disse sottovoce:

– Domattina, veda di sapere se c'è stato un altro cerchio durante la notte. E lo esamini con attenzione, conto su di lei. L'ho detto, alla donna, di stare attenta: la cosa diventerà grossa, Danglard. Da un mese a questa parte i cerchi sono più numerosi. C'è stata un'accelerazione. In tutto questo c'è qualcosa di sordido, non lo avverte?

Danglard rifletté. Rispose, titubante[10]:

– Forse soltanto qualcosa di malsano ... O forse è semplicemente un gigantesco scherzo ...

E quella notte a Parigi c'erano stati due cerchi. Il primo era stato tracciato in rue du Moulin-Vert ed era stato un agente del quattordicesimo[11] a

10. titubante: incerto, indeciso.
11. quattordicesimo: il numero dell'*arrondissement* dove è avvenuto il ritrovamento.

individuarlo, entusiasta del proprio pattugliamento. L'altro era stato segnalato nello stesso quartiere, in rue des Froidevaux, da una donna che era venuta a lamentarsi perché trovava che quando è troppo è troppo.

Danglard, seccato, impaziente, salì al piano di sopra ed entrò da Conti, il fotografo. Conti era pronto per andare, carico di valigette e tracolle, come un soldato. Poiché Conti era magro, Danglard pensava che tutto quell'armamentario pieno di bottoni e di complicazioni che imponevano rispetto dovesse dargli sicurezza, ma in realtà sapeva che Conti non era così stupido, anzi proprio per niente. Prima corsero in rue du Moulin-Vert: il cerchio era lì, grande e azzurro, con la bella scritta che gli girava intorno. Non proprio al centro, c'era un pezzo di orologio da polso. Perché cerchi così larghi per cose tanto piccole? si domandò Danglard. Finora non si era mai reso conto di quella sproporzione.

– Non toccare, – gridò a Conti che entrava nel cerchio per vedere.

– Cosa? – disse Conti. – Mica è stato ammazzato, l'orologio! Allora già che ci sei chiama il medico legale[12].

Conti alzò le spalle e uscì dal cerchio.

– Non stare a discutere, – disse Danglard. – Ha detto di fotografare senza toccare nulla, quindi fallo, per piacere.

Ma in realtà, mentre Conti scattava, Danglard pensò che Adamsberg lo metteva in una situazione davvero ridicola. Se per disgrazia uno sbirro della zona fosse passato di lì, avrebbe avuto tutte le ragioni per dire che il quinto arrondissement svirgolava di brutto, a fotografare orologi da polso. E Danglard pensava che in effetti il commissariato del quinto stesse svirgolando di brutto e lui con esso.

In rue Émile-Richard, quel lugubre passaggio nel bel mezzo del cimitero di Montparnasse, Danglard capì perché una donna fosse venuta a lamentarsi, e fu quasi sollevato nello scoprirlo.

La cosa era diventata grossa.

– Hai visto? – disse a Conti.

Davanti a loro, il cerchio azzurro circondava un gatto morto, investito da un'auto. Non c'era sangue, il gatto doveva essere stato raccattato in un canaletto di scolo, già morto da qualche ora. Adesso la cosa si faceva inquietante, quel mucchietto di peli luridi in quella viuzza sinistra, e il cerchio e il «Victor, malasorte, il domani è alle porte».

Sembrava una ridicola pantomima[13] di streghe.

– Ho finito, – disse Conti.

Era stupido, ma a Danglard parve di capire che Conti fosse un po' impressionato.

– Anch'io ho finito, – fece Danglard. – Dài, andiamo che non è il caso che quelli del commissariato di quartiere ci trovino qui.

– È vero, – disse Conti. – Che figura ci faremo?

Adamsberg ascoltò imperturbabile il rapporto di Danglard lasciando fumare la sigaretta tra le labbra, gli occhi semichiusi per evitare che gli bruciassero. La sola cosa che fece fu tagliarsi un'unghia con i denti.

12. medico legale: si occupa dei rapporti tra la medicina e la legge, con lo scopo di scoprire e accertare aspetti utili alla risoluzione dei casi giudiziari.

13. pantomima: rappresentazione teatrale basata quasi esclusivamente sui gesti; spesso utilizzata in senso figurato per indicare l'esibizione innaturale di atteggiamenti e sentimenti.

Sezione 2   Narrare, interpretare, esprimere

       E siccome Danglard cominciava a inquadrare un po' il personaggio[14], capì che Adamsberg aveva dato il suo giusto peso alla scoperta di rue Émile-Richard.

       Ma quale peso? Su questo Danglard non si pronunciava ancora. Il modo in cui la mente di Adamsberg funzionava rimaneva per lui enigmatico e inquietante. A volte, ma durava solo un secondo, diceva a se stesso: «Fuggi da lui».

       Ma sapeva che quando nel commissariato si fosse cominciato a sapere che il capo perdeva il proprio tempo e quello dei suoi ispettori andando appresso all'uomo dei cerchi, lui avrebbe dovuto difenderlo. E cercava di prepararsi.

       – Ieri il topo, – disse Danglard, come se parlasse a se stesso provando il futuro discorso per affrontare i colleghi, – e stanotte il gatto. Brutta roba. Ma c'era anche l'orologio da polso. E Conti ha ragione, l'orologio da polso non è mica morto.

       – Invece sì che è morto, – disse Adamsberg. – Certo che è morto! Rifacciamo la stessa cosa domattina, Danglard. Io vado da Vercors-Laury, lo psichiatra che ha sollevato la questione. M'interessa il suo parere. Ma eviti di parlarne. Meglio rimandare il più possibile il momento in cui cominceranno a prendermi in giro.

da F. Vargas, L'uomo dei cerchi azzurri, trad. it. di Y. Mélaouah, Einaudi, Torino 2007

---

14. Danglard ... personaggio: l'inchiesta si svolge soltanto due settimane dopo la nomina di Adamsberg a commissario del quinto *arrondissement*.

COMPRENDERE E INTERPRETARE

■ La "grancassa mediatica"

1. Quale opinione mostrano nei confronti dell'"uomo dei cerchi" i due giornalisti di cui Adamsberg legge gli articoli [rr. 10-75]? Motiva la tua risposta con riferimenti al testo.
   - **A** Ritengono che i cerchi siano opera di un pericoloso maniaco.
   - **B** Pensano di trovarsi di fronte a un esibizionista bizzarro e innocuo.
   - **C** Sospettano che si tratti di una forma originale di protesta sociale.
   - **D** Ipotizzano la nascita di una nuova forma d'arte di strada.

2. Adamsberg giudica negativamente gli articoli. Riporta i passi del testo che rivelano l'opinione del commissario e ipotizzane la ragione.

■ Un commissario insolito

3. Grazie al suo intuito, Adamsberg percepisce che il fenomeno dei cerchi conoscerà un'escalation di violenza. Ricerca le frasi che indicano tale convinzione del commissario.

4. Mathilde individua due aspetti fondamentali della personalità di Adamsberg: l'inquieta curiosità e la disposizione all'ascolto e all'accoglienza. Individua le frasi della donna che esplicitano queste caratteristiche psicologiche dello «sbirro famoso».

Il commissario e gli altri

5. Quale rapporto si stabilisce fra Adamsberg e Mathilde?
- **A** Una malcelata antipatia.
- **B** Una reciproca indifferenza.
- **C** Una tacita intesa.
- **D** Un imbarazzante disagio.

6. Quale stato d'animo provoca nel vicecommissario Danglard la personalità di Adamsberg?
- **A** Irritazione e disgusto.
- **B** Divertimento e simpatia.
- **C** Disinteresse e freddezza.
- **D** Fascino e inquietudine.

7. Danglard è «seccato» per l'incarico affidatogli da Adamsberg di recarsi sui luoghi dove sono stati tracciati gli ultimi due cerchi. Come spieghi tale stato d'animo?
- **A** Teme il giudizio ironico dei colleghi.
- **B** Ritiene che sia un incarico poco importante.
- **C** Non sopporta il fotografo che lo accompagna.
- **D** È convinto che il sopralluogo sia inutile.

8. Mentre osserva il cerchio in cui si trova un pezzo di orologio, Danglard nota le dimensioni del disegno e si chiede «Perché cerchi così larghi per cose tanto piccole?». Quale ritieni possa essere la risposta?

STUDIARE LA LINGUA

9. Trascrivi e spiega con parole tue le due similitudini presenti nel primo articolo [rr. 11-21].
- a.
- b.

10. L'istinto permette al commissario di percepire la crudeltà anche quando si nasconde dietro un volto inoffensivo. Individua le espressioni e le sensazioni che rivelano il disagio e il disgusto di Adamsberg per questa sua vicinanza intuiva con il male.

PARLARE

11. E se i cerchi avessero uno scopo pacifico? Immagina che facciano parte di una strategia pubblicitaria, oppure che nascondano messaggi d'amore, o ancora che siano la punizione per una scommessa perduta. Riprendi una delle idee proposte e spiegane le ragioni e gli sviluppi ai tuoi compagni.

SCRIVERE

12. Continua la storia raccontando il ritrovamento del primo cadavere all'interno di un cerchio azzurro: dove viene trovato? È un uomo o una donna? Adamsberg si reca sul posto? Cerca di rintracciare Mathilde? Nella narrazione, imita lo stile della Vargas: utilizza un narratore esterno con focalizzazione interna (il punto di vista è quello di Adamsberg).

Andrea Camilleri
La bomba di via Pisacane

T6

I contenuti | La nuova indagine di Montalbano, commissario nell'immaginario ma assai verosimile paese siciliano di Vigata, comincia con l'esplosione di una bomba, e prosegue con le modalità tipiche del commissario: deduzione, intuito e pranzi a base di pesce freschissimo...

«Ci sono Augello e Fazio[1]?».
«Dottori, in loco stanno».
«Mannali 'nni mia[2]».
«E come fanno a viniri, dottori?» spiò 'mparpagliato[3] Catarella[4].
«Che significa come fanno? Usanno le loro gamme[5]!».
«Ma non stanno ccà, dottori, stanno in loco indov'è illoco!».
«E indov'è 'sto loco?».
«Aspittasse che talio[6]».
Pigliò un pizzino[7], lo liggì.
«Ccà ci sta scrivuto via Pissaviacane vintotto».
«Sei certo che si chiama via Pissaviacane?».
«Come la morti, dottori».
Mai sintuta nominari.
«Chiamami a Fazio e passamelo in ufficio».
Squillò il tilefono.
«Fazio, che succedi?».
«Stamatina all'arba[8] misiro 'na bumma[9] davanti a un magazzino di via Pisacane. Nisciun firito, sulo un gran scanto[10] e qualichi vitro rotto. Oltri alla saracinesca sfunnata[11], naturalmenti».

1. Augello e Fazio: Domenico Augello, detto *Mimì*, il vicecommissario della stazione di Polizia di Vigata e ottimo amico di Montalbano, noto non soltanto per le sue capacità investigative ma anche per le sue numerose avventure sentimentali; l'ispettore capo Fazio è particolarmente scrupoloso e zelante nella ricerca di informazioni, grazie anche alla conoscenza di fatti e persone della città.
2. Mannali 'nni mia: mandali da me.
3. spiò 'mparpagliato: guardò imbarazzato.
4. Catarella: è il centralinista del Commissariato di Vigata; si tratta di un personaggio caratterizzato da scarse capacità intellettive e da una conoscenza approssimativa della lingua, che gli fa storpiare tutte le parole; spesso è al centro di situazioni comiche e di divertenti equivoci.
5. gamme: gambe.
6. talio: guardo.
7. pizzino: foglietto.
8. arba: alba.
9. bumma: bomba.
10. scanto: fracasso, boato.
11. sfunnata: sfondata.

▸ Luca Zingaretti interpreta il commissario Montalbano della serie di Camilleri, insieme a Catarella, Fazio e Augello.

12. vacante: vuota.
13. s'assittaro: si sedettero.
14. arrispunniri: rispondere.

20 «Un magazzino di che?».
«Di nenti. Da squasi un anno è vacante[12]».
«Ah. Il proprietario?».
«L'ho 'nterrogato. Poi ci conto tutto, tra un'orata al massimo semo di ritorno».

25 «Allura, che è 'sta storia?» spiò il commissario a Fazio e ad Augello appena che gli s'assittaro[13] davanti.
Toccava al vicicommissario Domenico Augello detto Mimì arrispunniri[14]. E 'nfatti dissi:

Gli investigatori: dalla carta allo schermo

parole · concetti · idee

Non sempre i personaggi letterari sono riusciti a diventare convincenti personaggi cinematografici o televisivi. Il giallo/*noir* costituisce però un'eccezione: molti dei più celebri investigatori letterari sono diventati efficaci e amatissimi personaggi sul grande e sul piccolo schermo.
Dai *noir* americani sono stati tratti celebri film con protagonisti Philip Marlowe (*Il grande sonno*, 1946) e Sam Spade (*Il mistero del falco*, 1941); il commissario Jules Maigret, eroe di più di cento tra romanzi e racconti, ha avuto particolare fortuna in Italia negli anni Sessanta, grazie a una serie televisiva prodotta e trasmessa dalla Rai; Agatha Christie è stata ampiamente "saccheggiata" dagli sceneggiatori: da Hercule Poirot (*Assassinio sull'Orient Express*, 1974 e 2001) a Miss Jane Marple (*Assassinio allo specchio*, ma anche diverse serie di telefilm). Anche Ellery Queen, personaggio creato da una coppia di autori statunitensi che utilizzavano come pseudonimo proprio Ellery Queen, ebbe molto successo come protagonista di una serie televisiva degli anni Sessanta. In Italia, il caso più noto è quello del commissario Montalbano di Andrea Camilleri, del quale si producono tuttora nuove avventure.
Dove risiede il segreto di tanto successo? Naturalmente nella bravura di attori, sceneggiatori e registi, e nella scelta di ottimi romanzi, con storie avvincenti e ben narrate. Ma soprattutto il pubblico ha dimostrato di affezionarsi particolarmente ai personaggi "diversi" dalla realtà, che si tratti di detective privati (come il solitario Philip Marlowe, che ama l'alcool e la vita nei bassifondi di Los Angeles, e ha pessimi rapporti con le autorità), o di commissari della Polizia di Stato italiana (come lo scontroso Salvo Montalbano, che ama la cucina a base di pesce, vive nella provincia siciliana e parla quasi sempre in dialetto).

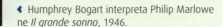
Humphrey Bogart interpreta Philip Marlowe ne *Il grande sonno*, 1946.

Sezione 2 Narrare, interpretare, esprimere

«Secunno mia[15] è 'na storia di pizzo[16] non pagato. Secunno Fazio, no».
«Sinterno prima a tia[17]» fici Montalbano.
«Il magazzino è di propietà di un certo Angelino Arnone, che possedi macari[18] un negozio di alimentari, un panificio e un negozio di scarpi. Havi tri pizzi da pagare. O si è scordato di pagarne qualichiduno o gliel'hanno aumentati e lui si è arrefutato[19]. Allora, per farlo tornare in riga, gli hanno dato un avvertimento, tutto qua».
«E questo Arnone che dice?».
«Le solite minchiate[20] che abbiamo sentito ripetere cento volte. Che non ha mai pagato il pizzo perché non gli è stato mai domandato, che non ha nemici e che tutti gli vogliono un bene dell'anima».
«E tu come la pensi?» spiò Montalbano a Fazio.
«Mah, dottore, a mia la facenna non mi quatta[21]».
«E pirchì?».
«Pirchì sarebbi la prima vota che per persuadiri a uno a pagari il pizzo gli mettono 'na bumma in un magazzino vacante. Che danno gli hanno fatto? 'Na vecchia saracinesca scassata! Se la cava con quattro euri. 'Nveci l'avrebbiro dovuta mettiri, secunno la regola, o davanti all'alimentari o davanti al panificio o davanti al negozio di scarpi. Allura sì che l'avvertimento aviva un senso!».
Il commissario non seppi che diri. Il dubbio di Fazio però non era tanto campato in aria.
«E, sempri secunno tia, per quali scopo stavota non avrebbiro seguito la regola?».
«Sinceramenti, non le saccio[22] dari 'na risposta. Ma se vossia me lo permetti, vorria sapirne chiossà[23] supra ad Angelino Arnone».
«Vabbeni, 'nformati e po' fammi sapiri. Ah, che bumma era?».
«Tipica. A tempo. 'Nfilata dintra a 'na scatola di cartoni che poteva pariri lassata apposta per il munnizzaro[24]».

Addiriggennosi per annare[25] a mangiare alla trattoria di Enzo, gli capitò di leggiri la targa di 'na strata[26] curta e stritta nella quali passava da anni almeno dù vote al jorno. Via Pisacane.
Non sinni era mai addunato[27] prima che s'acchiamava accussì. Rallintò passanno davanti al nummaro vintotto. Il magazzino di Arnone, al piano terra di 'no stabili di tri piani, stava tra un ferramenta e il portoni d'accesso all'appartamenti che c'erano supra. La bumma non era stata collocata al centro della saracinesca, ma al margine destro.
Da Enzo s'abbuffò. Antipasti vari, spaghetti al nìvuro di siccia[28], un assaggio di pasta alle vongole, triglie di scoglio fritte (2 porzioni abbunnanti[29]).
Perciò la passiata molo molo fino allo scoglio chiatta sutta al faro[30] s'impose, a malgrado del càvudo[31] che faciva.
Passò un'orata a fumari e a babbiare con un grancio[32] e po' sinni tornò in ufficio.

---

15. **Secunno mia:** secondo me.
16. **pizzo:** l'obbligo per i proprietari di negozi o imprenditori di versare una parte degli incassi alla criminalità organizzata, in cambio di una ipotetica "protezione". Molto spesso coloro che si oppongono al ricatto e denunciano l'accaduto alla polizia diventano oggetto di minacce e attentati.
17. **Sinterno prima a tia:** sentiamo prima te.
18. **macari:** anche.
19. **si è arrefutato:** si è rifiutato.
20. **minchiate:** stupidaggini.
21. **non mi quatta:** non mi quadra, non mi convince.
22. **non le saccio:** non le so.
23. **chiossà:** di più.
24. **munnizzaro:** spazzino.
25. **Addiriggennosi per annare:** dirigendosi per andare.
26. **strata:** strada.
27. **Non ... addunato:** non si era mai accorto.
28. **nìvuro di siccia:** nero di seppia.
29. **abbunnanti:** abbondanti.
30. **passiata ... faro:** passeggiata molto lenta fino allo scoglio piatto sotto il faro.
31. **càvudo:** caldo.
32. **babbiare con un grancio:** scherzare, giocare con un granchio.

Parcheggiò, scinnì³³, ma per trasire³⁴ 'n commissariato dovitti spostari col pedi un grosso pacco che ostruiva la trasuta³⁵.

75 Viloci come un flash un pinsero s'addrumò nel sò ciriveddro³⁶.

«Catarè, che è 'sto pacco?».

«M'ascusasse, dottori, ora subitissimo se lo vegnino a pigliari quelli dell'amministrazioni. Sunno arrivati otto pacchi di fommulari, modulli e carta intistata³⁷».

80 Com'è che il ministero attrovava il dinaro per aumentari la rottura dei cabasisi³⁸ burocratica e non l'attrovava per la benzina delle volanti?

«C'è Fazio?».

«Sissi».

«Mannamillo³⁹».

85 Fazio arrivò giustificannosi.

«Dottore, in tutta la matinata non ho avuto un minuto di tempo per occuparimi di Arnone».

«Ti volivo diri 'na cosa, assettati. Per caso, ho scoperto che una delle strate che fazzo⁴⁰ abitualmenti per annare 'n trattoria era via Pisacane.
90 Ho dato un'occhiata».

Fazio lo taliò 'nterrogativo.

«Dall'alone di scoppio e dal pirtuso⁴¹ nella saracinesca, ho avuto la 'mprissioni che la bumma era collocata squasi al limiti destro della saracinesca. È accussì?».

95 «Sissi».

«In altre paroli spostata verso il vintisei, vali adiri il portoni d'ingresso del fabbricato. D'accordo?».

«D'accordo».

«Stammi a sintiri che ti fazzo un'ipotesi. Se un inquilino del fabbri-
100 cato, niscenno o trasenno⁴² la matina presto, si trova davanti al portoni 'na scatola di cartoni, che fa?».

33. **scinnì:** scese.
34. **trasire:** entrare.
35. **trasuta:** entrata.
36. **un pinsero ... ciriveddro:** un pensiero si accese nel cervello.
37. **fommulari ... intistata:** formulari, moduli e carta intestata; materiale burocratico.
38. **la rottura dei cabasisi:** scocciatura.
39. **Mannamillo:** mandamelo.
40. **fazzo:** faccio.
41. **pirtuso:** buco.
42. **niscenno o trasenno:** uscendo o entrando.

Sezione 2 Narrare, interpretare, esprimere

43. Raggiuni havi: hai ragione.
44. travaglio: la questione.
45. Gallo: è un agente del commissariato.
46. sdilluderlo: disilluderlo, deluderlo.
47. Sinagra: la famiglia mafiosa più potente di Vigata.
48. soprastanti: sovrintendente.

«La sposta con un pedi» dissi Fazio.
«Esattamenti. Può darsi che la bumma non era un avvertimento ad Arnone, ma a qualichiduno che abita in quel fabbricato».
105 «Raggiuni havi[43]. E questo veni a significari che il travaglio[44] aumenta e si complica».
«Vuoi che 'nni parlo al dottor Augello?».
Fazio fici 'na smorfia. «Se potissi portarimi appresso a Gallo[45]…».
«Vabbeni» dissi il commissario.
110 Doppo 'na mezzorata s'apprisintò Augello.
«Ci l'hai un minuto?».
«Tutto il tempo che vuoi, Mimì».
«Ho riflettuto supra a quello che stamatina Fazio dissi a proposito della bumma. Fettivamenti, è un'anomalia. Allura mi sono spiato pir-
115 chì la bumma era stata mittuta al limiti destro della saracinesca e no al centro. Vidi, Salvo, allato al magazzino ci sta il portoni d'ingresso di un fabbricato a tri piani. Ora io dico: non può darsi che la bumma era distinata al portoni? E che un inquilino abbia spostato la scatola di cartoni senza rinnirisi conto che continiva 'na bumma?».

Il commissario fici 'na facci esultanti.
«Lo sai che hai fatto 'na magnifica pinsata, Mimì? Complimenti. Dirò subito a Fazio di 'ndagari sull'abitanti del fabbricato».
Augello si susì, sinni tornò sodisfatto nel sò ufficio. Che nicissità c'era di sdilluderlo[46]? La giovane marmotta dei boyscout Montalbano Salvo aviva fatto l'opira bona della jornata.

«C'è primisso?» spiò Fazio.
«Trasi e assettati. Novità?».
«Dottore, nel fabbricato di via Pisacane ci abitano dù prigiudicati e Carlo Nicotra».
Montalbano lo taliò 'mparpagliato.
«Hai ditto Nicotra come se fusse il Papa! Chi è?».
«Carlo Nicotra si è maritato con una nipoti del vecchio Sinagra[47] sei anni fa e pari che la famiglia gli abbia dato l'incarico di suprastanti[48] allo spaccio nell'isola».
«'Na speci d'ispittori ginirali?».

Il giallo e il noir — U3

«Pricisamenti». Tutto 'nzemmula[49] il commissario s'arricordò. Come aviva fatto a non pinsarici prima? Si vidi, riflittì amaramenti, che le vicchiaglie gli accomenzavano a tirari brutti sgherzi[50].

«Ma non è quello al quali spararono tri anni fa?».

«Sissi. Lo pigliarono al petto. Cinco cintimitri a manca[51] e gli spaccavano il cori».

«Aspetta… aspetta… Non è lo stisso al quali l'anno passato ficiro satari[52] la machina con una bumma?».

«Lo stisso».

«Perciò 'sta bumma di via Pisacane avrebbi avuto scritto un indirizzo priciso?».

«Accussì pare».

«Ma a tia ti pirsuadi?».

«Nonsi».

«Manco a mia. Dimmi pirchì».

«Dottore, a Nicotra prima l'hanno sparato, po' doviva satari 'n aria con la machina appena che girava la chiavetta dell'accinsioni, sulo che la machina la fici pigliare al sò aiutanti e fu lui che morse… Voglio diri che Carlo Nicotra non è omo al quali si mannano avvertimenti, si tenta d'ammazzarlo e basta».

«Sugno[53] pirfettamenti d'accordo. Comunqui, non lo pirdirei di vista. E i dù prigiudicati?».

Fazio si 'nfilò 'na mano 'n sacchetta, cavò fora un foglio. Montalbano si 'nfuscò[54].

«Se ti metti a dirimi paternità, maternità, data e loco di nascita di 'sti prigiudicati, giuro che ti fazzo mangiari il foglietto».

Fazio arrussicò[55] e non dissi nenti.

«La tò filicità sarebbi stata di fari l'impiegato all'anagrafi» dissi il commissario.

Fazio accomenzò con lintizza a rimittirisi il foglietto 'n sacchetta. Aviva l'ariata d'un assitato al quali veni nigato un bicchieri d'acqua. La giovane marmotta dei boyscout Montalbano Salvo addecidì di fari l'opira bona della jornata.

«Vabbeni, leggi».

La facci di Fazio s'addrumò[56] come 'na lampatina. Raprì il foglietto ripiegato e se lo tinni davanti.

«Il primo sarebbi Giannino Vincenzo, fu Giuseppe e di Tabita Michela, nato a Barrafranca il 7 marzo 1970. 'N totali 'na decina d'anni di càrzaro[57] per rapina, furto con scasso, aggressioni a pubblico ufficiali. Il secunnu sarebbi Tallarita Stefano, fu Salvatore e fu Tosto Giovanna, nato a Vigàta il 22 agosto 1958. Attualmenti trovasi ristretto[58] nel càrzaro di Montelusa[59], cunnannato[60] per spaccio. 'N pricidenza, autre quattro cunnanne sempri per spaccio».

Ripiegò il foglietto e se lo misi 'n sacchetta.

da A. Camilleri, *Il gioco degli specchi*, Sellerio, Palermo 2011

---

49. **Tutto 'nzemmula:** improvvisamente.
50. **le vicchiaglie … sgherzi:** la vecchiaia incominciava a fargli brutti scherzi.
51. **a manca:** a sinistra.
52. **ficiro satari:** fecero saltare.
53. **Sugno:** sono.
54. **si 'nfuscò:** si rabbuiò.
55. **arrussicò:** arrossì.
56. **s'addrumò:** si illuminò.
57. **càrzaro:** carcere.
58. **ristretto:** incarcerato.
59. **Montelusa:** città immaginaria, in cui è possibile riconoscere Agrigento, vicina alla più piccola Vigàta, a sua volta identificabile con Porto Empedocle.
60. **cunnannato:** condannato.

Sezione 2 — Narrare, interpretare, esprimere

COMPRENDERE E INTERPRETARE

Lo svolgimento dell'inchiesta

1. Nel brano possiamo riconoscere cinque parti, che abbiamo riportato in tabella. Scrivi una breve sintesi di ciascuna parte, come nell'esempio.

Rr. 1-24	Montalbano viene informato dello scoppio di una bomba in via Pisacane.
Rr. 25-57	
Rr. 58-109	
Rr. 110-130	
Rr. 131-188	

2. Distingui, fra le seguenti spiegazioni dell'esplosione della bomba, le due che, in queste fasi iniziali, vengono prese in considerazione da Montalbano e dai suoi collaboratori.
   - **A** Un avvertimento per un negoziante che non ha pagato il pizzo.
   - **B** La vendetta di un marito tradito.
   - **C** Un regolamento di conti tra due cosche mafiose concorrenti.
   - **D** Un avvertimento a un boss mafioso.
   - **E** Un tentativo di furto con scasso.

3. Ora che hai riconosciuto le due ipotesi, spiega per quali ragioni entrambe si mostrano improbabili a una più attenta analisi da parte dei poliziotti.
   - **a.** Ipotesi 1: ....
   - **b.** Ipotesi 2: ....

4. Quali episodi casuali spingono Montalbano a pensare che la bomba non sia stata collocata per colpire il magazzino ma il palazzo accanto? Quale tipo di associazione stabilisce il commissario tra ciò che vede dinanzi al luogo dello scoppio e quanto gli accade al rientro in ufficio?

Le relazioni tra i personaggi

5. Rifletti sul rapporto fra Montalbano e i suoi due interlocutori subalterni, Augello e Fazio. Fra quelli in elenco, quali comportamenti e stati d'animo riconosci nel commissario?
   - **A** Arroganza.
   - **B** Apprezzamento.
   - **C** Autorevolezza.
   - **D** Insicurezza.
   - **E** Estraneità.
   - **F** Disponibilità.
   - **G** Fiducia.
   - **H** Indifferenza.

6. Spiega per quale ragione al termine dei dialoghi con Augello e poi con Fazio, il narratore ironicamente paragona Montalbano a uno scout, una "giovane marmotta" che ha appena compiuto un'azione buona.

STUDIARE LA LINGUA

7. I personaggi compiono alcuni errori grammaticali, legati all'uso parlato della lingua o a modi di dire tipici del dialetto siciliano. Correggi le seguenti espressioni e spiega per quale ragione sono grammaticalmente scorrette. Segui l'esempio.

a. «Chiamami a Fazio».	Chiamami Fazio: il verbo "chiamare" regge il complemento oggetto e non quello di termine.
b. «poi ci conto tutto».	
c. «a mia la faccenda non mi quatta».	
d. «per persuaderi a uno».	

8. Nell'ultimo dialogo fra Montalbano e Fazio [rr. 131-188] vi sono numerosi termini che appartengono al linguaggio giuridico e indicano esponenti e attività propri del mondo della criminalità. Trascrivili.

PARLARE

9. Immagina gli sviluppi della vicenda: scoppierà una nuova bomba? Dove? Vi saranno delle vittime? O forse il commissario riceverà una lettera anonima o la visita di un testimone volontario che indirizzeranno le ricerche verso la soluzione? Dopo aver verificato la coerenza della successione logica e temporale, racconta gli sviluppi della vicenda con un intervento orale di cinque minuti.

SCRIVERE

10. La lingua utilizzata da Camilleri è un efficace impasto tra il dialetto siciliano e l'italiano. Prova a riscrivere il primo dialogo tra Montalbano, Augello e Fazio fondendo l'italiano con il dialetto o la lingua della regione o della nazione da cui proviene la tua famiglia. Quale lingua potrebbe nascere dalla contaminazione fra l'italiano e, per esempio, il calabrese o il veneto, il rumeno o l'arabo?

11. L'agente Catarella compie strafalcioni verbali che possono dare luogo a divertenti equivoci, come nel caso della via Pisacane che si trasforma in via Pissaviacane. Racconta per iscritto un episodio a cui hai assistito, o una barzelletta, in cui la storpiatura di una parola è all'origine di una situazione buffa. Dopo aver letto in classe tutti i racconti, scegliete quello più divertente.

STRUMENTI DEL LESSICO E FORME DI SCRITTURA

I verbi di parola

La narrativa gialla si caratterizza per la presenza della *suspense* e per il ritmo veloce, entrambi derivanti dalla presenza di colpi di scena, imprevisti cambiamenti di scenario e di situazione, rivelazioni improvvise e così via. Come sai, le sequenze dialogiche, molto frequenti nei gialli, contribuiscono a rendere più veloce e dinamico il ritmo.

Per creare dialoghi serrati e avvincenti è importante saper utilizzare bene i verbi "di parola", che precisano e definiscono le molte sfumature di tono e di intenzione con cui viene pronunciata una frase.

1. Completa le tabelle, da solo o insieme ai tuoi compagni: ne risulterà un ricco repertorio di verbi a tua disposizione per rendere sempre più personali e coinvolgenti i tuoi dialoghi.

■ I verbi per "dire"...

... una frase.	Dire, parlare, ...
... un discorso.	Pronunciare, proferire, ...
... la verità.	Dichiarare, affermare, ...
... un'opinione.	Manifestare, sostenere, ...
... un segreto.	Rivelare, divulgare, ...
... un'informazione.	Esporre, riferire, ...
... una storia.	Raccontare, narrare, ...
... un consiglio.	Esortare, consigliare, ...
... un ordine.	Ordinare, imporre, ...
... un sentimento.	Esprimere, manifestare, ...
... un pensiero.	Formulare, palesare, ...
... una domanda.	Chiedere, domandare, ...

■ I verbi per rispondere...

... a una domanda.	Replicare, dialogare, ...
... a un'offesa.	Ribattere, replicare, ...
... a una richiesta.	Soddisfare, esaudire, ...
... a un ordine.	Obbedire, sottostare, ...
... a una tesi contraria alla nostra.	Dissentire, confutare, ...
... a una proposta.	Accettare, confermare, ...
	Respingere, rifiutare, ...

Gli usi figurati del verbo "dire"

Spiega, come nell'esempio, il significato di queste espressioni figurate; poi, insieme ai compagni, aggiungine altre, sempre spiegando il significato.

Dire la propria.	Esporre il proprio parere su un argomento.
Dirla/spararla grossa.	
Non c'è che dire.	
Per dirla tutta.	
È tutto dire.	
Dire chiaro e tondo.	
Per così dire.	
Avere da dire.	
Avere un bel dire.	

Dialoghi "gialli"

2. Classifica i verbi seguenti in tre insiemi, a seconda che esprimano un'affermazione, una domanda o una risposta.

interrompere • pregare • precisare • avvertire • informarsi • obiettare • osservare • ribadire • intervenire • sollecitare • insistere • confermare • sottolineare • dubitare • sostenere • invitare

3. Per ogni verbo dell'esercizio precedente indica l'intenzione (gentile, tranquilla, distaccata, serena, indifferente, aggressiva, provocatoria, solenne...) che esprime.

4. Completa il dialogo tra Holmes e Watson inserendo e coniugando opportunamente i verbi dati. Tieni conto che Watson è il narratore, dunque si esprime in prima persona.

esclamare • interessarsi • protestare • domandare • osservare • soggiungere • precisare • ribattere

«Che guazzabuglio!» **1** .... buttando la rivista sul tavolo «non ho mai letto un simile mucchio di sciocchezze in vita mia!».
     «Che cos'è?» **2** .... Holmes.
     «Ma questo articolo» **3** .... «Immagino che lei l'abbia letto, Holmes, dato che ci ha fatto un segno a matita. Non nego che sia scritto con intelligenza, ma nello stesso tempo è irritante. Si tratta, evidentemente, delle teorie di uno sfaccendato: mi piacerebbe vederlo seduto in un vagone di terza classe e pregarlo di indicarmi il mestiere di tutti i suoi compagni di viaggio. Scommetterei mille contro uno, contro di lui».
     «Perderebbe i suoi quattrini» **4** .... Holmes con calma. «Quanto all'articolo, l'ho scritto io».
     «Lei!» **5** ....

Sezione 2 — Narrare, interpretare, esprimere

«Sì. Ho una certa tendenza per l'osservazione e per la deduzione» **6** .... Holmes. «Le teorie che ho espresso in quell'articolo sono estremamente pratiche, tanto che io ci vivo sopra».

«In che modo?» **7** .... , mio malgrado.

«Ecco, esercito una professione particolare. Sono investigatore-consulente, non so se riesce a capire quel che significa» **8** .... Holmes.

da A. Conan Doyle, *Uno studio in rosso*, trad. it. di A. Tedeschi, Mondadori, Milano 1992

5. Riscrivi il dialogo teatrale che segue in forma di sequenza dialogica, utilizzando i verbi di parola più opportuni. L'esercizio è avviato.

A St. Mary Mead, l'immaginario villaggio inglese dove vive Miss Marple, è stato appena commesso un delitto. L'agente Palk, incaricato delle indagini, si reca dall'anziana signora per chiederle un importante chiarimento.

AGENTE PALK	Se non vi disturbo, madame, avrei alcune domande da porvi.
MISS MARPLE	In relazione all'omicidio della signora Spenlow?
AGENTE PALK	Posso chiedervi, madame, come ne siete venuta a conoscenza?
MISS MARPLE	Il pesce.
AGENTE PALK	Capisco. Ve l'ha detto il garzone del pescivendolo.
MISS MARPLE	Distesa sul pavimento del salotto, strangolata, magari con un cordoncino molto sottile. Ad ogni modo, qualunque fosse lo strumento del delitto, è stato portato via.
AGENTE PALK	Come è possibile che quel ragazzino di Fred riesca a sapere tutto…

MISS MARPLE	Avete un ago infilato nella giacca. C'è un detto: "vedi uno spillo e tiralo su; per quel giorno fortuna avrai tu". Spero che il detto si avveri. E ora, che cosa intendevate sapere da me?
AGENTE PALK	Ho raccolto la deposizione del signor Spenlow, marito della defunta. Il signor Spenlow afferma che alle due e trenta ricevette una telefonata da Miss Marple che gli chiese di recarsi da lei alle tre e un quarto. Ora, madame, ciò corrisponde a verità?
MISS MARPLE	No di certo.
AGENTE PALK	Non avete telefonato al signor Spenlow alle due e trenta?
MISS MARPLE	Né alle due e trenta, né in alcun altro momento.
AGENTE PALK	Ah.
MISS MARPLE	Che cos'altro ha detto il signor Spenlow?
AGENTE PALK	Il signor Spenlow ha dichiarato che è venuto qui, come gli era stato chiesto, dopo essere uscito di casa alle tre e dieci; giunto qui, fu informato dalla cameriera che Miss Marple non era in casa.
MISS MARPLE	Questo è vero. Effettivamente è venuto qui, ma io ero a una riunione dell'Associazione Femminile.
AGENTE PALK	Ah.
MISS MARPLE	Ditemi, agente, sospettate del signor Spenlow?
AGENTE PALK	Non spetta a me dirlo in questa fase delle indagini, ma mi pare che qualcuno, per non far nomi, abbia cercato di agire con astuzia.
MISS MARPLE	Il signor Spenlow?

Appena Miss Marple lo fece entrare nel suo salottino, l'agente Palk esordì: «Se non vi disturbo, madame, avrei alcune domande da porvi».

«In relazione all'omicidio della signora Spenlow?» domandò Miss Marple.

Palk sussultò: «Posso chiedervi, madame, come fate a saperlo?»

....
....
....
....
....
....

6. Riscrivi il dialogo che segue in forma indiretta.

In salotto ci attendeva una giovane donna vestita di nero e fittamente velata, che si alzò al nostro apparire.

"Buon giorno signorina" disse cordialmente Holmes. "Io mi chiamo Sherlock Holmes, e questo è il mio intimo amico nonché socio dottor Watson. Non deve temere" aggiunse con dolcezza "metteremo presto le cose a posto, non dubiti. Vedo che è arrivata stamane in treno."

"Come… come fa a saperlo?"

"Noto nel palmo del suo guanto sinistro un biglietto di andata e ritorno. Deve essersi alzata presto, e deve aver fatto una lunga corsa in calessino, su strade pesanti, prima di giungere alla stazione".

La giovane donna sobbalzò violentemente e guardò il suo interlocutore con aria stupefatta.

"Non c'è nessun trucco, cara signorina" riprese Holmes sorridendo "La manica della sua giacca è spruzzata di fango in almeno sette punti, e i segni sono ancora freschissimi. Soltanto un calesse spruzza fango a quel modo, e solo quando ci si siede a sinistra del conducente".

"Come lei abbia fatto a indovinare tutto questo non so, comunque ha perfettamente ragione!" ammise la signorina.

da A. Conan Doyle, *La banda maculata*, in *L'infallibile Sherlock Holmes*, trad. it. di M. Gallone, Mondadori, Milano 1977

7. In una delle sue avventure, il famoso investigatore belga Hercule Poirot si trova di fronte al più classico degli enigmi: un omicidio in una camera chiusa a chiave dall'interno. Il luogo del delitto è il palazzo del senatore George Lee, membro del Parlamento inglese. Approfittando della presenza di Poirot a Londra, il sovrintendente di polizia Sugden lo manda a chiamare, gli fa un resoconto dei fatti e lo prega di collaborare con la polizia affinché il caso sia risolto nel più discreto e rapido dei modi.

Di seguito trovi, in forma schematica, le informazioni sul delitto riferite da Sugden a Poirot. Riscrivile in forma di dialogo tra i due, proseguendo l'esempio.

- Vittima: George Lee, 41 anni, alto ed elegante, senatore del Regno Unito.
- Causa della morte: taglio della giugulare.
- Luogo dell'omicidio: la camera da letto della vittima. La porta era chiusa dall'interno e le due finestre ben sigillate, sempre dall'interno.
- Condizioni della camera: in grande disordine, come se vi fosse avvenuta una violenta colluttazione.
- Ora del ritrovamento del cadavere: 21.15.
- Persone presenti in casa in quel momento: la servitù e la famiglia della vittima.
- Arma del delitto: scomparsa.

Sugden era visibilmente pallido quando si parò davanti a Poirot.
«Che pasticcio, caro Poirot, che assurdo pasticcio!». Quasi balbettava per l'agitazione.
«Mon ami, si calmi e mi racconti ogni cosa» gli suggerì il detective.

1) VERIFICA DI ASCOLTO

OBIETTIVI
- Comprendere la sequenza dei fatti.
- Individuare le caratteristiche del genere giallo.

Ascolta con attenzione la lettura prendendo qualche appunto, che potrai consultare durante la verifica. Fai particolare attenzione all'inizio del racconto poiché è in *medias res*, cioè ti introduce in una vicenda già avviata i cui particolari vengono chiariti successivamente. I nomi dei personaggi sono in inglese, quindi attenzione alla pronuncia.

Ellery Queen indaga

1. Chi è l'investigatore protagonista del racconto? ....
2. Chi è la signorina Carpenter? ....
3. Che cosa è stato rubato? ....
4. Sulla base di quali fatti viene accertato che il furto è stato premeditato e commesso da un allievo? Barra le risposte esatte.
   A ☐ All'inizio dell'ora di lezione la busta originale era nel cassetto della cattedra.
   B ☐ La busta originale era nella tasca del cappotto della signorina Carpenter.
   C ☐ Durante l'ora nessuno era entrato o uscito dalla classe, eccetto Ellery Queen.
   D ☐ All'inizio dell'ora c'era un po' di confusione in classe.
   E ☐ La signorina Carpenter aveva dimenticato la busta sulla cattedra all'inizio della lezione.
   F ☐ La busta originale è stata sostituita con una identica.

5. Che cosa propone Ellery Queen, una volta informato dei fatti? Barra le due risposte corrette.
   A ☐ Di chiamare la polizia.
   B ☐ Di svolgere personalmente e subito le indagini.
   C ☐ Di chiamare il dirigente scolastico.
   D ☐ Di interrogare gli studenti separatamente, in un'aula a parte.
   E ☐ Di perquisire gli studenti.

6. Ellery Queen riesce a risolvere il caso?
   A ☐ Sì.   B ☐ No.

7. Chi è il colpevole? ....
8. Dove viene trovata la refurtiva? ....
9. Quali caratteristiche del detective emergono dal racconto?
   A ☐ Forza fisica.   D ☐ Sangue freddo.
   B ☐ Intuito.   E ☐ Capacità deduttive.
   C ☐ Capacità di osservazione. F ☐ Sprezzo del pericolo.

10. Il racconto che hai ascoltato appartiene al genere
    A ☐ giallo classico.   C ☐ noir.
    B ☐ giallo d'azione.   D ☐ thriller.

Segui la correzione dell'insegnante e attribuisci il punteggio stabilito per ogni risposta esatta.

Sezione 2 Narrare, interpretare, esprimere

2) VERIFICA DI SCRITTURA Gialli e giallisti

OBIETTIVO

Scrivere un racconto giallo rispettando le caratteristiche del genere.

Segui le indicazioni per ideare e scrivere un avvincente racconto giallo.

- **Situazione iniziale**: descrivi un contesto **normale**, apparentemente privo di pericoli o di sospetti; questa parte serve anche per definire il **tempo**, il **luogo** dell'azione e i **personaggi coinvolti** (per esempio, i giorni nostri, un edificio scolastico, studenti e insegnanti della scuola; oppure, i giorni nostri, una villa di campagna, una comitiva di amici riuniti per il fine settimana...);
- **rottura dell'equilibrio**: un **crimine**, furto o delitto, del tutto inatteso e sconvolgente per i personaggi;
- **sviluppo coerente, credibile e verosimile**: niente oggetti magici, rivelazioni in sogno, aiuti in extremis ottenuti da personaggi dotati di qualità sovrumane. Il detective indaga usando solo la sua intelligenza, e il colpevole cerca di sfuggirgli allo stesso modo;
- **finale**: il detective svela il **nome del colpevole**, il **movente**, le **circostanze del delitto**, le **prove in suo possesso**;
- **personaggi indispensabili**: il **detective**, professionista o dilettante (anche improvvisato); la **vittima**; il **colpevole**. Tutti e tre devono essere **ben noti al lettore**: in particolare il colpevole non può comparire sulla scena all'ultimo minuto (un killer venuto da lontano...), ma essere presente sulla scena fin dall'inizio tra i sospettati;
- **ritmo veloce**: molto spazio hanno i **dialoghi**, così come **interrogatori** e **conversazioni** tra i personaggi coinvolti;
- **stile semplice, rapido, incalzante**: non mollare i lettori neppure per un istante, devono pendere dalle tue pagine sino alla fine;
- **voce narrante**: interna o esterna, a tua scelta.

Puoi autovalutare il tuo scritto in base alla tabella proposta; confronta poi la tua valutazione con quella dell'insegnante.

Griglia di autovalutazione

		sì	abb.	no
Organizzazione del contenuto	Ho seguito i punti della scaletta?	☐	☐	☐
	La trama ha uno sviluppo coerente e credibile?	☐	☐	☐
	Il finale spiega ogni "mistero" del racconto?	☐	☐	☐
Caratteristiche del giallo	I personaggi indispensabili sono presenti?	☐	☐	☐
	Il ritmo è veloce?	☐	☐	☐
	Lo stile è semplice e incalzante?	☐	☐	☐
Esposizione	La grafia è chiara?	☐	☐	☐
	L'ortografia è rispettata?	☐	☐	☐
	Le frasi sono ben costruite?	☐	☐	☐
	La punteggiatura è corretta?	☐	☐	☐

3) VERIFICA DI LETTURA

OBIETTIVI
- Comprendere il contenuto.
- Analizzare il lessico.
- Riconoscere il genere narrativo.

Leggi il testo e rispondi alle domande.

Da grande volevo fare lo sceriffo

Quando ero bambino e mi chiedevano cosa volessi fare da grande rispondevo lo sceriffo. Il mio idolo era Gary Cooper in *Mezzogiorno di fuoco*[1]. Quando mi dicevano che in Italia non esistono gli sceriffi, ma tutt'al più i poliziotti, rispondevo con prontezza. Sarei stato un poliziotto sceriffo. Ero un bambino duttile e volevo dare la caccia ai cattivi, in un modo o
5 nell'altro.

Poi – avrò avuto otto o nove anni – assistetti all'arresto di uno scippatore per strada. In realtà non so se fosse uno scippatore o un borseggiatore o che altro genere di piccolo delinquente. I miei ricordi sono piuttosto sfuocati. Diventano nitidi solo su una breve sequenza.

Sono con mio padre e camminiamo per strada. Uno scoppio di grida alle nostre spalle
10 e poi un ragazzo magro che ci passa di lato correndo – mi sembra – come un fulmine. Mio padre mi tira a sé, giusto in tempo per evitare che un uomo, che arriva subito dopo mi travolga, correndo anche lui. L'uomo ha un maglione nero e grida mentre corre.
15 Grida in dialetto. Grida al ragazzo di fermarsi che altrimenti lo uccide. Il ragazzo non si ferma spontaneamente, ma forse una ventina di metri dopo urta contro un signore. Cade. L'uomo con il maglione
20 nero gli è addosso e intanto ne sta arrivando un altro, più lento e più grosso. Io sfuggo al controllo di mio padre e mi avvicino. L'uomo con il maglione nero colpisce il ragazzo, che da vicino sembra poco più che
25 un bambino. Lo colpisce con pugni sulla testa e quando quello cerca di ripararsi gli toglie le mani e poi lo colpisce di nuovo. E giù un altro pugno diritto sulla testa, con le nocche. Il ragazzo grida basta, ba-
30 sta. Anche lui in dialetto. Poi smette di gridare e piange.

1. ***Mezzogiorno di fuoco***: celebre film western di cui era protagonista l'attore hollywoodiano Gary Cooper.

Sezione 2 Narrare, interpretare, esprimere

Io guardo la scena, ipnotizzato. Sento disgusto fisico e un senso di vergogna per quello che vedo. Ma non riesco a distogliere lo sguardo.

Adesso arriva l'altro, il grosso, che ha un'aria pacioccona ed io penso che interviene, e
35 fa finire quello schifo. Lui smette di correre a cinque, sei metri dal ragazzo, che adesso è raggomitolato per terra. Copre quello spazio camminando e ansimando. Quando è proprio sopra al ragazzo prende fiato, e gli dà un calcio nella pancia. Uno solo, fortissimo. Il ragazzo smette anche di piangere e apre la bocca e rimane così, senza riuscire a respirare. Mio padre, che fino a quel momento è rimasto impietrito anche lui, fa il gesto di intervenire, dice qual-
40 cosa. È l'unico fra tutta la gente intorno. Quello con il maglione nero gli dice di farsi gli affari suoi. «Polizia!» abbaia. Però subito dopo smettono tutti e due di picchiare. Il grosso solleva il ragazzo prendendolo per il giubbotto, da dietro e lo fa mettere in ginocchio. Mani dietro la schiena, manette, mentre lo tiene per i capelli. Questo è il ricordo più osceno di tutta la sequenza: un ragazzino legato in balia di due uomini.
45 Mio padre mi tira via e la scena va in dissolvenza.

Da allora smisi di dire che volevo fare lo sceriffo.

da G. Carofiglio, *Testimone inconsapevole*, Sellerio, Palermo 2002

1. Il narratore da piccolo sognava di diventare uno sceriffo. Da che cosa era influenzato questo suo desiderio infantile [rr. 1-2]?

   A ☐ Dalla lettura di un fumetto.
   B ☒ Dalla visione di un film.
   C ☐ Da uno sceneggiato televisivo.
   D ☐ Da un cartone animato.

2. Perché il narratore voleva fare il «poliziotto sceriffo» [rr. 2-4]?
   IN ITALIA NON ESISTEVANO GLI SCERIFFI E

3. Quale caratteristica della sua personalità intende sottolineare il protagonista del racconto, utilizzando l'aggettivo «duttile» [r. 4]? Prima di rispondere rifletti sul significato complessivo della frase in cui è impiegato.

   A ☐ La testardaggine nel perseguire gli obiettivi.
   B ☐ La tendenza a rifiutare la realtà e rifugiarsi nei sogni.
   C ☐ L'applicazione nell'affrontare i problemi.
   D ☒ La capacità di adattarsi alle situazioni.

4. Quali aggettivi, di significato opposto, sottolineano da un lato l'incertezza dei ricordi dell'io narrante e dall'altro lato la precisione con cui rammenta il brevissimo episodio che si appresta a raccontare [r. 8]?
   NITIDI / OSCURATI

5. Nel ricordare l'episodio di cui è protagonista uno scippatore, il narratore usa il presente indicativo. Perché fa questa scelta? Quale effetto produce l'uso di questo tempo verbale?

   A ☐ Spiega con maggior chiarezza lo sviluppo degli avvenimenti.
   B ☐ Provoca distacco emotivo dalle vicende narrate.
   C ☒ Dà alla narrazione maggiore vivacità e immediatezza.
   D ☐ Rende più semplice e quotidiano lo stile della narrazione.

6. I due uomini che bloccano il giovane scippatore sono poliziotti: quali particolari del testo lo rivelano? Indica le righe.
   r 40-41 + 42-44

Il giallo e il noir — U3

7. Quale aggettivo evidenzia lo stupore e lo sbigottimento con cui l'io narrante ricorda di aver osservato i due adulti malmenare il ragazzino [r. 32]?

IPNOTIZZATO

8. Per quale motivo il narratore confida nell'arrivo del secondo inseguitore?
- A ☐ Sorride al piccolo malvivente.
- B ☒ Ha un aspetto mite e bonario.
- C ☐ Si avvicina facendo gesti di pace.
- D ☐ Insulta l'uomo con il maglione nero.

9. Come reagisce il padre del narratore dinanzi al violento pestaggio subìto dallo scippatore?
- A ☒ Interviene in difesa del ragazzo picchiato.
- B ☐ Si dichiara solidale con gli inseguitori.
- C ☐ Cerca di impedire al figlio di osservare la brutale scena.
- D ☐ Fa finta che non sia accaduto nulla.

10. Quale atteggiamento mostrano i passanti dinanzi all'episodio di violenza?
- A ☐ Curiosità.
- B ☐ Sdegno.
- C ☒ Indifferenza.
- D ☐ Paura.

11. Quale verbo utilizzato con un significato figurato evidenza la "bestialità" della violenza dei due uomini [r. 41]?

ABBAIA

12. Rifletti sul legame logico fra la vicenda narrata e la frase conclusiva del racconto: per quale ragione la vicenda dello scippatore allontana il narratore dal sogno di diventare uno sceriffo?
- A ☒ Resta disgustato dalla violenza dell'arresto.
- B ☐ È deluso per la facilità con cui il ragazzino è stato arrestato.
- C ☐ Comprende che è un mestiere pericoloso.
- D ☐ Si rende improvvisamente conto che le sue sono soltanto fantasticherie.

13. Il narratore voleva fare lo sceriffo per «arrestare i cattivi», cioè i criminali e i delinquenti. Alla fine, però, la sua idea viene ribaltata: chi gli appare adesso come "cattivo"?

DOPO LA VICENDA I POLIZZIOTTI

14. Quali affermazioni, tra le seguenti, descrivono il contenuto del testo? Barra le risposte corrette.
- A ☐ Al centro della vicenda c'è un'azione criminale.
- B ☒ Emerge l'immagine di una polizia violenta e brutale.
- C ☐ Emerge l'immagine di una polizia che amministra la giustizia con il dovuto rigore.
- D ☒ Viene data un'immagine negativa della società.
- E ☐ Il finale è confortante perché il delinquente è arrestato e l'ordine ristabilito.
- F ☒ Il finale è problematico perché il concetto di giustizia viene rovesciato nel suo contrario.

15. A quale genere appartiene il racconto?
- A ☐ Giallo classico.
- B ☐ Giallo d'azione.
- C ☒ Noir.
- D ☐ Thriller.

Segui la correzione dell'insegnante e attribuisci il punteggio stabilito per ogni risposta esatta.

Unità 4 — La fantascienza

Obiettivi
- Comprendere le caratteristiche della fantascienza.
- Capire il messaggio implicito.

Conoscenze: saperi di base, metodi, strategie

- Le caratteristiche della fantascienza.
- L'evoluzione del genere.
- Le situazioni, gli argomenti e i temi della rappresentazione fantascientifica.
- Analizzare e interpretare. ▶ **QM2** Percorso 12

Capacità e abilità

- Individuare gli elementi tipici del racconto fantascientifico.
- Analizzare la struttura narrativa.
- Cogliere il messaggio, anche implicito.
- Raccontare e scrivere racconti di fantascienza.

La fantascienza U4

Il futuro è già qui

- L'immagine che vedi appartiene a un film di fantascienza oppure ritrae qualcosa di reale? Da che cosa lo capisci?

- Da questa immagine puoi dedurre alcuni elementi ricorrenti della fantascienza: luogo di ambientazione e "personaggi". Quali sono, secondo te?

- Che cosa pensi stiano facendo gli astronauti? Prova a formulare qualche ipotesi "fantascientifica"

- Ti piacerebbe vivere un'avventura nello spazio? Perché?

Sezione 2 Narrare, interpretare, esprimere

Domani accadrà

La fantascienza

Creature extraterrestri, robot, mondi futuri, galassie remote, ipotesi scientifiche verosimili o fantastiche, tecnologie raffinatissime o addirittura incredibili, tanti viaggi e tanta avventura: sono questi gli ingredienti principali della fantascienza (dall'inglese *science fiction*), un genere letterario che, come suggerisce lo stesso nome, coniuga abilmente **scienza** e **fantasia**.

Un genere antico e moderno

Immaginare altri mondi non è prerogativa dell'uomo contemporaneo: già nel II secolo d.C. uno scrittore greco, Luciano di Samosata, aveva raccontato un viaggio con tappe in molti posti favolosi tra cui la Luna, teatro di accanite battaglie tra i Lunari e i Solari. Ma è solo in tempi molto più vicini a noi che la fantascienza diventa un genere letterario a sé stante, con caratteristiche proprie.

Bisogna aspettare, infatti, gli **ultimi due decenni dell'Ottocento**, quando i progressi della scienza e della tecnica cominciano a susseguirsi a un ritmo sino a quel momento sconosciuto, modificando profondamente le abitudini degli uomini. Oltre all'applicazione pratica nella vita di tutti i giorni – basti pensare, per esempio, all'illuminazione elettrica, o

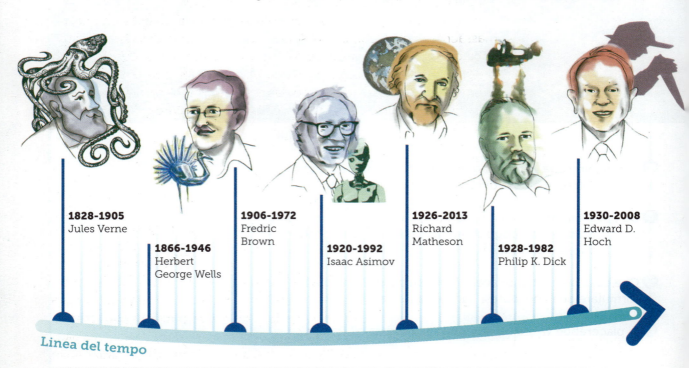

Linea del tempo

- 1828-1905 Jules Verne
- 1866-1946 Herbert George Wells
- 1906-1972 Fredric Brown
- 1920-1992 Isaac Asimov
- 1926-2013 Richard Matheson
- 1928-1982 Philip K. Dick
- 1930-2008 Edward D. Hoch

al telegrafo – le nuove tecnologie trasmettono la sensazione che niente sia davvero impossibile: volare, esplorare le profondità marine, scoprire nuovi mondi nello spazio, costruire macchine sofisticate e intelligenti, addirittura con sembianze umane. La possibilità di raggiungere traguardi impensabili sino a poco tempo prima affascina alcuni scrittori che, anticipando scienza e tecnica, prefigurano nei loro romanzi gli scenari futuri: **Jules Verne** descrive viaggi nello spazio (*Dalla Terra alla Luna* e *Intorno alla Luna*), sul fondo del mare (*Ventimila leghe sotto i mari*) e nel sottosuolo (*Viaggio al centro della Terra*); **Herbert George Wells** ipotizza invece scontri tra i Terrestri e gli abitanti di altri mondi nel celebre romanzo *La guerra dei mondi*.

Molti autori, molti lettori

Dopo Verne e Wells, i due "padri" della fantascienza, il genere incontra molta fortuna soprattutto negli **Stati Uniti**, dove già a partire dagli anni Venti del Novecento si diffondono collane editoriali e riviste specializzate: tra queste ultime, *Amazing Stories*, la più famosa, dove per la prima volta compare il termine *science fiction*. Pur nella varietà delle trame e delle invenzioni, in questo periodo **la fantascienza è molto eroica e positiva**: narra di grandi avventure di pionieri dello spazio e **trasmette fiducia e speranza** nelle possibilità della tecnologia.

Dopo la Seconda guerra mondiale la mentalità collettiva cambia: i massacri durante il conflitto e, soprattutto, lo scoppio della **bomba atomica** creano **dubbi e angosce sul futuro** dell'umanità, sull'uso corretto o distorto della tecnologia, sui limiti etici e morali che la scienza dovrebbe porsi. A queste tematiche danno voce gli scrittori di fantascienza della nuova generazione, come i celebri **Isaac Asimov**, Ray Bradbury, **Philip K. Dick**, J.G. Ballard.

Il futuro è già qui

Le storie di fantascienza si leggono d'un fiato: sono avvincenti e avventurose, ricche di colpi di scena e di situazioni mozzafiato. Gli scrittori di fantascienza di "nuova generazione", però, non intendono offrire ai lettori solo racconti d'evasione e divertimento ma anche, e forse soprattutto, spunti di riflessione sul presente e sul futuro prossimo: gli scenari di distruzione e morte che affollano tanta letteratura di fantascienza, causati da micidiali armi distruttive manovrate da robot impazziti o da terrificanti alieni, propongono da un lato **ideali pacifisti**, suggerendo anche un **utilizzo meno dissennato delle risorse del pianeta**, dall'altro lato **evocano le paure dell'uomo di fronte all'immensità insondabile**

Sezione 2 Narrare, interpretare, esprimere

dell'universo; allo stesso modo, i tanti **esempi di coraggio, solidarietà e altruismo** che incontriamo nei personaggi – umani o no – delle storie di fantascienza ci fanno riflettere sulla validità di **valori e ideali che nessun progresso scientifico e tecnologico dovrebbe mai ignorare**.

■ Le letture della sezione

In questa unità troverai letture che, oltre a essere piacevoli e coinvolgenti in sé, ti offrono un'ampia panoramica dei molti temi e stili presenti nel genere fantascientico.

La leggenda del Mondo di Williamson, di Philip K. Dick (▶T1) è un classico della fantascienza di "nuova generazione", in cui la vicenda futura viene usata come spunto per riflettere sulla società del presente, nello specifico caso sul complesso rapporto tra individuo e potere, e tra originalità e omologazione.

I racconti di Fredric Brown e Edward D. Hoch (▶T2 e ▶T4) sono entrambi giocati sulla tecnica dello straniamento – che "spiazza" il lettore inducendolo ad assumere un punto di vista "alieno" sull'uomo – e sul tono ironico, sia pure con esiti diversi: Brown, infatti, ipotizza uno scenario di distruzione del genere umano, mentre Hoch riflette sulla pacifica convivenza tra razze spaziali diverse, ferma restando l'incomprensione reciproca.

I POD sono qui (▶T5) e *La guerra dei mondi* (▶Verifica di ascolto) presentano un tema ricorrente: l'invasione di mostruose creature pronte a distruggere il genere umano. Quest'ultimo è un grande classico, mentre il primo è un romanzo contemporaneo, segno evidente della persistenza di alcuni temi e del fascino che continuano a esercitare sui lettori.

Il racconto *Verso un altro futuro* (▶T3) esprime il timore per un conflitto atomico, che porterebbe l'umanità alla distruzione, ma allo stesso tempo lancia un messaggio di speranza alle giovani generazioni, invitandole a guardare avanti e a non temere di sperimentare nuove strade per costruire un futuro migliore.

Infine, il grande Isaac Asimov presenta le tre famose leggi della Robotica (▶Verifica di lettura), raccontando però il sorprendente caso di un robot che ne viola una in nome di un sentimento tanto antico quanto potente: l'amore materno.

Lezione 1

T1 La leggenda del Mondo di Williamson
Philip K. Dick

I contenuti | Philip K. Dick è tra i più noti e amati autori di fantascienza, reso celebre anche da riduzioni cinematografiche, come il *cult-movie Blade Runner* (1982), ormai un classico del genere, tratto da un suo romanzo. In questo racconto, che presenta tutte le caratteristiche della fantascienza narrativa, assistiamo a un incontro tra mondi lontanissimi, che presto diventa uno scontro dalle conseguenze terrificanti.

«Eccoci arrivati, signore», disse il robopilota, e quelle parole fecero trasalire Rogers, che alzò bruscamente lo sguardo. Irrigidì il corpo e regolò l'impianto trasmittente sotto il mantello mentre la navetta a forma di bolla cominciava a scendere rapidamente verso la superficie del pianeta.

5 Quello – gli disse il cuore – era il Mondo di Williamson. Il leggendario pianeta perduto… e ritrovato dopo tre secoli. Per caso, naturalmente. Quel pianeta verdazzurro era stato scoperto quasi per miracolo da una semplicissima missione.

Frank Williamson era stato il primo terrestre a effettuare un viaggio 10 nello spazio… il primo a fare il grande balzo dal sistema solare all'universo che era al di là. Non era mai ritornato. Lui, il suo mondo, la sua colonia, non erano mai stati trovati. C'erano state molte chiacchiere, false piste, leggende inventate… e null'altro.

«Sto ricevendo il permesso di atterraggio». Il robopilota intensificò il 15 segnale audio dell'altoparlante e rimase in ascolto, ticchettando.

«Campo pronto», affermò una voce spettrale dal basso. «Ricordate, il vostro sistema di guida ci è ignoto. Di quanto spazio avete bisogno? Le barriere frenanti d'emergenza sono state attivate».

Rogers sorrise. Sentì il pilota rispondere che non serviva nessuna 20 barriera frenante. Non con quella nave. Le barriere potevano essere tranquillamente abbassate.

Trecento anni! C'era voluto tutto quel tempo per scoprire il Mondo di Williamson. Molti esperti avevano dato Williamson per disperso. Qualcuno pensava che non fosse nemmeno atterrato, che fosse morto 25 nello spazio. Forse non esisteva nemmeno un Mondo di Williamson. Di certo non esistevano indizi significativi, niente di tangibile da cui partire. Frank Williamson e tre famiglie erano scomparsi nel vuoto senza lasciare traccia, e di loro non si era più saputo nulla.

Fino a ora…

30 Il giovane venne loro incontro al campo di atterraggio. Era magro,

con i capelli rossi e indossava un abito colorato di tessuto lucente. «Lei viene dal Centro di Collegamento Galattico?» domandò.

«Esatto», rispose Rogers con voce roca. «Sono Edward Rogers».

Il giovane gli porse la mano, e Rogers la strinse goffamente. «Mi chiamo Williamson», disse il giovane. «Gene Williamson».

Il nome risuonò nelle orecchie di Rogers. «Lei è…»

Il giovane annuì[1], con un'espressione enigmatica[2]. «Sono il suo pro-pro-pro-nipote. La sua tomba è qui. Può visitarla, se vuole».

«Mi aspettavo quasi di incontrare lui. Williamson è… be', è un personaggio quasi divino, per noi. Il primo uomo che abbia lasciato il sistema solare».

«Anche per noi significa molto», replicò il giovane. «Ci ha portato qui. Hanno cercato a lungo prima di trovare un pianeta abitabile». Williamson indicò con un gesto della mano la città che si stendeva al di là del campo d'atterraggio. «Questo si è rivelato davvero soddisfacente. È il decimo pianeta del sistema».

Gli occhi di Rogers cominciarono a brillare. Il Mondo di Williamson era sotto i suoi piedi. Marciò a passi lunghi e pesanti, mentre scendevano insieme la rampa per uscire dall'astroporto. Quanti uomini nella galassia avevano sognato di percorrere una rampa di atterraggio sul Mondo di Williamson in compagnia di un giovane discendente dello stesso Frank Williamson?

«Eccoci arrivati», disse Williamson. La vettura si fermò e il conducente aprì le portiere.

1. **annuì**: fece "sì" con la testa.
2. **enigmatica**: misteriosa e oscura.

Nell'oscurità si distinguevano appena tre o quattro massicce costruzioni di legno. Alcune sagome indistinte vi si muovevano intorno… figure umane.

«Interessante. Una società che rifiuta consapevolmente i prodotti tecnocratici[3] e culturali avanzati della galassia e in tal modo si sottrae per propria scelta al contatto con il resto del genere umano».

«Soltanto con la società uniforme controllata dal Centro di Collegamento», precisò Williamson.

«Lei sa perché il Collegamento mantiene un livello uniforme in tutti i mondi?» gli domandò Rogers. «Glielo dico io. Ci sono due motivi. Primo, il bagaglio di conoscenze che l'uomo ha accumulato non ammette la duplicazione dell'esperimento. Non c'è tempo. Quando viene fatta una scoperta è assurdo ripeterla su chissà quanti pianeti di tutto l'universo. L'informazione ottenuta su uno qualsiasi delle migliaia di mondi viene inviata istantaneamente al Centro di Collegamento e da qui ritrasmessa nell'intera galassia. Il Centro studia e seleziona le esperienze e le coordina in un sistema razionale e funzionale privo di contraddizioni. Il Centro dispone dell'esperienza totale del genere umano all'interno di una struttura coerente».

«E il secondo motivo?»

«Se una cultura uniforme viene mantenuta e controllata da una struttura centrale, non ci sarà mai una guerra».

«È vero», ammise Williamson.

«Noi abbiamo eliminato la guerra. È molto semplice. Abbiamo una cultura omogenea come quella degli antichi romani… una cultura comune a tutti gli uomini, che manteniamo nell'intera galassia. Ogni pianeta ne fa parte alla pari di qualsiasi altro. Non esistono culture stagnanti in grado di alimentare l'odio e l'invidia».

«Come succede qui da noi».

Rogers parlò misurando le parole. «Sì… voi ci avete messo di fronte a una strana situazione. Abbiamo cercato per tre secoli il Mondo di Williamson. Lo volevamo, sognavamo di trovarlo. Ci sembrava un mondo favoloso tagliato fuori dal resto dell'umanità. Forse non del tutto reale. Frank Williamson poteva aver fatto naufragio chissà dove».

«Ma non è stato così».

«Non è stato così; il Mondo di Williamson esiste e ha una sua cultura. Si è volutamente tenuto da parte, con il suo modo di vivere, con i suoi modelli. Adesso è stato stabilito il contatto, e il nostro sogno si è avverato. Il popolo della galassia sarà ben presto informato che il Mondo di Williamson è stato scoperto. Ora possiamo restituire la prima colonia extrasistema al suo legittimo posto nella cultura galattica».

Rogers allungò la mano verso il mantello e prese una scatola metallica. L'aprì e ne estrasse un documento di carta ruvida e chiara che appoggiò sul tavolo.

---

3. tecnocratici: basati sulla gestione del potere da parte dei tecnici, in questo caso degli scienziati.

«Che cos'è?» domandò Williamson.

«Gli Articoli dell'Annessione. Perché lei li firmi in modo che il Mondo di Williamson possa entrare a far parte della cultura galattica».

Williamson e gli altri nella stanza tacquero. Si limitarono a fissare il documento senza dire una parola.

«Allora?» insisté Rogers, teso, spingendo il documento verso Williamson. «Eccolo qui».

Williamson scosse la testa. «Mi dispiace». Respinse il documento. «Abbiamo già tenuto un plebiscito[4]. Detesto darle una delusione, ma abbiamo stabilito di non aderire. Questa è la nostra decisione *definitiva*».

Rogers ripiegò i documenti dell'Annessione e li rimise lentamente nel mantello. «Lei si rende conto di quello che sta facendo?» domandò.

Nella stanza era caduto un silenzio mortale. Williamson annuì. «Ma certo. Stiamo rifiutando di aderire al vostro sistema di Collegamento».

Le dita di Rogers toccarono l'impianto trasmittente che si attivò, cominciando a scaldarsi. «Mi dispiace», affermò.

«Ne è sorpreso?»

«Non esattamente. Il Collegamento ha sottoposto all'analisi del computer i rapporti degli esploratori. C'era sempre la possibilità che voi rifiutaste. Mi sono state date istruzioni per un'eventualità del genere».

«Quali sono queste istruzioni?»

Rogers guardò l'orologio da polso. «Informarvi che avete sei ore per unirvi a noi... altrimenti verrete cancellati dall'universo». Si alzò in piedi di scatto. «Mi dispiace che debba succedere: il Mondo di Williamson è una delle nostre più preziose leggende. Ma nulla deve distruggere l'unità della galassia».

Williamson si era alzato in piedi. Il volto era color cenere, di un pallore mortale. I due si fissarono con aria di sfida. «Combatteremo», disse con voce pacata Williamson, aprendo e richiudendo violentemente le dita.

«Ciò non ha nessuna importanza. Voi avete ricevuto le coordinate del Collegamento sullo sviluppo degli armamenti, e conoscete bene la dotazione della nostra flotta da guerra».

Gli altri rimasero seduti in silenzio ai loro posti, fissando storditi i piatti vuoti. Nessuno si mosse.

«È necessario?» chiese Williamson con voce roca.

«Se la galassia vuole la pace bisogna evitare qualsiasi dissonanza culturale», rispose deciso Rogers.

«Voi ci distruggereste per evitare la guerra?»

«Noi distruggeremmo qualsiasi cosa per evitare la guerra. Non possiamo permettere che la nostra società si smembri in tante province litigiose, sempre in lotta fra loro... come i vostri clan. Noi siamo stabili perché ci è estraneo proprio il concetto di variazione. L'uniformità va preservata e la separazione va scoraggiata. Lo stesso concetto d'idea deve rimanere ignoto».

---

4. **plebiscito:** votazione popolare.

Il comandante Ferris contattò Rogers appena la sua nave ebbe lasciato il Mondo di Williamson.

«North mi riferisce che li ha già informati», disse Ferris.

«Esatto. Lui ha anche contattato direttamente la sua squadra. Gli ha ordinato di preparare l'attacco».

«Così mi è stato detto. Quanto tempo gli ha concesso?»

«Sei ore».

«Pensa che cederanno?»

«Non lo so», rispose Rogers. «Lo spero. Ma ne dubito».

Il Mondo di Williamson girava lento nel videoschermo con le sue foreste, i fiumi e gli oceani verdeazzurri. Una volta la Terra doveva essere stata simile a quel pianeta. Rogers poteva vedere la nave da guerra di classe Uno, un grande globo argenteo che percorreva lentamente la sua orbita attorno al pianeta.

Quel mondo leggendario era stato scoperto e contattato, e adesso stava per essere distrutto. Aveva cercato di evitarlo, ma senza successo. Non poteva impedire l'inevitabile.

Se il Mondo di Williamson avesse rifiutato di unirsi alla cultura galattica, la sua distruzione sarebbe diventata una necessità… una necessità crudele. Si trattava di scegliere fra il Mondo di Williamson e la galassia. Per salvare il più grande, si doveva sacrificare il più piccolo.

Rogers si sistemò quanto più comodamente possibile accanto al videoschermo, e attese.

Sezione 2   Narrare, interpretare, esprimere

Allo scadere delle sei ore una linea di macchie nere si sollevò dal pianeta puntando lentamente verso la nave da guerra di classe Uno. Rogers capì subito di cosa si trattava: antiquate navi azionate da razzi. Una formazione di antidiluviani vascelli da guerra pronti a dare battaglia.

Il pianeta non aveva cambiato idea. Era pronto a combattere. Preferiva farsi distruggere piuttosto che rinunciare al proprio sistema di vita.

Improvvisamente la formazione di vecchi razzi si lanciò in picchiata sulla nave da guer-

185 ra sparando all'impazzata. I cannoni ne seguirono la scia. I razzi effettuarono una goffa manovra per riunirsi e guadagnarono la distanza per un secondo attacco.

Una lingua di energia incolore guizzò dalla nave. Gli attaccanti svanirono.

190 Il comandante Ferris contattò Rogers. «Poveri tragici idioti». Il viso massiccio era terreo[5]. «Attaccarci con quei giocattoli».

«Nessun danno?»

«Nemmeno una scalfittura». Ferris si deterse la fronte con la mano tremante.

195 «E adesso?» domandò impietrito Rogers.

«Ho declinato l'operazione delle bombe e l'ho ripassata al Collegamento. Saranno loro ad attivarla. L'impulso dovrebbe già…»

Sotto di loro il globo verdeazzurro rabbrividì convulsamente. Poi, senza il minimo rumore, senza sforzo apparente, si squarciò. Fram-
200 menti di roccia schizzarono via da ogni parte, e il pianeta esplose in una nuvola di fiamme bianche, una vampata di fuoco incandescente. Per un attimo si trasformò in un sole in miniatura che illuminò il vuoto. Poi si dissolse in cenere.

Gli schermi di protezione della nave di Rogers crepitarono mentre
205 venivano colpiti dai detriti. La pioggia di particelle venne istantaneamente disintegrata.

«Bene», disse Ferris. «È fatta. North riferirà che i primi esploratori si erano sbagliati. Il Mondo di Williamson non è stato scoperto. La leggenda rimarrà tale».

da Ph.K. Dick, *I labirinti della memoria e altri racconti*, trad. it. di M. Nati e S. Pergameno, Fanucci, Roma 2004

5. terreo: pallidissimo, grigio come la polvere.

Obiettivo della lezione — Comprendere le caratteristiche della fantascienza

I luoghi e il tempo

1. Nel testo viene citato un luogo, il Mondo di Williamson: dove si trova?
   - A Nel sistema solare.
   - B È un altro modo per indicare la Terra.
   - C In un punto imprecisato del vasto universo.
   - D Nei pressi del Centro di Collegamento Galattico.

2. Dove si trova Rogers, all'inizio del testo?
   - A Su un pianeta sconosciuto.
   - B In una navetta spaziale a forma di bolla.
   - C Nel Centro di Collegamento Galattico.
   - D Sulla Terra.

3. Quali caratteristiche presenta il Mondo di Williamson? Barra le risposte corrette e motivale trovando i riferimenti nel testo.
   - A Visto dallo spazio, ha colore verdeazzurro.
   - B Possiede una raffinatissima e avanzata tecnologia.
   - C Vi sono massicce costruzioni di legno nei pressi dell'astroporto.
   - D È abitato da uomini.
   - E È diviso in guerre fratricide tra clan.
   - F Non vi esistono l'odio e l'invidia.
   - G Non è in contatto con il Centro di Collegamento Galattico.
   - H Fa parte del Centro di Collegamento Galattico.
   - I Ha foreste, fiumi e oceani.
   - L Possiede antiquati vascelli spaziali da guerra azionati da razzi.

4. In quale epoca è ambientato il racconto?
   - A In un lontano e imprecisato futuro.
   - B Nell'anno 2157.
   - C In un futuro prossimo, molto vicino a noi.
   - D In un'altra dimensione, "parallela" al nostro presente.

5. Da alcuni indizi, appare chiaro che il Mondo di Williamson e la Terra dell'epoca sono molto differenti. Come potrebbe essere la Terra in questo futuro?

   ....

   ....

I personaggi e le macchine

6. Per ogni definizione, scrivi il nome del personaggio corrispondente.

a. Primo terrestre a uscire dal sistema solare, dato per disperso per tre secoli.	
b. Pro-pro-pro-nipote del fondatore, accoglie l'emissario all'astroporto.	
c. Emissario del Centro di Collegamento Galattico, propone la firma dei documenti dell'Annessione.	
d. Comandante della nave da guerra Uno.	
e. Militare di collegamento tra il comandante della nave da guerra e l'emissario del Centro di Collegamento Galattico.	

7. Individua nel testo i macchinari futuristici che non esistono nella nostra realtà.

I temi

8. Quali tra i seguenti temi individui nel testo?
   - A Viaggi interplanetari.
   - B Scoperta di pianeti sconosciuti.
   - C Creazione di mostri e robot.
   - D Guerre tra abitanti di pianeti diversi.
   - E Distruzione di pianeti.
   - F Catastrofe ecologica.
   - G Viaggi nel tempo.
   - H Ipotesi sulla società e sulla politica del futuro.

9. Perché Rogers ordina di distruggere il Mondo di Williamson?
   - A Per provare la potenza del suo pianeta.
   - B Per antica rivalità con la famiglia Williamson.
   - C Per sperimentare le nuove armi a sua disposizione.
   - D Perché nessuno può sottrarsi all'obbedienza al Centro Galattico.

Sezione 2 — Narrare, interpretare, esprimere

10. Quali valori incarnano il giovane Williamson e tutti gli abitanti del suo pianeta? Che cosa simboleggiano invece, Rogers e il Centro Galattico? Classifica i termini nello schema.

autoritarismo • autonomia • libertà di pensiero • omologazione • tolleranza • censura • pacifismo • indipendenza • intolleranza • spirito riflessivo e critico

a. Il giovane Williamson: ....
....
....

b. Rogers: ....
....
....

Lo stile

11. Il narratore è
- **A** esterno.
- **B** interno.

12. Il punto di vista appartiene a
- **A** Gene Williamson.
- **B** Rogers.
- **C** un narratore esterno.

13. Barra i "motivi" narrativi presenti nel racconto.
- **A** Viaggi.
- **B** Prova da superare.
- **C** Presenza di antagonisti.
- **D** Pericoli.
- **E** Danneggiamenti.
- **F** Lieto fine.

Appunti della lezione

- Con il termine "fantascienza" (dall'inglese *science fiction*) si indica un genere narrativo in cui le storie sono ambientate nel **futuro** e/o in altri mondi, e dove **ipotesi scientifiche e applicazioni tecnologiche** vengono sviluppate in senso **fantastico**. Il racconto di Dick si sviluppa in un futuro indefinito e remoto caratterizzato da una tecnologia futuristica.
- Le storie sono ambientate sulla **Terra** o nello **spazio interplanetario**, su pianeti oggi sconosciuti.
- I personaggi tipici sono **uomini** (astronauti, scienziati, esploratori...) come i protagonisti del testo di Dick; **extraterrestri** (con sembianze umane oppure no); **macchine** (come il robopilota della navicella) che possono aiutare l'uomo oppure ostacolarlo.
- I **temi** più ricorrenti sono: viaggi interplanetari, scoperta di pianeti sconosciuti, guerre e distruzioni di pianeti.
- La fantascienza propone al lettore spunti di **riflessione** sul nostro **presente**: la vicenda raccontata da Dick, per esempio, affronta il problema della nascita di una società futura altamente tecnologica, ma autoritaria, che si oppone al libero pensiero, all'originalità, allo spirito critico.
- **Narratore** e **punto di vista** sono spesso **esterni**.
- L'**elemento avventuroso** è ben presente: i personaggi di Dick affrontano viaggi interstellari, ardue prove e pericoli, subiscono danni enormi. Il finale non è sempre lieto.

I MIEI APPUNTI

La fantascienza U4

Lezione 2

Questione di scala
T2
Fredric Brown

I contenuti | Scrivere di fantascienza significa anche guardare con occhio critico il nostro presente: è ciò che fa Fredric Brown, uno dei migliori autori del genere, in questo racconto dal finale sorprendente, che "rovescia" il punto di vista cui è abituato il lettore lasciandolo stupito e inquieto, ma forse più attento al mondo che lo circonda.

«Non capisco perché la gente si preoccupi tanto», disse la signorina Macy, fiutando l'aria. «Finora non ci hanno "fatto" niente, no?»

Altrove, in tutte le città, regnava il panico. Ma non nel giardino della signorina Macy. Con calma, serenamente, ella alzò gli occhi e guardò di
5 nuovo gli invasori, mostruose sagome alte più di mille metri.

Erano sbarcati una settimana fa, da un'astronave lunga almeno cento chilometri che s'era posata delicatamente sul deserto dell'Arizona. Erano usciti in lunga fila – almeno in mille – dal ventre del vascello, e ora se ne andavano in giro per tutta la Terra.

10 Ma, come faceva notare la signorina Macy, non avevano toccato nulla, non avevano fatto del male a nessuno. Non erano abbastanza "densi" per rappresentare un pericolo. Quando uno di loro ti calpestava, o calpestava la casa in cui ti trovavi, tutto si oscurava di colpo e non vedevi più niente finché non avesse spostato il piede: ma tutto finiva lì.

15 Non avevano mostrato il minimo interesse per gli esseri umani e ogni tentativo di comunicare con loro s'era dimostrato vano, come del resto ogni tentativo di distruggerli. L'esercito e l'aviazione avevano fatto di tutto, ma i grossi calibri li centravano in pieno senza turbarli, e neppure una bomba H, sganciata su uno di loro mentre attraversava una
20 zona deserta, l'aveva minimamente infastidito.

Gli uomini, era chiaro, non li interessavano affatto.

«E questa», disse la signorina Macy a sua sorella, che, non essendo sposata, era naturalmente anche lei signorina Macy, «è la prova che non vogliono farci del male, non trovi?»

25 «Speriamo bene, Amanda», disse la sorella della signorina Macy. «Ma guarda cosa stanno facendo adesso».

Era una giornata molto limpida, o piuttosto, lo era stata. Il cielo, fino a poco prima, era d'un azzurro tersissimo e le grandi spalle, le teste quasi umanoidi dei giganti, si distinguevano nettamente, lassù, a un
30 miglio da terra.

223

Sezione 2 Narrare, interpretare, esprimere

Ma ora l'atmosfera s'andava annebbiando, notò la signorina Macy seguendo lo sguardo della sorella. I giganti, qui, erano due, e ciascuno teneva tra le mani un oggetto cilindrico, da cui sprizzavano grandi nubi di una sostanza vaporosa che scendeva lentamente a coprire la Terra.

35 La signorina Macy fiutò di nuovo l'aria:

«Fanno delle nuvole. Forse è il loro modo di divertirsi un po', di giocare.

Che male ci possono fare con qualche nuvola? Non capisco perché la gente si preoccupi tanto».

40 Tornò al suo lavoro.

«Cos'è che stai spruzzando, Amanda?» chiese sua sorella. «Un fertilizzante liquido?»

«No», disse la signorina Macy. «Un insetticida».

F. Brown, in *Il secondo libro della fantascienza*, a cura di C. Fruttero e F. Lucentini, Einaudi, Torino 1972

Obiettivo della lezione — Capire il messaggio implicito

▪ Gli elementi caratteristici della fantascienza

1. Quali elementi tipici del genere individui nel racconto? Barrali tra i seguenti e motiva le tue scelte con opportuni riferimenti al testo.
- **A** Personaggi umani.
- **B** Creature extraterrestri.
- **C** Robot, cyborg.
- **D** Ambientazione nel futuro.
- **E** Scienza e tecnica sviluppate in senso fantastico.
- **F** Ambientazione nello spazio.
- **G** Scontri tra umani e alieni.

2. Dove e quando è ambientato il racconto?

3. In relazione agli alieni, indica [rr. 3-14]
   a. in quale modo e dove sono atterrati:

   b. com'è il loro aspetto esteriore:

   c. che particolarità presentano:

4. Come hanno reagito gli uomini all'arrivo degli alieni [rr. 15-20]?

▪ Lo stile del racconto

5. Il racconto inizia...
- **A** in *medias res*.
- **B** con la descrizione del luogo.
- **C** con la presentazione del contesto storico.
- **D** con la presentazione dei personaggi.

6. Com'è il narratore?

7. Come definiresti lo stile? Barra le risposte corrette e motiva le tue scelte.
- **A** Semplice.
- **B** Complesso.
- **C** Contorto.
- **D** Piacevole.
- **E** Essenziale.
- **F** Prolisso.
- **G** Scorrevole.

8. Il finale del racconto... (barra i completamenti esatti)
- **A** rovescia completamente le aspettative del lettore.
- **B** spiega e definisce gli interrogativi sollevati dal racconto.
- **C** è a sorpresa.
- **D** è rassicurante per il lettore.

La fantascienza U4

Il messaggio

9. L'autore inserisce nel corso del racconto alcuni importanti indizi che, se opportunamente colti e interpretati, consentono di comprendere il significato del testo. Abbiamo elencato tali indizi di seguito: per ciascuno di essi, spiega perché è importante e qual è il suo significato.
   a. «disse la signorina Macy, **fiutando l'aria**» [rr. 1-2];
   b. «Altrove... regnava il panico. Ma non **nel giardino** della signorina Macy» [rr. 3-4];
   c. «**Non avevano mostrato il minimo interesse** per gli esseri umani» [r. 15];
   d. «Ma ora l'atmosfera **s'andava annebbiando**» [r. 31];
   e. «La signorina Macy **fiutò di nuovo l'aria**» [r. 35].

10. Che cosa sono, dunque, questi elementi usati dagli alieni?
    a. l'oggetto cilindrico [r. 33]:
    b. la sostanza vaporosa [r. 34]:

11. Nel corso del racconto, il lettore è guidato a osservare la realtà dal punto di vista umano oppure dal punto di vista di un altro essere?

12. Qual è il vero significato del racconto?

Appunti della lezione

- Il racconto è ambientato nel **giardino di una casa** statunitense, ai **giorni nostri**, ma presenta molte caratteristiche tipiche della fantascienza, come la presenza di **alieni** dotati di una **tecnologia avveniristica**.
- L'autore sceglie alcune **precise tecniche espressive**: il narratore **esterno**, uno stile **semplice**, facile e scorrevole, un inizio che mette il lettore direttamente nel mezzo della vicenda (*in medias res*) senza fornirgli spiegazioni, e un finale **sorprendente**.
- Facendo attenzione agli indizi, il lettore comprende il significato implicito: la signorina Macy, chiusa nel suo giardino, rappresenta l'**uomo medio** che si accontenta di vivere cullandosi in **vuote sicurezze**, nell'**indifferenza** di ciò che gli accade intorno.
- I mostruosi alieni non sono affatto inoffensivi: la loro statura gigantesca li porta a considerare gli **uomini** come piccoli, fastidiosi **insetti** da eliminare con un gas velenoso, esattamente come la protagonista si appresta a fare nel suo giardino.
- Il **finale a sorpresa**, dunque, induce a considerare la realtà da un punto di vista **straniante**, fuori dalla consueta prospettiva umana, e propone un **messaggio** importante: la noncuranza e l'egoismo con cui noi umani trattiamo la natura potrebbe ritorcersi contro noi stessi.

I MIEI APPUNTI

Sezione 2 — Narrare, interpretare, esprimere

Appunti delle lezioni

Sintesi

Domani accadrà

- La fantascienza (dall'inglese *science fiction*) è un genere letterario che coniuga **scienza** e **fantasia**.
- Creature extraterrestri, robot, mondi futuri, galassie remote, ipotesi scientifiche verosimili o fantastiche, tecnologie raffinatissime o addirittura incredibili, tanti viaggi e tanta avventura sono gli **ingredienti principali** della fantascienza.
- Il genere fantascientifico nasce alla fine dell'Ottocento, in conseguenza dei grandi progressi scientifici e tecnici dell'epoca. I "padri" della fantascienza sono Jules Verne e Herbert George Wells.
- La fantascienza conosce una grande fortuna a partire dagli anni Venti del XX secolo. In questo periodo essa è molto **eroica e positiva** e **trasmette fiducia** nelle possibilità della tecnologia.
- Dopo la Seconda guerra mondiale, la fantascienza cambia segno: ora esprime e simboleggia i **dubbi e le angosce sul futuro dell'umanità**, sull'uso corretto o distorto della tecnologia, sui limiti etici e morali della scienza.

Le caratteristiche della fantascienza

- Pur nella varietà di temi e motivi, le storie di fantascienza presentano caratteristiche ricorrenti.
- I **luoghi di ambientazione** sono la Terra oppure pianeti lontani, spazi galattici, navicelle interplanetarie e così via.
- Il tempo di ambientazione varia: può essere il presente oppure un futuro prossimo o anche molto remoto.
- Tra i **personaggi** troviamo uomini, extraterrestri, macchine pensanti.
- Lo **stile** presenta un intreccio di situazioni tipiche del genere avventuroso (colpi di scena, viaggi, pericoli da superare...); il narratore e il punto di vista sono spesso esterni, ma non mancano storie scritte in prima persona.
- La **riflessione** verte spesso sui problemi del nostro presente (la salvaguardia dell'ambiente, la rivalità tra Paesi, i pericoli derivanti dalle scoperte scientifiche e dalle invenzioni tecnologiche...)

Richard Matheson
Verso un altro futuro

I contenuti | Per sfuggire alla catastrofe nucleare che sta per abbattersi sulla Terra, un collaudatore di navi spaziali decide di lasciarla per sempre, portando con sé la propria famiglia e quella di un vicino. L'addio è struggente, ma la destinazione offrirà ai figli un futuro diverso...

Aprì gli occhi cinque secondi prima che la sveglia suonasse. Fu sveglio e perfettamente cosciente all'improvviso, senza sforzo. Nel buio, allungò una mano verso la sveglia e premette il pulsante d'arresto nel momento stesso in cui la suoneria scattava. Ci fu uno squillo brevissimo, subito interrotto. Sua moglie, coricata accanto a lui, gli posò una mano sul braccio.

«Hai dormito?» le chiese.

«No. Tu?»

«Un po'. Non molto».

Per qualche secondo sua moglie non disse niente. La sentì inghiottire e rabbrividire. Sapeva che cosa avrebbe chiesto.

«Allora... ci siamo?»

Assestò meglio le spalle contro il cuscino, respirando profondamente.

«Sì», disse, e sentì le dita di lei contrarsi sul suo braccio.

«Che ore sono?»

«Quasi le cinque».

«Faremo meglio a sbrigarci».
«Sì, faremo meglio».
Sua moglie accese la luce, cominciò a vestirsi, mentre anche lui ributtava le coperte e s'alzava.
«Vado a svegliare i bambini», disse lei quando fu vestita.
«Vai», rispose traversando a piedi nudi la stanza, verso l'armadio. La guardò richiudere la porta, e sentì i passi che s'allontanavano per il corridoio; poi l'altra porta che s'apriva, e le voci dei due bambini. Un sorriso senza gaiezza gli contrasse le labbra. "Come una partenza per le vacanze", pensò.

I bambini, almeno, non ne sapevano ancora niente. Credevano che l'avrebbero soltanto accompagnato al campo, a vederlo partire; poi sarebbero andati a scuola, avrebbero raccontato ai compagni… Non sapevano che non sarebbero più tornati.

Andò in bagno, si passò un asciugamano bagnato sulla faccia. "Strano", pensò, guardandosi nello specchio, "che una persona d'aspetto banale come il suo, avesse organizzato tutto questo".

"Tutto così freddo… Così calcolato…" Ma non c'era altra strada. Illudersi che all'ultimo momento le cose si sarebbero aggiustate, pregare per la pace, blaterare di solidarietà nella vittoria come nella sconfitta… No: queste illusioni, queste preghiere, questa solidarietà d'immancabili cadaveri sia nella vittoria che nella sconfitta, era ormai tempo di lasciarle agli altri. Tra un anno, un mese, forse meno, il fuoco atomico sarebbe divampato su tutta la Terra. Restò ancora un momento a guardarsi nello specchio.

«Non c'è altra strada», disse.

Tornò in camera e finì di vestirsi, aprì la porta, dette un'ultima occhiata alla stanza, al letto disfatto, ai cassetti rimasti aperti. Addio. Spense la luce, e fu come se avesse spento, per sempre, tutta una parte dei propri ricordi. Richiuse senza rumore e lasciò scivolare la mano lungo la maniglia di metallo levigata dall'uso.

I bambini erano già per le scale, e parlottavano eccitati. Sorrise.

Sua moglie aspettò che lui la raggiungesse, prima di scendere. Scesero tenendosi per mano. Lei disse:

«Non ho più paura, caro. Andrà tutto bene».

«Certo», rispose. «Vedrai».

Sedettero tutti in soggiorno, per la colazione. Poi sua moglie tornò in cucina per il caffè.

«Vai con la mamma, e aiutala», disse alla figlia.

La bambina passò in cucina.

«Tra poco, eh, papà?» disse il bambino. «Tra poco, eh?»

«Non t'agitare», disse. «Ricordati quello che t'ho detto: se vai a dire a qualche altro vicino che vi porto con me al campo, dovrò lasciarvi tutti qui!»

Per un po', il silenzio non fu interrotto che dal rumore dei cucchiaini che rimestavano lo zucchero nelle ciotole. I bambini si guardavano tra loro e guardavano il padre. Il padre teneva gli occhi bassi sulla tazzina. Il caffè gli andava giù con difficoltà, e il cuore, improvvisamente, gli batteva da rompersi. L'ultimo giorno. Questo è l'ultimo giorno.

«Non bevi il tuo caffè?» disse alla moglie.

Ma lei s'era già alzata, e stava radunando le stoviglie. Mentre prendeva la caffettiera vuota, il campanello alla porta suonò. La caffettiera le sfuggì di mano e ricadde di traverso sul tavolo. Lui allungò svelto una mano e la rimise in piedi, prese la mano della moglie.

«Non è niente, cara. Non…»

Si voltò ai bambini:

«Andate ad aprire».

Voci e passi s'avvicinarono. Entrarono i vicini con gli altri due bambini.

«Buongiorno», disse il vicino.

La moglie del vicino andò da sua moglie, e tutte e due s'appartarono verso la finestra, parlando sottovoce. I quattro bambini restarono sulla porta a guardarsi intorno e tra loro, nervosi.

«Avete già fatto colazione anche voi?» chiese il padre al vicino.

«Sì, grazie», disse il vicino. «Allora, non ci resta che andare?»

«Già. Non ci resta che andare».

Lasciarono i piatti ammucchiati sul tavolo. La moglie salì a prendere i cappotti per tutta la famiglia. Quando tornò, i vicini con i quattro bambini erano già usciti e s'erano sistemati nell'auto. Uscì anche lei col marito, e tutt'e due si fermarono un istante, davanti alla porta richiusa.

«Chiudiamo a chiave?» chiese lui, con un'aria improvvisamente intontita e incerta.

Lei sorrise rassegnata, inerme, passandosi una mano tra i capelli.

«Oh...» disse, voltandosi e avviandosi al marciapiede.

Il marito chiuse a chiave. Quando la raggiunse, lei si voltò di nuovo a guardare:

«Era una bella casa», disse.

«Non pensarci».

Entrarono nell'auto, richiusero gli sportelli, l'auto si avviò.

«Avete chiuso a chiave?» chiese il vicino.

«Sì».

Il vicino sorrise nervoso:

«Anche noi», disse. «Avevo provato a non farlo, ma poi sono dovuto tornare indietro apposta».

Filarono per le strade silenziose. All'orizzonte, quando uscirono dalla città, il cielo cominciava appena ad arrossarsi. La moglie del vicino e i quattro bambini erano seduti dietro; loro due e il vicino, davanti.

«Pare che voglia essere una bella giornata», disse il vicino.

«Già. Si direbbe».

«Ai bambini l'avete già detto?» chiese piano il vicino.

«Ma no! Scherziamo?»

«Neanche noi, neanche noi», disse il vicino in fretta. «Era giusto per domandare».

«Ah».

Quando furono in vista del campo, si girò indietro:

«Ricordatevi», disse. «Adesso che passiamo il cancello, neppure una parola da nessuno di voi».

La guardia al cancello aveva sonno, e le bastò riconoscere il collaudatore della nave. Era già il terzo o quarto collaudo, anche se questo sarebbe stato più lungo. Se la famiglia andava a vederlo partire, niente di male. Li salutò con la mano, mentre s'allontanavano, e tornò nella sua guardiola. L'auto si fermò sotto la piattaforma di lancio, tra gli enormi piloni. Uscirono tutti e guardarono in su, alla fusoliera puntata verso il cielo. La testata di metallo lucente, altissima sulle loro teste, cominciava a riflettere la prima luce rosata dell'aurora.

«Andiamo», disse. «Facciamo presto».

Mentre gli altri s'affrettavano verso l'ascensore, indugiò un momento a guardare verso le lontane torri di controllo. Ma tutti erano agli strumenti, probabilmente. E comunque, non potevano vedere chi saliva e chi no. Sul campo non c'era nessuno. Guardò ancora, ai suoi piedi, quella terra brunastra che non avrebbe calpestato mai più. Si chinò e ne raccolse in fretta pochi grani, fece per metterli in tasca; li lasciò ricadere.

«Ciao», mormorò.

Corse all'ascensore. Le porte si richiusero. Poi ci fu solo il ronzio regolare della cabina che saliva, e il tossicchiare un po' nervoso dei bambini.

I bambini. Lasciavano meno cose di loro, quaggiù. O di più? Chiuse gli occhi. Li riaprì sentendo la mano di sua moglie su un braccio. Lei gli sorrise:

«Va tutto bene», disse.

L'ascensore si fermò all'ultima piattaforma, le porte si aprirono. Quassù, ormai, era giorno. Li fece arrampicare alla svelta per la scaletta che conduceva allo stretto sportello sul fianco della nave. Quando fu entrato anche lui, esitò un momento prima di richiudere. Avrebbe voluto dire qualche cosa adatta al momento. Aveva una voglia straordinaria di trovare qualcosa adatta al momento. Non trovò niente e richiuse, manovrò i volanti di chiusura stagna.

«Ecco fatto», disse. «Da questa parte».

Li condusse tutti nella grande stanza di controllo. I bambini corsero agli oblò e cominciarono a gridare eccitati vedendo il campo così in basso. Le madri guardavano giù anche loro, con uno sguardo spaventato.

«Così alto!» disse sua figlia.

Le batté gentilmente una mano sulla spalla. «Così alto!» ripeté.

Poi si voltò rapido e s'avvicinò ai comandi. Restò lì davanti, come incerto. Sentì qualcuno accostarglisi.

«Non dobbiamo dirglielo, adesso?» disse sua moglie. «Non glielo dobbiamo dire, che è l'ultima volta che guardano… giù?»

«Diglielo», disse. «Sì. Diglielo».

Aspettò di udire i passi di lei che s'allontanavano, ma non li udì. Si voltò, e lei era ancora lì. Lo baciò sulla guancia. Poi andò a dirlo ai bambini. Premette il pulsante al centro del quadro. Giù in fondo, nel ventre della nave, una scintilla accese il combustibile. Le pareti cominciarono a tremare.

Sentì sua figlia strillare e mettersi a piangere. Cercò di non sentire. Allungò una mano tremante verso la leva accanto al quadro, e nello stesso tempo si girò indietro. Tutti lo stavano guardando. Abbassò la leva.

La nave tremò ancora un secondo e si slanciò senza una scossa, accelerando progressivamente. Per qualche minuto s'udì il fischio dell'aria lacerata, contro i fianchi di metallo. Poi più niente.

I bambini non piangevano più, ed erano tornati a guardare dagli oblò.

«Addio», dicevano. «Addio».

Ma la loro voce non sembrava triste.

Sezione 2 Narrare, interpretare, esprimere

Erano a metà strada verso l'altro sistema, e il firmamento, fuori degli oblò, aveva un aspetto tutto diverso da quello che gli altri avevano sempre conosciuto. Stava mostrando a suo figlio la carta del sistema planetario dove erano diretti.

«Ma in quell'altro? In quello di prima? In questo foglio qui, voglio dire: noi dove...»

Gli altri bambini guardavano anche loro la vecchia carta, che non sarebbe servita più.

«Sì. Di questi nove qui: qual era... il nostro?»

Inghiottì due o tre volte, prima di rispondere.

«Questo», disse indicando un punto con la matita. «Questo qui. Il terzo dal Sole».

da R. Matheson, Terzo dal Sole, in Il secondo libro della fantascienza,
a cura di C. Fruttero e F. Lucentini, Einaudi, Torino 1972

COMPRENDERE E INTERPRETARE

La vicenda

1. Abbiamo suddiviso il racconto in sette sequenze: completa la tabella, come nell'esempio, assegnando a ciascuna di esse un titolo che ne riassuma il contenuto.

a.	rr. 1-52	Il risveglio della famiglia e la tensione dei genitori.
b.	rr. 53-73	
c.	rr. 74-94	
d.	rr. 95-113	
e.	rr. 114-129	
f.	rr. 130-167	
g.	rr. 168-188	

2. Quali particolari rivelano l'ansia e l'inquietudine del collaudatore e della moglie per ciò che li aspetta [rr. 1-70]?
    A Rimproverano violentemente i figli.
    B Hanno dormito poco o niente.
    C Battibeccano continuamente.
    D Il collaudatore ha lo stomaco chiuso.
    E La moglie piange senza ragione.
    F Trattano sgarbatamente i vicini.
    G La moglie si spaventa senza ragione.

3. I figli delle due coppie non erano stati informati che li attendeva un viaggio verso un altro sistema. Quando e per quale ragione i genitori decidono di rivelare la verità ai bambini [rr. 149-167]?

La fantascienza U4

I significati e il genere

4. Nel brano è contenuto un duplice messaggio: quali fra i seguenti aspetti sono al centro della vicenda?

   A Grazie alla tecnologia è possibile scegliere il luogo in cui vivere un'esistenza migliore.
   B Non si può fuggire dal proprio passato senza provare disorientamento e dolore.
   C I genitori per salvaguardare i propri figli sono disposti a sacrificare la propria vita.
   D La condanna di chi rinuncia a lottare per tentare di salvare il nostro pianeta.
   E Soltanto chi ha maturato un'esperienza di vita si sente legato alle proprie radici.

5. Dopo un'iniziale disperazione, i bambini si lasciano attrarre dalla novità e paiono già aver dimenticato la Terra ed essere proiettati verso la vita futura. Quale frase evidenzia questo stato d'animo?

6. Indica le caratteristiche tipiche del racconto di fantascienza presenti in questo testo.

   A Ambientazione nel futuro.
   B Presenza di macchine con caratteristiche e poteri particolari.
   C Abitudini di vita differenti da quelle attuali.
   D Presenza di alieni e di esseri extraterrestri.
   E Presenza di robot, cyborg e macchine "pensanti".
   F Pericolo di catastrofi planetarie o universali.
   G Ambientazione in altri pianeti o galassie.
   H Uso di molti vocaboli tecnici.
   I Riferimenti impliciti o espliciti a problemi o aspetti della vita di oggi.

STUDIARE LA LINGUA

7. Riporta le parole o le espressioni con cui il narratore sottolinea il carattere definitivo del viaggio dei personaggi verso un altro sistema planetario e l'impossibilità di ritornare sulla Terra.

8. Perché i personaggi non sono citati con il loro nome proprio?

PARLARE

9. Immagina di dover convincere la famiglia del collaudatore a restare sulla Terra. Elabora un discorso che contenga almeno tre ragioni per far cambiare idea ai personaggi del racconto ed esponilo in cinque minuti circa.

SCRIVERE

10. Immagina ora che la Terra corra il pericolo di una distruzione atomica, ma che soltanto i ragazzi del pianeta siano informati di questo fatto, e non gli adulti. Tu vuoi mettere in salvo i tuoi familiari e decidi di organizzare un viaggio spaziale verso un altro sistema planetario. Raccogli le idee e poi scrivi un breve racconto sulla falsariga di quello che hai appena letto, ma con il capovolgimento delle parti tra adulti e ragazzi.

Sezione 2 Narrare, interpretare, esprimere

Edward D. Hoch
Lo zoo più bello dell'universo

I contenuti | Il racconto affronta uno dei temi principali della fantascienza: l'incontro fra gli uomini e gli extraterrestri. In questo caso, però, gli alieni non portano morte o distruzione ma tanto divertimento per adulti e bambini; e anche gli umani non mancano di far ridere moltissimo le creature dello spazio...

I bambini erano sempre buonissimi, durante il mese d'agosto, specialmente all'avvicinarsi del ventitreesimo giorno: era appunto quello il giorno in cui la grande astronave d'argento che trasportava lo *Zoo Interplanetario* del professor Hugo atterrava per la sua annuale visita di sei ore nell'area di Chicago.

L'avvenimento richiamava grandi folle, e fin dall'alba si formavano lunghe file di adulti e bambini, ciascuno col suo bravo dollaro in mano (il prezzo del biglietto), ad aspettare con impazienza l'arrivo dell'astronave.

Ogni anno, puntualmente, il professor Hugo esibiva nuove creature, delle razze più strane e imprevedibili: che cosa avrebbe portato quest'anno? La curiosità era alle stelle.

Già s'erano viste, in passato, le creature a tre zampe provenienti da Venere, o gli altissimi, filiformi uomini di Marte, o altri esseri ancora più straordinari, come certi mostri a foggia di serpente che arrivavano da punti remoti della galassia.

L'astronave comparve, rotonda e scintillante, nel cielo di Chicago, e lentamente calò sull'immenso parcheggio tri-metropolitano alla periferia della città: e lentamente, nel silenzio rispettoso e quasi sgomento che s'era creato, si sollevarono gli enormi portelloni laterali, a mostrare la consueta fila di gabbie.

Dietro le sbarre s'intravedevano dei bizzarri esseri d'una razza selvaggia, incredibile, da potersi immaginare solo negli incubi: piccoli animali simili a cavalli, che si muovevano a scatti e continuavano incessantemente a cicalare[1] con vocine acute. I cittadini della Terra si assieparono intorno alla cassa, dove l'equipaggio del professor Hugo provvide celermente[2] a raccogliere i soldi dei biglietti; e poco dopo apparve il buon professor Hugo in persona, col suo ampio mantello multicolore e il cappello a cilindro.

– Signori Terrestri! – esclamò nel microfono.

Il ronzio della folla si spense, ed egli poté continuare:

– Signori Terrestri, quest'anno, per il consueto, misero dollaro, potrete ammirare uno spettacolo davvero eccezionale: i rarissimi, semi-sco-

---
1. **cicalare:** chiacchierare.
2. **celermente:** velocemente.

nosciuti *ragni-cavalli di Kaan*, portati fino a voi, a prezzo di grandi spese, per milioni di miglia attraverso lo spazio. Avvicinatevi alle gabbie, guardateli, studiateli, ascoltateli, parlatene ai vostri amici. Ma fate in fretta! La mia nave può trattenersi in quest'area soltanto sei ore! –

E lentamente, ordinatamente la folla prese a sfilare davanti alle gabbie: il pubblico era al tempo stesso inorridito e affascinato da queste straordinarie creature che assomigliavano a cavalli, ma s'inerpicavano e correvano lungo le sbarre come ragni.

– È una cosa che lo vale tutto, quel dollaro! – osservò un uomo, allontanandosi di corsa. – Vado a casa a prendere mia moglie.

Andò avanti così per tutta la giornata, finché ben diecimila persone riuscirono a sfilare davanti alle gabbie che s'affacciavano lungo le fiancate dell'astronave. Poi, scoccato il limite delle sei ore, di nuovo il professor Hugo uscì col suo microfono in mano:

– Ora dobbiamo andare, ma torneremo fra un anno esatto. E se lo zoo di quest'anno vi è piaciuto, telefonate ai vostri amici nelle altre città: domani saremo a New York, e la settimana prossima atterreremo a Londra, e poi Parigi, Roma, Hong Kong e Tokyo. E poi salperemo per altri mondi ancora! –

Li salutò con un cordiale arrivederci, e mentre lentamente l'astronave decollava, i cittadini di Chicago convennero[3] che quell'anno lo zoo interplanetario era stato il migliore in assoluto…

Circa due mesi e tre pianeti più tardi, l'argentea astronave del professor Hugo calò infine tra le familiari, frastagliate rocce di Kaan: e a uno a uno i curiosi ragni-cavalli sgusciarono rapidamente dalle gabbie, col professore fermo davanti all'uscita per pronunciare brevi parole di congedo.

Poi tutti schizzarono in cento direzioni diverse, a raggiungere le loro case tra le rocce.

In una di queste, la creatura-lei fu ben felice di vedere il ritorno del

3. convennero: furono d'accordo.

Sezione 2 Narrare, interpretare, esprimere

Gli effetti speciali

parole
concetti
idee

Il cinema ci ha regalato la possibilità di dare vita ai nostri sogni e di dare corpo alla nostra immaginazione. Fin dagli esordi, i pionieri dell'arte cinematografica hanno portato sullo schermo quegli esseri stravaganti e quelle imprese fantastiche che sono alla base della narrazione fantascientifica. Per fare questo, hanno messo in opera dei "trucchi", quelli che oggi chiamiamo "effetti speciali", che – nonostante i mezzi molto modesti di cui disponevano – lasciavano allibiti i primi spettatori.

Il francese Georges Méliès (1861-1938) diresse decine e decine di cortometraggi (cioè film dalla durata molto breve, a volte di pochi minuti) dall'ambientazione fantastica. È diventato celebre un fotogramma del suo *Viaggio nella Luna* del 1902, dove la Luna è un volto umano nel cui occhio va a conficcarsi il razzo con l'equipaggio. Erano i primi anni di vita del cinema, e questi effetti, che oggi fanno quasi sorridere, suscitavano comunque grande stupore.

Fino ad anni molto recenti, anche se le tecniche si sono via via raffinate, gli effetti speciali erano sempre realizzati grazie a macchine e pupazzi, maschere e costumi, a modellini in scala ridotta e a un sapiente uso della macchina da presa. Si trattava, insomma di effetti *analogici*.

Tutto cambia negli anni Novanta, con l'avvento del digitale e con i passi da gigante fatti dalla computer grafica. Grazie alle tecnologie digitali, infatti, è diventato sempre più facile (e spettacolare) creare personaggi e farli interagire con gli attori in carne e ossa, girando il film in digitale (o riversandolo dalla pellicola) e poi utilizzando il computer per aggiungere o animare i personaggi e le scenografie fantastiche. Altre tecniche particolari (e tutt'altro che complesse) hanno poi consentito la visione tridimensionale, grazie a particolari sistemi di proiezione e all'uso di "speciali" occhiali polarizzati. L'uso del digitale ha permesso così di rendere sempre più realistici anche i viaggi più impossibili, le creature più stravaganti, le storie più impensabili.

Tra i primi a utilizzare il digitale va citato George Lucas, che nel 1975 fondò la sua compagnia *Industrial Light and Magic* (ILM) proprio per poter applicare gli ultimi ritrovati della tecnologia digitale ai progetti che stava sviluppando (la celebre saga di *Guerre stellari*). Oggi la ILM è una delle più importanti aziende nel campo degli effetti speciali cinematografici.

◀ Fotogramma di *Viaggio nella Luna*, di Georges Méliès (1902).

La fantascienza U4

suo compagno e del figlioletto. Farfugliando un festoso saluto in uno strano linguaggio, corse ad abbracciarli.

– Quanto tempo! – esclamò. – Allora, è stato bello?

65 E la creatura-lui annuì: – Magnifico! Specialmente il piccolino si è divertito un sacco! Abbiamo visitato otto mondi, e visto molte cose.

Il piccolo galoppò tutto allegro nella caverna, inerpicandosi sulle pareti:

– Nel posto chiamato Terra è stato meglio di tutti! Le creature che
70 ci abitano portano degli indumenti sulla pelle, e camminano su due zampe.

– Ma non era pericoloso? – chiese la creatura-lei.

– No – rispose il compagno. – Ci sono delle sbarre robuste, per proteggerci da loro. E poi rimaniamo sempre all'interno dell'astronave. La
75 prossima volta devi venire anche tu, cara! Là un viaggio che li vale proprio tutti, i diciannove *commoc* che ci costa!

– Oh sì! – annuì il piccolo, – È stato il migliore zoo in assoluto…

E.D. Hoch, Zoo, in *Storie di giovani alieni*, a cura di I. Asimov, trad. it. di I. Tron, Mondadori, Milano 1989

COMPRENDERE E INTERPRETARE

La vicenda e le tecniche narrative

1. Il racconto di Hoch è formato da tre sequenze. Completa la tabella inserendo le informazioni richieste, come negli esempi.

	Righe	Contenuto	Tipologia
Sequenza I	1-15	L'attesa dell'arrivo dello zoo interplanetario	NARRATIVA
Sequenza II	16-54	LA BELLEZZA DELLO ZOO	Narrativo-descrittiva
Sequenza III	55-77	LA FAMIGLIA DI KAAN	NARRATIVO-DIALOGICA

2. Quale tecnica narrativa è presente nelle rr. 12-15?

....

3. Il racconto ha un ritmo veloce, dato dalla presenza di…
   A scene e sommari. ✗
   B pause ed ellissi.
   C *flashback* e prolessi.
   D pause e *flashback*.

4. Qual è il colpo di scena finale con cui il narratore stupisce il lettore?

....
....

Sezione 2   Narrare, interpretare, esprimere

I significati

5. I terrestri e i *ragni-cavalli* sono molto diversi fisicamente, ma condividono un sentimento: quale?
   - [x] **A** La paura per tutto ciò che è diverso.
   - **B** Il desiderio di visitare nuovi luoghi.
   - **C** Il legame con i propri familiari.
   - **D** L'invidia nei confronti delle altre razze.

6. Le gabbie in cui sono chiusi i *ragni-cavalli* servono sia a questi ultimi sia agli uomini: si tratta della medesima utilità, oppure no? Motiva la tua risposta.
   ....
   ....

7. Qual è il messaggio del racconto?
   - [x] **A** La realtà deve essere osservata e analizzata attraverso diverse prospettive.
   - **B** Ogni razza deve essere orgogliosa delle proprie caratteristiche fisiche e culturali.
   - **C** Gli uomini sono curiosi nei confronti di tutto ciò che appare strano e diverso.
   - **D** È impossibile che nell'universo esistano altre creature simili all'uomo.

STUDIARE LA LINGUA

8. L'arrivo dello zoo interplanetario è particolarmente atteso: quali frasi del narratore descrivono l'ansia con cui i terrestri aspettano l'astronave del professor Hugo? Evidenziale sul testo.
   ....

9. Quale coppia di aggettivi di significato opposto esprime lo stato d'animo degli abitanti di Chicago dinanzi alle gabbie dei *ragni-cavalli*?
   - [x] **A** Inorridito/affascinato.
   - **B** Divertito/disgustato.
   - **C** Incuriosito/infastidito.
   - **D** Stupito/indifferente.

10. Nel racconto compaiono alcuni **neologismi**, ovvero termini creati dall'autore per descrivere la realtà fantascientifica. Ricercali e riportali sul quaderno.

PARLARE

11. Secondo te, il professor Hugo è un astuto imbroglione? Motiva la risposta con un breve intervento orale.

SCRIVERE

12. Immagina che lo zoo interplanetario del professor Hugo giunga nella tua città; descrivi in un testo tre fra le bizzarre creature che vengono mostrate al pubblico. Ricorda che una descrizione, per essere efficace e completa, deve utilizzare non soltanto la vista ma anche gli altri sensi.

Stephen Wallenfels
T5
I POD sono qui

I contenuti | Uno dei temi classici della fantascienza è l'incontro con alieni pericolosi e ostili, che invadono la Terra mettendo a repentaglio l'esistenza della vita umana. Nell'invenzione dello scrittore americano Stephen Wallenfels, gli extraterrestri distruttivi sono i POD (Perle di Orrore e Distruzione), lucide sfere che invadono il cielo con suoni sinistri e inquietanti fasci di luce. Josh e suo padre sono in casa al momento dell'invasione, e lì rimangono, bloccati dal pericolo rappresentato dalle sfere. Ma intanto, le condizioni di vita diventano sempre più drammatiche: i POD azzerano le frequenze radio, la Rete, l'energia elettrica…

Giorno 1
Lo stridio mi sveglia.
    Simile a metallo che si squarcia e si torce su altro metallo, e mille volte più forte. Mi tappo le orecchie con le mani ma è come se il cervello volesse schizzarmi fuori dalla testa. Il suono continua ancora e ancora, sempre più potente. Mi alzo barcollante dal letto e crollo a terra. Vorrei potermi svitare la testa, tanto fa male. C'è solo una cosa da fare. Urlo, sperando che questo coprirà il suono che mi sta uccidendo nel buio della mia stanza.
    E a quel punto smette.
    Mi irrigidisco, preparato a un'altra esplosione che però non arriva. Un ronzio sommesso e profondo riempie la mia testa pulsante. Mi alzo in piedi appoggiandomi alla parete e, proprio mentre sto pensando *Che diavolo…*, la luce del corridoio si accende.
    Qualche secondo dopo la mia porta si apre di botto. Papà si appoggia faticosamente allo stipite, il respiro corto e affannoso. Ha un pacemaker[1] dal giorno del Ringraziamento. Non dovrebbe essere un attacco di cuore.
    «Stai bene, Josh?» chiede.
    La sua voce trema, ma non sembra che abbia bisogno di essere rianimato.
    «Mi fa male la testa» dico.
    «Già. Io ho le orecchie che fischiano ancora.»
    Aspetta, poi chiede: «Posso entrare?».
    «Certo» rispondo, agguantando un paio di pantaloni della tuta dal pavimento e infilandoli sopra i boxer. «Vedi solo di non inciampare in qualcosa.» Una felpa pende dallo schienale della sedia davanti al computer. Metto anche quella.

1. pacemaker: dispositivo elettronico, installato nel torace, destinato a mantenere regolare e costante il battito del cuore negli individui con sofferenze cardiache.

Papà accende le luci e attraversa il campo minato di vestiti, cd masterizzati, riviste di videogiochi e cavi assortiti dirigendosi verso la finestra. Ha addosso i pantaloni del pigiama e una maglietta. Guarda fuori e scruta l'alba nascente mentre si gratta il sedere. Sta valutando pressione atmosferica e nuvolosità, ne sono sicuro. A me sembra chiarissimo: ancora una mattina primaverile, con altro vento e altra pioggia.

«Cos'è successo?» chiedo.

«Non lo so.»

«Un incidente d'auto?»

Sempre guardando fuori dalla finestra, dice: «No. È durato troppo. Era qualcosa di diverso».

«Come se l'avessi proprio dentro la testa?»

Volta le spalle alla finestra. «Esatto.»

«Allora cosa diavolo era? Credevo mi esplodesse il cervello.»

«Un cuscinetto della caldaia, penso.»

Mi sembra alquanto improbabile. Vado alla scrivania e sollevo la cornetta. Nessun segnale. Visto che linea telefonica e internet sono collegati, questo significa niente web. Perfetto. E adesso come li finisco, i miei compiti?

Dico: «Ma i cuscinetti della caldaia fanno smettere di funzionare il telefono?».

«La mia è solo una teoria» dice lui sedendosi su un angolo del mio letto.

La fantascienza U4

Mi sta tornando forza nelle gambe. Il fischio nelle orecchie è quasi sparito. Butto un'occhiata alla sveglia digitale sul comodino.

5:03.

Dovrei dormire ancora un'ora. Poi ci sarebbero trenta minuti di frettolosa preparazione per il compito di storia della prima ora, ma non posso cercare gli appunti online. Si vede lontano un chilometro che questa giornata farà schifo. Sono sfiorato da un'idea vaga, da qualcosa che dovrei cogliere, ma la mia testa dolorante non è in grado di afferrarla.

Papà dice: «Prova con la radio».

La accendo. Solo interferenze, su tutta la banda[2]. E sono strane interferenze, oscillanti e acute. Provo con l'AM[3]. Stessa storia. Il suono mi ricorda quello che ci ha svegliati. Spengo la radio. È un bene che la mamma sia lontana, a un congresso. Sarebbe già fuori di testa.

Comincio a sentirmi a disagio, come se fossi sull'orlo di qualcosa ma non sapessi cosa. Recupero i jeans di ieri da cui pesco il mio cellulare. «Quanto ci scommetti che non funziona?» Lo apro, faccio il numero di casa. «Non c'è rete» dico.

«Questo è decisamente insolito.»

Giorno 13

Di nuovo quello stridio acuto, stavolta nel bel mezzo della notte. Mi contorco nel mio letto come un verme all'amo, poi porto le ginocchia al petto e aspetto che finisca. O aspetto di morire … uno dei due.

Smette, più o meno.

Una luce azzurra cola nella mia stanza. All'inizio è solo un riflesso che viene da chissà dove. Ma nel giro di qualche secondo riempie la camera. La luce è così intensa che le mie palpebre non sono in grado di bloccarla. E le mie mani… vedo le vene, come se mi stessi trasformando in una medusa traslucida. Può essere soltanto una cosa. Mi alzo dal letto e guardo fuori dalla finestra. Le POD ardono, ognuna risplende come un sole azzurro. Guardarle, anche solo per un attimo, provoca dolore.

Papà irrompe nella stanza. Non porta la maglietta. Attraverso la pelle, vedo i suoi organi. Fegato, reni, un cuore pulsante. La sua testa è un teschio che urla.

«Non guardarle, Josh! Non guardare!»

La luce si spegne. È andata avanti quanto, quindici, venti secondi? Aggiungiamo i dieci secondi di quello stridio che ti trapana il cervello, e l'intero episodio è durato forse mezzo minuto. Trenta secondi in cui gli alieni hanno dato un bello strattone alla nostra catena. In cui il comandante delle POD si è divertito un po' a scuotere le nostre gabbie, tanto per assicurarsi che gli umani non stiano troppo comodi o non si sentano troppo al sicuro. Adesso la mia stanza è completamente buia, se non conto le tenaci gocce azzurre che vedo quando chiudo gli occhi.

2. banda: l'insieme delle frequenze trasmesse da un apparecchio elettronico.
3. AM: onde a modulazione di ampiezza; riguardano esclusivamente le trasmissioni radio.

Papà, il cervello non più visibile, chiede: «Dov'è la tua torcia?».
«Sul comodino.»
100 Mi muovo a tentoni, la trovo, premo l'interruttore. Non funziona.
« Uhm. Funzionava benissimo quando sono andato a letto.»
Lui dice: «Prendo quella nell'armadio del corridoio».
Si allontana, facendo scivolare la mano lungo la parete. Mi rimetto a guardare fuori. Le POD sono tornate normali, ossia le vedo a mala-
105 pena. Sono buchi neri in un cielo senza luna ma pieno di stelle. Un coyote guaisce in lontananza, poi altri gli fanno eco. Immagino che lo spettacolo non sia piaciuto neanche a loro. O magari sì.
Papà entra portando una candela accesa.
«Non hai trovato la torcia?» chiedo.
110 «Non funzionava.»
Si mette accanto a me, davanti alla finestra. Ho un improvviso déjà vu[4]. Noi due nella mia stanza che cerchiamo di capire cosa diavolo sia successo. La cosa mi dà i brividi.
«Sembra che i nostri ospiti siano tornati a dormire» dice.
115 «Loro non dormono mai» dico.
Annuisce.
«Che ore sono?»
Guarda il suo orologio. «Strano.»
«Cosa?»
120 «Il quadrante… è nero.» Scuote il polso, controlla di nuovo l'orologio, preme qualche tasto, si acciglia.
«Prendo il mio cellulare» dico. Sul display si vede l'ora. O almeno si vedeva l'ultima volta che ho verificato. Provo l'angosciante sensazione che adesso le cose siano diverse. Tiro fuori il telefono dal cassetto del
125 comò. Sensazione confermata. «*Nada*[5]» dico.
Lui mi tende la candela, va alla mia scrivania e prende la sedia. La porta al centro della camera, ci sale sopra, allunga la mano verso l'alto e preme il pulsante di prova dell'allarme antifumo. È collegato al circuito elettrico della casa, ma ha anche una batteria di riserva. Papà cambia
130 tutte le batterie quattro volte l'anno, preciso come un orologio, perciò quella dovrebbe essere nuova. Dovremmo sentire una specie di sirena arrabbiata per tre secondi, un gradevole canto d'uccelli in confronto allo stridio alieno. Non succede niente.
«Forse è stato un impulso elettromagnetico di qualche tipo» ipotizza.
135 *E forse si stanno preparando a prenderci a calci nel sedere.*
«Era pazzesco, papà. Vedevo il tuo cuore che batteva» dico io.
«E tu non avevi i bulbi oculari.»
Quella è un'immagine cui preferirei non pensare.
Ce ne rimaniamo lì per qualche istante in silenzio.
140 Poi lui dice «Sembra che lo spettacolo sia finito» e si gira per uscire.
«E adesso?»
«Vado di sotto a verificare alcune cose.»

---

4. **déjà vu**: "già visto", in francese; è l'impressione di aver vissuto precedentemente un avvenimento che si sta verificando.
5. ***nada***: "niente", in spagnolo.

«E a scrivere una nota sul tuo taccuino, magari?»

Sorride. «Sì, anche quello.»

È una follia. Una settimana fa, avrebbe dichiarato lo stato di allerta 5 e si sarebbe messo a correre di qua e di là cercando di inchiodare assi alle finestre. Adesso è bello tranquillo, come se una luce azzurra che ci tramuta in scheletri parlanti non fosse niente di speciale. I conti non tornano.

«Credo che me ne resterò qui per un po'» dico, non particolarmente ansioso di accertarmi che in dispensa ci siano ancora tre lattine di zuppa ai funghi. «Fammi sapere se ci sono problemi con Dutch[6].»

155 Lui si ferma davanti alla porta e dice: «Sai, Josh, con l'allarme antifumo che non funziona, sarebbe meglio che...».

«Lo so, lo so. Che non usassi la candela nella mia stanza perché potrei addormentarmi e dare fuoco alla casa.»

«Io seguirò la stessa regola.»

160 «La sicurezza prima di tutto!» grido, rivolto ai suoi passi che si allontanano.

Papà scende al piano di sotto. Io spengo la candela. Mi trascino a letto, tiro su le coperte e rifletto su questa nuova realtà. Anche senza elettricità, avevamo sempre le batterie. Il polso della casa batteva ancora.

165 Adesso sembra proprio morta. La semplice verità mi colpisce come un mattone: ho più di quindicimila canzoni sul mio iPod, potrei non sentirne più nemmeno una.

6. **Dutch:** è il cane di Josh.

Sezione 2 Narrare, interpretare, esprimere

7. cheese: "formaggio", in inglese; si dice prima di farsi riprendere da una foto perché il movimento delle labbra nel pronunciare questa parola è simile a quello di un sorriso.
8. sagaci: pungenti.
9. GPS: abbreviazione di *Global Positioning System* ("Sistema di Posizionamento Globale", in inglese); dispositivo che, attraverso una rete satellitare, fornisce informazioni a un terminale mobile sulla sua posizione.

Papà mi dà la notizia durante la colazione. È probabile che l'impulso elettromagnetico, o qualsiasi cosa fosse, sia permanente. Non funziona niente, neppure la lucina del portachiavi della mamma.
Ci stiamo dividendo una lattina di mini-salsicce quando lui di punto in bianco dice: «Sai cos'altro c'è che utilizza una batteria?».
Ci penso un momento, mi gratto la testa. «No!» esclamo, fingendo di restare senza fiato. «Non il telecomando della tv!»
Papà sorride, ma è quel genere di sorriso che richiede un po' di sforzo. Come quando qualcuno se ne esce con *Di' cheese*[7]! e tu sorridi, ma tutto quello che vorresti è ficcargli una stecca da biliardo in un occhio. Mi vengono in mente altri due o tre commenti sagaci[8], ma li tengo per me. Infilzo l'ultima salsiccia, la intingo nel vasetto quasi vuoto di senape, me la caccio in bocca e aspetto. So che sta per dirmelo… e ci sarà da ridere. Si tratterà di qualcosa di utilissimo, come il suo GPS[9]. O il suo rasoio. La suspense mi uccide…
«Il mio pacemaker» dice, guardandomi dritto negli occhi.

da S. Wallenfels, *POD. Perle di Orrore e Distruzione*, trad. it. di S. Brogli, Piemme, Milano 2013

COMPRENDERE E INTERPRETARE

■ L'arrivo dei POD

1. Attraverso quale sfera sensoriale viene percepito dagli uomini l'arrivo dei POD sulla Terra [rr. 1-10]? Indica i termini presenti nel testo che giustificano la tua risposta.

- **A** Vista.
- **B** Udito.
- **C** Olfatto.
- **D** Tatto.

2. Sin dal primo momento, i POD manifestano la volontà di… (scegli il completamento esatto e motiva la tua risposta)

- **A** annientare il genere umano.
- **B** isolare gli uomini, impedire i contatti e le comunicazioni.
- **C** distruggere la Terra.
- **D** soggiogare gli uomini rendendoli schiavi.

3. Josh comprende subito la gravità di quanto è accaduto? Qual è la ragione principale della sua preoccupazione dinanzi agli iniziali "contrattempi" provocati dai POD?

....

■ Il giorno 13

4. Il giorno 13 i POD si manifestano di nuovo. Quale analogia e quale differenza vi sono rispetto alla prima volta che hanno dato segno del loro arrivo sulla Terra?

....

5. Attraverso quali segnali Josh e il padre si rendono conto che la nuova prova di forza dei POD coincide con la perdita di carica di tutte le batterie?

....

6. Josh è molto stupito dell'inusuale calma esibita dal padre [rr. 146-151]: come la spieghi? Per rispondere, rifletti sulla sequenza finale [rr. 171-183].

....

....

■ Le caratteristiche del genere

7. Indica le caratteristiche tipiche del racconto di fantascienza che hai individuato nel testo.

- **A** Ambientazione nel futuro.
- **B** Presenza di macchine con caratteristiche e poteri particolari.
- **C** Abitudini di vita differenti da quelle attuali.
- **D** Presenza di alieni e di esseri extraterrestri.
- **E** Presenza di robot, cyborg e macchine "pensanti".
- **F** Pericolo di catastrofi planetarie o universali.
- **G** Ambientazione in altri pianeti o galassie.
- **H** Uso di molti vocaboli tecnici.
- **I** Riferimenti impliciti o espliciti a problemi o aspetti della vita di oggi.

STUDIARE LA LINGUA

8. Individua le espressioni tipiche del linguaggio informale giovanile e trascrivile.

....

....

9. Josh e il padre cercano di affrontare la drammatica vicenda anche con ironia. Individuane alcuni esempi nelle parole di entrambi.

....

10. Josh racconta la sua pericolosa esperienza utilizzando il presente indicativo: quale effetto determina questa scelta stilistica?

- **A** Il racconto degli avvenimenti appare più chiaro e semplice.
- **B** Riprende il tono confidenziale e colloquiale tipico dei diari.
- **C** Aumenta la tensione e il coinvolgimento nei fatti.
- **D** Rende meno drammatiche le vicende narrate.

PARLARE

11. Ricerca sul web informazioni su romanzi e film che hanno affrontato il tema dell'aggressione aliena e, dopo aver scelto i due che ti paiono più interessanti e originali, esponi oralmente la trama ai tuoi compagni.

SCRIVERE

12. Ora tocca a te immaginare quale forma possa assumere l'arrivo degli alieni sul nostro pianeta. Con quale mezzo giungeranno? Quale aspetto avranno? Quali saranno le loro intenzioni e quali effetti provocherà la loro comparsa? Descrivi e racconta.

Sezione 2 Narrare, interpretare, esprimere

STRUMENTI DEL LESSICO E FORME DI SCRITTURA

Il lessico della fantascienza

La narrativa di fantascienza è un interessante esempio di unione tra le tecniche narrative e la precisione del linguaggio specialistico delle scienze e delle tecniche: è il frutto, cioè, della conoscenza degli aspetti scientifici del contesto in cui è ambientata la storia. A questo, gli scrittori aggiungono il talento per i neologismi, cioè per parole nuove che indicano oggetti e risorse (umane e materiali) ancora sconosciute. Prepara un glossario della fantascienza completando lo schema: avrai così a disposizione un ricco repertorio di vocaboli per inventare altri mondi possibili.

I luoghi	**Aperti**: Terra, Sistema solare, Galassia, Universo ....
	Chiusi: Astroporto, navicella, missile, fusoliera, cabina di pilotaggio, sonda ....
Gli uomini	Scienziato, astronauta, ricercatore, biologo, chimico, fisico, pilota ....
Le macchine pensanti	Robot, cyborg, sistema, computer ....
Gli alieni	Extraterrestri, marziani, bipedi, irsuti, a scaglie, ungulati ....
Gli oggetti	Video, videoschermi, trasmittenti, videorivelatori, trasmittenti ....

Usare il lessico della fantascienza

1. Inserisci opportunamente i seguenti termini scientifici. In caso di dubbio, consulta il dizionario.

iniziazione • bipede • analgesiche • Aldebaran • Galassia • arti • sensorio • traumatizzante

Malgrado la struttura **1** ...., il marziano è una delle creature più strane della **2** .... In verità, dal punto di vista

3 ...., i Kvee di 4 ...., a dispetto del loro doppio cervello e degli 5 .... plurifunzionali, sono più vicini a noi. È di conseguenza piuttosto 6 .... trasporsi direttamente e senza 7 .... nel corpo di un marziano. E, per di più, non vi sono terapie 8 .... realmente efficaci.

R. Sheckley, *Scambio mentale*, trad. it. di R. Carano, Mondadori, Milano 1990

2. Nel romanzo *Ventimila leghe sotto i mari* (1870), Jules Verne descrive gli straordinari viaggi del sottomarino Nautilus agli ordini del Capitano Nemo. Inserisci in questa pagina i termini scientifici e tecnici elencati: tieni conto che l'attrezzatura descritta da Verne è diventata "reale" solo molto più tardi rispetto alla pubblicazione del libro... un caso di fantascienza divenuta realtà.

espirare • pressione • pompe • scafandro • anidride carbonica • aria compressa • contaminato • cinquanta atmosfere • inspirare

Durante i lavori che si fanno sul fondo, l'operaio, rivestito da uno 1 ...., riceve l'aria dalla superficie per mezzo di 2 ....

«Conosco il funzionamento degli scafandri».

«Allora sapete anche che in quelle condizioni l'uomo non è libero, perché è congiunto alla pompa che lo rifornisce d'aria attraverso un tubo di gomma, vera catena che lo tiene legato alla terra. Se noi dovessimo essere legati al Nautilus alla stessa maniera, non potremmo andare molto lontano».

«C'è un mezzo per muoversi liberamente?» domandai.

«Sì. Si tratta di un serbatoio di ferro in cui si immagazzina aria con una 3 .... di 4 .... Questo serbatoio si fissa sulla schiena con delle bretelle, più o meno come uno zaino. Da una sfera, con un congegno preparato proprio da me, partono due tubi per 5 .... ed 6 ...., senza che l'ossigeno sia 7 ....

«Sorprendente», dissi.

«Ancora una cosa, comandante: come farete a illuminare il percorso sul fondo marino?»

«Sfruttando l' 8 .... che espiriamo, terremo accesa una lampada».

«Per tutte le mie obiezioni avete risposte così stupefacenti che non oso più dubitare di nulla. Ma... come potrò usare un fucile?»

«Non è esattamente un fucile con polvere da sparo», rispose il comandante.

«È un fucile ad 9 .... ?»

«Certamente».

J. Verne, *Ventimila leghe sotto i mari*, trad. it. di E. Lupinacci, Mondadori, Milano 1999

Sezione 2 — Narrare, interpretare, esprimere

3. Osserva le foto proposte e scrivi tu le didascalie in stile "fantascientifico". Poi usale liberamente per costruire la trama di un racconto di fantascienza.

a. ....

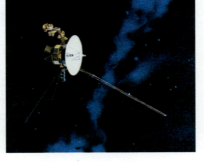

b. ....

c. ....

d. ....

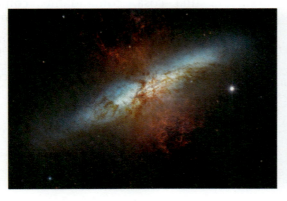

e. ....

f. ....

4. Ed ecco alcuni alieni creati dalla fantasia di scrittori, illustratori e sceneggiatori. Come vedi, hanno l'aspetto più o meno "simpatico", ma si sa che l'abito non fa il monaco... Descrivine "fantascientificamente" l'aspetto e l'atteggiamento nei confronti degli umani.

Scrivere la fantascienza

La fantascienza, pur attingendo alla fantasia, ha sempre un forte collegamento con la realtà. Gli intrecci dei racconti, infatti, prendono spesso inizio da un fatto o da una situazione reali, per proiettarli nel futuro e immaginarne l'evoluzione. Inoltre, è importante l'esattezza del lessico e dell'informazione scientifica. Tenendo presente questa necessaria premessa generale, ora leggi con attenzione le quattro possibili strutture a cui possono essere ricondotte le storie di fantascienza:

> la costruzione di un mondo completamente diverso da quello reale, in cui i fatti sono determinati da elementi irrazionali e anche magici;
> la costruzione di un mondo parallelo al nostro, ma inaccessibile, esistente magari in un pianeta o in un sistema galattico lontano nello spazio o in una dimensione di tempo molto lontana;
> la rappresentazione di un mondo in cui è possibile superare i limiti di tempo e di spazio e proiettarsi nel passato e nel futuro, magari con l'intenzione di modificare il presente;

- la proiezione nel futuro del mondo reale d'oggi, con la raffigurazione di ciò che potrebbe avvenire.

Le tecniche narrative caratteristiche della narrativa fantascientifica sono queste:

- la suspense, che si ottiene con un abile dosaggio di informazioni, di azioni soltanto abbozzate, di detto e non detto;
- la sorpresa, costituita di solito da finali rivelatori che sconvolgono le aspettative del lettore;
- lo straniamento, cioè l'improvvisa comparsa di un elemento nuovo e fantastico in una realtà in apparenza normale e tranquilla.

A questo punto, sei pronto per inventare i tuoi mondi possibili.

5. Ti proponiamo gli schemi per due diversi racconti di fantascienza. Scegli quello che ti sembra più in linea con la tua creatività e con la tua sensibilità e mettiti all'opera, tenendo conto dei suggerimenti che ti abbiamo fornito sopra.

Strano funzionamento di un oggetto

A. Un gruppo di studenti in un'aula di informatica durante una pausa: lo studente considerato meno abile è come al solito deriso e beffeggiato dagli altri suoi compagni.

B1. Costretto a giocare con il computer un'ennesima partita a scacchi, quasi sempre perdente, questa volta inaspettatamente vince, lasciando senza fiato gli altri compagni che subito mettono a dura prova il computer. La macchina però con loro si comporta normalmente, lasciando poche possibilità di vittoria.

C. Tra il computer e il ragazzo si crea una particolare amicizia, che può determinare:
– rivalsa sui compagni;
– acquisizione di una propria sicurezza;
– ottimo rendimento scolastico;
– eccessiva dipendenza dalla macchina.

B2. Diverse possono essere le spiegazioni:
– uno strano individuo ha fornito allo studente la formula che rende ogni ingranaggio perfettamente rispondente alle esigenze e ai desideri di chi lo usa;
– il computer era un prototipo, risultato di una ricerca effettuata da un gruppo di scienziati allo scopo di trasformare ogni freddo ingranaggio meccanico in una macchina in grado di capire sentimenti ed emozioni di chi la usa. Per errore era stato inviato a scuola.

D. Verso una conclusione:
– il computer, sottoposto a un uso eccessivo, si "affatica" e si guasta definitivamente;
– il ragazzo da dominato diventa dominatore, il computer gli fornisce la risposta giusta per ogni situazione;
– i ragazzi distruggono il computer, ma adesso anche gli altri computer...;
– il ragazzo è dominato dal computer.

Cambiamento improvviso di un personaggio

A. In un normale appartamento cittadino di una tranquilla famiglia, composta da quattro persone, il padre è intento a riparare la presa della corrente elettrica.

B1. Nonostante abbia staccato l'interruttore, appena inizia i lavori è colto da una improvvisa e tremenda scarica elettrica che gli provoca una momentanea perdita di coscienza.

B2. Possibili spiegazioni:
- un'energia di origine extraterrestre si è introdotta per errore nel circuito terrestre;
- uno scienziato nell'appartamento di fianco sta sperimentando certe sue teorie sul potenziamento delle capacità sensoriali;
- un semplice guasto alla centralina della luce elettrica ha fatto accumulare una certa quantità di energia.

C. Le conseguenze sono straordinarie:
- potenziamento delle sue capacità sensoriali;
- sviluppo di capacità extrasensoriali (telepatia, telecinesi...);
- metamorfosi fisica;
- perdita della memoria.

L'uomo diventa famoso e applica le sue acquisite potenzialità in varie circostanze: contro la malavita locale, contro nazioni nemiche, contro i vicini di casa, contro il capufficio.

D. Verso una conclusione:
- i poteri svaniscono in fretta...
- la casa è oggetto di un continuo pellegrinaggio da parte di molte persone, disposte a sottoporsi alla miracolosa scarica elettrica;
- anche il fedele e mansueto "Fido", un cane meraviglioso, è vittima della folgorazione;
- l'uomo è rapito dagli extraterrestri perché ritenuto troppo scomodo e pericoloso per i loro esperimenti.

6. Come sarà il mondo del futuro? Abbiamo formulato di seguito alcune proposte: barra quelle che ti sembrano più interessanti e utilizzale, anche abbinandole tra loro, come spunto per un tuo personale e creativo racconto di fantascienza.

- Sarà supertecnologico, con robot intelligenti in grado di svolgere tutti i lavori antipatici e faticosi.
- Avrà subito una catastrofe nucleare: i pochi sopravvissuti dovranno lottare per la sopravvivenza con armi evolute e micidiali.
- Sarà un mondo più vasto: i Terrestri avranno esplorato e colonizzato altri pianeti, sottomettendone gli abitanti.
- Sarà dominato da robot perfezionatissimi, che avranno asservito il genere umano.
- Sarà devastato da terrificanti cambiamenti climatici, di fronte ai quali gli uomini saranno impotenti.
- Extraterrestri evoluti, intelligenti e pacifici visiteranno la Terra e inviteranno gli abitanti a entrare nella Federazione Interstellare.
- Gli uomini avranno lasciato da tempo la Terra, perdendone persino la memoria: solo antiche leggende parleranno ormai di un mitico "pianeta azzurro", ormai introvabile nell'immensità del cosmo.
- Gli uomini e altre razze extraterrestri saranno impegnati in un drammatico conflitto con invasori violenti e di terrificante aspetto, provenienti da un piccolo e sperduto pianeta che si credeva disabitato.
- Un gruppo di scienziati sintetizzerà in laboratorio un gas inodore e incolore dagli effetti micidiali, che verrà sperimentato su un pianeta lontano dalla Terra e abitato solo da semplici organismi unicellulari.

Sezione 2 — Narrare, interpretare, esprimere

1) VERIFICA DI ASCOLTO

OBIETTIVI
- Individuare gli elementi tipici della fantascienza.
- Ricostruire le fasi della narrazione.

Ascolta la lettura con attenzione. Se vuoi, prendi degli appunti, che potrai consultare durante lo svolgimento della verifica.

La guerra dei mondi

1. Ricostruisci l'esatta successione dei fatti proseguendo la serie.
   - **a.** Un oggetto misterioso cade nel terreno di una fattoria. 1
   - **b.** Il capitano e i poliziotti si avvicinano all'oggetto sventolando bandiera bianca. .....
   - **c.** Creature mostruose appaiono alla vista dei presenti. .....
   - **d.** Nei pressi della fattoria sopraggiungono centinaia di curiosi e la polizia. .....
   - **e.** Dall'oggetto proviene un ronzio. .....
   - **f.** Un getto di fiamme lanciato dalle creature provoca un gigantesco incendio. .....
   - **g.** L'oggetto misterioso si apre. .....

2. Descrivi l'aspetto dell'oggetto misterioso.
   - A ☐ È semisepolto nel terreno.
   - B ☐ È rivestito di un metallo sconosciuto agli uomini.
   - C ☐ Emana un debole ronzio.
   - D ☐ Presenta delle asperità sulla superficie.
   - E ☐ È levigato.
   - F ☐ È di forma sferica.
   - G ☐ È di forma cilindrica.

3. Descrivi l'aspetto delle creature.
   - A ☐ Sono molto grandi.
   - B ☐ Sono coperte di pelo folto come gli orsi.
   - C ☐ Hanno una pelle liscia come quella dei serpenti.
   - D ☐ Sono munite di tentacoli.
   - E ☐ Hanno occhi neri lampeggianti.
   - F ☐ Hanno occhi che mandano bagliori di fuoco.
   - G ☐ Dalla bocca a forma di U fuoriesce saliva.

4. Perché, a un certo punto, la trasmissione viene interrotta da uno stacchetto musicale?
   - A ☐ È saltato il collegamento con la zona.
   - B ☐ Il cronista ha dovuto cercare riparo dietro un muro.
   - C ☐ La polizia ha interrotto le trasmissioni.
   - D ☐ Il cronista è morto.

5. Come si conclude la trasmissione? ....

6. Quale tema tipico della fantascienza viene affrontato nel testo? ....

Segui la correzione dell'insegnante e attribuisci il punteggio stabilito per ogni risposta esatta.

2) VERIFICA DI SCRITTURA Dal racconto di genere all'analisi e al commento

OBIETTIVO
Analizzare e commentare un racconto di fantascienza.

Leggi il brano e poi elabora un'analisi e un commento seguendo le indicazioni.

Razza di deficienti

Naron, dell'antichissima razza di Rigel, era il quarto della sua stirpe a tenere registri galattici.
Aveva il libro grande, con l'elenco delle innumerevoli razze di tutte le galassie che avevano sviluppato una forma d'intelligenza, e quello, notevolmente più piccolo, nel quale erano registrate tutte le razze che, raggiungendo la maturità, venivano giudicate adatte a far parte
5 della Federazione Galattica.
Nel registro grande erano stati cancellati molti nomi: erano quelli dei popoli che per una ragione o per l'altra erano scomparsi. Sfortuna, difetti biochimici o biofisici, squilibri sociali avevano preteso il loro pedaggio. In compenso, nessuna annotazione era stata mai cancellata dal libro piccolo.
10 Naron, grande e incredibilmente vecchio, guardò il messaggero che si stava avvicinando.
«Naron!» disse il messaggero. «Immenso e Unico!»
«Va bene, va bene, cosa c'è? Lascia perdere il cerimoniale».
«Un altro insieme di organismi ha raggiunto la maturità».
«Benone! Benone! Vengono su svelti, adesso. Non passa un anno senza che ne salti fuori
15 uno nuovo. Chi sono?»
Il messaggero diede il numero di codice della galassia e le coordinate del pianeta al suo interno.
«Uhm, sì», disse Naron, «conosco quel mondo». E con la sua fluente scrittura prese nota sul primo libro, poi trasferì il nome sul secondo, servendosi, come di consueto, del nome
20 con cui quel pianeta era conosciuto dalla maggior parte dei suoi abitanti.
Scrisse: "Terra".
«Queste nuove creature», disse poi, «detengono un bel primato. Nessun altro organismo è passato dalla semplice intelligenza alla maturità in un tempo tanto breve. Spero che non ci siano errori».
25 «Nessun errore, signore», disse il messaggero.
«Hanno scoperto l'energia termonucleare, no?»
«Certamente, signore».
«Benissimo, questo è il criterio di scelta». Naron ridacchiò soddisfatto. «E molto presto le loro navi entreranno in contatto con la Federazione».
30 «Per ora, Immenso e Unico», disse con una certa qual riluttanza il messaggero, «gli osservatori riferiscono che non hanno ancora tentato le vie dello spazio». Naron era stupefatto. «Proprio per niente? Non hanno nemmeno una stazione spaziale?»
«Non ancora, signore».

Sezione 2 Narrare, interpretare, esprimere

«Ma se hanno scoperto l'energia atomica, dove eseguono le loro prove, le esplosioni
35 sperimentali?»
«Sul loro pianeta, signore».
Naron si drizzò in tutti i suoi sei metri di altezza e tuonò: «Sul loro pianeta?»
«Sì, signore».
Lentamente, Naron prese la penna e tracciò una linea sull'ultima aggiunta del libro piccolo.
40 Era un atto senza precedenti, ma Naron era molto, molto saggio e poteva vedere l'inevitabile meglio di chiunque nelle galassie.
«Razza di deficienti!» borbottò.

I. Asimov, da Antologia personale, trad. it. di H. Brinis, Mondadori, Milano 1997

1. **Scrivere l'analisi del testo**
   Le domande che seguono ti guideranno a osservare gli aspetti di contenuto e formali utili per sviluppare l'analisi. Leggi attentamente le consegne e rispondi, anche in forma molto schematica, su un foglio di brutta copia, poi rielabora le tue risposte in un testo espositivo continuo.

   Il contenuto del testo
   a. Focalizza l'attenzione sui personaggi del testo, raccogliendo le informazioni sul loro aspetto fisico dal testo (ove presenti); osservane il carattere e il temperamento, sia sulla base di informazioni esplicite, sia ricavandolo dal loro comportamento.
   b. Spiega che cosa sono, rispettivamente, il «libro grande» [r. 2] e il «libro notevolmente più piccolo» [r. 3], precisandone i contenuti e la ragione delle dimensioni così diverse.
   c. Qual è il criterio per cui un insieme di organismi registrato nel libro grande può essere trascritto anche nel libro piccolo?
   d. Nell'atto di scrivere il nome Terra sul libro piccolo, Naron rivolge un apprezzamento ai terrestri: per che cosa li elogia?
   e. Quale «atto senza precedenti» compie Naron, e perché [rr. 39-41]?
   f. A chi è rivolto l'epiteto di «deficienti» [r. 42]?

   Le caratteristiche di genere e di stile
   g. Sulla base di quali elementi puoi riconoscere il racconto come appartenente al genere della fantascienza? In caso di dubbio, puoi consultare gli appunti delle lezioni 1 e 2.
   h. Di quale tipo sono il narratore e la focalizzazione?
   i. Osserva il registro espressivo: come lo definiresti (drammatico, divertente, ironico, amaro, spregiudicato...)? Motiva la tua opinione.

2. **Il commento**
   Il commento è un testo personale in cui esprimi, in forma argomentata, le riflessioni e le idee che la lettura ha sollecitato.
   In relazione a questo brano, puoi riflettere sui seguenti aspetti:
   ❯ spiega il messaggio del racconto;
   ❯ individua i punti di contatto tra il messaggio e il nostro tempo presente;
   ❯ motiva la tua opinione favorevole o contraria al messaggio.

3) VERIFICA DI LETTURA

OBIETTIVI
- Comprendere il contenuto.
- Interpretare il messaggio.
- Riconoscere le caratteristiche della fantascienza.

Leggi il racconto e rispondi alle domande.

La storia di Emma Due

Le Tre Leggi della Robotica
1. Un robot non può recar danno a un essere umano, né permettere che, a causa della propria negligenza, un essere umano riceva danno.
2. Un robot deve sempre obbedire agli ordini degli esseri umani, a meno che contrastino con la Prima Legge.
3. Un robot deve proteggere la propria esistenza, purché questo non contrasti con la Prima o la Seconda Legge.

Mike Donovan guardò annoiato il suo boccale di birra vuoto e pensò che ne aveva abbastanza di ascoltare quelle storie. A voce alta disse: «Visto che stiamo parlando di robot strani, vi confesserò che io una volta ne ho trovato uno che ha disobbedito alla Prima Legge».

Poiché la sola idea era inconcepibile, tutti tacquero e si girarono verso Donovan.

Lui si pentì subito di essersi lasciato scappare quella frase e cercò di cambiare argomento. «Me ne hanno raccontato una buona, ieri» disse, come niente fosse. «Riguardo al…»

MacFarlane, che era seduto nella sedia accanto a quella di Donovan, lo interruppe. «Non vorrai mica farmi credere che ti è capitato di incontrare un robot che ha recato danno a un essere umano?» Perché naturalmente quello significava la disobbedienza alla Prima Legge.

«In un certo senso è proprio quello che mi è accaduto» confermò Donovan. «Ma come vi dicevo me ne hanno raccontato una…»

«Spiegaci un po' com'è andata» ordinò MacFarlane, mentre alcuni dei presenti sbattevano sul tavolo il loro boccale.

Donovan, rassegnato, cominciò la storia. «Accadde su Titano[1] circa dieci anni fa» disse, facendo un rapido conto mentale. «Sì, fu nel Venticinque. Ci erano appena stati spediti tre nuovi modelli di robot, studiati appositamente per Titano. Erano i primi della serie MA. Li chiamammo Emma Uno, Emma Due ed Emma Tre.» Fece schioccare le dita per richiamare l'attenzione del cameriere e ordinare un'altra birra. «Dunque, che cosa successe dopo? Ah sì, ecco, ora mi ricordo.»

«Mi occupo di robotica da non so quanto tempo, Mike» disse MacFarlane, «ma non ho mai saputo che sia entrata in produzione una serie MA.»

«Certo, è perché tolsero gli MA dalla catena di montaggio subito dopo… subito dopo l'episodio che sto per raccontarvi. Non te ne rammenti?»

---

1. **Titano:** satellite di Saturno; la sua atmosfera è composta da metano.

«No.»

«Mettemmo subito i robot al lavoro» continuò in fretta Donovan. «Capite, fin'allora la Base era completamente inutilizzabile durante la stagione delle tempeste, che copre l'ottanta per cento del periodo di rivoluzione di Titano intorno a Saturno. Quando ti trovavi in mezzo a quelle tormente spaventose non riuscivi a vedere la Base nemmeno se era distante solo un centinaio di metri. Le bussole poi non servono a niente, perché Titano non ha campo magnetico.

«Ma per fortuna i robot MA erano dotati di un nuovo tipo di vibro-rivelatori che consentivano loro di raggiungere direttamente la base in qualsiasi condizione atmosferica, sicché diventava possibile procedere con gli scavi durante tutto il periodo di rivoluzione. E non sollevarmi di nuovo obiezioni, Mac. Anche i vibro-rivelatori furono tolti dal mercato, ed ecco perché non ne hai mai sentito parlare.» Donovan tossì. «Segreto militare, capisci.»

«I robot fecero un ottimo lavoro nel corso della prima stagione di tempeste» continuò, «poi, all'inizio della stagione buona, Emma Due cominciò a comportarsi in modo strano. Andava a nascondersi negli angoli e sotto le balle della merce, per cui ci toccava convincerla con le belle maniere a uscire dai suoi rifugi. Alla fine si allontanò definitivamente dalla Base e non fece più ritorno. Pensammo che avesse un difetto di fabbricazione e continuammo a usare gli altri due robot, che non ci davano problemi. Certo però eravamo a corto di personale, o meglio a corto di automi, così quando, verso la fine della stagione buona, si rivelò necessario andare a Kornsk, mi offrii io di partire da solo, senza robot. Sembrava un'impresa abbastanza priva di rischi: le tempeste sarebbero cominciate di lì a due giorni e io sarei tornato al massimo dopo venti ore.

«Ero appunto sulla via del ritorno, a una quindicina di chilometri dalla Base, quando il cielo si fece scuro e s'alzò il vento. Atterrai subito con l'aeromacchina, prima che il vento mi spingesse a schiantarmi da qualche parte, poi presi la direzione della Base e mi misi a correre. Considerata la bassa gravità, potevo continuare a correre fino alla meta, ma il problema era: sarei riuscito a mantenermi in linea retta? Il guaio era tutto lì. Avevo un'ampia riserva di ossigeno e le bobine termiche della tuta funzionavano bene, ma quindici chilometri sono interminabili quando ci si trova in mezzo a una tempesta su Titano.

«Poi, appena la bufera di neve avvolse tutto in una luce crepuscolare dove le cose apparivano scure e indistinte, appena Saturno quasi scomparve dalla vista e il Sole fu solo un puntolino vago, mi fermai, tenendomi saldo in mezzo al vento. Proprio davanti a me c'era un piccolo oggetto scuro. Riuscivo a malapena a riconoscerne i contorni, ma sapevo cos'era. Era un cucciolo delle nevi, l'unico essere vivente capace di resistere alle tempeste di Titano, e nel contempo l'essere vivente più feroce che sia mai dato incontrare su qualsiasi pianeta. Sapevo che la tuta non mi avrebbe protetto, una volta che il cucciolo mi avesse caricato, e considerata la scarsa visibilità dovevo aspettare di sparare a distanza ravvicinata, perché se avessi sbagliato un colpo non avrei avuto scampo.

«Indietreggiai a poco a poco e l'ombra mi seguì. Si avvicinò sempre di più e proprio mentre puntavo il disintegratore augurandomi che il colpo andasse a segno, mi trovai d'un tratto accanto un'ombra più grande, e proruppi in un'esclamazione di sollievo. Era Emma Due, il robot scomparso. Lì per lì non stetti certo a chiedermi cosa le fosse successo o perché fosse apparsa all'improvviso in mezzo alla tempesta. Mi limitai a gridare: "Emma, da brava, toglimi dai piedi quel cucciolo delle nevi e poi riportami alla Base!"

«Il robot mi guardò come se non avesse sentito e urlò di rimando: "Padrone, non sparate!

Non sparate!"

«Corse a tutta velocità verso il cucciolo, mentre io gridavo: "Prendilo! Prendilo quel maledetto, Emma!" E in effetti lo prese. Lo sollevò e tenendolo in braccio continuò per la sua strada. Io urlai fino a diventare rauco, ma Emma Due non tornò. Fosse stato per lei, sarei morto in mezzo alla tempesta.»

Donovan fece una pausa solenne, poi aggiunse: «Certo conoscete tutti la Prima Legge: un robot non può recar danno agli esseri umani, né può permettere che, a causa del suo mancato intervento, gli esseri umani ricevano danno. Bene, Emma Due invece se la squagliò con quel cucciolo e mi lasciò lì a rischiare di morire. Infranse la Prima Legge.

«Per fortuna riuscii a cavarmela. Mezz'ora dopo la tempesta cessò. Era scoppiata prima del tempo e si rivelò un fenomeno momentaneo. Succede, a volte. Raggiunsi di corsa la Base e il giorno dopo la stagione delle tempeste cominciò sul serio. Emma Due tornò due ore dopo di me. Il mistero fu naturalmente chiarito e i modelli MA vennero tolti subito dal mercato».

«Ma quale fu il motivo che indusse il robot a comportarsi così?» domandò MacFarlane.

Donovan lo guardò con espressione seria. «È vero che ero un essere umano in condizioni critiche, Mac, ma per quel robot c'era qualcosa di ancora più importante di me e della Prima Legge. Non dimenticare che si trattava di un modello MA e che Emma Due, in particolare, prima di scomparire dalla circolazione aveva cercato per un certo periodo dei piccoli rifugi dove nascondersi. Era come se pensasse che dovesse succederle qualcosa di speciale e di… privato. E a quanto sembra questo qualcosa di speciale le successe davvero.»

Donovan alzò gli occhi al cielo con aria solenne e concluse, con un tremito nella voce: «Quel cucciolo delle nevi non era affatto un cucciolo delle nevi, sapete. Quando Emma Due lo portò alla Base, lo chiamammo Emma junior. Il robot aveva dovuto proteggerlo dal mio disintegratore. Perfino la Prima Legge non è nulla, in confronto al sacro vincolo dell'amore materno…».

I. Asimov, *La prima legge*, in *Il secondo libro dei robot*, trad. it. di L. Serra, Mondadori, Milano 2004

Sezione 2 — Narrare, interpretare, esprimere

1. Ricostruisci l'esatta successione dei fatti riordinando le sequenze date. L'esercizio è avviato.
   a. Mike Donovan sostiene di aver incontrato un robot che ha infranto la Prima Legge. **1**
   b. Emma Due mostra strani comportamenti. **4**
   c. Mike Donovan svela la ragione per cui Emma Due ha infranto la Prima Legge della Robotica. **12**
   d. Mike incontra Emma Due che non gli presta aiuto. **9**
   e. Emma Due scompare dalla Base. **5**
   f. Su Titano arrivano tre robot della nuova serie MA. **2**
   g. Emma Due ricompare alla Base. **11**
   h. Mike Donovan si trova intrappolato in una delle terribili tempeste di Titano. **7**
   i. Nel suo tentativo di rientrare a piedi alla Base, Mike viene bloccato da una creatura feroce. **8**
   l. Mike Donovan parte per Kornsk senza robot. **6**
   m. I nuovi robot vengono battezzati Emma Uno, Emma Due ed Emma Tre. **3**
   n. Donovan riesce a raggiungere la Base. **10**

2. Perché Mike Donovan rivela di aver conosciuto un robot disobbediente [rr. 8-10]?
   A ☐ Vuole ricordare i vantaggi provocati dall'uso dei robot.
   B ☒ È irritato dai discorsi sui comportamenti dei robot.
   C ☐ Intende evidenziare i pericoli connessi all'autonomia dei robot.
   D ☐ Vuole vantarsi per la sua lunga esperienza di collaudatore.

3. Il protagonista si pente di «essersi lasciato scappare quella frase»: qual è il motivo del suo cambiamento di idea [rr. 11-42]?
   A ☒ È infastidito dall'eccitazione dei suoi compagni.
   B ☐ È stanco e confuso per aver bevuto troppo.
   C ☐ La vicenda di Emma Due è un segreto militare.
   D ☐ Si rende conto che è una storia noiosa.

4. Quali fra le seguenti caratteristiche climatico-ambientali rendono quasi impossibile vivere e lavorare su Titano, senza l'aiuto dei robot [rr. 32-37]?
   A ☒ Le tempeste di neve impediscono di vedere.
   B ☐ Il peso della forza di gravità provoca un immediato senso di sfinimento.
   C ☐ L'atmosfera è contaminata da gas velenosi.
   D ☒ L'assenza di campo magnetico ostacola gli strumenti di orientamento.
   E ☐ Il freddo glaciale ostacola i movimenti.

5. Indica i comportamenti strani manifestati da Emma Due [rr. 45-46].
   SI NASCONDEVA NEGLI ANGOLI E SOTTO LE BALLE DI MERCE

6. Quali sono le tre ragioni per cui Mike accetta di partire da solo per Kornsk [rr. 48-52]?
   POCO PERSONALE, ERA CONVINTO DI NON TROVARE RICCHI, 20h

7. Perché Mike atterra con l'aeromacchina prima di essere rientrato alla Base [rr. 53-56]?
   LA TEMPESTA LO AVREBBE FATTO SBATTERE

8. Credendo di dover affrontare l'attacco di un cucciolo delle nevi, il collaudatore si augura di non sbagliare mira. Per quale motivo sa che in caso di errore non avrà una seconda possibilità [rr. 66-68]?
   AVEVA SOLO UN COLPO DA SPARARE

9. I robot possono disobbedire alla Prima Legge della Robotica attraverso un comportamento attivo (*recar danno a un uomo*) o passivo (*mancato intervento*). Quale fra le due situazioni riguarda la condotta di Emma Due nei confronti di Donovan?
   MANCATO INTERVENTO

10. Che cos'era, in realtà, la creatura incontrata da Donovan in mezzo alla tempesta?
    IL FIGLIO DI EMMA 2

11. Perché Emma Due ha infranto la Prima legge della robotica [rr. 110-114]?
    VOLEVA PROTEGGERE IL FIGLIO

12. Qual è il messaggio contenuto nella vicenda narrata da Donovan?
    A ☐ L'umanità non può fare affidamento sul lavoro dei robot, che come tutte le macchine possono danneggiarsi e invecchiare.
    B ☐ La tecnologia non sarà mai in grado di produrre un robot dotato di sentimenti, pensieri ed emozioni come un uomo.
    C ☒ La tecnologia può sfuggire al controllo dell'uomo con conseguenze imprevedibili.
    D ☐ È sconsigliabile per un uomo restare solo in compagnia di un robot.

13. Indica le caratteristiche tipiche del racconto di fantascienza presenti in questo testo.
    A ☒ Ambientazione nel futuro.
    B ☒ Presenza di macchine con caratteristiche e poteri particolari.
    C ☒ Presenza di alieni e di esseri extraterrestri.
    D ☒ Presenza di robot, cyborg e macchine "pensanti".
    E ☐ Pericolo di catastrofi planetarie o universali.
    F ☒ Ambientazione in altri pianeti o galassie.
    G ☐ Uso di molti vocaboli tecnici.

14. Oltre ai robot, nel racconto compaiono diversi oggetti tecnologici, tipici della narrativa fantascientifica. Individuali e trascrivine il nome.
    VIBROVELATORI, DISINTEGRATORE, MA

Unità 5
La narrazione realistica e sociale

Obiettivi
- Capire le caratteristiche del romanzo realistico-sociale.
- Conoscere le caratteristiche della novella.

Conoscenze: saperi di base, metodi, strategie

- La narrazione letteraria realistica.
- Il romanzo e la novella.
- La caratterizzazione sociale e psicologica dei personaggi.
- La scrittura argomentativa. ▶ QM2 Percorso 11
- La scrittura interpretativa. ▶ QM2 Percorso 12
- L'esposizione orale. ▶ QM2 Percorso 11
- La discussione. ▶ QM2 Percorso 3

Capacità e abilità

- Riconoscere e analizzare le caratteristiche strutturali e linguistiche dei testi.
- Individuare gli elementi appartenenti al contesto sociale.
- Interpretare messaggi e significati comunicati dal testo.
- Analizzare la caratterizzazione dei personaggi.
- Argomentare su problematiche sociali.
- Trattare argomenti di studio.
- Esercitarsi alle prove d'esame. ▶ QM2 Percorsi 4, 6, 13

La narrazione realistica e sociale U5

In presa diretta

- Quale potrebbe essere l'epoca di ambientazione del quadro? Da che cosa lo capisci?

- In quale ambiente si muovono i ragazzini? Ti sembra si tratti di un luogo elegante oppure periferico, povero?

- Osserva lo sguardo dei ragazzini: che cosa comunica? Che cosa fa comprendere della situazione che stanno vivendo?

- Ti sembra che il quadro rappresenti una scena di vita normale, quotidiana? Perché?

Sezione 2   Narrare, interpretare, esprimere

Il racconto del vero nella letteratura

Il realismo

In letteratura, il termine **realismo** indica un modo concreto e oggettivo di rappresentare la realtà, tale da rendere verosimile l'invenzione letteraria. Il realismo, dunque, non è solo un movimento letterario, ma uno stile artistico presente nella letteratura (e nell'arte) di varie epoche.

A partire dal XIX secolo, il **romanzo realista** diventa il genere letterario più importante, espressione della **borghesia**, la classe sociale in ascesa; il compito principale del romanzo diventa quello di descrivere e rappresentare la nuova realtà.

L'arte del romanzo

Con il termine "romanzo", oggi, intendiamo un **ampio testo narrativo in prosa**, scritto da un determinato autore, che tratta di **vicende realistiche e verosimili oppure fantastiche**, ma comunque sempre frutto di un'**originale e personale rielaborazione artistica**.

Rispetto al racconto, che pure è un testo in prosa, il romanzo presenta alcune significative differenze: la maggiore **ampiezza**; la **complessità dell'intreccio**, in cui spesso si articolano tra loro vicende diverse; un maggior **numero di personaggi** principali, secondari e di comparse.

È nell'**Inghilterra del Settecento** che nasce il **romanzo moderno**. Secondo gli studiosi, le ragioni sono da cercare nel rapido sviluppo economico e sociale di quel periodo, dovuto all'avvio della rivoluzione industriale e all'espansione coloniale. Il benessere, più diffuso che in altri luoghi d'Europa, contribuì alla formazione di un **pubblico borghese** desideroso di leggere storie piacevoli, interessanti e divertenti, con protagonisti verosimili in cui i lettori potevano identificarsi. Il primo romanzo di questo tipo fu *Robinson Crusoe* di Daniel Defoe, pubblicato nel 1719.

Il romanzo realista

L'**Ottocento** e il **Novecento** sono i secoli del romanzo: esso diventa infatti la **forma narrativa privilegiata**, grazie alle sue caratteristiche che permettono a ogni scrittore di sperimentare contenuti e stili di scrittura in una inesauribile varietà di combinazioni.

Il romanzo diventa lo **specchio della società contemporanea**, nella quale il personaggio è alle prese con le difficoltà che caratterizzano la sua esistenza quotidiana: la descrizione dettagliata dell'ambiente sociale diventa importante per la comprensione delle vicende dei protagonisti.

La narrazione realistica e sociale — U5

Il realismo tra Naturalismo e Verismo

Il realismo ha dato vita, nel XIX secolo, a due correnti chiamate rispettivamente *Naturalismo* in Francia e *Verismo* in Italia.

Il **Naturalismo** è un movimento letterario che si propone di descrivere con **oggettività scientifica** la dura realtà sociale e psicologica dei protagonisti (operai, minatori, disoccupati, prostitute...) che, solitamente, abitano le grandi città francesi, in cui è in pieno sviluppo la **rivoluzione industriale**; in questi romanzi sono fortemente sentiti i problemi del proletariato in lotta contro il capitalismo industriale, verso il quale l'autore assume un atteggiamento di denuncia. Uno dei rappresentanti più rigorosi è Émile Zola (▶T4).

Il **Verismo**, diffusosi in Italia (non ancora investita dalla rivoluzione industriale), rappresenta invece la realtà arretrata del Mezzogiorno: protagonisti dei romanzi sono pescatori, braccianti agricoli, minatori ecc. La narrazione verista vuole essere *specchio della realtà*, pur senza avere la pretesa di *scientificità* del Naturalismo, e descrivere in modo diretto e immediato le condizioni sociali e i problemi connessi alle miserie della vita quotidiana. Rappresentante del Verismo italiano è Giovanni Verga (▶T1).

Dal realismo al Neorealismo

Una nuova epoca **neorealista** si aprì nel secondo dopoguerra. Alcuni scrittori italiani sentirono la necessità di tornare a occuparsi di problemi di contenuto, manifestando il bisogno di aderire alla realtà e di fare dell'arte un impegno civile e sociale. La materia da rappresentare divenne perciò la realtà contemporanea: la guerra, la Resistenza, la vita contadina, il lavoro operaio.

Tra i nomi degli autori più importanti del Neorealismo letterario vi è **Primo Levi**, che attraverso le sue opere ha avuto la forza di raccontare l'esperienza indicibile dell'Olocausto, da lui vissuta in prima persona nel campo di concentramento di Auschwitz.

Nuovo realismo

Il filone realista ha largo spazio nel panorama letterario contemporaneo, anche nella narrativa italiana, tanto che alcuni critici parlano addirittura di «neo-Neorealismo». Questo ritorno alla realtà annovera numerosi autori: alcuni seguono un filone che fonde in modo originale temi e forme del romanzo sociale e di formazione; altri si riconoscono nel genere del *non-fiction novel* (romanzo reportage), attualmente molto apprezzato.

Sezione 2 Narrare, interpretare, esprimere

Lezione 1

T1 Una brutta domenica di settembre
Giovanni Verga

I contenuti Nel 1863 Aci Trezza, vicino a Catania, è un povero borgo di pescatori. Qui vivono i Malavoglia: padron 'Ntoni, anziano patriarca, suo figlio Bastianazzo, la moglie di questi Maruzza "la Longa" e i loro cinque figli. I Malavoglia hanno una barca, la *Provvidenza*, e sono pescatori da sempre; ma padron 'Ntoni, per migliorare le condizioni economiche della famiglia, tenta un'impresa commerciale: acquista a credito un carico di lupini con l'intenzione di rivenderli a Riposto. Bastianazzo, un lavorante a giornata e il carico di lupini partono con la *Provvidenza*, ma sul mare si scatena una violenta tempesta. Il resto della famiglia Malavoglia, in preda all'angoscia, aspetta un ritorno che appare di ora in ora sempre più improbabile.

Dopo la mezzanotte il vento s'era messo a fare il diavolo, come se sul tetto ci fossero tutti i gatti del paese, e a scuotere le imposte. Il mare si udiva muggire attorno ai faraglioni[1] che pareva ci fossero riuniti i buoi della fiera di S. Alfio, e il giorno era apparso nero peggio dell'anima di Giuda. Insomma una brutta domenica di settembre, di quel settembre traditore che vi lascia andare un colpo di mare fra capo e collo, come una schioppettata tra i fichidindia. Le barche del villaggio erano tirate sulla spiaggia, e bene ammarrate[2] alle grosse pietre sotto il lavatoio; perciò i monelli si divertivano a vociare e fischiare quando si vedeva passare in lontananza qualche vela sbrindellata, in mezzo al vento e alla nebbia, che pareva ci avesse il diavolo in poppa; le donne invece si facevano la croce, quasi vedessero cogli occhi la povera gente che vi era dentro.

Maruzza la Longa non diceva nulla, com'era giusto, ma non poteva star ferma un momento, e andava sempre di qua e di là, per la casa e pel cortile, che pareva una gallina quando sta per far l'uovo. Gli uomini erano all'osteria, e nella bottega di Pizzuto[3], o sotto la tettoia del beccaio[4], a veder piovere, col naso in aria. Sulla riva c'era soltanto padron 'Ntoni, per quel carico di lupini che ci aveva in mare, colla Provvidenza e suo figlio Bastianazzo per giunta, e il figlio della Locca, il quale non aveva nulla da perdere lui, e in mare non ci aveva altro che suo fratello Menico, nella barca dei lupini. Padron Fortunato Cipolla[5], mentre gli facevano la barba, nella bottega di Pizzuto, diceva che non avrebbe dato due baiocchi di Bastianazzo e di Menico della Locca, colla Provvidenza e il carico dei lupini.

– Adesso tutti vogliono fare i negozianti, per arricchire! diceva stringendosi nelle spalle; e poi quando hanno perso la mula vanno cercando la cavezza[6].

---

1. **faraglioni:** grandi scogli a picco che emergono dall'acqua in prossimità della costa.
2. **ammarrate:** ormeggiate.
3. **nella bottega di Pizzuto:** Vanni Pizzuto è il barbiere del paese.
4. **beccaio:** macellaio.
5. **padron Fortunato Cipolla:** è uno dei benestanti del paese, proprietario di vigneti e di una barca.
6. **cavezza:** finimento di cuoio usato per condurre un animale da lavoro.

7. **suor:** nella parlata locale è l'equivalente di "signora".

Nella bettola di suor[7] Mariangela la Santuzza c'era folla: quell'ubriacone di Rocco Spatu, il quale vociava e sputava per dieci; compare Tito Piedipapera, mastro Turi Zuppiddu, compare Mangiacarrubbe, don Michele il brigadiere delle guardie doganali, coi calzoni dentro gli stivali, e la pistola appesa al ventre, quasi dovesse andare a caccia di contrabbandieri con quel tempaccio, e compare Mariano Cinghialenta. Quell'elefante di mastro Turi Zuppiddu andava distribuendo per ischerzo agli amici dei pugni che avrebbero accoppato un bue, e allora compare Cinghialenta si metteva a gridare e bestemmiare, per far vedere che era un uomo di fegato e carrettiere.

Lo zio Santoro, raggomitolato sotto quel po' di tettoia, davanti all'uscio, aspettava colla mano stesa che passasse qualcheduno per chiedere la carità. – Tra tutte e due, padre e figlia, disse compare Turi Zuppiddu,

I Malavoglia e la questione meridionale

parole · concetti · idee

I Malavoglia, storia di una famiglia di pescatori siciliani negli anni immediatamente successivi all'unità d'Italia, è tra i più noti romanzi di Verga e di tutta la letteratura italiana. In esso, Verga offre al lettore una testimonianza precisa e documentata delle condizioni di vita dei contadini siciliani, "fotografando" alcune tra le cause all'origine della **questione meridionale**, espressione con cui si indica il problema, ancora oggi non del tutto risolto, dell'arretratezza economica e sociale del Sud Italia.

I Malavoglia sono una famiglia di pescatori nota e rispettata ad Aci Trezza, dove possiedono la "casa del nespolo" e la barca *Provvidenza*. Capofamiglia è il vecchio padron 'Ntoni, che vive con il figlio Bastianazzo, la nuora Maruzza "la Longa" e i cinque nipoti: 'Ntoni, Luca, Mena, Alessi e Lia. Quando il giovane 'Ntoni viene chiamato alla leva obbligatoria, recentemente introdotta in tutto il Paese dal governo dell'Italia unita, l'anziano patriarca tenta la via del commercio, ma una tempesta provoca il naufragio della *Provvidenza*, la morte di Bastianazzo e la perdita del carico. Da quel momento in poi, le condizioni della famiglia non fanno che peggiorare: la casa viene venduta per pagare i debiti, 'Ntoni rientra dal servizio militare ma si dà al commercio di contrabbando e finisce in carcere; Luca, a sua volta chiamato sotto le armi, viene ucciso nella battaglia di Lissa (1866); Maruzza muore di colera, padron 'Ntoni viene condotto in fin di vita all'ospedale e Lia fugge dal paese diventando una prostituta. Solo Alessi riesce a riscattare la casa del nespolo e a fondare una nuova famiglia, dove accoglie la sorella Mena.

◂ Federico Patellani, *Festa ad Aci Trezza*, 1955.

8. **mastro Cirino:** il sacrestano del paese, che annuncia la messa con il suono delle campane.
9. **sciara:** roccia lavica.
10. **quarant'onze:** l'onza è un'antica moneta siciliana.

devono buscarne dei bei soldi, con una giornata come questa, e tanta gente che viene all'osteria.

– Bastianazzo Malavoglia sta peggio di lui, a quest'ora, rispose Piedipapera, e mastro Cirino[8] ha un bel suonare la messa; ma i Malavoglia non ci vanno oggi in chiesa; sono in collera con Domeneddio, per quel carico di lupini che ci hanno in mare.

Sull'imbrunire comare Maruzza coi suoi figliuoletti era andata ad aspettare sulla sciara[9], d'onde si scopriva un bel pezzo di mare, e udendolo urlare a quel modo trasaliva e si grattava il capo senza dir nulla. La piccina piangeva, e quei poveretti, dimenticati sulla sciara, a quell'ora, parevano le anime del purgatorio. Il piangere della bambina le faceva male allo stomaco, alla povera donna le sembrava quasi un malaugurio; non sapeva che inventare per tranquillarla, e le cantava le canzonette colla voce tremola che sapeva di lagrime anche essa.

Le comari, mentre tornavano dall'osteria, coll'orciolino dell'olio, o col fiaschetto del vino, si fermavano a barattare qualche parola con la Longa senza aver l'aria di nulla, e qualche amico di suo marito Bastianazzo, compare Cipolla, per esempio, o compare Mangiacarrubbe, passando dalla sciara per dare un'occhiata verso il mare, e vedere di che umore si addormentasse il vecchio brontolone, andavano a domandare a comare la Longa di suo marito, e stavano un tantino a farle compagnia, fumandole in silenzio la pipa sotto il naso, o parlando sottovoce fra di loro. La poveretta, sgomenta da quelle attenzioni insolite, li guardava in faccia sbigottita, e si stringeva al petto la bimba, come se volessero rubargliela. Finalmente il più duro o il più compassionevole la prese per un braccio e la condusse a casa. Ella si lasciava condurre, e badava a ripetere: – Oh! Vergine Maria! Oh! Vergine Maria! – I figliuoli la seguivano aggrappandosi alla gonnella, quasi avessero paura che rubassero qualcosa anche a loro. Mentre passavano dinanzi all'osteria, tutti gli avventori si affacciarono sulla porta, in mezzo al gran fumo, e tacquero per vederla passare come fosse già una cosa curiosa.

– Requiem eternam, biascicava sottovoce lo zio Santoro, quel povero Bastianazzo mi faceva sempre la carità, quando padron 'Ntoni gli lasciava qualche soldo in tasca.

La poveretta, che non sapeva di essere vedova, balbettava: – Oh! Vergine Maria! Oh! Vergine Maria!

Dinanzi al ballatoio della sua casa c'era un gruppo di vicine che l'aspettavano, e cicalavano a voce bassa fra di loro. Come la videro da lontano, comare Piedipapera e la cugina Anna le vennero incontro, colle mani sul ventre, senza dir nulla. Allora ella si cacciò le unghie nei capelli con uno strido disperato e corse a rintanarsi in casa.

– Che disgrazia! dicevano sulla via. E la barca era carica! Più di quarant'onze[10] di lupini!

da G. Verga, *I Malavoglia*, Rizzoli, Milano 2007

La narrazione realistica e sociale U5

Obiettivo della lezione Capire le caratteristiche del romanzo realistico-sociale

▬ Il tempo e lo spazio

1. In quale epoca è ambientata la storia dei Malavoglia?

   ....

2. Quali particolari del testo offrono una descrizione precisa e realistica del villaggio di Aci Trezza? Prosegui l'elenco.

   Le barche ormeggiate alle pietre vicino al lavatoio; l'osteria; la bottega del barbiere,
   ....

3. Quali sono le dimensioni del villaggio? È un piccolo borgo dove tutti si conoscono, oppure ha dimensioni più grandi e caotiche? Motiva la tua risposta.

   ....

▬ Gli abitanti e la mentalità collettiva

4. Nel testo vengono citati molti personaggi, tutti abitanti di Aci Trezza. Ciascuno di loro ha un ruolo, più o meno rilevante, nella trama del romanzo. Osservane i nomi: che cosa noti? Barra le risposte che ritieni corrette, motivando le tue scelte.

   A Sono soprannomi, nomignoli o diminutivi popolari.
   B I personaggi compaiono sempre con nome e cognome.
   C Si riferiscono a caratteristiche fisiche o psicologiche dei personaggi.
   D Riproducono forme dialettali.
   E Hanno lo scopo di creare un alone di mistero intorno ai personaggi.

5. In paese si discute molto dei Malavoglia: quali sono i sentimenti che emergono nei confronti della famiglia? Barra le risposte corrette.

   A Indifferenza per la tremenda disgrazia che li ha colpiti.
   B Solidarietà umana per la perdita di Bastianazzo.
   C Condanna per aver cercato di arricchirsi con il commercio dei lupini.
   D Constatazione del danno economico provocato dalla perdita della barca e del carico.

6. Mentre la "voce popolare" si concentra sul danno economico subito dai Malavoglia, quali sono i sentimenti e le preoccupazioni della famiglia?

   ....

7. Che cosa fanno gli abitanti quando, passando dalla sciara, vedono Maruzza [rr. 55-63]?

   ....

▬ Il linguaggio

8. Fin dall'inizio gli eventi si preannunciano drammatici, come la tempesta che fa loro da sfondo. Con quali espressioni metaforiche, tutte di estrazione popolare, sono descritti gli elementi naturali e i loro effetti [rr. 1-12]? Riportale nello schema e spiegale.

   a. Il vento: ....
   b. Il mare: ....
   c. Il mese di settembre: ....
   d. La vela sbrindellata: ....

9. Nel testo vi sono molte similitudini che utilizzano gli animali come secondo termine di paragone. Osserva, ad esempio, le rr. 13-15, in cui Maruzza viene paragonata a «una gallina quando sta per far l'uovo». Come spieghi questa scelta narrativa?

   A Far ridere il lettore mettendo in ridicolo i personaggi.
   B Far riflettere il lettore sulle molte somiglianze tra uomini e animali.
   C Far percepire al lettore il contesto umile, popolare e contadino in cui si muovono i personaggi.
   D Far osservare al lettore che la povertà fa regredire gli uomini al livello degli animali.

10. Qual è il registro linguistico utilizzato dalla voce narrante?

    A Popolare, a tratti gergale.
    B Semplice e formale.
    C Letterario, ricercato.
    D Semplice ed elegante.

LEGGIMI E STUDIAMI

Sezione 2   Narrare, interpretare, esprimere

Le tecniche narrative

11. Considera la voce narrante. Chi sta raccontando i fatti?

    A Un narratore interno, per l'esattezza padron 'Ntoni.
    B Un narratore interno che vede e commenta i fatti in modo del tutto soggettivo.
    C Un narratore esterno onnisciente che interviene con palesi commenti personali.
    D Un narratore che assume il punto di vista, la mentalità e il linguaggio degli abitanti di Aci Trezza.

12. Considera le righe indicate e completa la tabella, come nell'esempio.

Righe	Nome del personaggio che parla	Tecnica del discorso
rr. 15-21	Gli uomini dell'osteria	Indiretto libero
rr. 21-24		
rr. 43-46		
rr. 57-61		

Appunti della lezione

- Il **romanzo sociale** è ambientato in un preciso **contesto storico-sociale**: in questo caso, siamo nei primi anni del Regno d'Italia, nel povero villaggio di Aci Trezza.
- L'**ambiente** viene accuratamente ricostruito: Verga, infatti, dissemina nel testo molti luoghi che caratterizzano il villaggio (la spiaggia, la bettola...).
- I **personaggi** sono reali, tipici dell'ambiente in cui vivono. Qui ci troviamo di fronte individui umili, indicati con i loro nomi o nomignoli.
- La narrazione è **specchio della realtà**, espressione diretta delle condizioni sociali e dei problemi connessi alla vita quotidiana (il lavoro, la povertà...).
- Il **narratore** è esterno e tende a rendersi "**invisibile**": non esprime giudizi sulla vicenda e sui personaggi e assume spesso il punto di vista degli abitanti del villaggio, esprimendo la **mentalità collettiva**: in questo caso, si tratta di una mentalità arida, interessata al denaro più che agli affetti e ai sentimenti.
- Per riprodurre le parole dei personaggi vengono utilizzate diverse **tecniche del discorso**: diretto, indiretto, indiretto libero. In tutti e tre i casi, il narratore riproduce parole e pensieri senza commentare.
- Il **linguaggio** è coerente con l'ambiente sociale rappresentato: in questo caso è popolare, spesso gergale, ricalcato sul dialetto locale.

I MIEI APPUNTI

Lezione 2

T2 Il nome
Cesare Pavese

I contenuti | Il narratore rievoca in prima persona un episodio della sua infanzia, una delle tante giornate trascorse a esplorare la campagna intorno al paese, in cerca di serpi e a caccia di una pericolosa vipera, con il compagno di giochi Pale.

Chi fossero i miei compagni di quelle giornate, non ricordo. Vivevano in una casa del paese, mi pare, di fronte a noi, dei ragazzi scamiciati[1] – due – forse fratelli. Uno si chiamava Pale, da Pasquale, e può darsi che attribuisca il suo nome all'altro. Ma erano tanti i ragazzi che conoscevo di qua e di là[2].

Questo Pale – lungo lungo, con una bocca da cavallo – quando suo padre gliene dava un fracco[3] scappava da casa e mancava per due o tre giorni; sicché, quando ricompariva, il padre era già all'agguato con la cinghia e tornava a spellarlo, e lui scappava un'altra volta e sua madre lo chiamava a gran voce, maledicendolo, da quella finestra scrostata[4] che guardava sui prati, sui boschi del fiume, verso lo sbocco della valle. Certe mattine mi svegliavo all'urlo lamentoso, cadenzato[5], di quella donna da quella finestra. Molte vecchie chiamavano così i figli, ma il nome che faceva ammutolire tutti e che in certe ore echeggiava esasperante come le fucilate dei cacciatori, era quello di Pale. A volte anche noialtri si gridava quel nome per baldanza[6] o per beffa. Credo che persino Pale si divertisse a urlarlo.

Così, il giorno che salimmo insieme sulle coste aride della collina di fronte – prima, nelle ore bruciate[7], avevamo battuto il fiume e i canneti – non so bene se fossimo soli, io e Pale. È certo che il mio socio[8] aveva i denti scoperti e la testa rossa, e me ne ricordo perché gli raccontavo che il leone, che vive nei luoghi aridi, aveva i denti come i suoi e il pelo fulvo[9]. Quel giorno eravamo agitati perché l'avevamo impiegato a fare una ricerca metodica della serpe. C'eravamo infradiciati fino al ventre e arrostita la nuca al sole; qualche rana era schizzata via da sotto le pietre rimosse, le mie caviglie erano tutte un livido. A Pale poi colava dai denti il sugo verde di un'erba che aveva voluto masticare. Poi, nel silenzio delle piante e dell'acqua, s'era sentito fioco, ma nitido, sul vento un urlo di richiamo.

Ricordo che tesi l'orecchio, caso mai chiamassero me.

Ma l'urlo non si ripeté. Lasciammo, poco dopo, la bassa del fiume[10] e salimmo la costa[11], dicendoci che andavamo per prugnoli[12], ma ben sapendo – io, almeno, e il cuore mi batteva – che lo scopo questa volta

---

1. **scamiciati:** vestiti in modo sciatto e disordinato, senza camicia.
2. **di qua e di là:** il riferimento è indeterminato, significa che il narratore conosceva ragazzi un po' in ogni parte del paese.
3. **un fracco:** una grande quantità.
4. **finestra scrostata:** finestra con l'intonaco che viene via a pezzi, significa che è in pessime condizioni, è cadente.
5. **urlo ... cadenzato:** un urlo che si ripeteva scandito, con un ritmo regolare.
6. **per baldanza:** in modo spavaldo.
7. **ore bruciate:** sono le ore del giorno più calde, in cui il sole brucia più forte.
8. **socio:** il narratore chiama così Pale perché è il suo compagno di avventure, loro due insieme formano una piccola società.
9. **fulvo:** rossiccio di capelli.
10. **bassa del fiume:** la parte pianeggiante del fiume.
11. **costa:** è il fianco della collina.
12. **prugnoli:** sono degli arbusti, che fanno fiori bianchi e piccoli frutti aspri.

era la vipera. Fu mentre salivamo il sentiero tra i ginepri che presi a parlare, imbaldanzito, dei leoni. Mi ero rimesso le scarpe, quasi a scongiurare con un gesto da bravo ragazzo i pericoli impliciti nella resa di conti[13] serale. Fischiettavo.

– Piantala. Non è così che si chiama la vipera, – brontolò il mio socio, fermandosi.

C'eravamo muniti di due verghe a forcella[14], e con queste dovevamo inchiodare la bestia e ammazzarla. Se anche nell'acqua eravamo andati in parecchi, sono certo che quel sentiero lo salimmo noi due soli. Pale – ben diverso da me – camminava scalzo sui sassi e sugli spini, senza badarci. Volevo dirglielo, quando d'improvviso si fermò davanti a un roveto e cominciò a sibilare piano piano, sporto in avanti, dondolando il capo. Il roveto usciva da uno scoscendimento roccioso, e di là si vedeva il cielo.

– Era meglio se acchiappavamo la serpe, – dissi, nel silenzio.

L'amico non rispose, e continuò a sussurrare, come un filo d'acqua a un rubinetto. La vipera non usciva.

Ci riscosse un clamore improvviso sul vento, qualcosa come un urlo o uno scossone. Di nuovo, dal paese, avevano chiamato: era la solita voce, lamentosa e rabbiosa: «Pale! Pale!».

Pensai subito ai miei di casa. Pale s'era fermato, a testa innanzi, dritto su una gamba sola, e mi parve che facesse una delle sue smorfie diaboliche. Ma ecco che il silenzio s'era appena rifatto, e di nuovo la voce – inumana in quel salto d'aria – strillò «Pale! Pale!» E fu allora che il socio gettò con rabbia il vincastro[15] e disse in fretta:

– Quei bastardi. Se la vipera sente il nome mentre la cerchiamo, poi mi conosce.

– Vieni via, – dissi con un filo di voce.

La vecchia maledetta continuava a chiamare. Me la vedevo alla finestra, sbucare ogni tanto con un lattante[16] in braccio e cacciare quello strillo come se cantasse. Pale mi prese un bel momento per il polso e gridò «Scappa!» Fu una corsa sola fino alla piana; ci gridavamo «La vipera!» per eccitarci, ma la nostra paura – la mia, almeno – era qualcosa di più complesso, un senso di avere offeso le potenze, che so io, dell'aria e dei sassi. Venne la sera e ci trovò seduti sui traversini[17] del ponte. Pale taceva e sputava nell'acqua.

13. resa di conti: a casa, la sera, i genitori faranno i conti con il figlio, ovvero lo puniranno se questi è arrivato a casa in ritardo.
14. verghe a forcella: bastoni che terminano con delle piccole forche, servono per immobilizzare la vipera.
15. vincastro: bacchetta elastica e flessibile, con cui si fanno delle piccole fruste.
16. lattante: neonato.
17. traversini: sono barre orizzontali messe per traverso, nelle ferrovie o, come qui, nei ponti.

La narrazione realistica e sociale U5

– Prendiamo il fresco al balcone, – dissi a Pale. Era quella l'ora che tutte le donne del paese cominciavano a chiamare questo e quello, ma per il momento c'era una pace meravigliosa, e si sentiva soltanto qualche grillo.

«Non mi hanno ancora chiamato», pensavo; e dissi: – Perché non rispondi quando ti chiamano? Questa sera te le danno.

Pale alzò le spalle e fece una smorfia. – Cosa vuoi che capiscano le donne.

– Davvero, se la vipera sente un nome, poi lo viene a cercare?

Pale non rispose. A forza di scappare di casa era diventato taciturno come un uomo.

– Ma allora il tuo nome dovrebbero saperlo tutte le serpi di queste colline.

– Anche il tuo, – disse Pale con un sogghigno[18].

– Ma io rispondo subito.

– Non è questo, – disse Pale. – Credi che alla vipera importi se fai il bravo ragazzo? La vipera vuole ammazzare quelli che la cercano...

Ma in quel momento ricominciò l'urlo di prima. La vecchia s'era rifatta alla finestra. Cigolarono le ruote di un carro e s'udì il tonfo di un secchio nel pozzo. Allora m'incamminai verso casa, e Pale rimase sul ponte.

C. Pavese, *Il nome*, in *Feria d'agosto*, Einaudi, Torino 1968

18. sogghigno: risata maligna e cattiva.

Obiettivo della lezione — Conoscere le caratteristiche della novella

1. Ricostruisci la trama riordinando gli eventi nella sequenza originale.
   a. Il narratore e Pale attraversano fiumi e canneti cercando la serpe. ___1___
   b. I due amici salgono sulla collina con l'obiettivo, non dichiarato esplicitamente, di cercare la vipera. ___
   c. Alla sera, si siedono sul ponte a chiacchierare. ___
   d. Il protagonista parla dei leoni, si rimette le scarpe e fischietta. ___
   e. Mentre il protagonista si avvia verso casa, Pale è sul ponte. ___
   f. Pale intima all'amico di non fischiettare. ___
   g. Dal villaggio arriva più volte la voce della madre di Pale che lo richiama a casa. ___
   h. Pale si ferma davanti a un roveto e sibila piano. ___
   i. I due amici corrono giù per la collina, incitandosi a vicenda. ___

2. La storia si sviluppa seguendo lo schema tipico dei testi narrativi. Completa la tabella, indicando le righe iniziali e finali e attribuendo una descrizione sintetica a ciascuna parte.

	Righe	Descrizione
Situazione iniziale.		
Esordio.		
Peripezie.		
Conclusione.		

Il tempo e lo spazio

3. Indica in quale stagione avvengono i fatti narrati elencando almeno tre riferimenti, tratti dal testo, da cui si ricava questa informazione.

Sezione 2 Narrare, interpretare, esprimere

4. Descrivi i luoghi in cui si avventurano i due ragazzi, dapprima quando cercano le serpi e successivamente quando vanno a caccia della vipera.
   ....

5. Dove concludono la loro giornata i due amici?
   ....

I personaggi

6. Descrivi il personaggio di Pale seguendo i punti indicati.
   a. Aspetto fisico: ....
   b. Estrazione sociale: ....
   c. Rapporti con il padre e con la madre:
      ....
   d. Carattere e comportamento:
      ....
   e. Aspetti per cui il narratore lo ammira:
      ....

7. Da alcuni indizi del testo puoi descrivere anche il personaggio del narratore: qual è la sua estrazione sociale? Come definiresti il suo carattere?
   ....

Lo stile

8. Indica il tipo di narratore e di focalizzazione.
   ....

9. Nel testo si trovano vocaboli ed espressioni sia popolari, sia più ricercati. Individua due esempi per ciascun registro espressivo.
   a. Linguaggio popolare, gergale:
      ....
   b. Linguaggio formale, ricercato:
      ....

10. Qual è la funzione espressiva delle scelte linguistiche che hai individuato nell'esercizio precedente?
    A Riprodurre la parlata umile del luogo e, allo stesso tempo, la psicologia più colta del narratore.
    B Mostrare che in un racconto è possibile sperimentare qualunque tipo di linguaggio.
    C Allenare il lettore a comprendere diversi registri linguistici.
    D Sorprendere il lettore, suscitando curiosità e aspettativa.

Appunti della lezione

- La novella (o **racconto realistico**) è una breve narrazione in prosa che ha per oggetto una **storia conclusa in se stessa e autosufficiente**.
- L'**ambientazione** è **realistica**: in questo caso, il narratore ci descrive un paesaggio collinare in un assolato giorno d'estate.
- I **personaggi** sono ben descritti e caratterizzati, **verosimili** e dotati di **spessore psicologico**. Pale è un ragazzo di famiglia povera, in costante conflitto con i genitori; il narratore è, al contrario, di famiglia benestante (ha le scarpe, a differenza di Pale) e frequenta la scuola (intrattiene Pale raccontandogli ciò che sa sui leoni).
- Le **scelte narrative e stilistiche** variano a seconda dell'autore, ma si tratta sempre di soluzioni **coerenti** con la storia e con i personaggi.

I MIEI APPUNTI

La narrazione realistica e sociale — U5

Appunti delle lezioni

Sintesi

Il racconto del vero

- Il termine *realismo* indica un modo concreto e oggettivo di rappresentare la realtà.
- Nel XIX secolo il realismo ha dato vita a due correnti: il *Naturalismo* in Francia e il *Verismo* in Italia. Il **Naturalismo** si propone di descrivere con **oggettività scientifica** la realtà sociale e psicologica di personaggi (operai, minatori, disoccupati, prostitute…) che vivono nei Paesi industrializzati. La narrazione è *specchio della realtà* e descrive **in modo diretto** la vita delle plebi meridionali (pescatori, braccianti, minatori…).
- Alla fine dell'Ottocento il romanzo sociale cede spazio all'**introspezione psicologica**.
- Nel secondo dopoguerra si afferma il **Neorealismo**: i contenuti si concentrano sulla guerra, la Resistenza, la vita contadina, il lavoro operaio.
- Il filone realista ha largo spazio nel panorama letterario contemporaneo: alcuni critici parlano di «neo-Neorealismo».

Le caratteristiche del romanzo sociale

- Il romanzo sociale è ambientato in un preciso **contesto storico-sociale**, il cui **ambiente** viene accuratamente ricostruito.
- I **personaggi** sono reali, tipici dell'ambiente in cui vivono. La narrazione rappresenta le loro condizioni sociali e i problemi connessi alla vita quotidiana.
- Il **narratore** è solitamente esterno e non esprime giudizi sulla vicenda e sui personaggi.
- Il **linguaggio** è coerente con l'ambiente sociale rappresentato; le parole dei personaggi sono riportate con il discorso diretto, indiretto e indiretto libero.

Le caratteristiche della novella

- La novella (o **racconto realistico**) è una breve narrazione in prosa che ha per oggetto una **storia conclusa in se stessa e autosufficiente, dall'ambientazione realistica**.
- I **personaggi** sono ben descritti e caratterizzati, **verosimili** e dotati di **spessore psicologico**.
- Le **scelte espressive e stilistiche** sono sempre **coerenti** con la storia e con i personaggi.

Sezione 2 Narrare, interpretare, esprimere

Guy de Maupassant
La collana

I contenuti | Mathilde Loisel, la protagonista della novella, è giovane, bella e ambiziosa. Sogna feste, balli, lusso e mondanità, tutte cose che il marito, un modesto impiegato, non può offrirle, e che lei invidia moltissimo alla sua amica Jeanne Forestier, assidua frequentatrice del bel mondo. Finalmente, un giorno si presenta l'occasione tanto attesa: il marito ottiene l'invito a un grande ricevimento, dove saranno presenti molte personalità. Nei giorni precedenti Mathilde non pensa e non aspetta altro. La festa, in effetti, le cambierà la vita per sempre, ma non esattamente nella direzione da lei sperata.

S'avvicinava il giorno della festa e la signora Loisel sembrava triste, inquieta, preoccupata. Eppure il vestito era pronto. Una sera suo marito le chiese:
«Che hai, Mathilde? Sono tre giorni che mi sembri un po' strana».
5   Lei rispose:
«Mi dispiace di non avere nemmeno un gioiello, una pietra, una cosa qualunque da mettermi addosso. Chissà come sembrerò misera... Quasi quasi preferirei non andare alla festa».
«Puoi metterti dei fiori freschi,» propose lui. «Di questa stagione
10 sono elegantissimi. Con dieci franchi ti puoi comprare due o tre rose magnifiche».
Mathilde non pareva convinta:
«No, no... Non c'è niente di più umiliante che apparir poveri in mezzo alle donne ricche».
15 Il marito esclamò:
«Quanto sei sciocca! Vai dalla tua amica, la signora Forestier, e fatti prestare un gioiello da lei. Siete abbastanza amiche perché tu lo possa fare».
Ella mandò un gridolino di gioia:
«È vero. Non ci avevo pensato».
20 Il giorno dopo andò dalla sua amica e le raccontò in quale imbarazzo si trovasse.
La signora Forestier andò verso l'armadio a specchio, ne trasse un cofanetto, lo aprì e disse alla signora Loisel:
«Ecco, cara: scegli».
25 Vide braccialetti, una collana di perle, una croce veneziana d'oro e pietre, di mirabile fattura. Si provava i gioielli davanti allo specchio, esitava, non sapeva decidersi a toglierseli, a rimetterli dentro. Chiedeva:
«C'è dell'altro?»
«Ma sì: cerca; non so che cosa preferisci...»
30 Ad un tratto Mathilde scoprì in una scatola di raso nero una collana

di diamanti, magnifica: sentì una voglia smodata tumultuarle nel cuore. Nel prenderla le tremavano le mani. Se l'agganciò sopra il vestito accollato e stette a rimirarsi, in estasi.

Esitante e piena di paura chiese:

35 «Potresti prestarmela, questa, questa soltanto?»

«Ma sì, certo…»

Mathilde saltò al collo dell'amica, la baciò con trasporto, e scappò col tesoro.

Venne la sera della festa. La signora Loisel trionfò. Era la più bella di 40 tutte, elegante, graziosa, sorridente, fuor di sé dalla gioia. Tutti gli uomini la guardavano, chiedevano chi fosse, cercavano d'esserle presentati. Tutti i segretari di gabinetto[1] vollero ballare il valzer con lei. Il ministro la notò.

Ballava, inebriata, con slancio, stordita dal piacere, senza pensare a nulla, nel trionfo della sua bellezza, nella gloria del successo, in una 45 sorta d'aureola di felicità formata dagli omaggi, dall'ammirazione, dai desideri suscitati, dalla sua vittoria così completa e così cara al suo cuore di donna.

Andò via alle quattro di mattina. Suo marito da mezzanotte stava dormendo in un salottino insieme ad altri tre signori le cui mogli si 50 divertivano moltissimo.

Lui le buttò sulle spalle il soprabito che aveva portato, un modesto soprabito che per la sua povertà contrastava con l'eleganza del vestito da ballo. Mathilde se ne accorse e volle scappar via per non essere vista dalle altre donne che si stringevano addosso le loro ricche pellicce.

55 Loisel la trattenne:

«Aspetta un momento. Piglierai un malanno. Vado a chiamare una carrozza».

Ma lei non gli diede retta e scese rapidamente la scala. Per la strada non c'erano carrozze, e si misero a cercarne una, chiamando i cocchieri 60 che vedevano passare di lontano.

Andarono verso la Senna, senza più speranze, tremando di freddo. Finalmente, sul lungosenna, trovarono una di quelle carrozzelle nottambule che a Parigi escono fuori soltanto la notte, come se si vergognassero di mostrare alla luce la loro miseria.

65 Furono portati fino all'uscio di casa, in via des Martyres, salirono tristemente le scale. Era finito, pensava lei. E lui pensava che alle dieci sarebbe dovuto essere al ministero.

Mathilde si levò il soprabito che le copriva le spalle, davanti allo specchio, per potersi vedere ancora una volta in tutto il suo splendore. 70 Gettò un grido improvviso. Non aveva più la collana!

Suo marito, già mezzo spogliato, le chiese:

«Che c'è?»

Mathilde si voltò verso di lui, sgomenta:

«Ho perso la collana… la collana della signora Forestier…»

75 Lui si rizzò, esterrefatto:

---

1. **gabinetto**: nome con cui, nel linguaggio diplomatico, si indicano i vari ministeri. In questo caso si trattava del Ministero della Pubblica Istruzione, presso il quale era impiegato il signor Loisel.

«Cosa? Come? non è possibile!»

Cercarono tra le pieghe del vestito, del mantello, nelle tasche, dappertutto. Non c'era.

Il marito chiese:

«Sei sicura che l'avevi ancora quando siamo venuti via?»

«Sì, me la sono toccata nell'atrio del ministero».

«Ma se l'avessi persa per la strada, si sarebbe sentita cadere. Dev'essere nella carrozza».

«Può darsi… Hai visto che numero aveva?»

«No, e tu?»

«Nemmeno io».

Si guardarono atterriti. Finalmente Loisel si rivestì.

«Vado a rifare la strada che abbiamo percorso a piedi,» disse, «per vedere se la ritrovo».

E uscì. Lei rimase col vestito addosso senza aver la forza d'andare a letto, afflosciata su una sedia, col cervello vuoto.

Loisel tornò alle sette, senza aver trovato nulla.

Andò alla prefettura di polizia, ai giornali per promettere una ricompensa, alla società delle carrozze, ovunque un barlume di speranza lo sospingesse.

Mathilde aspettò per tutta la giornata nello stesso stato di prostrazione, davanti a quel tremendo disastro.

Loisel tornò a casa la sera, col viso incavato, pallido; non aveva trovato nulla.

«Scrivi alla tua amica,» disse, «che ti s'è rotto il fermaglio della collana, e che l'hai data ad accomodare. Avremo tempo di pensare qualcosa».

Mathilde scrisse quel che lui dettò.

In capo a una settimana avevano perso qualunque speranza.

Loisel, che era invecchiato di cinque anni, disse:

«Dobbiamo comprarne un'altra…»

Il giorno dopo presero l'astuccio e andarono dal gioielliere il cui nome era scritto nell'interno. Questi consultò i registri:

«No, signora, questa collana non l'abbiamo venduta noi. Soltanto l'astuccio è nostro».

Allora andarono da un gioielliere all'altro, cercando una collana uguale a quella perduta, cercando di ricordarsi, tutti e due febbricitanti di dolore e d'angoscia.

In una bottega del Palazzo Reale trovarono un rosario di diamanti che pareva preciso a quello che cercavano. Valeva quarantamila franchi. Potevano darlo per trentaseimila.

Pregarono il gioielliere di non venderla per tre giorni. E misero come condizione che l'avrebbe ripresa indietro per trentaquattromila franchi se quella perduta fosse stata ritrovata entro il mese di gennaio.

Loisel possedeva diciottomila franchi che gli aveva lasciato suo padre. Il resto lo avrebbe preso in prestito.

Andò a chiedere mille franchi da questo, cinquecento da quello, cinque luigi[2] qui, tre luigi là. Firmò cambiali, prese impegni disastrosi, ebbe a che fare con usurai e con ogni specie di strozzini. Compromise tutto il resto della sua vita, rischiò la sua firma senza neanche sapere se avrebbe potuto farle onore e, angosciato dal pensiero del futuro, della miseria nera che gli sarebbe caduta addosso, dalla prospettiva delle privazioni fisiche e delle torture morali, andò a comprare la collana nuova, posando sul banco del gioielliere i trentaseimila franchi.

Quando la signora Loisel riportò la collana alla signora, costei le disse con tono seccato:

«Me l'avresti dovuta riportare prima, potevo averne bisogno…»

Non aprì l'astuccio, come Mathilde temeva. Se si fosse accorta dello scambio, che cosa avrebbe pensato? che avrebbe detto? Poteva anche considerarla una ladra.

La signora Loisel conobbe l'orribile vita dei bisognosi. Vi si adattò subito, eroicamente. Era necessario pagare quel tremendo debito. Lo avrebbe pagato. Licenziarono la servetta, cambiarono casa: andarono a stare in una soffitta.

Mathilde conobbe le più dure faccende, le più odiose fatiche della cucina. Rigovernò, rovinandosi le unghie rosa sui piatti unti, sui tegami. Lavò la biancheria sudicia, le camicie, gli stracci, stendendoli ad asciugare su una corda stesa. Tutte le mattine portava giù la spazzatura e portava su l'acqua, fermandosi ad ogni piano per ripigliar fiato. Vestita come una donna del popolo, andava dall'erbaiolo, dal droghiere, dal macellaio, col paniere sottobraccio, tirando sui prezzi, ricevendo ingiurie pur di difendere a soldo a soldo il suo miserabile denaro.

2. luigi: moneta francese in oro, così chiamata perché coniata per la prima volta da Luigi XIII nel 1640.

Tutti i mesi dovevano pagare cambiali, rinnovarne altre, guadagnar tempo.

Il marito lavorava di sera: teneva la contabilità d'un negoziante, e spesso, di notte, faceva il copista a cinque soldi per pagina.

Questa vita durò dieci anni.

Dopo dieci anni avevano restituito tutto, compresi gl'interessi degli strozzini.

155 Mathilde pareva una vecchia. Era diventata la donna forte, dura, rude, delle famiglie povere. Spettinata, con la gonnella di traverso, le mani rosse, parlava a voce alta, lavava i pavimenti buttandoci l'acqua col secchio. Eppure, qualche volta, quando suo marito era in ufficio, si sedeva accanto alla finestra e pensava a quella serata, a quel ballo in cui
160 era stata tanto bella e tanto festeggiata.

Che sarebbe accaduto se non avesse perso la collana? Chi lo sa? Com'è strana la vita, e mutevole! Quanto poco ci vuole per perdersi o salvarsi!

Una domenica era andata agli Champs-Elysées per distrarsi un po' dalle faccende; ad un tratto scorse una signora che stava passeggiando,
165 con un fanciullo. Era la signora Forestier, sempre giovane, sempre bella, sempre attraente.

La signora Loisel si sentì turbata. Le avrebbe rivolto la parola? Sì, certamente. Anzi, ora che aveva pagato, poteva dirle tutto: perché no?

Le si avvicinò.

170 «Buongiorno, Jeanne».

L'altra non la riconosceva, ed era stupita di sentirsi chiamare con tanta confidenza da quella popolana.

«Ma, signora…» balbettò; «non… Credo che vi siate sbagliata…»

«No. Sono Mathilde Loisel».

175 L'amica mandò un grido:

«Oh! Povera Mathilde, come sei cambiata!»

«Sì… ho passato giornate dure, da quando non ci siamo più viste, e tanta miseria… per colpa tua».

«Mia? Per colpa mia?»

180 «Ti ricordi quella collana di diamanti che mi prestasti per andare alla festa del ministero?»

«Sì; ebbene?…»

«Ebbene, la persi…»

«Ma com'è possibile! Se me l'hai resa!»

185 «Te n'ho comprata un'altra uguale. Sono dieci anni che la stiamo pagando. E capisci che per noi non è stata una cosa facile. Non avevamo nulla. Ora però è finito, e sono proprio contenta».

La signora Forestier s'era fermata.

«Mi dici che hai comprato una collana di diamanti per sostituire la mia?»

190 «Sì: non te n'eri accorta, vero? Era proprio uguale».

E sorrideva, orgogliosa e ingenuamente felice.

La signora Forestier, sconvolta, le afferrò le mani:

«Oh, mia povera Mathilde! La mia era falsa! Valeva tutt'al più cinquecento franchi…»

G. de Maupassant, *La collana*, in *Pallina e altri racconti*, trad. it. di M. Picchi, Garzanti, Milano 1988

COMPRENDERE E INTERPRETARE

La felicità è un attimo

1. Qual è lo stato d'animo di Mathilde all'avvicinarsi della festa [rr. 1-2]?

2. Che cosa fa Mathilde durante il ricevimento? Come passa il tempo, invece, il marito [rr. 39-50]?

3. Quale sconvolgente scoperta attende i Loisel, una volta arrivati a casa [rr. 65-78]?

Una decisione che cambia la vita

4. La sera e i giorni seguenti alla festa, Mathilde e suo marito sono divorati dall'angoscia: quali azioni compiono, nel disperato tentativo di trovare una soluzione [rr. 88-128]? Ricostruiscine la sequenza.
   a. La collana di diamanti viene acquistata a una cifra enorme.
   b. Loisel ripercorre il tratto di strada che avevano percorso a piedi. 1
   c. Mathilde scrive all'amica di aver portato la collana a riparare.
   d. Loisel va alla polizia, dal gestore del servizio carrozze, promette ricompense tramite inserzioni sui giornali.
   e. Mathilde e suo marito contraggono debiti di ogni genere con chiunque.
   f. I Loisel cercano una collana uguale a quella della Forestier.

Sezione 2 — Narrare, interpretare, esprimere

5. Indica nella tabella come trascorrono per Mathilde e per suo marito i dieci anni successivi alla festa.

Mathilde	Il signor Loisel

6. Perché Mathilde non ha rivelato subito l'accaduto a Jeanne Forestier? E perché, alla fine, decide di svelare il suo segreto?

7. Come definiresti il finale del racconto? Barra le risposte che ritieni corrette e motiva le tue scelte.

- A A sorpresa.
- B Drammatico.
- C Aperto.
- D Rasserenante.
- E Lieto.

STUDIARE LA LINGUA

8. Mathilde cambia molto nel corso del racconto: tra gli aggettivi che seguono, individua quelli adatti a descrivere il carattere della donna prima e dopo la festa. Motiva a voce le tue scelte.

tenace • vanitosa • orgogliosa • attraente • elegante • raffinata • risparmiatrice • ambiziosa • coraggiosa • ingenua • sospettosa • furba • grossolana • pratica • sognatrice • onesta • bugiarda • sciatta • caparbia

a. Mathilde prima della festa è ....
b. Dopo la festa è ....

9. La novella è formata da molte scene, sommari ed ellissi: individua un esempio per ciascun tipo e spiega quale ritmo ne deriva.

10. Come definiresti il registro linguistico scelto dal narratore?

- A Semplice e formale.
- B Semplice e colloquiale.
- C Elegante e forbito.
- D Elegante e raffinato.

PARLARE

11. A volte non dire subito la verità può costare molto, come accade a Mathilde e a suo marito, che custodiscono faticosamente per dieci anni un segreto inutile. Rifletti su questo e spiega a voce qual è il messaggio della novella.

SCRIVERE

12. Il racconto si interrompe con la rivelazione della signora Forestier. Scrivine la continuazione: come reagisce Mathilde alla scoperta? Come si comporta con l'amica e con il marito? Imita lo stile dell'autore: ritmo veloce, frasi brevi, molti dialoghi, narratore e focalizzazione esterni.

Émile Zola

Lo sciopero

T4

I contenuti | La novella è ambientata a Parigi, nella seconda metà del XIX secolo. A causa di uno sciopero che ha bloccato la produzione industriale, il padrone di una delle tante fabbriche cittadine è costretto a licenziare i suoi operai. La novella racconta la miseria di uno di questi, che non può più mantenere la moglie e la figlioletta.

I.

Al mattino, quando gli operai vanno alla fabbrica, la trovano fredda, nera, come una triste rovina. In fondo alla gran sala, la macchina è muta, colle sue braccia magre, colle sue ruote immobili; essa ci mette una malinconia di più, essa, che col suo soffio e col suo moto d'ordinario[1] anima tutta la casa col battito d'un cuore di gigante, forte ad ogni bisogno.

Il padrone discende dal suo piccolo gabinetto[2]. Egli dice tristamente a' suoi operai: – Figli miei, non c'è lavoro oggi... Le ordinazioni non arrivano più; ricevo contr'ordini[3] da tutte le parti e resterò ben presto colla mercanzia sulle braccia. Questo mese di dicembre, sul quale contavo, questo mese di gran lavoro negli altri anni, minaccia di rovinare le Case[4] più solide... Bisogna sospendere tutto.

E vedendo che gli operai si guardavano l'un l'altro colla paura di ritornare a casa, colla paura della fame dell'indomani, egli aggiunse con voce più bassa:

– Io non sono egoista, no, ve lo giuro... La mia situazione è terribile quanto la vostra, forse più della vostra. In otto giorni, ho perduto cinquantamila franchi. Sospendo oggi il lavoro, per non scavare un maggiore abisso, e non ho un soldo per le mie scadenze del 15... Vedete, vi parlo da amico, non vi nascondo nulla. Domani, forse, avrò qui gli uscieri[5]. Non è colpa mia, non è vero? Abbiamo lottato sino alla fine. Avrei voluto aiutarvi a passar questo cattivo momento, ma è impossibile; sono in terra, non ho più pane da dividere.

E tese loro la mano. Gli operai gliela strinsero in silenzio. E, per qualche minuto, rimasero là, a guardare coi pugni chiusi, i loro strumenti inutili. Le altre mattine, appena giorno, le lime stridevano, i martelli segnavano il ritmo; e tutto questo par già addormentato nella polvere d'un fallimento! Sono venti, trenta famiglie che non mangeranno la settimana ventura.

Alcune donne che lavoravano nella fabbrica hanno le lacrime agli occhi; gli uomini vogliono mostrarsi più fermi. Fanno i coraggiosi; dicono che a Parigi non si muore di fame.

Poi, quando il padrone li lascia e lo vedono andarsene fatto curvo

---

1. **d'ordinario:** consueto, di tutti i giorni.
2. **gabinetto:** indica un piccolo locale, adibito a studio.
3. **contr'ordini:** sono le disdette delle ordinazioni già fatte, annullate per mancanza di lavoro e quindi di denaro.
4. **Case:** in maiuscolo, indica qui le altre fabbriche.
5. **uscieri:** il termine indica qui gli ufficiali giudiziari incaricati di pignorare i beni.

Sezione 2 Narrare, interpretare, esprimere

6. ributtante: che provoca nausea e ribrezzo.

35 in otto giorni, schiacciato forse da un disastro più grande ancora ch'egli non confessi, si ritirano a uno a uno, sentendosi soffocare nella sala, col petto oppresso e col cuore agghiacciato, come se uscissero dalla camera d'un morto. Il morto è il lavoro; è la grande macchina muta, che lascia vedere nell'ombra il suo scheletro sinistro.

40 **II.**
L'operaio è fuori nella strada, sul lastrico; egli ha battuto i marciapiedi per otto giorni, senza poter trovare lavoro. È andato di porta in porta offrendo le sue braccia, le sue mani, tutto se stesso a qualunque lavoro, fino al più ributtante[6], al più duro, al più micidiale. Tutte le porte si
45 sono chiuse.

La seconda rivoluzione industriale

parole concetti idee

La **seconda rivoluzione industriale** prende il via a partire dalla metà del XIX secolo, soprattutto nei Paesi dell'**Europa nord-occidentale** (Gran Bretagna, Francia, Germania, Belgio), ed è strettamente legata alle numerose scoperte scientifiche del periodo e alla loro immediata applicazione tecnica nei settori economici e produttivi. In questo periodo si intensifica un fenomeno già iniziato un secolo prima, al tempo della prima industrializzazione: il progressivo **spopolamento delle campagne e la concentrazione** di gran parte della popolazione **nelle città**. Il massiccio sviluppo dell'industria ha come immediata conseguenza la formazione di due nuove realtà sociali contrapposte: il **proletariato**, formato da operai che ricevono un salario spesso insufficiente per il loro lavoro in fabbrica, e il **capitalismo industriale**, costituito invece da imprenditori proprietari dei mezzi di produzione provenienti per la maggior parte dalla **borghesia**, che diventa così la classe sociale economicamente e politicamente dominante. Le pessime condizioni di vita e di lavoro spingono la classe operaia a organizzarsi e a riunirsi nelle prime **organizzazioni sindacali**, che trovano nello **sciopero** un'efficace, anche se talvolta drammatica, forma di lotta per ottenere aumenti salariali, migliori condizioni di lavoro, copertura sanitaria per malattie e infortuni. Le garanzie e le tutele di cui oggi usufruiscono i lavoratori europei sono frutto delle lotte e dei sacrifici di molti operai che, in quegli anni, hanno lottato e sofferto perché i loro successori avessero una vita migliore.

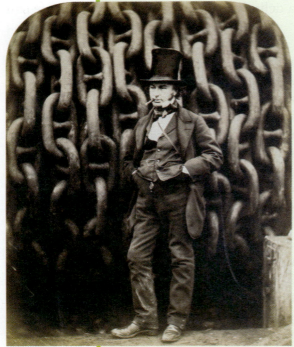

◀ Robert Howlett, ingegnere civile di età vittoriana, fotografato di fronte alle catene dell'ancora della Great Easter (battello a vapore).

Allora l'operaio offre di lavorare per la metà del prezzo, e le porte non gli sono riaperte. Se anche lavorasse per nulla, non si potrebbe tenerlo. È lo sciopero, il terribile sciopero che fa risuonare le campane da morto nelle soffitte[7]. Il panico ha arrestato tutte le industrie; e il danaro, il vile danaro, si è nascosto.

Passati otto giorni, tutto è finito. L'operaio ha fatto un supremo tentativo, ma è ritornato lentamente colle mani vuote, slombato[8] dalla miseria.

La pioggia cade; in quella sera, in mezzo al fango, Parigi è funebre. Egli cammina sotto l'acquazzone, senza sentirlo, non intendendo che la sua fame, fermandosi per giungere men presto. Si è chinato su un parapetto della Senna: le acque ingrossate scorrono con lungo strepito, zampilli di spuma bianca si rompono a una pila del ponte. Egli si china di più, l'onda colossale passa sotto di lui, gettandogli un appello furioso. Ma egli dice a se stesso che sarebbe una viltà; e continua il suo cammino.

La pioggia è cessata. Il gas[9] fiammeggia nelle vetrine dei gioiellieri. S'egli spezzasse un vetro prenderebbe con un pugno del pane per parecchi anni.

Le cucine dei ristoratori s'accendono; e dietro le cortine di mussolina bianca[10], egli scorge persone che mangiano. Affretta il passo, risale il sobborgo, lungo le botteghe di vendarrosto[11], di salsicce, di pasticcerie, di tutta la Parigi ghiottona che si mette in mostra nelle ore della fame.

La moglie e la figlioletta piangevano quella mattina, ed egli aveva promesso del pane per la sera; e non osò ritornare prima della notte per dir loro che aveva mentito. Mentre cammina domanda a se stesso come si presenterà, che cosa racconterà per ispirar loro la pazienza. E non possono restar più oltre senza mangiare. Egli ci si proverebbe, ma la moglie e la piccina sono troppo deboli.

Per un momento, gli viene l'idea di mendicare. Ma quando gli passano accanto una signora o un signore, e pensa di tendere la mano, gli si irrigidisce il braccio, gli si stringe la gola. Egli resta piantato sul marciapiede, mentre la gente ammodo[12], vedendo il suo volto feroce di affamato, volta la testa credendolo ubriaco.

III.

La moglie dell'operaio è discesa sulla soglia della porta, lasciando in alto la piccina addormentata. La donna è magrissima, vestita con abito d'indiana[13]. Ella trema di freddo, tra i soffi gelati della strada.

Non ha più nulla in casa; ha portato tutto al Monte di Pietà[14]. Otto giorni senza lavoro, bastano per vuotare la casa. Nella vigilia, ha venduto presso un rigattiere[15] l'ultimo pugno di lana del suo materasso. Il materasso se n'è andato anch'esso: ora non resta che la tela. Ella l'ha attaccata davanti la finestra per impedire che l'aria entri, poiché la piccina tossisce molto.

Senza dirlo a suo marito, ella pure ha cercato lavoro. Ma lo sciopero

---

7. risuonare ... soffitte: l'espressione significa che lo sciopero determina le sofferenze e le miserie della povera gente di Parigi, che abita nelle soffitte.

8. slombato: indebolito, sfiancato.

9. gas: qui è il gas combustibile che si usava per l'illuminazione.

10. mussolina bianca: tessuto trasparente, fine e pregiato, di solito di seta, lana o cotone.

11. vendarrosto: le rosticcerie.

12. gente ammodo: le cosiddette "persone perbene".

13. abito d'indiana: stoffa di cotone stampato. Si tratta quindi di un tessuto molto leggero.

14. Monte di Pietà: chiamato anche Monte dei Pegni, è un'istituzione che fornisce denaro in cambio di beni e oggetti, che vengono lasciati come cauzione.

15. rigattiere: è un venditore che acquista e rivende oggetti vecchi e usati.

ha colpito più duramente le donne che gli uomini. Sul suo pianerottolo vi sono sventurate ch'ella sente singhiozzare durante la notte. Ne ha incontrata una, ritta sull'angolo del marciapiede; un'altra è morta, un'altra è sparita.

Ella per fortuna ha un buon uomo, un marito che non beve. Sarebbero agiati se la mancanza del lavoro per intere stagioni non li avesse spogliati di tutto. Ella non ha più credito; deve al panettiere, al droghiere[16], alla fruttivendola, e non osa più passar davanti alle botteghe.

Nel pomeriggio è andata da sua sorella a domandarle venti soldi a prestito; ma anche là ha trovato una tale miseria, che si è messa a piangere senza dir nulla, e tutte due hanno pianto lungamente insieme. Poi lasciandola ha promesso di portarle un pezzo di pane, se suo marito ritornava con qualche cosa.

Il marito non ritorna; la pioggia cade; ella si rifugia sotto la porta; grosse gocce cadono ai suoi piedi; una polvere d'acqua penetra la sua veste sottile. Di quando in quando, l'impazienza l'assale, ed esce, non ostante l'acquazzone: va fino all'estremità della strada, per vedere se scorge da lontano sull'argine[17] colui che attende.

Quando ritorna tutta bagnata, passa le mani sui capelli per asciugarli; poi pazienta ancora, scossa da corti brividi di febbre.

Il viavai[18] dei passanti la urta, e si fa piccina per non disturbare nessuno. Alcuni uomini la guardano in faccia; ella sente talvolta un soffio caldo che le sfiora il collo. Tutti sospettano di lei: la strada col suo fango, colla sua luce cruda, collo strepito delle sue vetture, sembra volerla prendere e gettare nell'acqua. Ella ha fame, ella appartiene a tutti[19]. Di fronte c'è un panettiere, ed ella pensa alla piccina che dorme là in alto.

Poi quando alfine appare il marito, camminando come un miserabile lungo i muri, gli si precipita incontro e lo guarda ansiosamente.

16. droghiere: proprietario di un negozio in cui si vendono spezie e prodotti vari per la casa.
17. argine: si tratta dell'argine della Senna, il fiume che attraversa Parigi.
18. viavai: è il movimento continuo delle persone che passano per le strade.
19. Tutti sospettano ... a tutti: la donna, nella sua disperazione, appare agli occhi della folla come una di cui tutti potrebbero approfittarsi, una potenziale prostituta.

La narrazione realistica e sociale U5

– Ebbene? – balbetta.
Egli non risponde, abbassa la testa. Allora sale ella per prima, pallida come una morta.

IV.

In alto, la piccola non dorme affatto. Si è risvegliata e pensa dinanzi ad un resto di candela, che agonizza in un canto della tavola. Un non so che di mostruoso e di amaro passa sul viso di quella monella di sette anni, che ha i lineamenti appassiti e seri di una donna fatta.

È seduta sull'orlo di una valigia che le serve da letto. I suoi piedi nudi, pendenti, fremono di freddo; colle sue mani da pupattola[20] malaticcia, raccoglie sul seno gli stracci che la coprono. Ella sente là un bruciore, un fuoco che vorrebbe estinguere. E pensa.

Non ha mai avuto giocattoli, non può andar a scuola perché non ha scarpe; ricorda che, quand'era piccina, sua madre la conduceva al sole; ma è cosa lontana; convenne cambiare di casa, e d'allora le pare che un gran freddo abbia soffiato nella casa. Ed ella non è stata più contenta; ha sempre avuto fame.

È una cosa profonda, nella quale discende, senza poterla comprendere. Ma, dunque, hanno tutti fame? Ha pure cercato di avvezzarsi[21] a questo; ma non ha potuto. Ella pensa ch'è troppo piccola, che bisogna esser grandi per sapere. Sua madre, senza dubbio, sa questa cosa che si nasconde ai fanciulli. Se osasse, le domanderebbe chi è che vi mette così al mondo perché abbiate fame.

Poi nel suo alloggio è tutto così brutto! Guarda la finestra dove ondeggia la tela del materasso, le pareti rustiche, i mobili sgangherati, tutta la vergogna del granaio[22], che lo sciopero brutta[23] della sua disperazione. Nella propria ignoranza crede di aver sognato camere tiepide,

20. pupattola: bambola.
21. avvezzarsi: abituarsi.
22. granaio: qui sta per solaio.
23. brutta: voce verbale, da "bruttare", che significa imbrattare, sporcare, abbruttire.

Sezione 2   Narrare, interpretare, esprimere

145 con begli oggetti lucenti; chiude gli occhi per rivederli e, attraverso le palpebre assottigliate, la luce della candela le diviene un vasto splendore d'oro nel quale vorrebbe entrare. Ma il vento soffia, ed entra per la finestra tale corrente d'aria, ch'ella è assalita dalla tosse. Ed ha gli occhi pieni di lagrime.

150   Una volta aveva paura, quando la lasciavano sola; adesso non ha paura più, le fa lo stesso. E poiché in tutto il giorno non ha mangiato, pensa che sua madre sia discesa a prendere del pane, e questa idea la consola.

    Taglierà il suo pane in pezzi piccolissimi e li prenderà lentamente a uno a uno. Ella giuocherà col suo pane.

155   La madre è ritornata, il padre ha chiuso la porta. La piccina guarda loro le mani tutta sorpresa. E poiché essi non dicono nulla, dopo un momento ella ripete con voce cadenzata[24]:

– Ho fame! Ho fame!

Il padre s'è presa la testa fra i pugni in un angolo oscuro; egli resta 160 là schiacciato, e amari e silenziosi singhiozzi scuotono le sue spalle. La madre soffocando le lagrime va a ricoricare[25] la sua piccina. La copre con tutti i cenci dell'alloggio, le dice d'esser buona, di dormire. Ma la bambina, alla quale il freddo fa battere i denti e che sente farsi più forte il bruciore che le arde il petto, diviene molto ardita. Ella si appende al 165 collo di sua madre; poi le dice pian piano:

– Senti, mamma, perché dunque abbiamo fame?

É. Zola, *Lo sciopero*, da *Nuove storielle a Ninetta*,
trad. it. di R. Barbiera, Treves, Milano 1924

24. voce cadenzata: con voce scandita, come se cantasse una cantilena.
25. ricoricare: mettere a letto.

COMPRENDERE E INTERPRETARE

■ L'ambientazione realistica

1. Come trovano gli operai la fabbrica quando arrivano alla mattina [rr. 1-7]?

   ....

2. Che cosa comunica il padrone ai dipendenti? Quali motivazioni fornisce loro per la sua decisione [rr. 8-24]?

   ....

3. Quali vetrine e botteghe attirano l'attenzione dell'operaio, mentre torna a casa col cuore oppresso [rr. 61-67]?

   ....

4. La moglie scende in strada ad attendere il marito: che cosa vede intorno a sé [rr. 110-115]?

   ....

5. Come appare la casa dell'operaio? Descrivila brevemente.

   ....

La narrazione realistica e sociale U5

I personaggi

6. Dopo otto giorni spesi nella vana ricerca di un lavoro, l'operaio è disperato: ha la tentazione di gettarsi da un ponte [rr. 54-60], di compiere un furto [rr. 61-63], di mendicare [rr. 74-78], ma non fa nessuna di queste cose. Perché?

....

7. Quali azioni ha compiuto la donna per tentare di mandare avanti la famiglia? Barra le risposte corrette.

- **A** Ha acquistato cibo a credito.
- **B** Ha chiesto l'elemosina ai passanti.
- **C** Ha cercato lavoro.
- **D** Ha impegnato ogni cosa al Monte di Pietà.
- **E** Ha tolto la figlia dalla scuola per mandarla a lavorare.
- **F** Ha chiesto un prestito alla sorella.

8. Il comportamento del padrone [rr. 8-24; 34-38] rivela che egli è... (barra il completamento esatto)

- **A** avido e meschino.
- **B** indifferente alla sorte degli operai.
- **C** disperato ed economicamente in rovina.
- **D** professionale ed efficiente.

STUDIARE LA LINGUA

9. Il narratore ricorre spesso al linguaggio figurato. Spiega il significato di queste immagini:
   a. «la macchina è muta, colle sue braccia magre, colle sue ruote immobili» [rr. 3-4];
   b. «col petto oppresso e col cuore agghiacciato, come se uscissero dalla camera d'un morto» [rr. 36-38];
   c. Il morto è il lavoro; è la grande macchina muta, che lascia vedere nell'ombra il suo scheletro sinistro [rr. 38-39];
   d. «è ritornato lentamente colle mani vuote, slombato dalla miseria» [rr. 52-53].

10. Il narratore esterno non esprime giudizi espliciti sulla vicenda, tuttavia la sua opinione emerge chiaramente, specie alla luce di questa affermazione: «Il panico ha arrestato tutte le industrie; e il danaro, il vile danaro, si è nascosto» [rr. 49-50]. Spiega a voce l'opinione del narratore, motivando la tua risposta.

PARLARE

11. Il racconto si chiude con l'innocente domanda della bambina. Pensa a come potresti risponderle, poi confronta le tue idee con quelle dei compagni.

SCRIVERE

12. Dal racconto di Zola emerge un forte richiamo al valore del lavoro, che non solo procura denaro ma, soprattutto, conferisce dignità all'uomo. Sei d'accordo con questa idea? O pensi che il lavoro sia un gravoso obbligo, da assolvere unicamente per mantenersi? Discuti la questione in un breve testo argomentativo.

Luigi Pirandello

La giara

I contenuti | Siamo in Sicilia, alla fine dell'Ottocento. È tempo di raccolta delle olive e don Lollò Zirafa, irascibile e avaro proprietario di un'azienda agricola, acquista una giara nuova per conservare l'olio della spremitura. Poco dopo l'acquisto, però, la giara viene trovata misteriosamente rotta. A quel punto interviene Zi' Dima Licasi, che assicura a don Lollò di poter aggiustare la giara grazie a un portentoso mastice di sua invenzione. Dopo una lunga contrattazione, Zi' Dima si mette al lavoro con risultati imprevedibili.

1. **Piante massaje:** piante che danno buoni frutti.
2. **raffermato:** dato il loro prodotto.
3. **un bel giro:** un buon numero.
4. **giare:** recipienti di terracotta, anche di grandi dimensioni, per conservare olio, vino, cereali.
5. **la badessa:** la migliore.
6. **fornaciajo:** l'artigiano che lavora e cuoce l'argilla.
7. **festuca:** pianta utilizzata come foraggio.
8. **fare gli atti:** ricorrere alle vie legali.
9. **pagando ... tutti:** pagando le spese legali, a carico di chi perde la causa.
10. **ci si scapasse:** ci si rompesse la testa.
11. **calepino:** vocabolario, oppure, ironicamente, volume impegnativo, di difficile lettura. Qui potrebbe valere in entrambi i sensi.
12. **onze:** l'onza era un'antica moneta siciliana, corrispondente a circa 180 euro attuali.
13. **palmento:** luogo in cui avviene la pigiatura dell'uva.
14. **intanfato:** maleodorante.

Piena anche per gli olivi, quell'annata. Piante massaje[1], cariche l'anno avanti, avevano raffermato[2] tutte, a dispetto della nebbia che le aveva oppresse sul fiorire.

Lo Zirafa, che ne aveva un bel giro[3] nel suo podere delle Quote a Primosole, prevedendo che le cinque giare[4] vecchie di coccio smaltato che aveva in cantina non sarebbero bastate a contener tutto l'olio della nuova raccolta, ne aveva ordinata a tempo una sesta più capace a Santo Stefano di Camastra, dove si fabbricavano: alta a petto d'uomo, bella panciuta e maestosa, che fosse delle altre cinque la badessa[5].

Neanche a dirlo, aveva litigato anche col fornaciajo[6] di là per questa giara. E con chi non l'attaccava Don Lollò Zirafa? Per ogni nonnulla, anche per una pietruzza caduta dal murello di cinta, anche per una festuca[7] di paglia, gridava che gli sellassero la mula per correre in città a fare gli atti[8]. Così, a furia di carta bollata e d'onorarii agli avvocati, citando questo, citando quello e pagando sempre le spese per tutti[9], s'era mezzo rovinato.

Dicevano che il suo consulente legale, stanco di vederselo comparire davanti due o tre volte la settimana, per levarselo di torno, gli aveva regalato un libricino come quelli da messa: il codice, perché ci si scapasse[10] a cercare da sé il fondamento giuridico alle liti che voleva intentare.

Prima, tutti coloro con cui aveva da dire, per prenderlo in giro gli gridavano: – Sellate la mula! – Ora, invece: – Consultate il calepino[11]!

E Don Lollò rispondeva:

– Sicuro, e vi fulmino tutti, figli d'un cane!

Quella bella giara nuova, pagata quattr'onze[12] ballanti e sonanti, in attesa del posto da trovarle in cantina, fu allogata provvisoriamente nel palmento[13]. Una giara così non s'era mai veduta. Allogata in quell'antro intanfato[14] di mosto e di quell'odore acre e crudo che cova nei luoghi senz'aria e senza luce, faceva pena.

15. abbacchiatura: raccolta; i rami dell'olivo vengono battuti con lunghi bastoni per far cadere i frutti sul terreno o su apposite reti.
16. favata: semina delle fave.
17. spettorato: rauco per il continuo gridare.
18. affocato: paonazzo.
19. lupigni: iniettati di sangue, come quelli di un lupo.

Da due giorni era cominciata l'abbacchiatura[15] delle olive, e Don Lollò era su tutte le furie perché, tra gli abbacchiatori e i mulattieri venuti con le mule cariche di concime da depositare a mucchi su la costa per la favata[16] della nuova stagione, non sapeva più come spartirsi, a chi badar prima. E bestemmiava come un turco e minacciava di fulminare questi e quelli, se un'oliva, che fosse un'oliva, gli fosse mancata, quasi le avesse prima contate tutte a una a una sugli alberi; o se non fosse ogni mucchio di concime della stessa misura degli altri. Col cappellaccio bianco, in maniche di camicia, spettorato[17], affocato[18] in volto e tutto sgocciolante di sudore, correva di qua e di là, girando gli occhi lupigni[19] e stropicciandosi con rabbia le guance rase, su cui la barba prepotente rispuntava quasi sotto la raschiatura del rasojo.

Ora, alla fine della terza giornata, tre dei contadini che avevano abbacchiato, entrando nel palmento per deporvi le scale e le canne, restarono alla vista della bella giara nuova, spaccata in due, come se qualcuno, con un taglio netto, prendendo tutta l'ampiezza della pancia, ne avesse staccato tutto il lembo davanti.

– Guardate! guardate!

– Chi sarà stato?

– Oh, mamma mia! E chi lo sente ora Don Lollò? La giara nuova, peccato!

Il primo, più spaurito di tutti, propose di raccostar subito la porta e andare via zitti zitti, lasciando fuori, appoggiate al muro, le scale e le canne.

Ma il secondo:

– Siete pazzi? Con Don Lollò? Sarebbe capace di credere che gliel'abbiamo rotta noi. Fermi qua tutti!

Uscì davanti al palmento e, facendosi portavoce delle mani, chiamò:

– Don Lollò! Ah, Don Lollòoo!

Eccolo là sotto la costa con gli scaricatori del concime: gesticolava al solito furiosamente, dandosi di tratto in tratto con ambo le mani una rincalcata al cappellaccio bianco. Arrivava talvolta, a forza di quelle rincalcate, a non poterselo più strappare dalla nuca e dalla fronte. Già nel cielo si spegnevano gli ultimi fuochi del crepuscolo, e tra la pace che scendeva su la campagna con le ombre della sera e la dolce frescura, avventavano i gesti di quell'uomo sempre infuriato.

– Don Lollò! Ah, Don Lollòoo!

Quando venne su e vide lo scempio, parve volesse impazzire. Si scagliò prima contro quei tre; ne afferrò uno per la gola e lo impiccò al muro gridando:

– Sangue della Madonna, me la pagherete!

Afferrato a sua volta dagli altri due, stravolti nelle facce terrigne e bestiali, rivolse contro se stesso la rabbia furi-

bonda, sbatacchiò a terra il cappellaccio, si percosse le guance, pestando i piedi e sbraitando a modo di quelli che piangono un parente morto:

– La giara nuova! Quattr'onze di giara! Non incignata[20] ancora!

Voleva sapere chi gliel'avesse rotta! Possibile che si fosse rotta da sé? Qualcuno per forza doveva averla rotta, per infamità o per invidia! Ma quando? Ma come? Non gli si vedeva segno di violenza! Che fosse arrivata rotta dalla fabbrica? Ma che! Sonava come una campana!

Appena i contadini videro che la prima furia gli era caduta, cominciarono ad esortarlo a calmarsi. La giara si poteva sanare. Non era poi rotta malamente. Un pezzo solo. Un bravo conciabrocche l'avrebbe rimessa su, nuova. C'era giusto Zi' Dima Licasi, che aveva scoperto un mastice miracoloso, di cui serbava gelosamente il segreto: un mastice, che neanche il martello ci poteva, quando aveva fatto presa. Ecco, se don Lollò voleva, domani, alla punta dell'alba, Zi' Dima Licasi sarebbe venuto lì e, in quattro e quattr'otto, la giara, meglio di prima.

Don Lollò diceva di no, a quelle esortazioni: ch'era tutto inutile; che non c'era più rimedio; ma alla fine si lasciò persuadere, e il giorno appresso, all'alba, puntuale, si presentò a Primosole Zi' Dima Licasi con la cesta degli attrezzi dietro le spalle.

Era un vecchio sbilenco, dalle giunture storpie e nodose, come un ceppo antico di olivo saraceno. Per cavargli una parola di bocca ci voleva l'uncino. Mutria[21] o tristezza radicate in quel suo corpo deforme; o anche sconfidenza[22] che nessuno potesse capire e apprezzare giustamente il suo merito d'inventore non ancora patentato.

Voleva che parlassero i fatti, Zi' Dima Licasi. Doveva poi guardarsi davanti e dietro, perché non gli rubassero il segreto.

– Fatemi vedere codesto mastice – gli disse per prima cosa Don Lollò, dopo averlo squadrato a lungo con diffidenza.

Zi' Dima negò col capo, pieno di dignità.

– All'opera si vede.

– Ma verrà bene?

Zi' Dima posò a terra la cesta; ne cavò un grosso fazzoletto di cotone rosso, logoro e tutto avvoltolato; prese a svolgerlo pian piano, tra l'attenzione e la curiosità di tutti, e quando alla fine venne fuori un paio d'occhiali col sellino e le stanghette rotte e legate con lo spago, lui sospirò e gli altri risero. Zi' Dima non se ne curò; si pulì le dita prima di pigliare gli occhiali; se li inforcò; poi si mise a esaminare con molta gravità la giara tratta sull'aja. Disse:

– Verrà bene.

– Col mastice solo però – mise per patto lo Zirafa – non mi fido. Ci voglio anche i punti.

– Me ne vado – rispose senz'altro Zi' Dima, rizzandosi e rimettendosi la cesta dietro le spalle.

Don Lollò lo acchiappò per un braccio.

– Dove? Messere e porco, così trattate[23]? Ma guarda un po' che arie

---

20. incignata: usata.
21. Mutria: malumore.
22. sconfidenza: convinzione.
23. Messere ... trattate: è così che trattate un affare? *Messere* sta per "signore".

da Carlomagno[24]! Scannato miserabile e pezzo d'asino, ci devo metter olio, io, là dentro, e l'olio trasuda! Un miglio di spaccatura, col mastice solo? Ci voglio i punti. Mastice e punti. Comando io.

Zi' Dima chiuse gli occhi, strinse le labbra e scosse il capo. Tutti così! Gli era negato il piacere di fare un lavoro pulito, filato coscienziosamente a regola d'arte, e di dare una prova della virtù del suo mastice.

– Se la giara – disse – non suona di nuovo come una campana…

– Non sento niente, – lo interruppe Don Lollò. – I punti! Pago mastice e punti. Quanto vi debbo dare?

– Se col mastice solo…

– Càzzica che testa! – esclamò lo Zirafa. – Come parlo? V'ho detto che ci voglio i punti. C'intenderemo a lavoro finito: non ho tempo da perdere con voi.

E se ne andò a badare ai suoi uomini.

Zi' Dima si mise all'opera gonfio d'ira e di dispetto. E l'ira e il dispetto gli crebbero ad ogni foro che praticava col trapano nella giara e nel lembo spaccato per farvi passare il fil di ferro della cucitura. Accompagnava il frullo della saettella con grugniti a mano a mano più frequenti e più forti; e il viso gli diventava più verde dalla bile e gli occhi più aguzzi e accesi di stizza. Finita quella prima operazione, scagliò con rabbia il trapano nella cesta; applicò il lembo staccato alla giara per provare se i fori erano a egual distanza e in corrispondenza tra loro, poi con le tenaglie fece del fil di ferro tanti pezzetti quanti erano i punti che doveva dare, e chiamò per ajuto uno dei contadini che abbacchiavano.

– Coraggio, Zi' Dima! – gli disse quello, vedendogli la faccia alterata.

Zi' Dima alzò la mano a un gesto rabbioso. Aprì la scatola di latta che conteneva il mastice, e lo levò al cielo, scotendolo, come per offrirlo a Dio, visto che gli uomini non volevano riconoscerne le virtù: poi col dito cominciò a spalmarlo tutt'in giro al lembo staccato e lungo la spaccatura; prese le tenaglie e i pezzetti di fil di ferro preparati avanti, e si cacciò dentro la pancia aperta della giara, ordinando al contadino di applicare il lembo alla giara, così come aveva fatto lui poc'anzi. Prima di cominciare a dare i punti:

– Tira! – disse dall'interno della giara al contadino. – Tira con tutta la tua forza! Vedi se si stacca più? Malanno a chi non ci crede! Picchia, picchia! Suona, sì o no, come una campana anche con me qua dentro? Va', va' a dirlo al tuo padrone!

– Chi è sopra comanda, Zi' Dima, – sospirò il contadino – e chi è sotto si danna! Date i punti, date i punti.

E Zi' Dima si mise a far passare ogni pezzetto di fil di ferro attraverso i due fori accanto, l'uno di qua e l'altro di là della saldatura; e con le tenaglie ne attorceva i due capi. Ci volle un'ora a passarli tutti. I sudori, giù a fontana, dentro la giara. Lavorando, si lagnava della sua mala sorte. E il contadino, di fuori, a confortarlo.

24. che … Carlomagno: che atteggiamento superbo.

– Ora ajutami a uscirne, – disse alla fine Zi' Dima.

Ma quanto larga di pancia, tanto quella giara era stretta di collo. Zi' Dima, nella rabbia, non ci aveva fatto caso. Ora, prova e riprova, non trovava più il modo di uscirne. E il contadino invece di dargli ajuto, eccolo là, si torceva dalle risa. Imprigionato, imprigionato lì, nella giara da lui stesso sanata e che ora – non c'era via di mezzo – per farlo uscire, doveva essere rotta daccapo e per sempre.

Alle risa, alle grida, sopravvenne Don Lollò. Zi' Dima, dento la giara, era come un gatto inferocito.

– Fatemi uscire! – urlava –. Corpo di Dio, voglio uscire! Subito! Datemi ajuto!

Don Lollò rimase dapprima come stordito. Non sapeva crederci.

– Ma come? là dentro? s'è cucito là dentro?

S'accostò alla giara e gridò al vecchio:

– Ajuto? E che ajuto posso darvi io? Vecchiaccio stolido[25], ma come? non dovevate prender prima le misure? Su, provate: fuori un braccio… così! e la testa… su… no, piano! Che! giù… aspettate! così no! giù, giù… Ma come avete fatto? E la giara, adesso? Calma! Calma! Calma! – si mise a raccomandare tutt'intorno, come se la calma stessero per perderla gli altri e non lui. – Mi fuma la testa! Calma! Questo è caso nuovo… La mula!

Picchiò con le nocche delle dita su la giara. Sonava davvero come una campana.

– Bella! Rimessa a nuovo… Aspettate! – disse al prigioniero. – Va' a sellarmi la mula! – ordinò al contadino; e, grattandosi con tutte le dita la fronte, seguitò a dire tra sé: «Ma vedete un po' che mi capita! Questa non è giara! quest'è ordigno del diavolo! Fermo! Fermo lì!»

E accorse a regger la giara, in cui Zi' Dima, furibondo, si dibatteva come una bestia in trappola.

– Caso nuovo, caro mio, che deve risolvere l'avvocato! Io non mi fido. La mula! La mula! Vado e torno, abbiate pazienza! Nell'interesse vostro… Intanto, piano! calma! Io mi guardo i miei[26]. E prima di tutto, per salvare il mio diritto, faccio il mio dovere. Ecco: vi pago il lavoro, vi pago la giornata. Cinque lire. Vi bastano?

– Non voglio nulla! – gridò Zi' Dima. – Voglio uscire.

– Uscirete. Ma io, intanto, vi pago. Qua, cinque lire.

Le cavò dal taschino del panciotto e le buttò nella giara. Poi domandò, premuroso:

– Avete fatto colazione? Pane e companatico, subito! Non ne volete? Buttatelo ai cani! A me basta che ve l'abbia dato.

Ordinò che gli si désse; montò in sella, e via di galoppo per la città. Chi lo vide, credette che andasse a chiudersi da sé in manicomio, tanto e in così strano modo gesticolava.

Per fortuna, non gli toccò di fare anticamera nello studio dell'avvocato; ma gli toccò d'attendere un bel po', prima che questo finisse di

---

25. stolido: sciocco.
26. Io mi guardo i miei: bado ai miei interessi.

ridere, quando gli ebbe esposto il caso. Delle risa si stizzì.

– Che c'è da ridere, scusi? A vossignoria non brucia! La giara è mia!

Ma quello seguitava a ridere e voleva che gli rinarrasse il caso com'era stato, per farci su altre risate. "Dentro, eh? S'era cucito dentro? E lui, Don Lollò che pretendeva? Te… tene… tenerlo là dentro… ah ah ah… ohi ohi ohi… tenerlo là dentro per non perderci la giara?"

– Ce la devo perdere? – domandò lo Zirafa con le pugna serrate. – Il danno e lo scorno[27]?

– Ma sapete come si chiama questo? – gli disse infine l'avvocato. – Si chiama sequestro di persona!

– Sequestro? E chi l'ha sequestrato? – esclamò lo Zirafa. – Si è sequestrato lui da sé! Che colpa ne ho io?

L'avvocato allora gli spiegò che erano due casi. Da un canto, lui, Don Lollò, doveva subito liberare il prigioniero per non rispondere di sequestro di persona; dall'altro il conciabrocche doveva rispondere del danno che veniva a cagionare con la sua imperizia o con la sua storditaggine.

– Ah! – rifiatò lo Zirafa. – Pagandomi la giara!

– Piano! – osservò l'avvocato. – Non come se fosse nuova, badiamo!

– E perché?

– Ma perché era rotta, oh bella!

– Rotta? Nossignore. Ora è sana. Meglio che sana, lo dice lui stesso! E se ora torno a romperla, non potrò più farla risanare. Giara perduta, signor avvocato!

L'avvocato gli assicurò che se ne sarebbe tenuto conto, facendogliela pagare per quanto valeva nello stato in cui era adesso.

– Anzi – gli consigliò – fatela stimare avanti da lui stesso.

– Bacio le mani – disse Don Lollò, andando via di corsa.

Di ritorno, verso sera, trovò tutti i contadini in festa attorno alla giara abitata. Partecipava alla festa anche il cane di guardia, saltando e abbajando. Zi' Dima s'era calmato, non solo, ma aveva preso gusto anche lui alla sua bizzarra avventura e ne rideva con la gajezza mala dei tristi[28].

Lo Zirafa scostò tutti e si sporse a guardare dentro la giara.

– Ah! Ci stai bene?

– Benone. Al fresco – rispose quello. – Meglio che a casa mia.

– Piacere. Intanto ti avverto che questa giara mi costò quattr'onze nuova. Quanto credi che possa costare adesso?

– Con me qua dentro? – domandò Zi' Dima.

I villani risero.

– Silenzio! – gridò lo Zirafa. – Delle due l'una: o il tuo mastice serve

27. **scorno:** umiliazione.
28. **gaiezza … tristi:** gioia maligna degli sventurati.

a qualche cosa, o non serve a nulla: se non serve a nulla tu sei un imbroglione; se serve a qualche cosa, la giara, così com'è, deve avere il suo prezzo. Che prezzo? Stimala tu.

Zi' Dima rimase un pezzo a riflettere, poi disse:

– Rispondo. Se lei me l'avesse fatta conciare col mastice solo, com'io volevo, io, prima di tutto, non mi troverei qua dentro, e la giara avrebbe su per giù lo stesso prezzo di prima. Così conciata con questi puntacci, che ho dovuto darle per forza di qua dentro, che prezzo potrà avere? Un terzo di quanto valeva, sì e no.

– Un terzo? – domandò lo Zirafa. – Un'onza e trentatré?

– Meno sì, più no.

– Ebbene, – disse Don Lollò. – Passi la tua parola, e dammi un'onza e trentatré.

– Che? – fece Zi' Dima, come se non avesse inteso.

– Rompo la giara per farti uscire, – rispose Don Lollò – e tu, dice l'avvocato, me la paghi per quanto l'hai stimata: un'onza e trentatré.

– Io pagare? – sghignazzò Zi' Dima. – Vossignoria scherza! Qua dentro ci faccio i vermi.

E, tratta di tasca con qualche stento la pipetta intartarita, l'accese e si mise a fumare, cacciando il fumo per il collo della giara.

Don Lollò ci restò brutto. Quest'altro caso, che Zi' Dima ora non volesse più uscire dalla giara, né lui né l'avvocato l'avevano previsto. E come si risolveva adesso? Fu lì lì per ordinare di nuovo: «La mula», ma pensò che era già sera.

– Ah, sì – disse. – Tu vuoi domiciliare nella mia giara? Testimonii tutti qua! Non vuole uscirne lui, per non pagarla; io sono pronto a romperla! Intanto, poiché vuole stare lì, domani io lo cito per alloggio abusivo e perché mi impedisce l'uso della giara.

Zi' Dima cacciò prima fuori un'altra boccata di fumo, poi rispose placido:

– Nossignore. Non voglio impedirle niente, io. Sto forse qua per piacere? Mi faccia uscire, e me ne vado volentieri. Pagare... neanche per ischerzo, vossignoria!

Don Lollò, in un impeto di rabbia, alzò un piede per avventare un calcio alla giara; ma si trattenne; la abbrancò invece con ambo le mani e la scrollò tutta, fremendo.

– Vede che mastice? – gli disse Zi' Dima.

– Pezzo da galera! – ruggì allora lo Zirafa. – Chi l'ha fatto il male, io o tu? E devo pagarlo io? Muori di fame là dentro! Vediamo chi la vince!

E se ne andò, non pensando alle cinque lire che gli aveva buttate la mattina dentro la giara. Con esse, per cominciare, Zi' Dima pensò di far festa quella sera coi contadini che, avendo fatto tardi per quello strano accidente, rimanevano a passare la notte in campagna, all'aperto, su l'aja. Uno andò a far le spese in una taverna lì presso. A farlo apposta, c'era una luna che pareva fosse raggiornato.

La narrazione realistica e sociale U5

A una cert'ora Don Lollò, andato a dormire, fu svegliato da un baccano d'inferno. S'affacciò a un balcone della cascina, e vide su l'aja, sotto la luna, tanti diavoli; i contadini ubriachi che, presisi per mano, ballavano attorno alla giara. Zi' Dima, là dentro, cantava a squarciagola.
305
Questa volta non poté più reggere, Don Lollò: si precipitò come un toro infuriato e, prima che quelli avessero tempo di pararlo, con uno spintone mandò a rotolare la giara giù per la costa. Rotolando, accompagnata dalle risa degli ubriachi, la giara andò a spaccarsi contro un olivo.
310
E la vinse Zi' Dima.

L. Pirandello, *La giara*, in *Novelle per un anno*, Newton Compton, Roma 2011

COMPRENDERE E INTERPRETARE

■ I personaggi

1. Descrivi i due protagonisti del racconto raccogliendo tutte le informazioni disponibili nello schema.

	Don Lollò	Zi' Dima
Aspetto fisico.		
Posizione sociale.		
Carattere e comportamento.		

2. Entrambi i protagonisti hanno un pensiero fisso, quasi ossessivo: indica quale eseguendo il corretto abbinamento.

a. ☐ Zi' Dima.   1. Le qualità del mastice portentoso.
b. ☐ Don Lollò.   2. Il costante ricorso a leggi, codici e norme.

3. Quando i compaesani gridano a Don Lollò «Sellate la mula!» e «Consultate il calepino!» [rr. 23-24] in realtà lo stanno... (barra il completamento esatto)

A incitando all'azione.
B deridendo per la sua fissazione per codici e leggi.
C esortando alla calma e alla riflessione.
D invidiando per la sua conoscenza delle leggi.

■ La storia

4. Perché Don Lollò fa chiamare Zi' Dima?

....

5. I due protagonisti litigano ripetutamente: una prima volta quando si conoscono, una seconda alla fine del lavoro. Per quale motivo scoppiano queste due liti?

Sezione 2 Narrare, interpretare, esprimere

6. Come reagisce l'avvocato quando Don Lollò gli racconta quello che è capitato a Zi' Dima e alla giara? Quali consigli gli dà [rr. 210-244]?

7. Come si conclude la vicenda [rr. 296-309]?

8. Come spieghi la frase con cui si conclude la novella: «E la vinse Zi' Dima» [r. 310]? In che cosa consiste tale vittoria?

STUDIARE LA LINGUA

9. Nel narrare la vicenda, Pirandello ricorre all'umorismo: egli esagera i tratti fisici e i gesti dei personaggi e porta al limite dell'assurdo i casi della vita quotidiana. Quali, tra le seguenti situazioni, ti sembrano umoristiche nel senso appena indicato?

   A «Da due giorni era cominciata l'abbacchiatura delle olive, e Don Lollò era su tutte le furie perché, tra gli abbacchiatori e i mulattieri venuti con le mule cariche di concime da depositare a mucchi su la costa per la favata della nuova stagione, non sapeva più come spartirsi, a chi badar prima.»

   B «Afferrato a sua volta dagli altri due, stravolti nelle facce terrigne e bestiali, rivolse contro se stesso la rabbia furibonda, sbatacchiò a terra il cappellaccio, si percosse le guance, pestando i piedi e sbraitando a modo di quelli che piangono un parente morto: "La giara nuova! Quattr'onze di giara! Non incignata ancora!".»

   C «Aprì la scatola di latta che conteneva il mastice, e lo levò al cielo, scotendolo, come per offrirlo a Dio, visto che gli uomini non volevano riconoscerne la virtù.»

   D «Montò in sella, e via di galoppo per la città. Chi lo vide, credette che andasse a chiudersi da sé al manicomio, tanto e in così strano modo gesticolava.»

   E «L'avvocato gli assicurò che se ne sarebbe tenuto conto, facendogliela pagare per quanto valeva nello stato in cui era adesso.»

10. Individua e trascrivi un esempio di discorso diretto e uno di discorso indiretto.

11. Ritieni che lo stile del testo sia coerente con l'ambiente sociale rappresentato? Motiva la tua risposta con gli opportuni riferimenti al testo.

PARLARE

12. A quale personaggio vanno le tue simpatie, a Don Lollò o a Zi' Dima? Perché? Argomenta la risposta e poi confronta la tua opinione con quella dei compagni.

SCRIVERE

13. Riassumi la novella eseguendo i necessari adattamenti lessicali per esporre il contenuto in italiano formale moderno.

Italo Calvino
Fuga dal carcere

I contenuti | *Il sentiero dei nidi di ragno* è un romanzo breve che racconta la storia di Pin, ragazzino cresciuto in un ambiente povero d'una città di mare della riviera ligure, il quale decide di unirsi a una banda di partigiani. Sono, infatti, gli anni dell'occupazione tedesca e della Resistenza. Per avere rubato la pistola a un soldato tedesco, Pin viene condotto in prigione dove incontra Lupo Rosso, un giovanissimo partigiano detenuto, che abilmente riesce a evadere portando con sé il ragazzo. Nella scena proposta i due, in fuga, si stanno calando dal terrazzo del carcere.

Intanto Lupo Rosso e Pin hanno già scavalcato la balaustra[1].
– Là, – dice Lupo Rosso a Pin. – Attaccati là e non mollare, – e gli indica il tubo di scarico d'una grondaia. Pin ha paura, ma Lupo Rosso quasi lo butta nel vuoto e lui è obbligato ad attaccarsi al tubo. Però le mani e i ginocchi insaponati[2] scivolano, è un po' come scendere sulla ringhiera di una scala, solo fa molto più paura e non bisogna guardare sotto né staccarsi dal tubo.

Lupo Rosso invece ha fatto un balzo nel vuoto, si vuole ammazzare? No, vuole raggiungere i rami di un'araucaria[3] poco distante ed aggrapparsi. Ma i rami gli si spezzano in mano e lui precipita tra uno schianto di legni e una pioggia di piccole foglie aghiformi[4], Pin sente che la terra s'avvicina sotto di lui, e non sa se ha più paura per sé o per Lupo Rosso che forse s'è ammazzato. Tocca terra rischiando di spezzarsi le gambe e subito, ai piedi dell'araucaria, vede Lupo Rosso steso al suolo su un'ecatombe[5] di piccoli rami.

– Lupo! Ti sei fatto male? – dice.
Lupo Rosso alza la faccia, e non si capisce più quali siano le scorticature[6] dell'interrogatorio[7] e quali quelle della caduta. Dà un'occhiata attorno. Si sentono degli spari.
– Gambe! – dice Lupo Rosso.
S'alza un po' zoppicante, pure corre.
– Gambe! – continua a ripetere. – Di qua!

Lupo Rosso conosce tutti i posti e ora guida Pin per il parco abbandonato, invaso da rampicanti selvatici e da erbe spinose. Dalla torretta[8] sparano fucilate contro di loro, ma il parco è tutto siepi ed alberi di conifere e si può procedere al coperto, pure Pin non è mai sicuro di non essere stato colpito, sa che subito non si sente la ferita, finché tutto a un tratto non si stramazza[9] al suolo. Lupo Rosso l'ha guidato per una porticina, per una vecchia serra, gli ha fatto scavalcare un muro.

A un tratto le penombre del parco si diradano ed ecco aprirsi ai loro occhi uno scenario luminoso, a colori vivissimi, come quando si scopre

---

1. **balaustra:** la balaustra è una struttura con piccole colonne, che serve da parapetto nelle terrazze.
2. **insaponati:** Lupo Rosso aveva preventivamente strofinato con il sapone le mani e i ginocchi di Pin, perché diventassero scivolosi.
3. **araucaria:** genere di albero che ha molti rami, foglie fitte e a forma di aculei.
4. **foglie aghiformi:** tipo di foglie molto sottili e pungenti, come quelle delle conifere.
5. **ecatombe:** nella antica religione greca è il sacrificio solenne di cento buoi. Qui è usato in modo scherzoso, e significa strage, la strage di rami che Lupo Rosso ha causato cadendo dall'alto.
6. **scorticature:** lacerazioni della pelle.
7. **interrogatorio:** in carcere, Lupo Rosso era sta stato duramente interrogato dai tedeschi.
8. **torretta:** è la piccola torre della prigione, da cui le guardie osservano e controllano il recinto del carcere.
9. **stramazza:** cade a terra pesantemente.

Sezione 2 Narrare, interpretare, esprimere

10. decalcomania: qui è l'immagine colorata che viene impressa su un foglio di carta e che viene letteralmente sfogliata, per essere trasferita su un altro foglio o supporto.
11. brullo della collina: la collina brulla, cioè arida e spoglia.
12. distesa geometrica: i garofani sono piantati nel campo secondo file ordinate con precisione in modo simmetrico, tanto da formare una figura geometrica.
13. anfrattuosità: una piccola e stretta cavità dentro una parete di roccia.

una decalcomania[10]. Hanno un movimento di paura, subito si gettano a terra: davanti a loro s'allarga il brullo della collina[11], e tutto intorno, grandissimo e calmo, il mare.

Sono entrati in un campo di garofani, strisciando per non farsi vedere dalle donne col cappellone di paglia che sono in mezzo alla distesa geometrica[12] degli steli grigi e annaffiano. Dietro un grande serbatoio d'acqua in cemento c'è un'anfrattuosità[13] con vicino delle stuoie ripiegate che d'inverno servono a coprire i garofani perché non gelino.

– Qua, – dice Lupo Rosso. S'appiattano dietro il serbatoio e tirano le stuoie in modo da non esser visti.

– Qui bisogna aspettare la notte, – dice Lupo Rosso.

Pin pensa tutto a un tratto a se stesso appeso alla grondaia, o agli spari delle sentinelle, e suda freddo. Sono cose quasi più spaventose a ricordarsi che a viverle; ma vicino a Lupo Rosso non si può avere paura. È una cosa bellissima stare seduti insieme con Lupo Rosso dietro al serbatoio: sembra di giocare a nascondersi. Solo che non c'è differenza

Il Neorealismo

parole · concetti · idee

Alla fine della Seconda guerra mondiale l'Italia è un Paese in ginocchio ma, allo stesso tempo, animato da una forte esigenza di rinascita. Scrittori, registi e intellettuali si guardano intorno e osservano che, tra tante macerie materiali e morali lasciate da vent'anni di dittatura e da cinque anni di conflitto, vi è la possibilità di fare, costruire, riflettere sugli errori del passato, sanare storture e contraddizioni. Nasce così una nuova corrente artistica, il **Neorealismo**, che si esprime soprattutto in letteratura e nel cinema e ha il suo periodo d'oro tra il 1945 e il 1955. Gli artisti che aderiscono al Neorealismo hanno uno scopo preciso: raccontare la realtà della situazione italiana presente e del recente passato per **testimoniare** i drammi, le tragedie e gli eroismi della **gente comune** senza aggiungere né togliere nulla alla rappresentazione nuda e cruda della realtà, che non ha bisogno di essere modificata o "abbellita" per esprimere insegnamenti, mostrare valori etici, indicare comportamenti improntati alla solidarietà e alla giustizia sociale. I contenuti prediletti dagli artisti di questo periodo sono dunque la Resistenza, l'occupazione nazifascista, le persecuzioni politiche e razziali, la guerra, le vicende legate alla ricostruzione del Paese. Famosi film neorealisti sono *Ladri di biciclette* e *Sciuscià* (del regista Vittorio De Sica); *Roma città aperta* e *Paisà* (Roberto Rossellini); *Riso amaro* (Giuseppe De Santis); tra i romanzi, invece, oltra a *Il sentiero dei nidi di ragno*, ricordiamo *Se questo è un uomo* di Primo Levi, *Il partigiano Johnny* di Beppe Fenoglio, *Uomini e no* di Elio Vittorini, *La ciociara* di Alberto Moravia.

◂ Fotogramma del film *Ladri di biciclette* (1948) di Vittorio De Sica.

La narrazione realistica e sociale U5

tra il gioco e la vita, e si è obbligati a giocare sul serio, come piace a Pin.

– Ti sei fatto male, Lupo Rosso?

50 – Non molto, – dice Lupo Rosso, passandosi il dito insalivato sulle sbucciature, – i rami spezzandosi hanno frenato la caduta. Avevo tutto calcolato. A te come è andata, col sapone?

– Mondoboia, Lupo Rosso, lo sai che sei un fenomeno? Come fai a sapere tutte queste cose?

55 – Un comunista deve sapere di tutto, – risponde l'altro; – un comunista deve sapersi arrangiare in tutte le difficoltà.

«È un fenomeno, – pensa Pin. – Peccato che non possa fare a meno di darsi delle arie.»

– Una sola cosa mi dispiace, – dice Lupo Rosso, – che sono disarma-
60 to. Non so cosa pagherei per uno *sten*.

Sten: ecco un'altra parola misteriosa. *Sten, gap, sim*[14], come si fa a ricordarsele tutte? Ma quest'osservazione ha riempito di gioia Pin; adesso potrà darsi delle arie anche lui.

– Io invece non ci penso, – dice. – La mia pistola[15] ce l'ho e nessuno
65 me la tocca.

Lupo Rosso lo smiccia[16], cercando di non dare a vedere troppo interesse: – Tu hai una pistola?

– Hm, hm, – fa Pin.

– Che calibro? Che marca?

70 – Una pistola vera. Da marinaio tedesco. Gliel'ho portata via io. Per quello ero dentro.

– Dimmi com'è fatta.

Pin cerca di spiegarglielo, e Lupo Rosso descrive tutti i tipi di pistola che esistono e decide che quella di Pin è una P.38[17]. Pin s'entusiasma:
75 pi-trentotto, che bel nome, pi-trentotto!

I. Calvino, *Il sentiero dei nidi di ragno*, Mondadori, Milano 1993

---

14. *Sten, gap, sim*: lo *sten* è un mitra a canna corta in dotazione all'esercito inglese, *gap* e *sim* sono le sigle di due organizzazioni partigiane (Gruppi di Azione Patriottica e Servizio Informazioni Militari).
15. pistola: è quella che Pin ha rubato a un marinaio tedesco e che poi ha nascosto. Di essa, ora, è fiero.
16. smiccia: lo osserva con curiosità, guardandolo quasi di nascosto, ma con attenzione.
17. P.38: è una pistola semiautomatica, in dotazione all'esercito tedesco.

COMPRENDERE E INTERPRETARE

■ In fuga dal carcere [rr. 1-42]

1. Come riescono a fuggire dalla terrazza del carcere, rispettivamente, Pin e Lupo Rosso?

PIN SI AGGRAPPA AD UN TUBO, LUPO ROSSO SI LANCIA E SI AGGRAPPA A DEI RAMI

2. La fuga dei due prigionieri è precipitosa e concitata. Che cosa accade a Pin e a Lupo Rosso dopo che hanno toccato terra? Riordina le sequenze.
   a. Appena fuori dal parco, si trovano allo scoperto e si gettano a terra. *5*
   b. Passano attraverso una vecchia serra. *3*
   c. Corrono per il parco, incalzati dagli spari delle guardie. *1*
   d. Si nascondono dietro a un serbatoio d'acqua e si coprono con stuoie. *6*
   e. Finiscono in un campo di garofani. *2*
   f. Scavalcano un muro ed escono così dal parco che circonda il carcere. *4*

Sezione 2 — Narrare, interpretare, esprimere

3. Il paesaggio è descritto in modo vago e generico, oppure in modo preciso? È possibile riconoscere il tipo di ambiente (mediterraneo, montano, palustre...)? Motiva la tua risposta.
   IL PAESAGGIO E GENERICO, PERICOLOSO, MALIGNUTO

4. In quali fasi della fuga Pin prova maggiore paura? E Lupo Rosso, invece, prova mai paura durante la fuga?
   PIN NELLA PARTE IN CUI SI LANCIA PER AGGRAPPARSI AL TUBO

5. La fuga viene spesso raccontata secondo il punto di vista di Pin. Trascrivi una frase che lo dimostri.
   46-47

Finalmente al sicuro [rr. 43-75]

6. Quali sensazioni prova Pin quando si nasconde con Lupo Rosso dietro il serbatoio dell'acqua?
   E ELETTRIZZATO ALL' IDEA DI STARE CON LUPO ROSSO

7. Che cosa desidererebbe avere con sé, Lupo Rosso, alla fine del brano?
   VORREBBE AVERE CON SE UNO

8. Alla fine del brano Pin è felice perché ha l'occasione di «darsi delle arie anche lui». Per che cosa potrebbe vantarsi il ragazzo?
   PER IL FATTO DI ESSERE

STUDIARE LA LINGUA

9. Il termine *smicciare* appartiene al registro:
   A alto e poetico.
   B dialettale e colloquiale.
   C ✓ basso e volgare.
   D tecnico e settoriale.

10. Per dare un effetto di realtà, nel testo sono riportati termini militari che affascinano il protagonista. Trascrivine alcuni.
    STEN, GAP, SIM

PARLARE

11. Una narrazione realistica rappresenta la realtà quotidiana, della quale coglie anche gli aspetti sociali e politici, inserendo i personaggi in un preciso contesto storico e ambientale. In questo caso, il contesto storico è quello della Resistenza, evento cruciale della storia recente italiana. Spiega quali riferimenti alla Resistenza, anche impliciti, ci sono nel testo.
    COMUNISTA

SCRIVERE

12. Anche i personaggi sono realistici e la loro umanità emerge in modo evidente. Per esempio, in questo brano i pensieri e le emozioni di Pin sono rappresentati con grande spontaneità. Fai un ritratto psicologico di Pin, così come ti appare dalla lettura del brano.

Ornela Vorpsi

T7 Vivere nel Paese di Madre-Partito

Albania

I contenuti | Un innocente momento di gioco tra due ragazzine può addirittura riportare alla luce un tragico segreto, se si vive negli anni Cinquanta in Albania, sotto una spietata dittatura.

Andiamo a giocare[1]! Oggi giocheremo alla guerra. Il duello di Romeo con il Tibaldo dei Capuleti, accanto a Giulietta dormiente-morente[2]. Con le spade, di quelle che ti penetrano in fondo al cuore e alle reni. Grandi e ben affilate che brillano sotto il sole, anche sotto la luna se vuoi. Un duello di spade che si tirano fuori per grandi cause come onore e amore.

Dobbiamo trovare le spade. Qualcosa che si avvicini il più possibile a quest'oggetto tagliente che ti prende il respiro, capace di trapassare le membra fragili e traditrici dell'essere umano e trasformarlo in breve tempo in una massa livida[3].

Ce ne vogliono due e devono essere simili, ma forse le abbiamo trovate.

– Nell'anfora qui, in fondo al giardino, vieni, corri a vedere! Guarda cosa c'è dentro.

Volo verso la voce che m'invita. Il giardino è grande, proprio quello che deve avere una nonna per le vacanze scolastiche dei nipoti. È pieno di cachi e di fiori rossi di melograno. Non credo che Verona sia poi così diversa.

Infine, eccomi! Sono arrivata.

È proprio il fondo del giardino, dove si va di rado. Difficile da raggiungere, i cespugli fanno resistenza, l'ortica ci brucia le mani e le gambe nude riempiendole di piccoli gonfiori rossastri che grattiamo invano cercando di alleviare un po' il fastidio.

L'anfora è posta sul tronco di un caco. È nascosta dall'erba selvaggia che le cresce attorno.

Cosa ci fa qui quest'anfora? Nei libri di Jules Verne[4] le anfore si trovavano in fondo al mare...

Togliamo il muschio che copre l'imboccatura stretta di quest'anfora, che si allarga smisuratamente verso il basso come la pancia del nostro fornaio. Mia cugina tira fuori degli oggetti bianchi, lisci e lunghi. Selezioniamo i più lunghi, più sono lunghi più si avvicinano alle spade – migliore sarà il duello. Ci sono altri oggetti simili ma più corti, a volte sfatti e a pezzetti. Ancora più in fondo nel ventre dell'anfora brilla palli-

---

1. **Andiamo a giocare:** si tratta di Ina, la protagonista, e della cugina Bibi.
2. **il duello... morente:** il riferimento è alla nota tragedia *Romeo e Giulietta* di William Shakespeare, ambientata a Verona.
3. **livida:** scura.
4. **Jules Verne:** scrittore francese (1828-1905) di famosi romanzi d'avventura (come *Il giro del mondo in ottanta giorni*) e di fantascienza (*Dalla Terra alla Luna*, *Viaggio al centro della Terra*, *Ventimila leghe sotto i mari*), di cui è considerato il fondatore.

damente un coso bianco rotondo con dei curiosi buchi scuri, ma quello a noi non interessa.

Prendiamo questi due, sono i più lunghi. La nostra spada si gonfia un po' alle estremità, arrotondandosi in due teste piccole che si perdono in una conca dolce l'una verso l'altra. Lungo il suo corpo quest'oggetto è più snello, proprio come la vita di una donna. Sembra molto resistente. Certe parti sono ruvide come il gesso che la maestra utilizza sulla lavagna. Certe altre sono lisce, di un colore delicato che va dall'azzurro pallido di madreperla a un giallo ocra slavato.

Pronti per il gioco! Incrociamo temerari le spade per una Giulietta inesistente che noi difendiamo comunque. Piccoli pezzetti simili a sfioriture rinsecchite volano dagli oggetti-spade che noi incrociamo con foga.

Il caldo del pomeriggio e i nostri sforzi ci hanno imperlato di sudore. Dio, che sofferenza meritare le cose!

La nonna ci chiama, è ora di riposare. Noi non abbiamo voglia di fare il pisolino, siamo prese, il sonno non ci interessa affatto. Ma la nostra nonna è testarda e non si arrende. La sua voce guadagna due ottave reclamandoci di nuovo. Niente da fare, non vogliamo punto e basta, facciamo orecchio da mercante.

Per di più adesso è questione di vita o di morte, e forse mia cugina vince.

Dopo un po' vediamo questa testarda dirigersi verso di noi. Il suo grembiule è chiazzato dal sole, e più lei viene verso di noi più le macchie del sole ballano muovendosi lungo il suo corpo.

– Dài nonna, per favore, lasciaci in pace, cos'è questa dittatura del sonno! Almeno lasciaci finire il duello!

Lei si blocca davanti a noi come se non credesse ai suoi occhi. Ma sì nonna, siamo noi, io e Bibi, proprio noi in carne e ossa.

Un pallore improvviso la sbianca e le gocce di sudore le colano sulle tempie.

– Ma che cosa fate qui, cosa state tenendo in mano? Mio Dio! Dove le avete trovate, brutte bestioline? Che razza di giochi sono questi! Chi vi ha detto di mettere le mani lì dentro?!

Avevamo fatto qualcosa di grave, io e Bibi. Rigiravo ancora nelle mani l'oggetto-spada, senza capire che cosa ci fosse di così grave.

Lei ci strappò le spade di mano e le infilò di nuovo nell'anfora, coprendola accuratamente con i pezzi di muschio, poi aggiunse: – Non voglio vedervi mai più venire qui, mai più, avete capito? Brutte bestie che non siete altro, siete delle brutte bestie!

Diceva questo affannata ma non c'era cattiveria nella sua voce, anzi, la sua voce d'un tratto era diventata piccola e rotta.

Senza dire niente la seguimmo verso casa.

Zitte zitte, siamo entrate nella camera da letto. Parlando io e Bibi abbiamo cercato di capire le ragioni oscure che avevano sconvolto la nonna, ma niente… Eh insomma, non dovevamo giocare alle tragedie shakespeariane, portano male. Non per niente sono tragedie! Ecco trovata la spiegazione, adesso andiamo a spiare la nonna!

80 Dal buco della serratura, chinandoci a turno, vedemmo che la nonna mormorava tra sé e sé mentre asciugava le lacrime che le scendevano sotto e sopra gli occhiali. Era proprio abbattuta, niente da fare. Ma anche a noi la storia di Romeo e Giulietta aveva fatto spremere lacrime amare.

85 Alla sera ebbe luogo una riunione di famiglia. Noi non avevamo avuto il diritto di partecipare. La cosa sembrava molto segreta: hanno sussurrato tra loro, pianto un po' e poi ci hanno invitato a mangiare. Cena nera e facce pesanti.

L'indomani il sole brillò di nuovo rendendo a tutti l'animo più sereno. 90 Senza farlo apposta, le gambe ci condussero all'anfora: volevamo osservare meglio e frugare ancora più in fondo alla terracotta, forse l'oggetto rotondo con i curiosi buchi ci avrebbe dato ulteriori spiegazioni. L'imboccatura dell'anfora era aperta, il muschio era abbandonato per terra e gli oggetti bianchi e ruvidi non c'erano più.

Sezione 2   Narrare, interpretare, esprimere

    Il mistero vestì il giorno del nostro duello per anni interi. Ormai grandi, venimmo a sapere che avevamo giocato coi femori dello zio, uno zio che non avevamo mai conosciuto perché Madre-Partito[5] l'aveva fucilato all'età di diciassette anni (la sua politica se l'era giocata cercando di fuggire dall'Albania: si era innamorato di una slava che viveva dall'altra parte del confine, che ormai era cinto di filo spinato e militari armati fino ai denti – ma come? non sapeva il poveretto che non si ha il diritto di abbandonare il paradiso?[6])

    I fucilati politici non devono essere sepolti. Devono putrefare per terra, all'aria aperta, affinché gli altri imparino la lezione.

    Un nostro cugino, una decina di giorni dopo la morte, di notte aveva rubato il corpo del ragazzo. Lo riconobbe dai vestiti, perché il resto era irriconoscibile, in avanzato stato di decomposizione.

    Lo portò alla nonna, la quale, non sapendo dove metterlo (*perché nel nostro paese anche le mura hanno occhi e orecchie*), l'aveva sistemato maldestramente nell'anfora in fondo al giardino. Piangeva sempre quel figlio morto e non sepolto nel giardino-Verona colmo di cachi e melograno, l'ha pianto ogni giorno mentre lavava i piatti, lavava i panni e faceva da mangiare.

    Negli anni Ottanta la nonna e le sue lacrime trovarono fine. Rispettando il suo desiderio, posammo infine le ossa dello zio in un sacchetto piccolo e discreto accanto al suo corpo, come un viatico[7]. Ancora di nascosto. Li abbiamo lasciati poi in pace tutt'e due, madre e figlio, per scordare Madre-Partito.

    Sicuramente l'eternità non le sarà troppa.

O. Vorpsi, *Il paese dove non si muore mai*, Einaudi, Torino 2005

---

5. Madre-Partito: in questo modo la protagonista chiama il governo comunista dell'Albania, rimasto ininterrottamente al potere dal 1945 al 1991.
6. non sapeva ... paradiso?: la domanda è retorica e ironica insieme. L'Albania non era affatto il "paradiso" dei lavoratori, come recitava la propaganda governativa, ma una dittatura in cui i diritti civili (come ad esempio la libertà di espressione e di movimento) erano negati.
7. viatico: conforto, guida.

COMPRENDERE E INTERPRETARE

■ Dal gioco alla realtà

1. Quale gioco vogliono fare le due cugine [rr. 1-6]?
    ALLA GUERRA

2. Perché Ina e Bibi non vanno quasi mai in fondo al giardino [rr. 20-23]?
    PERCHÈ NON È CURATO QUINDI PIENO DI INSIDIE

3. Che cosa le spinge a visitare quell'angolo lontano del giardino, e che cosa vi trovano [rr. 24-35]?
    UN ANFORA

4. Che cos'è «il coso bianco e rotondo con dei curiosi buchi scuri» posato in fondo all'anfora [r. 34]?

5. Le ragazze capiscono perché la nonna si arrabbia tanto quando le scopre intente a giocare con gli oggetti-spade?

■ **Vivere sotto una dittatura**

6. Che cosa è accaduto allo zio di Ina e Bibi [rr. 95-110]?

7. L'affermazione delle rr. 103-104 rivela il pensiero della narratrice: qual è, tra i seguenti?
- **A** I fucilati politici sono traditori della patria che non meritano neppure la pietà della sepoltura.
- **B** Fucilare i detenuti politici è una misura grave ma necessaria.
- **C** Un regime che uccide persino i giovani innamorati e ne usa i cadaveri come avvertimento per gli altri è crudele, spietato e disumano.
- **D** Seppellire i morti è una pratica inutile e superata, soprattutto quando occorre dare buoni esempi di comportamento ai cittadini.

STUDIARE LA LINGUA

8. Descrivi il giardino della nonna di Ina e Bibi ricavando le informazioni dal testo.

9. Come vengono definite le spade [rr. 7-10]? Spiega con parole tue l'immagine usata dalla narratrice.

10. La narratrice definisce l'atmosfera della serata con due espressioni metaforiche [rr. 85-88]. Trascrivile e spiegane il significato.

PARLARE

11. L'indomani, quando Ina e Bibi vanno di nuovo a curiosare nell'anfora, la trovano vuota. Chi l'ha svuotata, e perché? Formula la tua ipotesi motivata e confrontala con quella dei compagni.

SCRIVERE

12. Prepara un'analisi scritta del testo seguendo queste indicazioni:
- riassumi brevemente il contenuto, utilizzando come guida le risposte che hai dato agli esercizi 1-7;
- rifletti sugli aspetti formali (stile e registro linguistico), considerando anche le tue risposte agli esercizi 9 e 10;
- osserva il ritmo del racconto (lento o veloce), mettendo in opportuna relazione il tempo della storia e il tempo del racconto;
- analizza le valenze simboliche dello spazio descritto, tenendo presente la tua risposta all'esercizio 8;
- discuti se questo brano appartiene al genere realistico-sociale, motivando la tua tesi.

Sezione 2   Narrare, interpretare, esprimere

Afghanistan

T8   Fabio Geda, Enaiatollah Akbari
Enaiatollah

I contenuti | Enaiatollah è un ragazzo afghano di etnia hazara. Quando, nei primi anni Novanta, l'Afghanistan diventa una dittatura retta dai talebani, una setta di fondamentalisti islamici, la sua vita cambia radicalmente. Fino a quel momento viveva in un villaggio povero, ma era sereno: c'erano la mamma, gli amici, la scuola. Poi, all'improvviso, tutto finisce brutalmente ed Enaiatollah viene scaraventato in giro per il mondo: lavora come uno schiavo, vive per la strada, viene venduto e comprato come merce da trafficanti di uomini. La sua storia vera, raccontata allo scrittore Fabio Geda, che ne ha tratto un romanzo, inizia dal suo ultimo giorno di scuola, quando il ragazzo incontra per la prima volta la violenza e la sopraffazione.

▲ Enaiatollah Akbari mentre firma copie del suo libro *Nel mare ci sono i coccodrilli.*

Posso parlarti di quando i talebani hanno chiuso la scuole Fabio?
    Certo.
    Ti interessa?
    Mi interessa tutto, Enaiatollah.

5   Non ero granché attento quella mattina. Ascoltavo il maestro con un orecchio e con l'altro davo retta ai miei pensieri sul torneo di *Buzul-bazi* che avevamo organizzato per il pomeriggio. *Buzul-bazi* è un gioco che si fa con un osso preso dalla zampa delle pecore, dopo che le si è bollite, un osso che assomiglia un po' a un dado, ma è tutto bitorzoluto,
10 e infatti ci si gioca come con un dado, se si vuole, oppure come con le biglie. È un gioco che si fa sempre, da noi, in qualunque stagione, mentre costruire aquiloni è più una cosa per la primavera o per l'autunno, e il nascondino un gioco da inverno. Stare fermi tra i sacchi di grano o in mezzo a un mucchio di coperte o dietro due rocce, stretti insieme a
15 qualcuno, è persino piacevole, d'inverno, con il freddo che fa.
    Il maestro parlava di numeri e ci stava insegnando a contare, quando abbiamo sentito una moto che girava attorno alla scuola come per cercare l'entrata, anche se non era molto difficile da trovare. Il motore si è spento. Sulla porta è apparso un talebano enorme, con quella barba
20 lunga che hanno loro, e che invece noi hazara[1] non possiamo avere perché siamo tipo i cinesi o i giapponesi, che hanno pochi peli in faccia; una volta un talebano mi ha dato uno schiaffo perché ero senza barba, ma io ero solo un bambino e anche fossi stato un pashtun[2] e non un hazara non credo l'avrei avuta, la barba, a quell'età.
25   Il talebano, con il fucile, è entrato in classe e ha detto ad alta voce che bisognava chiudere la scuola, punto. Il maestro ha chiesto perché. Lui ha risposto: È stato il mio capo a deciderlo, dovete ubbidire. E se n'è andato senza aspettare una risposta o dare altre spiegazioni.
    Il maestro non ha aggiunto nulla, è rimasto immobile, ha atteso di

---
1. **hazara**: etnia discriminata in Afghanistan.
2. **pashtun**: l'etnia afghana dominante.

306

sentire il rumore del motore che spariva lontano e ha ripreso a spiegare matematica dal punto esatto in cui si era interrotto, con la stessa voce tranquilla e il sorriso timido. Perché il mio maestro era anche una persona un po' timida, non alzava mai la voce e quando sgridava sembrava spiacesse più a lui che a te.

Il giorno dopo il talebano è tornato, lo stesso, con la stessa moto. Ha visto che noi eravamo in classe, con il maestro che faceva lezione. È entrato e ha chiesto al maestro: Perché non avete chiuso la scuola?

Perché non c'è motivo di farlo.

Il motivo è che lo ha deciso il mullah[3] Omar.

Non è un buon motivo.

Tu stai bestemmiando. Il mullah Omar dice di chiudere le scuole hazara.

E dove andranno a scuola i nostri ragazzi?

Non ci andranno. La scuola non è fatta per gli hazara.

Questa scuola sì.

Questa scuola va contro il volere di Dio.

Questa scuola va contro il vostro, di volere.

Voi insegnate cose che Dio non vuole siano insegnate. Menzogne. Cose che contraddicono la sua parola.

Insegniamo ai ragazzi a essere delle brave persone.

Cosa significa essere delle brave persone?

Sediamoci. Ne parliamo.

Non serve. Te lo dico io. Essere una brava persona significa servire Dio. Noi sappiamo cosa vuole Dio dagli uomini, e come servirlo. Voi no.

Insegniamo anche l'umiltà, qui.

Il talebano è passato tra di noi, respirando forte com'era capitato a me una volta che mi ero infilato una pietruzza nel naso e non riuscivo più a toglierla. Senza aggiungere altro, è uscito ed è risalito in sella alla moto.

La terza mattina, dopo quel giorno, era una mattina d'autunno, di quelle con il sole ancora caldo che la prima neve sciolta nel vento non riesce a raffreddare, ma solo a insaporire; una giornata perfetta per far volare gli aquiloni. Stavamo ripetendo una poesia in lingua hazaragi per prepararci allo *sherjangi*, la battaglia dei versi, quando sono arrivate due jeep piene di talebani. Siamo corsi alle finestre per vederli. Tutti i bambini della scuola si sono affacciati, anche se avevano paura, perché la paura è attraente, quando non sai riconoscerla.

Sono scesi dalle jeep venti, forse trenta talebani armati. Sono scesi e lo stesso uomo dei giorni precedenti è entrato in classe e ha detto al maestro: Ti abbiamo detto di chiudere la scuola. Tu non hai ascoltato. Ora saremo noi a insegnare qualcosa.

L'edificio scolastico era spazioso e noi eravamo tanti, forse più di duecento. Per costruirlo, anni prima, ogni genitore aveva dato diverse giornate di lavoro, ognuno per come poteva, per fare il tetto o per chiudere le finestre in modo che il vento non entrasse e si potesse fare lezio-

---

3. mullah: termine con cui si indicano gli studiosi islamici. Il mullah Omar è stato a capo dell'Afghanistan dal 1996 al 2001.

Sezione 2 Narrare, interpretare, esprimere

75 ne anche d'inverno, ma in realtà contro il vento non si era mai riusciti a fare granché: li strappava sempre, i teloni che usavamo. La scuola aveva diverse classi, e c'era anche un preside.

I talebani hanno fatto uscire tutti, bambini e adulti. Ci hanno ordinato di metterci in cerchio, nel cortile, i bambini davanti, perché eravamo
80 più bassi, e gli adulti dietro. Poi, al centro del cerchio hanno fatto andare il maestro e il preside. Il preside stringeva la stoffa della giacca come per stracciarla, e piangeva e si voltava a destra e a sinistra in cerca di qualcosa che non trovava. Il maestro, invece, era silenzioso come suo solito, le braccia lungo i fianchi e gli occhi aperti, ma rivolti dentro se stesso, lui
85 che, ricordo, aveva dei begli occhi che dispensavano bene tutt'intorno.

Ba amidi didar ragazzi, ha detto. Arrivederci.

Gli hanno sparato. Davanti a tutti.

Da quel giorno la scuola è stata chiusa, ma la vita, senza scuola, è come la cenere.
90 *A* questo tengo molto, Fabio.

A cosa?

Al fatto di dire che afghani e talebani sono diversi. Desidero che la gente lo sappia. Sai di quante nazionalità erano, quelli che hanno ucciso il mio maestro?

No. Di quante?
95 Erano venti quelli arrivati con le jeep, giusto? Be', non saranno stati di venti nazionalità diverse, ma quasi. Alcuni non riuscivano nemmeno a comunicare tra loro. Pakistan, Senegal, Marocco, Egitto. Tanti pensano che i talebani siano afghani, Fabio, ma non è così. Ci sono anche afghani, tra di loro, ovvio, ma non solo: sono ignoranti, ignoranti di tutto il mondo che im-
100 pediscono ai bambini di studiare perché temono che possano capire che non fanno ciò che fanno nel nome di Dio, ma per i loro affari.

Lo diremo forte e chiaro, Enaiat.

F. Geda, E. Akbari, *Nel mare ci sono i coccodrilli. Storia vera di Enaiatollah Akbari*,
Baldini Castoldi Dalai, Milano 2013

COMPRENDERE E INTERPRETARE

■ La vita di prima

1. Ti sembra che il maestro di Enaiatollah sia un buon insegnante? Perché?
   ....

2. In quale modo era stata costruita la scuola di Enaiatollah [rr. 71-77]?
   ....

■ All'improvviso, la violenza

3. Che cosa accade il primo giorno in cui il talebano fa irruzione nella scuola di Enaiatollah?
   ....

La narrazione realistica e sociale U5

4. Quando il talebano si presenta per la seconda volta a scuola, il maestro cerca di parlargli. Sintetizza nella tabella le argomentazioni sostenute, rispettivamente, dai due, poi spiega quali ti sembrano più convincenti e perché [rr. 35-55].

	Il maestro	Il talebano
a. Per quale motivo bisogna chiudere la scuola?		
b. Dove andranno a scuola gli alunni?		
c. La scuola può essere frequentata dagli hazara?		
d. Che cosa si insegna nella scuola di Enaiatollah?		
e. Che cosa significa essere "brave persone"?		

5. Nel momento in cui il talebano gli passa vicino, Enaiatollah ne riceve una forte impressione, che gli ricorda un episodio della sua infanzia [rr. 56-58]: che cosa rivela, secondo te, il respiro "forte" dell'uomo?

....

6. Il preside e il maestro hanno compreso ciò che sta per accadere loro [rr. 78-85]? Motiva la tua risposta.

....

STUDIARE LA LINGUA

7. La terza volta in cui il talebano torna a scuola non è solo, e annuncia al maestro e agli allievi «Ora saremo noi a insegnare qualcosa» [r. 70]. Spiega:
   a. di quale "insegnamento" si tratta;
   b. se è giusto definirlo "insegnamento";
   c. quali altre espressioni o termini si devono utilizzare per indicare l'operato dei talebani.

8. «la vita, senza scuola, è come la cenere» [rr. 88-89], conclude Enaiatollah. Spiega il significato di questa espressione figurata.

PARLARE

9. Enaiatollah osserva che «la paura è attraente, quando non sai riconoscerla» [r. 66]: a quale momento del suo racconto si riferisce? Condividi questa affermazione? Motiva la tua risposta e discutine con i compagni.

SCRIVERE

10. Enaiatollah tiene molto a spiegare che afghani e talebani sono diversi, e lo scrittore gli assicura che sarà detto «forte e chiaro» [r. 102]. Perché per il ragazzo è tanto importante comunicare questa verità? Elabora una risposta, argomentando per iscritto.

CONTINUA A LEGGERE

Sezione 2   Narrare, interpretare, esprimere

GRUPPO DI LETTURA

SCOPRIRE un libro

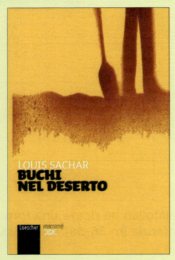

(Loescher, Torino 2012)

Buchi nel deserto
di Louis Sachar

L'AUTORE Louis Sachar è uno dei massimi autori americani di narrativa per ragazzi. Nato nel 1954 nello stato di New York, a nove anni si trasferì in California. Si è laureato in Economia a Berkeley, specializzandosi poi in Giurisprudenza e sostenendo anche l'esame da avvocato. Solo nel 1989 i suoi libri per ragazzi, che nel frattempo aveva cominciato e continuato a scrivere, vendettero abbastanza da permettergli di dedicarvisi a tempo pieno. Da allora ha scritto oltre trenta libri e si è aggiudicato numerosi premi letterari.

IL LIBRO *Buchi nel deserto* narra la storia di Stanley Yelnats, un ragazzo grande, grosso e piuttosto goffo, che viene accusato ingiustamente del furto di un paio di preziose scarpe da ginnastica. Le scarpe, infatti, appartengono a un campione di baseball e potrebbero fruttare almeno cinquemila dollari a una vendita di beneficienza. Stanley viene condannato, anche se non ha commesso il fatto, a scontare una pena di un anno e mezzo a Campo Lago Verde, un centro di rieducazione dove le attività di "recupero" dei ragazzi problematici si riducono alla fatica di scavare ogni giorno, sabato e domenica compresi, un buco di un metro e mezzo di larghezza e di profondità, sotto il sole implacabile del deserto.

ASCOLTARE l'inizio del libro

MP3 18

Il campo (dai capitoli 1 e 2)

Ascolta attentamente il brano che ti viene proposto. Capirai subito che razza di posto è Campo Lago Verde e perché il suo nome sia piuttosto inadatto a definirlo, rispetto alla realtà...

1. Che cosa c'era, più di cent'anni fa, nella zona di Campo Lago Verde?
2. Che cos'è, ora, quella zona?
3. A chi appartiene l'ombra, a Campo Lago Verde?
4. Quali animali abitano nel lago? Quale di essi è il più pericoloso?
5. Che tipo di "campo" è ora Campo Lago Verde?
6. Che alternative aveva dato il giudice a Stanley, quando l'ha destinato a Campo Lago Verde?

La narrazione realistica e sociale **U5**

○ LEGGERE il libro

Leggi il romanzo suddividendo la lettura in tre tappe. Poi confrontati con i compagni sulle risposte da dare alle domande chiave.

Prima tappa	**Domande chiave**
Capp. 1-15	1. Come mai al processo nessuno crede alla versione dei fatti raccontata da Stanley? 2. Che mestiere fa il papà di Stanley? Sono una famiglia modesta o facoltosa? 3. A chi viene data la colpa della sfortuna che perseguita gli Yelnats? 4. Perché talvolta un ospite di Campo Lago Verde cerca di farsi mordere da uno scorpione o da un piccolo serpente a sonagli? 5. In che modo il bisnonno di Stanley aveva perso le sue ricchezze? 6. Descrivi la tenuta che devono indossare i ragazzi al campo. 7. Chi è il capo riconosciuto del gruppetto di cui entra a far parte Stanley? 8. Come viene soprannominato Stanley dagli altri ragazzi? 9. Chi è la persona più temibile di Campo Lago Verde?
Seconda tappa	
Capp. 16-33	1. I ragazzi vengono obbligati dall'Intendente a scavare nei pressi del punto dove è stato trovato l'astuccio dorato. Perché, secondo te? 2. Che cosa scrive Stanley nelle lettere alla madre? 3. In quale occasione Stanley si mette involontariamente nei guai? 4. Con chi se la prende l'Intendente e in che modo? 5. Quale inaspettata richiesta fa Zero a Stanley? E come si accordano per soddisfarla? 6. Prova a riassumere oralmente la storia di Kate Barlow. 7. Che cosa scatena il litigio tra i ragazzi del gruppo? Chi ne fa le spese? 8. Chi colpisce Zero prima di fuggire nel deserto? 9. Che cosa decidono i sorveglianti del campo a proposito di Hector Zeroni? 10. Quale decisione prende, inaspettatamente, Stanley?
Terza tappa	
Capp. 34-50	1. Che cosa spera di raggiungere Stanley, mentre va in cerca di Zero? 2. Dove trova l'amico e grazie a che cosa questi è sopravvissuto? 3. Dove trovano rifugio i due ragazzi? 4. Che cosa rivela Zero circa il furto delle scarpe di Clyde Livingston? 5. Tornati verso il campo i due ragazzi decidono di scavare: in cerca di che cosa? 6. Che cosa trovano invece? 7. Che cosa va storto nei piani dell'Intendente? 8. Come mai le lucertole a macchie gialle non attaccano i due ragazzi? 9. Chi porta via i due amici dal campo? 10. Come si conclude la vicenda?

○ SCRIVERE oltre

La storia di Kate Barlow, narrata nel romanzo, è commovente ed è un vero peccato che non abbia un lieto fine. Prova a inventare tu un finale alternativo per la sua vicenda, in cui trionfino i buoni e i cattivi vengano puniti in modo un po' ridicolo.

GRUPPO DI LETTURA

STRUMENTI DEL LESSICO E FORME DI SCRITTURA

La caratterizzazione sociale e psicologica dei personaggi

1. In un racconto l'autore compone il **ritratto** dei personaggi non solo descrivendo il loro aspetto fisico, ma anche rivelando gli aspetti peculiari del carattere. Il ritratto può essere **esplicito** se è realizzato in modo diretto dall'autore, **implicito** se è fatto attraverso la descrizione dell'ambiente in cui il personaggio vive o attraverso i suoi comportamenti e le sue azioni. Ecco una scheda lessicale sulla caratterizzazione sociale e psicologica dei personaggi, da completare con il tuo contributo.

	Tratti positivi del carattere	Tratti negativi del carattere
Capacità intellettive	Intelligente, creativo, ingegnoso, lucido, ………………	Ottuso, irresponsabile, sciocco, ignorante, ………………
Organizzazione personale	Logico, metodico, previdente, ………………	Disorganizzato, confusionario, pasticcione, ………………
Relazioni con gli altri	Altruista, fedele, fidato, generoso, sensibile, solidale, ……	Aggressivo, collerico, irritabile, insofferente, vanitoso, ………………
Modi di agire e reagire	Calmo, combattivo, dinamico, energico, perseverante, ………	Puerile, suscettibile, temerario, influenzabile, testardo, vulnerabile, ………………

2. Trova l'intruso in ogni lista di aggettivi.
   › Altruista, disinteressato, egocentrico, magnanimo.
   › Avaro, avido, tirchio, prodigo.
   › Cordiale, scontroso, affabile, gentile.
   › Indigente, abbiente, benestante, ricco.

3. Scegli due aggettivi per ogni lista dell'esercizio precedente e impiegali in una frase, di tua creazione, che ne evidenzi il significato.

4. Leggi il testo e individua quali sono i tratti del carattere dello "zio prete".

Lo zio era un prete alto e ossuto, quadrato d'idee come di corpo. La sua stessa anima sembrava dura e precisa, come una risposta del catechismo. Ci parlava spesso di Dio con voce tonante. Pronunziava quella parola con violenza, come se avesse sparato una pistolettata. Il suo "Dio", d'altronde, non era "il buon Dio", ma semplicemente "Dio". Egli doveva pensare a lui come un ladro pensa al gendarme, un prigioniero al giudice istruttore. Ci allevò rudemente, mio fratello e me, insegnandoci a tremare più che ad amare.

G. de Maupassant, *In una sera di primavera*, in *Racconti d'amore*, a cura di G. Davico Bonino, Einaudi, Torino 2007

5. Che tipo di ladro è quello che sta per entrare in casa della ricca signora Letizia Tombolino Scanziani? Un professionista? Un malvivente incallito? Un ragazzo di borgata? Dopo la lettura, esprimi e motiva la tua scelta.

Il quartiere Parioli sembrava evacuato per un virus letale. Nelle gabbie dello zoo gli animali se ne stavano in silenzio, rimbambiti dal caldo. Perfino i licaoni e gli avvoltoi si erano azzittiti.

Fabietto Ricotti in sella al suo scooter Kymco 125 si aggirava per le strade deserte. La testa, nel casco, gli pulsava come in un forno a microonde. Salì via monti Parioli e scese per via Gramsci. Inchiodò davanti al civico 39.

La strada era sgombra di macchine e non passava nessuno.

Si tolse il casco, smontò e poggiò l'infradito sull'asfalto. Il sandalo gli affondò nel manto stradale mollo. Si accese una sigaretta, cacciò fuori una boccata di fumo e osservò il palazzo di Letizia Tombolino Scanziani.

Tutte le finestre avevano le serrande abbassate.

Si mise una mano in tasca e strinse il mazzo di chiavi. Gettò la sigaretta e con passo disinvolto si avvicinò al portone.

Allungò l'indice e suonò all'interno 18.

Bzzzzz.

Attese. Se qualcuno avesse risposto, era pronto a darsela a gambe, come da bambino quando faceva gli scherzi nel condominio di Tor Marancia.

Suonò di nuovo.

Bzzzzzzzzzzzz.

Niente.

Fabietto sorrise e tirò fuori il mazzo di chiavi. Ce n'erano tre piccole e una lunga. Cominciò infilando la più piccola. Non girava. Passò alla seconda, ma neanche entrava nella toppa.

Ecco la sfortuna, queste non sono le chiavi.

Infilò l'ultima e il grosso portone si aprì silenziosamente e una folata di aria fresca gli accarezzò la faccia sudata.

da N. Ammaniti, *Il momento è delicato*, Einaudi, Torino 2012

Sezione 2 Narrare, interpretare, esprimere

6. Dopo aver letto la descrizione, stabilisci qual è lo stato d'animo del personaggio e spiega da quali particolari lo hai dedotto.

   Era un parco quello che si stendeva sotto di lui, sotto il balcone sul quale egli si trovava, un parco ampio e rigoglioso di olmi, platani, faggi, ricco di tutte le gradazioni di colori delle foglie fresche e scintillanti. Le vette degli alberi stormivano dolcemente. Spirava da essi un'aria deliziosa, umida, balsamica. Un rovescio di pioggia attraversò quell'aria, ma era una pioggia piena di luce. Fino lassù in alto, nel cielo, si vedeva l'aria piena di un limpido stillare d'acqua. Che bellezza!

   T. Mann, *La montagna incantata*, trad. it. di E. Pocar, Tea, Milano 2005

7. Componi un ritratto "verbale" del personaggio raffigurato nel dipinto, mettendo in rilievo i tratti fisici e psicologici che traspaiono.

8. Usando il tempo presente, fai in cinque righe il ritratto di una persona arrabbiata e risentita per uno sgarbo che ha ricevuto; poi, sempre in cinque righe, descrivi un personaggio sicuro di sé, ma molto vanitoso.

▲ Giovanni Fattori, *Gotine rosse*, 1882 ca.

Narrare e descrivere in modo realistico

9. Jeli è un giovane pastore al servizio di una benestante famiglia siciliana, che possiede ampi latifondi alle falde dell'Etna. Egli vive poveramente, è analfabeta, ma è un ragazzino attento e vivace. Avendo fatto amicizia con il "signorino" di casa, Alfonso, lo segue a volte mentre costui si esercita nella lettura o svolge i compiti, e ne rimane incantato, desiderando anche lui imparare a leggere e scrivere. Racconta e descrivi una scena in cui Jeli osserva Alfonso mentre studia: dal tuo scritto devono trasparire i sentimenti del pastorello.

10. Anguilla, Nuto e Cinto sono tre ragazzi che vivono nella campagna piemontese. Nella notte, qualcosa di tremendo è successo: alla Gaminella, la frazione dove abitano, è scoppiato un incendio. Narra e descrivi la drammaticità della scena proseguendo per circa dieci righe il racconto iniziato. La voce narrante è quella di Anguilla.

    Ci incamminammo tenendoci per mano. La collina di Gaminella non si vede da lontano, è nascosta da uno sperone. Ma appena si lascia la strada maestra e si scantona sul versante che strapiomba nel Belbo, un incendio si dovrebbe vederlo tra le piante. Non vedevo nulla, se non la nebbia della luna.

    Andammo avanti, quasi correndo. Sotto le canne si capì che qualcosa era successo. Di lassù si sentiva vociare e dar dei colpi come abbattessero un albero, e una nuvola di fumo puzzolente scendeva sulla strada.

    C. Pavese, *La casa in collina*, Einaudi, Torino 2008

PER LA PROVA SCRITTA D'ESAME

L'argomento

Tra gli argomenti di studio che hai affrontato quest'anno, c'è anche quello della *narrazione realistica*, i cui protagonisti non sono più eroi ma persone comuni, appartenenti a classi sociali diverse, con i loro drammi quotidiani. I valori rappresentati sono: l'individualismo, la ricerca del denaro, oppure la lotta disperata per la sopravvivenza, soprattutto quando i protagonisti si trovano in una condizione di povertà e bisogno. Basandoti sulle letture che hai fatto, presenta argomenti, situazioni e personaggi che ti sembrano rappresentativi di questo genere letterario.

Il progetto

Ti proponiamo una mappa da sviluppare, alla quale potrai aggiungere altri testi che hai letto.

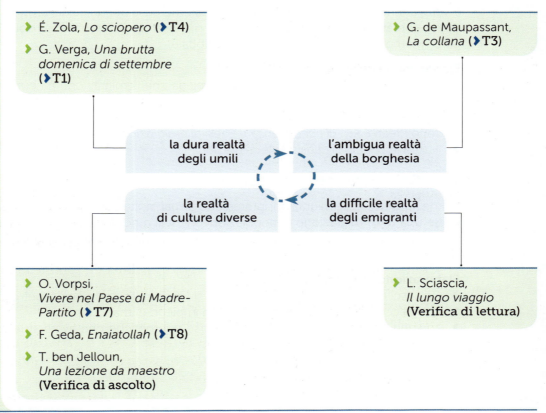

Sezione 2   Narrare, interpretare, esprimere

PER IL COLLOQUIO D'ESAME

La realtà di oggi

Allenati a formulare risposte strutturate e argomentate, affrontando le tre domande di simulazione del colloquio.

■ 1 Domanda di esordio (Italiano)

Quest'anno abbiamo studiato la narrazione realistica e abbiamo letto diversi racconti che hanno come oggetto le umili classi sociali dell'Italia meridionale di fine Ottocento. Tra i brani letti, quali ti sembra rappresentino meglio questa realtà?

Elaborazione della risposta (3 minuti)
- Afferma che il brano di Verga è quello che meglio rappresenta la realtà degli umili nel XIX secolo, soprattutto in relazione alla popolazione rurale;
- sintetizza molto brevemente l'argomento del testo;
- metti in evidenza il tema e il messaggio;
- aggiungi che anche nel brano di Sciascia (p. 319) si colgono riferimenti alle difficili condizioni dell'Italia meridionale del XX secolo.

■ 2 Ripresa della domanda (Italiano, Storia, Geografia)

È vero, anche nel brano di Leonardo Sciascia emerge la denuncia dei problemi del Meridione, soprattutto quello dell'emigrazione; ma ti sembra un problema risolto? A quanto pare viviamo in un mondo di migrazione globale...

Elaborazione della risposta (4/5 minuti)
- Esprimi accordo con l'affermazione e spiega che l'emigrazione ha comunque interessato tutta l'Italia, non solo il Sud;
- chiarisci, poi, il fenomeno delle migrazioni che interessano ormai tutto il mondo; si sono creati Paesi di *accoglienza* e Paesi di *emigrazione*;
- illustra le principali cause delle migrazioni.

■ 3 Collegamento (Tecnologia)

Come hai detto tu, le migrazioni interessano ormai molte zone del pianeta: per esempio, esiste una forte migrazione di popolazioni orientali e nordafricane che migrano verso i Paesi arabi: quali sono le grandi fonti energetiche che abbondano in quei Paesi? Quali opportunità possono offrire agli immigrati?

Elaborazione della risposta (2 minuti)
- Chiarisci che l'economia dei Paesi arabi si fonda sull'estrazione del petrolio;
- spiega come l'industria del petrolio offra impiego di manodopera;
- aggiungi alcune informazioni sulle risorse energetiche che avete studiato durante l'anno.

La narrazione realistica e sociale U5

1) VERIFICA DI ASCOLTO

OBIETTIVO

Comprendere i contenuti del testo e il messaggio trasmesso.

Ascolta la lettura del brano e poi rispondi alle domande.

Marocco

Una lezione da maestro

1. Invece di essere a scuola, dove si trovano i bambini? Che cosa stanno facendo?
   ....
   ....

2. Nel testo, si può intuire il nome della marca per la quale i bambini lavorano. Qual è? Da quali elementi lo si capisce?
   ....
   ....

3. Perché il "capo bianco" dà del *tu* al maestro?
   A ☐ Perché lo conosce bene.
   B ☐ Perché non conosce bene la lingua locale.
   C ☐ Perché vuole farselo amico.
   D ☐ Perché vuole svilirlo.

4. Il maestro rivolge una minaccia al "capo bianco". Quale?
   ....
   ....

5. Dice Hadji Baba, il guardiano, al maestro: «Il sapere può attendere, la pancia degli uomini, no». Che cosa intende dire?
   ....
   ....

6. Il maestro, dentro di sé, rivolge un'accusa agli adulti e agli anziani del villaggio. Quale? Li accusa principalmente di:
   A ☐ non rispettare i diritti universali dell'uomo.
   B ☐ considerare la miseria come una fatalità alla quale non vale la pena reagire.
   C ☐ essere pigri e passare troppo tempo a parlare.
   D ☐ non avere denaro.

7. I bambini dimostrano di avere compreso la "lezione di vita" impartita dal loro maestro? Motiva la tua risposta.
   ....
   ....

Segui la correzione dell'insegnante e attribuisci il punteggio stabilito per ogni risposta esatta.

VALUTA LE TUE COMPETENZE

2 VERIFICA DI SCRITTURA — La storia del dottor Gachet

OBIETTIVO

Narrare in stile realistico.

In un testo di circa venti righe descrivi il personaggio ritratto, soffermandoti sui particolari più rivelatori. Come appare? Quali sentimenti prova? Correda il ritratto anche di un breve *flashback* in cui racconti che cosa, a tuo parere, gli è accaduto. Scegli come punto di vista quello di un narratore interno che conosce il personaggio, un amico per esempio, e che racconta la sua storia e lo descrive. Se vuoi, puoi seguire l'inizio dato.

- *Gachet, il mio amico Gachet non se lo sarebbe mai aspettato. Lo rivedo ancora seduto, solo e avvilito, a quel tavolino...*

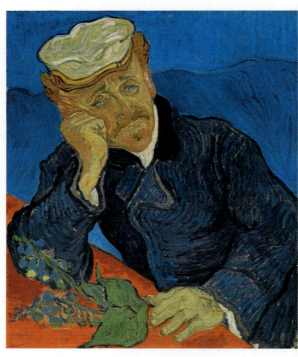

▶ Vincent van Gogh, *Ritratto del dottor Gachet*, 1890.

Puoi autovalutare il tuo scritto in base alla tabella proposta; confronta poi la tua valutazione con quella dell'insegnante.

Griglia di autovalutazione

		sì	abb.	no
Organizzazione delle idee	Ho seguito le richieste della consegna?	☐	☐	☐
	Ho raccontato l'episodio in *flashback*?	☐	☐	☐
	Ho disposto le idee secondo un ordine logico?	☐	☐	☐
Stile di presentazione	Ho descritto l'aspetto fisico?	☐	☐	☐
	Ho descritto i sentimenti?	☐	☐	☐
	È ben caratterizzato il personaggio?	☐	☐	☐
	Ho usato qualche espressione figurata?	☐	☐	☐
Esposizione	La grafia è chiara?	☐	☐	☐
	L'ortografia è rispettata?	☐	☐	☐
	Le frasi sono ben costruite?	☐	☐	☐
	La punteggiatura è corretta?	☐	☐	☐

3) VERIFICA DI LETTURA

OBIETTIVI
- Comprendere e interpretare il brano.
- Cogliere le caratteristiche della narrazione realistica.

Leggi il testo e rispondi alle domande.

Il lungo viaggio

Era una notte che pareva fatta apposta, un'oscurità cagliata[1] che a muoversi quasi se ne sentiva il peso. E faceva spavento, respiro di quella belva che era il mondo, il suono del mare: un respiro che veniva a spegnersi ai loro piedi.

Stavano, con le loro valigie di cartone e i loro fagotti, su un tratto di spiaggia pietrosa, riparata da colline, tra Gela e Licata[2]: vi erano arrivati all'imbrunire, ed erano partiti all'alba dai loro paesi; paesi interni, lontani dal mare, aggrumati nell'arida piaga del feudo[3]. Qualcuno di loro, era la prima volta che vedeva il mare: e sgomentava il pensiero di dover attraversarlo tutto, da quella deserta spiaggia della Sicilia, di notte, ad un'altra deserta spiaggia dell'America, pure di notte. Perché i patti erano questi. «Io di notte vi imbarco – aveva detto l'uomo: una specie di commesso viaggiatore per la parlantina, ma serio e onesto nel volto – e di notte vi sbarco: sulla spiaggia del Nugioirsi, vi sbarco; a due passi da Nuovaiorche[4]. E chi ha parenti in America, può scrivergli che aspettino alla stazione di Trenton[5], dodici giorni dopo l'imbarco… Fatevi il conto da voi… Certo, il giorno preciso non posso assicurarvelo: mettiamo che c'è mare grosso, mettiamo che la guardia costiera stia a vigilare… Un giorno più o un giorno meno, non vi fa niente: l'importante è sbarcare in America».

L'importante era davvero sbarcare in America: come e quando non aveva poi importanza. Se ai loro parenti arrivavano le lettere, con quegli indirizzi confusi e sgorbi che riuscivano a tracciare sulle buste, sarebbero arrivati anche loro; «chi ha lingua passa il mare», giustamente diceva il proverbio. E avrebbero passato il mare, quel grande mare oscuro; e sarebbero approdati agli stori e alle farme[6] dell'America, all'affetto dei loro fratelli zii nipoti cugini, alle calde ricche abbondanti case, alle automobili grandi come case.

Duecentocinquantamila lire: metà alla partenza, metà all'arrivo. Le tenevano, a modo di scapolari[7], tra la pelle e la camicia. Avevano venduto tutto quello che avevano da vendere, per racimolarle: la casa terragna[8] il mulo l'asino le provviste dell'annata il canterano[9] le coltri. I più furbi avevano fatto ricorso agli usurai, con la segreta intenzione di fregarli; una volta

---
1. **cagliata:** densa, come il latte rappreso (cagliato).
2. **Gela e Licata:** località sulla costa meridionale della Sicilia.
3. **aggrumati … feudo:** raggruppati nell'arida terra delle grandi proprietà terriere.
4. **Nugioirsi … Nuovaiorche:** pronuncia storpiata dei toponimi New Jersey (Stato sulla costa atlantica degli Usa) e New York.
5. **Trenton:** capitale del New Jersey.
6. **stori … farme:** storpiatura di *store* ("negozio") e *farm* ("fattoria").
7. **scapolari:** sacchetti di stoffa con laccetti per appenderli al collo.
8. **casa terragna:** povera casa di contadini, costruita senza fondamento, sulla nuda terra.
9. **canterano:** cassettone.

almeno, dopo anni che ne subivano angaria[10]: e ne avevano soddisfazione, al pensiero della faccia che avrebbero fatta nell'apprendere la notizia. «Vieni a cercarmi in America, sanguisuga: magari ti ridò i tuoi soldi, ma senza interesse, se ti riesce di trovarmi». Il sogno dell'America traboccava di dollari: non più, il denaro, custodito nel logoro portafogli o nascosto tra la camicia e la pelle, ma cacciato con noncuranza nelle tasche dei pantaloni, tirato fuori a manciate: come avevano visto fare ai loro parenti, che erano partiti morti di fame, magri e cotti dal sole; e dopo venti o trent'anni tornavano, ma per una breve vacanza, con la faccia piena e rosea che faceva bel contrasto coi capelli candidi.

Erano già le undici. Uno di loro accese la lampadina tascabile: il segnale che potevano venire a prenderli per portarli sul piroscafo. Quando la spense, l'oscurità sembrò più spessa e paurosa. Ma qualche minuto dopo, dal respiro ossessivo del mare affiorò un più umano, domestico suono d'acqua: quasi che vi si riempissero e vuotassero, con ritmo, dei secchi. Poi venne un brusio, un parlottare sommesso. Si trovarono davanti il signor Melfa, ché con questo nome conoscevano l'impresario della loro avventura, prima ancora di aver capito che la barca aveva toccato terra.

«Ci siamo tutti?» domandò il signor Melfa. Accese la lampadina, fece la conta. Ne mancavano due. «Forse ci hanno ripensato, forse arriveranno più tardi... Peggio per loro, in ogni caso. E che ci mettiamo ad aspettarli, col rischio che corriamo?»

Tutti dissero che non era il caso di aspettarli.

«Se qualcuno di voi non ha il contante pronto – ammonì il signor Melfa – è meglio si metta la strada tra le gambe[11] e se ne torni a casa: ché se pensa di farmi a bordo la sorpresa, sbaglia di grosso; io vi riporto a terra com'è vero dio, tutti quanti siete. E che per uno debbano pagare tutti, non è cosa giusta: e dunque chi ne avrà colpa la pagherà per mano mia e per mano dei compagni, una pestata che se ne ricorderà mentre campa; se gli va bene...»

Tutti assicurarono e giurarono che il contante c'era, fino all'ultimo soldo.

«In barca» disse il signor Melfa. E di colpo ciascuno dei partenti diventò una informe massa, un confuso grappolo di bagagli.

«Cristo! E che vi siete portata la casa appresso?» cominciò a sgranare bestemmie, e finì quando tutto il carico, uomini e bagagli, si ammucchiò nella barca: col rischio che un uomo o un fagotto ne traboccasse fuori. E la differenza tra un uomo e un fagotto era per il signor Melfa nel fatto che l'uomo si portava appresso le duecentocinquantamila lire; addosso, cucite nella giacca o tra la camicia e la pelle. Li conosceva, lui, li conosceva bene: questi contadini zaurri[12], questi villani.

Il viaggio durò meno del previsto: undici notti, quella della partenza compresa. E contavano le notti invece che i giorni, poiché le notti erano di atroce promiscuità[13], soffocanti. Si sentivano immersi nell'odore di pesce di nafta e di vomito come in un liquido caldo nero bitume. Ne grondavano all'alba, stremati, quando salivano ad abbeverarsi di luce e di vento. Ma come l'idea del mare era per loro il piano verdeggiante di messe quando il vento lo sommuove, il mare vero li atterriva: e le viscere gli si strizzavano, gli occhi dolorosamente verminavano di luce[14] se appena indugiavano a guardare.

---

10. **angaria:** prepotenza.
11. **si metta ... gambe:** espressione popolare: cominci a camminare.
12. **zaurri:** rozzi, zotici (espressione dialettale siciliana).
13. **promiscuità:** convivenza forzata di più persone in un ambiente ristretto.
14. **verminavano di luce:** erano abbagliati dalla luce.

Ma all'undicesima notte il signor Melfa li chiamò in coperta: e credettero dapprima che fitte costellazioni fossero scese al mare come greggi; ed erano invece paesi, paesi della ricca America che come gioielli brillavano nella notte. E la notte stessa era un incanto: serena e dolce, una mezza luna che trascorreva tra una trasparente fauna di nuvole, una brezza che dislagava[15] i polmoni.

«Ecco l'America» disse il signor Melfa.

«Non c'è pericolo che sia un altro posto?» domandò uno: poiché per tutto il viaggio aveva pensato che nel mare non ci sono né strade né trazzere[16], ed era da dio fare la via giusta, senza sgarrare, conducendo una nave tra cielo ed acqua.

Il signor Melfa lo guardò con compassione, domandò a tutti «E lo avete mai visto, dalle vostre parti, un orizzonte come questo? E non lo sentite che l'aria è diversa? Non vedete come splendono questi paesi?»

Tutti convennero, con compassione e risentimento guardarono quel loro compagno che aveva osato una così stupida domanda.

«Liquidiamo il conto» disse il signor Melfa.

Si frugarono sotto la camicia, tirarono fuori i soldi.

«Preparate le vostre cose» disse il signor Melfa dopo avere incassato.

Gli ci vollero pochi minuti: avendo quasi consumato le provviste di viaggio, che per patto avevano dovuto portarsi, non restava loro che un po' di biancheria e i regali per i parenti d'America: qualche forma di pecorino qualche bottiglia di vino vecchio qualche ricamo da mettere in centro alla tavola o alle spalliere dei sofà. Scesero nella barca leggeri leggeri, ridendo e canticchiando; e uno si mise a cantare a gola aperta, appena la barca si mosse.

«E dunque non avete capito niente?» si arrabbiò il signor Melfa. «E dunque mi volete fare passare il guaio?... Appena vi avrò lasciati a terra potete correre dal primo sbirro che incontrate, e farvi rimpatriare con la prima corsa: io me ne fotto, ognuno è libero di ammazzarsi come vuole... E poi, sono stato ai patti: qui c'è l'America, il dover mio di buttarvici l'ho assolto... Ma datemi il tempo di tornare a bordo!»

Gli diedero più del tempo di tornare a bordo: ché rimasero seduti sulla fresca sabbia, indecisi, senza saper che fare, benedicendo e maledicendo la notte: la cui protezione, mentre stavano fermi sulla spiaggia, si sarebbe mutata in terribile agguato se avessero osato allontanarsene.

Il signor Melfa aveva raccomandato «sparpagliatevi» ma nessuno se la sentiva di dividersi dagli altri. E Trenton chi sa quant'era lontana, chi sa quanto ci voleva per arrivarci.

Sentirono, lontano e irreale, un canto. «Sembra un carrettiere nostro», pensarono: e che il mondo è ovunque lo stesso, ovunque l'uomo spreme[17] in canto la stessa malinconia, la stessa pena. Ma erano in America, le città che baluginavano dietro l'orizzonte di sabbia e d'alberi erano città dell'America.

Due di loro decisero di andare in avanscoperta. Camminarono in direzione della luce che il paese più vicino riverberava nel cielo. Trovarono quasi subito la strada: «asfaltata, ben tenuta: qui è diverso che da noi», ma per la verità se l'aspettavano più ampia, più dritta. Se ne tennero fuori, ad evitare incontri: la seguivano camminando tra gli alberi.

---

15. **dislagava:** allargava.
16. **trazzere:** sentieri di campagna (vocabolo dialettale siciliano).
17. **spreme:** qui in senso figurato, per indicare che il canto nasce dall'interiorità.

Passò un'automobile: «pare una seicento»; e poi un'altra che pareva una millecento[18], e un'altra ancora: «le nostre macchine loro le tengono per capriccio, le comprano ai ragazzi come da noi le biciclette». Poi passarono, assordanti, due motociclette, una dietro l'altra. Era la polizia, non c'era da sbagliare: meno male che si erano tenuti fuori della strada.

Ed ecco che finalmente c'erano le frecce. Guardarono avanti e indietro, entrarono nella strada, si avvicinarono a leggere: Santa Croce Camarina – Scoglitti.

«Santa Croce Camarina: non mi è nuovo, questo nome».

«Pare anche a me; e nemmeno Scoglitti mi è nuovo».

«Forse qualcuno dei nostri parenti ci abitava, forse mio zio prima di trasferirsi a Filadelfia: ché io ricordo stava in un'altra città, prima di passare a Filadelfia».

«Anche mio fratello: stava in un altro posto, prima di andarsene a Brucchilin…[19] Ma come si chiamasse, proprio non lo ricordo: e poi, noi leggiamo Santa Croce Camarina, leggiamo Scoglitti; ma come leggono loro non lo sappiamo, l'americano non si legge come è scritto».

«Già, il bello dell'italiano è questo: che tu come è scritto lo leggi… Ma non è che possiamo passare qui la nottata, bisogna farsi coraggio… Io la prima macchina che passa, la fermo: domanderò solo "Trenton?"… Qui la gente è più educata… Anche a non capire quello che dice, gli scapperà un gesto, un segnale: e almeno capiremo da che parte è, questa maledetta Trenton».

Dalla curva, a venti metri, sbucò una cinquecento: l'automobilista se li vide guizzare davanti, le mani alzate a fermarlo. Frenò bestemmiando: non pensò a una rapina, ché la zona era tra le più calme; credette volessero un passaggio, aprì lo sportello.

«Trenton?» domandò uno dei due.

«Che?» fece l'automobilista.

«Trenton?»

«Che trenton della madonna» imprecò l'uomo dell'automobile.

«Parla italiano» si dissero i due, guardandosi per consultarsi: se non era il caso di rivelare a un compatriota la loro condizione.

L'automobilista chiuse lo sportello, rimise in moto. L'automobile balzò in avanti: e solo allora gridò ai due che rimanevano sulla strada come statue «ubriaconi, cornuti ubriaconi, cornuti e figli di…» il resto si perse nella corsa.

Il silenzio dilagò.

«Mi sto ricordando – disse dopo un momento quello cui il nome di Santa Croce non suonava nuovo – a Santa Croce Camarina, un'annata che dalle nostre parti andò male, mio padre ci venne per la mietitura».

Si buttarono come schiantati sull'orlo della cunetta: ché non c'era fretta di portare agli altri la notizia che erano sbarcati in Sicilia.

da L. Sciascia, *Il mare colore del vino*, Einaudi, Torino 1973

---

18. millecento: automobile italiana prodotta dalla Fiat.
19. Brucchilin: storpiatura di Brooklyn.

La narrazione realistica e sociale — U5

1. La descrizione dell'ambiente è realistica, ma allude anche ai diversi stati d'animo dei protagonisti. Trascrivi una frase da cui si capisce che:
   a. il mare appare come una minaccia: ....
   b. la notte fa paura: ....
   c. la notte è fonte di gioia: ....

2. A quale classe sociale appartengono i protagonisti? Cita anche un particolare che dimostri la tua affermazione.
   ....

3. La vicenda si svolge in luoghi precisi. Citali.
   ....

4. Attraverso un *flashback* veniamo a sapere quali progetti ha il gruppo di uomini. Riepiloga seguendo le domande.
   a. Dove sono diretti?
   b. Con chi hanno preso accordi?
   c. Quali sono gli accordi?
   d. Con quali speranze sono diretti verso la nuova terra?
   e. Quanto dura il viaggio?

5. Quale inganno ha perpetrato Melfa ai danni dei passeggeri?
   ....

6. Tra i seguenti aggettivi, evidenzia quelli che possono essere attribuiti ai protagonisti.
   ignoranti • furbi • ingenui • derisi • avveduti • tenaci • traditi • delusi

7. Il testo è ricco di espressioni informali e dialettali che contribuiscono a calare il lettore nella realtà narrata. Trascrivine due.
   ....
   ....

8. Trascrivi una frase in cui l'autore usa un linguaggio letterario.

9. I fatti sono narrati attraverso:
   A ☐ un narratore onnisciente.
   B ☐ il punto di vista del narratore.
   C ☐ il punto di vista degli emigranti.
   D ☐ il punto di vista di Melfa.

10. Spiega il significato figurato delle seguenti espressioni:
    a. approdare «all'affetto dei fratelli»;
    b. «sgranare bestemmie»;
    c. «abbeverarsi di luce e di vento».

11. Quale problema sociale è al centro del brano?
    A ☐ L'emigrazione.
    B ☐ La disparità fra classi sociali.
    C ☐ L'arretratezza economica del Meridione.
    D ☐ La criminalità organizzata.

Segui la correzione dell'insegnante e attribuisci il punteggio stabilito per ogni risposta esatta.

Unità 6
Incontri con la storia: guerra e guerre

Obiettivi
- Inquadrare il contesto storico.
- Capire e interpretare la descrizione dell'orrore.
- Analizzare una narrazione memorialistica.

Conoscenze: saperi di base, metodi, strategie

- La narrazione letteraria storica.
- Le caratteristiche del romanzo storico.
- Il saggio di argomento storico e sociale.
- Il lessico della guerra.
- La scrittura espositiva. ▶**QM2** Percorso 10
- La scrittura argomentativa. ▶**QM2** Percorso 11
- La discussione e il dibattito. ▶**QM2** Percorsi 2-3

Capacità e abilità

- Riconoscere e analizzare le caratteristiche strutturali e linguistiche dei testi.
- Individuare gli elementi appartenenti al contesto storico.
- Interpretare messaggi e significati comunicati dal testo.
- Analizzare l'evoluzione della guerra nel tempo.
- Capire le principali cause di conflitto bellico del mondo contemporaneo.
- Scrivere storie, lettere, cronache ispirate a situazioni di guerra.
- Argomentare sulla guerra.
- Effettuare ricerche.

Incontri con la storia: guerra e guerre **U6**

Dalla parte della pace

- La foto mostra una scuola afghana dopo il passaggio della guerra: quali visibili segni di distruzione mostra l'edificio?

- Chi sono le persone davanti all'ingresso della scuola? Che cosa stanno facendo?

- Al centro della foto c'è un albero, sofferente ma vivo: quale significato simbolico potresti attribuirgli?

- Andare a scuola in un Paese in guerra: secondo te è utile oppure no? Perché?

Sezione 2 Narrare, interpretare, esprimere

1915-2015: cento anni di guerra

Dall'epopea guerriera alla denuncia dell'orrore

La **letteratura** ha spesso rappresentato la guerra nei suoi molteplici aspetti. I principali testi dell'**epopea** e della **tradizione antica** (la Bibbia, l'*Iliade* di Omero) o le canzoni di gesta (*Canzone di Orlando*) glorificano la battaglia e valorizzano la figura dell'eroe.

Ma la guerra, soprattutto in tempi più recenti, viene denunciata per la sua ingiustizia e la sua crudeltà: descrivere la guerra con realismo è un mezzo per condannarne l'orrore, come accade in certe pagine di **Erich Maria Remarque** (▶T2).

Due guerre mondiali

Nel corso del XX secolo l'umanità ha conosciuto due guerre mondiali e molti altri conflitti locali, le cui conseguenze ancora oggi non sono del tutto esaurite.

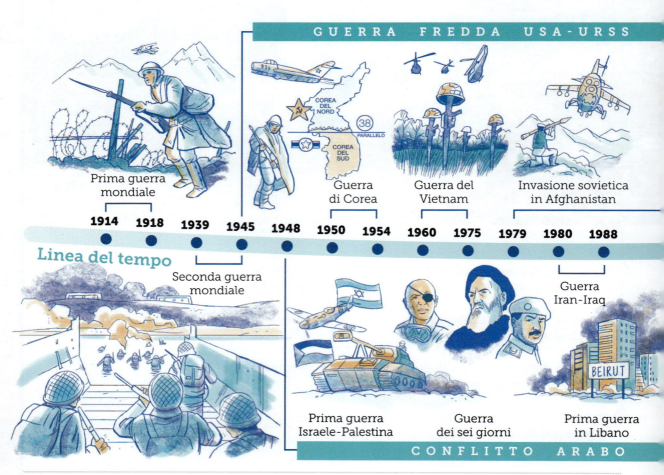

326

Incontri con la storia: guerra e guerre U6

La **Prima guerra mondiale**, combattuta da ventotto nazioni, ebbe come causa fondamentale l'esasperato nazionalismo che accese le mire imperialistiche delle potenze europee. Il conflitto, iniziato con una *guerra-lampo*, si trasformò in seguito in una logorante guerra di posizione, combattuta in trincea, ed ebbe un costo elevatissimo di vite umane, sia sul fronte occidentale sia su quello orientale. Le pagine di Erich Maria Remarque e quelle di **Emilio Lussu** (▶T4) ne sono efficace testimonianza.

La **Seconda guerra mondiale** fu un conflitto più esteso e tecnologicamente più avanzato e pertanto di una distruttività senza precedenti. Intere città in Europa e in Asia furono rase al suolo, milioni di russi e di tedeschi, e tanti italiani, morirono nella spietata guerra sul fronte orientale. **Mario Rigoni Stern** ci ha lasciato una delle testimonianze letterarie più note e significative della Seconda guerra mondiale (▶T1); **Elsa Morante** (▶T5) nel romanzo *La Storia* ci racconta gli eventi bellici visti con gli

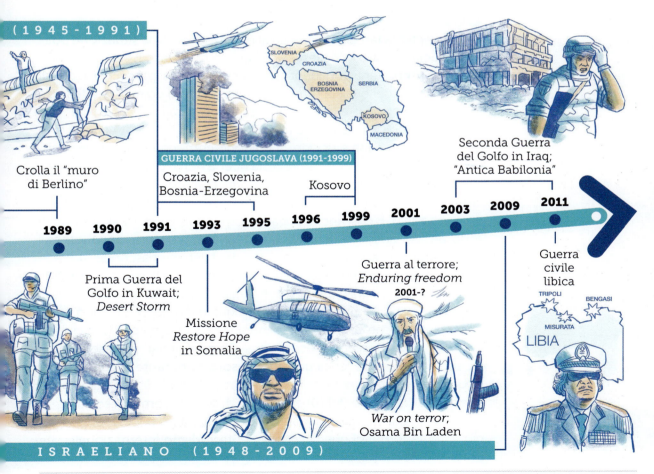

(1945-1991)

Crolla il "muro di Berlino" — 1989

Prima Guerra del Golfo in Kuwait; *Desert Storm* — 1990-1991

GUERRA CIVILE JUGOSLAVA (1991-1999)
Croazia, Slovenia, Bosnia-Erzegovina — 1991-1995

Missione *Restore Hope* in Somalia — 1993

Kosovo — 1996-1999

Guerra al terrore; *Enduring freedom* 2001-?
War on terror; Osama Bin Laden — 2001

Seconda Guerra del Golfo in Iraq; "Antica Babilonia" — 2003-2009

Guerra civile libica — 2011

ISRAELIANO (1948-2009)

Sezione 2 Narrare, interpretare, esprimere

occhi dei protagonisti e della popolazione ferita; **Beppe Fenoglio** narra senza retorica le lotte della Resistenza Partigiana (▶T6).

La Seconda guerra mondiale, che gli storici hanno definito "guerra totale", coinvolse tre continenti per sei anni consecutivi di scontri armati, provocando oltre cinquanta milioni di vittime, fra soldati e civili e portando l'umanità nell'inferno della barbarie, attraverso la tragica esperienza dell'**olocausto** degli ebrei. La testimonianza che **Primo Levi**, internato nel campo di sterminio di Auschwitz, ha lasciato in *Se questo è un uomo* non potrà mai essere dimenticata (▶T9). **Joseph Joffo**, invece, in *Un sacchetto di biglie*, ha affrontato il tema dal punto di vista dei bambini, trovando anche spunti di serenità all'interno di una tormentata vicenda (▶T7).

Guerre di oggi

Il Novecento ha lasciato in eredità al nostro secolo una **situazione politica e sociale molto difficile**. Nello scenario mondiale di oggi, in ciascuno dei più importanti continenti, sono ancora accesi **parecchi focolai di guerra**, alcuni dei quali di grande portata, tanto da coinvolgere le forze armate internazionali e quelle dei Paesi più avanzati.

È purtroppo difficile tenere il conto esatto dei tanti teatri di guerra in cui l'uomo combatte e uccide. Si possono comunque individuare alcune "aree calde" dove, praticamente, la guerra non è mai finita negli ultimi cinquant'anni: la **Terra santa**, dove il conflitto arabo-israeliano attraversa fasi alterne, sempre però contrassegnate da promesse di pace e realtà di morti (▶T11). È così anche in paesi come l'Iraq, l'Iran, il Pakistan, dove sono ancora aperte le ferite di gravi contrasti che si trascinano negli anni. L'**Afghanistan**, dopo la cacciata dei talebani, nasconde la brace dell'ostilità sotto la cenere di un apparente ritorno alla normalità (▶T12).

E si combatte ogni giorno in molti altri angoli del Pianeta. Spesso queste guerre sono "dimenticate" perché riguardano paesi lontani o poco conosciuti, perché coinvolgono minoranze etniche, perché non ci sono in gioco rilevanti interessi economici. **China Keitetsi**, per esempio, ci racconta la sua esperienza di **bambina soldato durante la guerra civile in Uganda**: all'età di nove anni venne arruolata tra le fila dell'*Esercito di Resistenza Nazionale* (▶T10) e costretta a "servire" come un soldato.

Infine, in questo pur sommario panorama, non si può dimenticare la più recente forma di guerra: quella del **terrorismo internazionale** che porta ancora morte, panico e terrore.

Incontri con la storia: guerra e guerre U6

Lezione 1

T1 Il caposaldo
Mario Rigoni Stern

I contenuti | Quelle che leggerai sono le prime righe del romanzo *Il sergente nella neve*, una delle testimonianze letterarie più note e significative della Seconda guerra mondiale, perché scritto da chi ha partecipato direttamente ai fatti narrati. Fin dalle prime battute, il racconto si inserisce in un preciso **contesto storico**, che permette al lettore di "entrare nella Storia" degli eventi importanti, attraverso la lettura della "storia degli eventi quotidiani" che formano la trama e l'intreccio della narrazione.

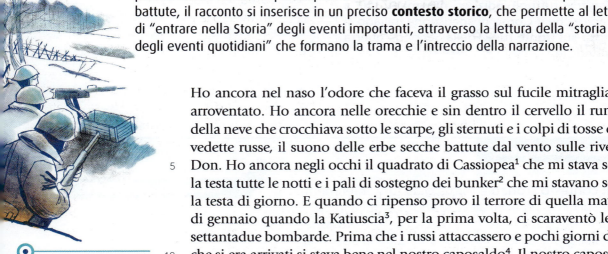

Ho ancora nel naso l'odore che faceva il grasso sul fucile mitragliatore arroventato. Ho ancora nelle orecchie e sin dentro il cervello il rumore della neve che crocchiava sotto le scarpe, gli sternuti e i colpi di tosse delle vedette russe, il suono delle erbe secche battute dal vento sulle rive del
5 Don. Ho ancora negli occhi il quadrato di Cassiopea[1] che mi stava sopra la testa tutte le notti e i pali di sostegno dei bunker[2] che mi stavano sopra la testa di giorno. E quando ci ripenso provo il terrore di quella mattina di gennaio quando la Katiuscia[3], per la prima volta, ci scaraventò le sue settantadue bombarde. Prima che i russi attaccassero e pochi giorni dopo
10 che si era arrivati si stava bene nel nostro caposaldo[4]. Il nostro caposaldo era in un villaggio di pescatori in riva al Don nel paese dei cosacchi[5]. Le postazioni e le trincee erano scavate nella scarpata che precipitava sul fiume gelato.

Tanto a destra che a sinistra la scarpata declinava sino a diventare un
15 lido coperto di erbe secche e di canneti che spuntavano ispidi tra la neve. Al di là di un lido, a destra, il caposaldo del Morbegno; al di là dell'altro, quello del tenente Cenci. Tra noi e Cenci, in una casa diroccata, la squadra del sergente Garrone con una pesante[6]. Di fronte a noi, a meno di cinquanta metri, sull'altra riva del fiume, il caposaldo dei russi.

20 Dove eravamo noi doveva essere stato un bel paese. Ora, invece, delle case rimanevano in piedi soltanto i camini di mattoni. La chiesa era a metà; e nell'abside[7] erano il comando di compagnia, un osservatorio e una postazione per la pesante. Scavando i camminamenti negli orti delle case che non c'erano più, uscivano fuori dalla terra e dalla neve
25 patate, cavoli, carote, zucche. Qualche volta era roba buona e si faceva la minestra. Le uniche cose vive, animalmente vive, che erano rimaste nel villaggio, erano i gatti. Non più oche, cani, galline, vacche, ma solo gatti. Gatti grossi e scontrosi che vagavano, fra le macerie delle case a caccia di topi.

M. Rigoni Stern, *Il sergente della neve*, Einaudi, Torino 2001

1. **quadrato di Cassiopea:** costellazione caratteristica del cielo settentrionale, molto vicina al polo nord celeste.
2. **bunker:** fortificazione militare difensiva.
3. **Katiuscia:** lanciarazzi multiplo usato dall'esercito sovietico durante la Seconda guerra mondiale.
4. **caposaldo:** postazione fortificata destinata ad assicurare il possesso di un luogo di importanza strategica.
5. **cosacchi:** abitanti nomadi delle steppe della Russia, organizzati in comunità militari.
6. **pesante:** mitragliatrice di grosso calibro.
7. **abside:** parte conclusiva della navata centrale di una chiesa.

Sezione 2   Narrare, interpretare, esprimere

Obiettivo della lezione   Inquadrare il contesto storico

■ I riferimenti alla situazione reale [rr. 1-10]

1. Fin dalla prima riga capiamo che il narratore descrive una situazione di guerra. Quale particolare lo rivela?
   ....
   ....

2. Trascrivi tutti gli indizi e i riferimenti utili a capire che il Corpo di spedizione italiano si trova sul fronte russo della Seconda guerra mondiale.
   ....
   ....

■ I riferimenti alle condizioni e all'ambiente [rr. 11-29]

3. Dove si trovano i capisaldi dei soldati italiani?
   ....

4. Con pochi efficaci tratti l'autore ritrae un paesaggio trasformato dalla guerra. Ricava e trascrivi le informazioni principali.
   a. Le case: ....
   b. La chiesa: ....
   c. Gli orti: ....
   d. Gli animali da cortile: ....
   e. I gatti: ....

Appunti della lezione

- Il **contesto storico** è formato da tutti i riferimenti (espliciti e impliciti) alla situazione storica in cui la vicenda si inserisce (in questo caso l'invasione italiana dell'Unione Sovietica durante la Seconda guerra mondiale). *Intreccio narrativo* e *contesto* sono in stretto rapporto fra loro: il secondo forma la cornice dentro la quale prendono vita i fatti raccontati.

- Quando l'autore colloca il testo in un preciso contesto storico, vi inserisce **riferimenti più o meno espliciti all'epoca**, **ai personaggi storici**, **agli eventi**. Ecco uno schema dei riferimenti presenti nel testo che hai letto:
  – *luoghi*: rive del Don, villaggio di pescatori, fiume ghiacciato;
  – *tempi*: inverno russo;
  – *persone*: vedette russe, cosacchi, soldati russi;
  – *insediamenti umani*: case diroccate, abbandono della campagna;
  – *armi e fortificazioni*: bunker, mitragliatore, Katiuscia, capisaldi, trincee, postazioni.
  Tutti questi indizi e riferimenti ci fanno capire che il contesto storico è l'epoca della spedizione italiana nel fronte orientale tra il luglio del 1941 e il febbraio del 1943.

I MIEI APPUNTI

Lezione 2

T2
Belve pericolose
Erich Maria Remarque

I contenuti | Le pagine seguenti sono tratte dal romanzo *Niente di nuovo sul fronte occidentale*, in cui lo scrittore tedesco Remarque rivive l'esperienza personale della Prima guerra mondiale, con tutte le sue atrocità e aberrazioni, nel personaggio del protagonista: un soldato tedesco, partito a soli diciotto anni per il fronte come volontario.

Ad un tratto, gli scoppi vicino cessano completamente. Il fuoco continua, ma si è spostato indietro, sicché la nostra trincea è libera. Noi afferriamo le granate a mano, le gettiamo davanti al nostro ricovero e balziamo fuori. Il fuoco tamburreggiante è cessato, dietro di noi invece 5 si intensifica quello di sbarramento. Siamo all'attacco.

Nessuno crederebbe che in questo deserto sconvolto possano esistere ancora degli uomini: eppure lungo tutta la linea delle trincee spuntano elmetti d'acciaio, e a cinquanta metri da noi già si è piazzata una mitragliatrice che comincia ad abbaiare.

10 I reticolati sono a pezzi, tuttavia possono ancora trattenere alquanto gli assalitori. Li vediamo avanzare: la nostra artiglieria spara, scoppiettano le mitragliatrici, crepitano i fucili. Quelli là si fanno avanti, penosamente. Haje e Kropp¹ cominciano a lavorare con le bombe a mano. Le scagliano più rapidamente che possono; noi le tendiamo loro per il 15 manico, già pronte. Haje sa lanciarle a sessanta metri, Kropp a cinquanta; ne abbiamo fatto l'esperimento, e la cosa è importante. Gli altri, avanzando, non possono far gran cosa prima di arrivare ai trenta metri.

Riconosciamo le facce stravolte e gli elmetti; sono francesi. Raggiungono gli avanzi dei nostri reticolati, e già hanno perdite visibili. Una fila 20 intera viene falciata dalla mitragliatrice postata al nostro fianco; ma poi questa inceppa, sicché gli altri s'avvicinano.

Vedo uno di loro abbattersi su un cavallo di Frisia², col volto all'insù. Il corpo s'insacca, le mani restano aggrappate, come se volesse pregare. Poi il corpo si stacca del tutto, e le mani sole coi moncherini delle brac- 25 cia penzolano dal reticolato.

Nell'istante in cui ci ritiriamo, davanti a noi tre facce si levano da terra. Sotto un elmetto scorgo una barbetta a pizzo e due occhi che mi fissano intensamente. Alzo il braccio, ma mi è impossibile di gettare la granata contro quegli occhi strani: per un attimo tutta la battaglia 30 turbina in cerchio intorno a me ed a quel paio d'occhi, che soli stanno immobili. Finalmente il volto si drizza, una mano, un movimento, e la mia granata vola e colpisce.

---

1. Haje e Kropp: soldati amici del narratore.
2. cavallo di Frisia: cavalletto di legno o di metallo intorno al quale è avvolto e fissato del filo spinato; serve per chiudere i varchi dei reticolati e per sbarrare strade o passaggi.

Sezione 2 Narrare, interpretare, esprimere

LA RITIRATA

LA CONSAPEVOLEZZA DELLA SICURITÀ

LA PAURA DI MORIRE

Corriamo indietro, trasciniamo cavalli di Frisia nelle trincee e lasciamo cadere dietro a noi delle bombe a mano, che scoppiando ci coprono la ritirata. Dalla posizione retrostante le mitragliatrici sparano per proteggerci.

Siamo diventati belve pericolose: non combattiamo più, ci difendiamo dall'annientamento. Non scagliamo le bombe contro altri uomini; che cosa ne sappiamo noi in questo momento! Ma di là ci incalza la morte, con quegli elmi e con quelle mani: e dopo tre giorni è la prima volta che la vediamo in viso, che ci possiamo difendere contro di essa; deliriamo di rabbia, non siamo più legati impotenti al patibolo, possiamo distruggere, uccidere a nostra volta, per salvarci, per salvarci e per vendicarci.

Aggrappati ad ogni sinuosità del terreno, a riparo dietro ogni palo di reticolato, gettiamo nelle gambe degli assalitori bombe su bombe prima di ripiegare. Lo schianto delle granate a mano ci dà forza alle braccia, alle gambe; corriamo curvi come gatti, travolti da quest'onda che ci porta e ci fa crudeli, ci fa briganti, assassini, demoni magari, da quest'onda che moltiplica le nostre energie nell'angoscia e nella rabbia e nella sete di vita, e ci fa cercare e conquistare la salvezza.

E.M. Remarque, *Niente di nuovo sul fronte occidentale*, trad. it. di S. Iacini, Mondadori, Milano 2001

Incontri con la storia: guerra e guerre **U6**

Obiettivo della lezione Capire e interpretare la descrizione dell'orrore

— L'assalto

1. Quali forze nemiche si scontrano nella battaglia?
   GERMANIA - FRANCIA

2. Dai un titolo a ogni paragrafo, in modo da mettere in evidenza la progressione degli eventi.
   PAG 331 - 332

— Un mondo disumano

3. Con quale altra espressione sono indicati gli *uomini* [r. 7]?
   ~~ELMETTI~~ D' ACCIAIO

4. Quali verbi sono riferiti al rumore prodotto dalle mitragliatrici? Come si chiama questa figura retorica? Spiega qual è la sua efficacia nel testo.

5. In quale modo è espresso l'orrore della morte e della guerra? Quali scene lo comunicano con grande impressione?
   r 21 - r 25

6. Rileggi le rr. 1-36 e individua quali parole danno un'idea di *movimento* e quali di *immobilità*. Con questa opposizione, quali sentimenti ha voluto evidenziare l'autore?

7. Quali parole o espressioni appartengono in modo evidente alla sfera della *sofferenza* e della *violenza*?

8. Che cosa nel testo ti sembra particolarmente riferibile alla Prima guerra mondiale? Che cosa ti sembra generalizzabile a tutte le guerre?

Appunti della lezione

- La **descrizione dell'orrore** si basa su alcune tecniche particolari:
  – l'impiego di **campi lessicali** (insiemi di parole legate da rapporti di significato) **specifici**, come quello della guerra, delle armi, del dolore, della crudeltà;
  – il **ritmo affannoso** del racconto, che riflette la confusione degli avvenimenti;
  – la **fredda e imparziale descrizione** degli atteggiamenti e delle reazioni dei soldati, che rivelano uomini disumanizzati.
- Lo **stile** della narrativa di guerra, in particolare quella di Remarque, ha spesso una forma espressiva elevata, soprattutto nelle sequenze riflessive, con ricorso alle **similitudini** o alle **metafore** che permettono di dare rilievo a sensazioni o sentimenti. Spesso l'autore ricorre al **presente narrativo** che dà al lettore l'impressione di essere nel vivo dell'azione.
- L'autore narra i fatti con **imparzialità e non parteggia per nessuna delle parti** contendenti: i soldati che muoiono non sono né tedeschi né francesi, sono semplicemente uomini.

I MIEI APPUNTI

Sezione 2   Narrare, interpretare, esprimere

Lezione 3

Cara Kitty
T3
Anne Frank

I contenuti Annelies (Anne) Marie Frank era una ragazza tedesca di origine ebrea, nata nel 1929. Nel 1942 la sua famiglia fu costretta a trasferirsi ad Amsterdam (Olanda) per sfuggire alle persecuzioni naziste; si sistemarono in un alloggio segreto che si trovava sopra una vecchia fabbrica di spezie, dove vissero per poco più di due anni, insieme ad altre due famiglie: i Van Daan e i Dussel. La loro non fu una convivenza felice, perché erano costretti a rimanere nascosti e segregati in locali piccolissimi, scomodi e freddi. Fu un'esperienza molto dura soprattutto per i tre ragazzi: Anne, sua sorella Margot e Peter, figlio dei signori Van Daan. Scoperti infine dalle SS, furono arrestati e deportati nei campi di sterminio; la madre di Anne morì di consunzione ad Auschwitz, e un anno più tardi morirono di tifo Margot e Anne, tre settimane prima che gli inglesi liberassero il campo di Bergen-Belsen dove erano rinchiuse.

Per il suo tredicesimo compleanno, il 12 giugno 1942, Anne ricevette in dono un diario, «un mucchietto di pagine sparse» tenute insieme da una copertina a scacchi bianchi e rossi, sul quale annotò i suoi pensieri nei due anni di segregazione, dando loro la forma di lettere indirizzate all'immaginaria amica Kitty. Il diario fu trovato nell'alloggio segreto e consegnato dopo la guerra al signor Frank, il padre di Anne, unico superstite della famiglia. Fu pubblicato ad Amsterdam nel 1947, con il titolo olandese originale *Het Achterhuis* ("Il retrocasa").

Mercoledì, 13 gennaio 1943

Cara Kitty,
questa mattina mi hanno continuamente disturbata, e quindi non ho potuto combinare nulla. Fuori, è spaventoso. Di giorno e di notte
5 quei poveretti vengono trascinati via, senza poter portare con sé che un sacco da montagna e un po' di denaro. Durante il viaggio gli tolgono anche quel po' di roba. Le famiglie vengono divise, gli uomini di qua, le donne di là, i bambini da un'altra parte. I bambini, venendo a casa da scuola, non trovano più i loro genitori. Le donne, tornando dal far
10 le spese, trovano la casa sigillata e la famiglia scomparsa.

Incontri con la storia: guerra e guerre U6

Anche gli olandesi cristiani hanno paura; i loro figli sono spediti in Germania, tutti vivono nell'angoscia. E ogni notte centinaia di aviatori passano sull'Olanda, diretti verso le città tedesche, e là arano la terra con le bombe; e ogni ora cadono in Russia e in Africa centinaia, migliaia di uomini. Nessuno può starne fuori, tutto il mondo è in guerra e, sebbene vada meglio per gli alleati, non si vede ancora la fine.

E noi… noi stiamo bene, meglio che milioni di altre persone. Siamo ancora tranquilli e sicuri e, come suol dirsi, ci mangiamo il capitale[1]. Siamo così egoisti che parliamo di un "dopoguerra", ci rallegriamo pensando che avremo vestiti nuovi e scarpe nuove, mentre veramente dovremmo risparmiare ogni centesimo per aiutare gli altri, dopo la guerra, a salvare quello che è ancora salvabile.

I bambini qui vanno in giro con bluse leggere e zoccoli ai piedi, senza mantello, senza berretto, senza calze, e nessuno che li aiuti. Non hanno niente in pancia e masticano carote, lasciano la casa fredda per scendere nella strada fredda e andare a scuola in una classe ancor più fredda. Si è arrivati al punto, in Olanda, che moltissimi bambini fermano i passanti in strada per chiedere un pezzo di pane.

Potrei passar delle ore a raccontarti le miserie portate dalla guerra, ma ciò mi rende ancor più triste. Non ci resta altro che aspettare tranquillamente, fin che si può, la fine di questa miseria. Aspettano gli ebrei e aspettano i cristiani, tutto il mondo aspetta, e molti aspettano la morte.

La tua Anne.

da A. Frank, *Il diario di Anne Frank*, trad. it. di A. Vita, Mondadori, Milano 1959

---

1. ci mangiamo il capitale: spendiamo tutto quello che abbiamo (per sopravvivere).

Sezione 2 — Narrare, interpretare, esprimere

Obiettivo della lezione — Analizzare una narrazione memorialistica

■ Una pagina di diario

1. Quanti anni ha la ragazzina che scrive il testo?
   13 ANNI

2. Riassumi in quale situazione si trova: luogo, epoca, circostanze.
   AMSTERDAM, 1943. ANNA RIFUGIATA PER NASCONDERSI DAI NAZISTI

3. Chi sono quei *poveretti* citati alla r. 5?
   GLI ALTRI EBREI CATTURATI DAI NAZISTI E DEPORTATI

4. Per Anne, quale importanza poteva avere scrivere un diario in forma di lettera, sapendo che non esisteva un destinatario reale che l'avrebbe letta?
   PER SFOGARSI E PER FARSI COMPAGNIA INVENTA UN'AMICA IMMAGINARIA.

■ La testimonianza

5. Cita due fatti di cui Anne è testimone diretta.
   CATTURA DI DUE OLANDESI E DEL PASSAGGIO DEI BOMBARDIERI, CONDIZIONE DEGLI ORFANI

6. «Arano la terra con le bombe» [rr. 13-14] Come spieghi l'espressione? Di quale figura retorica si tratta?
   METAFORA, BOMBARDANDO I TERRENI ARANO LA TERRA COME DEI GRANDI ARATRI

7. In base a quello che hai letto, quali sono le quotidiane sofferenze degli olandesi?
   DEPORTAZIONI, CARESTIE, MISERIA, ABBANDONO

8. Nel passo che hai letto, Anne parla con compassione di ciò che accade a lei o agli altri? Rispondi portando un esempio tratto dal testo.
   E NOI... STIAMO BENE, MEGLIO CHE MILIONI DI ALTRE PERSONE

9. Questo suo atteggiamento, quale aspetto ci rivela del carattere della ragazzina?
   SENSIBILE, FIDUCIOSA

Appunti della lezione

- Anne si esprime in un **diario** intimo che offre al lettore una testimonianza sia sulla sua personalità, sia sugli avvenimenti che accadono intorno a lei. Nella narrazione di memorie, infatti, prevale il **punto di vista dell'autore**, che getta uno sguardo sul mondo che lo circonda e ne dà testimonianza.
- Una **testimonianza** può essere **diretta**, cioè interamente basata sul racconto di un'esperienza personale, oppure indiretta, cioè **ricostruita** a partire da informazioni e documenti raccolti. Anne è testimone diretta e indiretta.
- Il diario di Anne Frank appartiene alla **memorialistica dell'Olocausto**, fondata sui racconti degli ebrei perseguitati durante il nazismo. Le vittime e i sopravvissuti dell'Olocausto hanno spesso sostenuto che la ragione principale per la quale hanno fatto lo sforzo di raccontare le loro storie è stata la volontà di ricordare i morti e impedire che altri potessero ignorare o dimenticare quell'immane tragedia.

I MIEI APPUNTI

Appunti delle lezioni

Sintesi

La guerra in letteratura	La **letteratura ha spesso rappresentato la guerra**. Ma se i testi epici antichi e medievali glorificavano la battaglia e valorizzavano la figura dell'eroe, ora la guerra viene denunciata per la sua crudeltà.
Il contesto storico	• Il **contesto storico** è formato da tutti i riferimenti (espliciti e impliciti) alla situazione storica in cui la vicenda si inserisce. *Intreccio narrativo* e *contesto* sono in stretto rapporto fra loro: il secondo forma la cornice dentro la quale prendono vita i fatti raccontati. • Quando l'autore colloca il testo in un preciso contesto storico, vi inserisce **riferimenti più o meno espliciti all'epoca, ai personaggi storici, agli eventi**.

La descrizione dell'orrore	• La **descrizione dell'orrore** si basa su alcune tecniche particolari:
	  – **campi lessicali specifici**;
	  – il **ritmo altalenante** (ora concitato ora rallentato) del racconto;
	  – la **fredda e imparziale descrizione** degli atteggiamenti e delle reazioni dei soldati, che rivelano uomini disumanizzati.
	• Lo **stile** della narrativa di guerra ha spesso una forma espressiva elevata, soprattutto nelle sequenze riflessive, con ricorso a **similitudini** o **metafore**. Spesso l'autore ricorre al **presente narrativo**.
	• L'autore narra i fatti con imparzialità.

La narrativa di testimonianza	• Nella **narrazione di memorie** prevale il **punto di vista dell'autore**. • Una **testimonianza** può essere **diretta** o **ricostruita** a partire da un insieme di riformazioni e di documenti raccolti. • Il *Diario di Anne Frank* appartiene alla **memorialistica dell'Olocausto**.

Sezione 2 Narrare, interpretare, esprimere

Emilio Lussu
T4
Io non sparo

I contenuti | L'Altipiano di cui ci parla Emilio Lussu è quello di Asiago, nell'anno compreso tra il giugno 1916 e il luglio 1917. Un anno di continui assalti a trincee inespugnabili, di battaglie assurde, di episodi tragici e talvolta grotteschi, attraverso i quali l'autore rivela la dura realtà della guerra. Nel brano riportato, un tenente italiano e il suo caporale si allontanano di notte dalla trincea per andare in esplorazione delle linee nemiche.

1. **caccia grossa:** caccia alla selvaggina di grossa mole, in cui ci si serve di cani addestrati.
2. **passava al varco:** arrivava al momento giusto nel posto giusto.
3. **poligono:** tratto di terreno ben delimitato e predisposto per l'esecuzione di tiri con armi da fuoco.

Mai avevo visto uno spettacolo eguale. Ora erano là, gli austriaci: vicini, quasi a contatto, tranquilli, come i passanti su un marciapiede di città. Ne provai una sensazione strana. Stringevo forte il braccio del caporale che avevo alla mia destra, per comunicargli, senza voler parlare, la mia
5 meraviglia. Ci erano tanto vicini e noi li potevamo contare, uno per uno. Nella trincea, fra due traversoni, v'era un piccolo spazio tondo, dove qualcuno, di tanto in tanto, si fermava. Si capiva che parlavano, ma la voce non arrivava fino a noi. Quello spazio doveva trovarsi di fronte a un ricovero più grande degli altri, perché v'era attorno maggior movimento.
10 Il movimento cessò all'arrivo d'un ufficiale. Dal modo con cui era vestito, si capiva ch'era un ufficiale. Aveva scarpe e gambali di cuoio giallo e l'uniforme appariva nuovissima. Probabilmente, era un ufficiale arrivato in quei giorni, forse uscito appena da una scuola militare. Era giovanissimo e il biondo dei capelli lo faceva apparire ancora più giovane. Sembrava
15 non dovesse avere neppure diciott'anni. Al suo arrivo, i soldati si scartarono e, nello spazio tondo, non rimase che lui. La distribuzione del caffè doveva incominciare in quel momento. Io non vedevo che l'ufficiale.

Io facevo la guerra fin dall'inizio. Far la guerra, per anni, significa acquistare abitudini, mentalità di guerra. Questa caccia grossa fra uo-
20 mini non era molto dissimile dall'altra caccia grossa[1]. Io non vedevo un uomo. Vedevo solamente il nemico. Dopo tante attese, tante pattuglie tanto sonno perduto, egli passava al varco[2]. La caccia era ben riuscita. Macchinalmente, senza un pensiero, senza una volontà precisa, ma così, solo per istinto, afferrai il fucile del caporale. Egli me lo abbandonò ed
25 io me ne impadronii. Se fossimo stati per terra, come altre notti, stesi dietro il cespuglio, è probabile che avrei tirato immediatamente, senza perdere un secondo di tempo. Ma ero in ginocchio, nel fosso scavato, ed il cespuglio mi stava di fronte come una difesa di tiro a segno. Ero come in un poligono[3] e mi potevo prendere tutte le comodità per pun-
30 tare. Poggiai bene i gomiti a terra, e cominciai a puntare.

L'ufficiale austriaco accese una sigaretta. Ora egli fumava. Quella sigaretta creò un rapporto improvviso fra lui e me. Appena ne vidi il fumo, anch'io sentii il bisogno di fumare. Questo mio desiderio mi fece pensare che anch'io avevo delle sigarette. Fu un attimo. Il mio atto di puntare, ch'era automatico, divenne ragionato. Dovetti pensare che puntavo, e che puntavo contro qualcuno. L'indice che toccava il grilletto allentò la pressione. Pensavo. Ero obbligato a pensare.

Avevo già preso parte a tanti combattimenti. Che io tirassi contro un ufficiale nemico era quindi un fatto logico. Anzi, esigevo che i miei soldati fossero attenti nel loro servizio di vedetta e tirassero bene, se il nemico si scopriva. Perché non avrei, ora, tirato io su quell'ufficiale? Avevo il dovere di tirare. Sentivo che ne avevo il dovere. Se non avessi sentito che quello era un dovere, sarebbe stato mostruoso che io continuassi a fare la guerra e a far fare agli altri. No, non v'era dubbio, io avevo il dovere di tirare. E intanto, non tiravo. Il mio pensiero si sviluppava con calma. Non ero affatto nervoso. La sera precedente, prima di uscire dalla trincea, avevo dormito quattro o cinque ore: mi sentivo benissimo: dietro il cespuglio, nel fosso, non ero minacciato da pericolo alcuno. Non avrei potuto essere più calmo, in una camera di casa mia, nella mia città.

Il romanzo storico

La maggior parte dei brani inseriti in questa unità sono tratti da **romanzi di genere storico**.
Un romanzo storico di solito presenta le seguenti caratteristiche:
- le vicende storiche rappresentate non sono semplice sfondo, **la storia è la vera protagonista del racconto**, determinandone lo sviluppo e condizionando le scelte dei personaggi;
- **l'autore ha spesso vissuto le vicende narrate**, oppure ha consultato **fonti storiche** e documenti del passato, per realizzare descrizioni particolareggiate e fedeli, rappresentare la realtà degli ambienti, della lingua, delle abitudini di vita delle varie classi dei protagonisti; nel caso del romanzo storico di guerra, l'autore rappresenta con realismo la tragedia della distruzione e della sofferenza;
- è molto studiato l'**intreccio tra le vicende individuali** dei personaggi **e le vicende collettive**;
- la **costruzione dei personaggi è verosimile** e fatta attraverso le loro azioni, i loro sentimenti, la loro caratterizzazione psicologica, ideologica e sociale;
- c'è un **equilibrio fra la necessità della ricostruzione storica di un'epoca e la libertà della fantasia** creatrice dell'autore: l'autore può inventare particolari ma deve attenersi alla realtà storica senza deformarla;
- sotteso alla narrazione c'è un **intento educativo**, e la scelta del periodo storico non è casuale; ciò che preme allo scrittore infatti è rappresentare un pensiero, un'idea che educhi l'uomo e ricostruisca il cittadino, permettendogli di confrontare il passato e il presente traendone importanti lezioni. Il romanzo storico ci aiuta a *ricordare*.

Sezione 2 Narrare, interpretare, esprimere

Forse, era quella calma completa che allontanava il mio spirito dalla guerra. Avevo di fronte un ufficiale, giovane, inconscio del pericolo che gli sovrastava. Non lo potevo sbagliare. Avrei potuto sparare mille colpi a quella distanza, senza sbagliarne uno. Bastava che premessi il grilletto: egli sarebbe stramazzato al suolo. Questa certezza che la sua vita dipendesse dalla mia volontà, mi rese esitante. Avevo di fronte un uomo.
Un uomo!
Ne distinguevo gli occhi e i tratti del viso. La luce dell'alba si faceva più chiara ed il sole si annunziava dietro la cima dei monti. Tirare così, a pochi passi, su un uomo... come su un cinghiale!
Cominciai a pensare che, forse, non avrei tirato, pensavo. Condurre all'assalto cento uomini, o mille, contro cento altri o altri mille è una cosa. Prendere un uomo, staccarlo dal resto degli uomini e poi dire: "Ecco, sta' fermo, io ti sparo, io t'uccido", è un'altra. È assolutamente un'altra cosa. Fare la guerra è una cosa, uccidere un uomo è un'altra cosa. Uccidere un uomo, così, è assassinare un uomo.
Non so fino a che punto il mio pensiero procedesse logico. Certo è che avevo abbassato il fucile e non sparavo. In me s'erano formate due coscienze, due individualità, una ostile all'altra. Dicevo a me stesso:
– Eh! Non sarai tu che ucciderai un uomo, così!
Io stesso, che ho vissuto quegli istanti, non sarei ora in grado di rifare l'esame di quel processo psicologico. V'è un salto che io, oggi, non vedo più chiaramente. E mi chiedo ancora come, arrivato a quella conclusione, io pensassi di far eseguire da un altro quello che io stesso non mi sentivo la coscienza di compiere. Avevo il fucile poggiato, per terra, infilato nel cespuglio. Il caporale si stringeva al mio fianco. Gli porsi il calcio del fucile e gli dissi, a fior di labbra:
– Sai... così ... un uomo solo... io non sparo. Tu, vuoi? – Il caporale prese il calcio del fucile e mi rispose.
– Neppure io.
Rientrammo, carponi[4], in trincea. Il caffè era già distribuito e lo prendemmo anche noi.
La sera, dopo l'imbrunire, il battaglione di rincalzo[5] ci dette il cambio.

E. Lussu, *Un anno sull'altipiano*, Einaudi, Torino 1999

4. **carponi:** posizione di chi sta o avanza posando i piedi e le mani a terra.
5. **rincalzo:** sostegno, rinforzo.

COMPRENDERE E INTERPRETARE

Quasi a contatto [rr. 1-17]

1. Da che cosa è data la sensazione di *meraviglia* che il narratore prova?
   LA CALMA DEGLI AUSTRIACI

2. La descrizione dell'ufficiale austriaco è breve ma costruita con precisi dettagli, come se il narratore osservasse l'uomo piuttosto che il nemico. Che aspetto ha l'austriaco?
   a. Abbigliamento: *SCARPE E GAMBALI, UNIFORME NUOVA*
   b. Aspetto fisico: *BIONDO, GIOVANE*

Incontri con la storia: guerra e guerre U6

3. Quale particolare dell'ufficiale colpisce di più il narratore?
   - A Le scarpe e i gambali.
   - C Il colore dei capelli.
   - ☒ B La sua presenza nella trincea.
   - D La giovanissima età.

■ **Costretto a pensare** [rr. 31-83]

4. Nel paragone fatto dal narratore, che cosa hanno in comune il soldato e il cacciatore?
   - A L'odio per le vittime.
   - C La concentrazione nell'attesa.
   - ☒ B L'automatismo delle reazioni.
   - D L'esigenza della difesa.

5. La sigaretta ha un ruolo fondamentale nella vicenda. Perché?
   - A Invoglia il tenente a fumare e lo fa deconcentrare.
   - ☒ B Rende consapevole il tenente dell'umanità del nemico.
   - C Rivela l'inconsapevolezza dell'ufficiale di trovarsi sotto tiro.
   - D Accende nel tenente pensieri e ricordi che lo distraggono.

6. Il narratore avrebbe il dovere di sparare al nemico ma non ci riesce. Perché?
   CAPISCE DI AVERE DAVANTI UN ESSERE UMANO

7. Il caporale condivide la scelta del narratore o la critica?
   LA CONDIVIDE

STUDIARE LA LINGUA

8. Evidenzia il punto in cui il testo assume la forma di un *soliloquio*.

9. Nel brano sono spesso ripetute parole o espressioni: «Avevo il *dovere* di tirare. Sentivo che ne avevo il *dovere*. Se non avessi sentito che quello era un dovere, sarebbe stato mostruoso» «No, non v'era dubbio, io avevo il *dovere* di tirare». Che funzione hanno?
   DUBITATIVA

PARLARE

10. Che relazione di significato sussiste tra "assassinare" e "uccidere"? Valuta le seguenti possibilità e poi spiega la tua scelta, facendo esempi tratti dal brano.
    - A Hanno un significato simile, ma "uccidere" si usa solo quando il delitto è volontario.
    - B Hanno lo stesso significato e sono intercambiabili in ogni contesto, anche se "assassinare" è un termine più letterario tipico dei romanzi gialli.
    - ☒ C Hanno un significato simile, ma "assassinare" si usa quando il delitto è intenzionale e senza il concorso di cause di giustificazione come legittima difesa.

SCRIVERE

11. «In me s'erano formate due coscienze, due individualità, una ostile all'altra» [rr. 68-69]. Spiega in che cosa consistono le due *individualità ostili* formatesi nell'animo del narratore e perché sono tali.
    SPARO AD UN NEMICO / NON SPARO AD UN ESSERE UMANO

12. Qual è il messaggio che l'autore comunica a proposito della guerra?
    È UNA COSA SBAGLIATA

Sezione 2 Narrare, interpretare, esprimere

Elsa Morante
T5
Un tuono enorme

I contenuti | Il romanzo *La Storia*, da cui è tratto il brano, è ambientato a Roma durante la Seconda guerra mondiale e negli anni della ricostruzione, dal 1941 al 1947. La protagonista è Ida Ramundo, una maestra elementare vedova, madre di Nino e Useppe. L'episodio che ti proponiamo racconta l'esperienza di Ida che, con il piccolo Useppe, è sorpresa da un bombardamento avvenuto nel centro di Roma.

Uscivano dal viale alberato non lontano dallo Scalo Merci, dirigendosi in via dei Volsci, quando, non preavvisato da nessun allarme, si udì avanzare nel cielo un clamore d'orchestra metallico e ronzante. Useppe levò gli occhi in alto e disse: «Lioplani». E in quel momento l'aria
5 fischiò, mentre già in un tuono enorme tutti i muri precipitavano alle loro spalle e il terreno saltava d'intorno a loro, sminuzzato in una mitraglia di frammenti.

«Useppe! Useppeee!» urlò Ida, sbattuta in un ciclone nero e polveroso che impediva la vista: «Mà[1] sto qui», le rispose, all'altezza del suo braccio,
10 la vocina di lui, quasi rassicurante. Essa lo prese in collo, e si mise a correre senza direzione. Aveva lasciato cadere una delle sue sporte[2], mentre l'altra, dimenticata, le pendeva ancora al braccio, sotto al culetto fiducioso di Useppe. Intanto, era incominciato il suono delle sirene. Essa, nella sua corsa, sentì che scivolava verso il basso, come avesse i pattini, su un
15 terreno rimosso che pareva arato, e che fumava. Verso il fondo, essa cadde a sedere, con Useppe stretto fra le braccia. Nella caduta, dalla sporta le si era riversato il suo carico di ortaggi, fra i quali, sparsi ai suoi piedi, splendevano i colori dei peperoni, verde, arancione e rosso vivo.

Con una mano, essa si aggrappò a una radice schiantata, ancora co-
20 perta di terriccio in frantumi, che sporgeva presso di lei. E assestandosi meglio, rannicchiata intorno a Useppe, prese a palparlo febbrilmente in tutto il corpo, per assicurarsi ch'era incolume[3]. Poi gli sistemò sulla testolina la sporta vuota come un elmo di protezione.

Si trovavano in fondo a una specie di angusta trincea protetta nell'al-
25 to, come da un tetto, da un grosso tronco d'albero disteso. Si poteva udire in prossimità, sopra di loro, la sua chioma caduta agitare il fogliame in un gran vento. Tutto all'intorno, durava un fragore fischiante e rovinoso, nel quale, fra scrosci, scoppiettii vivaci e strani tintinnii, si sperdevano deboli e già da una distanza assurda voci umane e nitri-
30 ti di cavalli. Useppe, accucciato contro di lei, la guardava in faccia, di sotto la sporta, non impaurito, ma piuttosto curioso e soprapensiero. «Non è niente», essa gli disse, «non aver paura. Non è niente». Lui aveva perduto i sandaletti ma teneva ancora la sua pallina stretta nel pugno.

1. **Mà:** mamma.
2. **sporta:** borsa della spesa.
3. **incolume:** sano e salvo.

Incontri con la storia: guerra e guerre **U6**

35 Agli schianti più forti, lo si sentiva appena appena tremare: «Nente…» diceva poi, fra persuaso e interrogativo.

I suoi piedini nudi si bilanciavano quieti accosto a Ida, uno di qua e uno di là. Per tutto il tempo che aspettarono in quel riparo, i suoi occhi e quelli di Ida rimasero, intenti, a guardarsi. Lei non avrebbe saputo dire la durata di quel tempo. Il suo orologetto da polso si era rotto; e ci sono 40 delle circostanze in cui, per la mente, calcolare una durata è impossibile.

Al cessato allarme, nell'affacciarsi fuori di là, si ritrovarono dentro una immensa nube pulverulenta che nascondeva il sole, e faceva tossire col suo sapore di catrame: attraverso questa nube, si vedevano fiamme e fumo nero dalla parte dello Scalo Merci. Sull'altra parte del viale, le 45 vie di sbocco erano montagne di macerie, e Ida, avanzando a stento con Useppe in braccio, cercò un'uscita verso il piazzale fra gli alberi massacrati e anneriti.

Il loro caseggiato era distrutto. Ne rimaneva solo una quinta[4], spalancata sul vuoto. Cercando con gli occhi in alto, al posto del loro ap-
50 partamento, si scorgeva, fra la nuvolaglia del fumo, un pezzo di pianerottolo, sotto a due cassoni dell'acqua rimasti in piedi. Dabbasso delle figure urlanti o ammutolite si aggiravano fra i lastroni di cemento, i mobili sconquassati, i cumuli di rottami e di immondezze. Nessun lamento ne saliva, là sotto dovevano essere tutti morti. Ma certune di 55 quelle figure, sotto l'azione di un meccanismo idiota, andavano frugando o raspando con le unghie fra quei cumuli, alla ricerca di qualcuno o qualcosa da recuperare. E in mezzo a tutto questo, la vocina di Useppe continuava a chiamare:

«Biii![5] Biiii! Biiiii!»

60 Blitz era perduto, insieme col letto matrimoniale e il lettino e il divanoletto e la cassapanca, e i libri squinternati di Ninnuzzu, e il suo ritratto, e le pentole di cucina, e i cappotti riadattati e le maglie d'inverno, e le dieci buste di latte in polvere, e i sei chili di pasta, e quanto restava dell'ultimo stipendio del mese, riposto in un cassetto della credenza.

65 «Andiamo via! andiamo via!» disse Ida, tentando di sollevare Useppe fra le braccia. Ma lui resisteva e si dibatteva, sviluppando una violenza inverosimile, e ripeteva il suo grido: «Biii!» con una pretesa sempre più urgente e perentoria[6]. Forse reputava che, incitato a questo modo, per forza Blitz dovesse rispuntare scodinzolando di dietro qualche cantone, 70 da un momento all'altro.

E trascinato via di peso, non cessava di ripetere quell'unica e buffa sillaba, con voce convulsa per i singulti. «Andiamo, andiamo via», reiterava[7] Ida. Ma veramente non sapeva più dove andare. L'unico asilo[8] che le si presentò fu l'osteria, dove già si trovava raccolta parecchia gente, 75 così che non c'era posto da sedersi. Però una donna anziana, vedendola entrare col bambino in braccio, e riconoscendoli, invitò i propri vicini a restringersi, e le fece posto accanto a sé su una panca.

E. Morante, *La Storia*, Einaudi, Torino 2005

4. una quinta: una parte del muro perimetrale esterno.
5. Biii: è il richiamo che il piccolo Useppe rivolge al suo cane Blitz.
6. perentoria: decisa.
7. reiterava: ripeteva più volte.
8. asilo: rifugio.

Sezione 2 — Narrare, interpretare, esprimere

COMPRENDERE E INTERPRETARE

L'allarme [rr. 1-40]

1. Qual è la reazione di Ida allo scoppio della prima bomba? Che cosa fa?

2. Da quali comportamenti si capisce la preoccupazione della madre per il figlio?

3. Che cos'è «l'angusta trincea» dove Ida è scivolata e caduta a sedere?

Il cessato allarme [rr. 41-77]

4. Ida constata amaramente la sorte toccata alla propria casa. Che cosa è successo?

5. Useppe e Ida hanno entrambi perso qualcosa di prezioso. Che cosa?

6. Quale sentimento cogli nel gesto della donna anziana che, pur in uno stretto spazio, accoglie i due sopravvissuti?

STUDIARE LA LINGUA

7. Nel brano assume grande rilevanza la descrizione degli effetti del bombardamento, che tramutano il luogo in un posto d'inferno. Analizza tale descrizione rintracciando e classificando le espressioni figurate più efficaci. Segui l'esempio.

a.	Descrizioni visive.	ciclone nero e polveroso (r. 8),
b.	Descrizioni uditive.	clamore d'orchestra metallico e ronzante (r. 3),
c.	Descrizioni tattili.	
d.	Descrizioni olfattive.	
e.	Descrizioni gustative.	

PARLARE

8. L'autrice impiegò almeno tre anni per scrivere *La Storia* e, una volta terminato il romanzo, nel 1974, volle che fosse dato alle stampe in edizione tascabile, in brossura (tipo di rilegatura molto semplice), a basso costo. Secondo te perché?

SCRIVERE

9. La guerra è causa della distruzione di cose e persone, senza distinzione fra uomini, donne, bambini o anziani, luoghi della vita o luoghi della memoria. Nel brano che hai letto sono presenti tutti questi elementi? Dove?

T6 Beppe Fenoglio
Il coraggio del Riccio

I contenuti L'episodio riportato si svolge in una caserma di soldati repubblichini (fascisti della Repubblica Sociale Italiana) di Canelli. Durante un agguato, i partigiani hanno ucciso un sergente repubblichino e il fatto ha messo in moto uno spietato meccanismo di rappresaglia. Il comandante fascista ha ordinato di vendicare il caduto fucilando immediatamente i prigionieri nemici Bellini e Riccio, due giovanissimi ragazzi catturati alcuni mesi prima mentre facevano da staffetta per i partigiani nascosti sulle colline.

Erano giuste le nove di mattina. Il cielo era tutto a pecorelle bianche, con qualche golfetto[1] color grigioferro, ed in uno di questi stava la luna, smozzicata e trasparente come una caramella lungamente succhiata. La pioggia visibilmente premeva contro l'ultimo strato di cielo, ma forse, così pensava il tenente, la cosa si sarebbe fatta prima che cadesse il primo rovescio[2].

Il tenente passò oltre la sala sottufficiali che stavano trasformando in camera ardente[3] per il sergente Alarico Rozzoni[4] e si portò al centro del cortile da dove fece un cenno al sergente d'ispezione.

– Bellini e Riccio in cortile, – gli disse quando gli si fu presentato.

– Bellini è fuori, con la comandata[5] al mattatoio.

E così Riccio faceva il primo, pensò il tenente, proprio Riccio che dei due era il più ragazzino, non avendo ancora i quindici anni di Bellini.

– Portami fuori Riccio.

– Sarà in cucina o nei sotterranei. Ora chiedo se si è visto, – disse il sergente.

– Non allarghiamo la cosa. Cercalo tu stesso. E digli che in cortile… c'è materiale da scaricare.

Il sergente aggrottò la fronte e guardò l'ufficiale in modo particolare. Poteva permettersi un minimo di confidenza anche perché erano entrambi marchigiani. Il tenente gli rispose con gli occhi. Allora il sergente sbirciò di lato alle finestre del comando e poi disse:

– Io sono d'accordo di vendicare Rozzoni. Figuriamoci se non lo voglio vendicare. Ma vorrei vendicarlo su uno di quei grossi bastardi che se ne stanno liberi e superbi in collina…

– Non c'è niente da fare.

– Questi due sono ragazzini, questi due erano portaordini, ragazzini che credevano di giocare…

---

1. **golfetto:** angolo.
2. **rovescio:** scroscio di pioggia.
3. **camera ardente:** locale in cui si espone la salma per le visite e le preghiere di parenti, amici, conoscenti.
4. **Alarico Rozzoni:** è il sergente ucciso da un partigiano.
5. **comandata:** squadra di uomini destinati a un servizio.

Sezione 2 Narrare, interpretare, esprimere

6. baldracca: prostituta (si tratta in realtà della sarta con la quale era solito intrattenersi).
7. affiggere: attaccare sui muri.
8. Canelli: comune dell'alto Monferrato, in Piemonte.
9. mascotte: in francese significa portafortuna.
10. all'ambio: trotterellando.
11. scolaticci: macchie colorate.
12. gorgogliò: brontolò con voce che tremava in gola.
13. piramidone: medicinale antinfiammatorio e antidolorifico.
14. scavallava: correva.

– Non c'è niente da fare, – ripeté il tenente. – Il comandante ha ordinato così.

Il sergente partì verso le cucine e il tenente si sfilò a strattoni i guanti e poi se li rinfilava adagio. Lui non aveva messo parola, ma anche perché non aveva fiatato il capitano sardo. Entrambi avevano battuto i tacchi. – È rimasto ucciso per una baldracca[6], – aveva detto il comandante. – Non lo compiango, però lo vendico. E lo vendico immediatamente, sulle persone nemiche che ho a disposizione. Nessun mio soldato, caduto come si sia, deve restare invendicato –. Essi avevano battuto i talloni. Ma poi l'incarico era toccato a lui, il capitano sardo era rimasto su a stendere il manifesto da affiggere[7] nel pomeriggio in tutto Canelli[8] perché la popolazione sapesse.

La cagna lupa mascotte[9] attraversò il cortile all'ambio[10], col muso a fil di terra. Il tenente cessò di seguirne la corsa sentendo zoccolare nel fango Riccio. Era in calzoncini mimetici e una maglietta tutta sbrindellata, sporca di scolaticci[11] di rancio e di sudore rappreso. Aveva i capelli così lunghi che dietro gli facevano codino e non passava minuto senza che si grattasse freneticamente la testa.

– Mettiti sull'attenti, – disse il sergente a Riccio.

– Lascia perdere, – bisbigliò il tenente, e a Riccio: – Fa' due passi con me per il cortile.

– Ma, tenente, dov'è questa roba da scaricare? – domandò il ragazzino sputandosi sui palmi delle mani.

– Niente roba, – gorgogliò[12] il tenente. Dopo qualche passo si accorse che Riccio aveva una mascella gonfia. –Ti hanno menato?

Un lampo di doloroso divertimento passò negli occhi, furbi e docili, di Riccio. – Macché picchiato, – rispose. – Pare tanto che mi abbiano gonfiato, ma non è altro che mal di denti. No, non mi hanno picchiato, anzi mi hanno dato del piramidone[13].

– Ti duole?

– Poco, ora che il piramidone comincia a fare effetto.

Il cortile era deserto, salvo per loro due e la cagna mascotte che ora scavallava[14], sempre col muso a terra, rasente il muro di cinta verso il torrente. Il tenente sapeva che dietro quel muro stava arrivando, se già non era arrivato, il sergente…

346

– Ma dov'è il materiale da scaricare? – ridomandò Riccio.

– Niente materiale, – rispose il tenente, stavolta chiaramente.

Dal portico erano sbucati tre soldati e col moschetto a bilanciarm[15] stavano progredendo alle spalle di Riccio.

– Non ci avete mai fatti uscire per niente, me e Bellini, – disse Riccio grattandosi la fronte.

– Devi ascoltarmi, – disse il tenente.

Riccio si raccolse in attenzione, ma subito dopo si voltò di scatto verso i tre che erano venuti a fermarglisi alle spalle.

– E questi…? – cominciò Riccio con una smorfia da vecchio.

– Sì, devi andartene, – disse il tenente a precipizio.

– Morire?

– Sì.

Il ragazzino si portò una mano al petto. – Mi fucilate. E perché? –

– Ti ricordi che allora sei stato condannato a morte. Te ne ricordi certamente. Ebbene, oggi è venuto l'ordine di eseguire la sentenza.

Riccio trangugiò. – Ma io credevo che a quella condanna non ci pensaste nemmeno più. È stato quattro mesi fa.

– Purtroppo non son cose che si cancellano, – disse il tenente.

– Ma se non l'avete eseguita allora perché volete eseguirla adesso? Quella condanna ormai è come se non valesse più. Dato che non l'avete eseguita allora è come se l'aveste annullata.

– Non annullata, – disse il tenente sempre più dolce. – Era semplicemente sospesa –. E sopra la testa di Riccio adocchiò le fisionomie dei tre soldati, per scoprire se a loro andava o sgarbava che egli la facesse tanto lunga e ragionevole[16], e vide che uno dei tre stava sbirciando, tra il disagiato e l'ironico, verso le finestre del comando.

– Ma io, io credevo di essermi comportato bene. In questi quattro mesi mi sono comportato bene.

– Ti sei comportato bene. Effettivamente.

– E allora? Allora perché mi ammazzate? – Due lacrime gli erano spuntate agli angoli degli occhi e, senza scrollarsi, stavano crescendo smisuratamente. – Io ho solo quattordici anni. Voi lo sapete che io ho solamente quattordici anni, e ne dovete tener conto. O per caso avete scoperto qualcosa di me di prima? Non è vero niente, quel che potete aver scoperto. Io non ho mai fatto niente di male. E non ho nemmeno visto a far del male. Facevo la staffetta[17] e basta.

– Ti debbo dire, – spiegò il tenente, – che è stato ucciso uno dei nostri. Il sergente Rozzoni, che tu conoscevi. Lo ha ucciso uno dei vostri sulla collina qui di fronte.

– Maledetto! – bisbigliò Riccio.

– Certo, – disse il tenente. – Potessimo aver lui nelle mani.

Riccio cercò disperatamente di farsi montar saliva, perché la lingua gli si era talmente seccata da non poter più spiccicare una parola e sapeva che se non riparlava subito il tenente avrebbe fatto cenno di in-

---

15. moschetto a bilanciarm: fucile in posizione orizzontale, teso lungo il fianco.
16. la facesse … ragionevole: si dilungasse sulla questione rendendo conto delle ragioni.
17. staffetta: corriere che porta messaggi.

camminarsi. Si riprese in tempo e disse: – Mi dispiace, mi dispiace per questo sergente. Ma già altre volte, da quando sono qui dentro, avete avuto dei morti e non ve la siete presa con me.
– Questa volta è così.
– Vi ricordate quando è morto il soldato Polacci, – incalzò Riccio. – Io ho persino aiutato a fargli il coso, il catafalco[18], e voi non mi avete nemmeno guardato di brutto.
– Questa volta è così.
Riccio con le due mani si strizzava la maglietta. – Ma io non c'entro. Io ho solo quattordici anni e facevo la staffetta. A dir la verità, era appena la seconda volta che la facevo quando sono stato preso, ve lo giuro. Io non c'entro. Ma l'ordine, l'ordine per me, da chi è venuto?
– Dall'unico che può darlo.
– Il comandante? – fece Riccio. – Io l'ho visto tante volte il vostro comandante, proprio qui in cortile, e non mi ha mai guardato di traverso. Una volta mi ha mostrato il frustino ma rideva.
– Questa volta è così, – sospirò il tenente, senza la forza di adocchiare i tre soldati.
– Io voglio parlare col comandante, – disse Riccio.
– Non si può. E non serve.
– Lui vuole proprio così?
– Certo. Qui si fa tutto quel che lui vuole e niente che lui non voglia.
Riccio si mise a piangere in silenzio, mentre si tastava in tasca, invano, per un fazzoletto.
– Ma io, – disse passandosi un dito sotto gli occhi, – io mi sono sempre comportato bene, ho sempre fatto tutto quello che mi avete ordinato. Ho ramazzato, ho pulito gli stivali, ho buttato l'immondizia, ho caricato e scaricato… E per quando sarebbe?
– Subito.
– Adesso? – fece Riccio riportandosi ambo le mani al petto. – No, no, questa è grossa. Un momento. Lo fate a me solo? A Bellini no?
– Anche a Bellini, – rispose il tenente. – L'ordine comprende anche Bellini. Sono andati a prelevarlo al mattatoio.
– Povero Bellini, – disse Riccio. – E non lo aspettiamo? Perché non aspettarlo? così almeno stiamo insieme.
– Gli ordini, – disse il tenente. – Non possiamo aspettare. Non c'è più altro da… Forza, Riccio, incamminati.
– No, – disse calmo Riccio.
– Avanti, Riccio, coraggio.
– No. Io ho solo quattordici anni. E voglio veder mia madre. O mamma. No, è troppo grossa.
L'ufficiale sguardò[19] i tre soldati. Due, capì, la volevano presto finita, per pietà, l'altro, lo fissava tra il sarcastico[20] e il furioso, pareva dirgli: – A noi non fanno tante cerimonie, a noi semmai fanno un prologo di sarcasmo[21] e a questo tu stai facendo un prologo di compassione.

18. **catafalco:** palco su cui si pone la bara durante la cerimonia funebre.
19. **sguardò:** lanciò uno sguardo.
20. **sarcastico:** ironico.
21. **prologo di sarcasmo:** discorso canzonatorio, prima dell'esecuzione.

Bell'ufficiale. Ma tu sei di quelli che già pensano che abbiamo torto e che siamo finiti. Ma, e noi? Noi soldati del Duce nasciamo forse dalle pietre o dalle piante?[22]

– Avanti, forza, – ripeté il tenente, adocchiando il terzo soldato che si era aperto in grembo come a ricevere Riccio, al contrario ed identicamente ad una madre.

– No, – rispose Riccio sempre più calmo. – Io ho solo quat…

Allora il tenente serrò gli occhi e lo urtò forte nella spalla e Riccio piombò in grembo al soldato e gli altri due gli si serrarono addosso come un coperchio, così soffocavano anche le sue grida e da quel viluppo non uscivano che le gambe sospese e mulinanti[23] del ragazzino.

Così andavano verso la porta carraia[24] e il tenente li seguiva coi piedi di piombo. – Assassini! Mamma! Questi mi ammazzano! Mamma! – si sentiva distintamente urlare Riccio.

Non arrivavano mai a quella maledetta porta carraia, il sergente doveva già essere appostato perché la porta si socchiuse per una pressione dall'esterno.

All'improvviso quel viluppo si disfece come se una bomba dirompente vi fosse esplosa nel centro e nel vuoto apparve Riccio, quasi seminudo, e fissava l'ufficiale, col dito puntato.

– Non mi toccate! – urlò ai soldati che gli si ristringevano addosso. – Vado da solo. Ma non mettetemi più le mani addosso. Vado da solo. Se fucilate anche Bellini, con chi starei io in questa vostra maledetta caserma? Non mi ci vedrei più, non resisterei più nemmeno un minuto, vi pregherei di fucilarmi. Che i soldati mi stiano lontani! Vado da solo.

Il tenente accennò ai soldati che non si avvicinassero. E infatti Riccio retrocesse di qualche passo verso la porta carraia, quasi a sfiorarla.

– Ancora una cosa, – disse Riccio. – In prigione ho una torta che mi ha mandato mia madre. L'ho appena assaggiata, l'ho appena scrostata. La lascerei a Bellini ma Bellini mi viene dietro. Datela al primo partigiano che entrerà nella vostra maledetta prigione. Guai se la mangia uno di voi!

Uscì al torrente e i soldati riaccostarono la porta. Il tenente restò fermo un attimo solo, poi si riportò in fretta verso il centro del cortile. Ma anche lì non si sentì di rimanere, quasi che la raffica[25] potesse uccidere anche lui attraverso il muro. Si diresse a grandi passi al defilato[26], verso la mensa ufficiali. Come ne raggiunse lo spigolo, crepitò la raffica.

Tutti in caserma dovevano già essere avvertiti e preparati, perché non ci fu movimento: non curiosità, non chiamate, non apparizioni[27] ai finestroni. Il brusio[28] di Canelli si troncò netto.

Il tenente si calcò una mano sui capelli che gli si erano tutti rizzati e lentamente, spossatamente[29] camminò verso il corpo di guardia, ad aspettare Bellini.

B. Fenoglio, *Una questione privata*, Einaudi, Torino 2006

---

22. nasciamo … piante?: non siamo forse esseri umani?
23. mulinanti: che si agitavano vorticosamente nell'aria come le pale di un mulino.
24. carraia: adatta al passaggio dei carri e degli automezzi.
25. raffica: la scarica dei colpi di fucile che avrebbe ucciso Riccio.
26. al defilato: in un luogo appartato.
27. apparizioni: il mostrarsi di qualcuno.
28. brusio: rumore della vita quotidiana proveniente dalla vicina Canelli.
29. spossatamente: con estrema stanchezza.

Sezione 2 — Narrare, interpretare, esprimere

COMPRENDERE E INTERPRETARE

«Non c'è niente da fare» [rr. 1-44]

1. Che cos'è «la cosa» [r. 6]? ....

2. Per due volte l'ufficiale ripete «Non c'è niente da fare»: che cosa intende?
   - A Essendo i ragazzini portaordini dei partigiani, è giusto che siano fucilati.
   - B È necessario che il comandante della caserma revochi lo spietato ordine dato.
   - C Durante la guerra si eseguono gli ordini, al di là di ogni sentimento umano.
   - D È giusto effettuare una rappresaglia, con qualunque prigioniero.

3. In che modo la descrizione del paesaggio [rr. 1-7] anticipa la drammatica vicenda?
   ....

Il disagio del tenente, il panico del Riccio [rr. 45-174]

4. Nel brano compaiono molte espressioni che rivelano lo stato d'animo del tenente durante la vicenda, soprattutto il suo disagio. In particolare rileva:
   - a. alcuni gesti che compie.
   - b. le parole che dice.
   - c. i suoi pensieri.

5. Quando la paura del Riccio si trasforma in terrore? Quale espressione lo rivela?

6. Perché Bellini non viene fucilato insieme a Riccio?

Il riscatto del Riccio [rr. 180-205]

7. Improvvisamente il Riccio non ha più paura, e trova la dignità di un comportamento coraggioso. Che cosa fa? ....

8. Che cosa dà forza interiore al Riccio?
   - A L'odio che prova verso il tenente.
   - B La certezza di essere moralmente superiore ai suoi carnefici.
   - C La certezza di essere rimasto solo al mondo.
   - D La vittoriosa lotta contro i soldati che gli si serrano addosso.

STUDIARE LA LINGUA

9. L'autore impiega diversi registri linguistici. Trascrivi alcuni esempi di registro:
   - a. gergale e popolare: baldracca, ...
   - b. tipico dell'ambiente militare: comandata, ...
   - c. raffinato e letterario: aggrottare, ...

PARLARE

10. Di fronte a tanta assurda violenza, il commento più significativo è il silenzio che cala sul paese. Che cosa esprime? Discutine in classe.

SCRIVERE

11. Rivedi le risposte all'esercizio 4, scegli tra esse gli elementi che ritieni più significativi e stendi un giudizio sulla figura del tenente e sulla sua personalità.

La "soluzione finale"

I lager nazisti

Nel 1933 Adolf Hitler, leader del Partito nazista, prese il potere in Germania. Le sue tesi antisemite comportarono inizialmente una discriminazione degli ebrei e verso quelle che il nazifascismo considerava "minoranze" senza alcun diritto, neppure quello all'esistenza.

Un'ordinanza del 21 settembre 1941 sanciva che in tutto il Reich (l'"impero" tedesco) ogni ebreo che avesse compiuto i sei anni d'età dovesse portare sul vestito un segno distintivo, una stella gialla a sei punte con al centro la dicitura *Jude*. Il 23 ottobre venne proibita l'emigrazione degli ebrei attraverso tutta l'Europa sottoposta alla dominazione tedesca. Le deportazioni degli ebrei del Reich cominciarono verso la metà di ottobre del 1941, senza che le popolazioni locali, sottomesse politicamente e indebolite dalle privazioni della guerra, esprimessero la benché minima protesta.

Poi, a partire dal 1942, fu attuata la cosiddetta **soluzione finale**: lo sterminio sistematico degli ebrei in Europa, che cominciarono a essere deportati nei *lager* (in tedesco significa "campo"). Furono creati tre tipi di campi:

- i **campi di concentramento** (Auschwitz III-Buchenwald), dove furono deportati i prigionieri prima di essere trasferiti verso altri campi;
- i **campi di lavoro** (come Monowitz) dove i deportati erano utilizzati come manodopera gratuita;
- i **campi di sterminio** (Auschwitz II-Birkenau o Treblinka), dove i nazisti procedevano allo sterminio sistematico e organizzato, soprattutto con le camere a gas.

Nei lager nazisti, fra il 1941 e il 1945, furono assassinati oltre 6 milioni di ebrei: il genocidio più grave nella storia dell'umanità.

Lessico

Genocidio: lo sterminio sistematico e metodico di un gruppo etnico in vista della sua totale distruzione. Il termine è composto dalla radice greca *genos* ("popolo") e dal suffisso latino *-cidio* ("uccisione").

Olocausto: la parola in origine indicava il sacrificio rituale di un animale. In seguito venne a indicare il genocidio perpetrato dai nazisti. Il popolo ebraico preferisce però usare il termine *Shoah*.

Shoah: termine ebraico che significa "catastrofe", e indica lo sterminio degli ebrei ad opera dei nazisti durante la Seconda guerra mondiale.

◂ Il cancello d'ingresso del campo di concentramento di Auschwitz. La scritta *Arbeit macht frei* ("Il lavoro rende liberi") era la grottesca accoglienza riservata ai prigionieri.

Joseph Joffo

Arrestati dalle SS

I contenuti | Joseph e il fratello Maurice (rispettivamente di 10 e 12 anni) vivono serenamente a Parigi, ma la loro vita si trasforma all'arrivo delle truppe tedesche nella capitale francese. La famiglia dei Joffo, ebrea, è costretta a dividersi a causa delle persecuzioni naziste. Un giorno il padre di Joseph e Maurice rivela ai due fratellini che devono partire da soli per raggiungere i fratelli maggiori Albert ed Henry, che lavorano a Mentone come parrucchieri. Tra le tante traversie che i due fratellini affrontano, vi è anche quella dell'arresto operato dalle SS (abbreviazione del tedesco *Schutzstaffeln*, "squadre di protezione"). Nel brano proposto, Joseph e Maurice si trovano a Nizza, all'interno del quartier generale tedesco, in attesa di essere interrogati.

Una quantità di gente nell'atrio, adulti, bambini, valigie. Degli uomini corrono tenendo degli elenchi, dei fascicoli, in mezzo ai soldati.

Molto rumore. Accanto a me[1] una coppia anziana, sessantacinque anni circa. Lui è calvo, ha messo il vestito della domenica; lei è piccola, deve essersi fatta fare da poco la permanente[2], ha l'aria civettuola[3], rigira tra le mani un fazzoletto che è dello stesso colore del suo foulard. Sono molto calmi, stanno appoggiati a una colonna, guardano davanti a loro una bambina di tre o quattro anni che dorme in braccio a sua madre. Ogni tanto si guardano e ho paura.

Ero giovane, molto giovane, ma credo che anche se fossi stato più giovane ancora avrei capito che quei vecchi si guardavano come gente che ha vissuto insieme tutta la vita e che sa che li separeranno e che faranno da soli, ognuno per suo conto, l'ultimo pezzo di strada che rimane da fare.

Maurice si china verso un uomo seduto su un sacco.

«Dove andate?»

L'uomo sembra non averlo sentito, il suo viso non si muove.

«Drancy[4].»

L'ha detto semplicemente, come si dice grazie o arrivederci, senza darci nessun peso.

Improvvisamente c'è un gran movimento. In cima alle scale due SS sono apparsi insieme a un civile che ha in mano una lista fissata con uno spillo a una tavoletta di cartone. Via via che pronuncia un nome, guarda se qualcuno si alza e allora fa un segno con la sua stilografica sul foglio. L'appello è lungo. Eppure, poco a poco, l'atrio si svuota; quando vengono nominate, le persone escono da una porta laterale. Un camion deve condurle alla stazione.

«Meyer Richard. 729.» Il vecchio signore distinto non fa una piega,

---

1. **a me:** la voce narrante è quella di Joseph.
2. **permanente:** acconciatura molto curata dei capelli, destinata a durare a lungo.
3. **civettuola:** graziosa e un po' maliziosa.
4. **Drancy:** il più importante campo di transito per ebrei catturati sul suolo francese.

lentamente si china, prende una valigetta che sta ai suoi piedi e avanza senza fretta. Lo ammiro per quella lentezza, per quella sicurezza, so che in quel momento non ha paura. No, non abbiamo paura, farabutti, non abbiamo assolutamente paura.

«Meyer Marthe. 730.» La piccola signora prende una valigia più piccola ancora di quella di suo marito e mi si stringe la gola, l'ho vista sorridere. Si raggiungono alla porta. Sono felice che non li abbiano separati.

Le nostre due guardie sono sempre lì. Quello che mi ha colpito[5] fuma. Lo guardo di soppiatto. È incredibile, ha una faccia come tutti gli altri, non una faccia da bruto, e allora, perché? Lentamente, l'atrio si è svuotato. Delle SS vanno e vengono sempre con delle carte in mano. Sembra che abbiano un lavoro importante e preoccupante. Tra poco resteremo soli noi quattro, appoggiati al muro di fondo. Un ufficiale chiama uno dei soldati che ci sorvegliano facendo schioccare le dita. Quello si precipita. L'SS chiama il secondo. Adesso siamo soli. L'atrio è vuoto. Mi accorgo che non ho lasciato andare la mano di mio fratello.

Che ora sarà?

Un uomo in abiti civili scende la scala e ci guarda aggiustandosi il nodo della cravatta. Forse ci dirà di andar via.

Parla in tedesco a qualcuno che non vedo e che è al piano di sopra, indicandoci con un dito.

Ci fa un segno e saliamo.

Ho voglia di fare pipì, è molto tempo e ho paura. Di sopra ci sono degli ufficiali e degli interpreti francesi. Arriviamo in un corridoio, davanti a delle porte.

«I vostri documenti.»

Le due donne presentano i loro. Anche Ferdinand[6].

5. quello che mi ha colpito: durante la cattura Joseph aveva ricevuto uno schiaffo dal soldato tedesco.
6. Le due donne … Ferdinand: insieme ai due fratelli Joffo, sono stati catturati e arrestati anche Ferdinand, l'amico che li ha condotti a Nizza, e due giovani donne.

L'interprete entra in un ufficio e ne esce quasi subito.

«Entrate tutte e due.»

Restiamo in tre nel corridoio, nessuno ci sorveglia. Si sente un rumore soffocato di macchine da scrivere e di voci che vengono dal piano superiore ma non sento niente di quello che dicono nella stanza dove sono entrate le due donne.

«Come andrà, Joseph?»

«Andrà.»

La porta davanti a noi si apre. Le due donne escono. Piangono tutte e due. So che non le hanno picchiate, questo mi dà coraggio.

Ridiscendono e noi continuiamo ad aspettare. Mi par d'essere dal dentista di rue Ramey, quando la mamma mi ci accompagnava dopo la scuola.

Compare l'interprete. Questa volta tocca a noi. Entriamo tutti e tre.

È un'ex camera da letto ma il letto non c'è più, al suo posto c'è un tavolo con dietro una SS. Una quarantina d'anni, occhiali, sembra stanco e sbadiglierà varie volte.

Tiene tra le mani i documenti di Ferdinand e li guarda. Non dice niente e fa segno all'interprete.

«Sei ebreo?»

«No.»

L'interprete ha un modo di parlare infantile e l'accento meridionale, è certamente un nizzardo, somiglia a un cliente di mio padre di cui non mi piace ricordarmi il nome.

«Se non sei ebreo, perché hai dei documenti falsi?»

Non guardo Ferdinand, so che se lo guardo non avrò più abbastanza coraggio per me.

«Ma... sono i miei documenti.»

C'è un breve scambio in tedesco. L'SS parla e l'interprete traduce.

«È facile sapere se sei ebreo o no, quindi dillo subito senza fare storie altrimenti si metteranno tutti di cattivo umore, prenderai le botte e sarà stupido, tanto vale vuotare il sacco subito e non se ne parlerà più.»

Dà l'impressione che basti dirlo e sarà finita, ci ritroveremo fuori.

«No» dice Ferdinand, «non sono ebreo.»

Non c'è bisogno di traduzione. L'SS si alza, si toglie gli occhiali dalla montatura di osso, passa davanti alla sua scrivania e si pianta di fronte a Ferdinand.

La sua mano si abbatte sulla

guancia terra di Ferdinand, la testa sussulta e al secondo schiaffo barcolla e indietreggia di due passi. Le lacrime scendono.

«Basta» dice Ferdinand.

105 L'SS aspetta. L'interprete lo incoraggia con un gesto.

«Su, racconta, da dove salti fuori?»

Appena udibile, Ferdinand parla.

«Sono partito dalla Polonia nel '40, i miei genitori sono stati arrestati, sono passato per la Svizzera e…»

110 «Bene, bene, verificheremo dopo. Riconosci di essere ebreo?»

«Sì.»

L'interprete si avvicina e gli dà un colpetto amichevole sulla spalla.

«E allora, non ti sembra che avresti fatto meglio a dirlo subito? Su, puoi scendere, mostra questo al funzionario che c'è in fondo alle scale.»

115 Gli dà un biglietto verde che Ferdinand prende. Saprò molto presto cosa significa il biglietto.

«A voi due, adesso, siete fratelli?»

«Sì. Lui si chiama Joseph e io Maurice.»

«Joseph e Maurice cosa?»

120 «Joffo.»

«E siete ebrei.»

Non è una domanda, quel tipo lo afferma. Voglio aiutare Maurice.

«Ah no, questo è falso[7].»

È sorpreso dalla mia veemenza. Maurice non gli lascia il tempo di
125 parlare.

«No, non siamo ebrei, siamo dell'Algeria. Se vuole le posso raccontare.»

Ha aggrottato le sopracciglia e parla all'SS che si è rimesso gli occhiali e ci esamina con attenzione. Il tedesco fa una domanda. Capisco
130 sempre meglio, è veramente molto simile all'yiddish[8] ma è importantissimo che non si accorga che capisco.

«Cosa facevate in rue de Russie?»

«Arrivavamo dal campo dei *Compagnons de France*, accompagnavamo Ferdinand, lo aspettavamo, ecco tutto, ci ha detto che saliva a vede-
135 re un amico.»

L'SS rigira una matita tra le dita.

Maurice assume un'aria sicura, sento che è perfettamente padrone di sé, incomincia a servirgli la sua storia: papà parrucchiere ad Algeri, la scuola, le vacanze e poi lo sbarco che ci ha impedito di ritornare, tut-
140 to fila a perfezione e, improvvisamente, la sola cosa che non avevamo previsto.

«E siete cattolici?»

«Certo.»

«Allora siete stati battezzati.»

145 «Sì. Abbiamo anche fatto la comunione.»

«In che chiesa?»

---

7. è falso: i due fratellini sono ben consapevoli di dover mentire all'ufficiale nazista e lo fanno con convinzione e determinazione. Su questo punto si erano in precedenza accordati.
8. yiddish: è una lingua del ramo germanico, parlata dagli ebrei originari dell'Europa orientale.

Porca miseria, che tegola. La voce di Maurice risuona ancora più precisa.

«La Buffa, a Nizza.»

150 L'interprete si accarezza il mento.

«Perché non ad Algeri?»

«La mamma preferiva che la facessimo in Francia, aveva un cugino nella regione.»

Ci guarda, scrive qualche riga su un taccuino e lo richiude «Bene, 155 verificheremo se tutto quello che ci avete raccontato è esatto. Per incominciare, passerete la visita medica. Verificheremo se siete circoncisi[9].»

Maurice non fa una piega. Io cerco di restare impassibile.

L'interprete ci guarda.

160 «Avete capito?»

«No. Cosa vuol dire circonciso?»

I due uomini ci guardano. Forse hai esagerato, Maurice, magari tra poco potrebbero farci pagar cara tanta sicurezza. In ogni caso è adesso che il nostro edificio crollerà.

165 Piano superiore. Un soldato ci spinge per le scale. Scopriranno tutto, me ne sbatto, salterò dal treno in corsa, non andrò in Germania.

Mi ritrovo in un'altra stanza, questa è vuota, non c'è scrivania, ci sono tre uomini in camice bianco.

Il più vecchio si volta quando entriamo.

170 «Ah no, non passeremo qui la notte, ho finito il mio turno da mezz'ora.»

Gli altri due sghignazzano e si tolgono il camice. Uno dei due è tedesco.

«Chi sono quei due?»

175 Il soldato che ci accompagna presenta una carta. Intanto gli altri si infilano la giacca.

Il vecchio legge, ha delle sopracciglia molto nere che contrastano con i capelli pepe e sale.

«Togliete i calzoncini e le mutande[10].»

180 Gli altri due seguitano a chiacchierare, sento delle parole, dei nomi di strade, dei nomi di donne, stringono la mano all'uomo che ci esaminerà. Escono.

Il dottore si siede su una seggiola e ci fa segno di avvicinarci.

Il tedesco che ci ha portati sta dietro di noi, accanto alla porta, gli 185 voltiamo le spalle.

Con la mano destra il dottore solleva a Maurice la camicia che gli nasconde il sesso. Non dice niente.

Tocca a me. Guarda.

«E a parte questo non siete ebrei.»

190 Mi tiro su i calzoni.

«No, non siamo ebrei.»

---

9. circoncisi: la circoncisione è un rito fondamentale tra gli ebrei e consiste nell'asportazione totale o parziale del prepuzio.
10. Togliete ... mutande: il medico deve verificare se i due bambini sono circoncisi.

Incontri con la storia: guerra e guerre U6

Sospira senza guardare il soldato che aspetta, dice:
«Non badate a lui, non capisce il francese. Siamo soli qui, potete dirmi la verità, non uscirà da questo ufficio. Voi siete ebrei.»

195 «No» dice Maurice. «I nostri genitori ci hanno fatti operare quando eravamo piccoli perché avevamo delle aderenze[11], ecco tutto.»
Scuote la testa.
«Una fimosi[12], d'accordo. Figuratevi che tutti quelli che vengono qui hanno avuto una fimosi da bambini»

200 «Non è una… come dice lei, erano delle aderenze.»
«Dove siete stati operati?»
«Ad Algeri, in ospedale.»
«Quale ospedale?»
«Non lo so, eravamo molto piccoli.»

205 Si gira verso di me.
«Sì, la mamma è venuta a trovarmi e mi ha portato dei dolci e un libro.»
«Che libro?»
«*Robin Hood*, con le illustrazioni.»

210 Silenzio. Si è risistemato sulla sedia e ci esamina uno dopo l'altro. Non so cosa ha letto nei nostri occhi ma senza dubbio qualcosa che lo incita a cambiare metodo. Con un gesto, fa uscire il soldato che ci aspetta.
Va alla finestra, guarda la strada gialla di sole al tramonto. Le sue mani giocano con le tende. Dolcemente, si mette a parlare.

215 «Mi chiamo Rosen» dice, «sapete cosa vuol dire chiamarsi Rosen?»
Ci guardiamo.

11. aderenze: cicatrici interne.
12. fimosi: un restringimento dell'orifizio prepuziale.

Sezione 2   Narrare, interpretare, esprimere

      «No.»
      Educatamente, aggiungo: «No, dottore.»
      Si avvicina e ci posa le mani sulle spalle.
220   «Significa semplicemente che sono ebreo.»
      Ci lascia digerire la notizia e aggiunge, dopo un'occhiata alla porta:
      «Significa anche che con me si può parlare.»
      Ha gli occhi molto penetranti, quasi neri. Continuo a tacere ma Maurice reagisce più in fretta.
225   «D'accordo» dice, «lei è ebreo ma noi no, ecco tutto.»
      Il medico non risponde. Va verso l'attaccapanni, fruga nella sua giacca, tira fuori la sigaretta e l'accende. Impossibile sapere cosa passa nella testa di quell'uomo.
      Improvvisamente mormora come tra sé:
230   «Cappello[13].»
      La porta si apre e l'SS con gli occhiali che ci ha interrogato è lì sulla porta.
      Fa una domanda breve. Della risposta che gli dà il medico ricordo solo una frase ma ne vale la pena, ci ha salvato la vita. «*Das ist chirurgical*
235   *gemacht*.[14]»

J. Joffo, *Un sacchetto di biglie*, trad. it. di M. Valente, Rizzoli, Milano 2013

13. Cappello: l'espressione (in francese *chapeau*, cioè "tanto di cappello") significa "complimenti, bravi davvero".

14. «*Das ... gemacht*»: «Si tratta di un intervento chirurgico». Il medico conferma la dichiarazione del bambino.

COMPRENDERE E INTERPRETARE

■ In attesa dell'interrogatorio [rr. 1-69]

1. In quale contesto storico è ambientato il romanzo?

2. Spiega perché c'è tanta gente ammassata nell'atrio. Che cosa stanno facendo?

3. Tra la gente c'è anche una coppia di anziani cui il narratore dedica particolare attenzione. Perché? Spiega e argomenta brevemente la tua opinione.

4. A chi è indirizzato l'appellativo *farabutti* [r. 31]? Perché?

5. «Le due donne escono. Piangono tutte e due» [rr. 65-66]. Perché le due donne piangono? Cerca una spiegazione.

■ Faccia a faccia con una SS [rr. 70-164]

6. Qual è la sorte di Ferdinand?

Incontri con la storia: guerra e guerre **U6**

7. La storia *servita* dai due bambini alla SS ha un unico scopo. Quale?

....

8. Quali caratteristiche attribuisci ai due bambini?
- **A** Esitazione.
- **B** Sicurezza.
- **C** Coraggio.
- **D** Indecisione.
- **E** Padronanza di sé.
- **F** Paura.
- **G** Prontezza di spirito.
- **H** Astuzia.

9. Perché l'ufficiale tedesco vuole verificare se i bambini sono circoncisi?

....

Il dottor Rosen [rr. 165-235]

10. Qual è il compito di Rosen all'interno del comando tedesco?

....

11. In che modo salva i due bambini? Perché lo fa?

....

STUDIARE LA LINGUA

12. Osserva lo stile narrativo [rr. 7-23]. Quale costruzione prevale?
- **A** Paratattica.
- **B** Ipotattica.

13. «Porca miseria, che tegola» [r. 147]. Che cosa significa l'espressione? A quale *tegola* si riferisce?

....

14. Completa il giudizio sullo stile scegliendo l'opzione corretta.

Anche se Joseph Joffo scrive quando è persona matura, il linguaggio non è quello proprio di un **adulto/bambino**; infatti le descrizioni, i dialoghi e i pensieri sono quelli di un **adulto/bambino** di dieci anni, per questo il linguaggio è **letterario e artificioso/semplice e chiaro**, non vi sono particolari forme **gergali/retoriche** o dialoghi **complicati/semplici**, ma la scrittura è **scorrevole/complessa**.

PARLARE

15. «Quello che mi ha colpito fuma. Lo guardo di soppiatto. È incredibile, ha una faccia come tutti gli altri, non una faccia da bruto, e allora, perché?» [rr. 37-39]. A che cosa è riferito quel *perché*? Di che cosa si stupisce Joseph? Che cosa gli risponderesti? Discutine in classe.

SCRIVERE

16. Scrive Joffo in un punto del romanzo: «Non mi hanno preso la vita, forse hanno fatto di peggio, mi hanno rubato la mia infanzia, hanno ucciso in me il bambino che potevo essere». Spiega in un paragrafo che cosa intende dire l'autore.

Sezione 2 Narrare, interpretare, esprimere

T8 Vincent e Kris Bailly
Siete ebrei?

I contenuti | Dal romanzo di Joseph Joffo (>T7) è stato tratto un *graphic novel* che racconta in un'appassionante serie di tavole le vicende di Joseph e del fratello Maurice. Noi ti proponiamo le tavole che riproducono gli eventi narrati nel brano *Arrestati dalle SS*. Dopo averle lette, potrai confrontare i due testi.

1. – Io porto questi tre di sopra, per iniziare. Voi aspettate qui con i bambini. Vi dirò cosa fare.
2. – Va bene.

Incontri con la storia: guerra e guerre U6

3. – Holder, tocca a te! Portali di sopra.
4. – Andate dentro, voi due!

Sezione 2 Narrare, interpretare, esprimere

Incontri con la storia: guerra e guerre U6

5. – È fatto chirurgicamente.

V. e K. Bailly, *Un sacchetto di biglie*, trad. it. di G. Zucca, Rizzoli, Milano 2013

Incontri con la storia: guerra e guerre **U6**

COMPRENDERE E INTERPRETARE

La narrazione per immagini

1. Quali personaggi, citati nel romanzo, riconosci nei fumetti?
   ....
   ....

2. Gli atteggiamenti, le espressioni, l'aspetto dei personaggi ti sembrano coerenti con quelli del racconto? Li avevi immaginati diversi?
   ....
   ....

3. Nella terza tavola, in che modo viene rappresentato il serrato dialogo tra l'ufficiale SS e i due bambini?
   ....
   ....

4. L'ultima tavola aggiunge una parte nuova alla narrazione. Che cosa veniamo a sapere?
   ....
   ....

5. Perché l'ufficiale delle SS chiede i certificati di comunione? Che cosa dimostrano?
   ....
   ....

STUDIARE LA LINGUA

6. Gli autori del fumetto hanno aggiunto alcune battute in tedesco. Ti sembra efficace la scelta?
   ....
   ....

7. Diverse vignette non hanno battute di dialogo. Come spieghi questa scelta?
   ....
   ....

PARLARE

8. Nell'introduzione al fumetto si legge: «In questo libro, una storia vera, ci sono due sensazioni che si offrono al lettore: una cupa e raggelante, l'altra solare e ottimistica». Queste due sensazioni sono in parte rilevabili anche nelle immagini del fumetto: spiega come, da chi o da che cosa sono messe in evidenza.

SCRIVERE

9. Nelle vignette che non contengono fumetti, aggiungi qualche battuta che sia coerente con l'immagine. Scegli le vignette che meglio si prestano a essere integrate con il linguaggio verbale; confronta poi il tuo lavoro con quello dei compagni.

Sezione 2 Narrare, interpretare, esprimere

T9

Primo Levi
Rimanere uomini

I contenuti | *Se questo è un uomo* non è soltanto un libro sui campi di concentramento e sullo sterminio degli ebrei avvenuto durante la Seconda guerra mondiale. È soprattutto una riflessione sulla **condizione umana**, sui suoi limiti e sulle sue straordinarie risorse, sul rapporto fra bene e male, sulla **dignità** vista come valore supremo di ogni uomo. Nel resoconto del terribile snaturamento cui tutti sono sottoposti nel lager, l'autore trova sempre spazio e occasione per le sue considerazioni, che costituiscono l'insegnamento morale che egli offre ai suoi lettori: un'esortazione affinché non si dimentichi e non accada mai più.

Primo Levi è stato arrestato e si trova in un campo di internamento in Italia, a Fossoli, nei pressi di Carpi (Modena). È il mattino della partenza per una destinazione sconosciuta.

Con la assurda precisione a cui avremmo più tardi dovuto abituarci, i tedeschi fecero l'appello. Alla fine, – *Wieviel Stück?*[1] – domandò il maresciallo; e il caporale salutò di scatto, e rispose che i «pezzi» erano seicentocinquanta, e che tutto era in ordine; allora ci caricarono sui torpedoni[2] e ci portarono alla stazione di Carpi. Qui ci attendeva il treno e la scorta per il viaggio. Qui ricevemmo i primi colpi: e la cosa fu così nuova e insensata che non provammo dolore, nel corpo né nell'anima. Soltanto uno stupore profondo: come si può percuotere un uomo senza collera?

I vagoni erano dodici, e noi seicentocinquanta; nel mio vagone eravamo quarantacinque soltanto, ma era un vagone piccolo. Ecco dunque, sotto i nostri occhi, sotto i nostri piedi, una delle famose tradotte[3] tedesche, quelle che non ritornano, quelle di cui, fremendo e sempre un poco increduli, avevamo così spesso sentito narrare. Proprio così punto per punto: vagoni merci, chiusi dall'esterno, e dentro uomini donne bambini, compressi senza pietà, come merce di dozzina in viaggio verso il nulla, in viaggio all'ingiù, verso il fondo.

Questa volta dentro siamo noi.

Primo Levi si trova ora ad Auschwitz e subisce i primi effetti della fame e del crudele trattamento.

Eccomi dunque sul fondo. A dare un colpo di spugna al passato e al futuro si impara assai presto, se il bisogno preme. Dopo quindici giorni dall'ingresso, già ho la fame regolamentare, la fame cronica sconosciuta agli uomini liberi, che fa sognare di notte e siede in tutte le membra dei

---
1. Wieviel Stück?: in tedesco, "Quanti pezzi?".
2. torpedoni: pullman.
3. tradotte: convogli ferroviari, solitamente militari, per lo spostamento di uomini e animali.

4. piaghe torpide: ferite che hanno reso insensibile la pelle.
5. tumido: gonfio per la stanchezza e gli stenti.

nostri corpi; già ho imparato a non lasciarmi derubare, e se anzi trovo in giro un cucchiaio, uno spago, un bottone di cui mi possa appropriare senza pericolo di punizione, li intasco e li considero miei di pieno diritto. Già mi sono apparse, sul dorso dei piedi, le piaghe torpide[4] che non guariranno. Spingo vagoni, lavoro di pala, mi fiacco alla pioggia, tremo al vento; già il mio stesso corpo non è più mio, ho il ventre gonfio e le membra stecchite, il viso tumido[5] al mattino e incavato a sera; qualcuno fra noi ha la pelle gialla, qualche altro grigia; quando non ci vediamo per tre o quattro giorni, stentiamo a riconoscerci l'un l'altro.

Avevamo deciso di trovarci, noi italiani, ogni domenica sera in un angolo del Lager; ma abbiamo subito smesso, perché era troppo triste contarci, e trovarci ogni volta più pochi, e più deformi, e più squallidi. Ed era così faticoso fare quei pochi passi; e poi, a ritrovarsi, accadeva di ricordare e di pensare, ed era meglio non farlo.

Primo Levi e *Se questo è un uomo*

parole
concetti
idee

In *Se questo è un uomo* Primo Levi ha lasciato una toccante testimonianza della prigionia personalmente subita nei campi di concentramento nazisti. Catturato nel dicembre 1943, quando aveva ventiquattro anni, perché ebreo, condotto nel campo di concentramento di Auschwitz, in Polonia, sopravvisse alle atrocità cui i nazisti lo sottoposero insieme agli altri prigionieri del campo, fino alla liberazione. Il libro, com'era nelle intenzioni dell'autore, è tutt'oggi uno dei documenti più significativi sulle assurde discriminazioni razziali e sull'odio tra gli uomini che può condurre alle atrocità più impensabili.

Il libro nacque a poco a poco, capitolo per capitolo, dai racconti orali che Levi fece ai suoi conoscenti appena tornato a casa dopo la detenzione nel lager; diverse parti del libro, addirittura, furono scritte di nascosto proprio durante l'internamento (su alcuni pezzi di carta trafugati durante il lavoro nella fabbrica di gomma sintetica del lager). Ogni capitolo quindi ha un'origine e un tema a sé stante, e solo in un secondo momento Levi decise di unire il tutto in un libro.

▶ Lo scrittore Primo Levi.

Dopo i primi tempi passati nel lager, comincia a farsi vivo un senso di abbandono. Ma Primo Levi è duramente rimproverato da un altro prigioniero.

Devo confessarlo: dopo una sola settimana di prigionia, in me l'istinto della pulizia è sparito. Mi aggiro ciondolando per il lavatoio, ed ecco Steinlauf, il mio amico quasi cinquantenne, a torso nudo, che si strofina collo e spalle con scarso esito (non ha sapone) ma con estrema energia. Steinlauf mi vede e mi saluta, e senza ambagi[6] mi domanda severamente perché non mi lavo. Perché dovrei lavarmi? Starei forse meglio di quanto sto? Piacerei di più a qualcuno? Vivrei un giorno, un'ora di più? Vivrei anzi di meno, perché lavarsi è un lavoro, uno spreco di energia e di calore. Non sa Steinlauf che dopo mezz'ora ai sacchi di carbone ogni differenza fra lui e me sarà scomparsa? Più ci penso e più mi pare che lavarsi la faccia nelle nostre condizioni sia una faccenda insulsa, addirittura frivola: un'abitudine meccanica, o peggio, una lugubre ripetizione di un rito estinto. Morremo tutti, stiamo per morire: se mi avanzano dieci minuti fra la sveglia e il lavoro, voglio dedicarli ad altro, a chiudermi in me stesso, a tirare le somme, o magari a guardare il cielo e a pensare che lo vedo forse per l'ultima volta; o anche solo a lasciarmi vivere, a concedermi il lusso di un minuscolo ozio.

Ma Steinlauf mi dà sulla voce[7]. Ha terminato di lavarsi, ora si sta asciugando con la giacca di tela che prima teneva arrotolata fra le ginocchia e che poi infilerà, e senza interrompere l'operazione mi somministra una lezione in piena regola.

Ho scordato ormai, e me ne duole, le sue parole diritte e chiare, le parole del già sergente Steinlauf dell'esercito austro-ungarico, croce di ferro della guerra '14-'18. Me ne duole, perché dovrò tradurre il suo italiano incerto e il suo discorso piano di buon soldato nel mio linguaggio di uomo incredulo.

Ma questo ne era il senso, non dimenticato allora né poi: che appunto perché il Lager è una gran macchina per ridurci a bestie, noi bestie non dobbiamo diventare; che anche in questo luogo si può sopravvivere, e perciò si deve voler sopravvivere, per raccontare, per portare testimonianza; e che per vivere è importante sforzarci di salvare almeno lo scheletro, l'impalcatura, la forma della civiltà. Che siamo schiavi, privi di ogni diritto, esposti a ogni offesa, votati a morte quasi certa, ma che una facoltà ci è rimasta, e dobbiamo difenderla con ogni vigore perché è l'ultima: la facoltà di negare il nostro

---

6. ambagi: giri di parole.
7. mi dà sulla voce: mi rimprovera.

8. **proprietà:** precisione, correttezza.
9. **prussiana:** la Prussia era la parte centro-orientale della Germania; il suo esercito era celebre per il senso di disciplina.

90 consenso. Dobbiamo quindi, certamente, lavarci la faccia senza sapone, nell'acqua sporca, e asciugarci nella giacca. Dobbiamo dare il nero alle scarpe, non perché così prescrive il regolamento, ma per dignità e per proprietà[8]. Dobbiamo camminare diritti, senza strascicare gli zoccoli, non già in omaggio alla disciplina prussiana[9], ma per restare vivi, per non cominciare a morire.

da P. Levi, *Se questo è un uomo*, Einaudi, Torino, 1989

COMPRENDERE E INTERPRETARE

■ Come sono trattati gli uomini [rr. 1-21]

1. Quale termine è usato per designare i deportati?

2. In quale tipo di vagoni sono ammassati i deportati?

3. Quale cosa è «così nuova e insensata» per i deportati nel comportamento dei tedeschi?

■ Che cosa diventano gli uomini [rr. 24-41]

4. Quali cambiamenti il narratore constata sul proprio corpo?

5. Di quale cambiamento si può parlare da un punto di vista morale?

6. A quali cause il narratore attribuisce tali cambiamenti?

■ Come si resta uomini [rr. 44-91]

7. Chi è Steinlauf?

8. Trascrivi la definizione che Levi dà del lager.

9. Perché bisogna mentenersi ordinati e puliti anche nel lager?

10. Secondo Steinlauf, con quali comportamenti si possono salvare «lo scheletro, l'impalcatura, la forma della civiltà»?

Sezione 2 Narrare, interpretare, esprimere

STUDIARE LA LINGUA

11. Considera la frase «Questa volta dentro siamo noi» [r. 21].
  a. Quale tempo verbale è usato nella frase?
  b. Spiega perché viene impiegato proprio questo tempo verbale.

12. Considera la frase «era troppo triste contarci, e trovarci ogni volta più pochi, e più deformi, e più squallidi» [rr. 38-39].
  a. Con quale grado sono usati gli aggettivi qualificativi?
  b. Giustifica l'impiego di questi aggettivi.

13. Come spieghi l'anafora del verbo dovere («Dobbiamo… Dobbiamo… Dobbiamo», rr. 86-89? Che effetto comunica?

PARLARE

14. Dimostra con gli opportuni riferimenti che il brano è un esempio di *prosa memorialistica*.

SCRIVERE

15. Il romanzo si apre con la poesia che proponiamo qui di seguito. Spiega in che modo la poesia permette di capire meglio il titolo del romanzo.

Voi che vivete sicuri
nelle vostre tiepide case,
voi che trovate tornando a sera
il cibo caldo e visi amici:
Considerate se questo è un uomo
che lavora nel fango
che non conosce pace
che lotta per mezzo pane
che muore per un sì o per un no.
Considerate se questa è una donna,
senza capelli e senza nome
senza più forza di ricordare
vuoti gli occhi e freddo il grembo
come una rana d'inverno.
Meditate che questo è stato:
vi comando queste parole.
Scolpitele nel vostro cuore
stando in casa andando per via,
coricandovi, alzandovi.
Ripetetele ai vostri figli.
O vi si sfaccia la casa,
la malattia vi impedisca,
i vostri nati torcano il viso da voi.

Incontri con la storia: guerra e guerre — U6

Le guerre nel mondo

Quante sono oggi le guerre nel mondo? Lasciamo rispondere a Toni Capuozzo, giornalista che spesso si è occupato di reportage di guerra.

Se immaginassimo una cartina del mondo e provassimo a segnare le guerre con un piccolo punto rosso, sembrerebbe che il nostro pianeta soffra di morbillo. Secondo una ricerca (*I conflitti dimenticati*, a cura della Caritas Italiana in collaborazione con "Famiglia Cristiana" e "Il Regno"; a cura di P. Beccegato e W. Nanni, Feltrinelli, Milano 2003) negli anni Novanta si sono registrate 57 guerre in 45 paesi, in massima parte guerre civili combattute per il controllo del governo o del territorio. Il 90% delle guerre dopo il 1945 – cioè dopo la fine di una guerra mondiale combattuta dai paesi più forti e sviluppati – ha avuto luogo nei paesi poveri. A pagarne il prezzo maggiore sono stati degli innocenti: 2 milioni di bambini morti dal 1990 al 2000; circa 27 milioni di morti tra i civili dal dopoguerra a oggi (il 90% del totale delle vittime); 35 milioni di rifugiati.

Il primo decennio del nuovo secolo, anche se manca ancora un bilancio ufficiale, non è andato meglio. Sono numeri che spaventano, ma spesso non si sanno, o non ci si pensa. Molti sono conflitti che durano da anni – tanto da sembrare "normali", da essere entrati nella "quotidianità" delle notizie – altri sono locali, le cosiddette "guerre dimenticate", i puntini rossi che dimentichiamo di aggiungere su quella mappa del mondo.

da T. Capuozzo, *Le guerre spiegate ai ragazzi*, Mondadori, Milano 2012

▼ La mappa dei conflitti attuali.

- Conflitti in corso
- Conflitti instabili o in tregua
- ONU Missioni di pace ONU
- Pirateria marittima
- Ipotetiche zone di conflitto per l'acqua

1. **Messico** (2006...) Scontri fra esercito e cartelli della droga
2. **Colombia** (1963...) Conflitto civile
3. **Libia** (2011) Conflitto civile
4. **Kurdistan** (1984...) Ribellione
5. **Georgia** (1999-2009) Conflitto georgiano con atti terroristici
6. **Palestina** (2000-2009) Scontri tra israeliani e palestinesi
7. **Iraq** (2003-2009) Seconda guerra del Golfo
8. **Costa d'Avorio** (2002-2005) Missione ONU Unicorno
9. **Nigeria** (1999...) Conflitti sul delta del Niger
10. **Darfur** (2003...) Conflitto civile (tregua)
11. **R.D.Congo** (1996-2003) Guerra del Congo
12. / 13. **Sud Sudan** (1983-2005) Insurrezione dell'esercito di Resistenza del Signore
14. **Uganda** (1993-2008) Insurrezione dell'esercito di Resistenza del Signore
15. **Somalia** (2006...) Guerra in Somalia
16. **Eritrea-Etiopia** (1998-2000) Guerra tra Eritrea ed Etiopia
17. **Yemen** (2004-2011) Insurrezioni e scontri
18. **Afghanistan** (2003...) Guerra al terrore
19. **Nepal** (1996-2006) Guerra civile nepalese

CONTINUA A LEGGERE

Sezione 2   Narrare, interpretare, esprimere

Uganda

T10
China Keitetsi
Soldati a nove anni

I contenuti | China Keitetsi aveva appena nove anni quando venne arruolata tra le fila dell'*Esercito di resistenza nazionale* ugandese (movimento antigovernativo degli anni Ottanta). Dieci anni più tardi riuscì finalmente a scappare dagli orrori della guerra e dalle crudeltà che, come tanti bambini soldato, aveva dovuto subire. China, infine, è stata aiutata dalle Nazioni Unite a mettersi in salvo e a raggiungere la Danimarca, dove tuttora vive e lavora con i bambini.
La sua testimonianza è raccolta in questo libro che trasporta il lettore nel vivo di una delle più grandi tragedie dell'età contemporanea, quella di regimi ed eserciti che nella lotta per il potere usano i bambini come carne da macello.

Il terzo giorno mi fu permesso di unirmi al resto del gruppo e di marciare assieme agli altri: ero felice, eccitatissima.
Dopo circa due ore di marcia, ci fu concessa una pausa di quindici minuti. Gli adulti sedettero in un angolo e i bambini in un altro. Io mi sedetti tutta sola, cercando di studiarli da lontano: la maggior parte di loro sembrava essere lì da qualche tempo. Non mi era facile ambientarmi, vista la lingua che parlavano.
Finita la pausa, a qualcuno fu detto di allinearsi dietro una fila di fucili per un'esercitazione: dodici bambini e dodici Ak-47[1]. Lo scopo era smontare e rimontare l'arma nell'arco di qualche secondo. Il giorno dopo, invece, ci insegnarono come metterci al riparo in caso di necessità, nonché come attaccare con le baionette; purtroppo però gli Ak-47

1. **Ak-47:** fucile mitragliatore.

erano molto più grandi della maggior parte di noi, ragion per cui finimmo per esercitarci con dei bastoncini di legno.

Dopo tre giorni di addestramento, me ne stavo schierata in fila durante l'adunata del mattino, quando uno dei nostri istruttori venne dritto verso di me. Alto, massiccio, mi si piazzò davanti e mi guardò fisso negli occhi, prima di chiedermi come mi chiamassi. Da buon settentrionale, s'accorse di non riuscire a pronunciare bene il mio nome, allora saltò su tutte le furie e mi lanciò uno sguardo da fare spavento e, quando abbassai il capo, mi ringhiò: «Guardami, occhi a mandorla! Ehi, dico a te, cinesina! Mi hai sentito? Ti ho detto di guardarmi, "China"!». Con un riflesso istintivo la mia testa scattò su e il mio sguardo incontrò il suo. Mi spinse fuori dalla fila e, davanti a tutto il resto del plotone, prese a ordinare ad alta voce: «Soldato China: destro, sinistro, destro, sinistro… Avanti, China!» e fu così che, da quel giorno, il mio nome cambiò per sempre.

Quel nomignolo dal suono straniero riuscì a darmi un po' di celebrità. La maggior parte degli altri bambini adesso voleva essermi amica, per quanto a volte la lingua costituisse un problema: io parlavo *kinyankole*[2], ed ero una dei pochi. Altre due erano le lingue che avrei fatto bene a imparare al più presto: la maggior parte dei miei compagni erano della tribù Baganda, che parlava *kiganda*; lo *swahili*[3], al contrario, non era la lingua di nessuno, ma Museveni[4] aveva deciso di renderla la nostra lingua ufficiale: ne preferiva una straniera ma, a suo modo, "internazionale" rispetto alle altre, nella speranza che questo potesse aiutare a porre fine alle divisioni tribali. D'ora in avanti le differenze che correvano tra noi non avrebbero più dovuto avere alcuna importanza, visto che ormai combattevamo tutti per la stessa causa: la libertà!

Per il "soldato China" l'addestramento non durò a lungo, non perché fosse una brava combattente, già capace di mostrare i denti sul campo di battaglia, né perché imparasse in fretta. La vera ragione era semplicemente che l'Esercito di resistenza nazionale era ancora a corto di uomini, e perciò non ci si poteva permettere di tenerli troppo a lungo fermi a fare esercitazioni. Dopo aver ricevuto un'infarinatura di nozioni belliche[5], i bambini venivano divisi in vari gruppi di combattimento. Io ero tra quelli a cui non era stato dato un Ak-47, e che perciò, non potendo combattere, dovevano dare una mano a portare le cose dei superiori: pentole, tazze e munizioni.

Era passato ormai un mese da quando avevo lasciato il campo d'addestramento; finalmente, una mattina, fui scelta per una missione speciale insieme a pochi altri bambini. Ero eccitatissima: dopo tanto tempo, ora anch'io avrei visto un po' d'azione, invece di sentirne sempre e solo parlare dai bambini più grandi! Le istruzioni ci vennero date quando già ci eravamo messi in marcia; presto ci ordinarono di nasconderci tra i cespugli. Il comandante ci disse di andare al centro della carreggiata, metterci seduti e far finta di giocare con la sabbia.

---

2. kinyankole: varietà di dialetto dell'Uganda, come i successivi citati nel testo.
3. swahili: è una lingua diffusa in gran parte dell'Africa orientale, centrale e meridionale.
4. Museveni: all'inizio degli anni Ottanta, Yoweri Kaguta Museveni creò il NRA (*National Resistance Army*, "Esercito di resistenza nazionale") e iniziò la guerriglia, a cui Milton Obote, il presidente in carica, rispose con uccisioni di massa.
5. un'infarinatura … belliche: in senso metaforico indica una conoscenza superficiale delle tecniche di guerra.

Dopo un po' iniziammo a sentire un rumore: un lungo convoglio di macchine e camion dell'esercito governativo si stava avvicinando. Calmi, come se niente fosse, continuammo a giocare senza spostarci di un centimetro. Il primo camion della fila ci si fermò proprio davanti. Poi, quando la maggior parte dei soldati fu finalmente scesa, facemmo come ci avevano detto di fare: in un lampo tornammo di corsa a tuffarci nella boscaglia e solo allora, spuntati dal nulla, i nostri compagni aprirono il fuoco contro i nemici indifesi! Solo che…

Solo che una battaglia non era proprio come mi avevano raccontato. In quel momento sentivo soltanto un rumore assordante, spaventoso, e davanti a me vedevo la strada che sembrava esplodere in mille pezzi non appena i colpi dei lanciarazzi centravano i camion. Non ero mai stata tanto terrorizzata in vita mia, ebbi l'istinto di scappare: stavo per mettermi a correre quando i miei compagni m'afferrarono e mi tennero giù al riparo dietro a un albero.

Vincemmo noi e, non appena tutto fu finito, i miei compagni corsero verso la strada e iniziarono a spogliare i soldati morti. Fatta eccezione per gli ufficiali di grado più alto, avevamo tutti bisogno di qualcosa da indossare, e poco importava se si trattava delle uniformi dei nemici:

a noi andavano più che bene. Io mi rialzai e stetti a osservare da lontano quei ragazzini intenti a spartirsi mutande e scarponi. Mi sentivo confusa: mi avevano detto che stavamo combattendo per la libertà; non sapevo, però, che questo significasse anche derubare i morti. Gettai uno sguardo attorno, e l'eccitazione si trasformò in tristezza: c'erano nemici feriti sparsi dappertutto, che piangevano e chiedevano aiuto, e all'improvviso mi riuscì davvero difficile pensare a loro come a gente da odiare. A quelli che si erano arresi erano state legate le braccia dietro la schiena nella maniera più dolorosa possibile. Tutti i miei compagni sembravano divertirsi, e in quel momento mi sembrò di capire per la prima volta una strana verità: non c'era nulla che piacesse agli uomini quanto torturare e umiliare qualcuno incapace di reagire.

I prigionieri furono condotti al nostro campo, senza mai smetterla di prenderli a calci e sputi; poi, una volta arrivati, tutti gli ufficiali furono fucilati. Y.K. Museveni ci diede il benvenuto con un bel discorso d'incoraggiamento e, per quel che poteva valere, ci proclamò eroi del giorno. Avemmo il diritto di cenare con il grand'uomo in persona, fuori dalla piccola capanna che era stata costruita per lui, e a ognuno furono consegnati un'uniforme e un paio di stivali appartenuti agli ufficiali giustiziati. Quella notte ci fu concesso di riposare in tutta comodità, mentre gli adulti sorvegliavano il campo, che consisteva in tutto di tre capanne.

C. Keitetsi, *Una bambina soldato*, trad. it. di E. Buonanno, Marsilio, Venezia 2008

COMPRENDERE E INTERPRETARE

L'addestramento [rr. 1-49]

1. In che cosa consiste l'addestramento dei bambini?

2. Contrassegna tre aggettivi che ti sembrano adatti a qualificare il comportamento dell'istruttore.
   - **A** Brutale.
   - **B** Fiero.
   - **C** Ribelle.
   - **D** Rabbioso.
   - **E** Orgoglioso.
   - **F** Oppressivo.

3. Come si spiega il soprannome attribuito alla bambina? Vuole essere dispregiativo o apprezzativo? Motiva la risposta.

4. Perché Museveni vuole rendere lo *swahili* una lingua ufficiale?
   - **A** Perché era la lingua parlata da tutti i membri dell'esercito.
   - **B** Perché era facile da imparare.
   - **C** Perché era la lingua parlata dai bambini.
   - **D** Perché era la lingua più "internazionale", più adatta a superare le divisioni tribali.

5. A quali servizi viene addetta China?

Sezione 2 Narrare, interpretare, esprimere

■ **L'agguato** [rr. 50-88]

6. Perché China è «eccitatissima»?
   ....

7. Con quale scopo i bambini vengono messi a giocare in mezzo alla carreggiata? La loro sorte è messa in pericolo?
   ....

8. Analizza come comportamenti, reazioni, riflessioni di China cambiano nel momento dell'agguato; la bambina è:
   a. *sorpresa* perché: ....
   b. *terrorizzata* perché: ....
   c. *confusa* perché: ....
   d. *triste* perché: ....

STUDIARE LA LINGUA

9. Nel testo compaiono molti termini che appartengono al lessico militare e della guerra. Completa la tabella trascrivendo un buon numero di esempi.

Nomi semplici	Locuzioni	Aggettivi	Verbi
Fucili, esercitazione, baionette,	Gruppi di combattimento, aprire il fuoco,	Bellico,	Marciare, attaccare,

10. Che cosa indica l'espressione «divisioni tribali» [r. 37]?
    A Il conflitto tra il partito governativo e l'Esercito di resistenza nazionale.
    B I perimetri territoriali delle zone conquistate.
    C I contrasti e i conflitti fra tribù che hanno lingua e cultura diverse.
    D Le unità militari composte da diversi reggimenti.

PARLARE

11. «In quel momento mi sembrò di capire per la prima volta una strana verità» [rr. 86-87]. Esponi in modo argomentato in che cosa consiste la verità che China ha capito e perché la definisce strana.

SCRIVERE

12. L'Unicef ha realizzato in numerosi Paesi programmi per aiutare nel reinserimento i bambini-soldato. Visita il sito *http://www.unicef.it/doc/224/bambini-soldato.htm* e scrivi una breve relazione, in particolare:
    ‣ esponi i fatti chiave che riguardano i bambini-soldato;
    ‣ illustra gli scopi dell'Unicef a proposito;
    ‣ illustra i principi di intervento.

Elizabeth Laird
T11 Coprifuoco in Palestina

Palestina

I contenuti | Il protagonista di questo romanzo è Karim Aboudi, ha dodici anni e vive a Ramallah, in Palestina, con la famiglia. La città è occupata dai soldati israeliani che hanno imposto il coprifuoco, la sua scuola è distrutta dai carri armati, la fattoria dei suoi genitori è occupata dagli invasori. Nelle prime pagine del libro, Karim sogna a occhi aperti...

Karim era seduto sul letto, la testa appoggiata alla spalliera, nella stanza tappezzata da poster di calciatori famosi. Aveva un foglio di carta in mano. Lo guardò pensieroso.

        COSA VOGLIO FARE (O COSA VOGLIO DIVENTARE)
                              DA GRANDE.
                     LA TOP TEN DI KARIM ABOUDI
                15 Jaffa Apartments, Ramallah, Palestina.

Karim sottolineò il titolo. Poi, in bella calligrafia, buttò giù l'elenco.
1. Il più grande calciatore del mondo.
2. Il ragazzo più figo del mondo, bellissimo, super-ricercato, alto almeno 1,90 (e comunque più alto di Jamal).
3. Il liberatore della Palestina e di conseguenza l'eroe nazionale.
4. L'attore o il presentatore televisivo (famoso!).
5. Il miglior inventore di videogiochi dell'universo.
6. Essere me stesso, e fare come mi pare, senza genitori, fratelli maggiori e insegnanti a rompere tutto il tempo.
7. L'inventore della formula chimica di un acido che sciolga l'acciaio rinforzato dei carri armati e dei mitragliatori israeliani.
8. Essere più forte di Ioni e degli altri miei amici (ci vuole poco).

Fece una pausa e mordicchiò il tappo della biro.

Lontano, la sirena di un'ambulanza riecheggiò nell'aria di quel pomeriggio d'autunno. Pareva un pianto.

Karim si distrasse dal foglio e guardò fuori dalla finestra. I suoi occhi grandi e neri sbucavano dalla zazzera di capelli lisci dello stesso colore che gli incorniciava il volto pallido e sottile.

9. Essere vivo. E se proprio mi dovessero ferire, dovrebbe essere in un punto che guarisce o si rimargina. Non in testa e neanche nella spina dorsale. Inshallah[1].
10. ...

Al 10 Karim si arrese. E decise di lasciare la casella libera, riproponendosi di riempirla in seguito, casomai gli venisse in mente qualcosa di buono.

---

1. **Inshallah:** in arabo, "se Dio lo vuole".

Rilesse e rimase seduto a tamburellare la punta della biro sul colletto della maglietta a strisce. Poi prese un foglio bianco e senza esitazioni scrisse:

COSA NON VOGLIO FARE (O COSA NON VOGLIO ESSERE) DA GRANDE.
LA TOP TEN DI KARIM ABOUDI.

1. Il negoziante come Baba.
2. Il dottore (la mamma ci tiene tanto, ma io proprio non la capisco. Lo sa che non sopporto la vista del sangue).
3. Essere basso di statura.
4. Sposarmi con una ragazza come Farah.
5. Beccarmi un proiettile nella schiena e finire sulla sedia a rotelle, come è successo a quel mio compagno di scuola.
6. Riempirmi di brufoli come Lamal.
7. Ritrovarmi con la casa sventrata dai carri armati israeliani ed essere costretto ad abitare in qualche campo profughi.
8. Andare a scuola. Tassativo.
9. Vivere nella città occupata. Essere fermato ogni mezzo metro dai soldati israeliani. Avere paura. Essere prigioniero in casa mia.
10. Morire.

Karim si diresse alla finestra e guardò giù, cinque piani più in basso. Accanto al condominio c'era uno spiazzo vuoto. Lo avevano spianato per costruire, ma i lavori non erano mai cominciati. Così Karim ne aveva fatto il suo personale campo di calcio. Il luogo perfetto per il suo gioco nuovo e solitario.

Sentiva le gambe fremergli mentre premeva la faccia contro il vetro freddo. Essere laggiù in quel momento, questo era il desiderio più grande. E fare ciò che amava di più al mondo, ovvero calciare il pallone contro il muro, avanti e indietro, avanti e indietro, e in quel ritmo perdersi per sempre.

65   Perché quando giocava, e giocava bene, la mente si perdeva. La testa smetteva di pensare, le gambe e le braccia prendevano il sopravvento. Il ritmo lo riempiva e gli dava pace. Jamal si era stravaccato sul letto, le gambe lunghe e sottili ben distese.

– Togliti dalla finestra – sbraitò a Karim. – Ti vedono. E finisce che ti
70 becchi una pallottola in fronte.

Karim guardò ancora giù. Il carro armato israeliano che per giorni aveva presidiato il crocevia sotto il suo condominio, adesso era avanzato di qualche metro. Spuntava un soldato dal tetto, imbracciava un mitra. Scortavano il carro tre soldati a piedi. Uno di loro era accucciato
75 e parlava in una ricetrasmittente.

Non c'era verso di andare fuori a giocare, con il carro armato a presidiare la via. Nessuna possibilità. Da quando, due settimane prima, un guerrigliero palestinese aveva freddato due persone in un caffè israeliano, gli israeliani avevano indetto l'ennesimo coprifuoco, il che
80 equivaleva a vivere in una città blindata. Per quindici giorni nessuno a Ramallah poteva mettere il naso fuori di casa, notte e giorno. Unica concessione, una tregua di due ore, una o due volte alla settimana. I trasgressori (trasgressione era anche affacciarsi sulla soglia) sarebbero stati presi a fucilate. Jamal aveva ragione. Anche sostare alla finestra era
85 pericoloso.

Karim si voltò e si disse che avrebbe fatto meglio a non guardare il suo campetto. Perché gli era tornata la nostalgia, la voglia di essere là, a correre e saltare, a roteare le braccia e a tirare.

E. Laird, *Un piccolo pezzo di terra*, trad. it. di C. Bellitti, Feltrinelli, Milano 2004

COMPRENDERE E INTERPRETARE

Che cosa voglio fare [rr. 1-32]

1. Chi è Karim? Dove abita?

2. Che aspetto ha?

3. In quale attività è impegnato?

4. Le cose che Karim vorrebbe fare riguardano sostanzialmente tre ambiti. Per ciascuno di essi, chiarisci quali "obiettivi" il ragazzino ha in mente. Segui l'esempio.
    a. Aspetto personale e vita quotidiana: *diventare bello e alto per essere desiderato e ammirato;*
    b. Futura vita da adulto:
    c. Guerra e Palestina:

Sezione 2 Narrare, interpretare, esprimere

5. Nelle righe 12-18, si coglie un indizio del clima di guerra in cui Karim vive. Quale?
....

■ Che cosa non voglio fare [rr. 33-52]

6. Anche le cose che Karim non vorrebbe fare riguardano gli stessi ambiti. Per ciascuno di essi, chiarisci quali "obiettivi" ha in mente. Segui l'esempio.
  a. Aspetto personale e vita quotidiana: *essere basso,*
  ....
  b. Futura vita da adulto: *non fare il negoziante,*
  ....
  c. Guerra e Palestina: ....

■ Impossibile giocare [rr. 53-88]

7. In realtà qual è il desiderio più grande di Karim?
....

8. Nelle ultime righe, il contesto di guerra in cui Karim vive diventa ben evidente. Giustifica l'affermazione seguendo la traccia.
  a. Nella strada c'è ....
  b. Alcuni soldati ....
  c. È in corso un .... perché ....

STUDIARE LA LINGUA

9. La sirena dell'ambulanza «pareva un pianto» [r. 22]. Come spieghi l'espressione?
....

10. La parola *coprifuoco* significa:
  A ordine, imposto dalle autorità, di non affacciarsi alle finestre.
  B ordine di tenere spenta la luce per motivi di ordine pubblico.
  C azione di guerriglia violenta e improvvisa.
  D divieto di uscire di casa in determinate ore imposto alla popolazione per motivi di ordine pubblico.

PARLARE

11. A tuo avviso, quali sono le paure e le mancanze che la guerra ha prodotto in Karim? C'è solo l'impossibilità di giocare? Valuta il problema discutendone con i compagni.

SCRIVERE

12. Consultando il tuo libro di storia ed eventualmente altri documenti on line, scrivi una breve relazione sulla guerra tra israeliani e palestinesi, spiegando soprattutto le antiche e tormentate ragioni di tale conflitto.

Yasmina Khadra

Vivere a Kabul

Afghanistan

I contenuti | L'autrice ambienta la sua storia in una Kabul spettrale, messa a ferro e fuoco da vent'anni di guerre. La scena proposta si svolge proprio nella capitale afghana. Zunaira e Mohsen sono marito e moglie, ma la presa del potere da parte dei talebani ha sconvolto la loro vita: i due non possono neanche più lavorare e vivono in un rifugio provvisorio.

«E se andassimo a fare un giro al mercato?» propone Mohsen.
«Non abbiamo un soldo.»
«Non siamo obbligati a comprare. Ci accontenteremo di dare un'occhiata al mucchio di anticaglie[1] che fanno passare per antiquariato».
«A cosa ci servirà?»
«Non a molto, ma ci farà camminare.»
Zunaira sorride, divertita dal patetico humour[2] del marito.
«Non ti trovi bene qui?»
Mohsen fiuta la trappola. Con gesto imbarazzato, si gratta la peluria ribelle sulle guance, abbozzando una piccola smorfia.
«Non c'entra niente. Ho voglia di uscire con te. Come ai vecchi tempi».
«I tempi sono cambiati.»
«Noi no.»
«E noi chi siamo?»
Mohsen si addossa al muro e si mette a braccia conserte. Cerca di meditare sulla domanda della moglie, ma la trova eccessiva. «Perché dici sciocchezze?»
«Perché è la verità. Noi non siamo più niente. Non abbiamo saputo preservare quel che avevamo acquisito, e gli apprendisti *mullah*[3] ce l'hanno requisito. Mi piacerebbe uscire con te, tutti i giorni, tutte le sere,

---
1. anticaglie: oggetti vecchi, antiquati.
2. patetico humour: umorismo che fa poco ridere, malinconico.
3. mullah: capi religiosi dell'Islam.

Sezione 2 Narrare, interpretare, esprimere

4. falcata: passo, andatura.
5. gioie eterne: per i credenti, gioie della vita ultraterrena.
6. diktat: imposizioni, ordini.

fare scivolare la mia mano sotto il tuo braccio e lasciarmi trasportare dalla tua falcata[4]. Sarebbe meraviglioso, io e te, in piedi l'uno contro l'altra, davanti a una vetrina oppure attorno a un tavolo, a chiacchierare e architettare progetti mirabolanti.

Ma adesso non è più possibile. Ci sarà sempre un fetido spaventapasseri, armato fino ai denti, che ci richiamerà all'ordine e ci impedirà di parlare all'aria aperta. Piuttosto che subire un tale affronto, preferisco murarmi viva in casa mia. Qui, almeno, quando lo specchio riflette la mia immagine, non debbo ripararmi dietro le mie braccia.»

Mohsen non è d'accordo. Prolunga la smorfia, indica la povertà della stanza, le tende ormai logore che nascondono le imposte putrescenti, le pareti senza più intonaco e le travi pericolanti sulla testa.

«Non siamo a casa nostra, Zunaira. La nostra casa, dove avevamo creato il nostro mondo, è stata spazzata via da una granata. Questo è solo un rifugio. Non voglio che diventi la nostra tomba. Abbiamo perduto il nostro patrimonio; non perdiamo le nostre buone maniere. Il solo modo di combattere che ci è rimasto per rifiutare l'arbitrio e la barbarie è di non rinunciare alla nostra educazione. Siamo stati fatti crescere come esseri umani, con un occhio rivolto al Signore e l'altro ai mortali che noi siamo; abbiamo visto abbastanza da vicino lampadari e lampioni per non credere alla sola luce delle candele, abbiamo gustato le gioie della vita e le abbiamo trovate buone quanto le gioie eterne[5]. Non possiamo accettare che ci assimilino alle bestie.»

«Non è forse ciò che siamo diventati?»

«Non ne sarei così sicuro. I talebani hanno approfittato di un attimo di confusione per assestare un colpo terribile ai vinti. Ma non è il colpo di grazia. È nostro dovere convincercene.»

«E come?»

«Sfidando i loro diktat[6]. Usciremo. Tu e io. Certo, non ci prenderemo per mano, ma nulla ci impedisce di camminare fianco a fianco.»

Y. Khadra, *Le rondini di Kabul*, trad. it. di M. Bellini, Mondadori, Milano 2007

Incontri con la storia: guerra e guerre **U6**

COMPRENDERE E INTERPRETARE

— Una discussione

1. Chi sono Mohsen e Zunaira? In quale condizione si trovano?

2. Quale proposta fa Mohsen a Zunaira?

3. Zunaira rifiuta. Quali argomenti Zunaira oppone a Mohsen? Riassumili brevemente.

4. In quale punto Zunaira accenna alla condizione delle donne costrette a nascondere il volto in pubblico? Trascrivi la frase che lo dimostra.

5. Mohsen trova un valido argomento per sostenere la propria opinione. Quale? Con esso trasmette anche un messaggio? In che cosa consiste?

STUDIARE LA LINGUA

6. Nel testo compaiono diverse espressioni figurate. Spiega il significato di quelle elencate.
   a. «fetido spaventapasseri» (rr. 26-27; indica anche a chi è riferito);
   b. «siamo esseri umani, con un occhio rivolto al Signore e l'altro ai mortali che noi siamo» [r. 39-41];
   c. «abbiamo visto abbastanza da vicino lampadari e lampioni per non credere alla sola luce delle candele» [r. 41-42].

PARLARE

7. Rileggi il brano di Primo Levi (▸T9), in particolare le rr. 76-91, e trova le analogie tra il messaggio dello scrittore detenuto nel lager e quello di Mohsen. Quindi confronta le tue interpretazioni e valutazioni con quelle dei compagni. Siete tutti d'accordo?

SCRIVERE

8. Ti proponiamo un'ulteriore argomentazione di Zunaira (tratta dal libro). Tu elabora una nuova risposta di Mohsen, coerente con quanto detto prima.

   Zunaira scuote la testa. «Non ci tengo a tornare a casa con un cuore gonfio così, Mohsen. Quel che vedremo per strada guasterà inutilmente la mia giornata. Non sono capace di passare davanti a qualcosa di orribile e fare come se niente fosse».

Sezione 2   Narrare, interpretare, esprimere

SCOPRIRE un libro

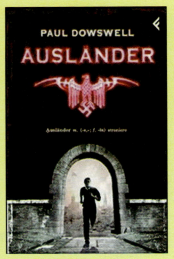

(trad. it. di M. Morpurgo, Feltrinelli, Milano 2010)

Ausländer
di Paul Dowswell

L'AUTORE   **Paul Dowswell**, autore affermato di libri per ragazzi, ha scritto più di sessanta opere di fiction storica e divulgazione. Scrive con talento di tanti argomenti: scienza, geografia, storia naturale, ingegneria meccanica, ma la sua vera passione è la storia. In un'intervista ha detto: «Credo, e fortemente, che abbiamo bisogno di guardare alla storia per ricordarci delle conseguenze dell'integralismo politico e religioso, dell'intolleranza, del fanatismo. Per questo è importante cercare di renderla interessante ai bambini e agli adolescenti».

IL LIBRO   Piotr Bruck, rimasto orfano, deve lasciare il paese natale per essere ospitato in un orfanotrofio a Varsavia. Grazie al suo aspetto ariano (biondo, con occhi azzurri), viene adottato da un'agiata famiglia tedesca, quella del professor Kaltenbach, eminente studioso della razza. I Kaltenbach, modello di famiglia nazionalsocialista, sono convinti che Peter diventerà un nazista esemplare. Il ragazzo però, superato l'iniziale entusiasmo, si rende conto di non poter condividere un'ideologia così barbara e fanatica. Grazie all'amica Anna entrerà in contatto con i tedeschi che si oppongono al regime, mettendo a rischio la propria vita.

ASCOLTARE un episodio del libro

Un pensiero raggelante (dal capitolo 18)

Peter (ora viene chiamato così) e l'amica Anna sono andati a ballare in un locale clandestino dove si suona jazz, musica vietata dai nazisti. Improvvisamente fa irruzione una pattuglia della *Hitler-Jugend* (HJ) e tutti cercano di scappare.

1. Come riescono Peter e Anna a uscire dalla cantina mentre la HJ fa irruzione?
2. La scena della fuga dal cortile, circondato da un alto muro di cinta, è quanto mai concitata. Che cosa accade?
3. Anna e Peter, sfuggiti alla cattura, sono spaventati. Da che cosa?
4. «Se la scienza non può fare a meno degli ebrei, allora saremo costretti a fare a meno della scienza per qualche anno.» Chi pronuncia la frase? Chi la riporta?
5. Qual è il *pensiero raggelante* che attraversa la mente di Peter e di Anna?

Incontri con la storia: guerra e guerre **U6**

● LEGGERE il libro

Leggi il romanzo suddividendo la lettura in quattro tappe. Poi confrontati con i compagni sulle risposte da dare alle domande chiave.

Prima tappa	Domande chiave
Capp. 1-10	1. Il 2 agosto 1941, Piotr si trova, insieme a tanti altri ragazzini, nelle stanze dell'Ufficio centrale razza e popolamento. Perché? Che cosa è accaduto? 2. Racconta la storia di Piotr prima che il ragazzo giunga a Varsavia. 3. Perché Piotr, ora detto Peter, viene adottato dai Kaltenbach? Quali sono le caratteristiche dei membri della famiglia? 4. Quali sono i riferimenti al contesto storico dell'epoca? Cita dei particolari che riguardano il modo di pensare, di fare scuola, di comportarsi.
Seconda tappa	
Capp. 11-20	1. Peter entra a far parte della *Hitler-Jugend*. Spiega di che cosa si tratta. 2. Segur, l'amico di Peter, manifesta un pensiero critico e divergente rispetto a quello imperante. Perché? Che cosa ne pensa Peter? 3. Racconta il Natale in casa Kaltenbach. 4. Perché Peter gioca un brutto tiro ai compagni della HJ? 5. Peter e Anna Reiter maturano un'amicizia. Come? Che famiglia sono i Reiter? 6. L'irruzione della HJ nella sala da ballo clandestina, dove Peter si è recato con Anna, segna una svolta. Perché? Che cosa accade?
Terza tappa	
Capp. 21-30	1. Grazie ad Anna, Peter comincia ad avere consapevolezza della vera situazione politica e delle persecuzioni nei confronti delle "razze inferiori". Che cosa fa Peter insieme ad Anna? 2. Tanti bombardamenti si susseguono. Con quali conseguenze? 3. Peter fa una scoperta su Kaltenbach. Che cosa apprende? 4. Che cosa capita a Segur?
Quarta tappa	
Capp. 31-40	1. Kaltenbach scopre che Peter aveva una nonna ebrea. Che cosa rischia il ragazzo? 2. Peter decide la fuga. Spiega come riesce a lasciare Berlino insieme ad Anna e Ula. 3. Il viaggio da Berlino al Mar Baltico è fitto di disavventure e colpi di scena: riepiloga le principali. 4. Dove trova pace e libertà Peter? Come si sente?

● SCRIVERE oltre

«In mezzo a questa gente sarebbe sempre stato uno straniero, un *Ausländer*. Ma nel suo cuore Peter sentiva di avere ragione. Qualcosa dentro di lui gli impediva di accettare la cieca fede che loro nutrivano nei confronti di Hitler e del nazismo.»

Che cos'è quel *qualcosa* che Peter sente dentro?

Sezione 2 — Narrare, interpretare, esprimere

STRUMENTI DEL LESSICO E FORME DI SCRITTURA

Il lessico della guerra

1 La mappa rappresenta il *campo semantico* della guerra, cioè l'insieme di parole o espressioni che hanno relazioni di significato con la parola *guerra*. Dopo avere letto i termini già inseriti, amplia la mappa inserendone di nuovi. Cerca di attingere alla quantità di espressioni che hai appreso durante la lettura dei brani dell'unità.

GUERRA

- **Sinonimi**: Conflitto, battaglia, ostilità, conflagrazione, ...
- **Aggettivi**: Cruenta, devastatrice, mortale, assurda, estesa, locale, mondiale, ...
- **Verbi**: Dichiarare guerra, scendere in guerra, combattere, firmare la resa, ...
- **Tipi**: Guerra civile, guerriglia, guerra fredda, guerra lampo, guerra di logoramento, guerra di posizione, ...
- **Scopi**: Di liberazione, d'indipendenza, di successione, di secessione, di religione, di conquista, ...
- **Azioni**: Assedio, attacco, carica, offensiva, difensiva, riscossa, imboscata, invasione, occupazione, rappresaglia, ripiegamento, ritirata, ...

2. Identifica nel testo proposto le parole che appartengono al campo lessicale della guerra e classificale in più categorie. Svolgi l'esercizio sul quaderno. Per esempio:

- fucili, pallottola → categoria: armi;
- crepitare, schioccare → categoria: suoni;
- abisso di tenebre → categoria: espressioni figurate.

I colpi di fucili crepitavano da tutte le parti. D'un tratto, una pallottola schiocca netta nella terra della scarpata alla quale mi appoggio. Metto il viso alla feritoia. La nostra linea serpeggia in cima al versante: il terreno che mi sta davanti è in discesa e non si vede nulla dell'abisso di tenebre nel quale affonda il declivio. Tuttavia gli occhi finiscono per discernere la fila regolare dei picchetti del nostro reticolato davanti al limitare dei flutti d'ombra, e qua e là piaghe tonde di imbuti d'obice, piccoli, medi o enormi; alcuni, vicinissimi, popolati di misteriosi ingombri.

Rapida illuminazione dell'aria: un razzo. Lo scenario in cui sono perduto mi si abbozza d'intorno ed emerge. Si vede intagliarsi la cresta lacerata e sconvolta della nostra trincea e scorgo, appiccicate alla parete anteriore, a ogni cinque passi, come fantasmi verticali, le ombre delle sentinelle. Accanto a ognuna, qualche goccia di luce che ne rivela il fucile. La trincea è puntellata di sacchi a terra e sventrata da scoscendimenti in molti punti. I sacchi, spianati gli uni sugli altri e separati, al bagliore astrale del razzo sembrano vasti lastroni smantellati di antichi monumenti in rovina.

da H. Barbusse, *Il fuoco*, Kaos, Milano 2007

Scrivere di guerra

3. Spiega e illustra con un argomento ciascuna delle idee seguenti.

- La guerra risveglia negli uomini istinti primordiali.
- La letteratura permette di rappresentare e capire le atrocità della guerra.
- I bambini che vivono in guerra sono privati dell'infanzia.

4. Scrivi un breve testo in cui immagini di essere un soldato impegnato in una missione, che scrive in una breve lettera o in una pagina di diario ciò che vede e pensa della guerra.

5. In un breve testo espositivo spiega che cos'è un bambino-soldato.

6. Spiega in quali modi, pur essendo in guerra o in situazioni di oppressione, è possibile mantenere la dignità personale e perché bisogna farlo. Cita testimonianze tratte dai brani letterari che hai analizzato.

7. Il cinema è un modo molto efficace di narrare la guerra, poiché permette di mostrarla in maniera coinvolgente e diretta, catapultando lo spettatore nell'orrore che essa provoca. Presenta un film che hai visto e che ti ha trasmesso un significativo messaggio contro la guerra. Spiega che cosa hai capito dalla visione del film.

PER LA PROVA SCRITTA D'ESAME

L'argomento

La discussione **sulla guerra e sulla pace** ha da sempre contrapposto due teorie:

- la guerra è sempre comunque un male, non porta ad alcuna soluzione definitiva, peggiora la situazione di fatto e deve pertanto essere evitata in ogni modo;
- la guerra, pur essendo di per sé una tragedia, è inevitabile, come dimostra la millenaria storia dell'umanità: c'è sempre stata, c'è tuttora e ci sarà sempre. Nonostante la solenne dichiarazione a sostegno della pace e l'azione dell'Onu, le guerre continuano a essere combattute in gran parte del mondo.

Pertanto il problema è: **bisogna accettare la guerra** e rinunciare alla speranza di porre fine ai conflitti, **oppure bisogna comunque impegnarsi**, se non altro per limitare le cause di scontro?

Il progetto

Introduzione

- La realtà della guerra e la ricerca della pace sono costanti nella storia millenaria dell'umanità (presenta e argomenta il concetto).

Sviluppo

- Anche oggi la guerra sembra un male inevitabile (spiega come ci siano ancora guerre civili, religiose, scontri tra etnie diverse, guerre di conquista per il potere economico...).
- Spiega che cos'è la guerra e come la sua immagine sia cambiata rispetto al passato.
- Sottolinea come la guerra sia sempre più efferata e distruttiva a causa delle nuove armi impiegate.
- Analizza perché di solito scoppiano le guerre e quali atteggiamenti ha in genere l'opinione pubblica di fronte alla guerra.
- Indica quali impegni, a tuo avviso, dovrebbe assumere l'uomo nei confronti della pace.

Conclusione

- Termina citando e commentando una frase di **Hermann Hesse**: «La guerra esisterà ancora a lungo, probabilmente per sempre. Tuttavia il superamento della guerra, oggi come ieri, continuerà a essere la più nobile delle nostre mete».

Incontri con la storia: guerra e guerre U6

PER IL COLLOQUIO D'ESAME

La Resistenza

Allenati a formulare risposte strutturate e argomentate, affrontando le tre domande di simulazione del colloquio.

1 Domanda di esordio (Storia)

L'ultimo anno e mezzo della Seconda guerra mondiale è stato un momento particolarmente lacerante nella storia d'Italia: il nostro Paese, allora più che mai, si trovò spaccato in due. Quali eventi hanno caratterizzato questo scorcio della guerra?

Elaborazione della risposta (4/5 minuti)
- Spiega innanzitutto il disorientamento generale verificatosi in seguito all'armistizio dell'8 settembre 1943 (il Sud occupato dalle truppe alleate; il Centro e il Nord sotto il controllo dei tedeschi; la nascita della Repubblica sociale italiana);
- ilustra la nascita e lo sviluppo del movimento della Resistenza; spiega il ruolo svolto dai partigiani e dai membri della Resistenza;
- chiarisci come, con la proclamazione della Repubblica di Salò e la nascita della Resistenza, ebbe inizio in Italia una guerra civile tra sostenitori e oppositori di Mussolini e del fascismo.

2 Ripresa della domanda (Italiano)

Ricordi un brano ispirato alla lotta tra repubblichini e partigiani, narrato con realismo da un importante scrittore italiano?

Elaborazione della risposta (3/4 minuti)
- Esordisci affermando che uno dei filoni narrativi di Beppe Fenoglio riguarda proprio la guerra partigiana, rappresentata come dura ma inevitabile necessità;
- presenta il brano *Il coraggio del Riccio* (▶T6), mettendone in evidenza il messaggio implicito.

3 Collegamento (Tecnologia)

Nella Seconda guerra mondiale, l'introduzione di nuovi armamenti e tecnologie di guerra, o la mancanza di armamenti appropriati alla situazione del momento, da una parte o dall'altra delle nazioni in conflitto, influenzò l'esito di molte battaglie, se non di intere campagne militari. Quali innovazioni tecnologiche fecero la loro comparsa?

Elaborazione della risposta (2 minuti)
- Precisa che, se durante la Grande guerra erano già comparse molte innovazioni belliche, fu solo nel Secondo conflitto mondiale che esse conquistarono un'importanza enorme;
- ricorda il nuovo impiego di armi e armamenti (per esempio: l'aeronautica militare, il bombardamento aereo, i carri armati, i sottomarini, la crittografia, la bomba atomica).

IMPARA DI PIÙ

Sezione 2 — Narrare, interpretare, esprimere

1) VERIFICA DI ASCOLTO

OBIETTIVI
- Seguire e comprendere un discorso orale.
- Cogliere il messaggio.

Ascolta la fiaba e rispondi alle domande.

Mandate penne, non fucili

1. Si presume che chi parla sia:
   - A ☐ un noto personaggio impegnato nella lotta per i *diritti civili*.
   - B ☐ un rappresentante del movimento dei talebani.
   - C ☐ un leader del fondamentalismo islamico.
   - D ☐ uno studente universitario.

2. Da quale Paese proviene?
   - A ☐ India.
   - B ☐ Siria.
   - C ☐ Afghanistan.
   - D ☐ Pakistan.

3. «I cosiddetti talebani avevano paura della forza dell'istruzione». Perché l'istruzione dovrebbe costituire una minaccia per i talebani?
   ....
   ....

4. Elenca tre problemi che i bambini che vivono in Paesi "in sofferenza" devono affrontare:
   a. ....
   b. ....
   c. ....

5. Quale altra categoria di persone, in tali Paesi, è privata di diritti?
   ....

6. Secondo chi parla, qual è la soluzione proposta per tutti questi problemi?
   ....

7. Secondo quanto hai ascoltato, in che modo si possono combattere le guerre?
   - A ☐ Per mezzo di una guerra preventiva.
   - B ☐ Attraverso una personale lotta armata.
   - C ☐ Attraverso il dialogo e l'istruzione.
   - D ☐ Proteggendo i bambini e le donne.

8. Per che cosa è importante lottare?
   - A ☐ Per non tradire i propri ideali.
   - B ☐ Per avere fucili e strumenti di lotta.
   - C ☐ Per avere uguaglianza e giustizia.
   - D ☐ Per avere insegnanti.

Segui la correzione dell'insegnante e attribuisci il punteggio stabilito per ogni risposta esatta.

Incontri con la storia: guerra e guerre U6

2) VERIFICA DI SCRITTURA Arte contro la guerra

OBIETTIVO

Argomentare contro la guerra interpretando un dipinto.

Spiega perché hai scelto questo quadro per illustrare la violenza della guerra (Pablo Picasso, *Massacro in Corea*, 1951. Parigi, Museo Nazionale Picasso). Ricorda di:
- introdurre e concludere opportunamente la tua argomentazione;
- presentare e sviluppare almeno tre argomenti distinti e coerenti;
- illustrare ogni argomento con un esempio preciso tratto dal dipinto.

- Mentre scrivi puoi rileggere gli ▸ Appunti delle lezioni a p. 337 e ▸ Impara di più a p. 386.

Puoi autovalutare il tuo scritto in base alla tabella proposta; confronta poi la tua valutazione con quella dell'insegnante.

Griglia di autovalutazione		sì	abb.	no
Organizzazione delle idee	Ho sviluppato almeno tre argomenti in tre paragrafi?	☐	☐	☐
	Ho disposto le idee secondo un ordine logico?	☐	☐	☐
	Ci sono introduzione e conclusione?	☐	☐	☐
Stile di presentazione	Ho spiegato i perché delle mie opinioni?	☐	☐	☐
	Ho fatto degli esempi?	☐	☐	☐
Esposizione	L'ortografia è rispettata?	☐	☐	☐
	Ho usato verbi, espressioni, congiunzioni adatti?	☐	☐	☐
	Le frasi sono ben costruite?	☐	☐	☐
	La punteggiatura è corretta?	☐	☐	☐

VALUTA LE TUE COMPETENZE

3 VERIFICA DI LETTURA

OBIETTIVI
- Comprendere i contenuti del testo.
- Interpretare il messaggio.

Leggi il testo e rispondi alle domande.

La follia dell'uomo

La vista è stupenda. La più bella che potessi immaginarmi. Ogni mattina mi sveglio in un sacco a pelo disteso sul cemento e su qualche piastrella di plastica d'uno stanzone vuoto all'ultimo piano del più alto edificio del centro città e gli occhi mi si riempiono di tutto quel che un viaggiatore diretto qui ha sempre sognato: la mitica corona delle montagne di cui un impera-
5 tore come Babur, capostipite dei *moghul*[1], avendole viste una volta, ebbe nostalgia per il resto della vita e desiderò che fossero la sua tomba; la valle percorsa dal fiume sulle cui sponde è cresciuta la città; il vecchio bazar dei Quattro Portici dove, si diceva, è possibile trovare ogni frutto della natura e del lavoro artigiano; la moschea; il mausoleo di Timur Shah; il santuario del Re dalle Due Spade costruito in onore del primo comandante musulmano che nel VII
10 secolo dopo Cristo, pur avendo già perso la testa, mozzatagli da un fendente[2], continuò — secondo la leggenda — a combattere con un'arma per mano; e poi, alta, imponente sulla cresta della prima fila di colli, proprio di fronte alle mie vetrate, la fortezza di Baia Hissar.

La vista è stupenda, ma da quando sono arrivato, più di due settimane fa, con in tasca una lettera di presentazione per un vecchio intellettuale, nella borsa una bibliotechina di
15 libri-compagni-di-viaggio e in petto un gran misto di rabbia e di speranza, questa vista non mi dà pace. Non riesco a goderne perché mai, come da queste finestre impolverate, ho sentito, a volte quasi come un dolore fisico, la follia del destino a cui l'uomo, per sua scelta, sembra essersi votato: con una mano costruisce, con l'altra distrugge; con fantasia dà vita a grandi meraviglie, poi fa attorno a sé il deserto e massacra i suoi simili.

20 Prima o poi quest'uomo dovrà cambiare strada e rinunciare alla violenza. Il messaggio è ovvio. Basta guardare Kabul. Di tutto quel che i miei libri raccontano non restano che i resti: la fortezza è una maceria, il fiume un rigagnolo fetido di escrementi e spazzatura, il bazar una distesa di tende, baracche e container; i mausolei, le cupole, i templi sono sventrati; della vecchia città fatta di case in legno intarsiato[3] e fango non restano, a volte in file di cen-
25 tinaia e centinaia di metri, che patetici mozziconi color ocra.

Tanti monumenti sono letteralmente scomparsi. Kabul non è più, in nessun senso, una città, ma un enorme termitaio brulicante di misera umanità; un immenso cimitero impolverato. Tutto è polvere. Settanta diversi tipi di uva, trentatré tipi di tulipani, sette grandi giardini folti di cedri erano il vanto di Kabul. Non c'è assolutamente più nulla. E questo non
30 per una maledizione divina o una qualche altra catastrofe naturale. Il paradiso è finito una

---

1. **moghul**: l'impero Moghul (o Mogol) fiorì dal 1526 al 1707; il suo fondatore fu Babur detto *il Conquistatore*.
2. **fendente**: colpo inferto con la spada, di taglio, dall'alto verso il basso.
3. **intarsiato**: cesellato, intagliato.

volta e poi di nuovo e poi tante altre volte per una sola, unica causa: la guerra. La guerra degli invasori di secoli fa, la guerra dell'Ottocento e dell'inizio del secolo scorso portata qui dagli inglesi, la guerra degli ultimi venti anni, quella a cui tutti, in un modo o nell'altro, magari solo vendendo armi a uno dei tanti contendenti, abbiamo partecipato; ed ora la guerra ame-
35 ricana: una fredda guerra di macchine contro uomini.

da T. Terzani, *Lettere contro la guerra*, Longanesi, Milano 2002

1. La desolazione che il narratore descrive è conseguenza della guerra:
   A ☐ tra i *moghul* e i sultanati indiani.   C ☐ tra Usa e Afghanistan.
   B ☐ tra indù e buddhisti per imporre l'Islam.   D ☐ tra fazioni tribali indigene.

2. Il narratore descrive il paesaggio e l'aspetto degli insediamenti umani prima e dopo la guerra. Con quale scopo? Quale messaggio vuole esprimere? Spiegalo con parole tue.
   ....

3. In che cosa consiste la follia «a cui l'uomo, per sua scelta, sembra essersi votato» [rr. 17-18]? Trascrivi le parole che esprimono il concetto.
   ....

4. Secondo il narratore, tutti abbiamo partecipato alla guerra, anche indirettamente. Cita un esempio tratto dal testo che dimostri l'affermazione.
   ....

5. La parola «vista» [r. 13] ha il significato di:
   A ☐ facoltà di vedere.   C ☐ esibizione.
   B ☐ visuale.   D ☐ posizione.

6. «Non riesco a goderne» [r. 16]: a che cosa si riferisce il *ne*?
   A ☐ alla vista.   C ☐ alla bibliotechina di libri-compagni.
   B ☐ alla lettera di presentazione. D ☐ alla speranza.

7. A che cosa sono paragonati i resti delle «case in legno intarsiato e fango» [r. 24]?
   ....

8. Rileggi le rr. 26-28 e trascrivi le due metafore con cui il narratore rappresenta la misera condizione della città di Kabul e dei suoi abitanti.
   a. ....   b. ....

9. Secondo il narratore, la guerra che ha devastato la città è stata «guerra di macchine contro uomini» [r. 35]. Chi sono gli *uomini*? Chi o che cosa sono le macchine? Qual è il significato metaforico che la frase assume? Spiega brevemente.
   ....

10. Nel testo abbondano termini ed espressioni legati alla sfera della violenza e della distruzione. Trascrivine almeno quattro, assieme al numero di riga in cui li hai individuati.
    a. .... (r. ....).
    b. .... (r. ....).
    c. .... (r. ....).
    d. .... (r. ....).

Segui la correzione dell'insegnante e attribuisci il punteggio stabilito per ogni risposta esatta.

Il testo poetico

1 Ripassiamo i concetti

Prima di procedere nello studio del testo poetico, è bene ripassare le nozioni che hai già studiato (vol. 1, p. 364; vol. 2, p. 366). Ecco qui di seguito un riepilogo.

1 La metrica

La metrica studia le **regole convenzionali** che nel corso del tempo sono state stabilite riguardo alla struttura di un **testo poetico**: il **tipo di verso** (cioè la sua **misura**), l'organizzazione delle **rime**, l'eventuale suddivisione in **strofe**, il **tipo di componimento**.

2 La misura del verso

Il **verso** non è altro che una riga di una poesia. I versi italiani si classificano in base al numero delle sillabe da cui sono composti.

Verso	Numero di sillabe	Esempio
Bisillabo	2	Dietro / qualche / vetro, / qualche / viso / bianco (G.A. Cesareo)
Ternario	3	Non s'ode / romore / di sorta, / che forse / sia morta? (A. Palazzeschi)
Quaternario	4	Ecco il mondo / vuoto e tondo / scende, s'alza / balza e splende (A. Boito)
Quinario	5	Viva la chiocciola, / viva una bestia / che unisce il merito / alla modestia (G. Giusti)
Senario	6	Fratelli d'Italia / l'Italia s'è desta, / dell'elmo di Scipio / s'è cinta la testa (G. Mameli)
Settenario	7	Giungono a le finestre / un odor di bitume, / un odore silvestre (G. D'Annunzio)
Ottonario	8	Quant'è bella giovinezza / che si fugge tuttavia (L. de' Medici)
Novenario	9	Le vele le vele le vele! / Che tesson e tesson: lamento (D. Campana)
Decasillabo	10	Soffermati sull'arida sponda, volti i guardi / al varcato Ticino (A. Manzoni)
Endecasillabo	11	Né più mai toccherò le sacre sponde / ove il mio corpo fanciulletto giacque (U. Foscolo)

Le poesie scritte in *versi liberi* sono composte da versi di misura differente; a volte i versi liberi sono regolari, altre volte non rientrano negli schemi metrici tradizionali, cioè hanno misura più lunga o accenti irregolari.

3 Le figure metriche

I versi si misurano contando le **sillabe metriche** e seguendo alcune regole. In particolare bisogna tenere conto dei casi di:

- **sinalefe**, cioè la fusione in una sola sillaba della vocale finale di una parola e della vocale iniziale della parola successiva:

    nel muto orto solingo (G. Carducci)

- **dialefe**, fenomeno opposto alla sinalefe, per il quale la vocale finale di una parola e la vocale iniziale della parola successiva formano due sillabe distinte:

    Gemmea l'aria, il sole così chiaro (G. Pascoli)

- **sineresi**, fenomeno per cui sono considerate come unica sillaba due o tre vocali della medesima parola che normalmente si pronunciano separatamente (iato).

    ed erra l'armonia per questa valle (G. Leopardi)

- **dieresi**, fenomeno opposto alla sineresi, che consiste nella separazione di due vocali formanti dittongo, per cui, invece di una sillaba, se ne hanno due:

    e arriso pur di visïon leggiadre (G. Carducci)

4 Versi piani, sdruccioli, tronchi

È importante considerare **l'accento della parola finale del verso**. Il verso si dice:

- **piano**, se termina con una *parola piana*, cioè con accento tonico sulla **penultima sillaba**:

    E vi rivedo, o gattici d'argénto (G. Pascoli)

- **sdrucciolo**, se termina con una parola sdrucciola, cioè con accento tonico sulla **terzultima sillaba**. In questo caso, nel computo delle sillabe, **bisogna contare una sillaba in meno**:

    Ed i bambini sopra l'aia sàltano (G. Carducci)

    endecasillabo = si conteggiano 11 sillabe e non 12

- **tronco**, se termina con una parola tronca, cioè con accento tonico **sull'ultima sillaba**. In questo caso nel computo delle sillabe **bisogna contare una sillaba in più**.

    van da San Guido in duplice filàr (G. Carducci)

    endecasillabo = si conteggiano 11 sillabe e non 10

5 Strofe

I versi italiani possono raggrupparsi, secondo regole determinate, in unità metriche che formano le **strofe**. Le strofe più comuni sono:

- **distico**, strofa di due versi;
- **terzina**, strofa di tre versi;
- **quartina**, strofa di quattro versi;
- **sestina**, strofa di sei versi;
- **ottava**, strofa di otto versi;
- **strofa libera**, il cui numero di versi non è fisso.

6 Rime

La **rima** consiste in una perfetta identità di suono tra due parole a partire dall'ultima vocale accentata. I tipi più frequenti di rima sono:

- **rima baciata** (AABB);
- **rima alternata** (ABAB);
- **rima incrociata** (ABBA);
- **rima incatenata** (ABA BCB CDC).

Se, in due versi differenti, la rima cade a metà o all'interno del verso, viene definita **rimalmezzo**. Se la rima si trova all'interno dello stesso verso, viene definita **rima interna**. Se sono uguali le vocali e diverse le consonanti, la rima "imperfetta" viene definita **assonanza**. Se le consonanti sono uguali e le vocali diverse, la rima viene definita **consonanza**. Può accadere anche che in una poesia i versi non rimino affatto tra di loro: in questo caso i versi sono definiti **sciolti**.

7 Figure retoriche

Le **figure retoriche** sono artifici linguistici volti a creare determinati effetti. In particolare, producono uno **scarto** rispetto all'uso quotidiano della lingua, cioè esse possono modificare le caratteristiche delle parole (il *significato*, la *posizione*, il *suono*), puntando sul loro valore **connotativo**.

8 I componimenti poetici

Fra i tipi di componimento più usuali nella poesia italiana ricordiamo:

- il *sonetto*, la più antica struttura poetica italiana originale. È un **componimento "chiuso" o "fisso"**, cioè non modificabile nella sua struttura (versi e strofe): è sempre composto da **14 versi endecasillabi suddivisi in due quartine e in due terzine** legate da uno **schema di rime**;
- la *canzone*, forma metrica che risale al XIV secolo, formata da **strofe** (stanze) in cui endecasillabi e settenari si alternano secondo uno schema fisso, e si chiude con un **congedo**;
- l'*ode*, un lungo e solenne componimento lirico di struttura metrica varia, che può essere di contenuto amoroso o morale.

2 Ritmo, accenti tonici, accenti ritmici

Accento tonico e accento ritmico

Distinguiamo innanzitutto fra accenti tonici e accenti ritmici. L'**accento tonico** è l'accento forte della parola, in base al quale leggiamo *ténero* e non *tenéro* e neanche *tenerò*. L'**accento ritmico** o ***ictus*** (parola latina che significa "colpo") è quel particolare accento che, in poesia, cade su certe parole piuttosto che su altre, potenziando l'effetto dell'accento tonico e facendo in modo che il verso sia scandito da un ritmo particolare. L'accento ritmico coincide sempre con uno tonico, ma non tutti gli accenti tonici sono ritmici:

> Per éntro i fitti pòpoli,
> Lùngo i deserti càlli,
> Sul mònte aspro di géli,
> Nélle inverdite vàlli

G. Berchet, Le fantasie

La posizione degli accenti ritmici all'interno di un verso può variare secondo molteplici combinazioni, con l'unica **eccezione dell'ultimo accento**: esso cade sempre sulla penultima sillaba del verso. Ecco tre **endecasillabi** in cui sono marcate le sillabe che portano l'accento ritmico:

6° e 10°	Sempre caro mi fù quest'ermo còlle
4°, 7° e 10°	Unico spìrto a mia vita ramìnga
4°, 8° e 10°	Tanto gentile e tanto onèsta pàre

Come si vede, variano le posizioni dei primi accenti ritmici, mentre rimane fisso l'ultimo in decima posizione.

Varietà di ritmi

Il ritmo è la **cadenza**, **l'andamento musicale del verso** determinato dalla successione degli **accenti ritmici**. Il ritmo di una poesia varia a seconda del significato e del messaggio che il poeta vuole comunicare.

È possibile ottenere un **ritmo veloce e incalzante** avvicinando tra loro gli accenti ritmici. Consideriamo, per esempio, i seguenti decasillabi; gli accenti ritmici cadono sempre nella stessa posizione (terza, sesta e nona sillaba), creando in tal modo un ritmo *martellante*, perfetto per la descrizione di una scena concitata com'è la battaglia in questione:

> S'ode a dèstra uno squìllo di trómba
> a sinìstra rispónde uno squìllo
> d'ambo i làti calpèsto rimbómba
> da cavàlli e da fànti il terrén.

A. Manzoni, Il Conte di Carmagnola

Sezione 2 Narrare, interpretare, esprimere

In altri casi, un accento tonico che cada sempre nella medesima posizione (prima, quarta, sesta, ottava, decima sillaba) può creare un **ritmo cadenzato**, **monotono**, **cullante** come una nenia; come avviene, per esempio in questi endecasillabi:

> Lénta la néve fiòcca, fiòcca, fiòcca.
> Sénti: una zàna dóndola piàn piàno.
> Un bìmbo piànge, il pìccol dìto in bócca;
> cànta una vècchia, il ménto sulla màno.
>
> G. Pascoli, *Orfano*

Una serie di accenti più distanziati e diversamente disposti, come in questi endecasillabi, comunica l'impressione della calma e della tranquillità di un paesaggio notturno, creando un **ritmo pacato** e **lento**:

> Sempre caro mi fù quest'érmo colle
> e questa siépe, che da tanta pàrte
> dell'ultimo orizzónte il guardo esclùde
>
> G. Leopardi, *L'infinito*

3 Le figure retoriche dalla A alla Z

Le figure retoriche maggiormente utilizzate in poesia si dividono in tre gruppi: figure di **suono**, di **costruzione** (dette anche di ordine o di posizione) e di **significato**. Nella trattazione che segue sono presentate quelle che già conosci, insieme ad altre nuove che imparerai a conoscere.

- **su** = figure di suono
- **co** = figure di costruzione
- **si** = figure di significato

co L'**accumulazione** consiste nell'accostare una serie di termini linguistici, in modo più o meno ordinato, così che dall'elenco scaturisca una visione d'insieme dell'oggetto, del sentimento o della persona descritti:

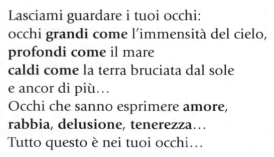

> Lasciami guardare i tuoi occhi:
> occhi **grandi come** l'immensità del cielo,
> **profondi come** il mare
> **caldi come** la terra bruciata dal sole
> e ancor di più...
> Occhi che sanno esprimere **amore**,
> **rabbia, delusione, tenerezza**...
> Tutto questo è nei tuoi occhi...
>
> T. Costa, *Voglio perdermi con te*

su L'**allitterazione** consiste nel ripetere, in parole diverse, una consonante, una vocale o un gruppo di suoni vicini:

> Di **pr**ima notte,
> i **gr**illi elett**r**izzati

a **strofi**narmi, ad **arro**ventarmi le **te**mpie
e la luna sanguigna
a **bo**llare di spettri **ro**ssi
il mio corpo maturo.

A. Pozzi, Febbre

CO L'**anafora** consiste nella ripetizione di una o più parole all'inizio del verso:

Come il sasso aspro del vulcano
come il logoro sasso del torrente
come la notte sola e nuda

G. Ungaretti, Dannazione

CO L'**anastrofe** consiste nell'inversione dell'ordine consueto di due parole o gruppi di parole:

Si spandea lungo ne' campi **di falangi**
un tumulto e un suon di tube

U. Foscolo, Dei sepolcri

SI L'**antitesi** consiste nell'accostamento di due parole o frasi di significato opposto:

Pace non trovo, et non ò da far **guerra**;
e **temo**, et **spero**; et **ardo**, et **son un ghiaccio**

F. Petrarca, Pace non trovo

SI L'**apostrofe** è una forma di discorso con cui l'io lirico rivolge la parola direttamente a concetti personificati, a soggetti assenti o scomparsi, o anche al lettore:

Che fai tu, **luna**, in ciel? dimmi, che fai,
Silenziosa luna?

G. Leopardi, Canto notturno di un pastore errante dell'Asia

CO L'**asindeto** è l'assenza di congiunzioni coordinanti tra due o più parole o frasi:

Le donne, i cavallier, l'arme, gli amori,
le cortesie, l'audaci imprese io canto…

L. Ariosto, Orlando furioso

CO Il **chiasmo** (derivato dalla lettera dell'alfabeto greco *chi*, che ha la forma di un incrocio) è la disposizione in modo incrociato di parole o gruppi di parole:

Primavera dintorno
Brilla nell'aria, e per li campi **esulta**,
Sì ch'a mirarla intenerisce il core.
Odi **greggi** belar, muggire **armenti**.

G. Leopardi, Il passero solitario

co L'**ellissi** consiste nella soppressione di una o più parole che possono essere sottintese; in genere viene omesso il verbo:

> Siepi di melograno,
> fratte di tamerice,
> il palpito lontano
> di una trebbiatrice
> l'angelus argentino
>
> <div align="right">G. Pascoli, <i>Patria</i></div>

co L'**enjambement** si ha quando il verso non coincide con un'intera frase, ma la costruzione della frase prosegue nel verso successivo:

> Ancora sconosciuta era la scialba
> nebbia che grava il mondo fatto inerte.
>
> <div align="right">A. Onofri, <i>Nella tua siepe c'era l'universo</i></div>

co L'**iperbato** consiste nel rovesciare l'ordine sintattico di un'intera frase o di un periodo:

> Un sole senza caldo, **tardo ai fiori**
> **ronzio di coleotteri** che suggono
> ancora linfe
>
> <div align="right">E. Montale, <i>La rana prima a ritentar la corda</i></div>

si L'**iperbole** è un'esagerazione per eccesso o per difetto:

> Ho sceso dandoti il braccio almeno **un milione** di scale
> e ora che non ci sei è il vuoto ad ogni gradino.
>
> <div align="right">E. Montale, <i>Ho sceso dandoti il braccio</i></div>

si La **metafora** connota un oggetto attraverso un altro che ha con il primo un rapporto di somiglianza (spostamento di significato):

> Veggo di là dai verdi piani immensi
> la **piramide bianca** del Monviso.
>
> <div align="right">E. De Amicis, <i>Mezzogiorno</i></div>

si La **metonimia** si verifica quando si indica una cosa non con il nome abituale ma con il nome di un'altra, legata alla prima da una **relazione spaziale**, **temporale** o **causale**. Per esempio:

- **la causa per l'effetto**: sentire **le campane** (**i rintocchi** delle campane);
- **l'effetto per la causa**: guadagnarsi la vita **con il sudore** (con un **lavoro pesante** che fa sudare);
- **la materia per l'oggetto**: ammirare i **bronzi** di Riace (le **statue** di bronzo);
- **il contenente per il contenuto**: finire **una bottiglia** (= il **vino** contenuto nella bottiglia);
- **l'astratto per il concreto**: confidare **nell'onestà** (negli **uomini** onesti);
- **il concreto per l'astratto**: essere fedele **alla bandiera** (alla **patria** o ad altro di cui la bandiera è simbolo);

- **l'autore al posto dell'opera**: portare **Ungaretti** all'esame (le **opere** di Ungaretti);
- **il simbolo per la cosa simbolizzata**: ascoltare il discorso della **corona** (del **re** o della **regina**).

Nei versi seguenti, l'espressione *suttil legno* è una metonimia in cui la materia (*legno*) è espressa al posto dell'oggetto (*barca*):

> Mentre Rinaldo così parla, fende
> con tanta fretta **il suttil legno** l'onde.
>
> L. Ariosto, *Orlando furioso*

su L'**onomatopea** è l'imitazione, mediante i suoni della lingua, di suoni naturali e rumori reali:

> Voi con la gioia del canto primo,
> primi galletti, tutti cantate…
> A tutte l'ore gettate all'aria,
> **chi** di tra i sol**chi**, **chi** di sui rami,
> la vostra voce stridula e varia,
> **chi**, **che** ripeta, **chi**, **che** richiami
>
> G. Pascoli, *Primo canto*

si L'**ossimoro** consiste nell'accostare due parole dal significato nettamente opposto, che insieme formano un'espressione apparentemente non logica:

> e piove in petto una **dolcezza inquieta**
>
> E. Montale, *I limoni*

si La **personificazione** consiste nell'attribuire caratteristiche umane a oggetti inanimati o animali:

> Là, presso le **allegre ranelle**,
> **singhiozza** monotono un **rivo**.
>
> G. Pascoli, *La mia sera*

co Il **polisindeto** è la ripetizione insistita di congiunzioni che legano periodi o frasi:

> **E** l'acqua cade su la morta estate,
> **e** l'acqua scroscia su le morte foglie;
> **e** tutto è chiuso, **e** intorno le ventate
> gettano l'acqua alle inverdite soglie
>
> G. Pascoli, *In ritardo*

co La **ripetizione** consiste nel ripetere, a intervalli, due o più volte una o più parole:

> Nulla tu offri al mio cuore che lo consoli un momento,
> sì ch'esso quasi sgomento non vede in te che un **colore**:
> il **colore** della noia e dei fiori di bugia,

Sezione 2 Narrare, interpretare, esprimere

　　　il **colore** della mia giovinezza senza gioia;
　　　il **colore** del passato che ritorna ben vestito,
　　　il **colore** dell'infinito e di ciò che non è stato.

　　　　　　　　　　　　　　　M. Moretti, *Ramo d'ulivo*

si La **similitudine** è un paragone tra due cose (o persone, o altro), di solito messe in relazione per mezzo di connettivi (*come ... così; tale ... quale ...; similmente ...*) o di verbi di paragone (*sembrare, parere, assomigliare*):

　　　Ed io pensavo: Di tante parvenze
　　　che s'ammirano al mondo, io ben so a quali
　　　posso la mia bambina **assomigliare**.
　　　Certo alla schiuma, alla marina schiuma

　　　　　　　　　　　　　U. Saba, *Ritratto della mia bambina*

si La **sineddoche** si verifica quando si indica una cosa non con il nome abituale, ma con il nome di un'altra che è legata alla prima da un rapporto di tipo **quantitativo**. Per esempio:

> **la parte per il tutto**: sono rimasti senza **tetto** (**casa**);
> **il tutto per la parte**: l'**Europa** ha deliberato (i **Paesi** dell'Unione Europea);
> **la specie per il genere**: guadagnarsi **il pane** (il cibo);
> **il genere per la specie**: siamo poveri **mortali** (poveri **uomini**);
> **il singolare per il plurale**: l'**italiano** ama le vacanze al mare (gli **italiani** amano).

Nei versi seguenti, l'espressione *i miei tetti* è una sineddoche in cui la parte (*tetti*) esprime il tutto (*le case della mia patria*):

　　　E se da lunge **i miei tetti** saluto

　　　　　　　　　　　U. Foscolo, *In morte del fratello Giovanni*

si La **sinestesia** consiste nell'associare sensazioni appartenenti a sfere sensoriali diverse, fondendole in un'unica immagine:

　　　Or ch'a i silenzi di cerulea sera
　　　tra **fresco mormorio** d'alberi e fiori
　　　ella siede,

　　　　　　　　　　　　　　　G. Carducci, *Visione*

co Lo **zeugma** consiste **nel riferire più parole** o gruppi di parole di una stessa frase **a un unico elemento** che, in realtà, dovrebbe essere ripetuto per ciascuno di essi. Accade, così, che tale elemento non si adatta perfettamente a ciascuna di esse, producendo una sorta di incoerenza.

　　　D'in su i veroni del paterno ostello
　　　porgea gli orecchi al suon della tua voce
　　　ed **alla man veloce**
　　　che percorrea la faticosa tela.

　　　　　　　　　　　　　　　G. Leopardi, *A Silvia*

Il testo poetico

In questo caso, «porgea gli orecchi» è correttamente riferito «al suon», ma non «alla man veloce» (non si può "udire" una mano).

Per vedere se hai capito prova a riconoscere le figure elencate.

1	Tu nutri nei poggi il prof**um**o di t**im**i, di **m**ente e **m**entastri. <div align="right">G. Pascoli, *La pania*</div>	**A** Assonanza **B** Allitterazione **C** Onomatopea
2	Ho vissuto nelle città più dolci della terra **come una rondine passeggera**. <div align="right">P. Bigongiari, *Pescia-Lucca*</div>	**A** Metafora **B** Personificazione **C** Similitudine
3	Un **fiocco** di neve **vagabondo** fra scavalcare una tettoia o una viottola **non sa decidersi**. <div align="right">E. Dickinson, *Il cielo è basso*</div>	**A** Metafora **B** Personificazione **C** Ossimoro
4	Sono i tuoi puri occhi due **miracolose corolle** <div align="right">A. Pozzi, *Notturno invernale*</div>	**A** Personificazione **B** Metafora **C** Sinestesia
5	**E chi** faceva nuove case ai nuovi, **e chi** per tempo rimetteva la roba, **e chi** dentro allevava i dolci figli, **e chi** portava i cari morti fuori. <div align="right">G. Pascoli, *Il ciocco*</div>	**A** Ellissi **B** Asindeto **C** Anafora
6	I vini in **limpido cristallo** scendono e gorgogliando spumano. <div align="right">G. Fantoni, *A Maurizio Solferini*</div>	**A** Apostrofe **B** Iperbole **C** Metonimia
7	Bianca nel **tacito tumulto** una casa apparì sparì d'un tratto. <div align="right">G. Pascoli, *Il lampo*</div>	**A** Iperbole **B** Metafora **C** Ossimoro
8	Erano i capei d'oro a l'aura sparsi che 'n **mille dolci nodi** gli avolgea. <div align="right">F. Petrarca, *Erano i capei d'oro*</div>	**A** Iperbole **B** Metafora **C** Ossimoro
9	Dai calici aperti si esala l'**odore** di fragole **rosse**. <div align="right">G. Pascoli, *Il gelsomino notturno*</div>	**A** Sinestesia **B** Similitudine **C** Sineddoche
10	Forse perché della fatal quiete tu sei l'immago a me sì cara vieni **o Sera!** <div align="right">U. Foscolo, *Alla sera*</div>	**A** Iperbole **B** Metafora **C** Apostrofe

Sezione 2 Narrare, interpretare, esprimere

Il testo teatrale

1 Ripassiamo i concetti

1 Lo spazio scenico

Di solito è un *palcoscenico* sul quale gli attori agiscono e interpretano la loro parte. Esso delimita lo **spazio della finzione**, dove le azioni avvengono come se fossero vere, dallo **spazio della realtà**, in cui si trovano gli spettatori.

2 Il pubblico

È il **destinatario dello spettacolo**, cui partecipa con manifestazioni di apprezzamento o meno, come applausi o fischi. Il **silenzio** del pubblico è altrettanto necessario perché favorisce la concentrazione di attori e spettatori.

3 Gli attori

Gli spettacoli teatrali raccontano una storia, ma l'**azione** si sviluppa interamente attraverso **la voce e gli atti dei personaggi**. La gerarchia e i ruoli dei personaggi sono gli stessi delle narrazioni: troviamo **personaggi principali**, **personaggi secondari** e **comparse**.

4 Il copione

Il testo scritto per il teatro si chiama **copione**. I copioni sono divisi in **atti** che corrispondono agli **episodi principali** della vicenda rappresentata. Gli atti sono separati da **intervalli** durante i quali, in sala, cala il sipario. Gli atti sono divisi in **scene**: normalmente quando entrano o escono uno o più personaggi, si ha un cambiamento di scena. Le **battute** sono le parole che i personaggi pronunciano sulla scena. Il testo può essere accompagnato da **didascalie**, cioè le **indicazioni dell'autore** sul luogo e i personaggi, ed eventualmente sugli arredi di scena e sulla recitazione.

5 Le battute dei personaggi

A seconda della modalità della comunicazione abbiamo:

- un **monologo**, quando un unico personaggio fa un lungo discorso ininterrotto, rivolto ad altri attori o direttamente al pubblico;
- un **dialogo**, se avviene uno scambio di battute tra due o più personaggi in scena; è la situazione più ricorrente nei testi teatrali;
- un **duetto**, se il dialogo avviene tra due personaggi;
- un **a parte** quando un personaggio si apparta per un breve mo-

mento e, rivolgendosi al pubblico, proferisce alcune frasi di commento su ciò che sta avvenendo in scena;
- una **voce fuori campo** quando la battuta non proviene direttamente da un personaggio che agisce sul palcoscenico ma dall'*esterno* (da dietro le quinte).

6 Il ritmo

Con la loro lunghezza e soprattutto con il loro alternarsi, le battute determinano il **ritmo** del testo e della rappresentazione scenica: se esse si susseguono brevi e stringate, il ritmo risulta **veloce e concitato**; se invece sono ampie, elaborate, recitate con pause intermedie, anche il ritmo scenico risulta **lento e pacato**.

7 La messa in scena

La messa in scena di uno spettacolo teatrale implica il lavoro di molte persone:

- il **regista** dirige la rappresentazione. Il suo lavoro si può paragonare a quello di un *architetto* perché ha carta bianca sull'organizzazione e sullo sviluppo della progettualità artistica di tutto lo spettacolo;
- lo **scenografo** ha il compito di allestire le scene;
- il **direttore di scena** è il responsabile operativo dell'allestimento dello spettacolo;
- il **macchinista** muove le macchine sceniche;
- il **costumista** è responsabile della realizzazione degli abiti;
- il **tecnico delle luci** manovra l'illuminazione della scena;
- il **tecnico del suono** cura le musiche e tutti i rumori di fondo.

2 Il teatro "cantato"

Il teatro lirico

Un genere teatrale che ebbe successo a partire dall'Ottocento fu il **melodramma** (dal greco *mélos* = "canto" o "musica" + *dràma* = "azione scenica") o **opera lirica**, un **dramma musicato e cantato** che metteva in scena **vicende dai contenuti fortemente sentimentali ed emotivi**, che creavano grande partecipazione e coinvolgimento nel pubblico. Maestro del genere fu **Giuseppe Verdi** (1813-1901), grande compositore e abilissimo uomo di teatro: i suoi melodrammi appassionarono il pubblico italiano anche per i contenuti patriottici, che esaltavano gli ideali di liberazione dall'oppressore straniero e di indipendenza, proprio nel periodo in cui nel nostro Paese si compiva il processo risorgimentale. Altri grandi maestri italiani del melodramma furono **Gioachino**

Rossini, Giacomo Puccini, Vincenzo Bellini, Pietro Mascagni, Ruggero Leoncavallo.

Affine all'opera lirica, ma caratterizzata da contenuti più leggeri e divertenti, era l'**operetta**, in cui si alternavano parti recitate e parti cantate.

Il *musical*

Nel ***musical*** l'azione viene portata avanti sulla scena non solo dalla recitazione, ma anche dalla **musica**, dal **canto** e/o dalla **danza**, che si alternano in modo originale.

Il genere è nato **all'inizio del Novecento** negli Stati Uniti ed è attualmente molto in voga, tanto da essere diventato il genere teatrale oggi forse più amato.

Il *musical* trova le sue affinità maggiori con l'*operetta*: come questa, ha spesso contenuti leggeri, dialoghi in musica e, in più, scene danzate da uno o più attori. La riuscita di un *musical* dipende da molte componenti, che devono essere attentamente studiate: i **costumi**, la **scenografia**, le **coreografie**, le **luci**. Gli attori, inoltre, devono essere in grado di comunicare emozioni tramite la recitazione, la danza e il canto.

3 Guida alla visione di uno spettacolo teatrale

Il teatro rende partecipi dello spettacolo

Andare a teatro può essere un'esperienza molto intensa e coinvolgente: anche se mancano gli effetti speciali e clamorosi tipici della cinematografia, la presenza degli **attori**, vivi e veri sul palco, crea una **particolare atmosfera** di condivisione di emozioni e di esperienze che non ha paragone con quanto accade al cinema.

Inoltre, a teatro, gli spettatori sono chiamati a una **partecipazione** maggiore, cioè a esprimere il piacere che hanno provato assistendo allo spettacolo: secondo alcuni, gli **applausi** hanno una funzione liberatoria, perché sciolgono la tensione e l'aspettativa accumulata durante la rappresentazione.

Di seguito proponiamo alcuni suggerimenti per gustare al meglio la visione di uno spettacolo teatrale e per coglierne, alla fine, le particolarità e i significati.

Durante lo spettacolo

Mentre guardi lo spettacolo, osserva i seguenti aspetti.

- Il **palcoscenico**: è uno spazio fisicamente separato dalla platea oppure vi sono attori che si muovono tra il pubblico?
- L'**allestimento**: che cosa rappresenta la scenografia? Ci sono fondali dipinti, oppure costruiti? Gli oggetti di scena hanno carattere realistico oppure simbolico? Come sono le luci? Vengono usate per sottolineare determinate scene, momenti, personaggi? C'è un accompagnamento musicale? Quando? Come sono riprodotti i rumori?
- La **recitazione**: è naturale, enfatica oppure simbolica? Ci sono momenti in cui gli attori si rivolgono con degli *a parte*? Ci sono *duetti* o *monologhi* suggestivi? Gli abiti di scena sono verosimili oppure no?

Dopo lo spettacolo

Alla fine dello spettacolo, scrivi un breve testo di analisi e commento oppure, se lo hai visto con i compagni, discutine in classe seguendo questi suggerimenti.

- Sintetizza brevemente la **vicenda**, eventualmente seguendo la divisione in atti.
- Presenta i **personaggi** e danne una sintetica descrizione, indicando il ruolo di ciascuno (protagonista, antagonista e così via).
- Cerca di spiegare le **scelte della regia** in relazione all'allestimento, alle luci, ai suoni, alla recitazione.
- Illustra quale **messaggio** è stato comunicato. Ci sono stati momenti, personaggi o episodi che te lo hanno fatto capire più chiaramente? Quali, e perché?
- Esprimi le tue **impressioni**: lo spettacolo ti è piaciuto? Perché? Quali sentimenti, emozioni e idee ha suscitato in te? C'è qualche personaggio in cui ti sei identificato o che, al contrario, hai trovato insopportabile? Quale, e perché? In generale, ti piace andare a teatro, o preferisci altre forme di spettacolo?

Unità 7 — La poesia

Obiettivi
- Riconoscere le forme della poesia.
- Riconoscere la funzione espressiva delle figure di suono.
- Riconoscere la funzione espressiva delle figure di significato.
- Analizzare e commentare una poesia.

Conoscenze: saperi di base, metodi, strategie
- Ripasso delle nozioni di base (metriche e retoriche).
- Il ritmo.
- Le figure retoriche dalla A alla Z.
- Il testo interpretativo-valutativo. ▸ **QM2** Percorso 12

Capacità e abilità
- Analizzare la struttura e le caratteristiche linguistiche di una poesia lirica.
- Individuare argomenti e temi.
- Costruire interpretazioni.
- Realizzare forme di scrittura creativa in versi.
- Parafrasare i versi delle poesie.
- Analizzare e commentare una poesia.

Nel blu dipinto di poesia

- Descrivi la scena: le persone, il luogo, gli oggetti...

- Il quadro è una rappresentazione verosimile oppure metaforica della realtà? Perché?

- Le persone raffigurate sono molte: ti sembra che rappresentino un gruppo unito, oppure sono ognuna per conto proprio? Motiva la tua risposta.

- Qual è il tono di colore dominante nel quadro? Quali sensazioni ed emozioni suscita questa scelta cromatica?

Sezione 2 Narrare, interpretare, esprimere

La poesia è dentro la vita

"Dentro" la poesia

Quest'anno ti avvicini di nuovo al testo poetico con le esperienze dei tuoi studi precedenti e con una maggiore competenza di lettura. Su queste basi, completeremo il lavoro sulla poesia aggiungendo nuove tecniche di lettura, analisi e commento: conoscerai nuove **figure retoriche**, con le quali potrai interpretare i molteplici significati delle poesie; osserverai con ancora più attenzione gli "**effetti speciali**" **sonori e ritmici** usati dai poeti per far "sentire", e non solo comprendere, parole e significati. Al termine di questo percorso, sarai in grado di leggere i testi non solo in superficie, apprezzandone i significati letterali, ma in modo più approfondito, cogliendo le sfumature di senso, la bellezza del linguaggio e degli accostamenti di suoni, i diversi significati che il testo può assumere a seconda dello stato d'animo con cui lo si legge.

C'è vita nelle parole

La **ricchezza di senso** del linguaggio poetico è legata in particolar modo, come ormai hai imparato, al linguaggio figurato. Per questo, il percorso che ti proponiamo insiste sul riconoscimento e sulle interpretazioni delle figure retoriche, che rendono viva e quasi magica la poesia, come puoi leggere in questa definizione della metafora:

Che cos'è una magia? Qualcosa che rende possibile l'impossibile annullando i normali rapporti di causa ed effetto. Ancora oggi la poesia è magica: trasforma la realtà in modo immediato e misterioso. La metafora è uno strumento di questa magia, anzi è il modo in cui, soprattutto, questa magia avviene.

    Fare una metafora può sembrare una cosa difficile, invece siamo tutti capaci di compiere questi voli da una cosa all'altra. Per volare di solito prendiamo l'aereo: qui prenderemo le parole. Più veloci di un jet: abbiamo appena pensato di partire, e siamo già arrivati. Immaginiamo per esempio una prateria su cui pascolino delle pecore e, sopra, un grande cielo pieno di piccole nuvole bianche. Una distanza immensa separa le nuvole da quel prato e dalle pecore. Ma noi guardiamo quelle nuvole, bianche come le pecore, che se ne vanno pascolando tranquille per il cielo e improvvisamente ci vien fatto di dire: «È un gregge di nuvole!» E, al solo pronunciare queste parole, la distanza scompare: prato e cielo sono diventati una medesima cosa, nuvole e pecore pascolano su un medesimo prato/cielo. Come è successo? È successo perché, dicendo "gregge di nuvole", abbiamo fatto una metafora.

D. Bisutti, *La poesia salva la vita*, Mondadori, Milano 2004

Le proposte di lettura

Le poesie che ti proponiamo sono state scritte quasi tutte nell'ultimo secolo e appartengono all'antico e sempre nuovo **genere lirico**, che nel corso del tempo ha rivelato straordinarie capacità di adattamento alla sensibilità e al gusto di autori e lettori, tanto da diventare il genere più frequente nella poesia moderna e contemporanea.

Nella prima parte (da ▶**T5** a ▶**T14**) troverai liriche dedicate al **senso della vita** e alle difficoltà dell'esistenza; troverai anche testi legati al tema della **crescita**, che appartiene in special modo ai tuoi anni adolescenti ma, a guardar bene, alla vita intera: non si smette mai, infatti, di crescere, di conoscere, di imparare a vivere. Qui potrai leggere e confrontare poesie d'**amore**: amori tra ragazzi e tra persone più grandi, amori che iniziano e che poi si spengono, amori che "bruciano" e che appassiscono, come accade nella vita. Imparare a riconoscere in sé il sentimento d'amore, a discernere tra sentimento profondo e passione momentanea, tra affetto e innamoramento, è possibile anche attraverso le parole dei poeti, che forse più di altri hanno rappresentato ed espresso le molte e complesse sfaccettature del "mistero" dell'amore.

Nella seconda parte (da ▶**T15** a ▶**T23**) ti proponiamo un "doppio" tema, centrale nella vita di ognuno di noi: la **condivisione** e la **solitudine**. Stare con gli altri è necessario, ma a volte è importante saper stare da soli, e magari lo si desidera; altre volte, invece, vivere la solitudine è doloroso, e si cerca di avvicinarsi ad altri, magari senza riuscirci: perché accade questo? Come mai la solitudine e la condivisione, di volta in volta, attraggono o spaventano?

Leggendo le riflessioni e le risposte elaborate dai poeti, comprenderai che molti si pongono le medesime domande che ti fai tu, perché fanno parte della natura umana. In relazione a questo tema, abbiamo posto a confronto testi sugli "**ultimi**", quelli che stanno da soli per forza: perché sono emarginati, perché sono poveri, perché sono lontani... possono esserci molte ragioni, ma è proprio di fronte a queste esperienze che possiamo comprendere quanto un segnale di solidarietà sia importante per sostenere un nostro simile.

La terza parte (da ▶**T24** a ▶**T32**) è dedicata all'**impegno civile**, cioè alle poesie legate a **eventi storici**: leggendo i versi, ripercorrerai alcune epoche della storia contemporanea e ricaverai spunti per la riflessione su concetti come libertà, impegno, responsabilità individuale. In particolare, confronterai testi sulle **guerre**, che sono purtroppo moltissime, e sulla pace, che è invece un sogno unico, un'aspirazione universale, e perciò non ammette il genere plurale.

Sezione 2 — Narrare, interpretare, esprimere

Lezione 1

T1 Vicolo
Salvatore Quasimodo

I contenuti — Il ricordo della terra natale tra dolcezza e malinconia: è questo il tema della poesia di Salvatore Quasimodo, nativo della Sicilia ma trapiantato al Nord in gioventù. Osserva, in particolare, il modo in cui il poeta utilizza la forma della poesia per "modulare", come in una musica, il suo stato d'animo.

Mi richiama talvolta la tua voce
e non so che cieli ed acque
mi si svegliano dentro:
una rete di sole che si smaglia[1]
5   sui tuoi muri ch'erano a sera
un dondolio di lampade[2]
dalle botteghe tarde[3]
piene di vento e di tristezza.

Altro tempo: un telaio batteva nel cortile,
10   e s'udiva la notte un pianto
di cuccioli e bambini.

Vicolo: una croce di case[4]
che si chiamano piano,
e non sanno ch'è paura
15   di restare sole nel buio[5].

S. Quasimodo, *Poesie e discorsi sulla poesia*, Mondadori, Milano 1971

1. **si smaglia:** si disfa.
2. **dondolio di lampade:** è il movimento delle lampade appese fuori dalle botteghe e mosse dal vento.
3. **tarde:** che rimanevano aperte fino a tarda sera.
4. **croce di case:** un gruppo di case poste intorno a un incrocio.
5. **paura ... buio:** non sanno che ciò che le spinge a chiamarsi è la paura; le case sono viste come bambini spaventati.

Obiettivo della lezione — Riconoscere le forme della poesia (▶ Saperi di base, p. 394)

Le caratteristiche della poesia moderna

1. Osserva le strofe: quante sono? Hanno la stessa misura oppure no?

2. Considera i versi, analizzando i seguenti: per ciascuno, indica gli accenti ritmici e scrivi il metro. Ricorda di applicare le figure metriche e di verificare se l'ultima parola è piana, tronca o sdrucciola. Segui l'esempio.
   a. Mi richiama talvolta la tua voce
      Mi / ri/chia/ma / tal/vol/ta / la / tua / vo/ce
      endecasillabo
   b. e non so che cieli ed acque
   c. sui tuoi muri ch'erano a sera
   d. un dondolio di lampade
   e. di cuccioli e bambini

3. Verifica le rime: sono presenti? Seguono uno schema regolare?

4. Sulla base degli esercizi precedenti, puoi concludere che la poesia è scritta in
   A versi sciolti.
   B versi liberi.
   C versi liberi e sciolti.
   D versi tradizionali.

La poesia U7

5. Sono presenti alcuni enjambement: evidenziali sul testo e indica di seguito i versi interessati, completando la serie.
vv. 2-3; 5-6; ....

6. Considera l'alternarsi tra enjambement e versi "conclusi" in se stessi: com'è il ritmo della poesia?
- **A** Veloce, incalzante.
- **B** Monotono, ripetitivo.
- **C** Vario, melodioso.
- **D** Lento, cullante.

Il linguaggio

7. Il titolo della poesia è una parte essenziale del contenuto, come rivela il primo verso: a chi si rivolge il poeta con l'espressione "tua voce"?
....

8. Nel ricordo del poeta compaiono sensazioni visive e uditive: trascrivile.
- **a.** Sensazioni visive: ....
- **b.** Sensazioni uditive: ....

9. Il ricordo del poeta è affettuoso e malinconico al tempo stesso: quali versi esprimono affetto, e quali malinconia?
....

10. Nella poesia vi è un'unica parola ripetuta, utilizzata però con due sensi diversi: individuala, e spiegane i significati.
....

11. Nelle ultime due strofe, il poeta fa capire al lettore il significato profondo della vita nel vicolo: barra l'opzione corretta tra quelle proposte.
- **A** Persone e animali vivevano insieme.
- **B** Le case, cioè la gente che vi abitava, erano unite da forti legami di solidarietà.
- **C** Le case avevano un aspetto fanciullesco e familiare.
- **D** Le persone vivevano nella paura e nell'inquietudine.

Appunti della lezione

- La forma della poesia è data dal susseguirsi di **versi** ed eventualmente di **strofe**.
- Le strofe possono essere di misura regolare oppure, come in questa poesia, diverse tra loro.
- Per individuare il **metro** dei versi, occorre tenere conto delle **figure metriche** (*sinalefe*, *dialefe*, *sineresi*, *dieresi*) e dell'ultima parola, verificando se è **tronca** (si deve contare una sillaba in più) o **sdrucciola** (una sillaba in meno). In questa poesia troviamo un **settenario sdrucciolo** [v. 6].
- Quando i versi appartengono a metri diversi e non seguono uno schema regolare di rime si dice che sono **liberi e sciolti**, come nel caso della poesia esaminata.
- Il ritmo varia ulteriormente grazie all'**enjambement** che consente al poeta di "modulare" le immagini del suo ricordo, come nei vv. 5-6.
- Le **scelte lessicali** aggiungono alla poesia particolari suggestioni, richiamando suoni e creando significati: la parola *sole* ripetuta nel v. 4 (dove indica l'astro) e nel v. 15 (dove è l'aggettivo riferito alle *case* del v. 12) inserisce nella poesia l'idea di calore e vitalità e, allo stesso tempo, di isolamento e solitudine.

I MIEI APPUNTI

Sezione 2 — Narrare, interpretare, esprimere

Lezione 2

T2 Meriggiare pallido e assorto
Eugenio Montale

I contenuti | In un assolato mezzogiorno, di fronte al mare, il poeta riflette sulla condizione umana con un lucido pessimismo che si rispecchia nei suoni e nei colori della natura.

Meriggiare[1] pallido e assorto[2]
presso un rovente muro d'orto[3],
ascoltare tra i pruni[4] e gli sterpi
schiocchi di merli, frusci di serpi.

5 Nelle crepe del suolo o su la veccia[5]
spiar le file di rosse formiche
ch'ora si rompono ed ora s'intrecciano
a sommo di minuscole biche[6].

Osservare tra frondi[7] il palpitare
10 lontano di scaglie di mare
mentre si levano tremuli scricchi
di cicale dai calvi picchi[8].

E andando nel sole che abbaglia
sentire con triste meraviglia
15 com'è tutta la vita e il suo travaglio[9]
in questo seguitare[10] una muraglia
che ha in cima cocci aguzzi di bottiglia.

E. Montale, *Tutte le poesie*, Mondadori, Milano 2004

1. Meriggiare: trascorrere le ore centrali della giornata nell'intenso calore di un giorno estivo.
2. assorto: concentrato, in atteggiamento di intensa meditazione.
3. rovente ... orto: il muro dell'orto è *rovente* perché riscaldato dai raggi del sole.
4. pruni: arbusti ricchi di spine.
5. veccia: è un'erba selvatica usata come foraggio.
6. biche: sono i covoni di grano, ma qui il termine si riferisce ai formicai, che per la loro forma tondeggiante e rialzata dal terreno richiamano, per l'appunto, il covone di grano.
7. frondi: le foglie degli alberi.
8. calvi picchi: i massi nudi (*calvi*), privi di vegetazione, che emergono dal terreno.
9. travaglio: fatica, dolore.
10. seguitare: seguire costeggiando.

La poesia U7

Obiettivo della lezione Riconoscere la funzione espressiva delle figure di suono
(▶ Saperi di base, p. 398)

I significati

1. Montale non parla di sé in prima persona, ma utilizza verbi di modo indefinito: individuali nel testo e poi indicane la funzione espressiva.
   - **A** Indicare con precisione le azioni che accompagnano la riflessione.
   - **B** Specificare il luogo e il tempo dell'azione.
   - **C** Suggerire che la riflessione ha valore relativo e personale.
   - **D** Dare alla propria riflessione valore assoluto e universale, fuori dal tempo.

2. Il poeta indica oggetti ed elementi del mondo naturale. Classificali nello schema, seguendo l'esempio.
   - a. Oggetti: muro d'orto,
   - b. Vegetali: pruni, sterpi,
   - c. Animali: merli, serpi,
   - d. Elementi del paesaggio: crepe del suolo,

3. Dall'insieme di oggetti ed elementi indicati dal poeta si ricava l'impressione di un paesaggio…
   - **A** fresco, arioso, verdeggiante.
   - **B** arido, brullo, assolato.
   - **C** cupo, buio, inquietante.
   - **D** sereno, aperto, tranquillo.

4. Riordina le sequenze della parafrasi ricostruendo l'esatta successione.
   - a. Guardare attentamente tra la vegetazione il balenare in lontananza delle onde, mentre dai massi privi di vegetazione si alzano gli stridori intermittenti delle cicale.
   - b. Tra le crepe del terreno o sulla pianta della veccia, sogguardare le file di formiche rosse che a tratti si dividono e a tratti si uniscono sulla sommità di piccoli mucchi di terra.
   - c. E procedendo nel sole abbagliante, avvertire con malinconico stupore com'è realmente la vita intera e tutto il suo affanno, in tutto simile a questo camminare di fianco a un muro enorme che ha in cima cocci taglienti di bottiglia.
   - d. Trascorrere il primo pomeriggio, pallido e pensieroso, accanto al caldissimo muro di un orto; ascoltare tra i rovi e le sterpaglie i versi dei merli, i fruscii delle serpi.

5. L'ultima strofa contiene il messaggio della poesia. Per comprenderlo, abbina correttamente gli oggetti ai significati simbolici, poi spiegalo a voce, tenendo presente quanto hai rilevato negli esercizi precedenti.
   - a. ☐ La vita.
   - b. ☐ Gli affanni e i dolori.

   1. I cocci aguzzi.
   2. La muraglia.

I suoni

6. Associa a ciascun animale il suono attribuitogli dal poeta, seguendo l'esempio; poi spiega se l'effetto sonoro è delicato e musicale oppure aspro e sgradevole.
   - a. schiocchi di merli.
   - b. .... di serpi.
   - c. .... di cicale.

7. Quali sono le allitterazioni dominanti nella poesia? Individuale tra le seguenti.
   - **A** La consonante "r".
   - **B** La consonante "c" aspra.
   - **C** Il gruppo "tr".
   - **D** Il gruppo "me".
   - **E** Il gruppo "gli".

8. Quali parole del testo hanno valore onomatopeico?

9. Osserva la prima strofa: quale parola è in assonanza con *pruni*? Quale, invece, in consonanza con *sterpi*? Nell'ultima strofa, invece, quale parola è in consonanza con *vita*?

LEGGIMI E STUDIAMI

Sezione 2 — Narrare, interpretare, esprimere

10. Individua lo schema delle rime. Attenzione: al v. 7 è presente una rima ipermetra, formata cioè dall'accostamento tra una parola piana e una sdrucciola (la cui ultima sillaba non si conta). Le rime creano effetti sonori musicali oppure aspri, dissonanti?

....
....

11. I suoni creati dal poeta rispecchiano il messaggio del testo oppure no? Motiva la tua risposta.

....
....

12. Leggi questi versi che fanno parte di un'altra poesia di Montale:

Spesso il male di vivere ho incontrato:
era il rivo strozzato che gorgoglia,
era l'incartocciarsi della foglia riarsa,
era il cavallo stramazzato

a. Quali suoni si ripetono?
....

b. Sono aspri o dolci?
....

c. Ti sembra che in qualche modo assomiglino a quelli che si ripetono in *Meriggiare*?
....

Appunti della lezione

- Attraverso la "composizione" dei suoni il poeta crea **effetti fonosimbolici** che amplificano il messaggio della poesia.
- Le **rime** sono un importante fattore di suono, oltre che di ritmo. Montale utilizza lo schema AABB CDCD EEFF GHIGH, con una rima ipermetra (*veccia/intrecciano*) nella seconda strofa. Nelle rime scelte dal poeta prevalgono suoni aspri e stridenti (per esempio *assorto/orto*, *formiche/biche*).
- Creano effetti fonosimbolici anche le **assonanze**, come *pruni/frusci* e *vita/cima*.
- Le **allitterazioni** concorrono a formare il "suono" complessivo della poesia: Montale preferisce i suoni duri, quasi "pietrosi", delle consonanti "r" e "c" aspra, e dei gruppi "tr" e "gli".
- Altri effetti sonori sono creati attraverso le **onomatopee**: anche in questo caso, Montale privilegia i suoni aspri di parole come *schiocchi*, *frusci*, *scricchi*.
- L'insistito ricorso a sonorità sgradevoli e dissonanti rende "tangibile" il messaggio della poesia: attraverso i suoni, infatti, il poeta rappresenta le contraddizioni e il disagio esistenziale che caratterizzano la vita umana.

I MIEI APPUNTI

Lezione 3

T3 La curva dei tuoi occhi
Paul Éluard

I contenuti | Lo sguardo della donna amata dona al poeta una nuova vita: nel riflesso di quegli occhi egli vede un mondo magico e fiabesco, ricco di luce e di colori.

La curva dei tuoi occhi fa il giro del mio cuore,
girotondo di danza e di dolcezza,
aureola del tempo, culla notturna e sicura,
i tuoi occhi non m'han sempre veduto
5   io non so tutto quello che ho vissuto.

Foglie di luce e schiuma di rugiada,
canne del vento, sorrisi odorati,
ali che rischiarano il mondo,
navi di cielo cariche e di mare,
10   sorgenti dei colori, a caccia d'ogni suono.

Profumi schiusi da una covata d'aurore
che giace ancora sulla paglia degli astri,
come il giorno deriva da innocenza
intero il mondo dai tuoi occhi puri
15   e il mio sangue fluisce in quegli sguardi.

P. Éluard, *La curva dei tuoi occhi*, in P. Bigongiari, *Il vento d'ottobre. Da Alcmane a Dylan Thomas*, Mondadori, Milano 1961

Obiettivo della lezione | Riconoscere la funzione espressiva delle figure di significato
(▸ Saperi di base, p. 398)

La forma della poesia

1. Da quante strofe è formata la poesia? Quanti versi conta ogni strofa?

2. Nel primo e nell'ultimo verso, il poeta descrive l'effetto che lo sguardo dell'amata provoca su di lui: questa particolarità dà alla poesia un andamento...
   - A lineare.
   - B fantasioso.
   - C circolare.
   - D aperto.

3. Il v. 9 presenta un'inversione: ricostruisci la sintassi tradizionale.

I contenuti

4. In quali versi sono espressi i significati che seguono? Completa lo schema.

a. Lo sguardo della donna sembra accarezzare il cuore del poeta.	v. 1
b. Il poeta non ricorda ciò che ha vissuto prima.	
c. Il giorno nasce dall'innocenza.	
d. Il mondo intero sgorga dagli occhi puri e innocenti dell'amata.	
e. Il poeta prende vita attraverso gli sguardi della sua donna.	

Sezione 2 — Narrare, interpretare, esprimere

5. Nella prima strofa, il poeta associa al «giro» del suo cuore, compiuto dagli occhi dell'amata, tre diverse immagini: quali? Trascrivile.

....

6. In quale strofa lo sguardo della donna amata viene "moltiplicato" attraverso una serie di suggestivi paragoni?

....

7. Nei vv. 11 e 12 l'approssimarsi dei giorni nuovi, resi felici dalla presenza della donna, viene rappresentato come la nascita di una nidiata di cuccioli: quali parole suggeriscono tale interpretazione? Individuale tra le seguenti.

- **A** «covata».
- **B** «giace».
- **C** «paglia».
- **D** «astri».

▬ Il linguaggio simbolico

8. Quale figura retorica è presente nei vv. 1-3?

- **A** Analogia.
- **B** Similitudine.
- **C** Ossimoro.
- **D** Personificazione.

9. Individua le figure retoriche presenti in queste espressioni:

a. «foglie di luce» [v. 6]
- **A** Metafora.
- **B** Similitudine.
- **C** Sinestesia.
- **D** Analogia.

b. «schiuma di rugiada» [v. 6]
- **A** Metafora.
- **B** Similitudine.
- **C** Sinestesia.
- **D** Analogia.

c. «sorrisi odorati» [v. 7]
- **A** Metafora.
- **B** Similitudine.
- **C** Sinestesia.
- **D** Analogia.

d. «sorgenti dei colori, a caccia di ogni suono» [v. 10]
- **A** Metafora.
- **B** Similitudine.
- **C** Sinestesia.
- **D** Analogia.

10. Nei vv. 13-15 è presenta una similitudine: spiegane il significato completando il periodo.

Così come il giorno nuovo ...., allo stesso modo il mondo intero prende vita ....

Appunti della lezione

- Il linguaggio poetico è particolarmente ricco di figure di significato, che "**dilatano**" e amplificano il senso.
- La **poesia moderna e contemporanea** utilizza spesso un linguaggio altamente figurato, come accade nei versi di Éluard: così il testo diventa suggestivo.
- In questa poesia vi sono diversi esempi di **analogia**: nei primi tre versi, la "circolarità" dello sguardo con cui la donna avvolge il poeta viene ripresa nelle immagini del *girotondo*, dell'*aureola* e della *culla*; il v. 9 evoca l'azzurro degli occhi amati, mentre i vv. 11 e 12 associano il sorgere di nuovi giorni alla nascita di una nidiata di cuccioli.
- Attraverso le **metafore**, il poeta rappresenta gli occhi della donna come fonte di bellezza, di vita e di luce.
- Le **sinestesie** dei vv. 7 e 10 suggeriscono che lo sguardo della donna rinnova anche le sensazioni che provengono dal mondo esterno.
- La **similitudine** degli ultimi due versi ripropone il messaggio della poesia: così come il giorno nuovo nasce dall'innocenza, allo stesso modo lo sguardo della donna, puro e innocente, sembra far rinascere il mondo intero, e con esso il poeta.

I MIEI APPUNTI

Lezione 4

T4 Il lampo
Giovanni Pascoli

I contenuti | Un lampo squarcia la notte buia, carica di tempesta: ecco come Giovanni Pascoli, uno dei più grandi poeti di fine Ottocento, rappresenta questa improvvisa lama di luce, potente e terribile al tempo stesso.

E cielo e terra si mostrò qual era:

la terra ansante, livida[1], in sussulto;
il cielo ingombro, tragico, disfatto:
bianca bianca nel tacito tumulto
5 una casa apparì sparì d'un tratto;
come un occhio, che, largo, esterrefatto[2],
s'aprì si chiuse, nella notte nera.

G. Pascoli, *Myricae*, Rizzoli, Milano 1981

1. **livida:** cupa, buia.
2. **esterrefatto:** stupefatto, colto di sorpresa.

Sezione 2   Narrare, interpretare, esprimere

Obiettivo della lezione   Analizzare e commentare una poesia

▬ La forma della poesia

1. Riepiloga le caratteristiche della poesia rispondendo alle domande.
   a. Di quante strofe è composta la poesia?

   b. Quanti versi conta ogni strofa?

   c. Osserva le rime: esiste uno schema? Se sì, trascrivilo, oppure scrivi "versi sciolti".

2. I versi sono tutti della stessa misura: verificalo dividendo correttamente i primi tre (fai attenzione alle figure metriche) e scrivi il metro che hai individuato.

3. Vi sono due enjambement: tra quali versi?

▬ I suoni

4. Quali allitterazioni noti nelle espressioni «tacito tumulto» [v. 4] e «nella notte nera» [v. 7]?

5. Il v. 4 presenta un'iterazione, cioè una ripetizione: trascrivila.

▬ Il linguaggio figurato

6. Il testo è ricco di figure retoriche. Riconosci le seguenti:
   a. «tacito tumulto» [v. 4]:
   A Personificazione.   C ~~Antitesi.~~
   B Ossimoro.   D Metafora.
   b. «apparì sparì» [v. 5]:
   A Personificazione.   C Antitesi.
   B ~~Ossimoro.~~   D Metafora.
   c. «terra ansante» [v. 2]:
   A ~~Personificazione.~~   C Antitesi.
   B Ossimoro.   D Metafora.
   d. «cielo ... tragico» [v. 3]:
   A Personificazione.   C Antitesi.
   B Ossimoro.   D ~~Metafora.~~

7. Osserva la successione di aggettivi dei vv. 2 e 3: essi creano...
   A una similitudine.
   B ~~un climax.~~
   C ~~una metafora.~~
   D una sinestesia.

8. Nei vv. 4-7 trovi una similitudine. Spiegane il significato completando lo schema.
   Primo elemento di paragone.
   Una casa bianca.

   Caratteristica in comune.
   APPARÌ, SPARÌ

   Secondo elemento di paragone.
   OCCHIO

▬ Argomento, tema e messaggio

9. La poesia inizia con la congiunzione "e": qual è l'effetto espressivo di questa scelta?
   A Segnala la serenità interiore del poeta, che prosegue nel suo lavoro nonostante la tempesta.
   B Crea una grande aspettativa nel lettore per gli eventi che si verificheranno.
   C ~~Fa apparire il testo come la continuazione di una dolorosa riflessione precedente.~~
   D Suggerisce che la lettura potrebbe prestarsi a diverse interpretazioni.

10. In un testo letterario (poetico o narrativo), l'**argomento** è il soggetto, la materia di cui si parla; il **tema** è l'idea di fondo; il **messaggio** è ciò che il poeta vuole comunicare o insegnare. Considera i tre elementi proposti e indica quale tra essi è l'argomento (A), quale il tema (T), quale il messaggio (M).

                                   A   T   M

    a. L'uomo vive in un mondo sconosciuto e pauroso, in cui l'unico possibile rifugio è dato dalle pareti domestiche.   ☐ ~~☒~~ ☒
    b. Il lampo rivela un panorama tormentato e inquietante, in cui si staglia una casa bianca.   ☒ ☐ ☐
    c. Un lampo improvviso in una notte di temporale.   ☒ ~~☒~~ ☐

La poesia U7

Elaborare analisi e commento

11. Scrivi ora l'analisi della poesia; suddividi il tuo testo in paragrafi, seguendo le indicazioni.
- Primo paragrafo: indicazione del titolo e dell'autore, descrizione della *forma* della poesia (▶esercizi 1, 2, 3).
- Secondo paragrafo: spiega l'*argomento* e il *tema* della poesia (▶es. 10).
- Terzo paragrafo: rifletti sui *suoni*. Quale effetto espressivo creano le parole in rima, le allitterazioni e le iterazioni che hai rilevato (▶es. 1c, 4, 5)?
- Quarto paragrafo: ora osserva il *linguaggio figurato*.
  - Quale atmosfera crea il climax dei vv. 2 e 3 (▶es. 7)?
  - Come spieghi la personificazione della terra nel v. 2 (▶es. 6)?
  - Quale significato ha l'ossimoro del v. 4 (▶es. 6)?
  - Quale effetto espressivo creano le antitesi dei vv. 5 e 7 (▶es. 6)?
  - Che significato ha la similitudine dei vv. 4-7 (▶es. 8)?
- Quinto paragrafo: concludi spiegando il *messaggio* della poesia; indica se le scelte espressive del poeta rafforzano tale messaggio, e perché.

12. Commentare una poesia significa aggiungere all'analisi una propria riflessione, nella quale si esprimono riflessioni e sentimenti suscitati dalla lettura del testo. Scrivi un breve commento della poesia di Pascoli seguendo lo schema proposto.
- In quale occasione l'improvviso bagliore di un lampo ti ha sorpreso, e forse anche un po' spaventato?
- Provi timore di fronte alla potenza incontrollabile degli elementi naturali?
- Qualche volta hai anche tu la sensazione che il mondo nasconda elementi inquietanti?

Appunti della lezione

- Per fare l'analisi di un testo poetico occorre procedere attraverso alcune fasi.
- La prima fase consiste nell'osservazione delle **caratteristiche formali** della poesia (strofe, versi, rime e così via).
- L'analisi dei **suoni**, dei **ritmi** e del **linguaggio figurato** della poesia (rime, assonanze, consonanze, allitterazioni...) stimola la riflessione sul testo.
- Poi si riflette su **tema**, **argomento** e **messaggio**, che consentono di comprendere globalmente il significato della poesia.
- Infine si prepara un'**analisi**, cioè un **testo espositivo** che riepiloga in un discorso continuo le osservazioni svolte sulla metrica e sui significati del testo.
- All'analisi può essere abbinato il **commento**, che è invece un **testo personale** in cui si esprimono riflessioni, idee, emozioni suscitate dal testo.

I MIEI APPUNTI

Sezione 2 Narrare, interpretare, esprimere

Appunti delle lezioni

Sintesi

La poesia è dentro la vita
- **Figure retoriche** ed "**effetti speciali**" sonori e ritmici costituiscono le peculiarità del testo poetico.
- Il testo poetico si presta a una doppia lettura: **letterale** oppure **interpretativa**; solo in quest'ultimo caso è possibile cogliere tutte le sfumature di senso della poesia.
- La poesia contemporanea privilegia il **genere lirico**.

Il linguaggio della poesia
- La **forma** della poesia è data dal susseguirsi di **versi** ed eventualmente di **strofe**. Queste ultime possono essere regolari oppure diverse tra loro.
- Il **metro** dei versi si individua dividendo in **sillabe**, tenendo conto delle **figure metriche** e della parola finale: se essa è **tronca** si conta una sillaba in più, se è **sdrucciola** una sillaba in meno («un / don/do/lio / di / lam/pa/de» = settenario).
- Quando una poesia è composta da versi di metri differenti, senza uno schema di rime, si dice che è scritta in **versi liberi e sciolti**, frequenti nella poesia moderna e contemporanea.
- Le **rime** e gli **enjambement** sono fattori di **ritmo** con cui i poeti "intensificano" il significato dei testi.
- **Effetti fonosimbolici** sono creati da **assonanze** (*vita/cima*), **allitterazioni** (per esempio, suoni duri e aspri "sostengono" un significato cupo o doloroso), **onomatopee** (come *schiocchi, fruscì, scricchì*).
- La poesia moderna e contemporanea utilizza spesso un **linguaggio altamente figurato**.
- L'**analogia** è molto usata e amata dai poeti del Novecento: essa rende la lettura del testo più ardua, ma più interessante e densa di significato.

L'analisi del testo poetico
- Per fare l'**analisi** di un testo poetico occorre procedere attraverso alcune fasi:
  – osservazione delle **caratteristiche formali** della poesia (strofe, versi, rime e così via);
  – riflessione su **tema**, **argomento** e **messaggio** del testo;
  – analisi dei **suoni**, dei **ritmi** e del **linguaggio figurato**;
  – organizzazione delle osservazioni in un **testo espositivo-interpretativo** riepilogativo.

Giovanni Pascoli
La mia sera

I contenuti | Dopo il violento temporale del giorno, a sera torna il sereno: il cielo è limpido, nuvole leggere riflettono i colori del tramonto, rondini volano festose mentre le campane suonano a stormo. Il poeta osserva, descrive, avverte che la natura riflette e simboleggia il suo stato d'animo.

Il giorno fu pieno di lampi;
ma ora verranno le stelle,
le tacite[1] stelle. Nei campi
c'è un breve gre gre di ranelle[2].
5 Le tremule foglie dei pioppi
trascorre una gioia leggiera[3].
Nel giorno, che lampi! Che scoppi!
    Che pace, la sera!

Si devono aprire le stelle
10 nel cielo sì[4] tenero e vivo.
Là, presso le allegre ranelle,
singhiozza monotono un rivo[5].
Di tutto quel cupo tumulto[6],
di tutta quell'aspra bufera,
15 non resta che un dolce singulto[7]
    nell'umida sera.

È, quella infinita tempesta,
finita in un rivo canoro[8].
Dei fulmini fragili restano
20 cirri di porpora e d'oro[9].
O stanco dolore, riposa!
La nube del giorno più nera
fu quella che vedo più rosa
    nell'ultima sera[10].

25 Che voli di rondini intorno!
Che gridi nell'aria serena!
La fame del povero giorno
prolunga la garrula cena[11].
La parte, sì piccola, i nidi
30 nel giorno non l'ebbero intera[12].
Né io[13]… e che voli, che gridi,
    mia limpida sera!

1. **tacite:** silenziose.
2. **ranelle:** rane.
3. **Le tremule … leggiera:** una brezza delicata (*gioia leggiera*) soffia attraverso (*trascorre*) le tremanti (*tremule*) foglie dei pioppi.
4. **sì:** così.
5. **singhiozza … rivo:** il suono delle acque di un ruscello (*rivo*) sembra al poeta un singhiozzo.
6. **tumulto:** il fragore della bufera.
7. **singulto:** singhiozzo.
8. **rivo canoro:** il rumore del ruscello sembra ora un canto.
9. **Dei fulmini … d'oro:** dove prima c'erano i fulmini ora si vedono (*restano*) nuvole che il tramonto colora di rosso e d'oro. L'aggettivo *fragili*, in posizione ambigua, potrebbe riferirsi sia ai fulmini, che sembrano spezzarsi in cielo, sia ai cirri, per il loro aspetto leggero, delicato, inconsistente.
10. **La nube … sera:** la nube che durante il giorno era la più minacciosa ora, a tarda sera, è quella di colore più tenue e rosato. Il significato è simbolico: gli eventi più tristi e drammatici (*la nube più nera*) sembrano, alla fine della vita (*l'ultima sera*), meno dolorosi (*la nube più rosa*).
11. **La fame … cena:** la fame patita dalle rondini durante il giorno tempestoso, che ha loro impedito di procurarsi il cibo (*povero giorno*), rende più lunga e felice (*garrula*) la cena.
12. **La parte … intera:** i rondinini (*i nidi*) durante il giorno non hanno avuto la loro parte di cibo, pur così piccola, a causa della bufera.
13. **Né io:** l'immagine dei rondinini affamati sollecita un'associazione nella mente del poeta: anche lui, come i rondinini, durante l'infanzia ha patito dolori e sofferenze.

Sezione 2 — Narrare, interpretare, esprimere

14. Don ... azzurra: il suono festoso delle campane invita il poeta al riposo, come se quel suono provenisse dalle profondità della notte serena (*voci di tenebra azzurra*).

15. Mi sembrano ... culla: il suono delle campane porta con sé il ricordo delle ninne nanne (*canti di culla*), della madre e dell'infanzia.

Don... Don... E mi dicono, Dormi!
mi cantano, Dormi! sussurrano,
35 Dormi! bisbigliano, Dormi!
là, voci di tenebra azzurra[14]...
Mi sembrano canti di culla[15],
che fanno ch'io torni com'era...
sentivo mia madre... poi nulla...
40   sul far della sera.

G. Pascoli, *Poesie*, Mondadori, Milano 1990

COMPRENDERE E INTERPRETARE

La forma del testo

1. Le strofe presentano la medesima struttura metrica. Osserva la prima e rileva il metro dei versi che la compongono. Attenzione ai vv. 19, 20, 34 e 35, che sono particolari: sai spiegare perché?

   ....
   ....

2. Individua lo schema delle rime, osservando, in particolare, la parola finale di ogni strofa: che cosa noti?

   ....
   ....

3. Pascoli utilizza la punteggiatura a fini espressivi, creando pause interne ai versi: rintraccia quelli che vengono spezzati a metà, o addirittura in tre parti, da un segno di punteggiatura forte.

   ....
   ....

I contenuti e i significati

4. In ogni strofa, Pascoli accosta l'osservazione della sera, tornata serena, e la rievocazione della tempesta che, invece, ha caratterizzato il giorno. Rileva nella tabella gli elementi descritti dal poeta, come nell'esempio.

	La sera	Il giorno
Prima strofa.	Stelle, il verso delle rane, vento leggero, foglie dei pioppi.	Lampi, tuoni.
Seconda strofa.		
Terza strofa.		
Quarta strofa.		
Quinta strofa.		

424

5. Il poeta riflette il proprio stato d'animo nell'ambiente: metti in evidenza queste corrispondenze simboliche completando lo schema, come nell'esempio. Consulta le note, che ti aiuteranno a interpretare i significati.

a. La nube del giorno più nera [v. 22].	I dolori e le preoccupazioni che hanno segnato la vita del poeta.
b. La nube più rosa [v. 23].	
c. L'ultima sera [v. 24].	
d. I rondinini affamati [vv. 29-30].	
e. Il suono delle campane [v. 33].	

6. Il poeta sembra dire che la vita non è altro che una parentesi tra una *culla* e il *nulla* [vv. 37-39]: a che cosa allude la parola *nulla*?

STUDIARE LA LINGUA

7. Il linguaggio della poesia è ricco di figure di suono. Ripercorri il testo cercando onomatopee, allitterazioni e assonanze, evidenziali e spiegane l'effetto espressivo.

8. L'espressione «voci di tenebra azzurra» è contemporaneamente un ossimoro e una sinestesia: sai spiegare perché?

9. Il termine «nidi» [v. 29] è
  A una metafora.
  B una sinestesia.
  C una sineddoche.
  D una metonimia.

10. Quali, tra le metafore presenti nel testo, ti hanno colpito di più, e perché?

PARLARE

11. Quali emozioni trasmette Pascoli con questa poesia? Scegli le tue risposte e motivale; se vuoi, aggiungi tu altre emozioni, sempre motivandole.

  A Paura.
  B Rabbia.
  C Nostalgia.
  D Rimpianto.
  E Gioia.
  F Serenità.
  G Speranza.
  H Pace.

SCRIVERE

12. Pensa a un momento della giornata o a una condizione atmosferica che ti piace: la mattina presto, oppure il tramonto, o ancora una nevicata che imbianca il paesaggio... ispirandoti a questa immagine, scrivi una poesia cercando di utilizzare alcune tra le tecniche di Pascoli: onomatopea, allitterazione, sinestesia, metafora...

Sezione 2 Narrare, interpretare, esprimere

Gabriele D'Annunzio
T6 La sera fiesolana

I contenuti | Il poeta si trova con la donna amata sulle colline di Fiesole, vicino a Firenze. La stagione è mite, sta per arrivare l'estate, e dopo un giorno di sole una rapida pioggia annuncia l'arrivo della sera. Mentre la luna sta per apparire, la luce diventa più tenue, quasi come un velo d'argento, e si avverte già il fresco notturno. In questo paesaggio reale, che la poesia trasforma in uno scenario misterioso ed evocativo, il poeta si rivolge alla donna con parole musicali e lievi, invitandola a entrare con lui nel segreto della natura e del loro amore.

Fresche le mie parole ne la sera
ti sien come il fruscìo che fan le foglie
del gelso ne la man di chi le coglie
silenzioso[1] e ancor s'attarda a l'opra lenta[2]
5   su l'alta scala che s'annera
contro il fusto che s'inargenta[3]
con le sue rame spoglie
mentre la Luna è prossima a le soglie
cerule[4] e par che innanzi a sé distenda un velo[5]
10 ove il nostro sogno si giace[6]
e par che la campagna già si senta
da lei sommersa nel notturno gelo
e da lei beva la sperata pace
senza vederla[7].

15 Laudata sii pel tuo viso di perla,
o Sera, e pe' tuoi grandi umidi occhi ove si tace
l'acqua del cielo[8]!

---

1. Fresche ... silenzioso: il poeta si rivolge a un "tu" indeterminato, che rappresenta la donna amata. Egli si augura che il suono delle sue parole sia fresco come il fruscio delle foglie di gelso, raccolte da un contadino silenzioso.
2. e ... lenta: il contadino prosegue lentamente il suo lavoro, nonostante sia già tardi.
3. su l'alta ... s'inargenta: la scala su cui lavora il contadino diventa scura, a mano a mano che la luce del giorno cala; nello stesso tempo, il tronco dell'albero acquista un colore argenteo grazie al vago riflesso della luna nascente.
4. mentre ... cerule: la luna sta per innalzarsi sopra l'orizzonte, come se stesse per apparire dalle porte del cielo (*soglie cerule*).
5. par ... velo: il chiarore indistinto emanato dalla luna sembra distendere un velo di luce sulla campagna.
6. ove ... giace: il sogno d'amore del poeta e della sua donna trova quiete e riposo nella serena freschezza della campagna illuminata dal vago chiarore della luna.
7. par ... vederla: sembra che il paesaggio (*la campagna*) avverta già la temperatura notturna più fresca (*notturno gelo*) e assorba avidamente il ristoro tanto atteso (*sperata pace*) dopo il calore del giorno, senza tuttavia ancora vedere la luna.
8. tuoi grandi ... cielo: nelle pozze sul terreno (*grandi umidi occhi*) confluisce (*si tace*) la pioggia (*l'acqua del cielo*).

      Dolci le mie parole ne la sera
      ti sien come la pioggia che bruiva
20   tepida e fuggitiva[9],
      commiato lacrimoso de la primavera[10],
      su i gelsi e su gli olmi e su le viti
      e su i pini dai novelli rosei diti
      che giocano con l'aura che si perde[11],
25   e su 'l grano che non è biondo ancora
      e non è verde[12],
      e su 'l fieno che già patì la falce
      e trascolora[13],
      e su gli olivi, su i fratelli olivi
30   che fan di santità pallidi i clivi
      e sorridenti[14].

      Laudata sii per le tue vesti aulenti[15],
      o Sera, e pel cinto che ti cinge come il salce
      il fien che odora[16]!

35   Io ti dirò verso quali reami
      d'amor ci chiami il fiume[17], le cui fonti
      eterne a l'ombra de gli antichi rami
      parlano nel mistero sacro dei monti[18];
      e ti dirò per qual segreto
40   le colline su i limpidi orizzonti
      s'incurvino come labbra che un divieto
      chiuda, e perché la volontà di dire
      le faccia belle
      oltre ogni uman desire
45   e nel silenzio lor sempre novelle
      consolatrici, sì che pare
      che ogni sera l'anima le possa amare
      d'amor più forte[19].

---

9. bruiva ... fuggitiva: la rapida (*fuggitiva*) pioggia primaverile picchiettava dolcemente (*bruiva*) sulle foglie.
10. commiato ... primavera: la pioggia appena finita è stata il congedo della primavera che lascia il posto all'estate.
11. novelli ... perde: le pigne novelle, con il loro colore rosa pallido, sembrano dita che giochino a muoversi nel vento che trascorre e va lontano.
12. grano ... verde: il grano non è ancora maturo (*biondo*), ma non è più verde come in primavera.
13. fieno ... trascolora: il fieno ha già subito il taglio (*patì la falce*) e sta ingiallendo.
14. olivi ... sorridenti: il fusto argenteo degli ulivi dona ai colli (*clivi*) un colore pallido e un aspetto lieto, come quello di chi vive in perfetta armonia con la divinità e con se stesso.
15. aulenti: profumate.
16. cinto ... odora: la linea dell'orizzonte è come una cintura (*cinto*) che stringe la Sera, così come la foglia del salice cinge il covone di fieno profumato.
17. reami ... fiume: il suono dell'acqua corrente del fiume sembra chiamare il poeta e la sua donna verso una misteriosa terra in cui regna l'amore.
18. fonti ... monti: la sorgente del fiume (*fonti eterne*), ombreggiata da alberi secolari (*antichi rami*), si esprime con voce indefinibile sulla vetta misteriosa e sacra dei monti.
19. segreto ... più forte: le colline che si stagliano sull'orizzonte sereno sono dolcemente curve, come labbra chiuse da un divieto che impedisce loro parlare (*labbra che un divieto chiuda*), e che tuttavia sono ansiose di rivelare il loro segreto; questa volontà le rende belle al di là di ogni desiderio umano (*uman desire*) e fonte di sempre nuova consolazione (*novelle consolatrici*) anche nel silenzio, tanto che ogni sera l'anima le ama sempre di più.

Sezione 2 Narrare, interpretare, esprimere

    Laudata sii per la tua pura morte[20],
50 o Sera, e per l'attesa che in te fa palpitare
    le prime stelle[21]!

                               G. D'Annunzio, *Versi d'amore e di gloria*, Mondadori, Milano 1982

20. pura morte: il momento in cui la sera limpida (*pura*) diventa notte.

21. l'attesa ... stelle: lasciando il posto alla notte, la sera attende palpitando le prime stelle.

COMPRENDERE E INTERPRETARE

▬ Una forma elaborata

1. **Completa il periodo, ricavando le informazioni dall'osservazione della forma.**
   La poesia è formata da .... strofe di .... versi ciascuna; le strofe sono inframmezzate da .... "riprese" di .... versi.

2. **I versi hanno metri diversi: individua un esempio per ciascun tipo.**
   a. Endecasillabo: ....
   b. Novenario: ....
   c. Settenario: ....
   d. Quinario: ....

3. **I versi sono sciolti, con rime e assonanze distribuite liberamente nel testo. Osserva la prima strofa e trascrivi le prime e le seconde.**
   a. Rime: ....
   b. Assonanze: ....

▬ I contenuti e i significati

4. **Di seguito riportiamo i contenuti di ogni strofa e di ogni "ripresa", sinteticamente e in ordine sparso; ricostruisci la successione corretta, a partire dal n. 1.**
   a. Il poeta spera che le sue parole siano fresche come il fruscio delle foglie del gelso raccolte dal contadino ancora intento al lavoro; intanto, la luna che sta per apparire distende intorno una luce velata e una freschezza che porta ristoro alla terra arsa dal giorno di sole. 1
   b. Il poeta dirà alla donna il luogo d'amore evocato dalla voce del fiume, e le rivelerà anche il segreto che le colline intorno a loro sembrano custodire, diventando per questo ogni sera più belle. ....
   c. Lode alla Sera per le sue vesti profumate e per la linea dell'orizzonte da cui sta per sorgere la luna. ....
   d. Lode alla Sera che diventa notte aspettando le prime stelle. ....
   e. Il poeta spera che le sue parole siano dolci come il suono della pioggia primaverile sulla vegetazione, che riempie di colori e profumi il paesaggio. ....
   f. Lode alla Sera per il suo pallore e per gli occhi, grandi e umidi. ....

5. **La poesia descrive un particolare momento del giorno e dell'anno: quale?**
   ....

6. Per descrivere l'atmosfera del momento, il poeta "gioca" moltissimo con i suoni, ricorrendo in particolare ad allitterazioni e a parole onomatopeiche. Individua qualche esempio significativo delle prime e delle seconde spiegandone il significato espressivo, come nell'esempio.

Allitterazione	Fresche le mie parole ne la sera / ti sien come il fruscio che fan le foglie	I suoni fr, f e s richiamano l'idea della freschezza serale e lo stormire delle foglie.
Parola onomatopeica	Fruscio	Evoca il suono delle foglie raccolte dal contadino.

7. Individua argomento (A), tema (T) e messaggio (M).

                                                                                                A T M

    a. La potenza del linguaggio poetico, capace di interpretare il linguaggio segreto della natura, di svelarne i misteri, di rendere vivo un sogno d'amore. ☐ ☐ ☐

    b. Un paesaggio di campagna al calare della sera primaverile. ☐ ☐ ☐

    c. L'atmosfera di una sera primaverile, magica e piena di suggestioni, in un paesaggio rigoglioso e fertile. ☐ ☐ ☐

STUDIARE LA LINGUA

8. Trasforma in linguaggio corrente moderno questi vocaboli:
    a. «opra» [v. 4]
    b. «rame» [v. 7]
    c. «tepida» [v. 20]
    d. «commiato» [v. 21]
    e. «aura» [v. 24]
    f. «aulenti» [v. 32]
    g. «cinto» [v. 33]
    h. «desire» [v. 44]
    i. «novelle» [v. 45]

9. Riordina la sintassi di questi periodi.
    a. «fresche le mie parole ne la sera / ti sien» [vv. 1/2];
    b. «io ti dirò verso quali reami / d'amor ci chiami il fiume» [vv. 35/36];
    c. «e ti dirò per qual segreto / le colline su i limpidi orizzonti / s'incurvino» [vv. 39-41].

10. La poesia è ricchissima di figure retoriche. Riconosci le seguenti:
    a. «fresche le mie parole»: ....
    b. «fresche le mie parole ... come il fruscio che fan le foglie»: ....
    c. «il fusto che s'inargenta»: ....
    d. «Laudata sii pel tuo viso di perla, o Sera» ....

PARLARE

11. In alcuni punti del testo, D'Annunzio richiama il *Cantico delle creature* di Francesco d'Assisi. Individua tali passaggi, poi prova a interpretare tale riferimento letterario: che cosa vuole suggerire il poeta? Discutine con i compagni e l'insegnante.

SCRIVERE

12. Esegui la parafrasi della poesia aiutandoti con le note e con gli esercizi che hai svolto, in particolare gli esercizi 8, 9 e 10.

Sezione 2 Narrare, interpretare, esprimere

T7 Eugenio Montale
I limoni

I contenuti | Il rifiuto della poesia solenne, celebrativa e priva di reale contatto con l'autenticità dell'uomo e del mondo; il «male di vivere», l'angoscia esistenziale che rende «amara l'anima»; la momentanea illusione di scoprire, a contatto con la natura, un «varco» verso la felicità, un passaggio impossibile ma sempre cercato: sono questi i temi de *I limoni*, poesia che Montale scrisse a vent'anni rivolgendosi a ognuno dei suoi lettori, di quel tempo ma anche quelli odierni. Ascoltiamo, dunque, le parole del poeta, e lasciamoci trasportare nei paesaggi che esprimono e simboleggiano tali complesse tematiche: quello ligure, azzurro e assolato, e quello cittadino, grigio e opprimente.

Ascoltami[1], i poeti laureati[2]
si muovono soltanto fra le piante
dai nomi poco usati: bossi ligustri o acanti[3].
Io, per me[4], amo le strade che riescono[5] agli erbosi
5   fossi dove in pozzanghere
mezzo seccate agguantano i ragazzi
qualche sparuta[6] anguilla:
le viuzze che seguono i ciglioni[7],
discendono tra i ciuffi delle canne
10 e mettono[8] negli orti, tra gli alberi dei limoni.

Meglio se le gazzarre[9] degli uccelli
si spengono inghiottite dall'azzurro:
più chiaro si ascolta il susurro
dei rami amici nell'aria che quasi non si muove,
15 e i sensi[10] di quest'odore[11]
che non sa staccarsi da terra
e piove in petto una dolcezza inquieta[12].
Qui delle divertite passioni

---

1. **Ascoltami:** il poeta si rivolge a un "tu" imprecisato.
2. **poeti laureati:** quelli ufficialmente celebrati, riconosciuti degni della gloria poetica, di cui è simbolo la corona d'alloro; Montale si riferisce sarcasticamente alla poesia altisonante e oratoria, ma priva di contenuti che diano voce all'interiorità dell'uomo.
3. **bossi ... acanti:** i bossi e i ligustri sono arbusti sempreverdi; gli acanti hanno foglie larghe dal profilo frastagliato, come quelle dei capitelli delle colonne corinzie.
4. **per me:** per quanto mi riguarda, a differenza dei poeti laureati.
5. **riescono:** ri-escono, conducono.
6. **sparuta:** piccola.
7. **le viuzze ... ciglioni:** i piccoli sentieri che corrono lungo l'orlo dei fossati (*ciglioni*).
8. **mettono:** immettono.
9. **gazzarre:** il chiassoso vocio.
10. **i sensi:** la sensazione, la percezione (è complemento oggetto del verbo *si ascolta*).
11. **odore:** quello dei limoni.
12. **dolcezza inquieta:** è un ossimoro che unisce un elemento positivo (la dolcezza) con uno negativo (l'inquietudine), esprimendo la compenetrazione tra due opposti ma complementari sentimenti.

per miracolo tace la guerra[13],
20 qui tocca anche a noi poveri[14] la nostra parte di ricchezza
ed è l'odore dei limoni.

Vedi, in questi silenzi in cui le cose
s'abbandonano e sembrano vicine
a tradire il loro ultimo segreto,
25 talora ci si aspetta
di scoprire uno sbaglio di Natura,
il punto morto del mondo, l'anello che non tiene,
il filo da disbrogliare che finalmente ci metta
nel mezzo di una verità[15].
30 Lo sguardo fruga d'intorno,
la mente indaga accorda disunisce[16]
nel profumo che dilaga
quando il giorno più languisce[17].
Sono i silenzi in cui si vede
35 in ogni ombra umana che si allontana
qualche disturbata Divinità[18].

Ma l'illusione manca[19] e ci riporta il tempo
nelle città rumorose dove l'azzurro si mostra
soltanto a pezzi, in alto, tra le cimase[20].
40 La pioggia stanca la terra, di poi; s'affolta
il tedio[21] dell'inverno sulle case,
la luce si fa avara – amara l'anima.
Quando un giorno da un malchiuso portone
tra gli alberi di una corte[22]
45 ci si mostrano i gialli dei limoni;
e il gelo del cuore si sfa[23],
e in petto ci scrosciano[24]
le loro canzoni
le trombe d'oro della solarità.

E. Montale, *Ossi di seppia*, Mondadori, Milano 1995

---

13. Qui … guerra: qui, come per miracolo, non si avverte più lo scontro violento (*la guerra*) delle passioni deviate (*divertite*) rispetto ai loro fini naturali: è un accenno polemico contro la civiltà dei consumi e le città rumorose citate al v. 38. L'aggettivo *divertite*, con il significato che qui assume, deriva dal verbo latino *divertere* ("deviare").

14. poveri: semplici; è in opposizione ai poeti laureati del v. 1.

15. ci si aspetta … verità: nell'immobile silenzio della natura, quasi incantato, ci si aspetta di poter cogliere un'eccezione, un punto di rottura, un filo che conduca a sbrogliare la matassa della vita e riveli la verità del segreto delle cose.

16. indaga … disunisce: accostati per asindeto, i tre verbi creano tra loro rapporti di analogia e contrapposizione.

17. languisce: langue, svanisce.

18. in cui … Divinità: in ogni figura umana che si allontana sembra di riconoscere un dio (abitatore e signore di questa natura fuori dal tempo), disturbato dalla presenza dell'uomo.

19. manca: viene meno.

20. cimase: cornicioni dei tetti.

21. s'affolta il tedio: si addensa la noia.

22. corte: cortile.

23. si sfa: si dissolve.

24. ci scrosciano: ci fanno risuonare (il soggetto è *le trombe d'oro della solarità*, con cui per analogia sono rappresentati i limoni, simbolo della vita piena e solare).

COMPRENDERE E INTERPRETARE

I contenuti e i significati

1. Nella poesia si possono individuare alcuni nuclei tematici: abbinali ai versi corrispondenti, come nell'esempio.
    a. vv. 1-3: definizione critica dei "poeti laureati".
    b. vv. 4-10: ....
    c. vv. 11-21: ....
    d. vv. 22-36: ....
    e. vv. 37-42: ....
    f. vv. 43-49: ....

    1. Presa di coscienza dell'impossibilità di comprendere il senso della vita, rassegnazione di fronte al grigiore dell'esistenza.
    2. Rivendicazione di una poesia autentica, aderente alla realtà delle cose e dell'uomo.
    3. Descrizione di un istante di profondo silenzio e di intensa concentrazione in mezzo alla natura, quando tutto sembra fermo e calmo.
    4. Rinascita dell'illusione di poter assaporare la felicità, sia pure solo per un breve e inaspettato istante.
    5. Percezione illusoria di poter cogliere il senso ultimo della vita e dell'uomo, di poter sciogliere il nodo dell'infelicità e del male di vivere.

2. Nella seconda strofa il poeta descrive un momento di immobilità e silenzio: con quali elementi costruisce tale descrizione? Individuali tra i seguenti.
    A Il cielo limpido.
    B Il contatto con la terra calda e umida.
    C L'allontanarsi verso l'alto degli uccelli, il cui verso diventa sempre meno percepibile.
    D L'assenza di vento.
    E La presenza di un amico silenzioso.
    F Il leggero fremito del fogliame degli alberi.
    G L'intenso profumo dei limoni.

3. Quale effetto produce sul poeta l'istante di immobilità e silenzio descritto nella seconda strofa?
    A Una perfetta beatitudine e fusione con la natura.
    B La consapevolezza che la vita merita di essere vissuta anche solo per assaporare brevi istanti di felicità.
    C L'amara consapevolezza che nulla può dare realmente felicità all'uomo.
    D L'impressione di poter allontanare la confusione della vita quotidiana e di poter cogliere il significato della natura e della vita umana.

4. Nella terza strofa, Montale definisce in quattro modi diversi il "passaggio" che consente all'uomo di arrivare, finalmente, «nel mezzo di una verità». Individua e trascrivi tali definizioni, seguendo l'esempio.
    «sbaglio di Natura»,

5. La visione finale dei limoni nasce per caso, non per volontà dell'uomo; ciò nonostante, essa produce un effetto positivo: quale? Che cosa rappresentano, dunque, i limoni che danno il titolo alla poesia?

La forma del testo

6. La poesia è scritta in versi liberi, con prevalenza di endecasillabi e settenari. Individua un esempio per ciascun tipo di verso, poi osserva il v. 42: quale particolarità noti?

7. Evidenzia le rime e le rime interne. Quali, secondo te, sono particolarmente significative per i collegamenti di significato che istituiscono?

STUDIARE LA LINGUA

8. Nella prima strofa, il poeta contrappone i «poeti laureati» a se stesso, esprimendo tale contrapposizione attraverso l'esempio delle diverse scelte linguistiche: quali parole prediligono i poeti laureati? Quali, invece, ama Montale? Che cosa rappresentano, simbolicamente, queste scelte lessicali?

9. Pur prendendo polemicamente le distanze dai poeti laureati, anche Montale usa parole letterarie e ricercate, mescolandole però ad altre di uso comune. Distingui, nell'elenco che segue, le prime dalle seconde.

pozzanghere • sparuta • viuzze • ciglioni • gazzarre • fruga • susurro • disunisce • languisce • s'affolta • tedio • cimase • portone • si sfa • scrosciano • solarità

10. Il testo è ricco di figure retoriche: riconosci le seguenti, spiegandone la funzione espressiva. Attenzione: in qualche caso la stessa espressione presenta più figure retoriche, sovrapposte tra loro.
  a. «le gazzarre degli uccelli si spengono inghiottite dall'azzurro» [vv. 11-12];
  b. «più chiaro si ascolta il susurro dei rami amici» [vv. 13-14];
  c. «dolcezza inquieta» [v. 17];
  d. «la luce si fa avara – amara l'anima» [v. 42];
  e. «le trombe d'oro della solarità» [v. 49].

PARLARE

11. Nella poesia di Montale il contrasto tra città e campagna è evidente: alla prima vengono associate immagini negative [vv. 38-42], alla seconda immagini positive [vv. 11-21]. Sei d'accordo con Montale oppure ritieni che la città abbia anche aspetti positivi? Prepara un breve discorso argomentativo in cui sostieni con almeno tre argomenti le tue ragioni a favore della città (o della campagna, se condividi la tesi di Montale).

SCRIVERE

12. Esegui la parafrasi del testo aiutandoti con le note e con gli esercizi svolti.

Sezione 2   Narrare, interpretare, esprimere

T8 — Antonia Pozzi
Sventatezza

I contenuti | Un padre e una figlia fanno un'escursione in montagna, dove il padre ha combattuto durante la Prima guerra mondiale: lui racconta la sua esperienza al fronte; lei, ragazzina, avverte il dolore che ancora pervade quei luoghi, ma più forte sente il desiderio di correre verso la vita, con tutto l'entusiasmo e l'energia della giovinezza.

Ricordo un pomeriggio di settembre,
sul Montello[1]. Io, ancora una bambina,
col trecciolino smilzo ed un prurito
di pazze corse su per le ginocchia.
5   Mio padre, rannicchiato dentro un andito[2]
scavato in un rialzo del terreno,
mi additava attraverso una fessura
il Piave e le colline; mi parlava
della guerra[3], di sé, dei suoi soldati.
10   Nell'ombra, l'erba gelida e affilata
mi sfiorava i polpacci: sotto terra,
le radici succhiavan forse ancora
qualche goccia di sangue. Ma io ardevo
dal desiderio di scattare fuori,
15   nell'invadente sole, per raccogliere
un pugnetto di more da una siepe.

A. Pozzi, *Parole*, Garzanti, Milano 2004

1. **Montello:** collina in provincia di Treviso, il cui versante nord è lambito dal Piave.
2. **andito:** piccolo scavo nel terreno. Si tratta di una piccola parte delle trincee e degli scavi che attraversavano la zona del Piave al tempo della Prima guerra mondiale.
3. **guerra:** la Prima guerra mondiale; la zona intorno al Piave era attraversata da uno dei fronti del conflitto.

COMPRENDERE E INTERPRETARE

■ **Tra passato e futuro**

1. La poetessa rievoca l'episodio della sua infanzia con molti dettagli: osservali rispondendo alle domande.
   a. In quale stagione si svolge l'episodio? E in quale momento del giorno?
   b. Dove si trovano padre e figlia?
   c. Che cosa fa il padre? Di che cosa parla?
   d. Che cosa pensa la figlia, mentre il padre le parla?

2. La poetessa definisce il suo essere ancora una bambina attraverso due particolari: trascrivili [vv. 2-4].

3. L'«ombra» del v. 10 ha una doppia valenza, denotativa (D) e connotativa (C). Individua entrambi i significati, classificandoli correttamente.

                                                                                                                    D C

a. L'oscurità della guerra, con il dolore e la morte che porta con sé. ☐ ☐
b. Il buio all'interno della trincea in cui il padre mostra alla figlia il panorama circostante. ☐ ☐

4. I vv. 10-13 sono dominati dalle immagini dell'«ombra», dell'«erba gelida e affilata», del «sangue». Quali immagini troviamo, invece, nei vv. 13-16?

....

■ La forma del testo

5. La poesia presenta una metrica regolare. Individua il metro dei versi, dividendo correttamente i primi quattro.

....

6. Il v. 5 presenta una particolarità metrica: quale?
    A È tronco.   **B** È sdrucciolo.   **C** È ipermetro.   **D** È piano.

STUDIARE LA LINGUA

7. Nella poesia non c'è uno schema di rime, ma è possibile individuare molti richiami di suono, dati dalla presenza di assonanze e rime interne. Osservali completando le serie proposte. Segui l'esempio.

Assonanze	Rime interne
a. Trecciolino / _smilzo_	**e.** Rannicchiato / ....
b. Rannicchiato /	**f.** Additava / ....
c. Affilata /	
d. Sole /	

8. Come definiresti il lessico scelto dalla poetessa?
    A Semplice ma elegante, curato.   **C** Molto elegante e letterario.
    B Semplice, quasi a livello di lingua parlata.   **D** Solenne e ricercato.

PARLARE

9. Nell'esercizio 3 hai riflettuto sul significato dell'«ombra» [v. 10]. Anche l'«erba gelida e affilata», nello stesso verso, ha un doppio significato, letterale e metaforico. Spiegalo con parole tue e confronta la tua interpretazione con quella dei compagni.

SCRIVERE

10. Considera la risposta data all'esercizio 4 e prosegui la riflessione: quale rapporto di significato si crea tra i vv. 10-13 e 13-16? Di somiglianza oppure di contrasto? Quale effetto espressivo ottiene la poetessa, in questo modo? Quale messaggio se ne può trarre? Motiva la tua risposta in un breve testo scritto.

Sezione 2 Narrare, interpretare, esprimere

Camillo Sbarbaro
T9
Felicità fatta di nulla

I contenuti | Una dolce mattina di settembre, un paesaggio di campagna… ed ecco che il poeta prova una felicità ariosa e leggera, che non ha altra ragione se non quella di sentirsi intensamente vivo.

Una felicità fatta di nulla
mi colma[1] – e non è forse che l'arietta
di questa mattinata di settembre…

Come convalescente ch'esce al sole
5   la prima volta, tutto quel che vede
gli par di non averlo visto mai,
ad ogni passo scopre nuovo mondo
e di dolcezza quasi piangerebbe –
il gallo che sull'aia raspa, il cielo
10 azzurro tra l'argento degli ulivi,
la casetta che fuma in mezzo agli orti,
trasalendo di giubilo[2] saluto.

Così leggera è ora la mia anima,
così poco m'appaga[3] stamattina
15 che direi per vivere mi basti
vedere ogni anno
i fiori sulla terra rinnovarsi…
Una ventata, un luccichio d'ottoni[4]
e mi sfreccia davanti il treno lampo.

20 Sollevato da un impeto di gioia
io dalla siepe, come già ragazzo,
pungendomi e strappandomi mi sporgo
e mi sbraccio e il berretto agito in alto.

Fugacemente[5], fuor d'un finestrino
25 una piccola mano mi risponde.

Avventurata te[6], o sconosciuta,
che fosti salutata al tuo passaggio
da cotanto poeta[7]!

C. Sbarbaro, da *110 poesie per sopravvivere*, Guanda, Parma 2004

È così bello sentirsi felici senza motivo, solo per il fatto di respirare, muoversi, vedere i colori del mondo! Una felicità così, "fatta di nulla", non capita spesso, ma quando accade è un momento prezioso, da ricordare a lungo. Prima di leggere questa poesia, ricorda quando ti sei sentito così, leggero e gioioso: risenti quell'emozione, poi "assapora" nella mente i versi, facendo attenzione al significato e ai suoni che il poeta utilizza per renderlo percepibile. Quando ti senti sicuro, leggi ad alta voce, con naturalezza, tenendo conto delle pause a fine verso, che devono diventare appena più lunghe dove trovi i puntini di sospensione.

---

1. mi colma: mi riempie il cuore.
2. trasalendo di giubilo: provando un'improvvisa emozione di gioia.
3. così poco m'appaga: mi basta così poco per essere felice.
4. luccichio d'ottoni: il poeta vede il riflesso del metallo (*ottoni*) che riveste il treno che passa velocemente.
5. Fugacemente: per poco, perché il treno scompare subito.
6. Avventurata te: fortunata te, detto scherzosamente.
7. da cotanto poeta: da tale poeta, da un poeta così importante; anche questa frase è detta con ironia.

COMPRENDERE E INTERPRETARE

Sentirsi vivi e felici

1. Quale sentimento prova il poeta? Da che cosa è suscitato [vv. 1-3]?

2. Il poeta si paragona a... che cosa [vv. 4-8]? Spiega il significato di questa similitudine schematizzandone le varie parti.

Primo elemento di paragone	Caratteristiche in comune	Secondo elemento di paragone
Il poeta.		

3. Quali particolari del paesaggio colpiscono l'occhio del poeta [vv. 9-12]?

4. Che cosa accade, quando il treno sfreccia sulla ferrovia [vv. 20-25]?

Significati e suoni

5. Individua le figure retoriche presenti in queste espressioni e spiegane il significato.

	Figura retorica	Significato
a. «di dolcezza quasi piangerebbe» [v. 8].		
b. «l'argento degli ulivi» [v. 10].		
c. «la casetta che fuma in mezzo agli orti» [v. 11].		

6. Rileggi la poesia facendo particolare attenzione ai suoni: ti sembra che prevalgano sonorità aspre e stridenti oppure aperte e piacevoli? Quale relazione si crea tra gli effetti sonori e il significato della poesia? Motiva la tua risposta con riferimenti al testo.

STUDIARE LA LINGUA

7. Come spieghi l'espressione «treno lampo»?

8. Ricostruisci mentalmente l'ordine logico delle parole nei vv. 13-17. Qual è la proposizione principale?

9. Che cosa provoca la *ventata* del v. 18?

PARLARE

10. Nell'ultima strofa il poeta si fa ironico: in che cosa consiste tale ironia? È bonaria o amara? Elabora una tua interpretazione e poi confrontati con i compagni.

SCRIVERE

11. Scrivi un breve testo in cui spieghi quali sono l'argomento, il tema e il messaggio della poesia.

Sezione 2   Narrare, interpretare, esprimere

T10 Robert Frost
Polvere di neve

I contenuti | Una giornata iniziata male, il freddo, la neve... ma poi avviene un fatto che può muovere al sorriso, a patto di lasciarsi sorprendere anche da eventi molto, molto piccoli.

Il modo in cui un corvo
di sopra una cicuta[1]
scrollò sopra di me
una neve minuta[2]
5 diede al mio cuore un tale
mutamento d'umore
da salvare un mio giorno
ormai senza valore.

R. Frost, in *Poesia straniera del Novecento*,
a cura di A. Bertolucci, Garzanti, Milano 1960

1. **cicuta:** varietà di arbusto.
2. **minuta:** fatta di fiocchi piccoli e leggeri.

La poesia U7

COMPRENDERE E INTERPRETARE

▬ Quasi una filastrocca

1. La poesia ha una costruzione semplice, ma curata nel dettaglio. Rilevane le caratteristiche formali.
   a. Numero di strofe: ....
   b. Nome delle strofe: ....
   c. Metro dei versi: ....

2. Il v. 3 presenta una particolarità: quale?
   A È piano.
   B È sdrucciolo.
   C È tronco.
   D Ha una metrica diversa dagli altri.

3. Colloca correttamente gli accenti ritmici sulla prima strofa, seguendo l'esempio.
   Il mòdo in cui un còrvo /

4. Quali sono le parole in rima? Vi sono assonanze? Classificale di seguito.
   a. Rime: ....
   b. Assonanze: ....

▬ Sorpresa dall'alto

5. Qual è il fatto molto piccolo che "salva" la giornata, fino a quel momento priva di interessi e stimoli?

6. Che cosa rappresenta la *neve minuta* che cade sul poeta?

STUDIARE LA LINGUA

7. Osserva i suoni e rileva l'allitterazione di una particolare consonante: quale? Qual è l'effetto espressivo di tale allitterazione?

8. Esegui la parafrasi della poesia, tenendo conto delle note e aggiungendo le parole necessarie alla comprensione del testo.

PARLARE

9. In quale modo vorresti "salvare" un giorno che sembra trascorrere senza significato? Che cosa ti piacerebbe che accadesse? Non pensare in grande: immagina qualcosa di semplice, quotidiano e senza pretese.

SCRIVERE

10. Descrivi un piccolo fatto che ti ha cambiato l'umore, allietando una giornata che sembrava seria e triste: prova a imitare lo stile leggero e arioso del poeta, eventualmente scrivendo qualche breve verso (con o senza rima).

Sezione 2 — Narrare, interpretare, esprimere

Brasile

T11

Martha Medeiros
Ode alla vita

I contenuti | L'autrice, giornalista brasiliana molto nota nel suo Paese, invita a vivere con entusiasmo, passione e responsabilità, senza accontentarsi mai di risposte già pronte: meglio cercarsi le proprie, anche quando ciò richiede fatica e impegno.

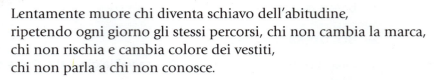

Lentamente muore chi diventa schiavo dell'abitudine,
ripetendo ogni giorno gli stessi percorsi, chi non cambia la marca,
chi non rischia e cambia colore dei vestiti,
chi non parla a chi non conosce.

5   Muore lentamente chi evita una passione,
chi preferisce il nero su bianco e i puntini sulle "i" piuttosto che
un insieme di emozioni, proprio quelle che fanno brillare gli occhi,
quelle che fanno di uno sbadiglio un sorriso,
quelle che fanno battere il cuore davanti all'errore e ai sentimenti.

10 Lentamente muore chi non capovolge il tavolo, chi è infelice sul lavoro,
chi non rischia la certezza per l'incertezza, per inseguire un sogno,
chi non si permette almeno una volta nella vita di fuggire ai consigli
                                                                    sensati.

Lentamente muore chi non viaggia, chi non legge,
chi non ascolta musica, chi non trova grazia in se stesso.

15 Muore lentamente chi distrugge l'amor proprio, chi non si lascia aiutare,
chi passa i giorni a lamentarsi della propria sfortuna o della pioggia
                                                                incessante.

Lentamente muore chi abbandona un progetto prima di iniziarlo,
chi non fa domande sugli argomenti che non conosce,
chi non risponde quando gli chiedono qualcosa che conosce.

20 Evitiamo la morte a piccole dosi, ricordando sempre che essere vivo
richiede uno sforzo di gran lunga maggiore del semplice fatto di respirare.
Soltanto l'ardente pazienza porterà al raggiungimento di una
                                                    splendida felicità.

M. Medeiros, in www.pensieriparole.it/poesie

COMPRENDERE E INTERPRETARE

«Non morire lentamente»

1. Quando scrive «lentamente muore» l'autrice si riferisce alla morte fisica oppure all'assenza di emozioni, passioni, affettività?
   ....

2. Che cosa, secondo la Medeiros, fa "morire" lentamente? Barra le opzioni corrette.
   - **A** Adottare comportamenti ripetitivi, banali, conformisti.
   - **B** Lamentarsi della propria sfortuna senza cercare una via per il cambiamento.
   - **C** Costruire la propria vita attraverso scelte consapevoli e individuali.
   - **D** Evitare esperienze e conoscenze nuove e diverse.
   - **E** Privilegiare la razionalità e il controllo rispetto agli affetti e alle emozioni.

Il coraggio di vivere

3. Dal testo si ricavano, per antitesi, le qualità che bisognerebbe coltivare nella vita: individuale tra le seguenti, motivando le tue scelte con riferimenti al testo.

   curiosità • passionalità • coraggio • modestia • ambizione • amore per il denaro • interesse per la cultura • solidarietà • tranquillità • tenacia • interesse per la moda • gusto della sfida

4. Qual è lo "sforzo maggiore" che viene richiesto dal fatto di essere vivi [vv. 20-21]?
   ....

5. L'espressione «ardente pazienza» [v. 22] è un ossimoro: perché? Quale significato ne puoi trarre?
   ....

STUDIARE LA LINGUA

6. Spiega con parole tue queste immagini figurate.
   a. Essere schiavi dell'abitudine [v. 1].
   b. Preferire il nero su bianco [v. 6].
   c. Mettere i puntini sulle "i" [v. 6].

7. Che cosa significa «capovolgere il tavolo» [v. 10]?
   ....

PARLARE

8. Ritieni che questa poesia rappresenti effettivamente un'ode alla vita, come dice il titolo? Condividi le idee che esprime, oppure in alcuni punti ti sei trovato in disaccordo? Rifletti insieme ai compagni, con la guida dell'insegnante.

SCRIVERE

9. Scrivi una poesia dal titolo *Vive davvero chi...*, imitando lo stile dell'autrice. Non ti preoccupare della metrica e delle rime, ma metti a fuoco quali comportamenti, secondo te, caratterizzano una vita piena e intensa.

Sezione 2 Narrare, interpretare, esprimere

Turchia

T12 Nazim Hikmet
Il più bello dei mari

I contenuti | Quando scrisse questa poesia alla moglie, Nazim Hikmet era in carcere da quattro anni a causa della sua attività politica. Nonostante la durezza della prigionia e l'apparente mancanza di prospettive (la condanna era a 28 anni), il poeta non rinunciava a sperare che la vita avrebbe riservato al loro amore un'altra occasione.

Il più bello dei mari
è quello che non navigammo.
Il più bello dei nostri figli
non è ancora cresciuto.
5   I più belli dei nostri giorni
non li abbiamo ancora vissuti.
E quello
che vorrei dirti di più bello
non te l'ho ancora detto.

N. Hikmet, *Poesie d'amore*, trad. it. di J. Lussu, Mondadori, Milano 2002

COMPRENDERE E INTERPRETARE

L'"occasione" della poesia

1. A chi è dedicata la poesia?
   ....

2. Il poeta scrive in uno stato particolarmente penoso: quale?
   ....

3. Il testo lascia trasparire il dolore e la pena che il poeta provava in quel momento a causa della sua condizione?

....

■ Il contenuto della poesia

4. La poesia esprime...
- **A** il rimpianto per il tempo perduto.
- **B** l'incertezza per le amare sorprese che può riservare il destino.
- **C** la nostalgia per un futuro che non si avvererà mai.
- **D** la promessa che il futuro sarà radioso.

5. La poesia può essere divisa in quattro parti, ciascuna delle quali contiene una promessa: separa tali parti con un tratto di matita e sintetizza in una parola sola il contenuto di ciascuna promessa.

....
....

STUDIARE LA LINGUA

6. Il ritmo del testo è dato da un'anafora, ripetuta per tre volte. Evidenziala sul testo.

7. Tra i vv. 7 e 8 c'è un forte enjambement: qual è la sua funzione espressiva?
- **A** Accelerare il ritmo della lettura, trasmettendo l'angoscia interiore del poeta.
- **B** Rallentare il ritmo della lettura, trasmettendo la calma interiore del poeta.
- **C** Creare un momento di sospensione prima dell'ultima promessa, la più importante, formulata dal poeta alla moglie.
- **D** Creare un collegamento tra le promesse dei versi precedenti e la presentazione della cruda realtà degli ultimi tre versi.

PARLARE

8. Che cosa rappresenta metaforicamente il *mare* di cui parla il poeta [vv. 1-2]? Formula la tua interpretazione e confrontala con quella dei compagni.

SCRIVERE

9. La speranza in un futuro d'amore dà conforto al poeta, alleviando la sua pena presente. Pensa a qualche momento della tua vita in cui ti sei sentito in difficoltà: qual è stata la speranza che ti ha sostenuto? Quale "pensiero felice" ti ha aiutato a vincere il disagio? Raccontalo in un breve testo: se vuoi, utilizza il linguaggio figurato, rappresentando il tuo stato d'animo attraverso immagini simboliche.

10. Nella poesia di Hikmet la riflessione poetica si intreccia con il tema del tempo: sono stati solcati dei mari, sono stati concepiti dei figli, molti giorni sono stati vissuti. Il poeta dice metaforicamente che la vita passata è stata intensa ma è sicuro che il futuro sarà ancora più bello: altri "figli" e nuovi giorni arriveranno, anzi i più belli «non li abbiamo ancora vissuti». Commenta il messaggio dell'autore spiegando:
  ▸ che cosa rappresentano metaforicamente i figli, belli, che devono ancora nascere?
  ▸ quale sentimento comunica il poeta al lettore (fiducia, speranza, illusione...)?
  ▸ condividi il suo messaggio?

Jacques Prévert
T13 I ragazzi che si amano

I contenuti L'adolescenza è un'età di grandi scoperte, compresa quella dei primi amori. L'emozione, l'intensità, il batticuore di quei momenti ci vengono descritti in una famosa poesia di Jacques Prévert, che generazioni di ragazzi innamorati hanno letto e dedicato al proprio amore.

I ragazzi che si amano si baciano
in piedi contro le porte della notte
i passanti che passano se li segnano a dito
ma i ragazzi che si amano
5 non ci sono per nessuno
e se qualcosa trema nella notte
non sono loro ma la loro ombra
per far rabbia ai passanti
per far rabbia disprezzo invidia riso
10 i ragazzi che si amano non ci sono per nessuno
sono altrove lontano più lontano della notte
più in alto del giorno
nella luce accecante del loro primo amore.

J. Prévert, *Poesie*, trad. it. M. Cucchi e G. Raboni, Guanda, Parma 1979

COMPRENDERE E INTERPRETARE

I ragazzi e i passanti

1. In quale momento della giornata è ambientata la poesia?

   ....

2. L'espressione «le porte della notte» [v. 2] può avere due significati compatibili con il senso complessivo della poesia: individuali tra i seguenti.
   - **A** Le porte dei locali, aperti anche la notte.
   - **B** I portoni delle case, chiusi per la notte.
   - **C** L'inizio dell'oscurità notturna.
   - **D** La fine dell'oscurità notturna.

3. A chi si riferisce il poeta quando parla di *passanti* [v. 3]?
   - **A** Agli adulti.
   - **B** A persone di qualunque età che passano da quelle parti.
   - **C** All'umanità.
   - **D** Ad altri ragazzi.

4. Perché i *passanti* provano sentimenti negativi nei confronti delle effusioni sentimentali dei ragazzi?

   ....

5. Come reagiscono i ragazzi al disprezzo dei *passanti*?
  A Provano amarezza perché il loro amore non viene compreso.
  B Si rivolgono loro in malo modo.
  C Chiedono il perché di tanto astio.
  D Sono indifferenti, non se ne accorgono neppure.

▬ Le figure retoriche

6. Nella poesia si possono individuare alcune antitesi, come per esempio *ragazzi/passanti*. Quali altre? Indicale di seguito.

....

7. Il testo è scandito da anafore che conferiscono un andamento molto ritmato: di quali anafore si tratta? Evidenziale.

8. "I passanti che passano" è
  A un ossimoro.
  B una sinestesia.
  C una figura etimologica.
  D una metafora.

STUDIARE LA LINGUA

9. Spiega con parole tue queste espressioni:
  a. «non ci sono per nessuno» [v. 5];
  b. la loro ombra che «trema nella notte» [vv. 6-7];
  c. «più lontano della notte / più in alto del giorno» [vv. 11-12].

10. Quale particolarità osservi a livello di punteggiatura? Come la spieghi?

....

PARLARE

11. Chi ti ha ispirato più simpatia tra i personaggi del testo? I ragazzi o gli adulti? Motiva la tua opinione e confrontala con quella dei compagni. Spiega anche se la poesia ti è piaciuta, e perché.

SCRIVERE

12. Il bacio è un "soggetto" molto romantico, interpretato da moltissimi artisti e fotografi e immortalato sugli schermi. Tra queste celebri immagini, quale ti sembra riprodurre meglio l'atmosfera creata da Prévert nella sua poesia? Quale, invece, preferisci tu, e perché?

Alda Merini
L'ora più solare per me

I contenuti La poetessa Alda Merini descrive una fase "speciale" del sentimento amoroso: la passione, quando ci si sente così trasportati verso la persona amata che ogni sua parola o gesto fa battere il cuore.

L'ora più solare per me
quella che più mi prende il corpo
quella che più mi prende la mente
quella che più mi perdona
5 è quando tu mi parli.
Sciarade[1] infinite,
infiniti enigmi,
una così devastante arsura,
un tremito da far paura
10 che mi abita il cuore.
Rumore di pelle sul pavimento
come se cadessi sfinita:
da me si diparte la vita
e d'un bianchissimo armento[2] io
15 pastora senza giudizio
di te amor mio mi prendo il vizio.
Vizio che prende un bambino
vizio che prende l'adolescente
quando l'amore è furente
20 quando l'amore è divino.

A. Merini, *La volpe e il sipario*, Rizzoli, Milano 2008

1. **sciarada:** gioco enigmistico che consiste nell'unire due o più parole per formarne una terza (per esempio *tram + busto = trambusto*).
2. **armento:** mandria, gregge di animali da allevamento.

COMPRENDERE E INTERPRETARE

Le parole dell'amore

1. A chi è rivolta la poesia?
   - A All'uomo in generale.
   - B A tutti coloro che amano.
   - C Alla persona amata dalla poetessa.
   - D All'idea dell'amore.

2. Qual è «l'ora più solare» per la poetessa? _____

3. A che cosa sono riferiti i vv. 6-7 «sciarade infinite / infiniti enigmi»?
   - A Alle parole dell'amato, che scuotono nel profondo la poetessa.
   - B Alle parole della Merini stessa, che non capisce i propri sentimenti.
   - C Ai sentimenti della poetessa, incomprensibili per l'amato.
   - D Ai sentimenti dell'amato, che la poetessa non riesce a comprendere.

Le conseguenze dell'amore

4. Le parole dell'amato provocano nella poetessa sensazioni molto forti [vv. 8-12]: individuale tra le seguenti.

- **A** Tremore violento.
- **B** Rossore in viso.
- **C** Aridità, quasi soffocamento.
- **D** Pallore del viso.
- **E** Estrema debolezza.
- **F** Perdita dei sensi, quasi uno svenimento.

5. Come interpreti l'analogia dei vv. 14-15? Collega le immagini ai rispettivi significati.
- **a.** ☐ «bianchissimo armento»
- **b.** ☐ «pastora senza giudizio»

1. La poetessa si lascia trasportare dall'amore senza più usare la ragione.
2. Il sentimento d'amore puro e spontaneo, semplice come gli elementi naturali.

6. Secondo la Merini, sono capaci di amore realmente appassionato e travolgente... (barra le opzioni corrette)

- **A** i bambini.
- **B** gli adolescenti.
- **C** gli adulti.
- **D** gli uomini in generale.

STUDIARE LA LINGUA

7. Che cosa significa l'espressione «mi prendo il vizio» [v. 16]?
- **A** mi innamoro.
- **B** mi sorprendo.
- **C** mi accorgo.
- **D** mi stanco.

8. Con quali aggettivi viene definita la passione d'amore [vv. 19-20]? Trascrivili.

....

9. Individua le rime, anche quelle interne ai versi. Quali ti sembrano marcare parole importanti per la comprensione della poesia?

....

10. Alcune anafore scandiscono la poesia, imprimendo un ritmo martellante, come se la Merini volesse far sentire il battito del suo cuore: evidenziale sul testo.

PARLARE

11. Solo i bambini e gli adolescenti, secondo la poetessa, sono capaci di amare appassionatamente, senza riserve e senza pregiudizi. Sei d'accordo con questa interpretazione? Credi anche tu che i ragazzi abbiano una maggiore capacità di "sentire" l'amore rispetto agli adulti? Discutine con i compagni e con l'insegnante.

SCRIVERE

Confronto tra i testi

12. Tra la poesia della Merini e quella di Prévert (▶T13) c'è un tema comune: l'esclusività e la potenza della passione d'amore, capace di trasportare in un'altra dimensione. Individua quali passi suggeriscono questa interpretazione e commentali per iscritto, spiegando quali sentimenti e idee suscitano in te.

Sezione 2 — Narrare, interpretare, esprimere

T15 Vittorio Sereni
Strada per Creva

I contenuti | Vicino a Luino, e affacciata sul Lago Maggiore, si trova Creva, frazione di origine del poeta. Il paesaggio è fatto di boschi, valli, e delle luccicanti acque del lago: vi sono molti sentieri, dove è bello camminare da soli o in compagnia. In un giorno d'inverno sorprendentemente mite, il poeta percorre uno di quei sentieri, assaporando l'aria "di casa".

Prima di leggere ad alta voce questa poesia, sentine nella mente i suoni, che contribuiscono a creare un'atmosfera densa di suggestioni. Osserva, in particolare:
- l'allitterazione della consonante "r" nei primi quattro versi, che sembra prolungare come un'eco la sensazione di freschezza con cui il poeta "apre" la poesia;
- la divisione del sesto verso in due parti, che segnano una distanza temporale ed emotiva tra l'attesa della primavera e l'inverno presente;
- l'utilizzo di suoni "morbidi" e dolci nella seconda parte della poesia, quando il poeta amplia il suo sguardo al panorama intorno a lui: i boschi, i sentieri, il saluto gentile dei passanti.

Solo dopo aver compiuto questa operazione, e avere compreso bene il contenuto della poesia, recitala ad alta voce, insistendo sui suoni che ti hanno dato maggiore emozione, ma senza sovraccaricare la voce.

Presto la vela freschissima di maggio
ritornerà sulle acque
dove infinita trema Luino
e il canto spunterà remoto
5   del cucco[1] affacciato alle valli
dopo l'ultima pioggia:
                    ora
d'un pazzo inverno[2] nei giorni
dei Santi votati alla neve[3]
10   lucerte[4] vanno per siepi,
fumano[5] i boschi intorno
e una coppia attardata sui clivi
ha voci per me di saluto
come a volte sui monti
15   la gente che si chiama tra le valli.

V. Sereni, Poesie, Einaudi, Torino 2002

1. **cucco:** cuculo, uccello tipico della primavera.
2. **pazzo inverno:** perché nei giorni più freddi dell'anno riserva giornate primaverili.
3. **Santi ... neve:** alcuni santi, come san Mauro e sant'Antonio Abate (15 e 17 gennaio), in Lombardia sono detti "mercanti de nev", perché in occasione della loro ricorrenza spesso nevica.
4. **lucerte:** lucertole; Sereni quasi traduce un proverbio lombardo che recita: «a Sant'Agnesa (21 gennaio) corr la luserta per la scesa».
5. **fumano:** emanano vapori a causa del sole.

COMPRENDERE E INTERPRETARE

Camminare, sentire, vedere

1. Quali sensazioni avverte il poeta mentre compie il suo tragitto? Distingui quello che vede e quello che ascolta.
   a. Il poeta vede: ....
   b. Il poeta ascolta: ....

2. La poesia può essere divisa in due parti: nella prima, il poeta descrive l'arrivo della primavera, mentre nella seconda l'inverno presente; separale con un tratto di matita. Quale particolarità metrica separa le due parti?

3. Perché il poeta definisce *pazzo* l'inverno che sta vivendo [v. 8]?

   ....

4. Chi saluta il poeta da lontano [vv. 12-13]?

   ....

■ Dalle sensazioni alla poesia

5. I vv. 1-2 presentano due figure retoriche. Individuale dopo aver osservato lo schema.
   a. «vela» → parte per il tutto (*barca*) → ....
   b. «acque» → contenuto per il contenitore (*lago*) → ....

6. L'espressione «la vela freschissima» [v. 1] presenta anche la figura retorica in cui la causa è scambiata con l'effetto: di quale figura retorica si tratta? Quali altri significati connotativi può avere l'aggettivo?

   ....
   ....

7. Perché Luino «infinita trema»?
   A Fa così freddo che la città sembra ripiegata su se stessa e tremante.
   B Il riflesso sulle acque increspate del lago moltiplica l'immagine della città.
   C La città è emozionata e vitale mentre si prepara all'arrivo della primavera.
   D La città è molto grande e sempre affollata di turisti che la animano.

STUDIARE LA LINGUA

8. Riordina la sintassi di questi versi:
   a. «dove infinita trema Luino» [v. 3] ....
   b. «il canto spunterà remoto / del cucco» [vv. 4-5] ....
   c. «d'un pazzo inverno nei giorni / dei Santi votati alla neve» [vv. 8-9]

   ....
   d. «fumano i boschi intorno» [v. 11] ....
   e. «ha voci per me di saluto» [v. 13] ....

9. Spiega il significato di queste parole:
   a. «cucco» [v. 5] ....
   b. «fumano» [v. 11] ....
   c. «clivi» [v. 12] ....

PARLARE

10. La poesia è permeata da un'atmosfera di serenità e di speranza. Condividi questa interpretazione? Motiva la tua risposta con riferimenti al testo.

SCRIVERE

11. Elabora la parafrasi della poesia tenendo conto delle informazioni in nota e di quanto hai ricavato dagli esercizi svolti.

Sezione 2   Narrare, interpretare, esprimere

T16 Umberto Saba
La capra

I contenuti | Si direbbe che capre e uomini abbiano ben poco in comune: eppure, proprio la vista di una capra legata a un palo sollecita nel poeta, attento e profondo osservatore di sentimenti e comportamenti, una riflessione sulla vita e sul dolore.

Ho parlato a una capra.
Era sola sul prato, era legata.
Sazia d'erba, bagnata
dalla pioggia, belava.

5 Quell'uguale¹ belato era fraterno²
al mio dolore. Ed io risposi, prima
per celia³, poi perché il dolore è eterno,
ha una voce⁴ e non varia.
Questa voce sentiva⁵
10 gemere in una capra solitaria.

In una capra dal viso semita⁶
sentiva querelarsi⁷ ogni altro male,
ogni altra vita.

U. Saba, Il canzoniere, Einaudi, Torino 2005

1. **uguale:** ripetitivo, monotono.
2. **fraterno:** simile, affine.
3. **celia:** scherzo.
4. **il dolore ... una voce:** il dolore si esprime in forme simili in tutti gli esseri viventi, perciò è comprensibile a tutti.
5. **sentiva:** sentivo.
6. **viso semita:** simile a quello degli Ebrei; qualche critico ha colto in questo aggettivo il tragico presentimento del genocidio nazista. L'aggettivo richiama, infatti, l'origine ebrea della madre del poeta e la storia dolorosa del popolo ebraico.
7. **querelarsi:** lamentarsi.

COMPRENDERE E INTERPRETARE

■ La cognizione del dolore

1. La poesia è divisa in tre strofe, che corrispondono a tre nuclei di significato: li abbiamo indicati di seguito, in disordine. A fianco di ciascuno scrivi la strofa corrispondente.

a. Il poeta scopre che il belato della capra esprime il suo stesso dolore di vivere, un dolore perenne e immutabile che fa parte dell'esistenza stessa.	Strofa n. ....
b. Una capra bela sotto la pioggia.	Strofa n. ....
c. Nel belato della capra il poeta avverte l'eco di un dolore che riguarda ogni essere vivente.	Strofa n. ....

2. Quali sono gli elementi descrittivi della capra [vv. 1-4]?

3. Quale significato può avere il fatto che la capra fosse legata e sola, ma non affamata?

4. Con quale intenzione il poeta risponde alla capra, in un primissimo momento [vv. 6-7]?

5. Che cosa comprende il poeta, ascoltando il belato della capra?

Forma e ritmi

6. Nella poesia vi sono endecasillabi e settenari alternati liberamente, più un solo quinario. Individua un esempio per ciascun metro, dividendo correttamente in sillabe.

7. Individua le rime e le assonanze e rifletti sulle corrispondenze di suoni: quali ti sembrano più significative per comprendere il messaggio della poesia?

8. Vi sono alcuni enjambement: evidenziali sul testo e spiegane la funzione espressiva.

STUDIARE LA LINGUA

9. Individua e trascrivi le parole che rientrano nell'ambito semantico del dolore.

10. Il lessico è semplice e piano, ma alcune parole appartengono a un registro più colto e letterario: quali? Trascrivile.

PARLARE

11. Prepara una breve esposizione in cui spieghi il messaggio della poesia ed esprimi un commento personale.

SCRIVERE

12. Il fatto che la capra fosse sazia, e nonostante questo gemente di dolore, suggerisce l'idea che l'appagamento dei bisogni materiali non è sufficiente per assicurarsi il benessere. Condividi questa riflessione del poeta, oppure ritieni che la sua sia una visione eccessivamente pessimistica dell'esistenza? Motiva la tua risposta in un testo scritto.

Sezione 2 — Narrare, interpretare, esprimere

T17 — Sandro Penna
Il mare è tutto azzurro

I contenuti | Lo sguardo del poeta si ferma sull'azzurra distesa marina: e all'improvviso si sente attraversare da un lampo di solitaria felicità.

Il mare è tutto azzurro.
Il mare è tutto calmo.
Nel cuore è quasi un urlo
di gioia. E tutto è calmo.

S. Penna, *Poesie*, Garzanti, Milano 1993

COMPRENDERE E INTERPRETARE

Una forma apparentemente semplice

1. Osserva la forma della poesia rilevandone le caratteristiche indicate.
   a. Qual è il metro dei versi? ....
   b. In quale posizione si trova l'unico enjambement? Qual è il suo effetto espressivo?
   ....
   c. Trascrivi la rima identica, cioè tra due parole uguali ....
   d. I **vv. 1 e 3** non sono legati da rima ma da .... (completa).
   e. Qual è l'anafora che dà ritmo al testo? ....
   f. Quali iterazioni noti?

Forma e significato

2. Inserisci nella tabella gli elementi formali che hai individuato nell'esercizio precedente e osserva l'integrazione tra forma e contenuto.

Forma	Contenuto
a. I versi sono tutti .... **b.** Dal punto di vista della sintassi, ogni verso corrisponde a un .... **c.** Il ritmo è scandito dalla presenza di una	I vv. 1-2 suggeriscono una serena contemplazione della semplice e immensa bellezza del mare.
d. L'enjambement dei vv. .... segnala un'accelerazione della voce. **e.** «urlo» è in assonanza con .... **f.** Il v. 4 è interrotto da un .... **g.** Compare l'iterazione di	Nel v. 3 questa serenità lascia il posto a una gioia che sgorga all'improvviso, intensa e vitale, per poi ricomporsi nella quieta ammirazione della calma marina.

STUDIARE LA LINGUA

3. Come spieghi l'insistita ripetizione del termine «tutto»? Quale emozione o sensazione vuole suggerire il poeta?

....
....
....

4. La poesia coinvolge la vista e l'udito: con quali parole? Trascrivile.
  a. Vista: ....
  b. Udito: ....

5. L'accostamento «urlo/calmo» dei vv. 3-4 crea una particolare figura retorica: quale? Spiegane il significato espressivo nel contesto della poesia.

....
....
....

PARLARE

6. Individua argomento, tema e messaggio della poesia, esponili ai compagni e poi ascolta le loro osservazioni e interpretazioni.

SCRIVERE

7. La felicità, a volte, assale all'improvviso, indipendentemente dagli eventi esterni. Descrivi un momento in cui ti sei sentito felice e in pace con te stesso: dove ti trovavi? Che cosa stavi facendo? Se vuoi, puoi esprimerti in pochi semplici versi, come nella poesia che hai letto.

Sezione 2   Narrare, interpretare, esprimere

T18   Arturo Graf
Il mio romitaggio

I contenuti | Vivere di poche e semplici cose, lontano dal chiasso e dalla frenesia della vita quotidiana: è questo il desiderio che il poeta esprime, con stile leggero e un po' ironico.

Su questo monte selvaggio,
vicino a questa sorgente,
vorrei, da buon penitente[1],
avere il mio romitaggio[2].

5   Oh, poca cosa! una coppia
di camerette piccine,
un uscio e due finestrine,
sotto un tettuccio di stoppia[3].

Accanto, un po' d'orticello,
10   pien di legumi e di fiori,
fiori di tutti i colori,
con qualche verde arboscello.

Ancora, su un davanzale,
all'aria, al sole, un modesto
15   vaso, o vogliam dire un testo[4],
di maggiorana nostrale[5].

Ancora, in luogo di musa[6],
un micio peso e poltrone[7],
da carezzargli il groppone
20   e fargli fare le fusa.

E basta. Che c'è bisogno
d'altro? Io, quando mi vedo
in mezzo a troppo corredo[8],
io, che ho da dir? mi vergogno.

25   Mi sembra d'essere allora,
non il padrone, ma il servo,
e m'avvilisco e mi snervo
dove più d'un si ristora[9].

Starei quassù tutto l'anno,
30   come un asceta[10] giocondo
ch'abbia detto addio al mondo
e a quei che dentro vi stanno.

A. Graf, in *Poesia italiana – L'Ottocento*, Garzanti, Milano 1978

1. **penitente:** chi deve fare penitenza.
2. **romitaggio:** luogo solitario in cui vivere appartati.
3. **stoppia:** paglia.
4. **testo:** tipo di recipiente.
5. **nostrale:** nostrana.
6. **in luogo di musa:** la musa ispiratrice, nella poesia classica e solenne, è la divinità che ispira il poeta; in questo contesto, la musa diventa, ironicamente, il gatto stesso.
7. **peso e poltrone:** bello grosso e pigro.
8. **in mezzo ... corredo:** circondato da oggetti lussuosi o troppo formali.
9. **mi snervo ... ristora:** io mi sento annoiato da quelle cose che invece la maggior parte degli uomini apprezza (lussi e comodità).
10. **asceta:** sorta di monaco che vive isolato.

COMPRENDERE E INTERPRETARE

In serena solitudine

1. Dove vorrebbe ritirarsi il poeta? Quali caratteristiche dovrebbe avere il luogo prescelto?

2. A chi viene ironicamente assegnato il ruolo di musa ispiratrice [vv. 17-20]?

3. Perché il poeta non avrebbe «bisogno d'altro»? Per quale motivo si vergogna nel trovarsi in mezzo a «troppo corredo» [vv. 21-28]?

Come una filastrocca

4. La poesia ha un andamento semplice e ritmato, quasi come una filastrocca. In quale modo il poeta ottiene questo effetto? Osserva gli elementi richiesti.
   a. I versi sono tutti dello stesso metro: indica quale, dividendo in sillabe la prima strofa.
   b. Come si chiamano le strofe usate dal poeta? Quante sono, in tutto?
   c. Esiste uno schema rimico? Quale? Come si chiama il tipo di rima usato?

5. Il verso usato dal poeta ha un ritmo facile e orecchiabile perché gli accenti ritmici cadono sempre nella stessa posizione. Collocali correttamente sui versi della prima strofa.

STUDIARE LA LINGUA

6. Spiega con parole tue le seguenti espressioni:
   a. «buon penitente» [v. 3];
   b. «carezzargli il groppone» [v. 19];
   c. «m'avvilisco e mi snervo» [v. 27];
   d. «asceta giocondo» [v. 30].

7. Nella descrizione del «romitaggio» [vv. 5-12], il poeta utilizza vezzeggiativi e diminutivi: individuali, poi dai una tua interpretazione di questa scelta espressiva.

PARLARE

8. Meglio la vita solitaria e semplice sognata dal poeta, oppure quella animata e affollata cui siamo tutti abituati? Scegli la tua tesi e sostienila di fronte ai compagni, individuando almeno tre argomenti a sostegno. Preparati a confutare le tesi contrarie utilizzando argomenti appropriati.

SCRIVERE

9. Esegui la parafrasi della poesia aiutandoti con le note.

Sezione 2　Narrare, interpretare, esprimere

Nativi Americani

T19

Joy Harjo

Ricorda

I contenuti | In ognuno di noi, dice la poetessa, sono presenti radici e memorie antiche, che si trasmettono di generazione in generazione: ascoltare queste voci fa comprendere che la vita è immensamente grande, come un flusso potente che unisce tutte le creature in un unico movimento di comprensione e gratitudine per il dono di esistere.

Ricorda il cielo sotto cui sei nato,
impara le storie di ogni stella.
Ricorda la nascita del sole all'alba, il più
possente attimo di tempo. Ricorda il tramonto
5　e il concedersi alla notte.
Ricorda la tua nascita, come tua madre lottò
per darti forma e respiro. Tu sei testimonianza della
sua vita, di quella di sua madre e di quella di lei.
Ricorda tuo padre. Anche lui è la tua vita.
10　Ricorda la terra di cui sei la pelle:
terra rossa, terra nera, terra gialla, terra bianca,
terra bruna, noi siamo terra.
Ricorda le piante, gli alberi, gli animali, anch'essi hanno le loro
tribù, le loro famiglie, le loro storie. Parla con loro,
15　ascoltali. Sono poesie viventi.
Ricorda il vento. Ricorda la sua voce. Lui conosce
l'origine di questo universo.
Ricorda che tu sei tutti i popoli e tutti i popoli
sono te.
20　Ricorda che tu sei questo universo e
questo universo è te.
Ricorda che tutto è in moto, è in crescita, è in te.
Ricorda che da questo nasce il linguaggio.
Ricorda che danza è il linguaggio, la vita.
25　Ricorda.

J. Harjo, in AA.VV., *Poesia e natura: nuova coscienza ecologica*, Le Lettere, Firenze 2007

La poesia **U7**

COMPRENDERE E INTERPRETARE

■ Sentirsi parte dell'universo

1. A chi si rivolge la poetessa? ....

2. Nella poesia si possono individuare alcune parti, legate ai contenuti sviluppati dalla poetessa. Indica i versi iniziali e finali di ciascuna parte.
   a. L'uomo, gli astri e lo scorrere del giorno: vv. 1-..............
   b. L'uomo, le generazioni precedenti, le origini: vv. ....
   c. L'uomo e gli altri esseri viventi: vv. ....
   d. L'uomo e il vento: vv. ....
   e. L'uomo, gli altri uomini e l'universo: vv. ....
   f. L'uomo nel grande movimento della vita vv. ....

3. Perché l'alba è «il più possente attimo di tempo» [vv. 3-4]?
   ....

■ Immagini e simboli

4. Come spieghi il v. 10? ....

5. Quale immagine usa la poetessa per rappresentare simbolicamente il linguaggio e la vita [v. 24]? Quale impressione suscita in te tale immagine?
   ....

STUDIARE LA LINGUA

6. Quale anafora scandisce il ritmo del testo? Essa rappresenta una preghiera, un ordine, un consiglio, un ammonimento...? Motiva la tua risposta.

7. Per quale motivo la poetessa ha scelto i colori del v. 11 per esprimere il concetto che ciascuno di noi è fortemente legato alle proprie origini familiari ed etniche?

8. A che cosa si riferisce il pronome *questo* del v. 23?

PARLARE

9. La poetessa chiede a ognuno di noi di ricordare le proprie origini familiari e le proprie radici: quali sono le tue? Chiedi alle persone più anziane della tua famiglia di parlare dei luoghi in cui abitavano, dei loro nonni... poi elabora queste informazioni, scegli un ricordo che ritieni particolarmente significativo e raccontalo ai compagni.

SCRIVERE

10. Il testo contiene un invito ad ascoltare le "storie" di altri esseri viventi [v. 13]: scegline uno per te significativo (per esempio un albero oppure un animale) e immagina di ascoltarne il racconto. Che cosa potrebbe dirti? Scrivilo in un testo.

CONTINUA A LEGGERE

Camillo Sbarbaro
Il mio cuore si gonfia per te, Terra

I contenuti | Il poeta è felice di vivere perché la natura ha compiuto il miracolo di farlo "rinascere" dopo un periodo di cupa tristezza: egli guarda le cose con occhi nuovi e si lascia sorprendere dalla meraviglia.

Il mio cuore si gonfia[1] per te, Terra,
come la zolla a primavera.
                    Io torno[2].
I miei occhi son nuovi. Tutto quello
5 che vedo è come non veduto mai;
e le cose più vili e consuete[3],
tutto m'intenerisce e mi dà gioia.
In te mi lavo come dentro un'acqua[4]
dove si scordi tutto di se stesso.
10 La mia miseria[5] lascio dietro a me
come la biscia la sua vecchia pelle.
Io non sono più io, io sono un altro.
Io sono liberato di me stesso.
Terra, tu sei per me piena di grazia.
15 Finché vicino a te mi sentirò
così bambino, fin che la mia pena
in te si scioglierà come la nuvola
                    nel sole,
io non maledirò d'essere nato.
20 Io mi sono seduto qui per terra
con le due mani aperte sopra l'erba,
guardandomi amorosamente intorno.
E mentre così guardo, mi si bagna
di calde dolci lacrime la faccia.

C. Sbarbaro, *Resine*, Scheiwiller, Milano 1988

---

1. **si gonfia:** si riempie di gioia fino a commuoversi.
2. **Io torno:** torno a vivere, rinasco (dopo un periodo di tristezza).
3. **vili e consuete:** banali e normali.
4. **In te … acqua:** mi lavo dentro di te come se mi immergessi in un bagno purificatore.
5. **La mia miseria:** le mie preoccupazioni, i miei problemi, la noia, l'aridità della vita.

COMPRENDERE E INTERPRETARE

Rinascere

1. Perché il poeta si rivolge alla Terra utilizzando la lettera maiuscola?

2. Dove si trova il poeta? Che cosa sta facendo [vv. 20-24]?

3. Quale situazione si lascia alle spalle il poeta [v. 10]? Descrivila con parole tue. Qual è, invece, il suo sentimento presente?

4. Nel testo vi sono alcune similitudini. Trascrivile e spiegane il significato, come nell'esempio.

| Il mio cuore si gonfia ... come la zolla a primavera (vv. 1-2). | Il mio cuore si riempie di gioia e commozione tanto da sembrare gonfio di vita, come le umide e fertili zolle di terra dopo le piogge primaverili. |

I versi e i significati

5. I versi hanno la stessa misura: quale? Riconoscila dividendo in sillabe i vv. 4-7.

6. Quale particolarità metrica presenta il v. 2? Perché il poeta ricorre a questa tecnica?

7. L'espressione «calde dolci lacrime» [v. 24] presenta una figura retorica: riconoscila.

STUDIARE LA LINGUA

8. Come spieghi la «grazia» del v. 14? Quale significato puoi attribuire alla parola, nel contesto della poesia?

9. Trascrivi le parole legate alle seguenti sensazioni.
   a. Vista:
   b. Tatto:

PARLARE

10. Vicino alla Terra il poeta si sente «bambino» [vv. 15-16]: quale significato attribuisci a questa espressione? Discutine con i compagni.

SCRIVERE

11. Ricordi di esserti emozionato anche tu davanti a qualcosa che vedevi per la prima volta o che rivedevi con occhi nuovi? Racconta.

Giuseppe Ungaretti
In memoria

T21

I contenuti | Giuseppe Ungaretti era nato ad Alessandria d'Egitto da genitori italiani; tra i suoi amici arabi vi era Moammed Sceab, che con lui si trasferì a Parigi per studiare letteratura all'Università. Abitavano insieme nel Quartiere Latino, zona di intellettuali e artisti. Proprio da lì, dalla stanza che avevano condiviso, comincia l'ultimo viaggio di Moammed, la cui triste storia viene raccontata in questa poesia.

LEGGIMI FORTE

La particolarità delle poesie giovanili di Giuseppe Ungaretti, di cui questa che ti proponiamo è un esempio, è quella di essere composte con versi e strofe molto brevi: il poeta intendeva infatti richiamare l'attenzione sul valore di ogni singola parola, facendola "risuonare" nella mente e nel cuore dei lettori. Dopo aver letto la poesia mentalmente, e averne compreso il contenuto, prova a recitarla ad alta voce, tenendo presente che in questo caso le pause tra un verso e l'altro, e tra una strofa e l'altra, sono fondamentali; perciò:
- conta mentalmente fino a 3 tra un verso e l'altro, e fino a 4 quando cambia la strofa;
- scandisci bene le parole (ma senza urlare), in modo che siano perfettamente riconoscibili i suoni che le compongono.

Locvizza[1] il 30 settembre 1916

Si chiamava
Moammed Sceab

Discendente
di emiri di nomadi[2]
5 suicida
perché non aveva più
Patria

Amò la Francia
e mutò nome

10 Fu Marcel
ma non era Francese
e non sapeva più
vivere
nella tenda dei suoi
15 dove si ascolta la cantilena
del Corano[3]
gustando un caffè

E non sapeva
sciogliere
20 il canto
del suo abbandono[4]

L'ho accompagnato[5]
insieme alla padrona dell'albergo
dove abitavamo
25 a Parigi

1. **Locvizza:** oggi Lokvica, in Slovenia.
2. **di ... nomadi:** gli emiri erano personalità di alto rango nell'impero arabo; con il termine "nomadi", invece, Ungaretti si riferisce alle antiche tradizioni dei popoli arabi.
3. **cantilena del Corano:** recitazione lenta e ritmata delle *sure*, i versetti del libro sacro dell'Islam.
4. **non sapeva ... abbandono:** non riusciva a esprimere con la poesia la sua condizione di sofferenza interiore.
5. **l'ho accompagnato:** il poeta accompagna il feretro dell'amico nel "viaggio" verso il cimitero.

La poesia U7

6. numero ... Carmes: la strada del Quartiere Latino, a Parigi, dove vivevano Ungaretti e Moammed.
7. Ivry: località alle porte di Parigi.
8. decomposta fiera: allude ai rifiuti che cospargono il terreno, come dopo un giorno di mercato.

dal numero 5 della rue des Carmes[6]
appassito vicolo in discesa

Riposa
nel camposanto d'Ivry[7]
30   sobborgo che pare
sempre
in una giornata
di una
decomposta fiera[8]

35   E forse io solo
so ancora
che visse

G. Ungaretti, Vita d'un uomo. Tutte le poesie, Mondadori, Milano 2010

COMPRENDERE E INTERPRETARE

Chi era Moammed Sceab?

1. Quali informazioni su Moammed si raccolgono dal testo? Barra le opzioni esatte.

- **A** Era francese.
- **B** Era di nascita nobile.
- **C** È morto suicida.
- **D** Amava la Francia.
- **E** A Parigi viveva con Ungaretti.
- **F** Aveva preso un nome arabo.
- **G** Recitava spesso il Corano.
- **H** Riposa nel cimitero di Ivry.
- **I** Al corteo funebre c'erano due persone.
- **L** Prediligeva il caffè.
- **M** Il carro funebre è partito dalla via parigina in cui aveva vissuto.

2. Perché Moammed si è suicidato?

- **A** A causa delle dure condizioni di emarginazione in cui viveva in Francia.
- **B** Non riusciva a comunicare con nessuno, a causa della scarsa conoscenza della lingua francese.
- **C** Per la disperata nostalgia che sentiva nei confronti della sua terra, nella quale non poteva tornare.
- **D** Si sentiva "sradicato" e senza radici, non più arabo ma neppure francese.

La "missione" della poesia

3. La scrittura di poesie ha, per Ungaretti, un duplice valore, che abbiamo indicato di seguito: individua i versi in cui vengono espressi i concetti indicati.

    a. Vv. .... → consente di esprimere ed elaborare il dolore, superando l'angoscia per la propria situazione personale.

    b. Vv. .... → tramanda la memoria e sollecita la riflessione individuale e collettiva.

4. Rifletti sull'esercizio precedente: quale tra i due valori viene impersonato, purtroppo negativamente, da Moammed? Quale, invece, da Ungaretti?

....

Sezione 2 Narrare, interpretare, esprimere

5. Nella poesia si intrecciano tre temi, che abbiamo indicato di seguito. Collegali correttamente ai contenuti con cui vengono sviluppati.
    a. ☐ Tema autobiografico.
    b. ☐ Tema sociale.
    c. ☐ Tema esistenziale.

    1. La solitudine e il disagio degli immigrati.
    2. Il ricordo dell'amicizia per Moammed.
    3. La condizione di "sradicamento" e isolamento che rende simili tutti gli uomini.

La "poesia della parola"

6. La poesia di Ungaretti, scritta all'inizio del Novecento, mostra alcune novità sul piano delle scelte stilistiche ed espressive, rispetto alle poesie della tradizione. Individua tali novità tra le seguenti.
    A Assenza di punteggiatura.
    B Utilizzo di simboli grafici.
    C Versi brevi o brevissimi.
    D Frasi semplici, assenza quasi totale di subordinate.
    E Forte presenza di linguaggio onomatopeico.

7. Qual è la funzione espressiva dei versi brevi e brevissimi usati da Ungaretti?
    A Consentire al lettore di imparare a memoria più facilmente il testo.
    B Invitare alla riflessione sul suono e sul significato di ogni singola parola.
    C Far comprendere meglio il significato complessivo della poesia.
    D Rendere più veloce e ritmata la recitazione del testo.

STUDIARE LA LINGUA

8. Spiega il significato di queste espressioni:
    a. «appassito vicolo in discesa» [v. 27] ....
    b. «una giornata / di una / decomposta fiera» [vv. 32-34] ....
    ....

9. Quali sono le parole-chiave del testo? Evidenziale tenendo conto dei temi che hai individuato nell'esercizio 5.

PARLARE

10. Nei vv. 14-17 Ungaretti descrive implicitamente il significato da lui attribuito al termine "Patria" [v. 7]: spiega a voce tale significato, commentalo alla luce delle tue convinzioni e ascolta le interpretazioni dei compagni.

SCRIVERE

11. Scrivi un breve articolo di cronaca in cui dai notizia della morte di Moammed Sceab: utilizza le informazioni che hai raccolto dal testo e dall'introduzione, aggiungi altri particolari verosimili (per esempio l'infanzia di Moammed, la sua famiglia di origine, la vita a Parigi con l'amico italiano…) e concludi descrivendo le reazioni dell'opinione pubblica al suo gesto.

David Maria Turoldo
T22
Povera che dorme entro i giornali

I contenuti | David Maria Turoldo, sacerdote, antifascista durante la dittatura, poeta e saggista, spese gran parte della sua vita dalla parte dei poveri, sia attraverso le parole sia con l'azione concreta e quotidiana. In questa poesia descrive una situazione che, soprattutto nelle grandi città, è purtroppo tanto consueta da attirare solo qualche sguardo, spesso tra il distratto e l'infastidito. Cerchiamo di ricordare le parole di Turoldo, la prossima volta che incontriamo l'immagine della povertà.

C'è una povera in via Ciovasso[1]
che non può più camminare,
e dorme entro giornali
nessuno di quelli che stanno
5   di sopra
ha tempo di scendere e salutare.

Per lei è di troppo
un po' di scatole per guanciale
e stare
10   nel cuore di Milano.

D.M. Turoldo, *O sensi miei...*, Rizzoli, Milano 1990

1. **via Ciovasso:** via del centro di Milano.

COMPRENDERE E INTERPRETARE

Come vivono gli "ultimi"

1. La poesia può essere divisa in due parti, corrispondenti alle due strofe. Trova un breve titolo che esprima il contenuto di ciascuna parte.

   ....

2. Il poeta descrive la povera di via Ciovasso con poche parole, sufficienti però a disegnare un quadro di sofferenza e di abbandono. Quali informazioni si ricavano dal testo? Rispondi seguendo la traccia.
   a. Dove si trova la donna: ....
   b. Quali sono le sue condizioni fisiche: ....
   c. In quale modo vive: ....
   d. Con chi vive: ....

Sezione 2 Narrare, interpretare, esprimere

3. Chi sono, secondo te, «quelli che stanno di sopra» [vv. 4-5]?

4. Come interpreti il fatto che «nessuno ... ha tempo di scendere e salutare» [vv. 4-6]: si tratta davvero di un problema di tempo?

■ **Argomento, tema e messaggio**

5. Che cosa è persino *troppo* per la donna [vv. 7-10]?

6. Quali sono l'argomento, il tema e il messaggio della poesia?

STUDIARE LA LINGUA

7. Osserva la seconda strofa: quale registro espressivo è stato utilizzato?
   - A Commovente e patetico.
   - B Freddo e indifferente.
   - C Ironico e amaro.
   - D Tenero e affettuoso.

8. Perché il poeta utilizza un linguaggio scarno e all'apparenza poco "commovente"? Motiva la tua risposta.

9. L'espressione «nel cuore di Milano» [v. 10] è una metafora. Come la spieghi, tenendo conto del messaggio della poesia?

PARLARE

10. Di fronte all'immagine della povertà, di solito si pensa che se ne dovrebbe occupare "qualcun altro": lo Stato, le autorità, la Chiesa... Lo pensi anche tu? O invece ritieni che sia una questione che riguarda tutti, e che ognuno dovrebbe convincersi di poter fare qualcosa? Discutine in classe, con la guida dell'insegnante.

SCRIVERE

11. Della donna descritta da Turoldo sappiamo solo qualcosa della sua esistenza presente, ma quale potrebbe essere stato il percorso di vita che l'ha portata a vivere così, sola e dimenticata? Prova a immaginarlo, inventando la sua storia fortunata.

■ **Confronto fra i testi**

12. Tra Moammed Sceab, l'amico arabo di Ungaretti (▶T21), e la povera di via Ciovasso ci sono alcuni aspetti in comune: quali, secondo te? Motiva la risposta in un testo scritto.

Turchia

T23

Nazim Hikmet
Nel sangue e nel sudore

I contenuti | Protagonisti di questa poesia sono alcuni muratori che lavorano alla costruzione di un edificio: la fatica è tanta, ma nel frattempo il palazzo diventa alto, sempre più alto...

I muratori cantano,
cantando sembra più facile.
Ma tirar su un edificio
non è cantare una canzone,
5   è una faccenda
molto più seria.

Il cuore dei muratori
è come una piazza in festa;
c'è un vocio,
10   canzoni
e risa.
Ma un cantiere non è una piazza in festa:
c'è polvere e terra,
fango e neve.
15   Spesso le mani sanguinano,
il pane non sempre è fresco,
al posto del tè c'è acqua,
qualche volta manca lo zucchero,
non tutti qui sono eroi,
20   e gli amici non sempre
sono fedeli.

Tirar su un edificio
non è cantare una canzone.
Ma i muratori
25   son gente cocciuta.
E l'edificio vien su,
vien su,
sempre più in alto
e più in alto
30   s'arrampica.

Sezione 2   Narrare, interpretare, esprimere

Alle finestre del primo piano
stanno già vasi di fiori,
e sopra il tetto del garage
gli uccelli sulle ali già portano il sole.
35 In ogni trave c'è un battito di cuore,
in ogni pietra.
E l'edificio vien su,
magnifico,
cresce
40 nel sangue e nel sudore.

N. Hikmet, *Poesie*, trad. it di J. Lussu, Newton Compton, Roma 1996

COMPRENDERE E INTERPRETARE

Il contenuto

1. Quali caratteristiche legate alla personalità e al comportamento vengono attribuite ai muratori? Barra le opzioni corrette.

   A Svolgono gioiosamente il proprio lavoro.
   B Sono testardi.
   C Lavorano nelle piazze.
   D Spesso lavorano in condizioni di forte disagio.
   E Hanno le mani consumate dal lavoro.

2. La poesia è costruita attraverso una successione di affermazioni e negazioni, queste ultime segnalate dalla congiunzione avversativa "ma". Ripercorri il contenuto tenendo presente questa particolare costruzione, come suggerito nello schema.

Tesi	Antitesi
a. Il canto sembra rendere più facile il lavoro [vv. 1-2].	Ma costruire un edificio è difficile (vv. 3-6).
b. Il cuore dei muratori è come una piazza in festa [vv. 7-8].	Ma
c. Costruire un edificio non è come cantare una canzone [vv. 22-23].	Ma

Le immagini e i significati

3. Il cuore dei muratori viene paragonato a «una piazza in festa» [vv. 7-8]: come viene descritta la piazza? Quali sentimenti vengono attribuiti ai muratori, attraverso questa similitudine?

   ....

4. All'immagine della piazza in festa segue quella del cantiere: l'accostamento tra le due immagini forma

   A un'antitesi.   C un'analogia.
   B una similitudine.   D una sinestesia.

5. Perché «In ogni trave c'è un battito di cuore» [v. 35]?
....

6. Interpreta la poesia collegando gli elementi descritti ai rispettivi significati simbolici.

   a. I muratori.
   b. L'edificio.
   c. La fatica del lavoro.
   d. L'assenza di eroi.
   e. L'infedeltà degli amici.
   f. I vasi di fiori alle finestre del primo piano.
   g. Il sole sul tetto del garage.

   1. Affrontare e superare invidie e rivalità.
   2. L'impegno di tutti.
   3. Una società nuova e più giusta.
   4. La bellezza della condivisione.
   5. Un futuro più felice.
   6. La buona volontà senza inutili protagonismi.
   7. Gli uomini.

STUDIARE LA LINGUA

7. Il linguaggio è volutamente semplice, con alcune espressioni della lingua parlata che abbiamo indicato di seguito: per ciascuna, trova un sinonimo di registro formale, e dove occorre correggi la sintassi.

   a. «tirar su un edificio» [v. 3]: ....
   b. «c'è polvere e terra, / fango e neve» [vv. 13-14]: ....
   c. «i muratori / son gente cocciuta» [vv. 24-25]: ....
   d. «l'edificio vien su» [v. 26]: ....
   e. «Alle finestre ... / stanno già vasi di fiori» [vv. 31-32]: ....

8. L'edificio costruito dai muratori viene personificato attraverso l'uso di alcuni verbi: trascrivili.
....

9. Ricostruisci la sintassi del v. 34 e spiegane il significato metaforico.
....

PARLARE

10. Considera i significati che hai individuato nell'esercizio 6 e spiega il messaggio della poesia; confronta poi la tua interpretazione con quella dei compagni.

SCRIVERE

11. Il poeta celebra il lavoro condiviso, l'impegno personale e l'umiltà, che a suo giudizio possono rendere migliore la società in cui viviamo. Pensa a una donna o a un uomo che impersona tali qualità e descrivili: può essere qualcuno che conosci, oppure una figura storica che ti ha affascinato, a tua scelta; l'importante è che quei valori emergano attraverso il racconto della vita, o di alcuni gesti significativi.

▬ Confronto fra i testi

12. Tra le poesie di Ungaretti (▶T21), Turoldo (▶T22) e questa di Hikmet, quale hai preferito, e perché? Motiva la tua risposta con adeguate argomentazioni e con gli opportuni riferimenti ai testi.

Sezione 2 Narrare, interpretare, esprimere

T24

Walt Whitman
O Capitano! o mio Capitano!

I contenuti Tra il 1861 e il 1865 gli Stati Uniti conobbero la tragedia della guerra di secessione: Stati del Nord contro Stati del Sud. I primi approvavano l'abolizione della schiavitù fortemente voluta dal presidente Abraham Lincoln; i secondi, la cui economia di piantagione si reggeva sul lavoro degli schiavi, la rifiutarono, proclamandosi indipendenti. Dopo quattro anni di violente battaglie, che devastarono soprattutto il Sud, il Nord vinse la guerra, ma poco prima della fine del conflitto il presidente Lincoln venne ucciso, mentre si trovava a teatro, da un fanatico sudista. Dopo la morte di Lincoln, il poeta Walt Whitman scrisse un lungo lamento funebre, *In memoria del presidente Lincoln*, di cui ti proponiamo i versi più famosi. La nave degli Stati Uniti è quasi giunta in porto, vincendo i pericoli della traversata: ma il suo Capitano giace sul ponte, morto.

O Capitano! o mio Capitano! il nostro aspro viaggio è terminato,
La nave ha superato ogni pericolo, l'ambìto premio è stato conseguito[1],
Prossimo è il porto, odo le campane, tutto il popolo esulta,
Seguono gli occhi la carena[2], l'audace nave severa;
5   Ma o cuore, cuore, cuore,
          O rosse gocce di sangue,
              Dove sul ponte giace il Capitano,
                  Caduto, freddo, morto.

1. **La nave ... conseguito:** il Nord ha vinto la guerra, il pericolo della secessione è stato superato.
2. **carena:** lo scafo della nave.

La poesia U7

3. **nere le rive:** le rive sono scure per la folla che vi si assiepa per celebrare il ritorno della nave e del suo Capitano.
4. **ondosa folla:** la folla ondeggia volgendo il capo in continuazione per scrutare l'arrivo della nave.
5. **il:** sul.

O Capitano! o mio Capitano! sorgi, odi le campane,
Sorgi, per te è issata la bandiera, per te squillano le trombe,
Per te fiori e ghirlande legate con i nastri – per te nere le rive[3],
Perché te invoca l'ondosa folla[4], volgendo il volto ansiosi;
    Ecco, o Capitano, o diletto padre,
    Con il braccio ti sostengo il capo,
        Non è che un sogno che, sopra il ponte,
        Tu sei caduto, freddo, morto.

Ma non risponde il mio Capitano, restano inerti le sue labbra esangui,
Non sente il padre il mio braccio, non ha più polso, né volontà,
La nave s'è ancorata sana e salva, il viaggio è terminato,
Torna dall'arduo viaggio la nave vittoriosa, che ha raggiunto la mèta:
    Spiagge esultate, campane suonate!
      Io, con funebre passo,
        Cammino il[5] ponte dove il Capitano giace,
        Caduto, freddo, morto.

W. Whitman, *Foglie d'erba*, trad. it di E. Giachino, Einaudi, Torino 2005

LA POESIA AL CINEMA
L'attimo fuggente

di Peter Weir;
Usa 1989

Spunti di riflessione *Prima del film*
1. Conosci il modo di dire "cogliere l'attimo fuggente"? Sai da dove deriva?
2. Il titolo originale del film è *Dead Poets Society*, tradotto nel film come "La setta dei poeti estinti". Quali immagini ti evoca questo titolo?

La trama
In un austero collegio americano arriva il professor Keating, che ha un metodo di insegnamento alquanto strano. Alcuni ragazzi lo rifiutano, altri lo seguono entusiasti, soprattutto quando lui racconta della "Setta dei poeti estinti" che lui stesso aveva costituito assieme ad altri compagni, quando era studente. Molti ragazzi si innamorano della poesia e del teatro, tanto da volerne fare la loro professione, ma i loro genitori non sono d'accordo, al punto di farli smettere. Ma quando un ragazzo, più tenace degli altri, continua, viene costretto a iscriversi a un collegio militare; il ragazzo però non ne vuole proprio sapere...

Spunti di riflessione *Dopo il film*
1. Sei d'accordo con la visione della poesia che ha il professor Keating?
2. «Dovete combattere per trovare la vostra voce. Più tardi cominciate a farlo, più grosso è il rischio di non trovarla affatto!». A quale "voce" si riferisce il prof. Keating quando pronuncia questo discorso?
3. Se tu dovessi costituire una "setta" di poeti, a quali autori faresti riferimento, tra quelli che hai letto quest'anno o negli anni scorsi?
4. In queste pagine puoi leggere *O Capitano! o mio Capitano* di Walt Whitman. Alla luce della tua lettura, come interpreti la scena finale del film, quando i ragazzi salgono sui banchi per declamare la poesia?

Sezione 2   Narrare, interpretare, esprimere

COMPRENDERE E INTERPRETARE

▬ Storia e allegoria

1. La poesia rappresenta in forma allegorica la situazione politica degli Stati Uniti nel 1865, anno della composizione. Individua i significati corrispondenti alle allegorie del testo, come nell'esempio.
    - a. La nave. → 1. Gli Stati Uniti d'America.
    - b. Il viaggio pericoloso. → 2. ....
    - c. Il premio conseguito. → 3. ....
    - d. Il Capitano. → 4. ....

2. Perché Whitman chiama Lincoln "Capitano"?
....

3. Secondo te, Whitman sosteneva l'abolizione della schiavitù oppure no? Rifletti sul contenuto allegorico del testo e motiva la tua risposta.
....

4. Dove si trova il poeta, nella rappresentazione allegorica del testo?
    - **A** Sulla banchina del porto, mescolato alla folla.
    - **B** Sulla banchina del porto, pronto a raggiungere la nave.
    - **C** Sulla nave, vicino al Capitano morto.
    - **D** A terra, lontano da tutti, dove può avere uno sguardo complessivo della situazione.

▬ Il prezzo delle conquiste

5. Il testo si basa su una contrapposizione: quale, tra queste?
    - **A** La vittoria del Nord e la sconfitta del Sud.
    - **B** La morte del Capitano e la vita del poeta.
    - **C** Il viaggio pericoloso della nave e la tranquilla sicurezza del porto.
    - **D** L'esultanza della folla al porto e il dolore del poeta per la morte del Capitano.

6. Dalle parole del poeta è possibile desumere una riflessione sul concetto di progresso umano e civile: quale?
    - **A** Il progresso sul cammino della civiltà ha sempre un prezzo dolorosamente alto.
    - **B** La folla dimentica presto i propri eroi, pur avendoli acclamati fino a un momento prima.
    - **C** Nessuna guerra e nessuna battaglia sono giuste perché comportano violenza, morte, odio.
    - **D** Il sacrificio di una vita umana è giusto quando consente di risparmiare molte altre sofferenze.

▬ La forma

7. Descrivi le particolarità metriche della poesia completando lo schema.
    - a. I versi sono
        - **A** tradizionali.   **B** liberi e sciolti.
    - b. Quante strofe conta la poesia? Quanti versi per ogni strofa?
    - c. Le strofe sono composte da versi della stessa misura?
    - d. La struttura metrica delle strofe è uguale?

8. **Individua le anafore presenti nel testo e indicane la funzione espressiva.**
   - **A** Dare un ritmo fortemente scandito, simile alle litanie religiose.
   - **B** Rallentare il ritmo, creando un'atmosfera di raccoglimento.
   - **C** Far comprendere bene il significato di alcune parole.
   - **D** Facilitare la memorizzazione del testo in vista di recite pubbliche.

STUDIARE LA LINGUA

9. **Trova un sinonimo adatto al contesto per ogni parola:**
   - **a.** «aspro» [v. 1] ....
   - **b.** «ambito» [v. 2] ....
   - **c.** «prossimo» [v. 3] ....
   - **d.** «sorgi» [v. 9] ....
   - **e.** «invoca» [v. 12] ....
   - **f.** «inerti» [v. 17] ....
   - **g.** «esangui» [v. 17] ....
   - **h.** «arduo» [v. 20] ....
   - **i.** «mèta» [v. 20] ....

10. **Individua il tipo di figura retorica e spiegane il significato con parole tue, come nell'esempio.**

a. «audace nave severa» [v. 4].	Personificazione.	Gli uomini dell'equipaggio sono coraggiosi, fieri e concentrati sul loro importante compito.
b. «nere le rive» [v. 11].		
c. «funebre passo» [v. 22].		

PARLARE

11. Le poesie che hanno per tema l'impegno civile sono spesso legate a un determinato evento: prepara una breve presentazione del contesto storico in cui Whitman scrisse questa poesia, aggiungendo a quelle fornite nella presentazione altre informazioni tratte dal manuale di storia.

SCRIVERE

12. Pensa a un personaggio storico la cui figura e la cui opera ti hanno particolarmente impressionato, morto di recente o in un passato più lontano, e dedicagli un testo in cui spieghi che cosa ha rappresentato per te, quale insegnamento hai tratto dalla sua vita e dalla sua opera, quali sono i motivi per cui la sua attività dovrebbe essere costantemente ricordata.

Sezione 2   Narrare, interpretare, esprimere

Russia

T25

Anna Achmatova
Diciassette mesi che grido

I contenuti | Anna Achmatova è una delle più grandi poetesse russe del XX secolo. La sua vita fu intensa e travagliata: al tempo della rivoluzione, nel 1917, era già un'intellettuale molto nota, moglie del famoso poeta Nikolaj Gumilëv; quest'ultimo venne accusato di essere una spia straniera e fucilato, mentre la Achmatova fu costretta a vivere in semiclandestinità. Nel 1935, al tempo delle repressioni ordinate dal dittatore Stalin, il figlio Lev venne incarcerato e condannato a morte, pena poi commutata nella deportazione in un gulag siberiano. Durante la prigionia del figlio, la poetessa si recava tutte le mattine alle porte del carcere e lì aspettava per ore, insieme ad altre madri e mogli, nella speranza di avere qualche notizia. A questa terribile esperienza è legata la poesia che ti proponiamo, tratta dalla raccolta *Requiem*.

Diciassette mesi che grido,
ti chiamo a casa.
Mi gettavo ai piedi del boia,
figlio mio e mio incubo.
5 Si è confuso tutto per sempre,
e non riesco a comprendere
chi è una belva, chi è un uomo,
e se attenderò a lungo il supplizio.
Rigogliosi fiori soltanto,
10 tintinnio del turibolo[1] e tracce
chissà dove, nel nulla.
E mi fissa dritto negli occhi
e minaccia prossima morte
un'enorme stella.

A. Achmatova, *La corsa del tempo*, a cura di M. Colucci, Einaudi, Torino 1992

---

1. turibolo: vaso in cui si brucia l'incenso durante le funzioni religiose cristiane.

COMPRENDERE E INTERPRETARE

Poesia e testimonianza

1. A chi si rivolge la poetessa? ....
2. Individua e trascrivi i versi che contengono elementi fortemente autobiografici.
   ....
3. Perché il figlio viene chiamato «mio incubo»? ....

La struttura

4. La poesia può essere divisa in due parti: nella prima prevalgono dati autobiografici, nella seconda immagini metaforiche. Separa le due parti sul testo.

5. Nei vv. 9-10 la poetessa evoca alcuni oggetti che sembrano tracce di un passato svanito nel nulla. Quale stato d'animo rivelano, secondo te, questi versi?
   - A Nostalgia, malinconia, rimpianto.
   - B Disperazione e confusione di fronte al dramma presente.
   - C Speranza, attesa di un futuro migliore.
   - D Ferma condanna dell'oppressione staliniana.

STUDIARE LA LINGUA

6. Qual è la causa del «grido» della poetessa [v. 1]? ....
7. Perché la poetessa si getta «ai piedi del boia» [v. 3]? ....
8. Quale «supplizio» attende la poetessa [v. 8]? Si tratta di una tortura fisica reale o di un'immagine metaforica?
   ....
9. Uno dei simboli dell'Unione Sovietica era la stella rossa: alla luce di questa informazione, come spieghi il significato dei vv. 12-14?
   ....

PARLARE

10. Tra il 1935 e il 1938 l'Unione Sovietica conobbe un periodo drammatico a causa delle persecuzioni ordinate da Stalin contro chiunque venisse sospettato di essere contrario al suo regime. Una pesante cappa di paura, sospetto e delazione calò sul Paese, mentre i cittadini vivevano nel terrore di arresti e processi sommari. Quali versi della poesia, secondo te, riflettono meglio la terribile atmosfera di quegli anni? Motiva la tua risposta e ascolta le interpretazioni dei compagni.

SCRIVERE

11. Secondo molti studiosi, la scrittura è un potente strumento di autoguarigione: sembra infatti che raccontare le proprie esperienze, in modo apertamente autobiografico oppure allusivo e simbolico, aiuti a rielaborare e superare i momenti dolorosi. Ripensa a una tua esperienza problematica e raccontala, trasformandola in simboli e immagini che rappresentino il tuo stato d'animo.

T26 Langston Hughes
Libertà

I contenuti | Essere neri negli Stati Uniti nella prima metà del Novecento significava essere soggetti a discriminazioni razziali, pregiudizi, intolleranza e talvolta disprezzo: il processo di emancipazione, iniziato con l'abolizione della schiavitù nel 1861, sarebbe stato ancora molto lungo. Langston Hughes, afroamericano, poeta e narratore, viveva questa realtà sulla propria pelle, senza stancarsi di denunciarla e di rivendicare il diritto alla libertà.

La libertà non verrà
oggi, quest'anno
      o mai
tramite il compromesso e la paura.
5 Io ho gli stessi diritti
di chiunque altro
      di camminare
con le mie gambe
e possedere la terra.
10 Sono stufo di sentirmi ripetere
Lascia correre
Domani è un altro giorno.
Non mi serve la libertà da morto.
Non posso vivere del pane di domani.
15   La libertà
    è un seme robusto
    seminato
    nella grande necessità.
    Io pure vivo qui.
20   E voglio la libertà
    esattamente come te.

L. Hughes, in AA.VV., *Poesie di pace e di libertà*, a cura di E. Clementelli e W. Mauro, Newton Compton, Roma 2003

COMPRENDERE E INTERPRETARE

■ Libertà e diritti

1. Trascrivi le condizioni negative, che impediscono il conseguimento della libertà, di cui il poeta parla nei **vv. 1-4**.

2. Nei **vv. 5-9** Hughes fa riferimento a due semplici diritti: quali?

3. I "diritti" che hai individuato nell'esercizio precedente sono espressi simbolicamente: a quali diritti concreti, a quel tempo ancora negati ai neri, si riferisce il poeta?

   ....

4. Perché Hughes non vuole più sentirsi ripetere «Lascia correre / Domani è un altro giorno» [vv. 11-12]?

   ....

5. Qual è il significato dei vv. 15-18? Motiva la tua scelta.

   A L'aspirazione alla libertà è necessaria e vitale per qualunque essere umano.
   B Ci può essere libertà solo quando altri bisogni primari sono stati soddisfatti.
   C Solo attraverso la libertà è possibile assicurare il nutrimento necessario a tutti.
   D L'autentica libertà non può essere mai realmente raggiunta.

▬ Un canto appassionato

6. Che cosa intende il poeta con l'avverbio *qui* del v. 19? Barra le opzioni che ritieni corrette e motiva le tue scelte.

   A Gli Stati Uniti.
   B La patria ideale della libertà.
   C Il mondo, in generale.

7. A chi si rivolge Hughes nel v. 21?

   ....

8. Come definiresti il "tono" della poesia?

   A Stanco, rassegnato.
   B Aspro, combattivo.
   C Gioioso, pieno di speranza.
   D Triste, nostalgico.

STUDIARE LA LINGUA

9. Perché i vv. 11 e 12 sono scritti con il carattere corsivo?

   ....

10. La libertà viene definita nei vv. 15-16 attraverso

    A una similitudine.
    B una sinestesia.
    C una metonimia.
    D una metafora.

PARLARE

11. Secondo il poeta, la libertà non si può raggiungere «tramite il compromesso e la paura» [vv. 1-4]: che cosa pensi di questa affermazione? A quali "compromessi" potrebbe riferirsi Hughes? E a quali "paure"? Rifletti in classe sull'argomento, con la guida dell'insegnante.

SCRIVERE

12. Ripensa ai tuoi studi di storia: quale personaggio, secondo te, ha saputo ottenere la libertà, per sé o per il suo popolo, rifiutando i compromessi e vincendo le paure? Descrivi tale personaggio per iscritto, motivando la tua scelta.

Sezione 2 Narrare, interpretare, esprimere

Grecia

T27 Georgios Seferis
Ancora un poco

I contenuti | Per molti secoli la Grecia è stata tormentata da guerre, occupazioni straniere, momentanee liberazioni e poi di nuovo guerre e dittature: solo nel 1975 questo antico Paese è diventato una repubblica democratica. Georgios Seferis, vissuto nella prima metà del Novecento, guardava alla sua terra con sofferenza per la situazione presente, ma invitava i Greci a guardare "più su", verso un futuro di pace e di libertà.

Ancora un poco
e scorgeremo i mandorli fiorire
brillare i marmi al sole
e il mare fluttuare.

5   Ancora un poco,
solleviamoci ancora un po' più su.

G. Seferis, *Poesie*, trad. it. di F.M. Pontani, Mondadori, Milano 1963

COMPRENDERE E INTERPRETARE

La forma del testo

1. Metti in luce le caratteristiche formali della poesia rispondendo alle domande.
   a. Di quante strofe è composta?

   b. Quanti versi per ogni strofa?

   c. Di quale tipo sono le strofe?

   d. C'è uno schema di rime?

2. I versi hanno metrica regolare, ma sono diversi tra loro. Trascrivi un esempio per ciascun metro, dividendo correttamente in sillabe.
   a. Quinario: ....
   b. Settenario: ....
   c. Endecasillabo: ....

3. Quale particolarità metrica presenta il v. 6?
....

▪ Guardare avanti

4. Perché il poeta utilizza la prima persona plurale?
   A Si sente tutt'uno con il suo popolo, e con l'umanità in generale.
   B È una forma di *plurale maiestatis*, cioè si riferisce a sé usando però il "noi".
   C Preferisce non esporsi in prima persona.
   D Spera che la sua poesia venga recitata o cantata in coro.

5. A quali significati simbolici rimandano gli elementi della prima strofa? Abbinali correttamente.
   a. I mandorli che fioriscono.   **1.** La calma, la serenità.
   b. I marmi che brillano al sole.   **2.** La rinascita, la vita che si rinnova.
   c. Il mare che fluttua.   **3.** La purezza, l'assenza di dolore.

STUDIARE LA LINGUA

6. La poesia non presenta riferimenti geografici precisi, tuttavia vi sono due elementi che possono ricondurre alla terra greca, di cui sono simbolo: quali?
....

7. Qual è il significato espressivo dell'anafora dei vv. 1 e 5?
   A È un invito a resistere e a perseverare nella speranza.
   B È un invito a prendere atto dell'amara realtà.
   C Esprime la preoccupazione per il tempo che passa senza portare la libertà sperata.
   D Esprime un desiderio impossibile.

8. Quale figura retorica presenta la costruzione «i mandorli fiorire / brillare i marmi»?
   A Ossimoro.   **C** Enjambement.
   B Sinestesia.   **D** Chiasmo.

PARLARE

9. Il poeta scrive «solleviamoci ancora un po' più su»: qual è il significato simbolico di questo verso? Discutine con i compagni.

SCRIVERE

10. Per esprimere il suo desiderio di pace e di libertà, il poeta utilizza i simboli del mandorlo fiorito, del marmo brillante e del mare increspato. Tu quali simboli useresti? Individuane alcuni e motiva la tua scelta.

Sezione 2 Narrare, interpretare, esprimere

T28 Giuseppe Ungaretti
Dal fronte sul Carso

I contenuti Le quattro poesie proposte sono tratte dalla raccolta intitolata *Il Porto Sepolto*. Scrive Ungaretti a tale proposito: «Incomincio *Il Porto Sepolto* dal primo giorno della mia vita in trincea, e quel giorno era il giorno di Natale del 1915, e io ero al Carso, sul Monte San Michele. Ho passato quella notte coricato nel fango, di faccia al nemico che stava più in alto di noi ed era cento volte meglio armato di noi. Nelle trincee, quasi sempre nelle stesse trincee, perché siamo rimasti sul San Michele anche nel periodo di riposo, per un anno si svolsero i combattimenti. *Il Porto Sepolto* racchiude l'esperienza di quell'anno».

a) Veglia

Cima Quattro il 23 dicembre 1915

Un'intera nottata
buttato vicino
a un compagno
massacrato
5   con la sua bocca
digrignata[1]
volta al plenilunio[2]
con la congestione
delle sue mani
10 penetrata
nel mio silenzio[3]
ho scritto
lettere piene d'amore[4]

Non sono mai stato
15 tanto
attaccato alla vita

1. **digrignata:** serrata in una smorfia di dolore.
2. **volta al plenilunio:** rivolta verso il cielo, dove brilla la luna piena.
3. **congestione ... mani:** con le mani irrigidite dalla morte.
4. **ho scritto ... amore:** per sentirsi ancora vivo, il poeta si aggrappa all'amore e scrive messaggi pieni d'affetto e voglia di vivere.

b) Soldati

Mariano il 15 luglio 1916

Si sta come
d'autunno
sugli alberi
le foglie

C Fratelli

Mariano il 15 luglio 1916

Di che reggimento siete
fratelli?

Parola tremante
nella notte

5   Foglia appena nata[1]

Nell'aria spasimante[2]
involontaria rivolta
dell'uomo presente alla sua
fragilità[3]

10 Fratelli

1. **foglia appena nata:** la parola *fratelli* è come un germoglio di vita in primavera.
2. **spasimante:** piena di dolore e di sofferenza.
3. **involontaria ... fragilità:** la spontanea ribellione dell'uomo soldato, consapevole (*presente*) della propria fragilità.

I poeti e la guerra

parole · concetti · idee

Come leggerai in queste pagine, i poeti hanno scritto parole molto profonde contro la guerra; ma alcuni di essi ne hanno anche cantato le lodi, soprattutto nei primi anni del XX secolo. Il caso più famoso è senz'altro quello del futurista Filippo Tommaso Marinetti, che nel 1909 dichiarò «Noi vogliamo glorificare la guerra – sola igiene del mondo –, il militarismo, il patriottismo». Molti poeti partirono volontari per la Prima guerra mondiale; tra quelli che già conosci vi erano Ungaretti, D'Annunzio, Apollinaire (che definì la guerra «un grande spettacolo»), ma anche artisti come Umberto Boccioni. Molti partirono animati da patriottismo, ma altri furono spinti anche da passioni "letterarie", convinti che la guerra fosse anche un modo per dimostrare il valore dell'uomo. Chi, tra essi, partecipò attivamente al conflitto, cambiò drasticamente idea.
L'inglese Wilfred Owen (volontario, morto in battaglia nel 1918, solo una settimana prima della fine della guerra), nella sua lirica più famosa, riprese il motto *dulce et decorum est pro patria mori* ("è dolce e bello morire per la patria"), del poeta latino Orazio, per definirlo una «vecchia bugia».

◂ Gino Severini, *Cannoni in azione*, 1915.

Sezione 2 — Narrare, interpretare, esprimere

d) San Martino del Carso

Valloncello dell'Albero Isolato il 27 agosto 1916

Di queste case
non è rimasto
che qualche
brandello di muro

5 Di tanti
che mi corrispondevano[1]
non è rimasto
neppure tanto[2]

Ma nel cuore
10 nessuna croce manca[3]

È il mio cuore
il paese più straziato

G. Ungaretti, *Vita d'un uomo. Tutte le poesie*, Mondadori, Milano 2010

1. **mi corrispondevano:** contraccambiavano il mio affetto.
2. **tanto:** pronome riferito a *brandello di muro*; degli uomini cari al poeta è rimasto meno ancora.
3. **nessuna croce manca:** il cuore del poeta è come un cimitero: ogni persona morta ha un ricordo speciale, un posto particolare.

COMPRENDERE E INTERPRETARE

Un "diario" di poesie

1. Da che cosa è preceduta ogni poesia? Barra le risposte corrette.
   - [x] **A** L'indicazione del luogo.
   - [ ] **B** Una dedica.
   - [x] **C** L'indicazione di giorno, mese e anno.
   - [ ] **D** Una formula espressiva particolare.

2. Alcune indicazioni di luogo riportano il nome proprio della località geografica, altre un nome ideato dal poeta e connesso alle operazioni militari: distingui gli uni dagli altri, trascrivendoli nello schema:
   a. nomi di luoghi geografici: MARIANO, VALLONCELLO DELL' ALBERO
   b. nomi di luoghi "militari": CIMA 4,

3. Ciascuna delle poesie di Ungaretti prende spunto da una situazione legata al contesto della guerra di trincea in cui stava vivendo il poeta. Indica per ogni descrizione il titolo della lirica cui è collegata.
   a. Un villaggio devastato dal passaggio degli eserciti. SAN MARTINO DEL CARSO
   b. Una notte in trincea vicino a un compagno morto. VEGLIA
   c. L'esistenza precaria e incerta del soldato. SOLDATO
   d. Il sentimento di solidarietà e vicinanza come unico rimedio alla violenza della guerra. FRATELLI

Un "diario" di guerra e di vita

4. Ungaretti descrive particolari che mostrano la crudeltà e le devastazioni provocate dalla guerra: quali ti hanno colpito di più, e perché?

....

5. Dal contatto quotidiano con la morte nascono nel poeta sia un fortissimo attaccamento alla vita sia la consapevolezza che solo la solidarietà consente agli uomini di non soccombere di fronte al dolore. In quali versi emerge con forza questo messaggio? Trascrivili di seguito, precisando da quale lirica li hai tratti.

....

STUDIARE LA LINGUA

6. Il lessico e la sintassi scelti da Ungaretti sono…

- [x] **A** semplici ed essenziali.
- [ ] **B** ricercati e letterari.
- [ ] **C** solenni ed enfatici.
- [ ] **D** formali ed eleganti.

7. Trascrivi un esempio tratto dai testi per ciascuna caratteristica formale dello stile di Ungaretti.

a. Versi brevissimi, talvolta formati da una sola parola (*versicoli*):
DI TANTI

b. Assenza di punteggiatura:
SAN MARINO DEL CARSO

c. Versi privi di struttura metrica tradizionale (*liberi*):
MA NEL CUORE / È IL MIO QUORE

8. Ungaretti accosta immagini lontane tra loro, lasciando al lettore la possibilità di interpretare e capire l'elemento in comune da cui scaturisce l'analogia. Individua l'elemento in comune per le analogie che seguono.
a. Le case distrutte di San Martino del Carso – il cuore del poeta.
b. I soldati – le foglie.
c. La parola "fratelli" – la foglia appena nata.

PARLARE

9. In queste poesie la componente autobiografica è molto forte: evidenzia le espressioni in cui il poeta parla di sé in prima persona, esprimendo i propri sentimenti o descrivendo le proprie azioni. Individua quelle che ti hanno colpito di più, motivando la scelta, poi confrontati con i compagni e riflettete insieme sulle diverse selezioni e interpretazioni.

SCRIVERE

10. Quale, tra le poesie proposte, ti è piaciuta di più? Dopo aver scelto, scrivi analisi e commento del testo, aiutandoti con le note e con le osservazioni sviluppate negli esercizi.

Sezione 2   Narrare, interpretare, esprimere

T29 Bertolt Brecht
Mio fratello era aviatore

I contenuti | Molti bambini sognano di pilotare aerei, da grandi. Forse era questo il sogno anche del protagonista di questa poesia, "fratello" del poeta come lo sono tutti gli uomini: un sogno divenuto dapprima realtà, e poi morte. L'autore, tedesco, oppositore del nazismo, fuggito dalla Germania nel 1933, riflette sui costi umani della "volontà di potenza" che a lungo ha dominato, e in parte domina ancora, le relazioni tra popoli e Paesi.

Mio fratello era aviatore.
Un giorno gli diedero una carta,
e fece i bagagli, con rotta verso Sud.

Mio fratello è un conquistatore.
5   Al nostro popolo[1] serve spazio,
è un nostro antico sogno
avere terre.

Lo spazio mio fratello l'ha conquistato
nel massiccio del Guadarrama[2].
10   lungo un metro e ottanta,
profondo un metro e cinquanta.

B. Brecht, *Poesie*, a cura di L. Forte, Einaudi, Torino 1999

1. **nostro popolo:** i Tedeschi.
2. **Guadarrama:** catena montuosa nel centro della Spagna.

COMPRENDERE E INTERPRETARE

— I contenuti

1. **Chi è il protagonista della poesia?**
   - **A** Il fratello del poeta.
   - **B** Un amico fraterno.
   - **C** Ogni uomo.
   - **D** Il poeta stesso.

2. **La poesia può essere divisa in tre parti, corrispondenti alle tre strofe. Sintetizza il contenuto di ciascuna, come nell'esempio.**
   - **a.** Prima strofa: *il fratello aviatore parte verso Sud.*
   - **b.** Seconda strofa: ....
   - **c.** Terza strofa: ....

La poesia   U7

■ I significati

3. La rivendicazione dello "spazio vitale" era uno degli slogan hitleriani: quali versi vi alludono? Trascrivili.

....

4. La seconda e la terza strofa sono collegate da due concetti-chiave: lo "spazio" e la "conquista": evidenzia i versi in cui compaiono.

5. I concetti di "spazio" e di "conquista" vengono polemicamente rovesciati nella terza strofa: quale spazio ha conquistato il fratello aviatore?

....

6. In quale strofa diventa evidente il messaggio del poeta? Motiva la tua risposta.

....

STUDIARE LA LINGUA

7. Il v. 8 contiene un errore sintattico, il "pronome pleonastico" (cioè inutile, ridondante). Riscrivi la frase correggendo l'errore, poi rifletti sulla funzione espressiva di questa scelta volutamente scorretta barrando le opzioni opportune.

- **A** Mettere in evidenza, all'inizio e alla fine del verso, le due parole-chiave «spazio» e «conquistato».
- **B** Ribadire il concetto che il fratello era un conquistatore.
- **C** Imitare la lingua parlata, dando alla poesia un tono colloquiale.
- **D** Sottolineare l'importanza del sacrificio del fratello.

8. Il testo ha una sintassi prevalentemente...

- **A** ipotattica.
- **B** paratattica.

9. Individua l'unico enjambement della poesia.

....

PARLARE

10. Elabora una tua interpretazione del messaggio, motivandola con riferimenti al testo, poi confrontala con quella dei compagni.

SCRIVERE

11. Scrivi l'analisi e il commento della poesia, ricavando gli elementi utili dagli esercizi che hai svolto.

■ Confronto fra i testi

12. La poesia di Brecht è apparentemente "fredda": non vi è l'espressione di sentimenti diretti, non vi sono parole che richiamano pena e dolore, come accade invece nei testi di Ungaretti (▶T28). Ritieni che lo stile di Brecht raggiunga ugualmente l'obiettivo, ossia convincere dell'atroce assurdità delle guerre, oppure pensi che l'espressione diretta del sentimento sia più efficace? Rifletti per iscritto in un breve testo argomentativo.

Sezione 2 — Narrare, interpretare, esprimere

Algeria

T30 — Leila Djabali
Per il mio torturatore, il tenente D…

I contenuti | L'autrice, algerina, venne catturata e torturata dai Francesi nel 1957, durante la guerra di liberazione dall'occupazione coloniale. A quell'esperienza è ispirata la poesia che ti proponiamo.

Mi avete schiaffeggiata
– nessuno l'aveva mai fatto –
La corrente elettrica
E il vostro pugno
5   E quel linguaggio da teppista
Troppo sanguinavo per potere ancora arrossire
Un'intera notte
Una locomotiva nel ventre
Arcobaleni dinanzi agli occhi
10 era come se io mangiassi la mia bocca
E affogassi i miei occhi
Avevo mani dovunque
e una gran voglia di ridere.

Poi un mattino, è venuto un altro soldato
15 Vi rassomigliava come una goccia di sangue.
Vostra moglie, tenente,
Ha messo lo zucchero nel vostro caffè?
Vostra madre ha osato ammirare la vostra buona cera?
Avete carezzato i capelli dei vostri ragazzi?

L. Djabali, in AA.VV. *Poesie di pace e di libertà*, a cura di E. Clementelli e W. Mauro, Newton Compton, Roma 2003

COMPRENDERE E INTERPRETARE

Patire la tortura

1. La poesia può essere divisa in tre parti: indicane i vv. iniziali e finali.
   a. Descrizione delle torture subite: vv. 1-..........
   b. Conseguenze delle torture: vv. ....
   c. Dialogo tra il soldato e il tenente: vv. ....

2. Le conseguenze delle torture vengono espresse attraverso alcune metafore: evidenziale nel testo.

La poesia U7

▬ Con gli occhi dell'autrice

3. L'autrice non dice nulla di sé direttamente; tuttavia, vi sono due espressioni che rivelano alcuni aspetti della sua personalità e della sua educazione. Abbiamo riportato di seguito i versi in questione: scrivi quali informazioni ne puoi dedurre.

    a. «mi avete schiaffeggiata / nessuno l'aveva mai fatto» [vv. 1-2]: ....

    b. «e quel linguaggio da teppista / troppo sanguinavo per poter ancora arrossire» [vv. 5-6] ....

4. Secondo te perché la poetessa prova «una gran voglia di ridere» [v. 13]?
    - **A** Per esprimere disprezzo nei confronti dei torturatori.
    - **B** Per non mostrare paura o dolore.
    - **C** Per sentirsi più forte dei suoi aguzzini.
    - **D** È talmente stremata dalle torture da essere fuori di sé.

5. Che cosa chiede il soldato al tenente? Queste domande appaiono in sintonia o in stridente contrasto con il contesto in cui vengono poste? Motiva la tua risposta.

STUDIARE LA LINGUA

6. Che cosa significa «linguaggio da teppista»? Esprimi lo stesso concetto utilizzando un aggettivo adatto.

7. Quando due persone si somigliano molto, si dice che sono come due gocce d'acqua. In relazione a quali personaggi viene ripreso questo modo di dire? Perché la poetessa lo modifica, usando la parola *sangue* al posto di *acqua*?

PARLARE

8. La poetessa non pronuncia parole di aperta condanna nei confronti del tenente che l'ha torturata; tuttavia, tale condanna emerge chiaramente, in particolare nella seconda strofa: sei d'accordo con questa affermazione? Motiva in ogni caso la tua risposta.

SCRIVERE

9. Il tenente D... appare con un doppio volto: da un lato spietato torturatore, dall'altro marito e padre affettuoso. Perché la poetessa lascia emergere entrambi gli aspetti nella sua poesia? Su che cosa vuole farci riflettere? Proponi una tua interpretazione scritta.

▬ Confronto tra i testi

10. Le poesie di Giuseppe Ungaretti (▶T28) e di Bertolt Brecht (▶T29) mostrano le tragiche conseguenze della guerra; anche la poesia di Leila Djabali parla di che cosa accade durante la guerra, ma il suo punto di vista e la sua esperienza presentano alcune fondamentali differenze con i testi citati. Di quali differenze si tratta? Spiegale in un breve testo scritto.

Richard Rive
Dove termina l'arcobaleno

I contenuti | È possibile superare le differenze etniche, religiose, linguistiche, nazionali? Richard Rive, poeta impegnato a favore dei Neri del Sudafrica, crede di sì, anche se sa che è molto difficile. Per questo invita a prendere esempio dall'arcobaleno...

Dove termina l'arcobaleno
deve esserci un luogo, fratello,
dove si potrà cantare ogni genere di canzoni,
e noi canteremo insieme, fratello,
5   tu ed io, anche se tu sei bianco e io non lo sono,
sarà una canzone triste, fratello,
perché non sappiamo come fa,
ed è difficile da imparare,
ma possiamo riuscirci, fratello, tu ed io.
10 Non esiste una canzone nera.
Non esiste una canzone bianca.
Esiste solo musica, fratello,
ed è musica quella che canteremo
dove termina l'arcobaleno.

R. Rive, in AA.VV., *Poesie di pace e di libertà*, a cura di E. Clementelli e W. Mauro, Newton Compton, Roma 2003

COMPRENDERE E INTERPRETARE

Bianco, nero, arcobaleno

1. A chi si rivolge il poeta?
   - A A suo fratello.
   - B Ai popoli di colore.
   - C A tutti gli uomini che discriminano.
   - D A chiunque sia discriminato.

2. L'autore era nero: è possibile capirlo dal testo? Motiva la tua risposta.

3. Il «luogo» di cui parla il poeta [v. 2] è geografico oppure ideale?

4. In molte fiabe il protagonista trova un tesoro al termine dell'arcobaleno: quale tesoro potrebbe trovarsi al termine dell'arcobaleno di Richard Rive?

Una sola musica

5. Che cosa vorrebbe fare il poeta, insieme al «fratello bianco»?

6. Perché la canzone da cantare insieme sarà «triste» [v. 6]?

STUDIARE LA LINGUA

7. Trascrivi le parole che rientrano negli ambiti semantici indicati.
   - a. Musica:
   - b. Colori:

8. La poesia ha un andamento circolare perché... (completa la frase con l'osservazione opportuna).

9. Quali sono, secondo te, le parole-chiave del testo?

PARLARE

10. Qual è il significato simbolico dell'arcobaleno, in questa poesia? Hai mai visto le bandiere della pace? Di quale colore sono? Individui una relazione con l'arcobaleno di cui parla il poeta? Esponi a voce le tue interpretazioni e riflessioni.

SCRIVERE

11. Elabora per iscritto argomento, tema e messaggio della poesia, poi aggiungi un tuo commento personale in cui rifletti sul valore della musica come strumento di comunicazione universale.

Sezione 2   Narrare, interpretare, esprimere

T32 — Salvatore Quasimodo
Uomo del mio tempo

I contenuti | Alla fine della Seconda guerra mondiale, l'umanità intera era annichilita dall'abisso di orrore e violenza in cui era precipitata, e di cui a mano a mano si comprendevano le terribili dimensioni. In quei giorni Salvatore Quasimodo scrisse questa poesia, dedicandola ai giovani come te, affinché non debbano mai più ripetere gli errori dei padri.

    Sei ancora quello della pietra e della fionda[1],
uomo del mio tempo. Eri nella carlinga[2],
con le ali maligne, le meridiane di morte[3],
– t'ho visto – dentro il carro di fuoco[4], alle forche[5],
5 alle ruote di tortura. T'ho visto: eri tu,
con la tua scienza esatta persuasa allo sterminio[6],
senza amore, senza Cristo. Hai ucciso ancora,
come sempre, come uccisero i padri, come uccisero
gli animali che ti videro per la prima volta.
10 E questo sangue odora come nel giorno
quando il fratello disse all'altro fratello:
– Andiamo ai campi[7]. – E quell'eco fredda, tenace,
è giunta fino a te, dentro la tua giornata[8].
Dimenticate, o figli[9], le nuvole di sangue
15 salite dalla terra, dimenticate i padri:
le loro tombe affondano nella cenere[10],
gli uccelli neri, il vento, coprono il loro cuore.

S. Quasimodo, Poesie e Discorsi sulla poesia, Mondadori, Milano 1996

---

1. Sei ... fionda: l'uomo di oggi non è diverso dall'uomo primitivo; ha solo costruito armi più perfette.
2. carlinga: parte dell'aereo destinata ad alloggiare l'equipaggio.
3. meridiane di morte: nell'immagine il lettore può "vedere" tante cose: l'ombra dell'aereo che minacciosamente si proietta a terra, le armi perfette che proiettano intorno a sé ombre di morte, gli strumenti di misurazione per dirigere lo sganciamento delle bombe ecc. (la meridiana è un orologio solare formato da linee tracciate su un muro o su un pavimento, sul quale un'asta proietta la sua ombra).
4. carro di fuoco: carro armato.
5. forche: patiboli per l'impiccagione.
6. persuasa allo sterminio: utilizzata solo per atti di distruzione.
7. E questo ... campi: si riferisce all'omicidio di Abele per mano di Caino, il fratello, narrato nell'Antico Testamento; con questo omicidio, Caino diede inizio a una interminabile serie di delitti e di follie; le stragi di oggi hanno la stessa brutalità del primo omicidio fraterno.
8. E quell'eco ... giornata: le menzogne, le discordie, l'odio fratricida sono ancora presenti nei pensieri e nelle azioni della nostra vita di ogni giorno.
9. o figli: o giovani.
10. le loro tombe ... cenere: i resti dei vostri padri sono ormai cenere; anche le loro tombe a poco a poco scompaiono. Il poeta vuole esortare i giovani a non commettere gli stessi sbagli dei padri, a non fare ricorso alla discordia, all'odio, all'intolleranza.

La poesia U7

COMPRENDERE E INTERPRETARE

I contenuti e i significati

1. In quale contesto è stata scritta la poesia?
   FINE II GUERRA MONDIALE

2. Per rappresentare la violenza che attraversa la storia umana, il poeta la ripercorre per intero, attraverso poche e significative immagini figurate. A fianco di ciascuna epoca storica trascrivi i versi utilizzati dal poeta per descriverla.
   a. Preistoria: ....
   b. Medioevo: ....
   c. Età contemporanea: ....

3. A proposito di «scienza esatta» [v. 6], quali responsabilità vengono attribuite agli scienziati? Motiva la tua risposta.
   UTILIZZANO IL LORO SAPERE PER DISTRUGGERE

4. Spiega con parole tue il significato di queste immagini figurate.
   a. «nuvole di sangue / salite dalla terra» [vv. 14-15];
   b. «le loro tombe affondano nella cenere» [v. 16]; CIO' CHE ERA DEGLI VOSTRI
   c. «gli uccelli neri, il vento, coprono il loro cuore» [v. 17].

La forma della poesia

5. Quale tipo di metrica ha scelto il poeta?
   A Una strofa di versi endecasillabi e decasillabi alternati liberamente.
   B Una strofa di versi endecasillabi con schema di rime.
   C Una strofa di versi liberi e sciolti.
   D Una strofa di versi endecasillabi sciolti. ✗

6. Nel testo vi sono alcuni forti enjambement: evidenziali, poi spiegane la funzione espressiva.
   ....

STUDIARE LA LINGUA

7. Il poeta evoca immagini di morte e di sofferenza per suscitare orrore nei confronti della guerra. Individua sostantivi, aggettivi e verbi usati in tali immagini.

8. Evidenzia nel testo le iterazioni di parole ed espressioni e spiega perché il poeta ricorre a tali ripetizioni.

PARLARE

9. Individua il messaggio della poesia e spiega, motivando le tue ragioni, se ha un contenuto pessimistico o di speranza.

SCRIVERE

10. Scrivi analisi e commento della poesia, aiutandoti con le note al testo e con gli esercizi che hai svolto.

IL LABORATORIO DEL POETA

La magia del linguaggio figurato

1. Il nostro modo di parlare è ricchissimo di metafore: molte vengono usate nelle conversazioni quotidiane, quasi senza accorgersi che si sta usando un linguaggio figurato. Leggi questo elenco di metafore molto comuni e spiegane il significato seguendo l'esempio. In caso di dubbio consulta il dizionario.

 a. Le gambe della sedia.
  <u>I bastoni che la sorreggono assomigliano a gambe perché hanno la stessa funzione – permettono alla sedia di reggersi – e, come le nostre gambe, sono la parte più bassa, più lunga e sottile del "corpo" della sedia.</u>
 b. Il collo della bottiglia.
 c. La gola del monte.
 d. Il piede dell'albero.
 e. La coda del discorso.
 f. A pelo d'acqua.
 g. Sulla cresta dell'onda.
 h. L'uovo all'occhio di bue.

2. La poesia che ti presentiamo è breve e ricca di metafore. Leggila, poi completa la spiegazione, inserendo al posto dei puntini le parole elencate alla rinfusa.

Prima luce

Lattiginosa d'alba
nasce sulle colline,
balbettanti parole ancora
infantili, la prima luce.

La terra, con la sua faccia
madida di sudore,
apre assonnati occhi d'acqua
alla notte che sbianca.

(Gli uccelli sono sempre i primi
pensieri del mondo).

G. Caproni, Tutte le poesie, Garzanti, Milano 1983

pensieri • persona • risveglio • rugiada • latte • bambino • laghetti

L'alba è paragonata prima al **1** _____ , per il suo biancore, e poi a un **2** _____ che balbetta le sue prime parole. E la terra è paragonata a una **3** _____ : ha una faccia e due occhi. Il sudore è anch'esso una metafora, ed è la **4** _____ che imperla la terra come fa il sudore con la fronte. E gli «occhi d'acqua» sono pozze d'acqua, 5 .... che fanno pensare appunto a occhi appena spalancati nella luce dell'alba. Infine ecco gli uccelli paragonati a 6 .... : tutti e due volano, rapidissimi, si spostano dove vogliono. Così i primi uccelli del mattino sono «i primi pensieri» e il mondo è anch'esso persona, come la terra: pensa e gli uccelli sono questi suoi pensieri al 7 ....

3. Ora leggi questa poesia, che forse a una prima lettura potrà sembrarti un po' misteriosa. Prova a fare alcune ipotesi interpretative seguendo le domande, poi leggi la spiegazione.

> A che cosa potrebbe alludere il «guscio d'uovo»? Pensa alle sue caratteristiche: ha una forma ovale perfetta, molto armoniosa, ma è fragilissimo...
> «Tenerezza» è una parola-chiave: che cosa vuol dire?
> L'uovo è «ornato con paesaggi lontani»: in quali occasioni le uova vengono "ornate"?
> L'uovo deve essere «imballato»: perché? Forse per proteggerlo, o per trasportarlo?
> Come mai l'uovo viene definito «breve»? Perché è piccolo, o il poeta allude anche ad altro?

La tenerezza del guscio d'uovo

La tenerezza del guscio d'uovo
dolcemente svuotato con la bocca
e ornato con paesaggi lontani
siamo in molti a pensare che non c'è
modo di imballarlo come si deve
un oggetto così fragile, così breve e così
c'è poco da sperare
nella salvezza del guscio d'uovo.

G. Raboni, *A tanto caro sangue: poesie 1953-1987*, Mondadori, Milano 1988

Raboni mi ha raccontato che questa poesia è nata durante un suo viaggio a Praga. Anche là c'è l'uso di colorare delle uova per Pasqua. Ma, mi ha spiegato, non fanno come da noi, che prima le facciamo bollire finché diventano sode: loro le bucano crude e le svuotano del loro contenuto succhiando con la bocca, così intanto si mangiano l'uovo. Resta solo il guscio: stando attenti a non romperlo ci dipingono allora sopra fiori, animali e paesaggi così belli che questi gusci sono diventati famosi in tutto il mondo e i turisti che passano di lì li comprano come souvenir. Li vendono a volte perfino nei negozi di porcellane. E sono naturalmente fragilissimi, più di una porcellana. Anche lui così ne ha comprato uno con un piccolo paesaggio malinconico. Se l'è fatto confezionare bene e l'ha messo in mezzo a dei golf di lana dentro la valigia. Ma quando è arrivato a Milano si è accorto che, nonostante queste precauzioni, il fragile guscio si era rotto lo stesso. E così ha scritto la poesia. Che è una metafora, perché, parlando dell'uovo, parla in realtà delle cose belle della vita che quasi sempre sono fragili e, ahimè, non durano. Una poesia un po' malinconica, come quel paesaggio sull'uovo che è andato rotto.

In questo caso la metafora non è contenuta nella poesia, ma è tutta intera la poesia e coincide con il suo "significato". O si può anche dire che la poesia ha due "significati": quello "letterale", cioè quello di quando la si legge senza pensare alla metafora che contiene, e quello della metafora, detto appunto "metaforico". Ma il primo, quello letterale, rimane: la metafora non lo cancella. I due significati si sommano e bisogna leggerli contemporaneamente. Il vero "significato", infatti, li comprende tutti e due: come da due colori si forma un terzo colore.

La parola *tenerezza* qui si riferisce per esempio alla fragilità del guscio, ma anche ad un affetto, ad un sentimento, che anch'esso si è spezzato, o si spezzerà. Questa parola *tenerezza* è quel "terzo colore" che nasce dall'incontro di *guscio* con *sentimento*. Essa acquista un doppio significato: "fragile", se pensiamo all'uovo, e "dolce", se pensiamo al sentimento.

Una poesia di questo tipo contiene molte di queste "doppie" parole: *breve* significa "che occupa poco spazio" (per il guscio) e "che dura poco" (per il sentimento); *lontani*, che Praga è in un paese lontano, ma si riferisce anche a qualcosa che è ormai passato, lontano nel tempo, e così via.

D. Bisutti, *La poesia salva la vita*, Mondadori, Milano 2004

4. La sinestesia è una figura retorica molto interessante e molto amata dai poeti, perché accosta in un'unica espressione parole collegate a sensi diversi. Individua le sinestesie presenti in queste poesie e interpretane il significato.

Colori di primavera

Spumeggia il primo verde
sui grandi olmi fioriti a ciuffi.
Verdi persiane squillano
su rosse facciate
che il chiaro allegro vento
di marzo pulisce.
Tutto è color di prato.

V. Cardarelli, in N. Ferretti, *La parola nascosta*, Carocci, Roma 2004

È primavera
È primavera. È primavera. Il cielo
spiega gli arazzi delle nubi al vento.
L'albero gemma: verzica la terra.
Nel cortile la pergola è fiorita
ai balconi le donne in vesti chiare.
È primavera. È primavera. Il mare
ha un riso azzurro e un brivido di seta.

G. Villaroel, in N. Ferretti, *La parola nascosta*, Carocci, Roma 2004

5. Adesso sperimenta le tue capacità di riconoscere e interpretare il significato espressivo di varie figure retoriche. Completa la tabella, come nell'esempio, ma fai attenzione: alcuni versi possono contenere più figure.

Verso	Figura retorica	Spiegazione e significato espressivo
«E 'l **naufragar** m'è **dolce** in questo mare» (G. Leopardi).	Ossimoro	L'atto di "naufragare" evoca dolore e morte, ma qui è definito "dolce", cioè delicato e accogliente. Il poeta evoca così una sensazione di completo e piacevolissimo abbandono.
«Talor, mentre cammino **solo** al **sole**» (C. Sbarbaro).		
«E non vedevi **il fior** degli anni tuoi» (G. Carducci).		
«Cittadino Mastai, bevi **un bicchiere**» (G. Carducci).		
«**Una stella** spuntò, tutta **viva e trepida come una goccia di rugiada**» (G. D'Annunzio).		
«**Cigola** la carrucola del pozzo» (E. Montale).		
«**Tu sei come la rondine** che torna in primavera» (U. Saba).		
«I fanciulli si scambiano motti superbi e **dolcissime ingiurie**» (L. Sinisgalli).		
«E caddi come **corpo morto** cade» (D. Alighieri).		

"Metri" e "misure" da poeta

In poesia, gli elementi metrici sono importanti perché danno ritmo e musicalità al testo. Rivedi le nozioni fondamentali di metrica con queste attività.

6. Individua il metro dei versi dividendoli in sillabe. Ricorda di verificare la presenza di figure metriche e se l'ultima parola è piana, tronca o sdrucciola.

Verso	Metro
«Ecco l'acqua che scroscia e il tuon che brontola» (G. Carducci).	
«Non un passo, non una voce» (G. Pascoli).	
«E vi rivedo, o gattici[1] d'argento» (G. Pascoli).	
«Quant'è bella giovinezza» (L. de' Medici).	
«Mi balzarono incontro e mi guardar» (G. Carducci).	
«Forse perché della fatal quïete» (U. Foscolo).	
«È, quella infinita tempesta» (G. Pascoli).	
«Dei fulmini fragili restano» (G. Pascoli).	

1. **gattici:** pioppi bianchi.

Sezione 2 Narrare, interpretare, esprimere

7. Riconosci il tipo di strofa e lo schema delle rime in questi versi.

L'aquilone

C'è qualcosa di nuovo oggi nel sole,
anzi d'antico: io vivo altrove, e sento
che sono intorno nate le viole.

Son nate nella selva del convento
dei cappuccini, tra le morte foglie
che al ceppo delle quercie agita il vento.

G. Pascoli, da L'aquilone, in Tutte le poesie, Newton Compton, Roma 2009

a. Tipo di strofa: .... **b.** Schema delle rime: ....

8. Riconosci il tipo di strofa, lo schema delle rime e segnala a margine eventuali enjambement.

L'assenza

Un bacio. Ed è lungi[1]. Dispare
giù in fondo, là dove si perde
la strada boschiva, che pare
un gran corridoio nel verde.

Risalgo qui dove dianzi[2]
vestiva il bell'abito grigio:
rivedo l'uncino[3], i romanzi
ed ogni sottile vestigio[4]…

G. Gozzano, da L'assenza, in Poeti italiani del Novecento, Mondadori, Milano 2009

1. **lungi:** lontano.
2. **dianzi:** prima, poco fa.
3. **uncino:** uncinetto.
4. **vestigio:** traccia, segno della presenza.

a. Tipo di strofa: .... **b.** Schema delle rime: ....

9. Individua assonanze, consonanze e rimalmezzo evidenziando le parole interessate.

Io non so che cosa sia,
se tacendo o risonando
vien fiducia verso l'alto
di guarir l'intimo pianto.

C. Rebora, da Le campane, in Le poesie, Garzanti, Milano 1999

Ecco, nel lento oblio, rapidamente in vista,
apparve una ciclista a sommo del pendio.

G. Gozzano, da Le due strade, in Poeti italiani del Novecento, Mondadori, Milano 2009

Nello splendore del tiepido sole
eran tre vergini e una grazia sola

D. Campana, da Tre giovani fiorentine camminano, in Inediti, www.liberliber.it

Carnevale vecchio e pazzo
S'è venduto il materasso.

G. D'Annunzio, da Carnevale vecchio e pazzo, in Versi d'amore e di gloria, Mondadori, Milano 1982

Prendi la penna del poeta!

10. Ora prova tu a inventare sinestesie. Per prima cosa, scrivi nei cerchi alcuni aggettivi adatti al senso indicato, completando gli esempi; poi usa gli stessi aggettivi per creare sinestesie.

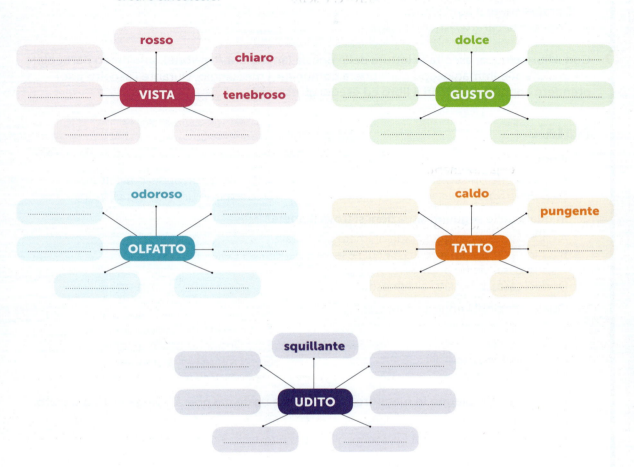

11. Scrivi una "poesia di poesie" seguendo queste indicazioni. Prendi un foglio A3, o più grande, e dividilo in tante parti irregolari, con un tassello centrale in cui scriverai il titolo (o il tema che ti ha ispirato). In ogni riquadro di foglio scrivi, con grafie a tua scelta, i versi di poesie che conosci o che hai letto legate al tema scelto. Supponiamo che il tema sia "La luna": ecco come potresti iniziare.

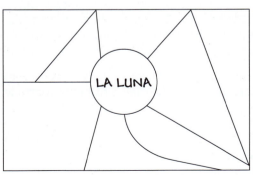

Era la notte, e il suo stellato velo
chiaro spiegava e senza nube alcuna;
e già spargea rai luminosi e gelo
di vive perle la sorgente luna.

Se vuoi, puoi lavorare con un gruppo di compagni: ognuno scrive qualche verso, in relazione al tema scelto.

Sezione 2 Narrare, interpretare, esprimere

1) VERIFICA DI ASCOLTO

OBIETTIVI
- Comprendere il contenuto.
- Cogliere le caratteristiche di ritmo.

Con il libro chiuso, ascolta la lettura della poesia (anche due/tre volte), prestando particolare attenzione alle immagini con cui il poeta comunica il messaggio. Durante l'ascolto puoi prendere appunti. Poi riapri il libro ed esegui gli esercizi.

Natale

1. Il poeta...
   - A ☐ esprime un suo stato d'animo.
   - B ☐ descrive un paesaggio.
   - C ☐ rivolge un appello al lettore.
   - D ☐ espone una sua convinzione.

2. In quale delle seguenti situazioni si trova il poeta?
   - A ☐ A passeggio per le strade animate dal Natale.
   - B ☐ In un angolo nascosto da cui osserva il panorama della città.
   - C ☐ In casa, vicino al camino.
   - D ☐ In casa, affacciato alla finestra.

3. Quali emozioni vengono espresse?
   - A ☐ Gioia.
   - B ☐ Tristezza.
   - C ☐ Stanchezza.
   - D ☐ Paura.
   - E ☐ Desiderio di solitudine.
   - F ☐ Desiderio di compagnia.
   - G ☐ Dolore per la solitudine.

4. Dopo aver completato le metafore con le parole usate dal poeta, spiegane il significato.
   - **a.** Un gomitolo di... A ☐ lana. B ☐ fuoco. C ☐ strade. D ☐ caldo.
   - **b.** Quattro capriole di... A ☐ sogno. B ☐ fumo. C ☐ felicità. D ☐ vita.

   a. ....
   b. ....

5. Barra la sintesi corretta del contenuto della poesia.
   - A ☐ Affaticato dalle esperienze della vita, il poeta desidera solo solitudine, riposo e calore.
   - B ☐ Addolorato per la perdita di una persona cara, il poeta desidera solo solitudine e riposo.
   - C ☐ Felice per il prossimo arrivo del Natale, il poeta desidera condividere con gli amici la sua gioia.
   - D ☐ Spaventato dalla solitudine, il poeta desidera trovare qualcuno che condivida con lui un momento di dolore.

6. Dall'ascolto della poesia hai ricavato le seguenti caratteristiche formali e ritmiche (barra le opzioni corrette).
   - A ☐ Divisione in strofe.
   - B ☐ Versi liberi.
   - C ☐ Metrica regolare.
   - D ☐ Schema di rime.
   - E ☐ Versi sciolti.
   - F ☐ Ritmo allegro e vivace.
   - G ☐ Ritmo lento.

Segui la correzione dell'insegnante e attribuisci il punteggio stabilito per ogni risposta esatta.

2) VERIFICA DI SCRITTURA — Dalla poesia al commento del testo

OBIETTIVO

Analizzare e commentare un testo poetico.

Leggi la poesia e le note, poi scrivi analisi e commento del testo seguendo la traccia proposta. La poesia è stata scritta in memoria di Drusilla Tanzi, moglie del poeta, che soffriva di una forte miopia e negli ultimi anni camminava con difficoltà.

Ho sceso, dandoti il braccio, almeno un milione di scale

Ho sceso, dandoti il braccio, almeno un milione di scale
e ora che non ci sei è il vuoto ad ogni gradino.
Anche così è stato breve il nostro lungo viaggio.
Il mio dura tuttora, né più mi occorrono
5 le coincidenze, le prenotazioni,
le trappole, gli scorni di chi crede
che la realtà sia quella che si vede[1].
Ho sceso milioni di scale dandoti il braccio
non già perché con quattr'occhi forse si vede di più.
10 Con te le ho scese perché sapevo che di noi due
le sole vere pupille, sebbene tanto offuscate,
erano le tue.

E. Montale, Tutte le poesie, Mondadori, Milano 1990

---

1. **né più ... vede:** non mi servono più i programmi di viaggio (*le coincidenze, le prenotazioni*), gli imbrogli (*le trappole*) e le delusioni (*gli scorni*) di chi si illude che la realtà vera sia quella che appare ai nostri occhi.

---

1. Esegui la parafrasi.
2. Qual è l'argomento del testo?
3. Osserva gli elementi formali.
   - Da quante strofe è formata la poesia? Quanti versi conta ogni strofa?
   - I versi hanno metrica regolare o sono liberi?
   - Vi sono rime? Quali? Legano tra loro parole-chiave?
   - Vi sono assonanze, consonanze, allitterazioni? Quali effetti espressivi producono?
4. Osserva lo stile espressivo.
   - Quali figure retoriche sono presenti? Considera in particolare i vv. 1-3.
   - Spiega le metafore.
   - Come sono il linguaggio e il ritmo?
5. Qual è il messaggio del poeta?
6. Quali riflessioni ed emozioni suscita in te la poesia? Ritieni che possa essere considerata una poesia d'amore? Perché?
7. Dai vv. 4-7 emerge l'idea che la realtà vera delle cose sfugge agli uomini: sei d'accordo con questa riflessione? Motiva la tua risposta.

3 VERIFICA DI LETTURA

OBIETTIVI
- Comprendere il contenuto.
- Rilevare le caratteristiche formali e linguistiche.

Giugno 1944: mentre si trova in un campo di prigionia in Africa, il poeta Vittorio Sereni riceve la notizia dello sbarco alleato in Normandia. Dopo aver letto la poesia rispondi alle domande.

Non sa più nulla, è alto sulle ali

Campo Ospedale 127, giugno 1944

Non sa più nulla[1], è alto sulle ali[2]
il primo caduto bocconi[3] sulla spiaggia normanna.
Per questo qualcuno[4] stanotte
mi toccava la spalla mormorando
5 di pregar per l'Europa
mentre la Nuova Armada[5]
si presentava alle coste di Francia.
Ho risposto nel sonno: – È il vento,
il vento che fa musiche bizzarre[6].
10 Ma se tu fossi davvero
il primo caduto bocconi sulla spiaggia normanna
prega tu se lo puoi, io sono morto
alla guerra e alla pace[7].
Questa è la musica ora:
15 delle tende che sbattono sui pali[8].
Non è musica d'angeli, è la mia
sola musica e mi basta.

V. Sereni, *Poesie*, Einaudi, Torino 2002

---

1. Non sa più nulla: il soldato caduto sulla spiaggia normanna è ormai fuori dalla vita e dalla coscienza.
2. alto sulle ali: il poeta spiegò di essere stato molto colpito dall'efficienza degli Alleati, in grado di trasportare morti e feriti per via aerea in Inghilterra; l'espressione, però, allude anche alla condizione di chi vola in alto, sopra le brutture del mondo.
3. bocconi: con la faccia in avanti.
4. qualcuno: potrebbe essere un compagno di prigionia oppure l'ombra del soldato morto di cui si parla nei primi versi.
5. Nuova Armada: riferimento all'Invincibile Armata (*Invencible Armada* in spagnolo), la flotta spagnola inviata contro gli Inglesi da Filippo II nel 1588 e distrutta dalle tempeste e dai nemici. Per questo al poeta viene chiesto di pregare: perché l'esercito alleato trovi, invece, la vittoria.
6. È ... bizzarre: il poeta, detenuto nell'ospedale militare, sente il rumore prodotto dal vento del deserto che crea suoni singolari, simili a una strana musica.
7. io ... pace: io mi sento estraneo, emarginato da ciò che sta accadendo nel mondo.
8. Questa ... pali: l'unico rumore (la *musica*) che sente il poeta è quello delle tende che il vento agita contro i pali su cui sono infisse.

1. Quale importante evento storico induce il poeta alla scrittura della poesia?
   ....

2. Abbiamo sintetizzato il contenuto della poesia in cinque brevi frasi. Disponile secondo l'ordine con cui compaiono nel testo; la prima sequenza è già data.
   a. Evocazione dell'immagine del primo caduto in Normandia. 1
   b. Impressione che il dialogo immaginario nasca dal suono del vento. ....
   c. Presa di coscienza che non vi è né musica né dialogo ma solo estraneità, distanza, emarginazione a causa della condizione di prigionia. ....
   d. Consapevolezza di non poter pregare. ....
   e. Dialogo immaginario in cui viene chiesto di pregare per l'Europa. ....

3. Perché il «qualcuno» del v. 3 chiede al poeta di pregare per l'Europa?
   ....

4. Come risponde il poeta?
   A ☐ Che pregherà per la liberazione dell'Europa dal nazismo.
   B ☐ Che gli sembra di sentire una musica che evoca la vittoria e la libertà.
   C ☐ Di non poter pregare perché gli verrebbe impedito con la forza.
   D ☐ Di non poter pregare perché la sua condizione di prigioniero lo rende estraneo al mondo.

5. Individua le antitesi presenti nei seguenti versi collegandoli correttamente.
   a. Vv. 1-2   1. Partecipazione/esclusione.
   b. Vv. 12-13   2. Musica/rumore.
   c. Vv. 14-15   3. Alto/basso.

6. Qual è la funzione espressiva delle antitesi che hai individuato nell'esercizio precedente?
   A ☐ Creare un'atmosfera di grande partecipazione emotiva.
   B ☐ Esaltare l'eroismo dei soldati impegnati nello sbarco.
   C ☐ Condannare l'assurdità della guerra.
   D ☐ Esprimere distanza fisica ed emotiva dallo sbarco.

7. Come interpreti il messaggio della poesia?
   A ☐ La constatazione dell'impossibilità di partecipare emotivamente a grandi e piccoli eventi quando si viene privati della libertà personale.
   B ☐ La condanna nei confronti della violenza di tutte le guerre.
   C ☐ La condanna nei confronti dell'occupazione nazista dell'Europa, che ha provocato tanti lutti.
   D ☐ La constatazione che, di fronte alla tragedia della guerra, l'unico modo per non sentirsi sopraffatti dall'orrore è mantenere un atteggiamento di distacco personale ed emotivo.

8. Indica qual è la metrica della poesia.
   A ☐ Due strofe di versi liberi e sciolti.   C ☐ Due strofe di endecasillabi sciolti.
   B ☐ Due strofe di versi liberi rimati.   D ☐ Due strofe di endecasillabi rimati.

9. Quale figura di costruzione interessa i vv. 16-17?
   A ☐ Chiasmo.   B ☐ Anafora.   C ☐ Anastrofe.   D ☐ Enjambement.

10. Nei vv. 9-17 vi è l'iterazione di una parola: quale? ....

11. Trova un sinonimo adatto al contesto per le seguenti parole:
    a. «bocconi» [v. 2] ....   c. «si presentava» [v. 7] ....
    b. «mormorando» [v. 4] ....   d. «morto» [v. 12] ....

Segui la correzione dell'insegnante e attribuisci il punteggio stabilito per ogni risposta esatta.

Unità 8 — Il teatro

Obiettivi
- Conoscere le caratteristiche del teatro borghese.
- Capire il teatro di impegno e di denuncia.
- Incontrare il teatro dell'assurdo.

Conoscenze: saperi di base, metodi, strategie
- Elementi del teatro moderno e contemporaneo.
- I maestri del teatro contemporaneo.
- Tecniche di drammatizzazione.
- Interpretare e commentare. ▸QM2 Percorso 12

Capacità e abilità
- Leggere e analizzare vari generi teatrali.
- Riconoscere gli elementi del copione.
- Analizzare temi e situazioni.
- Contestualizzare il brano di lettura.
- Valutare gli aspetti linguistici.

Il teatro dentro e oltre la realtà

- Come si presenta l'allestimento di questa scena? Descrivi gli oggetti che vi compaiono, considerando anche la loro posizione nello spazio.

- Quanti sono gli attori in scena? Che cosa stanno facendo?

- Osserva l'abbigliamento degli attori: quali personaggi stanno interpretando, secondo te?

- L'insieme della scena (attori e oggetti) è concreto e verosimile oppure astratto e simbolico? Perché?

Sezione 2   Narrare, interpretare, esprimere

Il teatro moderno e contemporaneo

L'Ottocento, secolo romantico e borghese

L'Ottocento fu un secolo di **importanti cambiamenti culturali e sociali**. Il primo riguardò la diffusione del **Romanticismo**, un orientamento culturale i cui contenuti profondi e complessi modificarono radicalmente la mentalità collettiva, giungendo sino a noi. Tra le novità più significative del Romanticismo vi era l'**interesse per la realtà**, cioè per le condizioni vere e concrete in cui gli uomini vivono e agiscono ogni giorno; inoltre, gli intellettuali romantici sottolineavano l'**importanza delle passioni**, dell'emotività e della sensibilità individuale come segno della complessità dell'animo umano, affascinante e indecifrabile.

Il secondo, importante cambiamento era legato all'**affermazione della borghesia**, la classe divenuta protagonista della vita economica, sociale e politica di molti Paesi europei. I valori di riferimento della borghesia erano il **lavoro**, il **senso pratico**, l'**intraprendenza** negli affari, la **volontà di emergere** e di affermarsi professionalmente; allo stesso tempo, i borghesi erano molto affascinati da tematiche appassionate e sentimentali, forse perché nel mondo degli affari esse non trovano molto spazio.

Un teatro adatto ai tempi

Il pubblico borghese amava molto il teatro come forma di intrattenimento e come luogo di ritrovo, ma desiderava spettacoli diversi rispetto al passato: non più le rappresentazioni della Commedia dell'Arte, ormai considerate un po' volgari e ripetitive, e nemmeno lo sfarzo eccessivo e le storie lontane dalla realtà che avevano caratterizzato il teatro barocco e i drammi pastorali.

Nacque così il **dramma borghese**, un genere teatrale che corrispondeva pienamente ai gusti della borghesia e alla nuova mentalità romantica per due motivi: metteva in scena **personaggi e situazioni ispirati alla realtà di tutti i giorni**, nei quali il pubblico poteva riconoscersi; inoltre prestava **grande attenzione alle dinamiche psicologiche** dei personaggi, alle inquietudini, alle passioni nascoste e segrete ma proprio per questo ancora più intense.

Vecchie professioni, nuove prospettive

Parallelamente all'affermazione del dramma borghese, anche le professioni e i mestieri legati alla recitazione e all'allestimento di spettacoli trovarono un **nuovo riconoscimento sociale**.

▶ Massimo D'Azeglio, *Al teatro con autoritratto*, 1817.

Questo cambiamento riguardò in primo luogo gli **attori** e il modo di recitare: mentre in passato era prevalso uno stile appariscente ed enfatico, ora **la recitazione divenne più naturale**, secondo il principio per cui la scena doveva riprodurre la realtà. Nacquero **scuole di recitazione** in cui gli aspiranti attori leggevano copioni, studiavano nel dettaglio le caratteristiche psicologiche dei personaggi, si immedesimavano nelle situazioni per sperimentare in se stessi le emozioni e le passioni cui avrebbero dato vita sul palcoscenico. Verso la fine dell'Ottocento comparvero i primi fenomeni di "divismo": attrici come **Sarah Bernhardt** (1844-1923) ed **Eleonora Duse** (1858-1924) vennero acclamate nei teatri di tutto il mondo, fotografate, intervistate, attese da schiere di fan dopo gli spettacoli... un po' come avviene oggi per le star del cinema e dello spettacolo.
Un'altra professione teatrale che divenne sempre più importante fu quella del "capocomico", colui che aveva il compito di dirigere le compagnie di attori, scegliere quali copioni mettere in scena, assegnare le parti, amministrare il denaro; alla fine dell'Ottocento questo ruolo mutò sensibilmente, tanto che cambiò persino il nome, non più "capocomico" ma **regista**. Compito primario del regista di oggi è scegliere un copione d'autore e darne un'**interpretazione creativa e originale**, rispettando lo spirito originale del testo ma allo stesso tempo arricchendolo di nuovi significati.

La crisi del Novecento

Le grandi tragedie della Prima e della Seconda guerra mondiale dimostrarono al di là di ogni ragionevole dubbio che il progresso scientifico, il benessere e la ricchezza non avrebbero messo l'uomo al riparo da catastrofi inaudite: anzi, ne erano in parte la causa. Gli autori del Novecento si assunsero allora il compito, da un lato, di denunciare **l'egoismo**, **l'ipocrisia** e **la mancanza di comunicazione** di una società sempre più aggressiva e competitiva; dall'altro lato, di indagare **il disagio**, **lo smarrimento**, **l'isolamento** e **la confusione** dell'uomo contemporaneo, incapace di dare un senso nuovo e positivo alla propria esistenza.

Le esperienze teatrali del Novecento riflettono questa condizione di crisi: accanto a spettacoli in cui si accentua la denuncia sociale e politica, compaiono nuove forme di teatro in cui la **sperimentazione di nuove tecniche, tematiche e linguaggi** è la parola d'ordine. Viene meno il principio di verosimiglianza, che era stato il requisito fondamentale del teatro ottocentesco: ciò che interessa ad autori e registi, ora, è scavare a fondo nella realtà dell'esistenza, mostrandone i molti **aspetti assurdi e incoerenti**.

A teatro con i Maestri

Dalla seconda metà dell'Ottocento in poi, il panorama letterario europeo si è arricchito dell'apporto di molti autori diventati giustamente celebri, perché con le loro opere hanno saputo interpretare e portare sulle scene problematiche e temi tipici dell'età contemporanea. Nella tabella abbiamo riportato i nomi più significativi, con sintetiche indicazioni sulla loro produzione.

Autore	Luogo ed epoca	Produzione teatrale
Henrik Ibsen (p. 520)	Norvegia, 1828-1906	Fu uno dei primi autori di drammi borghesi in cui veniva espressa una ferma **critica dell'ipocrisia della società borghese**, della morale comune, della **condizione di inferiorità culturale e sociale delle donne**. I personaggi di Ibsen cercano di liberarsi dal "timore di ciò che dice la gente" per rivendicare il diritto a un'esistenza più sincera e autentica.
Anton Čechov (p. 506)	Russia, 1860-1914	Grande creatore di **atmosfere**, più che di vicende, Čechov mise in scena **personaggi apatici**, indolenti, in perenne attesa di cambiare la loro vita senza riuscirci mai; nelle sue opere i dialoghi sono alternati a lunghe pause, che simboleggiano l'**impossibilità di una vera comunicazione**.
Oscar Wilde	Irlanda, Inghilterra, Francia, 1854-1900	Intellettuale colto, brillante e spregiudicato, Wilde fu uno dei protagonisti della vita mondana londinese alla fine dell'Ottocento, finché un processo per oltraggio alla morale lo condannò a due anni di lavori forzati, al termine dei quali si ritrovò solo e ridotto in miseria. Fu scrittore e autore di commedie in cui la **polemica contro il perbenismo della società** è svolta con battute ironiche e paradossi.
George Bernard Shaw	Inghilterra, 1856-1950	Riteneva che il teatro dovesse essere «una fucina di pensieri, una guida della coscienza, un commentario della condotta sociale, una corazza contro la disperazione e la stupidità, e un tempio per l'Elevazione dell'Uomo». Scrisse **commedie sarcastiche e brillanti**, il cui obiettivo era smascherare ipocrisie e falsità della morale borghese attraverso **dialoghi intelligenti e vivacissimi**. Vinse il premio Nobel per la letteratura nel 1925.

Autore	Luogo ed epoca	Produzione teatrale
Luigi Pirandello (p. 545)	Italia, 1867-1936	Luigi Pirandello scrisse moltissimi drammi raccolti nel volume *Maschere nude*, titolo filosofico che esprime la concezione di fondo della sua opera: il palcoscenico è il luogo ideale dove svelare che l'uomo non ha una personalità individuale e definita, ma una serie di maschere che vengono imposte dalla società e dalla famiglia. Vinse il premio Nobel per la letteratura nel 1934.
Eugene O'Neill	Stati Uniti, 1888-1953	Fu il **primo grande drammaturgo americano**, capace di rielaborare e fondere in modo originale temi e suggestioni che gli provenivano dalla conoscenza della letteratura europea classica e moderna con miti e ideali della sua terra. Vinse il premio Nobel per la letteratura nel 1936.
Bertolt Brecht (p. 510)	Germania, 1898-1956	Uomo di teatro e poeta, Brecht mise in scena drammi dai contenuti di **forte denuncia politica e sociale**; elaborò la teoria dello "**straniamento**", secondo la quale lo spettatore non deve immedesimarsi nella vicenda rappresentata ma mantenere quella distanza emotiva che gli consente di osservare e giudicare con spirito critico le azioni dei personaggi.
Eduardo De Filippo (p. 535)	Italia, 1900-1984	Napoletano, figlio, fratello e padre di attori, dedicò tutta la vita al teatro come attore, commediografo e regista. Le sue commedie, scritte e recitate in un linguaggio che mescola italiano e dialetto, affrontano temi tuttora di grande attualità, come la **condanna della guerra**, la **corruzione**, la **malavita organizzata**.
Samuel Beckett (p. 515)	Irlanda, 1906-1989	È stato uno dei più grandi esponenti del **teatro dell'assurdo**, un genere caratteristico del Novecento, in cui le situazioni e i personaggi inverosimili e strampalati rivelano il **disorientamento dell'uomo contemporaneo** e la sua **condizione di smarrimento** in un mondo incomprensibile. Vinse il premio Nobel per la letteratura nel 1969.
Eugène Ionesco (p. 528)	Romania, Francia 1912-1994	L'**impossibilità di una comunicazione autentica** e la disgregazione della personalità umana nella società dei consumi e del benessere sono i temi più ricorrenti delle "anti-commedie" di Ionesco, spesso basate su dialoghi talmente assurdi da apparire comici e tragici al tempo stesso.
Tennessee Williams	Stati Uniti, 1914-1983	Autore di drammi famosi, da cui sono stati tratti anche film di grande successo, privilegiava **temi legati alla sua terra di origine**, il Sud degli Stati Uniti, che rappresentò in bilico tra violenza, disfacimento e corruzione.
Dario Fo (pp. 541 e 544)	Italia, 1926	Attore, autore e regista, ha ridato vita all'antica tradizione della **Commedia dell'Arte**, di cui ha studiato e rielaborato gestualità e temi, adattandoli all'attualità. In molte commedie ha utilizzato il **grammelot**, una lingua reinventata mescolando dialetti diversi dell'Italia settentrionale. Vinse il premio Nobel per la letteratura nel 1997.

Sezione 2 Narrare, interpretare, esprimere

Lezione 1

T1 Un salotto russo
Anton Čechov

I contenuti | Le tre sorelle che danno il titolo al dramma sono le giovani Ol'ga, Maša e Irina Prozorov. Vivono in una cittadina di provincia, dove l'esistenza quotidiana appare loro lenta e noiosa, e sognano un futuro diverso: Ol'ga vorrebbe un marito; Maša, che è infelicemente sposata, cerca l'amore, e Irina, la più giovane, rimpiange tanto Mosca, dove la famiglia Prozorov viveva fino a undici anni prima. La scena che ti presentiamo apre il primo atto: vi compaiono le tre sorelle insieme con amici di famiglia.

ATTO I

In casa Prozorov. Salotto con colonne dietro le quali appare un salone. Mezzogiorno: fuori c'è il sole, è allegro. In salone stanno apparecchiando la tavola per il pranzo.
5 *Olga in uniforme blu di professoressa del ginnasio femminile corregge i compiti delle scolare, in piedi e passeggiando; Maša, vestita di nero, col cappellino sulle ginocchia, è seduta e legge un libro. Irina, vestita di bianco, è in piedi, soprappensiero.*

OL'GA   Nostro padre[1] è morto esattamente un anno fa, lo stesso
10   giorno, il cinque maggio: era il tuo onomastico, Irina. Che freddo faceva. Nevicava. Io non credevo di rimanere viva, tu eri svenuta, stavi lì distesa, come morta. È passato un anno e ce ne ricordiamo appena, tu sei già vestita di bianco, ti brillano gli occhi. (*L'orologio batte le dodici*) Anche l'orologio ha battuto le ore. (*Pausa*) Mentre lo portavano via
15   suonava la banda, al cimitero sparavano a salve. Era generale di brigata ma non c'era molta folla. È vero che pioveva. Pioveva forte: pioggia e neve.

IRINA   Perché ricordare!

20 *Dietro le colonne, in salone, compaiono vicino al tavolo il barone Tuzenbach, Čebutykin e Solionyi[2].*

OL'GA   Oggi fa caldo, con le finestre aperte si sta bene, ma le betulle ancora non hanno messo le foglie. Nostro padre fu nominato generale di brigata e partì con noi da Mosca undici anni fa, e, mi ricordo benissimo, ai primi di maggio, in
25   questa stessa stagione. Mosca era tutta in fiore, faceva cal-

---

1. **Nostro padre:** il generale Prozorov.
2. **Tuzenbach, Čebutykin, Solionyi:** il primo è un piccolo possidente, innamorato di Irina e rivale in amore di Solionyi; il secondo è un medico militare che alloggia in casa Prozorov e beve molto; Solionyi è il capitano dell'esercito che corteggia grossolanamente la più giovane delle sorelle.

		do, c'era un sole! Sono passati undici anni e me la ricordo come se fossimo partite ieri. Dio mio! Stamattina svegliandomi ho visto tutta questa luce, ho visto la primavera, e ho provato una tale gioia, una nostalgia della mia città!
30	Čebutykin	Ma neanche per sogno.
	Tuzenbach	Che sciocchezza.

Maša, assorta nel libro che sta leggendo, fischietta una canzone.

  Ol'ga Non fischiare, Maša! Che modi!

35 *Pausa.*

      A furia di andare tutti i giorni al ginnasio, e poi le lezioni private fino alla sera, mi fa continuamente male la testa, e mi vengono certi pensieri, come se fossi una vecchia. E infatti, in questi quattro anni da che insegno al ginnasio,
40   giorno per giorno, goccia a goccia, mi sono sentita andar via le forze e la gioventù. Ah ormai non spero più, non vivo più che per una cosa…

  Irina Andare a Mosca. Vendere tutto qui, casa, tutto, e via, a Mosca!

45 Ol'ga Sì, a Mosca, via, via!

Čebutykin e Tuzenbach scoppiano a ridere.

  Irina Andrej[3] avrà la sua cattedra e non resterà certo quaggiù. L'unico problema è la povera Maša[4].
  Ol'ga Maša verrà a Mosca tutte le estati, ogni anno.

50 *Maša fischietta la sua canzone.*

  Irina Tutto andrà nel migliore dei modi. (*Guarda dalla finestra*) Che bello oggi. Non so perché, mi sento una gran luce dentro, oggi. Stamattina mi sono ricordata che era il mio

---

3. Andrej: il fratello di Ol'ga, Maša e Irina, per il quale le sorelle sognano una brillante carriera intellettuale.

4. L'unico … Maša: Maša non potrebbe trasferirsi a Mosca perché è sposata con un insegnante del locale liceo, collega di Ol'ga.

Sezione 2   Narrare, interpretare, esprimere

55	onomastico e mi sarei messa a saltare dalla gioia. Mi sono rivista bambina, quando era ancora viva la mamma, e mi sono commossa, ho pensato tante cose bellissime.
OL'GA	Sei un raggio di sole, oggi: non sei mai stata così bella. Anche Maša è bella. Andrej così così. Peccato: è ingrassato. Sta male grasso. Io invece sono invecchiata; sono dimagrita, forse perché quelle ragazze al ginnasio mi fanno troppo arrabbiare. Ecco, vedi: oggi è vacanza, sto a casa, non mi fa male la testa, e mi sento più giovane di ieri… non ho che ventotto anni, in fondo… Ah Signore, sempre sia fatta la tua volontà, ma non mi potevi mandare un marito? Almeno me ne sarei stata a casa mia tutto il giorno! Ah, Dio mio! (*Pausa*) Io gli vorrei bene a mio marito.

A. Čechov, *Le tre sorelle*, trad. it. di G. Guerrieri, Mondadori, Milano 1982

Obiettivo della lezione   Conoscere le caratteristiche del teatro borghese

I personaggi

1. Che lavoro fa Ol'ga? È soddisfatta della sua professione oppure no? Perché?

2. Per quale motivo Ol'ga rimprovera Maša? Quest'ultima ubbidisce alla sorella?

3. In base alle aspirazioni delle sorelle, quale dovrebbe essere il futuro lavoro di Andrej?

4. Che cosa vorrebbero fare Ol'ga e Irina? Secondo te, perché Maša non interviene nella loro conversazione?

5. Qual era la professione del padre?

6. A quale ceto sociale appartengono i personaggi del dramma?
   A Borghesia.
   B Nobiltà.
   C Proletariato.
   D Contadino.

Le didascalie

7. Dove è ambientata la scena?

....

8. Le didascalie... (barra le risposte corrette)
- **A** sono numerose.
- **B** sono poche.
- **C** forniscono indicazioni di massima sugli oggetti di scena e sulla recitazione.
- **D** forniscono accurate indicazioni sugli oggetti di scena e sulla recitazione.

Il linguaggio

9. Quali aggettivi definiscono meglio il linguaggio del dramma? Sottolineali tra i seguenti.

semplice • ricercato • medio • solenne • gergale • raffinato • ricco di doppi sensi • formale • simbolico • quotidiano

10. Rileggi le battute di Ol'ga: ti sembra che i suoi discorsi seguano un rigoroso filo logico, oppure appaiono "slegati", come fossero pensieri ad alta voce?

....

11. Quali sentimenti vengono rivelati dalle parole di Ol'ga e di Irina? Barra le risposte corrette.
- **A** Rimpianto.
- **B** Nostalgia.
- **C** Rancore.
- **D** Speranza.
- **E** Commozione.
- **F** Odio.
- **G** Frustrazione.
- **H** Aspettativa.
- **I** Dolore.
- **L** Gioia.

Appunti della lezione

- I **personaggi** appartengono alla **borghesia**: sono insegnanti come Ol'ga; professionisti come Čebutykin; piccoli proprietari come Tuzenbach; militari come Prozorov e così via.
- Le situazioni appartengono alla **quotidianità**: Olga è insoddisfatta del proprio lavoro e sogna un futuro diverso; Irina, la più giovane delle tre, desidera cambiare città.
- L'**azione** si svolge all'interno della **casa di famiglia** e in particolare nel **salotto**, simbolo dell'unità familiare ma anche di litigi, scenate, ostinati silenzi.
- Il **linguaggio** è ispirato a quello reale del ceto medio: è **semplice** ma **formale**, privo di espressioni gergali o popolari.
- Le **battute** possono essere molto **lunghe**: i personaggi esprimono i loro pensieri ad alta voce, senza seguire un filo logico; il dramma borghese privilegia le **vicende interiori** rispetto ai colpi di scena e alla velocità d'azione del teatro tradizionale.
- Le **didascalie** danno **accurate indicazioni** per gli oggetti di scena e per la recitazione.
- Non vi è netta separazione tra contenuti comici, umoristici o tragici. I dialoghi mescolano malinconia, gioia, speranze e frustrazioni.

I MIEI APPUNTI

Sezione 2 Narrare, interpretare, esprimere

Lezione 2

T2 Un carro al seguito della guerra
Bertolt Brecht

I contenuti | Scritto e rappresentato per la prima volta durante la Seconda guerra mondiale, il dramma *Madre Courage e i suoi figli* è un'appassionata denuncia di tutte le guerre. Si svolge nel corso della Guerra dei trent'anni (1618-1648): la protagonista è Madre Courage, una vivandiera che col suo carro segue gli eserciti e vende la merce senza fare alcuna differenza tra cattolici e protestanti, purché comprino e paghino in moneta sonante. Con quel denaro intende arricchirsi e mantenere i suoi tre figli, due maschi arruolati e una ragazza, muta e sfregiata a causa della guerra, che vive con lei sul carro. Madre Courage è un personaggio ambiguo e contraddittorio: in lei il sentimento materno convive con un avido cinismo al quale, alla fine, sacrificherà tutto (compresi i figli), diventando così il simbolo della tragedia della guerra, che non distrugge solo le cose e le persone ma anche, e soprattutto, le coscienze. Nella scena che ti presentiamo Madre Courage protegge ancora la figlia, sia pure per l'ultima volta.

Scena IX

Già da sedici anni ormai dura la grande guerra di religione. La Germania ha perduto oltre la metà dei suoi abitanti. Enormi epidemie uccidono chi è sopravvissuto al macello. In regioni una volta fertili regna la fame. Vagano i lupi per le città incenerite. Nell'autunno 1634 incontriamo Madre Courage nei monti tedeschi del Fichtel, fuori della direttrice di marcia dell'esercito svedese. Quest'anno l'inverno vien presto ed è duro. Gli affari vanno male, e così non resta che mendicare. Il cuoco riceve una lettera da Utrecht e vien licenziato[1].

Cuoco[2]   Il mondo si va estinguendo.
Madre Courage   Qualche volta mi vedo già attraversare l'inferno col mio carro, a vender pece; o andar lungo il cielo, offrendo roba da mangiare alle anime vaganti. Potessi trovare, insieme a quei figliuoli che mi rimangono, un posto dove non sparano! Avrei voglia di vivere almeno qualche anno in tranquillità.
Cuoco   Potremmo aprire l'osteria[3]; pensaci, Anna[4]. Stanotte mi son deciso: con o senza di te, ritorno a Utrecht; e oggi stesso.
Madre Courage   Bisogna che parli con Kattrin[5]. Troppa fretta, e poi non mi va di prendere delle decisioni al freddo e a stomaco vuoto. Kattrin!

Kattrin scende dal carro.

---

1. **Già ... licenziato:** ogni scena è introdotta da un "quadro" narrativo in cui l'autore sintetizza il contenuto della scena stessa.
2. **cuoco:** rimasto senza lavoro, il cuoco si è aggregato al carro di Madre Courage, che lo ospita in cambio di piccoli lavori e commissioni.
3. **l'osteria:** il cuoco ha appena ricevuto una lettera con cui gli si annuncia la morte di una vecchia zia, dalla quale ha ereditato una piccola osteria a Utrecht.
4. **Anna:** è il nome di battesimo di Madre Courage.
5. **Kattrin:** la figlia di Madre Courage.

Kattrin, ti devo dire qualcosa. Io e il cuoco vogliamo andare a Utrecht. Lui ha ereditato una osteria laggiù. Così avresti un posto fisso e potresti fare delle conoscenze. Molti apprezzerebbero una persona posata, il fisico non è tutto. Anch'io sarei d'accordo. Ci troviamo bene insieme, il cuoco e io. Devo proprio dire che ha il bernoccolo degli affari. Avremmo il mangiare assicurato, sarebbe bello, vero? E tu avresti un letto per te, ti piacerebbe, no? Non è vita questa, a lungo andare, così per strada. Finisce che ti rovini: i pidocchi, ce li hai di già. Dobbiamo deciderci, o sennò seguiamo gli svedesi, verso nord, devono essere da quella parte. (*fa cenno verso sinistra*) Dunque, decidiamo così, Kattrin?

Cuoco   Anna, vorrei dirti una cosa a quattr'occhi.

Madre Courage   Torna nel carro, Kattrin.

Kattrin risale.

Cuoco   Ti ho interrotto perché evidentemente non mi hai capito bene. Mi sembrava che potessi fare a meno di dirlo, che fosse chiaro. Ma dato che non hai capito, devo dirtelo: se la porti con te, non ne parliamo nemmeno. Credo che mi capirai.

Dietro di loro, Kattrin sporge la testa fuori dal carro e ascolta.

Madre Courage   Vuoi dire che devo lasciare Kattrin?

Cuoco   Ma cosa credi? All'osteria non c'è posto. Non è mica una di quelle con tre sale. Noi due, se puntiamo i piedi, riusciamo a rimediare da vivere; ma in tre no, neanche da pensarci. A Kattrin può rimanere il carro.

Madre Courage   Io pensavo che a Utrecht avrebbe trovato marito.

Cuoco   Non farmi ridere! Lei, trovarsi marito? Muta, e con quella cicatrice! E a quell'età!

Madre Courage   Non parlar forte!

Cuoco   Quel che è è, forte o piano. E anche questa è una ragione per non metterla nell'osteria. Gli ospiti non vogliono avere continuamente una cosa simile davanti agli occhi. E non gli puoi mica dar torto.

Sezione 2 Narrare, interpretare, esprimere

MADRE COURAGE Chetati. Ti dico di non parlar forte.
CUOCO Nel presbiterio[6] c'è la luce. Possiamo cantare.
MADRE COURAGE Cuoco, come potrebbe, lei, andar in giro da sola col carro? Ha paura della guerra. Non la sopporta. Deve fare certi sogni di notte, la sento che si lamenta, specialmente dopo le battaglie. Chissà che cosa vede in sogno: soffre di compassione, quella! Poco tempo fa ho di nuovo trovato nascosto tra la sua roba un riccio che era finito sotto le ruote[7].
VOCE (*dall'alto*) Ehi, laggiù, salite! C'è una scodella di minestra per voi.
MADRE COURAGE Lamb[8], non me la sento di mandar giù niente. Non voglio dire che ragioni sbagliato. Ma è la tua ultima parola? Noi due si andava d'accordo.
70 CUOCO L'ultima. Rifletti.
MADRE COURAGE Non ho bisogno di riflettere. Qui non la lascio.
CUOCO Certo non sarebbe una cosa logica, ma io non posso farci nulla. Non sono un mostro; ma l'osteria è piccola. E ora bisogna salire, sennò non ci danno nulla neppure qui e ci
75 siamo sgolati inutilmente, con tutto questo freddo.
MADRE COURAGE Vo a prendere Kattrin.
CUOCO No, sali tu piuttosto e cerca di mettere in tasca qualcosa per la Kattrin. Se ci vedono arrivare in tre, si spaventano[9].

Salgono. Kattrin scende dal carro con un fagotto. Si guarda in giro, per esser
80 *sicura che i due non ci siano. Poi mette sulla ruota del carro un paio di vecchi calzoni del cuoco e, accanto, una sottana di sua madre, in modo che si vedano bene. Ha finito e sta prendendo il suo fagotto, quando Madre Courage esce dalla casa.*

MADRE COURAGE (*con una scodella di minestra in mano*) Kattrin! Fermati!
85 Kattrin! Dove vai con quel fagotto? Di', hai proprio perso il ben dell'intelletto? (*Ispeziona il fagotto*) Guarda: tutta la

---

6. presbiterio: la scena si svolge di fronte a una chiesa.
7. poco ... ruote: Kattrin ha un animo sensibile e generoso, che manifesta anche tentando di salvare piccole creature come i ricci.
8. Lamb: è il nome del cuoco.
9. si spaventano: per il numero di bocche da sfamare.

sua roba! Avevi ascoltato? Gli ho detto che non se ne parla neanche di Utrecht e della sua sudicia osteria. Che cosa andremmo a fare, laggiù? Né io né te siamo fatte per stare in un'osteria. La guerra ci riserva ben altro! (*Vede i calzoni e la sottana*) Ma come sei sciocca. Ma pensa un po' se avessi visto questa roba dopo che tu eri scappata. (*Trattiene Kattrin, che se ne vuole andare*) Non credere che l'abbia piantato per te. C'era il carro, e io il carro non lo lascio, ci sono abituata, tu non c'entri, è per via del carro. Noi ce ne andiamo in un'altra direzione, e la roba del cuoco gliela mettiamo qui per terra, che se la trovi lui, quello scemo. (*Sale sul carro e getta giù altra roba, accanto ai calzoni*) Ecco, quello là è bell'e fuori dalla nostra azienda, e un altro non ce lo voglio più. Ora tiriamo avanti noi due. Anche quest'inverno passerà, come tutti gli altri. Mettiti alla cinghia, può darsi che cominci a nevicare.

Si mettono alle stanghe del carro, lo girano e si allontanano. Quando il cuoco torna, guarda sbalordito i suoi panni.

da B. Brecht, *Madre Courage e i suoi figli*,
trad. it. di R. Leiser e F. Fortini, Einaudi, Torino 1963

Obiettivo della lezione — Capire il teatro di impegno e di denuncia

Il contesto

1. In quale epoca è ambientato il dramma?

2. Nel quadro narrativo iniziale [rr. 2-8] la guerra viene descritta con poche ma efficaci informazioni: trascrivile.

I personaggi

3. Come si guadagna da vivere Madre Courage?

4. Che cosa propone il cuoco a Madre Courage, e come reagisce la donna, in un primo momento [rr. 16-23]?

5. Con quali argomenti Madre Courage intende convincere la figlia ad andare a Utrecht [rr. 22-33]?

6. Il cuoco, però, non vuole portare Kattrin: perché [rr. 37-54]?

7. Madre Courage spera che a Utrecht Kattrin trovi marito: cosa ne pensa il cuoco [rr. 49-50]?

8. Per far capire al cuoco perché non può lasciare Kattrin, Madre Courage gli descrive il carattere della figlia. Quali sentimenti emergono dalle sue parole? Barra le risposte che ritieni corrette.

A Incomprensione. **D** Amore.
B Pietà. **E** Stupore.
C Compatimento. **F** Incredulità.

Sezione 2 Narrare, interpretare, esprimere

9. Perché Kattrin vuole scappare [rr. 79-83]? Rispondi tenendo conto del carattere della ragazza, così come è stato descritto dalla madre.
- **A** Si è offesa per le parole del cuoco.
- **B** Non vuole essere di peso alla madre.
- **C** Vuol dimostrare che può cavarsela da sola.
- **D** Desidera vendicarsi del cuoco ma anche della madre.

10. In un primo momento, Madre Courage spiega a Kattrin che lei e il cuoco si trovano «bene insieme», e che l'uomo «ha il bernoccolo degli affari» [rr. 26-27]; da ultimo, invece, lo definisce «quello scemo» [r. 97]. La donna ha davvero cambiato idea, oppure lo chiama così per un altro motivo?

11. Con quale registro linguistico si esprimono i personaggi?
- **A** Semplice ma elegante e formale.
- **B** Semplice e popolaresco.
- **C** Elegante e raffinato.
- **D** Solenne e ricercato.

Le didascalie

12. Il quadro narrativo iniziale potrebbe essere definito una didascalia? Perché?

13. Nel testo vi sono didascalie che danno indicazioni sull'allestimento della scena?

Appunti della lezione

- I **temi** del teatro di impegno e denuncia (o teatro civile) sono sempre legati a **problemi e drammi collettivi** come la guerra, la povertà, l'oppressione politica, il razzismo e così via.
- Il contesto storico non viene ricostruito nei dettagli, poiché all'autore non interessa far vivere la situazione del tempo ma **richiamare idee e concetti che si ripetono nella storia**: in questo caso le miserie materiali e morali provocate dalle guerre.
- I personaggi e le vicende sono **emblematici**: Madre Courage è il simbolo dell'individuo che, a contatto con la guerra, perde il proprio valore umano per lasciarsi guidare da un cinico istinto di sopravvivenza; Kattrin, invece, simboleggia la bontà e la generosità, destinate fatalmente a essere messe prima a tacere (la ragazza è muta) e infine a soccombere.
- Le indicazioni sulla scenografia sono scarne: il pubblico si deve concentrare sulle **azioni** e sulle **parole** dei personaggi, non sulle atmosfere.
- Il linguaggio è **semplice e popolaresco**, come i personaggi.
- I **dialoghi** sono **scarni**, privi di affettività: prevalgono il senso pratico e l'interesse personale.
- L'effetto che si vuole ottenere è di **straniamento**. Lo spettatore non si immedesima nei personaggi, di cui vede tutta l'ottusità e la sgradevolezza, ma ne prende le distanze.

I MIEI APPUNTI

Lezione 3

T3 E se non viene?
Samuel Beckett

I contenuti | Uno dei migliori esempi di teatro dell'assurdo è la commedia *Aspettando Godot*, rappresentata per la prima volta nel 1953. I protagonisti sono due vagabondi, Vladimiro ed Estragone, che sotto un albero aspettano un misterioso individuo di nome Godot. Nel corso della commedia, divisa in due atti, non succede quasi null'altro; alla fine, Estragone e Vladimiro sono ancora lì ad aspettare Godot, pur dichiarando di volersene andare.

ATTO I

Strada di campagna, con albero. È sera. Estragone, seduto per terra, sta cercando di togliersi una scarpa. Vi si accanisce con ambo le mani, sbuffando. Si ferma stremato, riprende fiato, ricomincia daccapo. Entra Vladimiro.

5   ESTRAGONE   (*Ritorna al centro della scena e guarda verso il fondo*) Un luogo incantevole. (*Si volta, avanza fino alla ribalta, guarda verso il pubblico*) Panorami ridenti. (*Si volta verso Vladimiro*) Andiamocene.

VLADIMIRO   Non si può.

10   ESTRAGONE   Perché?

VLADIMIRO   Aspettiamo Godot.

ESTRAGONE   Già, è vero. (*Pausa*) Sei sicuro che sia qui?

VLADIMIRO   Cosa?

ESTRAGONE   Che lo dobbiamo aspettare.

15   VLADIMIRO   Ha detto davanti all'albero. (*Guardano l'albero*) Ne vedi altri?

ESTRAGONE   Che albero è?

VLADIMIRO   Un salice, direi.

ESTRAGONE   E le foglie dove sono?

20   VLADIMIRO   Dev'essere morto.

ESTRAGONE   Finito di piangere.

VLADIMIRO   A meno che non sia la stagione giusta.

ESTRAGONE   Ma non sarà poi mica un arboscello?

VLADIMIRO   Un arbusto.

25   ESTRAGONE   Un arboscello.

VLADIMIRO   Un… (*S'interrompe*) Cosa vorresti insinuare? Che ci siamo sbagliati di posto?

ESTRAGONE   Dovrebbe già essere qui.

	Vladimiro	Non ha detto che verrà di sicuro.
30	Estragone	E se non viene?
	Vladimiro	Torneremo domani.
	Estragone	E magari dopodomani.
	Vladimiro	Forse.
	Estragone	E così di seguito.
35	Vladimiro	Insomma…
	Estragone	Fino a quando non verrà.
	Vladimiro	Sei spietato.
	Estragone	Siamo già venuti ieri.
	Vladimiro	Ah no! Non esagerare, adesso.
40	Estragone	Cosa abbiamo fatto ieri?
	Vladimiro	Cosa abbiamo fatto ieri?
	Estragone	Sì.
	Vladimiro	Be'… (*Arrabbiandosi*) Per seminare il dubbio sei un campione.
45	Estragone	Io dico che eravamo qui.
	Vladimiro	(*Con un'occhiata circolare*) Forse che il posto ti sembra familiare?
	Estragone	Non dico questo.
	Vladimiro	E allora?
50	Estragone	Ma non vuol dire.

	Vladimiro	Però, però… Quell'albero… (*Voltandosi verso il pubblico*)… quella torbiera.
	Estragone	Sei sicuro che era stasera?
	Vladimiro	Cosa?
55	Estragone	Che bisognava aspettarlo?
	Vladimiro	Ha detto sabato. (*Pausa*) Mi pare.
	Estragone	Dopo il lavoro.
	Vladimiro	Devo aver preso nota. (*Si fruga in tutte le tasche, strapiene di ogni sorta di cianfrusaglie*)
60	Estragone	Ma quale sabato? E poi, è sabato oggi? Non sarà poi domenica? O lunedì? O venerdì?
	Vladimiro	(*Guardandosi intorno, affannatissimo come se la data fosse scritta sul paesaggio*) Non è possibile.
	Estragone	O giovedì.
65	Vladimiro	Come si fa?
	Estragone	Se si è scomodato per niente ieri sera, puoi star sicuro che oggi non verrà.
	Vladimiro	Ma tu dici che noi siamo venuti, ieri sera.
	Estragone	Potrei sbagliarmi. (*Pausa*) Stiamo un po' zitti, se ti va.

S. Beckett, *Aspettando Godot*, trad. it. di C. Fruttero, Einaudi, Torino 1970

Obiettivo della lezione: Incontrare il teatro dell'assurdo

■ L'azione scenica

1. Tenendo presenti le notizie contenute nella presentazione del testo, come definiresti la trama di *Aspettando Godot*? Barra le risposte corrette e motiva le tue scelte.
   - A Avvincente e ricca di colpi di scena.
   - B Priva di intreccio e di azione, sostanzialmente immobile.
   - C Basata soprattutto sui dialoghi.
   - D Basata soprattutto sulle azioni.

2. Dalle didascalie o dalle battute si ricavano indicazioni precise sull'epoca in cui è ambientata la storia?

   ....

3. Dove si svolge l'azione? Evidenzia le informazioni di luogo presenti nel testo.

■ I personaggi

4. Che cosa fanno Vladimiro ed Estragone all'inizio dell'atto [rr. 1-10]?

   ....

5. Vladimiro dice a Estragone che non se ne possono andare perché devono aspettare Godot, ma poi entrambi cominciano ad avere dei dubbi: di quale genere? Barra le risposte corrette.
   - A Non sono sicuri di trovarsi proprio sotto l'albero giusto.
   - B Non hanno l'orologio per controllare che ore sono.
   - C Non sono sicuri che Godot arrivi.
   - D Non sanno che giorno della settimana è.
   - E Non possono aspettare molto perché hanno un impegno di lavoro.
   - F Non ricordano se il giorno prima sono già stati lì.

6. La conversazione tra i due protagonisti appare:
   - A completamente folle, assurda e sconclusionata.
   - B intermittente, priva di un filo logico.
   - C logica, anche se timida e impacciata.
   - D coerente e rigorosa nelle ipotesi e nelle affermazioni.

Sezione 2   Narrare, interpretare, esprimere

7. Vladimiro ed Estragone hanno personalità ben definite, oppure appaiono incerti, privi di identità? Motiva la tua risposta.

....
....

8. I dialoghi e le azioni di Vladimiro ed Estragone possono ricordare le scenette dei clown? Perché?

....

9. Qual è l'effetto che l'autore vuole suscitare nel pubblico, proponendo personaggi come Vladimiro ed Estragone?

- **A** Farlo immedesimare nei personaggi.
- **B** Offrire un momento di divertente evasione dalla vita quotidiana.
- **C** Disorientare e sollecitare una riflessione sulla condizione umana.
- **D** Osservare criticamente comportamenti negativi, imparando a prenderne le distanze.

10. Vladimiro ed Estragone aspettano qualcuno che non arriverà mai: secondo te qual è il significato simbolico di quest'attesa, e di conseguenza della commedia?

- **A** Il disorientamento dell'uomo contemporaneo, sospeso nell'attesa di un segnale che dia senso alla sua vita, senza sapere se e quando tale segnale arriverà.
- **B** La condizione di infelicità cui è condannato l'uomo dal suo inesauribile desiderio di raggiungere sempre nuovi obiettivi.
- **C** L'incapacità dell'uomo contemporaneo di amare e rispettare davvero i suoi simili.
- **D** La solitudine dell'uomo contemporaneo, che anziché amare il prossimo insegue vanamente sogni e illusioni.

Appunti della lezione

- Nelle opere del teatro dell'assurdo manca un intreccio, fatto di azione e colpi di scena; vi sono, invece, **situazioni statiche e ripetitive**, come l'infinita e inutile attesa di Godot in questa commedia.
- L'ambientazione è volutamente **fuori dal tempo e dallo spazio reali**, perché l'autore vuole far riflettere sulla condizione esistenziale umana, non su problemi della vita di tutti i giorni.
- I **personaggi** sono **incerti, confusi**, dubitano di tutto e non hanno un'identità propria: essi rappresentano il **disorientamento dell'uomo contemporaneo**, privo di punti di riferimento e di certezze.
- I **dialoghi** sono **privi di filo logico**: Vladimiro ed Estragone affrontano un argomento ma subito lo lasciano cadere, si contraddicono, dubitano di tutto. L'autore rappresenta in questo modo l'**impossibilità di una reale comunicazione** in una vita di cui l'uomo non comprende il senso.
- L'**apparente comicità** di alcuni dialoghi non provoca le risate ma lo **straniamento** del pubblico, che viene così sollecitato a riflettere criticamente sulla propria condizione umana.

I MIEI APPUNTI

Sintesi

Appunti delle lezioni

Il teatro moderno e contemporaneo

- Nell'**Ottocento** si diffonde un nuovo genere teatrale: il **dramma borghese**.
- I mestieri legati alla recitazione e all'allestimento di spettacoli trovano un **nuovo riconoscimento sociale**. Cambia anche il **modo di recitare**, che diventa più naturale per riprodurre nel modo più verosimile la realtà.
- Compaiono i primi fenomeni di divismo, nei confronti di attrici come **Sarah Bernhardt** ed **Eleonora Duse**.
- Nasce la figura del **regista**, che sceglie l'opera da rappresentare e ne elabora un'interpretazione originale.
- L'esperienza delle guerre mondiali scuote le coscienze e spinge molti autori verso un teatro di **impegno** e di **denuncia**.
- Altri autori si concentrano sulla **mancanza di comunicazione** e sul **disagio** dell'uomo contemporaneo.
- Per esprimere questi contenuti compaiono nuove forme di teatro sperimentale, come il **teatro dell'assurdo**.

I generi

- Il **dramma borghese** presenta queste caratteristiche:
  - i **personaggi** sono borghesi;
  - le situazioni rappresentate appartengono alla **quotidianità**;
  - l'azione si svolge nella casa di **famiglia**;
  - il **linguaggio** è semplice e formale;
  - crea **immedesimazione** del pubblico nei personaggi;
  - non separa nettamente contenuti comici, umoristici o tragici.
- Nel **teatro di impegno e di denuncia**:
  - i temi sono legati a **problemi collettivi**;
  - il **contesto storico** non è ricostruito con precisione;
  - **personaggi e vicende** sono emblematici del tema affrontato;
  - il **linguaggio** è semplice e popolaresco;
  - si ha **straniamento** (distanza critica e riflessione) nel pubblico.
- Il **teatro dell'assurdo** si caratterizza per:
  - la mancanza di un **intreccio** vero e proprio;
  - l'**ambientazione** fuori dal tempo e dallo spazio;
  - il valore simbolico degli **oggetti di scena**;
  - **personaggi** dalla psicologia incerta e confusa;
  - **dialoghi** privi di filo logico;
  - **straniamento** del pubblico.

Henrik Ibsen
T4 — La resa dei conti tra Nora e Torvald

I contenuti | Siamo in Svezia, alla fine dell'Ottocento. Nora è la moglie di Torvald Helmer, un direttore di banca, e nasconde un segreto: tempo prima, mentre il marito era gravemente malato, aveva falsificato la firma del padre morente per ottenere il denaro necessario alle cure. Il funzionario di banca Krogstad, scoperto il suo segreto, la ricatta e infine invia al marito una lettera in cui rivela la frode. Torvald insulta la moglie, accusandola di aver infangato il nome della famiglia, finché non arriva una seconda lettera con cui Krogstad restituisce le prove della frode e promette silenzio. Per Torvald, ora, tutto può ricominciare come prima, ma per Nora no. Ha molte cose da dire al marito e gliele dice tutte insieme, nel serrato dialogo che chiude il dramma.

ATTO TERZO

NORA   (*Dopo un breve silenzio*) Eccoci qui uno di fronte all'altra…. Non ti sorprende una cosa?

HELMER   Quale?

5   NORA   Siamo sposati da otto anni. Non t'accorgi che noi due, tu ed io, marito e moglie, oggi per la prima volta stiamo parlando di cose serie?

HELMER   Di cose serie… che cosa vuoi dire?

NORA   In otto anni… e più ancora… da quando ci siamo conosciuti, non abbiamo mai avuto un colloquio su argomenti gravi.

HELMER   Avrei dovuto tenerti sempre informata di mille contrarietà che tu comunque non potevi aiutarmi a sopportare?

NORA   Non parlo di contrarietà. Dico soltanto che mai abbiamo cercato insieme di vedere il fondo delle cose.

HELMER   Ma, cara Nora, sarebbe forse stata un'occupazione adatta a te?

NORA   Ecco il punto. Tu non mi hai capita. Avete agito molto male, con me, Torvald. Prima il babbo, e poi tu.

HELMER   Che cosa? Tuo padre ed io… Noi che ti abbiamo amata sopra ogni cosa al mondo?

Nora   (*Scuotendo il capo*) Voi non mi avete mai amata. Vi siete divertiti ad essere innamorati di me.

HELMER   Ma, Nora, che cosa dici mai?

NORA   Sì, è così, Torvald. Quando stavo col babbo egli mi comunicava tutte le sue idee, e quindi quelle idee erano le mie.

Se per caso ero di opinione diversa, non glielo dicevo, perché non gli sarebbe affatto piaciuto. Mi chiamava la sua bambolina e giocava con me, come io giocavo con le mie bambole. Poi venni in casa tua…

HELMER Ti esprimi in un modo strano a proposito del nostro matrimonio.

NORA (*Fermamente*) Voglio dire che dalle mani di papà passai nelle tue mani. Tu regolasti ogni cosa secondo i tuoi gusti, e così il tuo gusto io lo condivisi; o forse fingevo, non so neanch'io… forse un po' l'uno e un po' l'altro, ora questo ora quello. Se ora mi guardo indietro mi sembra d'aver vissuto qui come un mendicante… alla giornata. Ho vissuto delle piroette che eseguivo per te, Torvald. Ma eri tu che volevi così. Tu e il babbo siete molto colpevoli verso di me. È colpa vostra se io non son buona a nulla.

HELMER Nora, sei assurda ed ingrata! Non sei stata felice qui?

NORA No, non lo sono mai stata. L'ho creduto, ma non era vero.

HELMER Non sei… non sei stata felice?

NORA No; sono stata allegra, ecco tutto. E tu sei stato molto affettuoso con me. Ma la nostra casa non è mai stata altro che una stanza da gioco. Qui sono stata la tua moglie-bambola, come ero stata la figlia-bambola di mio padre. E i bambini sono stati le bambole mie. Quando tu giocavi con me io mi divertivo esattamente come si divertivano i bambini quando io giocavo con loro. Questo è stato il nostro matrimonio, Torvald.

Sezione 2 Narrare, interpretare, esprimere

	Helmer	C'è qualcosa di vero nelle tue parole… per quanto siano eccessive ed esaltate. Ma d'ora in poi tutto deve cambiare. Il tempo dei giochi è passato, ora incomincia quello dell'educazione.
55	Nora	L'educazione di chi? La mia o quella dei bambini?
	Helmer	L'una e l'altra, mia diletta Nora.
	Nora	Ah, Torvald, tu non sei l'uomo capace di educarmi e di far di me la moglie che ci vuole per te.
60	Helmer	E lo dici così?
	Nora	Ed io… son forse preparata al compito di educare i bambini?
	Helmer	Nora!
	Nora	Non l'hai detto poc'anzi tu stesso… che non potevi affidarli a me[1]?
65	Helmer	L'ho detto in un momento di irritazione! Come puoi farne caso?
	Nora	Ma sì; avevi perfettamente ragione. Non sono all'altezza del compito. C'è un altro motivo che devo risolvere prima. Debbo tentare di educare me stessa. E tu non sei l'uomo che possa aiutarmi a farlo. Bisogna ch'io m'industri da sola. E perciò sto per lasciarti.
70		
	Helmer	(*Balza in piedi*) Che cosa dici?
	Nora	Debbo esser sola per rendermi conto di me stessa e delle cose che mi circondano. Quindi non posso più rimanere con te.
75		
	Helmer	Nora! Nora!
	Nora	Vado via subito. Kristine[2] mi accoglierà per questa notte…
	Helmer	Tu sei pazza! Non lo farai! Te lo proibisco!
	Nora	Ormai i tuoi divieti non servono a nulla. Porto via tutto ciò che è mio. Da te non voglio nulla, né ora né poi.
80		
	Helmer	Che follia!
	Nora	Domani ritorno a casa mia… voglio dire al mio paese. Là mi sarà più facile che altrove intraprendere qualcosa.
	Helmer	Povera creatura illusa e inesperta!
85	Nora	Cercherò di acquistare esperienza, Torvald.
	Helmer	Abbandonare il tuo focolare, tuo marito, i tuoi figli! Pensa, che dirà la gente!
	Nora	Questo non mi può trattenere. Io so soltanto che per me è necessario.
90	Helmer	Oh, è rivoltante! Così tradisci i tuoi più sacri doveri?
	Nora	Che cosa intendi per i miei più sacri doveri?
	Helmer	E debbo dirtelo? Non son forse i doveri verso tuo marito e i tuoi bimbi?
	Nora	Ho altri doveri che sono altrettanto sacri.
95	Helmer	No, non ne hai. E quali sarebbero?
	Nora	I doveri verso me stessa.

1. **non l'hai detto … a me?:** durante un precedente litigio, Torvald aveva insultato Nora, minacciandola anche di toglierle i bambini.
2. **Kristine:** un'amica di Nora.

	Helmer	In primo luogo tu sei sposa e madre.
	Nora	Non lo credo più. Credo di essere prima di tutto una creatura umana, come te… o meglio, voglio tentare di divenirlo. So che il mondo darà ragione a te, Torvald, e che anche nei libri sta scritto qualcosa di simile. Ma quel che dice il mondo e quel che è scritto nei libri non può più essermi di norma. Debbo riflettere col mio cervello per rendermi chiaramente conto di tutte le cose.
	Helmer	E del tuo posto al focolare domestico non ti rendi conto? Non possiedi almeno il senso morale? O forse, dimmi… forse ne sei priva?
	Nora	Vedi, Torvald, non è facile risponderti. Non saprei assolutamente. Ho le idee molto confuse. Una cosa è certa, che di tutto ciò ho un concetto diverso dal tuo. Adesso vengo per giunta a sapere che le leggi non sono quelle che io credevo; ma non riesco a convincermi che siano giuste. Secondo tali leggi una donna non avrebbe il diritto di risparmiare un dolore al suo vecchio padre morente, e neppure di salvare la vita a suo marito[3]! Son cose che non posso credere.
	Helmer	Tu parli come una bambina; non capisci la società a cui appartieni.
	Nora	No, non la capisco. Ma ora cercherò di capirla. Voglio scoprire chi ha ragione, io o la società.
	Helmer	Nora, tu sei malata; hai la febbre; credo anzi che tu non sia in te.
	Nora	Non mi sono mai sentita così lucida di mente e così sicura di me.
	Helmer	E con questa lucidità e sicurezza tu abbandoni tuo marito e i tuoi figli?
	Nora	Sì.
	Helmer	Allora c'è una sola spiegazione possibile.
	Nora	Quale?
	Helmer	Tu non m'ami più.
	Nora	Sì, è proprio questo.
	Helmer	Nora!… E lo dici così?
	Nora	Mi addolora molto, Torvald, perché tu sei stato sempre tanto buono con me. Ma che posso farci? Non ti amo più.
	Helmer	E puoi anche spiegarmi come ho perduto il tuo amore?
	Nora	Certo. È avvenuto questa sera, quando ho atteso invano il prodigio[4]. Allora ho capito che tu non eri l'uomo ch'io credevo.
	Helmer	Spiegati meglio; non ti capisco.
	Nora	Per otto anni ho atteso pazientemente; mio Dio, lo capivo anch'io che il prodigio non può capitare come una cosa di tutti i giorni. Poi la rovina piombò su di me; e allora attesi

3. **secondo tali leggi … marito:** Nora aveva falsificato la firma del padre per non dargli un dispiacere e per procurarsi il denaro necessario a curare Torvald.

4. **il prodigio:** come spiega più avanti, il prodigio atteso da Nora era un gesto in sua difesa da parte del marito, che invece l'aveva insultata e accusata di avere disonorato il nome degli Helmer.

Sezione 2   Narrare, interpretare, esprimere

5. lodoletta: piccola allodola.

		con fede incrollabile. Mentre la lettera di Krogstad era là nella cassetta… nemmeno un istante ho pensato che tu potessi piegarti alle pretese di quell'uomo. Ero convinta che gli avresti risposto: va' pure e fallo sapere a tutto il mondo. E quando ciò fosse avvenuto…

145

HELMER   Ebbene…? Quando avessi esposto mia moglie al disprezzo e alla vergogna?

NORA   Quando ciò fosse accaduto io ero certissima che ti saresti fatto avanti, e prendendo tutto su di te avresti affermato: sono io il colpevole!

150

HELMER   Nora…!

NORA   Tu vuoi dire che io non avrei mai accettato un simile sacrificio? Certo che no. Ma a che sarebbero valse le mie affermazioni di fronte alle tue? Questo era il prodigio che io aspettavo tra la speranza e l'angoscia. E per impedirlo, mi sarei tolta la vita.

155

HELMER   Sarei felice di lavorare giorno e notte per te, Nora… di sopportare affanni e dolori per amor tuo. Ma nessuno sacrifica il suo onore a quelli che ama!

160

NORA   Migliaia di donne l'hanno fatto.

HELMER   Ah, tu pensi e parli come una bimba incosciente.

NORA   Può darsi. Ma tu non pensi né parli come l'uomo a cui io potrei rimanere vicina. Quando il tuo timore è svanito… il timore, non del pericolo che mi minacciava ma di quello che potevi correr tu stesso, quando ogni paura è passata… tu hai fatto come se nulla fosse accaduto. Io ero di nuovo, esattamente come prima, la tua lodoletta[5], la tua bambola

165

170		che d'ora innanzi avresti maneggiato con cautela ancor più grande perché è così fragile e delicata. (*Alzandosi*) Torvald… in quel momento ho capito d'aver vissuto qui per otto anni con un estraneo, e di aver avuto tre figli da lui… Oh, non posso pensarci! Vorrei lacerar me stessa in mille pezzi.
175	Helmer	(*Tristemente*) Capisco; capisco. Infatti un abisso s'è spalancato fra noi due. Ma dimmi, Nora, non lo si può colmare?
	Nora	Così come sono ora, non posso essere tua moglie.
	Helmer	Io sento in me la forza di diventare un altro.
	Nora	Forse… se ti portano via la tua bambola.
180	Helmer	Separarmi… separarmi da te! No, no, Nora, non posso adattarmi a quest'idea.
	Nora	(*Entrando nella stanza a destra*) Ragione di più per finirla.

(*Rientra portando cappello e soprabito e una valigetta che posa sulla sedia accanto al tavolo*).

	Helmer	Nora, Nora, non questa sera! Aspetta fino a domani.
185	Nora	(*Indossando il soprabito*) Non posso passare la notte in casa d'un estraneo.
	Helmer	Ma non potremmo vivere insieme come fratello e sorella?
190	Nora	(*Mettendosi il cappello*) Sai benissimo che non durerebbe a lungo… (*S'avvolge nello scialle*) Addio, Torvald. Non voglio vedere i bambini. So che sono in mani migliori delle mie. Così come sono ora, non potrei essere una madre per loro.
	Helmer	Ma un giorno, Nora… un giorno…?
	Nora	Come posso dirlo? Non so nemmeno quel che sarà di me.
	Helmer	Ma tu sei mia moglie, ora e sempre.
195	Nora	Ascolta, Torvald… quando una moglie lascia la casa del marito, come io sto per fare, la legge, ho sentito dire, lo scioglie da ogni impegno verso di lei. Io, comunque, ti sciolgo da ogni impegno. Tu sei libero in tutto, e così voglio essere io. Piena libertà per entrambi. Ecco, questo è il tuo anello. Dammi il mio.
200		
	Helmer	Anche questo?
	Nora	Anche questo.
	Helmer	Prendi.
205	Nora	Così. Ora tutto è finito. Qui ci sono le chiavi. Quanto al governo della casa… le domestiche ne sanno più di me. Domani, dopo la mia partenza, Kristine verrà a ritirare tutti gli oggetti che avevo portati da casa mia. Voglio che mi siano spediti.
	Helmer	È finito? Tutto finito? Nora, non penserai mai più a me?
210	Nora	Certo penserò sovente a te e ai bambini, e a questa casa.
	Helmer	Posso scriverti, Nora?
	Nora	No… mai. Te lo proibisco.

	Helmer	Ma mi permetterai di mandarti…
	Nora	Nulla. Nulla.
215	Helmer	… di aiutarti, se ne hai bisogno.
	Nora	No, ti dico. Non accetto nulla da un estraneo.
	Helmer	Nora… non sarò mai più altro che un estraneo per te?
	Nora	(*Prendendo la valigetta*) Ah, Torvald, dovrebbe accadere il meraviglioso, il prodigio…
220	Helmer	Dimmi che cos'è.
	Nora	Dovremmo trasformarci tutti e due a tal punto che… ah, Torvald, io non credo più ai prodigi.
	Helmer	Ma io voglio credere. Dimmi! A tal punto che…?
	Nora	… che la nostra convivenza diventi matrimonio. Addio!

225 (*Esce attraverso l'anticamera*)

Helmer (*Cade su una seggiola vicino alla porta e si nasconde il viso tra le mani*) Nora! Nora! (*Si guarda intorno e s'alza*) Vuoto. Se n'è andata. (*Una speranza nasce in lui*) Il prodigio…?
(*Si sente il tonfo della porta che si chiude*)

da H. Ibsen, *Casa di bambola*, trad. it. di A. Rho, Einaudi, Torino 1963

COMPRENDERE E INTERPRETARE

Nora, da "bambola" a persona

1. Nora dice che i due uomini della sua vita, il padre e il marito, l'hanno sempre trattata come una bambola [rr. 17-40]: che cosa sta loro rimproverando, con queste parole?
   - A Di averla sempre elogiata per la sua bellezza e per la sua eleganza, senza però fornirle il denaro sufficiente a mantenere il suo stile di vita.
   - B Di averla costretta a vivere sempre chiusa in casa, senza la possibilità di uscire, incontrare persone, stringere nuove amicizie.
   - C Di averle concesso ogni genere di lusso e di vizio, per cui da un certo momento in poi la sua vita è diventata disordinata, confusa, priva di regole.
   - D Di essersi divertiti a coccolarla e a viziarla come un giocattolo ma di non averla mai considerata una persona dotata di carattere, autonomia, intelligenza e idee proprie.

2. Per convincere Nora a non lasciarlo, Torvald usa vari argomenti [rr. 72-194]. Come gli risponde la moglie? Completa lo schema.

Torvald sostiene che…	Nora risponde che…
La moglie è confusa e inesperta del mondo.	
La gente penserà molto male di una donna che abbandona marito e figli.	
Nora tradisce i suoi più sacri doveri.	
Nora non ha senso morale.	

3. Qual è il "prodigio" che Nora stava aspettando [rr. 135-157]?

Due sistemi di valori contrapposti

4. Nora e Torvald incarnano idee e valori molto diversi: abbina i seguenti al personaggio di riferimento.
    a. Soggezione alle leggi e alle regole della società borghese.
    b. Spirito critico nei confronti della società borghese.
    c. Convinzione che l'uomo è superiore alla donna.
    d. Volontà di costruire una propria personalità e autonomia.
    e. Timore del giudizio degli altri.

    Nora: .... **Torvald:** ....

5. Tra Nora e Torvald, chi definiresti "anticonformista", e perché?

6. *Casa di bambola* si svolge interamente nella calda e confortevole casa degli Helmer; alla fine, però, Nora la abbandona. Proprio il finale del dramma fa capire che l'opposizione spaziale chiuso/aperto ha un forte valore simbolico: quale, secondo te?

STUDIARE LA LINGUA

7. Definisci con tre aggettivi adatti il carattere di Torvald Helmer.

8. Il titolo del dramma, *Casa di bambola*, è una metafora: come la spieghi?

9. Il registro espressivo dei personaggi è tipico del dramma borghese: condividi questa affermazione? Motiva la tua risposta.

PARLARE

10. Il personaggio di Nora ha fatto e fa ancora molto discutere: tu che cosa pensi? Aveva il diritto di lasciare la famiglia per sfuggire a una vita ipocrita e fasulla, oppure il suo è stato l'ennesimo gesto di una donna viziata e incapace di comprendere sino in fondo i propri doveri? Discutine in classe, con la guida dell'insegnante. Se volete, potete anche ampliare la discussione: fino a che punto si ha il diritto di affermare il proprio desiderio di indipendenza e autonomia?

SCRIVERE

11. Il dramma ha un finale aperto, cioè lasciato all'immaginazione del lettore. Scrivi tu l'ultima scena del dramma: Nora e Torvald si incontrano qualche tempo dopo. Immagina lo scambio di battute tra loro, in modo che sia coerente con il carattere e il temperamento di entrambi.

Eugène Ionesco
Sei proprio tu, darling!

I contenuti | *La cantatrice calva* è una "anti-commedia" (come la definì l'autore) che mostra personaggi immersi in un mare di chiacchiere vuote, banali, ripetitive e a tratti assurde. Il tema è la comunicazione, o meglio l'impossibilità di una vera comunicazione nella moderna società di massa, in cui gli individui sono schiacciati da modelli e rituali fasulli, ormai privi di un vero significato. Per rendere ancora più provocatorio il suo messaggio, l'autore colloca la vicenda all'interno della famiglia, tradizionalmente considerata come la sede degli affetti più solidi e sinceri e invece diventata il luogo della totale incomunicabilità. Nella scena che ti presentiamo, il signore e la signora Martin, soli in salotto, avviano una stentata conversazione, scoprendo alla fine di avere più di un motivo per conoscersi molto bene.

Scena IV

La signora e il signor Martin si seggono l'uno in faccia all'altra, senza parlare, si sorridono timidamente. Il dialogo che segue dev'essere recitato con voce strascicata, monotona, un poco cantante e assolutamente priva di sfumature.

5 Signor Martin Mi scusi, signora, non vorrei sbagliare, ma mi pare di averla già incontrata da qualche parte.

Signora Martin Anche a me, signore, pare di averla incontrata da qualche parte.

Signor Martin Non l'avrò, signora, per caso intravista a Manchester?

10 Signora Martin Potrebbe darsi. Io sono nativa di Manchester! Tuttavia non ricordo bene, signore; non potrei dire se è là che l'ho vista, o no!

Signor Martin Dio mio, è veramente curioso! Anch'io sono nativo di Manchester, signora!

15 Signora Martin Veramente curioso!

Signor Martin Veramente curioso!... Sta di fatto però che io, signora, ho lasciato Manchester circa cinque settimane fa.

Signora Martin Veramente curioso! Bizzarra coincidenza! Anch'io, signore, ho lasciato Manchester circa cinque settimane fa.

20 Signor Martin Io ho preso il treno delle otto e mezzo del mattino, quello che arriva a Londra un quarto alle cinque, signora.

Signora Martin Veramente curioso! Veramente bizzarro! Incredibile coincidenza! Io ho preso lo stesso treno, signore!

Signor Martin Dio mio, veramente curioso! Non potrebbe darsi allora,
25 signora, che io l'abbia vista in treno?

Signora Martin È possibile, verosimile e plausibile, e, dopo tutto, perché no?... Io però non me ne ricordo, signore!
Signor Martin Io viaggiavo in seconda classe, signora. In Inghilterra non esiste seconda classe, ma io viaggiavo ugualmente in seconda classe.
Signora Martin Veramente bizzarro! Veramente curioso! Incredibile circostanza! Anch'io viaggiavo in seconda classe!
Signor Martin Veramente curioso! Noi possiamo benissimo esserci incontrati in seconda classe, cara signora!
Signora Martin La cosa è possibile, e persino verosimile. Ma io non ne ho un ricordo chiaro, caro signore!
Signor Martin Il mio posto era nel vagone numero otto, sesto scompartimento, signora!
Signora Martin Curioso! Anche il mio posto era nel vagone numero otto, sesto scompartimento, caro signore!
Signor Martin Veramente curiosa questa coincidenza! Non potrebbe darsi, cara signora, che noi ci siamo incontrati nel sesto scompartimento?
Signora Martin Dopo tutto, è estremamente possibile! Io però non me ne ricordo, caro signore.
Signor Martin A dire il vero, cara signora, non me ne ricordo neppure io; ciò non toglie però che noi possiamo esserci visti proprio là: anzi più ci penso, più la cosa mi pare possibile.
Signora Martin Oh! Certamente, signore, certamente!
Signor Martin Com'è curioso!... Io avevo il posto numero tre, vicino alla finestra, cara signora.
Signora Martin Oh, mio Dio, com'è curioso e com'è bizzarro: io avevo il posto numero sei, vicino alla finestra, in faccia a lei, caro signore!
Signor Martin Oh, mio Dio, che curiosa coincidenza!... Noi eravamo,

dunque, faccia faccia, cara signora! È certamente là che ci siamo visti!

SIGNORA MARTIN Veramente curioso! La cosa è possibile, ma io non me ne ricordo, caro signore!

SIGNOR MARTIN A vero dire, cara signora, non me ne ricordo neppure io. Tuttavia è possibilissimo che noi ci siamo visti in quell'occasione.

SIGNORA MARTIN È vero, ma non ne sono completamente sicura, signore.

SIGNOR MARTIN Non è lei, cara signora, la signora che mi ha pregato di metterle la valigia sulla reticella e che dopo mi ha ringraziato e permesso di fumare?

SIGNORA MARTIN Ma sì, dovrei proprio essere io, signore! Com'è curiosa, curiosissimamente curiosa questa coincidenza!

SIGNOR MARTIN Che curiosa e bizzarra coincidenza! Non le pare, signora, che noi potremmo esserci conosciuti in quel momento?

SIGNORA MARTIN Oh! È certamente una curiosa circostanza! È possibile, caro signore! Tuttavia non credo di ricordarmene.

SIGNOR MARTIN Neppure io, signora. (*Un momento di silenzio. La pendola suona due colpi, poi un colpo*). Dal mio arrivo a Londra, io abito in via Bromfield, cara signora.

SIGNORA MARTIN Quant'è curioso, quant'è bizzarro! Anch'io dal mio arrivo a Londra abito in via Bromfield, caro signore.

SIGNOR MARTIN Curioso! Ma allora, allora noi possiamo esserci incontrati in via Bromfield, cara signora.

SIGNORA MARTIN Oh, quant'è curioso e quant'è bizzarro tutto ciò! È

                davvero possibile, se ci si pensa, ma io non me ne ricordo, caro signore.

Signor Martin   Io abito al numero 19, cara signora.

Signora Martin   Com'è curioso! Anch'io abito al numero 19, caro signore.

85 Signor Martin   Ma allora, allora, allora, allora, che ne direbbe, cara signora, se ci fossimo incontrati in quella casa?

Signora Martin   È possibile, ma io non me ne ricordo, caro signore.

Signor Martin   Il mio appartamento è al quinto piano, il numero 8, cara signora.

90 Signora Martin   Oh! Com'è curiosa, com'è bizzarra, Dio mio, questa coincidenza! Anch'io abito al quinto piano, nell'appartamento numero 8, caro signore!

Signor Martin   (*Sognante*) Curiosa, curiosissima, incredibilmente curiosa circostanza! Nella mia camera da letto c'è un letto. Il

95   mio letto è coperto da un piumino verde. Questa camera, con il suo letto e il suo piumino verde, si trova in fondo al corridoio, tra il water e la biblioteca, cara signora!

Signora Martin   Quale coincidenza, gran Dio, quale coincidenza! La mia camera da letto ha un letto con un piumino verde e si

100   trova in fondo al corridoio, tra la biblioteca, caro signore, e il water!

Signor Martin   Quant'è bizzarro, curioso e strano! Mi lasci dunque dire, cara signora, che noi abitiamo nella medesima camera e che dormiamo nello stesso letto, cara signora. È forse là che

105   ci siamo incontrati!

Sezione 2   Narrare, interpretare, esprimere

SIGNORA MARTIN Oh! La curiosa coincidenza! È veramente possibile che sia là che ci siamo incontrati, e potrebbe persino darsi la scorsa notte. Ma io non me ne ricordo, caro signore!
SIGNOR MARTIN Io ho una figlioletta e questa figlioletta abita con me, cara signora. Essa ha due anni, è bionda, ha un occhio bianco e un occhio rosso, è molto graziosa e si chiama Alice, cara signora.
SIGNORA MARTIN Bizzarra coincidenza! Anch'io ho una figlioletta, essa pure ha due anni, un occhio bianco e uno rosso, è molto graziosa e si chiama Alice, caro signore!
SIGNOR MARTIN (*Sempre con voce strascicata e monotona*) Curiosa e bizzarra coincidenza! Forse è la stessa, cara signora!
SIGNORA MARTIN Curiosissimo! È davvero possibile, caro signore.

Lungo silenzio… La pendola batte ventinove colpi.

SIGNOR MARTIN (*Dopo aver lungamente riflettuto, si alza lentamente e senza fretta si dirige verso la signora Martin, la quale, stupita dall'aria solenne del signor Martin, si è alzata pure lei, molto tranquillamente; il signor Martin con la solita voce fiacca, vagamente cantante*) Allora, cara signora, io credo che non vi siano più dubbi, noi ci siamo già visti e lei è la mia legittima sposa… Elisabetta, ti ho ritrovata!
La signora Martin si avvicina al signor Martin senza affrettarsi, Si abbracciano senza espressione. La pendola batte un colpo molto forte. Il colpo dev'essere tanto forte da far sussultare gli spettatori. I coniugi Martin non lo odono.
SIGNORA MARTIN Donald, sei tu, darling!

Si mettono a sedere sulla medesima poltrona, si tengono stretti e si addormentano. La pendola batte ancora parecchie volte. Mary[1], in punta di piedi, un dito sulle labbra, entra cautamente in scena e si rivolge al pubblico.

1. **Mary**: la cameriera.

SCENA V

Gli stessi e Mary.

MARY Elisabetta e Donald, adesso, sono troppo felici per potermi udire. Posso dunque rivelarvi un segreto. Elisabetta non è Elisabetta e Donald non è Donald. Eccone la prova: la bambina di cui parla Donald non è la figlia di Elisabetta, non si tratta della stessa persona. La figlia di Donald ha un occhio bianco e uno rosso, precisamente come la figlia di Elisabetta. Tuttavia, mentre la figlia di Donald ha l'occhio bianco a destra e l'occhio rosso a sinistra, la figlia di Elisabetta ha l'occhio rosso a destra e l'occhio bianco a sinistra! Di conseguenza, tutto il ragionamento di Donald crolla urtando contro quest'ultimo ostacolo che annulla tutta la sua teoria. Nonostante le coincidenze straordinarie che potrebbero sembrare argomenti decisivi, Donald ed Elisabetta, non essendo i genitori della medesima creatura, non sono Donald ed Elisabetta. Ha un bel credere, lui, di essere Donald; ha un bel credere, lei, di essere Elisabetta. Ha un bel credere, lui, che lei sia Elisabetta. Ha un bel credere, lei, che lui sia Donald: essi si ingannano amaramente. Ma chi è allora il vero Donald? Qual è la vera Elisabetta? Chi mai ha interesse a far durare questa confusione? Io non ne so nulla. Non sforziamoci di saperlo. Lasciamo le cose come stanno. (*Fa qualche passo verso la porta, poi torna indietro e si rivolge al pubblico*) Il mio vero nome è Sherlock Holmes. (*Esce*).

E. Ionesco, *La cantatrice calva*, trad. it. di G.R. Morteo, Einaudi, Torino 1958

COMPRENDERE E INTERPRETARE

Ci conosciamo?

1. Il "botta e risposta" tra il signore e la signora Martin porta alla luce molte bizzarre coincidenze. Sottolinea quelle che ti sembrano più strane e singolari, quindi riporta di seguito qualche esempio.

   ....

2. Che cosa scoprono i due, alla fine della conversazione?

   ....

3. In quale modo reagiscono alla scoperta?

   ....

4. Il discorso della cameriera Mary, che "smonta" la ricostruzione svolta dai signori Martin, rappresenta la parodia del genere... (barra il completamento esatto)

   A fantascientifico.
   B fantastico.
   C giallo.
   D horror.

Sezione 2 Narrare, interpretare, esprimere

Il linguaggio teatrale

5. Le didascalie al testo prevedono una recitazione inespressiva e meccanica: questo tipo di recitazione è adatta al messaggio della "anticommedia"?

- **A** Sì, perché presenta, anche attraverso la gestualità e la voce, l'impossibilità di una comunicazione vera e autentica tra individui.
- **B** No, perché i personaggi dovrebbero apparire disperati, dal momento che non riescono a parlare tra loro.
- **C** Sì, perché in questo caso la recitazione non è importante, dato che tutto è incentrato sul linguaggio.
- **D** No, perché con quel tipo di recitazione gli spettatori non riescono a immedesimarsi nella vicenda.

6. Quale funzione hanno i rintocchi della pendola?

- **A** Sottolineare l'assurdità della conversazione.
- **B** Scandire esattamente il tempo della commedia.
- **C** Ricordare al pubblico che il tempo fugge in modo inarrestabile.
- **D** Creare un'atmosfera fantastica, come di una fiaba fuori dal tempo.

STUDIARE LA LINGUA

7. Il linguaggio dei personaggi è una caricatura del registro:

- **A** formale.
- **B** informale.
- **C** solenne.
- **D** letterario.

8. Ionesco diceva di aver messo in scena una "tragedia del linguaggio"; tuttavia, in molti momenti della rappresentazione l'assurdità è tale che gli spettatori ridono: tu hai trovato comico il dialogo tra i Martin? Perché?

....

PARLARE

9. *La cantatrice calva* è considerata un perfetto esempio di teatro dell'assurdo. Prepara una breve esposizione in cui spieghi quali caratteristiche tipiche di questo genere teatrale hai riscontrato nel testo.

SCRIVERE

10. Si dicono "luoghi comuni" le frasi banali e scontate, espresse senza riflessione critica, che si usano come riempitivi in una conversazione tra persone che si conoscono poco. Scrivi un dialogo teatrale mescolando luoghi comuni e assurdità, come fa Ionesco. Puoi continuare l'esempio, oppure inventarne uno tu.

Un uomo e una donna sul treno.
SIGNORA Caro signore, una volta i treni arrivavano in orario, ora invece...
SIGNORE Non me lo dica, gentile signora, non me lo dica. E poi che sporcizia, che maleducazione! Guardi quel gruppo di ragazzi! I giovani d'oggi non si sanno più comportare.
SIGNORA È perché non c'è più rispetto dei genitori e dell'autorità, non come ai nostri tempi...

T6 Eduardo De Filippo
Una lezione di vita

I contenuti | Napoli, autunno 1943: la città è stata appena liberata dall'occupazione nazifascista. Gennaro Jovine, il protagonista, torna dopo mesi passati in un campo di concentramento in Germania. Tutti lo accolgono festosamente: la moglie Amalia, i figli, i vicini. Trova la casa, un tempo molto povera, assai cambiata: vi sono segni di un lusso recente di cui Gennaro non capisce l'origine. Poi, però, scopre che la moglie si è arricchita speculando alla borsa nera, truffando, approfittando delle disgrazie altrui. Intanto la figlia più piccola, Rita, si ammala gravemente. Il dottore prescrive una medicina che nemmeno Amalia, con le sue conoscenze al mercato nero, riesce a trovare. La guerra, che Gennaro credeva di essersi lasciato alle spalle, mostra così tutte le sue terribili conseguenze: l'avidità, la speculazione, la perdita di valori e di affetti. Ma proprio in questo momento accade un fatto che accende una speranza per Gennaro e per la sua famiglia.

ATTO III

AMALIA   (*Dal fondo, Amalia, disfatta, affranta, completamente cambiata dai primi due atti. Per la prima volta mostra il suo vero volto, quello di madre. È quasi invecchiata. Non vuole né può più fingere. Non vuole né ha più nulla da nascondere. Sconfortata, siede accanto al tavolo centrale*) Niente! Niente! Niente! Aggio addimmannato a tutte quante! Tutta Napule! Nun se trova. Chi 'o ttene, 'o ttene zuffunnato e nun 'o caccia. (*Disperata*) Ma che cuscienza è cchesta? Fanno 'a speculazione cu' 'a mmedicina. 'A mmedicina ca pò salvà nu cristiano! (*Con un grido di dolore*) Insomma, figliema ha dda murì? (*Disgustata*) 'O ffanno sparì pe' fa' aumentà 'e prezze. E nun è infamità chesta? (*Senza attendere risposta, si alza ed esce per la prima a sinistra*).

Gennaro la segue con lo sguardo.

Sezione 2   Narrare, interpretare, esprimere

	RICCARDO[1]	(*Entra dal fondo con un impermeabile scuro che ricopre un pigiama da letto. Premuroso*) Permesso? Buonasera. (*A Gennaro*) Mi hanno detto che avete bisogno di una medicina per la vostra bambina. Io credo di averla. (*Mostra una piccola scatola*) È questa?
20	GENNARO	(*Emozionato*) Accomodatevi. (*Si alza e parlando verso la prima a sinistra*) Dotto', venite nu mumento.
	IL DOTTORE	(*Dall'interno*) Eccomi. (*Entrando*) Che c'è?
	GENNARO	Questo signore abita proprio qua appresso a noi. Dice che forse tiene la medicina che avete chiesto voi. Vedite si è essa.
25	IL DOTTORE	(*A Riccardo*) Fatemi vedere. (*Osservando la scatola*) Sicuro. È proprio questa.
	RICCARDO	Io me la trovo per combinazione. Sei mesi fa ebbi la seconda bambina a letto, appunto con questo male.
30	IL DOTTORE	È stata veramente una fortuna. Date a me.
	RICCARDO	(*Rifiutandosi di consegnare la scatola*) No. Io la vorrei consegnare alla signora Amalia.
	GENNARO	(*Scambiando una occhiata d'incertezza con il dottore, chiama verso la prima a sinistra*) Ama'! Viene nu momento ccà ffore. Vide 'o ragioniere che vo'.
35		

Amalia entra e si ferma a guardare il gruppo con atteggiamento interrogativo.

	RICCARDO	(*Ad Amalia con tono di fatalità, senza ombra di vendetta nella voce, né di ritorsione*) Donn'Ama', la medicina che ha prescritto il dottore per vostra figlia, ce l'ho io. (*La mostra*) Eccola qua.
40	AMALIA	(*Colpita, non disarma*) Quanto vulite[2]?
	RICCARDO	(*Commiserandola, ma senza cattiveria, quasi comprensivo*) Che mi volete restituire? (*Amalia lo scruta*). Tutto quello che avevo è nelle vostre mani. Mi avete spogliato... Quel poco di proprietà, oggetti di mia moglie, biancheria... ricordi di famiglia... (*Amalia abbassa un po' lo sguardo*). Con biglietti da mille alla mano ho dovuto chiedervi l'elemosina per avere un po' di riso per i miei figli... Adesso pure di vostra figlia si tratta...
45		
50	AMALIA	(*Come per richiamarlo all'umanità, quasi con tono di rimprovero*) Ma chesta è mmedicina...

Gennaro lentamente raggiunge il fondo e volge le spalle ai due, come per sottrarsi alla scena. Il dottore segue il dialogo, dando un'occhiata ora ad Amalia, ora a Riccardo.

| 55 | RICCARDO | D'accordo. E giustamente voi dite, senza medicina indicata, se more. Ma perché, secondo voi, donn'Ama', senza mangià se campa? (*Amalia rimane inchiodata, non sa cosa rispondere. Riccardo ribatte*) Se non mi fossi tolto la camicia, |

---

1. Riccardo: ragioniere e vicino di casa degli Jovine, prima della guerra aveva un lavoro che gli permetteva di vivere serenamente con la moglie e i tre figli. Durante la guerra era rimasto disoccupato, e per mantenere la famiglia aveva progressivamente venduto tutti i suoi beni ad Amalia, in cambio di generi alimentari.

2. quanto vulite?: Amalia si aspetta che Riccardo le chieda una cifra altissima, approfittando del suo bisogno e anche per vendicarsi del fatto che lei gli ha portato via tutto quello che aveva.

60 'e figlie mieie nun sarrìeno muorte 'e famme? Come vedete, chi prima e chi dopo deve, ad un certo punto, bussare alla porta dell'altro. Sì, lo so, voi in questo momento mi dareste tutto quello che voglio… Donn'Ama', ma se io per esempio me vulesse levà 'o sfizio 'e ve vedè 'e correre pe tutta Napule comme correvo io, pe truvà nu poco 'e semolino,
65 quanno tenevo 'o cchiù piccerillo malato… (*Amalia all'idea trasale*). Se io ve dicesse: «Girate donn'Ama', divertiteve purtone pe purtone, casa per casa…» Ma io chesto nun 'o ffaccio! Ho voluto solamente farvi capire che, ad un certo punto, se non ci stendiamo una mano l'uno con l'altro…
70 (*Porgendo la scatola al dottore*) A voi, dotto'. E speriamo che donn'Amalia abbia capito. Auguri per la bambina. Buonanotte. (*Ed esce per il fondo*).

Immediatamente Amalia con un gesto deciso costringe il dottore a precederla nella camera da letto, dov'è la sua piccola inferma.

75 *Dopo aver somministrato la medicina alla bambina, il dottore se ne va rincuorando Amalia, ma ricordandole che Rita deve superare la notte: solo al mattino seguente si potrà dire se è davvero fuori pericolo. Gennaro e Amalia restano soli, per la prima volta da quando lui è tornato a casa.*

Gennaro è rimasto fermo, in piedi, fissando il suo sguardo da giudice su sua
80 moglie. Amalia lo avverte e ne riceve quasi un senso di fastidio. Infine, esasperata, è proprio lei che rompe il silenzio con una reazione quasi aggressiva.

Sezione 2 — Narrare, interpretare, esprimere

> 3. **biglietti … occupazione:** banconote da mille lire emesse dall'esercito alleato che aveva occupato le regioni dell'Italia centro-meridionale per combattere i Tedeschi.
> 4. **a mia figlia … cose:** Maria Rosaria aveva confessato al padre di aspettare un bambino da un soldato americano che l'aveva poi abbandonata.
> 5. **a te … t'accido:** Gennaro rimprovera alla moglie di avere trascurato i figli per dedicarsi interamente alla borsa nera, accecata dal desiderio di guadagno facile.
> 6. **Amedeo … mariuolo:** Gennaro ha scoperto che il figlio maggiore ruba automobili.

AMALIA E pecché me guarde? Aggio fatto chello che hanno fatto ll'ate. Me so' difesa, me so' aiutata… E tu pecché me guarde e nun parle? 'A stammatina tu me guarde e nun parle. Che colpa me pó da'? Che t'hanno ditto?

GENNARO (*Che a qualunque costo avrebbe voluto evitare la spiegazione*) Aggia parlà? Me vuó séntere proprio 'e parlà? E io parlo. (*Chiude il telaio a vetri e lentamente si avvicina alla donna. Non sa di dove cominciare; guarda la camera della bimba ammalata e si decide*) Ama', nun saccio pecché, ma chella criatura ca sta llà dinto me fa penzà 'o paese nuosto. Io so' turnato e me credevo 'e truvà 'a famiglia mia o distrutta o a posto, onestamente. Ma pecché?… Pecché io tornavo d' 'a guerra… Invece, ccà nisciuno ne vo' sentere parlà. Ma mo pecché nun ne venne sèntere parlà? Primma 'e tutto pecché nun è colpa toia, 'a guerra nun l'he voluta tu, e po' pecché 'e ccarte 'e mille lire fanno perdere 'a capa… (*Comprensivo*) Tu ll'he accumminciate a vedé a poco 'a vota, po' cchiù assaie, po' cientomila, po' nu milione… E nun he capito niente cchiù… (*Apre un tiretto del comò e prende due, tre pacchi di biglietti da mille di occupazione[3]. Li mostra ad Amalia*) Guarda ccà. A te t'hanno fatto impressione pecché ll'he viste a ppoco 'a vota e nun he avuto 'o tiempo 'e capì chello ca capisco io ca so' turnato e ll'aggio viste tutte nzieme… A me, vedenno tutta sta quantità 'e carte 'e mille lire me pare nu scherzo, me pare na pazzia… (*Ora alla rinfusa fa scivolare i biglietti di banca sul tavolo sotto gli occhi della moglie*) Tiene mente, Ama': io 'e ttocco e nun me sbatte 'o core… (*Pausa*). Che t'aggia di'? Si stevo ccà, forse perdevo 'a capa pur'io… A mia figlia, ca aieressera, vicino 'o lietto d' 'a sora, me confessaie tutte cose[4], che aggi' 'a fa'? 'A piglio pe' nu vraccio, 'a metto mmiez' 'a strada e le dico: «Va' fa' 'a prostituta»? E quanta pate n'avesser' 'a caccià 'e ffiglie? E no sulo a Napule, ma dint' a tutte 'e paise d' 'o munno. A te ca nun he saputo fa' 'a mamma, che faccio, Ama', t'accido[5]? Faccio 'a tragedia? (*Sempre più commosso, saggio*) E nun abbasta 'a tragedia ca sta scialanno pe' tutt' 'o munno, nun abbasta 'o llutto ca purtammo nfaccia tutte quante… E Amedeo? Amedeo che va facenno 'o mariuolo[6]? (*Amalia trasale, fissa gli occhi nel vuoto. Le parole di Gennaro si trasformano in immagini che si sovrappongono una dopo*

		l'altra sul volto di lei. Gennaro insiste) Amedeo fa 'o mariuolo. Figlieto arrobba. (*Il crollo totale di Amalia non gli sfugge, ne ha pietà*) Tu mo he capito. E io aggio capito che aggi' 'a stà ccà. Cchiù 'a famiglia se sta perdenno e cchiù 'o pate 'e famiglia ha da piglià 'a responsabilità. (*Ora il suo pensiero corre verso la piccola inferma*) E se ognuno potesse guardà 'a dint' 'a chella porta… (*mostra la prima a sinistra*) ogneduno se passaria 'a mano p' 'a coscienza… Mo avimm'aspettà, Ama'… S'ha da aspettà. Comme ha ditto 'o dottore? Deve passare la nottata. (*E lentamente si avvia verso il fondo per riaprire il telaio a vetri come per rinnovare l'aria*).
130		
135		
	AMALIA	(*Vinta, affranta, piangente, come risvegliata da un sogno di incubo*) Ch'è ssuccieso… ch'è ssuccieso…
140	GENNARO	(*Facendo risuonare la voce anche nel vicolo*) 'A guerra, Ama'!

da E. De Filippo, *Napoli milionaria!*, Einaudi, Torino 1979

Come finisce… *Mentre Gennaro e Amalia stanno ancora parlando rientra Amedeo, che ha deciso di abbandonare la carriera di ladro. Tra padre e figlio non corrono molte parole, ma Gennaro capisce le sue buone intenzioni e lo abbraccia, dicendogli che l'indomani lo accompagnerà a cercare lavoro. Anche Maria Rosaria si riconcilia con il padre, mentre Amalia rimane bloccata, sente il peso delle sue responsabilità e non sa come rivolgersi al marito. Questi le offre una tazza di caffè e alla muta richiesta del suo sguardo risponde con una battuta simbolica: «s'ha da aspettà. Ha da passà a nuttata». Infine, Gennaro si siede vicino alla moglie, con atteggiamento di fiduciosa aspettativa.*

COMPRENDERE E INTERPRETARE

I personaggi

1. Scrivi il nome del personaggio a cui corrisponde ciascuna definizione. Per rispondere, tieni presenti anche le informazioni contenute nelle note.

   a. .... : moglie del protagonista, durante la sua assenza ha trascurato la famiglia per dedicarsi alla speculazione e al mercato nero, attratta dalle enormi possibilità di facili guadagni.
   b. .... : figlia del protagonista, ha avuto una relazione con un soldato americano, che l'ha lasciata dopo averla messa incinta.
   c. .... : vicino di casa degli Jovine, ha dovuto vendere tutto quello che aveva per sopravvivere.
   d. .... : il protagonista: quando torna dopo una tremenda esperienza di prigionia, trova la famiglia molto più ricca, ma distrutta negli affetti e nei sentimenti.
   e. .... : figlio del protagonista, diventa ladro di automobili.
   f. .... : figlia del protagonista, è in pericolo di vita.

Sezione 2 Narrare, interpretare, esprimere

2. La struttura della commedia permette di individuare un antagonista che può essere messo in relazione a tutti i personaggi: quale?
- **A** La disoccupazione.
- **B** La guerra.
- **C** La malavita.
- **D** L'oppressione politica.

I valori

3. Quale lezione impartisce Riccardo ad Amalia, consegnandole personalmente la medicina?

....
....
....

4. Che cosa ha fatto "perdere la testa" ad Amalia, secondo Gennaro?
- **A** La ricchezza accumulata facilmente, anche se illegalmente, dopo tanta povertà.
- **B** Il desiderio di sentirsi ancora giovane e bella.
- **C** La fatica e la miseria del tempo di guerra, che hanno ridotto in povertà la famiglia.
- **D** La solitudine e il peso delle responsabilità durante l'assenza del marito.

STUDIARE LA LINGUA

5. I personaggi della commedia parlano una lingua mista in cui il dialetto napoletano, mescolato all'italiano, risulta comprensibile senza perdere la sua genuinità ed espressività popolaresca. Trasforma in italiano, nel registro colloquiale, le seguenti espressioni:
- **a.** «Chi 'o ttene, 'o ttene zuffunnato e nun 'o caccia».
- **b.** «'O ffanno sparì pe' fa' aumentà 'e prezze. E nun è infamità chesta?»
- **c.** «'A mmedicina ca pò salvà nu cristiano!»
- **d.** «Se io per esempio me vulesse levà 'o sfizio 'e ve vedè 'e correre pe tutta Napule comme correvo io».
- **e.** «e ccarte 'e mille lire fanno perdere 'a capa».

PARLARE

6. Perché a Gennaro sembra che la piccola Rita rappresenti l'Italia? Quali somiglianze vede? Discutine in classe con i compagni, con la guida dell'insegnante.

7. Prepara una breve esposizione in cui spieghi quali caratteristiche del teatro di impegno e di denuncia hai trovato in questa commedia.

SCRIVERE

8. Una grande lezione di questa commedia è che il miraggio dei soldi "facili" fa dimenticare altre cose che non hanno prezzo, come la lealtà e la dignità. Pensi che questo sia un messaggio superato, legato al contesto drammatico dell'immediato dopoguerra, o che conservi ancora oggi una sua validità? Rifletti sull'argomento per iscritto, argomentando la tua tesi.

IL LABORATORIO DEL TEATRO

Imparare a recitare

Una lezione di teatro con Dario Fo

La lunga carriera di Dario Fo, autore, attore e regista, premio Nobel per la letteratura nel 1997, è accompagnata da una **costante ricerca sulle forme teatrali della tradizione popolare**, fonte inesauribile di spunti e motivi. Nell'ambito di questa ricerca Fo ha inventato il **grammelot**, una fusione di diversi dialetti dell'Italia settentrionale di grande valore espressivo e comunque comprensibile grazie alla straordinaria mimica con cui Fo accompagna le sue rappresentazioni.
La lettura che ti proponiamo è tratta dal suo *Manuale minimo dell'attore*, raccolta di lezioni e interventi presso scuole di teatro. Fo spiega che cos'è la "situazione" nel linguaggio teatrale, fornendo un esempio concreto e divertente.

In teatro che vuol dire situazione? È la macchina che, nel racconto, prende e inchioda il pubblico alla poltrona. Con un'espressione più colorita, ma efficace, Blasetti[1] diceva: «È il perno che fuoriesce dallo strapuntino e avvita per il sedere lo spettatore».

Si dice che senza la situazione di Giulietta e Romeo, ogni dialogo fra i due amanti, ogni discorso singolo, non avrebbe senso. Infatti, pensate al monologo di Giulietta quando dice: «Oh Romeo, perché sei tu Romeo? Cambia il tuo nome. Che cos'è Romeo? È un braccio, una parte di te, un piede, una mano?» Ecco, se questo discorso lo facesse d'acchito una ragazza qualunque della quale non sappiamo niente… immaginate, si apre il sipario, si presenta una giovane attrice, s'affaccia al balcone e comincia: «Oh Romeo, Romeo, perché sei tu Romeo? Cambia il tuo nome». La gente si guarda intorno allocchita: «Quella è matta!» Infatti, solo grazie alla situazione che ci è stata proposta in anticipo noi accettiamo quel paradosso… anzi, ci appare poetico, ci prende. Il fatto di sapere che ci sono due innamorati che non possono legarsi per il fatto che le rispettive famiglie si ritrovano in conflitto da scannarsi: è tutto 'sto gioco delle situazioni a determinare il senso e il valore di certi dialoghi e a sottolinearne il gioco e la morale.

Quando, fra gente di teatro, ci si racconta di un testo, di uno spettacolo, la prima cosa che si espone è la situazione. Mi ricordo che una volta mi trovavo a Trieste e passeggiavo per la città con Eduardo[2]. A un certo punto, eravamo così presi dal raccontarci vicendevolmente storie di teatro che, per poco, non finivamo entrambi sotto una macchina. Il teatro italiano sarebbe stato arricchito da una splendida situazione. Ambedue con uno zompo agilissimo ci scansammo ed Eduardo, rivolto al pilota della macchina desiderosa di piallare teatranti, esclamò: «Ehi, cerchi il colpo grosso!?»

D. Fo, *Manuale minimo dell'attore*, Einaudi, Torino 2001

1. **Blasetti:** Alessandro Blasetti (1900-1977) è stato un famoso regista italiano.
2. **Eduardo:** si tratta di Eduardo De Filippo.

1. Ora, prova a inventare alcune "situazioni", anche insieme ai compagni, dividendovi in piccoli gruppi. Ogni gruppo racconterà poi alla classe le proprie trovate, e insieme sceglierete le meglio riuscite. Dalle situazioni scelte potrete ricavare una rappresentazione teatrale, che sarà il vostro saluto a insegnanti, compagni e genitori al termine della scuola media. Per l'allestimento e la recitazione dello spettacolo tenete presente le attività e i suggerimenti che abbiamo proposto nel corso di questi tre anni e la "guida alla rappresentazione" che segue.

Guida alla rappresentazione di uno spettacolo di classe

Prima di tutto, un patto

Preparare e rappresentare uno spettacolo è un'attività che può dare grande soddisfazione, ma richiede molto impegno: non è certo una buona occasione per saltare delle lezioni, né per fare gli "sciocchi" con i compagni. Quindi, prima ancora di decidere che cosa rappresentare, e come, **stringete un patto tra voi e con l'insegnante**, in cui vi impegnate a **collaborare attivamente** perché il lavoro si svolga in modo sereno, gratificante e formativo per tutti.

Che cosa rappresentare?

La scelta dipende, ovviamente, da voi. Potete impostare il lavoro in tre modi principali:
- **scegliere un'opera già esistente** e ridurla/adattarla in relazione ai vostri mezzi, al tempo a disposizione, alle forze su cui potete contare;
- individuare un testo narrativo e **trasformarlo in testo teatrale**;
- **inventare una storia**, prendendo spunto da situazioni cui avete assistito, dalla realtà che vi circonda e dalla vostra fantasia.

È anche possibile fondere tra loro questi tre metodi di lavoro: si può **usare come spunto** un'opera già esistente, o un testo narrativo, **e modificarlo**, aggiungendo o togliendo personaggi, situazioni, avventure.

In ogni caso, **il prodotto finale** di questo lavoro di ricerca e impostazione del lavoro **deve essere un copione**, cioè un testo completo in cui vengono riportate le battute degli attori e l'eventuale divisione in atti e scene. È auspicabile che il lavoro sia diviso in almeno due atti, per dare modo a tutti di riposare tra una **performance** e l'altra.

Come organizzare il lavoro?

Una volta messo a punto il copione, dovete stabilire chi farà che cosa, cioè dividere e organizzare il lavoro. È una fase delicatissima che dovete gestire bene per evitare incomprensione e screzi: "Questo lo volevo fare io!" "No, invece io!" "E allora io non faccio più niente!". Tenete presente alcune indicazioni generali:
- per temperamento e carattere, alcuni di noi sono portati a "calcare le scene"; non è detto che siano i più brillanti ed estroversi, anzi, a volte si tratta di persone timide

e riservate che proprio sulla scena, impersonando un ruolo, sfoderano carisma e passione che nella vita tengono nascosti. Quindi, scegliete gli attori, dai protagonisti fino alle comparse, facendo dei **provini**, cui parteciperete tutti senza rivalità, paura e timidezze ma con l'obiettivo di individuare gli attori più adatti per ciascun ruolo;

> in teatro **non esistono professioni e incarichi più prestigiosi** di altri. Certo, gli attori sono più visibili, ma gli addetti ai costumi, ai suoni, alle scenografie sono ugualmente fondamentali, perché senza di loro lo spettacolo non esisterebbe. Non sentitevi sminuiti, o al contrario esaltati, da un incarico piuttosto che da un altro: è un **lavoro di squadra**, tutti per uno e uno per tutti.

Come rappresentare?

In genere, gli allievi di una scuola media non hanno grande disponibilità di materiali, ma questo non costituisce affatto un problema. Con un po' di lavoro e un po' di fantasia si possono risolvere e proporre scenografie molto belle e suggestive, a dispetto della scarsità di mezzi.

Alcuni suggerimenti

> **Per la scenografia.** Se vi serve il mare, utilizzate una grande tela blu o azzurra, ancora meglio se alcuni compagni, da un lato e dall'altro della scena, magari seminascosti da pannelli di cartone, ne agiteranno la superficie scuotendo i lembi della tela; per fare un trono, una sedia rivestita di comune alluminio per alimenti farà un figurone sulla scena; per gli abiti, chiedete a genitori e nonni di tirar fuori dagli armadi indumenti passati di moda e sistemateli, aiutandovi con carta crespa, velina, cartoncino, fiori finti. Questi sono solo esempi: alla vostra fantasia trovare altre soluzioni, chiedendo eventualmente la collaborazione degli insegnanti di arte e tecnologia per preziosi suggerimenti creativi e tecnici.

> **Per i suoni e le luci.** Fino a qualche decennio fa, quando non esistevano impianti ad alta tecnologia, la produzione dei suoni era affidata a un professionista apposito, il "rumorista", che usava ogni tipo di oggetto, dal tamburo al fischietto. Fate così anche voi: alcuni compagni nascosti dalle quinte potranno riprodurre i suoni necessari alla recitazione o azionare un registratore con le musiche. L'insegnante di musica potrà fornirvi suggerimenti e "trucchi" del mestiere. Per le luci: se vi manca il fascio di luce che illumini un attore, o un gruppo, fateli avanzare al centro della scena, mentre gli altri arretreranno di qualche passo, rimanendo immobili sul fondo. L'attenzione degli spettatori si concentrerà sugli attori più visibili.

> **Per la recitazione.** Le attività proposte nel primo e nel secondo volume hanno l'obiettivo di guidarvi, in modo semplice e divertente, a conoscere e padroneggiare meglio le meravigliose risorse del corpo: il respiro, la voce, la gestualità, il movimento. Per superare la naturale timidezza e sentirvi più a vostro agio sulla scena potete ripeterne alcune, sempre ricordando che spontaneità e naturalezza sono carte vincenti sulla scena e nella vita; eventuali "papere" e **gaffes** non devono spaventare: succedono anche ai migliori attori, dunque fanno parte del gioco. E a questo punto... sipario!

Sezione 2 — Narrare, interpretare, esprimere

1) VERIFICA DI ASCOLTO

OBIETTIVI
- Comprendere il contenuto.
- Capire il messaggio.

Tra le più note rappresentazioni di Dario Fo vi è *Mistero buffo*, replicato ormai più di cinquemila volte in tutto il mondo. Si tratta di un insieme di scenette irriverenti, di cui ti presentiamo una tra le più note: *La resurrezione di Lazzaro*. Ascolta attentamente la recitazione, prendendo qualche appunto che potrai consultare durante lo svolgimento della verifica.

Mistero buffo

1. In quale luogo si trovano i personaggi? A quale "spettacolo" stanno per assistere?
   ....

2. Che cosa accade tra la folla in attesa? Barra le risposte corrette.
   - A ☐ Qualcuno spinge per passare davanti a tutti.
   - B ☐ Si levano canti e preghiere.
   - C ☐ Vengono offerti posti a sedere a pagamento.
   - D ☐ Un ambulante vende dolci.
   - E ☐ Si diffonde un profondo e concentrato silenzio.
   - F ☐ Ci sono proteste per il ritardo con cui inizia lo "spettacolo".

3. I personaggi presenti sulla scena sono...
   - A ☐ popolani.
   - B ☐ nobili.
   - C ☐ borghesi.
   - D ☐ intellettuali.

4. Come viene descritto Gesù dalle persone che lo osservano? Barra le risposte corrette.
   - A ☐ È alto.
   - B ☐ È piccolo.
   - C ☐ Ha la barbetta.
   - D ☐ Ha i capelli biondi.
   - E ☐ Sembra un ragazzino.
   - F ☐ È simpatico.

5. Perché, a un certo punto, molti credono che Gesù non riuscirà a compiere il miracolo?
   ....

6. Approfittando del disordine che segue la conclusione del miracolo...
   - A ☐ qualcuno ruba una borsa.
   - B ☐ molti cercano di avvicinarsi a Gesù per stringergli la mano.
   - C ☐ Gesù si allontana senza salutare nessuno.
   - D ☐ alcuni spettatori senza biglietto si allontanano indisturbati.

7. Qual è il messaggio del testo?
   - A ☐ Deridere le persone che ancora credono ai miracoli.
   - B ☐ Far comprendere che la fede religiosa è solo una vuota illusione.
   - C ☐ Polemizzare con chi trasforma ogni evento in spettacolo ed esibizione.
   - D ☐ Mettere in guardia dai pericoli in cui si può incorrere in situazioni affollate, disordinate, non controllate dalle autorità.

Segui la correzione dell'insegnante e attribuisci il punteggio stabilito per ogni risposta esatta.

2 VERIFICA DI LETTURA

OBIETTIVI
- Comprendere il contenuto.
- Riconoscere le caratteristiche della scrittura teatrale.

Leggi il testo e rispondi alle domande.

Liolà

Campagna agrigentina all'inizio del Novecento. Liolà, il protagonista, è uno spensierato bracciante, gran seduttore, che vive di canzoni e poesie e non desidera alcun legame. La sua ultima conquista è Tuzza, con cui concepisce un figlio. Liolà offre alla ragazza un matrimonio riparatore, che però viene rifiutato. Tuzza, infatti, progetta di ingannare il vecchio e ricco zio Simone, sposato ma senza eredi, convincendolo che il figlio è suo per ereditarne le proprietà. L'inganno riesce solo a metà: lo zio Simone cade nel tranello, ma nel frattempo Liolà gli mette incinta la moglie, la giovane Mita. Zio Simone si rimangia le promesse fatte a Tuzza, che a questo punto desidera solo vendicarsi di Liolà. La scena è l'ultima della commedia: una resa dei conti tra i personaggi principali.

ATTO III

ZIA CROCE[1] Già… proprio non sa fare altro lui, poverino[2]…
(*Gli s'accosta, gli afferra un braccio e gli dice sotto sotto, tra i denti:*)
Due volte m'hai rovinato la figlia[3], assassino!
5 LIOLÀ Io, la figlia. Osa dir questo, lei a me, davanti a zio Simone? Gliel'ha rovinata lui, due volte, la figlia, non io!
ZIA CROCE No, no, tu! Tu!
LIOLÀ Lui! Lui! Zio Simone! Non cambiamo le carte in mano, zia Croce! Io venni qua a domandare onestamente la mano di sua figlia, non potendo mai supporre…
10 ZIA CROCE Ah no? Dopo quello che avevi fatto con lei?
LIOLÀ Io? zio Simone!
ZIA CROCE Zio Simone, già! Proprio zio Simone!
LIOLÀ Oh, parli lei, zio Simone! Vorreste negare, adesso, e gettare il figlio addosso a me? – Non facciamo scherzi! – Io ho tanto ringraziato Dio che m'ha guardato d'esser preso nella rete, in cui, senza sospetto di nulla, ero venuto a cacciarmi. – Alla larga, zio Simone! Che razza di vecchio è lei, si può sapere? Non le bastava un figlio con sua nipote[4]? Uno, anche con sua moglie? E che cos'ha in corpo? Le fiamme dell'inferno o il fuoco divino? il diavolo? il Mongibello[5]? Dio ne scampi e liberi ogni figlia di mamma!

---

1. **Zia Croce:** gli appellativi *zio* e *zia* non indicano un preciso grado di parentela, ma – secondo l'uso siciliano – stanno per "signore" e "signora". Zia Croce è la madre della giovane Tuzza.
2. **poverino:** si riferisce a Liolà, che nega di aver avuto la relazione con Tuzza.
3. **due … figlia:** la prima volta mettendola incinta, la seconda volta rovinandole il piano architettato per ingannare zio Simone.
4. **sua nipote:** Tuzza è la nipote di zio Simone.
5. **Mongibello:** è il nome dialettale (*Mongibeddu*) con cui i siciliani chiamano il vulcano Etna.

20	ZIA CROCE	Eh già, proprio da lui, proprio da lui devono guardarsi le figlie di mamma!
	ZIO SIMONE	Liolà, non farmi parlare! Non farmi fare, Liolà, ciò che non debbo e non voglio fare! Vedi che tra me e mia nipote non c'è stato, né poteva esserci, peccato! C'è stato solo che mi si buttò ai piedi pentita di ciò che aveva fatto con te, confessandomi lo stato in cui si trovava. Mia moglie adesso sa tutto. E io sono pronto a giurarti davanti a Gesù sacramentato e davanti a tutti, che mi son vantato a torto del figlio che, in coscienza, è tuo!
	LIOLÀ	E intende, con questo, che io ora dovrei prendermi Tuzza?
	ZIO SIMONE	Te la puoi e te la devi prendere, Liolà, perché, com'è vero Dio e la Madonna Santissima, non è stata d'altri che tua!
30	LIOLÀ	Eh – eh – eh – come corre lei, caro zio Simone! – Volevo, sì, prima. Per coscienza, non per altro. Sapevo che, sposando lei, tutte le canzoni mi sarebbero morte nel cuore. – Tuzza allora non mi volle. – La botte piena e la moglie ubriaca? Zio Simone, zia Croce, le due cose insieme non si possono avere! – Ora che il giuoco v'è fallito? No no, ringrazio, signori! ringrazio.

35 (*Si piglia per mano due dei ragazzi*[6].)

        Andiamo, andiamo via, ragazzi!

(*S'avvia, poi torna indietro.*)

        Posso farmi di coscienza: questo sì. Gira e volta, vedo che qua c'è un figlio di più. Bene, non ho difficoltà. Crescerà il da fare a mia madre. Il figlio, lo dica pure a Tuzza, zia Croce, se me lo vuol dare, me lo piglio!

	TUZZA	(*che se n'è stata tutta aggruppata in disparte, schizzando fuoco dagli occhi, a quest'ultime parole si lancia contro Liolà con un coltello in mano*) Ah sì, il figlio? Pigliati questa, invece!

(*Tutti gridano, levando le mani e accorrendo a trattenerla. Mita si sente mancare ed è sorretta e*
45 *subito confortata da zio Simone.*)

	LIOLÀ	(*Pronto ha ghermito il braccio di Tuzza, e con l'altra mano le batte sopra le dita fino a farle cadere il coltello a terra, ride e rassicura tutti, che non è stato nulla*) Nulla, nulla… non è stato nulla…

(*Appena a Tuzza cade il coltello, subito vi mette il piede sopra, e dice di nuovo con una gran risata:*)
50   Nulla!

(*Si china a baciare la testa d'uno dei tre bambini poi, guardandosi nel petto un filo di sangue:*)

        Uno sgraffietto, di striscio…

(*Vi passa sopra il dito e poi va a passarlo sulle labbra di Tuzza.*)

        Eccoti qua, assaggia! – Dolce, eh?

55 (*Alle donne che la trattengono:*)

        Lasciatela!

(*La guarda; poi guarda i tre bambini, pone le mani sulle loro testoline, e dice, rivolto a Tuzza:*)

        Non piangere! Non ti rammaricare! Quando ti nascerà, dammelo pure. Tre, e uno quattro! Gl'insegno a cantare.

60 *Tela*

L. Pirandello, *Liolà*, Garzanti, Milano 1993

---

6. ragazzi: i figli avuti dalle precedenti relazioni.

1. Collega ogni personaggio alla definizione corretta.
   a. ☐ Tuzza   c. ☐ Zia Croce   e. ☐ Liolà
   b. ☐ Mita   d. ☐ Zio Simone

   1. Bracciante squattrinato ma pieno di vita, seduce ragazze del paese affidando alla madre i figli nati dalle relazioni.
   2. Anziano possidente, ha come unico desiderio riuscire ad avere un figlio cui lasciare l'eredità.
   3. Nipote di Simone, tenta di fargli credere che sia suo il figlio che sta per nascere.
   4. Madre di Tuzza, è complice della figlia nell'imbroglio a danno di zio Simone.
   5. Moglie di Simone, rende felice il marito quando gli comunica di essere incinta.

2. Perché zia Croce è tanto arrabbiata con Liolà [rr. 1-20]?
   ....

3. Liolà si difende molto abilmente dalle accuse di zia Croce, fingendo di credere alla menzogna che Tuzza, d'accordo con la madre, aveva architettato per imbrogliare zio Simone [rr. 5-19]. Qual è la menzogna a cui Liolà finge di credere?
   A ☐ Il figlio di Tuzza è di zio Simone.   C ☐ Il figlio di Tuzza è di Liolà.
   B ☐ Il figlio di Mita è di Liolà.   D ☐ Il figlio di Mita è di zio Simone.

4. Rivolgendosi a zio Simone [rr. 13-19], Liolà…
   A ☐ dimostra di ammirare e invidiare le doti di gran seduttore del vecchio.
   B ☐ lo rimprovera perché ha tentato di ingannarlo.
   C ☐ si complimenta per l'imminente nascita del sospirato erede legittimo.
   D ☐ si fa beffe delle sue capacità amatorie, ben sapendo che sono inesistenti.

5. Nelle rr. 21-26 zio Simone reagisce alle parole di Liolà… (barra le risposte corrette)
   A ☐ dicendogli di aver saputo da Tuzza che il padre del nascituro è Liolà.
   B ☐ accusandolo di aver avuto una relazione con Mita.
   C ☐ giurando che il figlio di Tuzza non è suo.
   D ☐ ammettendo di essersi vantato a torto della gravidanza di Tuzza.
   E ☐ minacciando di gravi conseguenze Liolà se non sposerà Tuzza.
   F ☐ tentando di convincere Liolà a sposare Tuzza.

6. Secondo Liolà, Tuzza gli avrebbe fatto morire «tutte le canzoni nel cuore» [rr. 31-32]: che cosa significa questa espressione?
   ....

7. Che cosa intende dire Liolà con la battuta «La botte piena e la moglie ubriaca? …le due cose insieme non si possono avere!» [rr. 32-33]?
   ....

8. Qual è il colpo di scena con cui si chiude l'atto [rr. 41-59]?
   ....

9. Tutti i personaggi della commedia, tranne uno, agiscono per interesse economico e tornaconto personale: qual è il personaggio che si distingue dagli altri? Perché?
   ....

10. Trova un sinonimo adatto al contesto per i seguenti termini.
    a. «cacciarmi» [r. 15]: ....   c. «aggruppata» [r. 41]: ....
    b. «piglio» [r. 40]: ....   d. «sgraffietto» [r. 52]: ....

11. Che cosa significa l'espressione «schizzando fuoco dagli occhi» [r. 41]?
    ....

Sezione 3

documentarsi
riflettere
discutere

Testi per la formazione dei concetti e delle idee

Competenze disciplinari

- Interagire in modo efficace attraverso diverse situazioni comunicative.
- Apprendere informazioni ed elaborare opinioni su problemi riguardanti ambiti sociali.
- Usare la comunicazione orale per collaborare con gli altri.
- Leggere e comprendere testi di vario tipo.
- Usare manuali della disciplina e testi divulgativi (continui, non continui o misti) per ricercare, raccogliere e rielaborare dati, informazioni, concetti.

Competenze di cittadinanza

- Imparare a imparare
- Collaborare
- Partecipare
- Risolvere problemi

Formazione delle idee e dei concetti

Perché il percorso di formazione abbia successo, è necessario anche che l'alunno elabori i saperi necessari a comprendere l'attuale condizione dell'**uomo planetario**, definita dalle molteplici interdipendenze tra locale e globale; se l'alunno è indotto a confrontarsi con i problemi, con i cambiamenti e con le nuove esigenze, sarà più agevole per lui fare **scelte autonome e feconde**, soprattutto se avrà riflettuto anche su interessi e attitudini personali. Per questo, la sezione offre materiale per conoscere i problemi della **globalizzazione** e lavorare sull'**orientamento**. La scuola non ha solo il compito di promuovere l'acquisizione di competenze disciplinari, ma anche quello di insegnare le **regole del vivere e del convivere**, in modo da formare cittadini in grado di partecipare alla costruzione della collettività, sia essa nazionale, europea o mondiale. Educare i ragazzi alla convivenza civile significa far loro raggiungere **consapevolezza non solo dei propri diritti ma anche dei propri doveri**. In questa sezione, pertanto, sono proposti letture e spunti inerenti **l'educazione alla legalità**.

I percorsi di lettura del terzo anno

Unità 9 Questioni di scelta

Unità 10 Dialoghi con Sofia: legge e legalità

Il testo espositivo

1 Ripassiamo i concetti

1 Caratteristiche generali

Il testo espositivo è un testo che **presenta**, **riferisce qualcosa** con l'intenzione di **trasmettere informazioni**, **notizie** o **dati**.

2 Caratteristiche particolari

- Lo **scopo** è quello di informare attraverso una spiegazione; per questo è tra i testi più diffusi nella nostra epoca, che dà ampio spazio alla comunicazione e all'informazione.
- La **struttura** del testo collega le informazioni in modo **logico**, perché la spiegazione sia chiara e organica; per questo presenta una suddivisione in **paragrafi**. Possono comparire sottotitoli che riassumono i paragrafi del testo, evidenziano gli argomenti principali e ne favoriscono la comprensione.
- Il **lessico** è spesso **settoriale** (cioè *specifico*), perché appartiene alle varie discipline (scienze, tecniche, storia, attività industriali, commercio).
- La **grafica** deve attirare l'attenzione e guidare la lettura. Si usano allora caratteri particolari (*corsivo*, **grassetto**) per segnalare espressioni o concetti importanti; fotografie, disegni e cartine facilitano la comprensione e completano le informazioni.
- Un testo espositivo può presentare l'inserimento di **sequenze descrittive** di tipo **oggettivo** usate a scopo informativo.
- Un testo espositivo-informativo può essere rappresentato anche in forma di **immagine** (tabella, grafico, schema) o essere accompagnato da **illustrazioni**.

2 Distinguere l'informazione dall'opinione

Quando leggiamo una cronaca giornalistica o una rubrica di attualità, oppure quando assistiamo a programmi radiofonici o televisivi di approfondimento su argomenti di interesse collettivo (i *talk-show* o gli speciali televisivi), occorre essere molto attenti a **riconoscere i fatti**, cioè i dati oggettivi e gli eventi accaduti nella realtà, e **le opinioni**, cioè i commenti personali, i pareri, le affermazioni di chi scrive riguardo a quei fatti o ne è informato.

Saper **distinguere** le due cose è molto importante per realizzare una **comprensione critica**.

Il testo proposto di seguito è l'estratto di un articolo più ampio che informa i lettori su un interessante esperimento effettuato in alcune scuole. Leggi il testo (considera anche il titolo) e individua:

> **argomento** (il problema affrontato, il progetto attuato);
> **informazioni** (notizie e dati oggettivi; caratteristiche e modalità del progetto);
> **opinioni** (pareri, anche divergenti, di testimoni o persone informate).

Mentre leggi, appunta le tue sintetiche osservazioni a margine. Alla fine, in base a quello che hai letto e analizzato, **esprimi la tua personale opinione** sul progetto e sulla sua utilità.

Il concorso a squadre tra i banchi di scuola per dire addio al fumo

La gara a premi tra 10mila studenti under 16

Informazione

Alessandra, quindici anni, prima superiore in una scuola privata, il suo contratto anti-sigaretta continua a rispettarlo. Per tre anni è stata una dei diecimila studenti italiani tra gli 11 e i 16 anni che ogni anno si sono impegnati, con firma in calce, a non fumare.

Informazione

Con lei, figlia di fumatori, ha funzionato, «nella mia classe non fumava nessuno». Ma adesso ha capito che più si cresce più è dura la battaglia contro il primo grande tentatore, "mr. Butts", il signor Cicca, come lo chiamava un *cartoon* americano, il seduttore che conquista una vittima su sette prima dei quindici anni. Alessandra non si capacita della leggerezza dei suoi coetanei: «Lo sanno che il fumo fa male, ma fanno finta di non saperlo».

Opinione

Ma proprio per questo è nato *Smoke Free Class Competition*. «La prevenzione "terroristica" è fallita», spiega Maria Maisto, responsabile del Sert di Udine, «le lezioni dalla cattedra sul fumo che uccide non convincono questi ragazzi che hanno la vita davanti e si credono immortali. Bisogna puntare su altri meccanismi». Come il controllo dei pari. Il disincentivo dei coetanei. «È il gruppo che ti spinge a fumare, è il gruppo che può convincerti a non farlo».

Il meccanismo sta a metà fra impegno d'onore e competizione. Si gioca a squadre, contro il fumo. Una squadra è una classe scolastica: tutte le medie e le prime due delle superiori. I ragazzi firmano, tutti insieme e anche singolarmente, l'impegno scritto a non fumare per sei mesi, da novembre ad aprile. Se qualcuno già fuma, si impegna a ridurre o meglio a smettere. I genitori controfirmano. Gli insegnati prendono atto, ma sono i ragazzi a controllarsi fra di loro. Se anche uno solo sgarra, la classe deve intervenire: o convince il fumatore a desistere, o si arrende ed esce dal concorso. Tra le classi che arrivano fino in fondo, si estraggono a sorte premi di istituto, regionali e nazionali. L'albo d'oro dice che si ritira solo una classe su dieci.

Diecimila ragazzini ogni anno salvati dal fumo? Be', la cosa è un po' più complessa. «È uno strumento utile per trattenere chi non fuma, ma non serve per far smettere chi lo fa già», ammette Stefano Stefanel, preside del Liceo Marinelli di Udine, che partecipa al concorso. «Cominciano alle medie, quando arrivano qui è tardi, hanno già fatto la loro scelta. Ho millecinquecento studenti, e uno su tre fuma. Ho chiesto loro rispetto per gli altri. Ho messo a disposizione un cortile per i fumatori, sono stato criticato per questo, ma che dovrei fare? O così, o vanno a fumare per strada».

M. Smargiassi, «la Repubblica», 8 luglio 2013

Il testo argomentativo

1 Ripassiamo i concetti

1 L'argomentazione personale

L'argomentazione personale è un tipo di **testo in cui chi scrive sostiene una propria idea**, cioè difende un'opinione personale su un determinato problema.

Lo scopo principale del testo argomentativo è **convincere** gli altri che l'idea sostenuta è degna di credibilità.

Il testo argomentativo

2 Lo schema argomentativo

L'**argomentazione** di base segue di solito questa traccia:

- presentazione del **problema**;
- esposizione della **tesi** che sintetizza l'opinione personale;
- dimostrazione della validità della *tesi* con **argomenti** sostenuti da **esempi**, **ragionamenti**, **osservazioni**, **constatazioni** ecc.;
- **conclusione**.

3 Lo stile e i tratti linguistici

- Lo stile di un testo argomentativo deve adottare un **registro formale e impersonale**.
- I periodi devono essere chiari e scorrevoli.
- La subordinazione è preferibile alla coordinazione, perché permette di chiarire i **legami logici** espressi attraverso i **connettivi**, i quali indicano il rapporto di *causalità*, di *consequenzialità*, di *opposizione*, e così via, tra le varie affermazioni. Ricorda che anche i **segni di punteggiatura** svolgono questa importante funzione.
- Il **lessico** deve essere appropriato, spesso specialistico o settoriale.

4 I connettivi logici

I **connettivi logici** sono particolarmente importanti in un testo argomentativo perché **sostengono il filo logico del ragionamento**. Ecco uno schema che presenta i principali connettivi.

Funzione dei connettivi	Esempi
Indicare cause.	Poiché, siccome, dato che, dal momento che, visto che, a causa di...
Introdurre prove.	Infatti, in effetti, in realtà, così...
Definire gli scopi.	Per, affinché, in modo che, allo scopo di, al fine di...
Contrapporre idee o fare obiezioni.	Ma, tuttavia, nonostante ciò, però, al contrario, eppure...
Stabilire condizioni.	Se, nel caso che, a condizione che, qualora, posto che...
Presentare conseguenze.	Al punto che, allora, quindi, così...
Fare paragoni.	Come, così come, da una parte ... dall'altra, quanto più ... tanto più...
Stabilire un ordine.	In primo luogo, anzitutto, soprattutto, per iniziare...
Concludere.	Infine, in definitiva, pertanto, quindi, ne consegue che, dunque, concludiamo dicendo che...

2 Tesi e antitesi

Se chi scrive afferma e sostiene un'opinione, produce un testo argomentativo **affermativo**. Nel corso dello sviluppo, tuttavia, è bene considerare anche opinioni sostenute da altri (**antitesi**), pur non condivise. In tal caso bisogna dimostrare che queste tesi sono infondate e contestarle con argomentazioni a sfavore. Si compone allora un paragrafo o un testo argomentativo **confutatorio**. *Confutare* significa controbattere, smentire le affermazioni di qualcuno evidenziandone la debolezza.

Per esempio, osserva come è stato "smontato" il testo seguente.

Tesi	I test di laboratorio sperimentati su animali sono atti di crudeltà contro gli animali stessi.
Sostegno della tesi	Ci dimentichiamo che sono esseri viventi degni del nostro rispetto e ci approfittiamo di loro in virtù della nostra superiorità fisica e intellettuale.
Antitesi	Molti ricercatori, tuttavia, difendono la sperimentazione su animali, considerandola un male necessario.
Confutazione dell'antitesi	In realtà, la sperimentazione animale è inutile e antiscientifica perché non rispetta il valore universale della vita e perché uomo e animali sono troppo diversi: ciò che funziona per gli uni non è detto funzioni anche per gli altri. Inoltre, oggi, esistono metodi alternativi (simulazioni al computer, test in vitro), la cui pratica dovrebbe essere incentivata. Ma non si sta facendo abbastanza perché le lobby industriali premono affinché questo non avvenga: le alternative tecnologiche sono molto costose.

Sia per sostenere una *tesi*, sia per confutarla, occorre che gli **argomenti** addotti siano **probanti**, cioè che siano credibili e abbiano effettivamente valore di prova. Per questo, quando vogliamo farci un'opinione corretta e completa su un problema, è bene leggere **fonti autorevoli**, anche di diverso orientamento, e assumere un **atteggiamento critico** di fronte a quello che leggiamo.

3 Scegliere fonti autorevoli e confrontare tesi diverse

L'**autorevolezza di una fonte** è in rapporto alla **competenza** che l'autore ha sull'argomento: per esempio, un celebre astronomo non è una fonte attendibile, cioè affidabile, per ciò che riguarda la biologia marina. In ogni caso, anche se leggiamo il testo di un illustre esperto su un determinato argomento, non dobbiamo rinunciare a valutare cri-

Il testo argomentativo

ticamente le informazioni e le idee espresse; allo stesso modo, non dobbiamo esprimere un giudizio per forza negativo su una fonte che non abbia autorevolezza. Vincono sempre e solo le idee ragionevoli e fondate.

Per esercitare la **lettura critica**, approfondiamo il problema della sperimentazione animale e leggiamo due interviste rivolte a esperti che sostengono tesi contrastanti. Il dibattito è molto sentito, anche perché in Italia è diventata legge una direttiva europea "sulla protezione degli animali utilizzati per scopi scientifici". Tra questi il divieto di allevare sul territorio nazionale cani, gatti e primati destinati ai laboratori.

Leggi i due testi, confrontane i contenuti, poi completa la tabella di sintesi proposta a p. 559.

1 «Continuare a usare animali in laboratorio è necessario e morale»

«Potevamo metterci al passo con l'Europa, invece facciamo un salto all'indietro». Augusto Vitale, 55 anni, segretario della Federazione europea di primatologia e membro dell'*Expert working group* della Commissione europea sui test di laboratorio, scorre le nuove norme sulla sperimentazione sugli animali e vede un futuro nebuloso: «Sono amareggiato. Si è persa una grande occasione».

Come cambierà il vostro lavoro?
«È un arretramento culturale. Per esempio vengono vietati gli "esperimenti che non prevedono anestesia o analgesia, qualora essi comportino dolore dell'animale". È un concetto troppo vago. Che significa dolore dell'animale? Basta la puntura di un ago, oppure un elettrodo nel cervello? La direttiva europea in questo è più chiara, prevede quattro livelli di dolore. Il discorso è: fino a che punto sono accettabili diverse gradazioni di sofferenza anche in base a una valutazione dei costi e dei benefici?».

La legge sembra appunto voler sancire il principio della tutela degli animali, a prescindere dai calcoli sui vantaggi.
«Bisogna essere onesti intellettualmente su che tipo di carico etico ci mettiamo sulle spalle. Dobbiamo decidere se è moralmente giusto sperimentare sugli animali per il nostro benessere oppure no».

E secondo lei è giusto?
«Sì. Tuttavia anche se si assume che la sperimentazione è moralmente giustificabile, questo non esime chi la pratica dal cercare il benessere degli animali».

Benessere? Non le sembra un controsenso?
«Diciamo allora di limitare il loro malessere. Quando facciamo esperimenti di neurofisiologia, i primati vengono immobilizzati e gli vengono messi elettrodi nel cranio. Lo ammetto, è una scena orrenda da vedere, e non tanto per gli elettrodi perché gli animali non sentono niente, ma perché non sopportano lo stare fermi. Finché non troveremo valide alternative dobbiamo fare in modo che l'animale si fidi del ricercatore, si tranquillizzi. E migliorare la tecnica in modo che la seduta duri il meno possibile».

E rinunciare definitivamente ai test?
«La storia della biomedicina insegna quanto sono state utili e necessarie le sperimentazioni, dai progressi sui vaccini alle malattie neurovegetative. Penso alle cure sulla malattia di Parkinson, come i farmaci per limitare i tremori».

La legge adesso vieta «l'allevamento di cani, gatti e primati non umani destinati alla sperimentazione». Mai più casi come Green Hill[1].
«Sapete cosa accadrà adesso? Gli animali arriveranno dall'estero, con minori garanzie su come sono stati allevati, spendendo un sacco di soldi, sottoponendoli a un lungo viaggio. Un controsenso se pensiamo al loro benessere. È come decidere di non volere sul proprio territorio taniche radioattive ma accettare che siano piazzate appena oltre il confine. È un imbarbarimento».

---

1. **Green Hill:** nel 2012, in seguito alla denuncia di *Legambiente* per maltrattamento di animali, il Corpo Forestale dello Stato ha eseguito il sequestro di "Green Hill", un'azienda situata a Montichiari (Brescia) che allevava cani di razza *beagle* per i laboratori di vivisezione (circa 2500, destinati ai laboratori di tutto il mondo).

Almeno la parte che autorizza i test solo se finalizzati alla «salute dell'uomo» la ritiene un miglioramento?
«Prendiamo ad esempio la ricerca sui neuroni specchio condotta dal professor Rizzolatti a Parma, uno dei più grandi successi nell'ambito delle neuroscienze tanto che si parla di possibile premio Nobel. Si tratta di esperimenti finalizzati ad altri test. Ecco, secondo la nuova legge, questo non sarebbe più possibile».

Fine della ricerca?
«Oppure, pur di continuare a lavorare, qualcuno sarà costretto a dichiarare il falso. La direttiva europea, al contrario, autorizza anche la ricerca di base, finalizzata ad accumulare conoscenza».

Non vede alcun segnale positivo dalle nuove norme?
«Va benissimo affrontare le questioni di principio. Ma in Italia manca una discussione seria, la sperimentazione viene affrontata con toni da tifo calcistico. E questo non ci porta lontano».

R. Bruno, «Corriere della Sera», 2 agosto 2013

2 «Se sono simili a noi non infliggiamo atti che non accetteremmo»

«La sperimentazione è crudele, ma soprattutto non dà garanzie di validità scientifica. Le nuove norme sono solo un primo passo, ma io non disprezzo i piccoli progressi». Valerio Pocar, 69 anni, risponde al telefono mentre sta innaffiando le sue rose. È abituato a fare più cose insieme: avvocato, docente di sociologia, ex presidente della Consulta di bioetica, ateo praticante e vegetariano, dall'anno scorso anche garante per la tutela degli animali del Comune di Milano.

L'Italia è andata più avanti rispetto all'Europa. Ha corso troppo?
«Ogni regola che limiti la sperimentazione è una buona regola. Il mio auspicio è che adesso si dedichino tempi e denari a cercare metodi alternativi».

In attesa di trovarli, non è giusto continuare i test se possono aiutare la scienza e salvare vite umane?
«Non c'è nessuna ragione comprovata per continuare a effettuarli. Si fanno perché per tradizione è così, ma le motivazioni sono molto fragili. Sempre più sono gli scienziati che riconoscono la fallacità del metodo, che si rifiutano di utilizzarli non solo per motivi morali, ma perché i risultati non sono convincenti».

Gli scienziati sostengono il contrario.
«Se gli animali fossero esseri diversi dagli uomini allora non avrebbe senso sperimentare su di loro. Ma se sono così simili a noi allora perché compiere su di loro atti che su di noi non accetteremmo? È questo il vero paradosso».

Sezione 3 — Documentarsi, riflettere, discutere

I contrari alla legge sostengono che è da ipocriti vietare allevamenti come Green Hill in Italia ma consentire l'uso di animali che arrivano dall'estero. Costerà molto di più e darà meno garanzie.

«La ricerca avviene soprattutto in campo farmacologico, e si tratta di aziende che di soldi ne hanno tanti. Quanto a Green Hill, vedendo come erano tenuti i beagle è difficile immaginare condizioni molto peggiori. Pensate che le cagnoline fattrici non avevano mai visto l'erba, non erano mai andate all'aperto. Se questa è una situazione accettabile, allora io in questi anni non ho capito niente».

In ogni caso, vietare gli allevamenti in Italia aggira il problema, ma non lo risolve.

«È vero, è soltanto una prima vittoria ma non cambia niente. Se gli animali sono allevati in Germania non è diverso. Io avrei preferito una moratoria delle ricerche, in attesa del ritrovamento di metodi sostitutivi. Ai quali adesso si dedicano troppe poche risorse».

Limitare i test soltanto a quelli finalizzati «alla salute dell'uomo» non spingerà i ricercatori a essere meno sinceri?

«L'hanno sempre fatto. Anche la legge precedente autorizzava soltanto le ricerche assolutamente essenziali, sulle base di autocertificazioni. Va benissimo la propria dichiarazione se si attesta la data di nascita, è inconcepibile in questioni che riguardano la morale».

Lei è vegetariano, le chiedo: come si fa a battersi per fermare le sperimentazioni e nello stesso tempo continuare a cibarsi di carne che viene da animali allevati in batteria?

«In effetti questa è una contraddizione. Molti si commuovono per alcune bestiole, ma non delle sorti di altre destinate alle tavole».

Non trova più «morale» il lavoro di un ricercatore che utilizza gli animali per uno scopo nobile?

«Assolutamente d'accordo. Lo scienziato in buona fede, anche se fa qualcosa di sbagliato, se non altro ha una giustificazione. Mangiare animali non è necessario ed è anche dannoso, per i disastri ecologici e il dispendio di risorse che comporta. Ma il consumo di carne appartiene alla tradizione e così viene meno percepito come un male. Per fortuna non da tutti».

R. Bruno, «Corriere della Sera», 2 agosto 2013

Il testo argomentativo

Il problema: ....
....
....
....

Punti di analisi	TESTO 1	TESTO 2
Fonti (chi espone la tesi; la fonte cartacea o altro mezzo di comunicazione)		
Tesi sostenuta		
Argomenti, esempi, prove	1 .... 2 .... 3	1 .... 2 .... 3 ....
Valutazione degli argomenti addotti (chiarisci quali osservazioni o ragionamenti condividi e quali contesti)	condivido: .... contesto:	condivido: .... contesto: ....
Conclusione (chiarisci quale opinione ti sei fatto sul problema)		

SAPERI DI BASE

Unità 9
Questioni di scelta

Obiettivi
- Individuare relazioni tra idee e concetti.
- Ricavare informazioni da un testo misto.

Conoscenze: saperi di base, metodi, strategie

- Le caratteristiche dell'esposizione.
- Le caratteristiche dell'argomentazione.
- Il concetto di globalizzazione e i problemi legati alla mondializzazione.
- Esporre e argomentare in forma scritta. ▶ **QM2** Percorsi 10-11
- Dialogare ed esporre. ▶ **QM2** Percorso 3
- Preparare lo scritto per l'esame. ▶ **QM2** Percorso 13

Capacità e abilità

- Analizzare la struttura e le caratteristiche linguistiche dei testi espositivi e argomentativi.
- Individuare argomenti e temi.
- Costruire interpretazioni.
- Realizzare forme di scrittura espositiva e argomentativa.
- Riflettere su attitudini e interessi personali.

La mossa giusta per il futuro

- Che cosa sta facendo questo ragazzo?

- Osserva il suo sguardo: che cosa comunica? Paura, incertezza, concentrazione, speranza... Motiva la tua risposta.

- Il gioco degli scacchi richiede intuito e strategia: queste qualità potrebbero servirti per le scelte importanti che ti aspettano?

Sezione 3 Documentarsi, riflettere, discutere

Questioni di scelta

Dubbi e domande

Leggi quello che scrive Giulia, una ragazza che sta concludendo il terzo anno della Scuola secondaria di primo grado:

Devo decidere a quale scuola superiore iscrivermi l'anno prossimo. Io ho una passione per la musica; ho studiato pianoforte per tre anni e riesco abbastanza bene, quindi vorrei fare il Liceo musicale e coreutico. Però i miei insegnanti dicono che sono molto brava in tutte le materie e che potrei fare qualsiasi scuola; dicono che sono troppo giovane per dedicarmi completamente e solo alla musica, quindi mi consigliano di fare il liceo (classico o scientifico) che mi darebbe una preparazione completa, continuando a studiare musica privatamente. Le mie migliori amiche faranno il liceo scientifico e mi piacerebbe stare con loro, però la mia maestra di piano insiste perché mi iscriva al Liceo musicale o al Conservatorio. Chiedo consiglio ai miei genitori e loro dicono che devo decidere io, che non mi vogliono influenzare. Non so davvero cosa fare!

Forse ti sarai riconosciuto nei dubbi di Giulia e avrai condiviso le domande che lei si pone: quale scuola fa per me? A chi chiedere consiglio? Come orientarsi in questo mondo così complicato?

Al termine di questo anno scolastico anche tu dovrai compiere una scelta simile ed è per questa ragione che, anche con l'aiuto delle letture che ti proponiamo, desideriamo sollecitare la tua riflessione, affinché la decisione che prenderai non sia il risultato di una preferenza avventata.

▬ Uno sguardo sul mondo

Il mondo, effettivamente, sta cambiando a una velocità che fino a un secolo fa, o addirittura a pochi decenni fa, era impensabile. La tecnologia ha fatto balzi prodigiosi, i progressi della medicina hanno consentito di debellare malattie e di allungare di parecchi anni la durata media della vita umana, la popolazione è enormemente aumentata e con essa il bisogno di risorse. "Ma dove andremo a finire, di questo passo?", si diceva una volta. Difficile dare una risposta, ovviamente. Possiamo però affidarci a qualche lettura che ci aiuti almeno a capire che cosa sta cambiando.

Nelle lezioni di questa Unità, affronteremo i fenomeni della **globalizzazione** e della **mondializzazione** delle migrazioni, problemi tra i più "sensibili" del nostro tempo, cercando di tratteggiare gli scenari possibili e gettare uno sguardo su ciò che ci aspetta.

▬ La scoperta dei nostri talenti

Dopo aver dato un'occhiata al mondo intorno a noi, ci soffermeremo a riflettere su noi stessi, sul modo di orientarci in un mondo così complesso, sulla necessità di capire le nostre **attitudini** e i nostri **interessi** allo scopo di effettuare **scelte consapevoli** per il futuro.

La parola *attitudine* indica la predisposizione naturale verso determinate attività fisiche o mentali, quella istintiva preferenza o vocazione per una disciplina sportiva o artistica ("attitudine" deriva dall'aggettivo latino *aptus*, che significa, appunto, "adatto, idoneo a fare e a operare qualco-

sa"); ma essa indica anche il generale atteggiamento verso noi stessi e verso la vita. Una prima, importantissima attitudine che si deve esercitare è quella rivolta al "**pensare positivo**". Nella vita bisogna quotidianamente compiere scelte, affrontare difficoltà, cimentarsi con pericoli; perciò dobbiamo imparare a riconoscere i nostri **talenti**.

Leggi che cosa scrive un noto giornalista e scrittore:

Amavo e praticavo almeno dieci sport, da ragazzo. Non mi piaceva solo giocare a calcio: mediano destro, ruolo di molta fatica e scarsa fantasia. Mi appassionavano lo sci, il tennis, il ping-pong, la corsa, il salto in alto, la pallavolo, la pallacanestro, il motocross, il nuoto e la pesca subacquea. Li ho praticati tutti – almeno una volta – a livello agonistico, con risultati inversamente proporzionali all'entusiasmo, che era grande. Mi piaceva anche disegnare, ma in classe erano tutti più bravi di me: in seconda media, ho rischiato un esame di riparazione per indisciplina cromatica. Avrei voluto cantare, ma ero stonato: in qualunque coro – dal catechismo in poi – venivo invitato a farmi da parte. Sognavo di suonare uno strumento, ma ogni anno venivo promosso al primo corso di chitarra; mi sono ritirato quando l'insegnante mi ha chiesto le corde del Mi cantino (che rompevo regolarmente) per tagliare il taleggio.

Però sapevo scrivere. Mi piaceva farlo, e mi accorgevo d'essere più convincente con una penna in mano che con una palla o uno strumento davanti. Alle medie, scrivevo fumetti e aspettavo con gioia il giorno del compito d'italiano, tra compagni di classe increduli. Tenevo il "quaderno di caccia" negli scout e il "diario di bordo" nei primi viaggi con gli amici. Al liceo, contribuivo a preparare i volantini, lavorando di Olivetti e ciclostile. Durante il servizio militare scrivevo lettere d'amore alle fidanzate degli altri, su richiesta degli interessati. Ho corteggiato, in quel modo, ragazze in diverse regioni d'Italia. Le risposte non lasciavano dubbi: la sintassi, almeno quella, era seducente.

Tutti sappiamo fare qualcosa, nessuno sa fare tutto. L'importante è capire cosa potremmo fare meglio e, anche per questo, faremmo volentieri.

B. Severgnini, *Italiani di domani*, Rizzoli, Milano 2012

Lezione 1

T1 Il cambiamento globale
Al Gore

I contenuti | Al Gore è stato vicepresidente degli Stati Uniti e nel 2007 ha vinto il premio Nobel per la pace. Attualmente è presidente del *Climate Reality Project*. Nel saggio *Il mondo che viene* (in lingua originale *The future*) egli ci spiega che la civiltà umana, dopo aver percorso una lunga strada, è giunta a un bivio. Bisogna scegliere uno dei due sentieri. Entrambi conducono verso l'ignoto. Uno però porta alla distruzione dell'equilibrio climatico, all'impoverimento di risorse insostituibili, al degrado di valori umani. L'altro porta al futuro. Sta a noi scegliere.

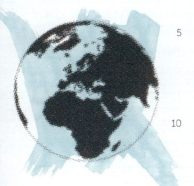

Il destino della prima era davvero globale della storia, la nostra, dipende dalle risposte che sapremo dare a sei grandi questioni:

1. l'emergere di **un'economia globale**[1] contraddistinta da una profonda interconnessione[2], e che, rispetto al passato, ha un rapporto del tutto nuovo e differente con i flussi di capitali, il lavoro, i mercati dei consumatori e i governi nazionali;

2. l'emergere di **una rete di comunicazioni elettronica planetaria** che permette a miliardi di persone di condividere i loro pensieri e sentimenti e di accedere a un immenso volume di dati in rapida espansione, a strumenti sempre più intelligenti, come robot e macchine pensanti, alcuni dei quali hanno già superato le capacità umane in una nutrita serie di singole operazioni mentali e potrebbero presto sorpassarci in manifestazioni di intelligenza, che abbiamo sempre ritenuto destinate a rimanere appannaggio[3] della nostra specie;

3. l'emergere nel mondo di **un nuovo equilibrio fra i poteri politici, economici e militari**, radicalmente diverso da quello che ha caratterizzato la seconda metà del XX secolo (durante la quale la leadership[4] globale degli Stati Uniti ha garantito una stabilità planetaria), con un passaggio di influenza e di iniziativa dall'Occidente all'Oriente, dai Paesi ricchi ad altri centri di potere in rapida ascesa in tutto il mondo;

4. l'emergere di **una crescita sempre più insostenibile, in termini di popolazione, di dimensioni delle città, di consumo delle risorse**, di sfruttamento intensivo dello strato arabile, delle riserve di acqua dolce e delle specie viventi, di diffusione dell'**inquinamento** e di una produzione economica misurata e guidata da un insieme assurdo e distorto di parametri che ci impediscono di constatare le

---

1. **economia globale:** quando una importante decisione di tipo economico, presa in una parte del mondo, ripercuote i propri effetti in tutto il resto del mondo.
2. **interconnessione:** interazione, scambio, collegamento.
3. **appannaggio:** prerogativa, diritto esclusivo.
4. **leadership:** funzione e attività di guida.

Sezione 3 Documentarsi, riflettere, discutere

conseguenze distruttive degli **autoinganni** con cui continuiamo a illuderci;

5 l'emergere di una nuova serie di **potenti tecnologie rivoluzionarie nell'ambito della** *biologia*, **della** *biochimica*, **della** *genetica* **e della** *scienza dei materiali*, che oggi ci permettono di ricostituire a livello molecolare tutte le materie solide, di reintrecciare il tessuto stesso della vita, di alterare la forma fisica, i tratti, le caratteristiche e le proprietà di piante, animali e persone, di assumere un controllo attivo sull'evoluzione, di superare le vecchie linee di divisione fra le specie esistenti e di inventarne altre del tutto nuove, mai comparse in natura;

6 e, infine, l'inizio di una massiccia **trasformazione globale delle nostre tecnologie** nel campo dell'**energia**, dell'**industria**, dell'**agricoltura** e delle **costruzioni**, finalizzata, negli intenti, a ristabilire un rapporto sano ed equilibrato fra l'umanità e il futuro.

I maggiori esperti al mondo ci dicono che il futuro che sta emergendo oggi sarà estremamente diverso da tutto ciò che abbiamo conosciuto in passato. Stiamo parlando di una differenza sostanziale: nella nostra storia non c'è alcun periodo di cambiamento che assomigli anche solo lontanamente a quello che l'umanità sta per affrontare. Abbiamo già attraversato epoche di trasformazioni rivoluzionarie, ma nessuna che fosse così intensa o così carica di pericoli e opportunità (due cose che vanno a braccetto) come quella che si sta dischiudendo davanti a noi.

A. Gore, *Il mondo che viene*, trad. it. di D. Didero, Rizzoli, Milano 2013

Obiettivo della lezione | Individuare relazioni tra idee e concetti

Scopi, cause e conseguenze

1. **Completa opportunamente gli enunciati ricavando informazioni e concetti da quanto l'autore espone nel testo.**

   Relazioni di causa

   a. La forte interconnessione tra flussi di capitali, lavoro, mercati e governi nazionali è all'origine della ECONOMIA GLOBALE
   b. L'indebolimento della leadership degli Stati Uniti ha causato NUOVO EQUILIBRIO ___ STATI

   Relazioni di conseguenza

   c. La rete di comunicazione elettronica di portata planetaria ha avuto l'effetto di CONDIVIDERE I PROPRI PENSIERI ED ACCEDERE AD UN FLUSSO ENORME DI DATI E STRUMENTI INTELLIGENTI

   d. I robot e le nuove macchine pensanti sono così intelligenti che HANNO SUPERATO LE CARATTERISTICHE UMANE
   e. Conseguenze del forte incremento demografico sono SFRUTTAMENTO INSOSTENIBILE
   f. Le nuove tecnologie della biologia, della biochimica, della genetica e della scienza dei materiali hanno permesso di RICOSTRUIRE

   Relazioni di scopo

   g. L'impiego delle nuove tecnologie in campo energetico, industriale, agricolo ed edilizio sono finalizzate a RISTABILIRE UN RAPPORTO SANO TRA PRESENTE E FUTURO
   h. Dobbiamo avere consapevolezza delle grandi questioni della nostra era globale affinché LA VITA MIGLIORE

I significati impliciti

2. La nostra era globale è carica di *pericoli* (P) e *opportunità* (O) [r. 48]. Quali potrebbero essere i *pericoli*? Quali le *opportunità*? Nell'elenco seguente ne abbiamo inseriti alcuni: distinguili ed eventualmente aggiungine degli altri.

	P	O
a. Accedere a informazioni in tempo reale.	☐	☒
b. Ampliare il proprio orizzonte culturale.	☐	☒
c. Aumentare le differenze tra chi è inserito nella rete e chi ne rimane fuori.	☒	☐
d. Sfruttamento della manodopera a basso costo.	☒	☐
e. Eseguire operazioni commerciali finanziarie tra una parte e l'altra del globo.	☒	☒
f. Decentrare le industrie e creare posti di lavoro nei paesi poveri.	☐	☒
g. Diminuzione della privacy.	☒	☐
h. Eccessiva concorrenza tra Paesi.	☒	☒
i. Incremento del degrado ambientale.	☒	☐
l. Perdita delle identità locali.	☒	☐
m. Riduzione delle autonomie locali.	☒	☐
n.	☐	☐
o.	☐	☐
p.	☐	☐

3. A che cosa allude l'autore quando parla di «autoinganni con cui continuiamo a illuderci» [rr. 28-29]?

- **A** All'eccessiva fiducia dell'uomo nelle nuove tecnologie.
- **B** Al mascheramento dei problemi con un insieme di dati e parametri distorti.
- **C** Alla convinzione che l'intelligenza sia appannaggio della specie umana.
- **D** Allo sfruttamento eccessivo delle risorse.

Appunti della lezione

- **Individuare le informazioni o le opinioni esplicite**, cioè quelle espresse in modo chiaro e diretto nel testo, è la prima operazione di lettura, sulla quale si fondano le operazioni più complesse.
- Altra operazione fondamentale consiste nel **ricavare informazioni o opinioni implicite**, cioè quelle non fornite direttamente dal testo ma sottintese dall'autore. Esse, di solito, si deducono collegando alcune informazioni esplicite, eventualmente integrate con conoscenze personali. Per esempio, se l'autore afferma che «il nuovo equilibrio tra i poteri politici» è «radicalmente diverso» da quello del XX secolo (quando esso era appannaggio degli Stati Uniti), deduco che gli Stati Uniti hanno perso o stanno perdendo la leadership.
- Per capire a fondo un testo, occorre anche **comprendere i rapporti logici tra le frasi**, in modo da ricostruire le **relazioni tra i fenomeni descritti**, in particolare quelli di **causa**, **conseguenza**, **scopo**. Se l'autore afferma che «il destino della prima era davvero globale della storia dipende dalle risposte che sapremo dare», vuol dire che le nostre risposte saranno **causa** del nostro destino.

I MIEI APPUNTI

Lezione 2

T2 La mondializzazione delle migrazioni
Guido Corradi, Monica Morazzoni

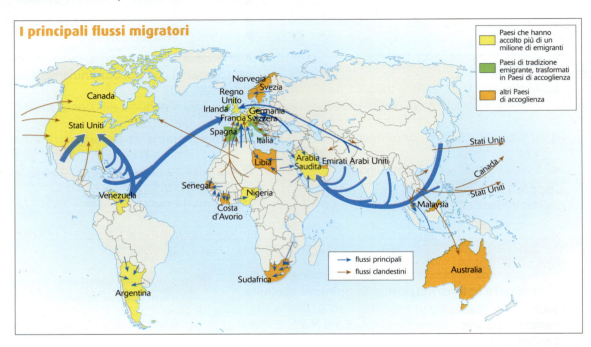

I principali flussi migratori

Le migrazioni internazionali

Tra gli effetti della globalizzazione vi sono gli spostamenti massicci di persone dai Paesi più poveri verso quelli più ricchi. A dispetto delle barriere frapposte dagli Stati, si parla di mondializzazione delle migrazioni.

I fattori generali dei movimenti internazionali di popolazione sono essenzialmente di tre tipi.

In primo luogo la forte pressione demografica esistente in molti Paesi del Sud del mondo, dove l'alta natalità e la ridotta mortalità provocano un incremento della popolazione a cui non corrispondono adeguate risorse economiche. Da questi Paesi prendono avvio i principali flussi migratori.

Una seconda causa delle migrazioni sono le forti differenze nel reddito e nella qualità della vita dei diversi Paesi, che spingono molti abitanti delle aree povere a trasferirsi là dove sperano di trovare una vita migliore.

Infine, come terza causa, vi è la mondializzazione dei trasporti e delle comunicazioni, che tende a ridurre le distanze non soltanto chilometriche, ma anche culturali.

20 **Le direttrici delle migrazioni**
Se un tempo i movimenti di persone si verificavano principalmente attraverso l'Oceano Atlantico (dall'Europa verso le Americhe), ora nuovi flussi interessano il Pacifico, principalmente verso gli Stati Uniti, ma anche verso i Paesi a economia avanzata dell'Est asiatico, tra i quali
25 emerge il Giappone.
Altre direttrici, con direzione sud-nord, attraversano il Mediterraneo verso l'Europa e il confine tra Messico e Stati Uniti; con direzione ovest-est, dall'Africa verso i Paesi petroliferi del Medio Oriente.

G. Corradi, M. Morazzoni, *La rosa dei venti*, vol. 3, Loescher, Torino 2011

Obiettivo della lezione — Ricavare informazioni da un testo misto

■ L'informazione da un testo continuo

1. Che cosa si intende con l'espressione «mondializzazione delle migrazioni»?

2. Quali sono le principali cause delle migrazioni?

3. Quali cause possono indurre alcuni emigranti a scegliere come meta i Paesi del Medio Oriente?

■ L'informazione da un'immagine

4. In base alla *legenda* che osservi nella cartina, come viene classificata l'Italia?

5. Quali sono i Paesi che hanno accolto il maggior numero di emigranti?

6. In base all'illustrazione, l'Italia ha una maggioranza di flussi regolari oppure di flussi clandestini?

Appunti della lezione

- I **testi continui** sono testi verbali, costituiti da più frasi raggruppate in capoversi che a loro volta possono fare parte di strutture più ampie, come paragrafi, sezioni o capitoli.
- I **testi non continui** possono essere organizzati in vari modi e comprendere elementi non verbali: tra i testi non continui di uso più frequente troviamo i grafici, le tabelle, le mappe, i moduli, gli annunci ecc.
- I **testi non continui richiedono un diverso approccio di lettura**: bisogna prestare attenzione alla *legenda*, ai *simboli grafici*, ai *codici di colore*, e così via.
- I **testi misti** sono composti da un testo continuo accompagnato da figure, tabelle, grafici ecc.

I MIEI APPUNTI

Sezione 3 — Documentarsi, riflettere, discutere

Appunti delle lezioni

Sintesi

Ricavare informazioni e stabilire relazioni tra esse	- Quando si legge un testo espositivo, la prima operazione da effettuare è quella di **individuare le informazioni e le opinioni esplicite**, cioè quelle espresse in modo chiaro. - Un'altra operazione fondamentale consiste nel **ricavare informazioni o opinioni implicite**, cioè quelle non fornite direttamente dal testo ma sottintese dall'autore. Esse, di solito, si deducono collegando alcune informazioni esplicite, eventualmente integrate con conoscenze personali. - Per capire a fondo un testo, occorre anche **comprendere i rapporti logici tra le frasi** in modo da ricostruire le **relazioni tra i fenomeni descritti**, in particolare quelli di **causa, conseguenza, scopo**.
Ricavare informazioni da un testo misto	- I **testi continui** sono scritti con un codice verbale e sono costituiti da più frasi raggruppate in capoversi che a loro volta possono far parte di strutture più ampie, come paragrafi, sezioni o capitoli. - I testi possono presentarsi anche in forma **non continua**, quando sono organizzati in modo diverso e comprendono elementi non verbali: tra i testi non continui di uso più frequente troviamo i *grafici*, le *tabelle*, le *mappe*, i *moduli*, gli *annunci*, ecc. Tali testi si differenziano da quelli continui non solo per la loro diversa organizzazione, ma anche perché **richiedono un diverso approccio di lettura**: bisogna prestare attenzione alla *legenda*, ai *simboli grafici*, ai *codici di colore*, e così via. Anche i **testi non continui** trasmettono informazioni esplicite e implicite, queste ultime da ricavare tramite attenta osservazione e collegamento di idee. - I **testi misti** sono composti da un testo continuo accompagnato da figure, tabelle, grafici ecc.

Beppe Severgnini

Otto chiavi per il futuro

T3

I contenuti ı L'autore, nel saggio *Gli italiani di domani*, cerca di spiegare come far fronte alle sfide della globalizzazione ed esorta a «riprogrammare noi stessi e il nostro Paese (brutto verbo, bel proposito)», offrendo ai giovani otto suggerimenti, le «otto T» del tempo che viene, otto chiavi per aprire le porte del futuro.

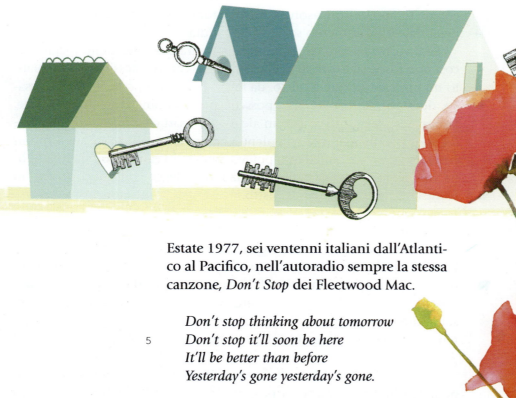

Estate 1977, sei ventenni italiani dall'Atlantico al Pacifico, nell'autoradio sempre la stessa canzone, *Don't Stop* dei Fleetwood Mac.

> *Don't stop thinking about tomorrow*
> 5 *Don't stop it'll soon be here*
> *It'll be better than before*
> *Yesterday's gone yesterday's gone.*
>
> Non smettete di pensare a domani
> non smettete presto sarà qui sarà qui
> 10 sarà meglio di prima
> ieri se n'è andato ieri se n'è andato

Non ho cambiato idea, da quel primo viaggio in America. *Don't stop thinking about tomorrow.* Non smettete di pensare a domani. Qualunque cosa accada, il mondo va avanti, e l'Italia è parte del mondo. Una parte 15 importante, profumata, inconfondibile: per questo abbiamo tanti occhi addosso. Cerchiamo di smentire chi ci sottovaluta, di non deludere chi ci stima. Nessun governo l'ha mai proposto, nessun Parlamento l'ha mai votato: ma è un bel programma, che inizia da ciascuno di noi.

Sezione 3   Documentarsi, riflettere, discutere

Nelle prossime pagine troverete otto passaggi; se preferite, otto chiavi per il futuro. Ognuno contiene altrettanti sottopassaggi. Otto è un numero sensuale e simmetrico: non piace solo ai cinesi, che di queste cose se ne intendono. Sono le *otto T* del tempo che viene: prendetele o scartatele, tutte o in parte. Se le scartate, però, pensate perché lo fate. È comunque un buon esercizio.

1. TALENTO – SIATE BRUTALI

La ricerca del proprio talento non è soltanto una forma di convenienza e un precetto evangelico[1]: è una prova di buon senso. Scoprire ciò che siamo portati a fare – qual è la nostra attitudine o predisposizione – richiede tempo; e non risolve i nostri problemi di lavoro, realizzazione personale o inserimento sociale. Però aiuta.

Se il vostro talento corrisponde alla vostra passione, tanto meglio. Se così non fosse, siate onesti – anzi, spietati – con voi stessi. Ricordo quanto mi piacesse giocare a calcio, da ragazzo. Correvo, contrastavo, crossavo, rientravo. Purtroppo, non possedevo la combinazione di intuizione, fantasia e tecnica che vedevo in alcuni avversari e compagni di squadra. Riconoscevo intorno a me il talento, ed ero abbastanza onesto – o non così sciocco – da ammetterlo: potevo mettere in campo solo la mia buona volontà, e non bastava. Sui giornali, oggi, leggo colleghi che scrivono come io calciavo al volo di sinistro.

2. TENACIA – SIATE PAZIENTI

L'invito alla pazienza è fuori moda, lo so. Chiamatela tenacia, allora. È l'abilità di identificare un obiettivo e inseguirlo. È la capacità di tener duro. È l'abitudine alla fatica. È la forza di sopportare un capo insopportabile. È la calma con cui si cercano i risultati, sapendo che occorre seminare per raccogliere. E non basta: occorre conoscere semente e terreno. Vengo da molte generazioni di agricoltori: questo aspetto non mi può sfuggire.

Solo la costanza dei comportamenti produce risultati. Le cose buone fatte saltuariamente servono poco. Su noi italiani pende il sospetto metodico dell'inaffidabilità. Siamo i campioni mondiali del bel gesto, che richiede generosità e teatralità. Siamo meno bravi nei buoni comportamenti, che impongono metodo e coerenza.

Il talento non basta: occorre tenacia. Tra una persona talentuosa senza tenacia e un'altra tenace, ma senza talento, sarà quest'ultima a ottenere i risultati migliori.

3. TEMPISMO – SIATE PRONTI

Talento e tenacia non sono sufficienti, bisogna possedere il senso del tempo. La consapevolezza che le cose cambiano, e noi cambiamo con le cose.

Il mutamento dev'essere visto come un'opportunità, non una fonte

---

1. **precetto evangelico:** frase del Vangelo in cui viene detto cosa fare o non fare.

d'ansia. Il tempismo – la capacità di cogliere il momento – è una qualità; l'opportunismo, un difetto. Il tempismo è la virtù di chi guarda il mondo che gli gira intorno, e trova l'attimo e il modo per salire a bordo. L'opportunismo è il vizio di chi pretende il turno, e non si diverte nemmeno.

La scaramanzia è stupida, ma le coincidenze sono stupende. Poiché giochiamo con le T, quindi, ricordate i Treni che Transitano. C'è chi li prende in corsa, e chi non li vede nemmeno se gli si fermano davanti e spalancano le porte. Per rimanere a bordo, poi, occorre essere buoni passeggeri. Anzi, passeggeri utili. Quando l'occasione arriva, bisogna farsi trovare pronti. Conoscere una tecnica, una disciplina, un'arte, un meccanismo, un mezzo, uno strumento, una lingua: tutto serve, e qualcosa si rivelerà indispensabile. Tecnica e perizia sono vocaboli desueti[2]; ma saper fare le cose, al momento giusto, non passerà mai di moda.

4. TOLLERANZA – SIATE ELASTICI

Quante volte usiamo espressioni come «assolutamente sì», «sicuramente», «senza dubbio»? Troppe, probabilmente. Coltivate le sfumature, tollerate l'imperfezione, modificate gli obiettivi. Quando i fatti cambiano, è sciocco non cambiare opinione. Ha scritto il poeta Valerio Magrelli: «Talvolta bisogna saper scegliere il bersaglio dopo il tiro».

Accettate i compromessi: ma non tutti e non sempre. Talvolta sono

2. desueti: non, consueti, fuori moda.

Sezione 3   Documentarsi, riflettere, discutere

> 3. **irriferibili:** che non si possono riferire.
> 4. **indulgenza:** estrema tolleranza nel giudizio.
> 5. **considerare ... patologici:** considerare normali comportamenti che in realtà sono "malati".

l'unica alternativa al conflitto. Ma devono essere decorosi. Vi chiederete: qual è il metro di giudizio? Semplice: se diventassero pubblici, non devono mettervi in imbarazzo. Ecco perché i compromessi della politica – pensate a certe nomine e a certi accordi – sono spesso sbagliati: perché sono irriferibili[3].

La tolleranza è come il vino: un po' fa bene, troppa è dannosa. Un eccesso che ha indebolito l'Italia, e rischia ancora oggi di portarci a fondo. L'indulgenza[4] riservata agli amici, la severità invocata per gli avversari, l'abitudine a considerare fisiologici comportamenti patologici[5]. Il mondo dell'università e del lavoro sono pieni di brutte abitudini, accettate silenziosamente, quasi per stanchezza. Quando il malcostume viene reso pubblico, si passa dalla rassegnazione all'indignazione. Ma passa in fretta anche quella. Costa fatica.

5. TOTEM – SIATE LEALI

Alzate un totem, e restategli fedeli. Stabilite le vostre regole: non si ruba, non si mente, non si imbroglia. L'elenco non è poi così lungo. Non spetta a un libro – di sicuro non a questo – decidere quante e quali regole: l'importante è averne, e rispettarle. Diffidate di chi s'appella all'etica e si fa scudo con la religione: guardate cosa fa, non cosa dice di voler fare. «Il fine giustifica i mezzi» può essere un (imperfetto) riassunto del pensiero di Niccolò Machiavelli. Di sicuro, Gesù Cristo non l'ha mai detto.

L'Italia non cambierà finché in migliaia di voi, italiani di domani, non verranno da migliaia di noi – i vostri padri e le vostre madri, i vostri datori di lavoro, i vostri superiori – a dire: «Così non si fa». Un figlio che entra in una stanza, si chiude la porta alle spalle e pronuncia queste quattro parole vale più di qualsiasi magistrato, carabiniere, finanziere, consulente, editorialista e confessore.

Il peccato più grave è convincervi dell'inutilità dell'onestà.

6. TENEREZZA – SIATE MORBIDI

Il benessere dipende da molti altri fattori, che si possono riassumere nel concetto di qualità della vita. Un'area dove noi italiani godiamo di molte fortune (storiche, geografiche, climatiche, artistiche, alimentari, caratteriali). Sembrano essere gli stranieri, tuttavia, a capirlo più in fretta.

Pensare come Leonardo. L'autore, Michael J. Gelb, racconta di aver studiato il metodo del genio toscano; e lo riassume in sette principi (i nomi sono in italiano anche nell'originale):

– *Curiosità,* un'insaziabile ricerca della conoscenza del miglioramento.
– *Dimostrazione,* la capacità di imparare dall'esperienza.
– *Sensazioni,* affinamento dei sensi.
– *Sfumato,* gestione dell'ambiguità e del cambiamento.
– *Arte/scienza,* capacità di utilizzare l'intero cervello.

125 – *Corporalità, forma fisica e mentale.*
– *Connessione, capacità di pensare per sistemi.*

L'infatuazione rinascimentale dell'autore è evidente, e alcuni di questi principi sono conosciuti. Meno noto, forse, è come Leonardo coltivasse i propri sensi. Li definiva «i ministri dell'anima», li considerava
130 fondamentali per arricchire l'esperienza. «Allenava la propria attenzione come un atleta olimpico allena il suo corpo» racconta Gelb. E ricorda come il genio italiano scrivesse: la persona media guarda senza vedere, sente senza ascoltare, tocca senza sentire, respira senza percepire i profumi, mangia senza gustare, parla senza pensare.
135 Cinquecento anni dopo, non vorreste commettere gli stessi errori?

7. TERRA – SIATE APERTI

Gli intolleranti, spesso, sono soltanto ignoranti. Non dispongono di termini di paragone, giudicano il mondo chiusi nel loro angolo. La possibilità di confronto è una ricchezza, una gioia e una fortuna. Inse-
140 gna la prospettiva, i modelli e le relazioni. Essere aperti è un vantaggio; e non costringe a dimenticare le proprie origini, come pensa qualcuno. «Un paese ci vuole, non fosse che per il gusto di andarsene via. Un paese vuol dire non essere soli…» scriveva Cesare Pavese, uno da non perdere mai di vista.
145 Se siete attirati dal mare aperto del mondo, andate. Partite. Scappate. Ma ricordate che una nazione, una regione, una città, un quartiere, una scuola, un'associazione, un gruppo di amici e una famiglia sono il porto da cui siete partiti; e dove, magari, tornerete. Anche nomadi e marinai hanno patria.

8. TESTA – SIATE OTTIMISTI
150
I motivi per essere pessimisti ci sono sempre. Anche quelli per essere ottimisti. È una questione di atteggiamento. Anzi, di testa. Guardate la storia recente: i vostri nonni, bene o male, hanno ricostruito l'Italia; ma i vostri genitori – la mia generazione – non hanno agito con altrettanta lungi-
155 miranza[6]. Abbiamo arredato il paese per starci comodi, senza pensare al futuro e senza badare a spese. La fattura, adesso, è nelle vostre mani.

Motivo per essere ansiosi, irritati e delusi? Certamente. Ma ansia, irritazione e delusione non portano lontano. Un consiglio, quindi, che è anche una preghiera: siate indulgenti, e tirate diritto. Se vogliamo
160 restare all'allegoria[7] marinara del passaggio precedente: le recriminazioni[8] sono ancora nella sabbia, impediscono di prendere il largo. Le generazioni (gli imperi, le nazioni, i governi, le aziende, le famiglie, le coppie) si perdono per sufficienza, mollezza e cattive abitudini. Non a causa delle tempeste. Questa non è una giustificazione per noi, ma
165 potrebbe essere una (piccola) consolazione per voi.

Portate talento, tenacia, tempismo e tolleranza in ciò che fate. Difendete i vostri ideali, guardate la vita con ironia, non dimenticate chi siete

---

6. lungimiranza: capacità di guardare lontano.
7. allegoria: racconto metaforico.
8. recriminazioni: lamentele, rimproveri, fatti con un certo rancore.

Sezione 3   Documentarsi, riflettere, discutere

e da dove venite. Portate per il mondo quel «sentimento italiano senza nome» (Goffredo Parise) che ci rende speciali.

170   Soprattutto, non diventate cinici. I protagonisti delle moderne tristezze italiane, trent'anni fa, erano come voi: terminavano gli studi, iniziavano a lavorare, annusavano il futuro, avevano la luce negli occhi. Allora volevano cambiare il mondo. Oggi, al massimo, l'automobile. Se è di servizio, meglio.

175   Ripeto: voi non potete sognare, voi dovete farlo. Questo è l'unico ordine. Gli altri erano solo consigli.

B. Severgnini, *Italiani di domani*, Rizzoli, Milano 2012

COMPRENDERE E INTERPRETARE

Talento e tenacia [rr. 25-55]

1. Trascrivi le parole con cui l'autore spiega il significato dell'espressione «ricercare il proprio talento».

2. Che differenza c'è tra «attitudine» e «passione»? Di quale esempio si serve l'autore per dimostrare concretamente la differenza?

3. Perché il punto 1 s'intitola *Siate brutali*? Con chi bisogna esserlo? Con quale scopo?

4. Trascrivi le parole con cui l'autore spiega il significato della parola «tenacia».

5. Secondo l'autore conta più la *tenacia* o il *talento*? Motiva la risposta.

Tempismo e tolleranza [rr. 56-94]

6. Trascrivi le parole con cui l'autore spiega il significato della parola «tempismo».

7. Secondo l'autore che differenza c'è fra «tempismo» e «opportunismo»?

8. L'autore usa la parola «tolleranza» nel senso di:
   A ⊠ capacità di accettare che le cose cambino.
   B capacità di accettare e sopportare qualcosa che potrebbe non piacere.
   C capacità di rispettare le idee e le convinzioni altrui.
   D incapacità di rispettare le idee e le convinzioni altrui.

9. Secondo l'autore, qual è il metro di giudizio da seguire nell'accettare i compromessi?

Lealtà e tenerezza [rr. 95-135]

10. Quali sono le semplici regole morali cui bisognerebbe attenersi?

....
....

11. Secondo l'autore, l'onestà è un valore:
- A antiquato.
- B inutile.
- ☒ imprescindibile.
- D dannoso.

12. Secondo l'autore, quale atteggiamento migliora la qualità della vita perché arricchisce l'esperienza?
- A Godere di molte fortune.
- ☒ Affinare i propri sensi.
- C Allenare il corpo.
- D Commettere errori.

Apertura e ottimismo [rr. 136-176]

13. A che cosa serve viaggiare, essere aperti alle esperienze? Cita alcuni esempi tratti dal testo.

....
....
....

14. Quali sono i vantaggi di un atteggiamento ottimista, del "pensare positivo"? Contrassegna quelli che ti sembrano corretti e coerenti con quanto espresso dall'autore.
- ☒ Avere fiducia nel futuro.
- B Pensare al proprio tornaconto.
- C Guardare la vita con ironia.
- D Non diventare cinici.
- E Evitare i problemi.
- ☒ Non recriminare.

STUDIARE LA LINGUA

15. L'autore usa molte espressioni figurate con le quali comunica importanti messaggi. Spiega le seguenti.
- a. «Occorre seminare per raccogliere. E non basta: occorre conoscere semente e terreno».
- b. «Ricordate i Treni che Transitano. C'è chi li prende in corsa, e chi non li vede nemmeno se gli si fermano davanti e spalancano le porte. Per rimanere a bordo, poi, occorre essere buoni passeggeri».
- c. «Talvolta bisogna saper scegliere il bersaglio dopo il tiro».
- d. «Anche nomadi e marinai hanno patria».
- e. «Abbiamo arredato il paese per starci comodi, senza pensare al futuro e senza badare a spese. La fattura, adesso, è nelle vostre mani».
- f. «Le recriminazioni sono ancora nella sabbia, impediscono di prendere il largo».

PARLARE E SCRIVERE

16. L'autore conclude la sua rassegna di consigli con un "ordine". Quale? Dopo aver discusso con i compagni sul valore di questo ordine, scrivi l'opinione che hai maturato a proposito, sostenendola con esempi e ragionamenti.

Sezione 3 Documentarsi, riflettere, discutere

T4 Fernando Savater
La libertà di scegliere

I contenuti | Fernando Savater è un filosofo contemporaneo di nazionalità spagnola. Nel saggio *Etica per un figlio* parla al proprio figlio del bene e del male, ma senza dirgli cosa è vietato o cosa è male: lo invita a riflettere, a sentire cosa fa bene o cosa fa male a se stessi, a scegliere cosa ci fa felici. Nel brano proposto, il filosofo ci invita a riflettere sulla libertà di scegliere, ma anche sulla possibilità di sbagliare.

Noi uomini abbiamo sempre la possibilità di optare per qualcosa che non è previsto dal programma (o almeno non *del tutto*). Possiamo dire *sì* o *no*, voglio o non voglio. Per quanto possiamo essere spinti dalle circostanze non abbiamo mai di fronte un solo cammino ma diversi.

Non dico che possiamo fare *qualsiasi cosa vogliamo*, ma neppure siamo obbligati a fare una cosa sola. Qui conviene stabilire un paio di punti fermi sulla libertà.

Primo: non siamo liberi di scegliere *quello che ci succede* (essere nati il tal giorno, da certi genitori, in un dato paese, avere il cancro, essere investiti da un'automobile, essere belli o brutti, eccetera), ma siamo liberi di *rispondere a quello che ci succede in un modo o nell'altro* (obbedire o ribellarci, essere prudenti o rischiare, vendicarci o rassegnarci, vestirci alla moda o travestirci da orsi, eccetera);

Secondo: essere liberi di *tentare* di fare qualcosa, non ha niente a che vedere col *riuscirci* necessariamente. La libertà (che consiste nello scegliere tra possibilità) non s'identifica con l'onnipotenza (che sarebbe ottenere sempre quello che uno vuole anche se sembra impossibile). Perciò quanto più abbiamo *capacità* di agire, migliori saranno i risultati che potremo ottenere dalla nostra libertà. Sono libero di voler salire sull'Everest, ma con la mia salute precaria e la mia totale impreparazione è praticamente impossibile che possa raggiungere l'obiettivo. Invece sono libero di leggere o non leggere perché l'ho imparato da bambino e la cosa non mi risulta troppo difficile. Ci sono cose che dipendono dalla mia volontà (e questo è essere libero), ma non *tutto* dipende dalla mia volontà (sennò sarei onnipotente), perché nel mondo ci sono molte altre volontà e molte altre necessità che non controllo a mio piacere. Se non conosco né me stesso né il mondo in cui vivo la mia libertà si *scontrerà* prima o poi contro la necessità. Ma, cosa importante, non per questo smetterò di essere libero.

In sintesi: a differenza di altri esseri, viventi o inanimati, noi uomini possiamo *trovare soluzioni nuove e scegliere* almeno parzialmente la nostra forma di vita. Possiamo optare per quello che ci sembra essere giusto, e cioè conveniente per noi, ed evitare quello che sembra farci del male o non convenirci. Ma siccome possiamo scegliere, possiamo anche *sbagliarci*, cosa che non succede ai castori, alle api e alle termiti. Perciò sembra meglio riflettere bene su quello che facciamo e cercare di acquisire un certo saper vivere che ci permetta di scegliere bene.

da F. Savater, *Etica per un figlio*, trad. it. di D. Lovera Osorio
e C. Paternò, Laterza, Roma-Bari 2007

COMPRENDERE E INTERPRETARE

1. Dopo aver letto e riflettuto sul testo, stabilisci se le seguenti affermazioni sono vere o false.

	V	F
a. La libertà consiste nella facoltà di poter scegliere tra diverse possibilità.	☒	☐
b. Nonostante le circostanze impongano vincoli, gli uomini hanno sempre la possibilità di decidere liberamente.	☒	☒
c. Noi, come uomini, possiamo fare qualsiasi cosa vogliamo.	☐	☒
d. Gli uomini non possono decidere gli accadimenti ma possono reagire e rispondere a essi con un buon margine di libertà.	☒	☐
e. In ogni caso, tutto quello che decidiamo di fare ha sempre successo.	☐	☒
f. I risultati che otteniamo dipendono dalla nostra capacità di agire.	☒	☐
g. Non tutto dipende dalla nostra volontà.	☒	☐
h. Per scegliere, è importante conoscere se stessi e il mondo in cui si vive.	☒	☐
i. Gli uomini hanno le stesse possibilità degli esseri viventi.	☐	☒
l. Gli uomini possono scegliere ma non possono trovare soluzioni nuove ai problemi.	☐	☒

STUDIARE LA LINGUA

2. Quale significato ha il verbo «optare» [r. 1]?

A Desiderare.   **B** Dubitare.   **C** Chiedere.   **☒** Scegliere.

3. Da quale termine può essere sostituita la parola «necessità» [r. 29]?

A Violenza.   **☒** Urgenza.   **☒** Sorte.   **D** Povertà.

PARLARE E SCRIVERE

4. Scrive il filosofo in un altro punto del libro: «L'unico dovere che abbiamo nella vita è quello di non essere imbecilli. "Imbecille" viene dal latino *baculus*, che significa "bastone" e l'imbecille è chi ha bisogno del bastone per camminare. Esistono vari tipi di imbecilli: quello che crede di non volere nulla; quello che crede di volere tutto; quello che non sa che cosa vuole e non si disturba a cercare di capirlo; quello che sa di volere, sa ciò che vuole ma senza energia, è pauroso e debole; quello che vuole con forza, è aggressivo, non si ferma davanti a niente, ma sbaglia nel giudicare la realtà. L'esatto contrario di essere imbecille è avere una coscienza.» In che cosa consiste questa *coscienza* che ci salva dall'imbecillità? Discutine in classe, poi spiegalo per iscritto portando degli esempi.

Sezione 3 Documentarsi, riflettere, discutere

T5

Giovanna Giuffredi
La scelta della scuola superiore

I contenuti | Giovanna Giuffredi è una psicologa esperta di orientamento scolastico. Nell'articolo proposto, la studiosa ci dice che la scelta della scuola superiore (è "scuola" ovviamente, anche il "sistema di istruzione e formazione") è da sempre un momento delicato, che può scatenare crisi, conflitti familiari e problemi di vario genere nell'impatto dell'allievo con una realtà molto diversa da quella incontrata nella scuola media di provenienza. È bene perciò essere consapevoli al massimo della delicatezza della scelta e riflettere su alcuni tipici aspetti psicologici di questo importante momento.

Non era ancora nato e in famiglia c'era già chi faceva pronostici. "Sarà un ottimo avvocato, come il nonno!"; oppure "Non sarà certo una casalinga frustrata, sarà una grande manager!" E ai suoi primi sguardi posati distrattamente su un quadro o ancor peggio ai primi deliziosi scaraboc-
5 chi, davano tutti per scontato che sarebbe diventato un ottimo designer.

La sola ipotesi che un figlio abbia un futuro professionale piuttosto che un altro mette in moto nel genitore stati d'animo carichi di componenti emotive che agiscono di riflesso sulle scelte dei diretti interessati. Si formano gradualmente quelli che comunemente vengono chiamati
10 i *condizionamenti*.

Le aspettative familiari hanno un grande peso sui giovani. Spesso per sentirsi accettati, inconsapevolmente, i figli si trovano a percorrere strade che non condividono fino in fondo, rinunciando ai loro reali interessi e reprimendo attitudini e inclinazioni. E alla lunga certe scelte
15 si pagano con frustrazioni quotidiane, o ancor peggio con il fallimento professionale.

Avere aspirazioni particolari nei riguardi dei propri figli è più che normale, e questo non vuol dire necessariamente negare loro una piena realizzazione personale. Basta chiarire con onestà le proprie aspettative,
20 riconoscendo e rispettando le loro posizioni, possibilmente in un clima di sereno confronto.

Al termine della scuola media i giovani si trovano in un periodo denso di profondi cambiamenti fisici e psichici. Nel giro di pochi anni si trasformano quasi a vista d'occhio. Questi mutamenti sono spesso
25 fonte di ansie e di complessi di inferiorità. Il punto è che non si accettano, non si riconoscono nella nuova figura che vedono riflessa quotidianamente nello specchio. Inoltre subiscono l'immagine che gli altri riflettono loro.

In casa sono ancora considerati un po' troppo bambini e questo li

30 porta a essere insofferenti. A scuola, al contrario, gli insegnanti li trattano più da adulti, pretendendo un comportamento serio e impegnato. A loro farebbe invece comodo rifugiarsi ogni tanto nell'infanzia che si allontana, per evadere dal peso delle loro responsabilità. Quando si trovano con il gruppo degli amici finalmente sono alla pari. Nessuno
35 giudica più, nessuno esprime critiche. Ma non è sempre così. Per farsi accettare dal gruppo bisogna scendere a certi compromessi, come il linguaggio o l'abbigliamento da adottare, e così via.

Insomma il nostro adolescente fa una grande fatica a trovare in sé quella parte più vera e autentica su cui costruire il proprio progetto di
40 vita futura. Ed è proprio in questo particolare momento che l'adulto attento può intervenire per dargli una mano, aiutandolo a riconoscere e a razionalizzare queste particolari dinamiche. A fargli capire il perché a volte, senza un motivo apparente, si sente a terra e subito dopo è quasi euforico. Non è risolutivo, ma può essere rassicurante fare insieme due
45 chiacchiere per fargli comprendere che tutto questo fa parte della ricerca della propria identità personale.

Abbiamo visto, inoltre, che a complicare la vita concorrono anche i condizionamenti sociali. Il problema non è tanto come evitarli, perché il più delle volte sono inevitabili, e i giovani, in particolare, non hanno
50 strumenti per farlo. Il punto è riconoscere queste sottili imposizioni, per poterle fronteggiare e semmai, se c'è corrispondenza, assecondare.

La scelta di una scuola, al termine del primo ciclo, prevede un'attenta analisi della situazione personale. A partire dagli interessi, fino all'individuazione delle attitudini, della scala valoriale[1], delle aspirazio-
55 ni e delle motivazioni. Inoltre, come abbiamo visto, ci sono influenze

---

1. **scala valoriale:** scala dei valori.

Sezione 3 — Documentarsi, riflettere, discutere

esterne che impediscono una corretta messa a fuoco dell'immagine personale. Dobbiamo infine tenere in considerazione il tessuto sociale nel quale si vive. Quello che generalmente viene definito il mercato del lavoro. Il che comporta un'attenta analisi dei settori professionali e delle caratteristiche dei vari ambiti lavorativi. Molti giovani non esprimono ad esempio certi interessi semplicemente per ignoranza. Ignorano cioè l'esistenza di certi settori produttivi. Non bisogna poi trascurare la conoscenza di tutte le opportunità formative che il territorio offre.

In ciascuna delle fasi elencate, la figura dell'adulto, sia esso un insegnante, un genitore o chi ne fa le veci, è determinante per sostenere, consigliare, ascoltare, aiutare il giovane ad autoorientarsi. Non tutti gli adulti sono in grado di far ciò. A volte si può ricorrere ai centri di orientamento, strutture pubbliche e private che possono essere un valido sostegno, se non altro dal punto di vista informativo e dell'indagine personale attraverso specifici test e colloqui individuali.

Occorre in generale spogliarsi dei propri preconcetti, affrontando con la dovuta umiltà le esigenze e i bisogni di nostro figlio, di un alunno, del giovane che si rivolge fiducioso a noi. Non sempre si sanno offrire risposte certe. Non bisogna entrare nell'ansia di fornire facili ricette a ogni problema che ci viene posto. A volte può essere un punto di riferimento più valido proprio chi non propone affrettate soluzioni, chi riconosce di avere dei dubbi e si rende disponibile ad affiancare il giovane nel suo processo orientativo.

G. Giuffredi, in *Guida alla scelta del 2° ciclo*, Editoriale Tuttoscuola, Roma 2006

COMPRENDERE E INTERPRETARE

■ Fatti e opinioni

1. La famiglia, secondo la psicologa, tende a condizionare il giovane nella scelta della scuola superiore. In che modo, e con quali conseguenze?

2. Perché la psicologa dice che i giovani «subiscono l'immagine che gli altri riflettono loro»? Porta degli esempi.

3. In che modo l'adulto può dare una mano al giovane?

4. La scelta di una scuola, al termine del primo ciclo, prevede un'attenta analisi della situazione personale. Quali elementi bisogna considerare?

   INTERESSI PERSONALI, INCLINAZIONI, SCALA DI VALORI, LE MOTIVAZIONI E LE ASPETTATIVE.

STUDIARE LA LINGUA

5. Spiega il significato delle seguenti espressioni e stabilisci se indicano atteggiamenti positivi o negativi.
   a. Patire le aspettative familiari.
   b. Reprimere le attitudini e le inclinazioni.
   c. Ricercare l'identità personale.
   d. Fronteggiare i condizionamenti sociali.
   e. Auto orientarsi.

PARLARE

6. *La mia famiglia*. Imposta una discussione in classe cercando di dare una risposta alle seguenti domande.
   a. Se hai un problema, ne parli con i tuoi familiari?
   b. Quando siete riuniti, commentate insieme i fatti del giorno?
   c. Se hai un insuccesso a scuola, i tuoi familiari di solito attribuiscono la colpa al tuo scarso impegno, al lavoro dell'insegnante o a che cosa?
   d. I tuoi familiari conoscono gli amici che frequenti? Questi ultimi vengono spesso a casa tua?
   e. Secondo te, i tuoi familiari conoscono i tuoi reali interessi?
   f. Quali compagni stimi di più (quelli sinceri, intelligenti, quelli che si fanno rispettare, i più forti...)?
   g. I compagni che tu stimi sono gli stessi che stimano anche i tuoi genitori, oppure loro vorrebbero che tu frequentassi altre persone?
   h. Secondo te, che cosa conta soprattutto nel lavoro (il guadagno, la soddisfazione personale, il posto fisso...)? E secondo i tuoi?

SCRIVERE

7. Osserva l'areogramma e scrivi un breve testo di commento interpretando i dati.

Fonte: elaborazione studenti.it su dati MIUR.

Sezione 3 Documentarsi, riflettere, discutere

T6

Pietro Ichino
Che lavoro farò da grande?

I contenuti | Dobbiamo lavorare per produrre ciò che serve per vivere. Ma il lavoro è anche necessario a ciascuno di noi per realizzare la propria personalità. È fonte di fatica, ma anche di felicità. Primo Levi, in un suo bellissimo libro dedicato al lavoro, *La chiave a stella*, scrive: «Se si escludono istanti prodigiosi e singoli che il destino ci può donare, amare il proprio lavoro costituisce la migliore approssimazione concreta alla felicità sulla terra».

Che lavoro farò da grande? Forse sarà uno dei lavori che oggi vediamo svolgere intorno a noi, forse no. Certo, tra vent'anni ci saranno ancora i barbieri, gli idraulici, gli insegnanti, i medici e gli avvocati. Ma potrebbero ridursi a un numero molto piccolo i conducenti di tram, autobus
5 e metropolitane, sostituiti da piloti automatici; gli impiegati allo sportello delle banche, sostituiti dal bancomat e dai servizi via internet; il personale delle imprese addetto a funzioni amministrative, sostituito dai computer; e anche gli operai di fabbrica, dal momento che il lavoro manifatturiero tende e tenderà sempre più a essere sostituito dai robot
10 o a spostarsi in altre regioni del globo: soprattutto in estremo Oriente, in India, in Africa.

Quelli che non spariranno, ma anzi sono destinati ad aumentare, saranno i lavori di servizio alla famiglia, alle singole persone, in particolare ai minori e ai non autosufficienti, alle comunità locali: assistenti
15 sociali, puericultrici, artigiani, intrattenitori, infermieri, fisioterapisti, accompagnatori, agenti di polizia, e così via. In Italia, oggi, le persone che si dedicano a questi servizi sono molto meno numerose rispetto agli altri Paesi del Centro e Nord Europa.

Nei Paesi scandinavi, per esempio, quando una donna aspetta un
20 bambino i servizi sociali mobilitano diverse persone, per accertare se l'abitazione è adatta ad accogliere il neonato, per trovare una soluzione quando l'abitazione non lo sia, per programmare con la madre i servizi di assistenza che andranno attivati subito dopo il parto. Una mobilitazione analoga si verifica quando una famiglia informa i servizi sociali
25 di avere una persona disabile o anziana in parte o del tutto non autosufficiente, che quindi ha bisogno di essere accudita. Tutti questi servizi richiedono un notevole numero di lavoratori, che in quei Paesi vengono assunti, addestrati e retribuiti dallo Stato o dalle comunità locali.

In Italia, invece, tutta o quasi l'assistenza alla madre e al neonato,
30 oppure al disabile o anziano non autosufficiente, ricade sulla famiglia

1. telematica: scienza delle telecomunicazioni realizzate grazie all'informatica.

e viene per lo più svolta – in modo non professionale, quindi meno efficiente, e senza retribuzione – da nonni, genitori e figli, a seconda dei casi.

Rispetto all'Italia, nel Nord Europa vengono attivati molti più posti di lavoro anche per altri servizi di interesse sociale, come biblioteche, centri sociali, servizi di assistenza nel mercato del lavoro, gestione e pulizia dei bagni pubblici e dei giardini comunali, sorveglianza contro gli atti di vandalismo e così via. Poiché l'Italia è arretrata rispetto a questi Paesi, e tende a fare le stesse cose ma con uno o due decenni di ritardo, è probabile che anche da noi nel prossimo futuro aumenterà la domanda di lavoro per quei servizi.

Forse aumenterà anche il numero degli insegnanti, se gli sviluppi della telematica[1] non produrranno un effetto contrario in questo campo. Perché non c'è limite al bisogno di istruzione, non solo per i giovani ma anche per gli adulti; è possibile, tuttavia, che in futuro questo bisogno sarà soddisfatto sempre più largamente mediante corsi registrati o trasmessi via internet, che consentiranno a professori o istruttori scelti tra i migliori di raggiungere un numero più alto di persone.

C'è poi una categoria importantissima di lavori che non rischiano affatto di sparire, ma al contrario aumenteranno molto: quella dei lavoratori **creativi**, dei **ricercatori scientifici** o **di mercato**, degli **inventori** o **progettisti** di nuovi prodotti, di nuovi servizi, o di nuovi modi per organizzarli, produrli e venderli. Per esempio, il settore informatico, quello delle bioscienze, e quello dei servizi forniti via internet negli ultimi due decenni hanno visto un aumento progressivo degli addetti; e secondo gli esperti questa tendenza è destinata a continuare. Il dubbio, però, è: la richiesta di queste figure professionali crescerà anche in Italia o soltanto nelle zone del mondo dove è aumentata negli ultimi vent'anni? Rispetto ai Paesi più avanzati, oggi in Italia creativi, ricercatori, inventori sono molto meno richiesti di quanto potrebbero, se il nostro Paese si allineasse a quelli del Centro e Nord Europa. E questo è un male grave, perché le zone del mondo dove si concentrano più lavoratori di questo genere sono quelle dove c'è più domanda di lavoro anche in altri settori e categorie professionali, dove circola più ricchezza e dove tutti gli indici di benessere sono più alti.

Fortunati i giovani che riescono a inserirsi in questa categoria e sono abbastanza mobili per spostarsi là dove questo genere di lavoro è richiesto. Per gli altri, comunque, il lavoro non mancherà, a patto che all'uscita dalla scuola ci sia un buon servizio di orientamento, qualcuno che li aiuti a individuare con precisione le proprie attitudini e li informi bene sulle occasioni di lavoro a cui possono aspirare e sui percorsi di formazione e addestramento necessari per coglierle.

P. Ichino, *Il lavoro spiegato ai ragazzi*, Mondadori, Milano 2013

Sezione 3 — Documentarsi, riflettere, discutere

COMPRENDERE E INTERPRETARE

Lavori a rischio e lavori in crescita [rr. 1-18]

1. L'autore ipotizza che tra vent'anni alcuni lavori potrebbero ridursi a un numero molto piccolo. Illustra quali sono e spiega le cause della loro diminuzione.

Lavori a rischio	Cause
OPERAI	INFORMATICA
CONDUCENTI	INFORMATICA
BANCHIERI	INFORMATICA

2. Quali sono, al contrario, i lavori destinati ad aumentare?
   r 14-16

I servizi sociali [rr. 19-48]

3. Quali differenze ci sono, attualmente, tra l'assistenza sociale in Italia e quella praticata nel Nord Europa?
   AL NORD CI SONO MOLTI PIÙ SERVIZI ED AIUTI MENTRE IN ITALIA IN TUTTO È A CARICO FAMILIARI

4. Poiché l'Italia è arretrata rispetto a questi Paesi, e tende a fare le stesse cose ma con uno o due decenni di ritardo, quale conclusione trae l'autore?
   FORTUNATE LE GENERAZIONI FUTURE

Professioni in netta espansione [rr. 49-74]

5. Quali categorie di lavoro stanno aumentando nel mondo?
   INVENTORI, RICERCATORI, PROGETTISTI

6. Quale dubbio nutre l'autore a proposito dell'Italia?

7. Quali condizioni sono necessarie a un giovane per trovare lavoro, una volta terminati gli studi dell'obbligo?

STUDIARE LA LINGUA

8. Nel testo compaiono molti sostantivi ed espressioni che appartengono al campo del lavoro. Individuane e classificane un buon numero.

Sostantivi	Espressioni
Impiegati, servizi, personale,	Lavoro manifatturiero,

PARLARE E SCRIVERE

9. Osserva le immagini, ricostruisci mentalmente l'evoluzione del lavoro nel tempo, scrivi a margine una scaletta dei contenuti principali e, basandoti su di essa, esponi oralmente una relazione di pochi minuti su *Il lavoro attraverso i secoli*. Integra i dati con le tue conoscenze.

- preistoria
- poleis greche / impero romano
- età dei comuni
- il feudalesimo
- impero egizio
- le corti
- le grandi scoperte
- i giorni nostri
- le rivoluzioni industriali
- gli anni del boom

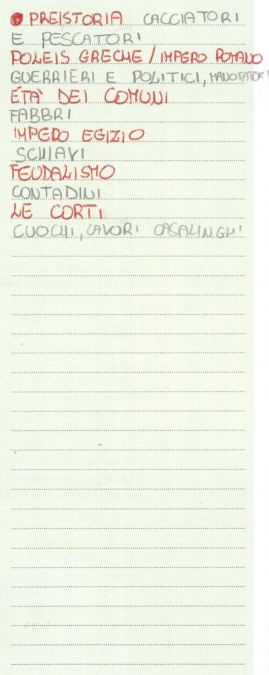

- PREISTORIA: CACCIATORI E PESCATORI
- POLEIS GRECHE / IMPERO ROMANO: GUERRIERI E POLITICI, MANOVALATORI
- ETÀ DEI COMUNI: FABBRI
- IMPERO EGIZIO: SCHIAVI
- FEUDALISMO: CONTADINI
- LE CORTI: CUOCHI, LAVORI CASALINGHI

Sezione 3 Documentarsi, riflettere, discutere

LABORATORIO DI AUTOVALUTAZIONE E CONOSCENZA DI SÉ

Capirsi per capire

Queste pagine intendono aiutarti a conoscerti più a fondo, scoprendo alcuni lati del tuo carattere e mettendo in luce i tuoi interessi e le tue attitudini. Svolgi con tranquillità i test che ti proponiamo, cercando di esprimere ciò che veramente senti o giudichi nella tua mente. Queste non sono prove di verifica nelle quali devi dimostrare di conoscere certe cose e di avere prestato attenzione alle lezioni dei tuoi insegnanti. Qualunque sia il risultato che otterrai, saprai di essere stato tu a costruirlo: le prove che ti proponiamo, infatti, ti guidano a guardarti dentro e a promuovere la tua capacità di capire e di scegliere ciò che è meglio per te.

1. **Prima prova:** *Il mio anno scolastico di terza*
   Rispondi con sincerità alle domande proposte.

   > Quali materie hai affrontato con maggiore interesse? MATE/STOR
   > Quali materie ti sono risultate più facili da seguire e studiare, anche senza eccessivo impegno? MATE
   > Verso quali materie non hai provato interesse? MUSICA
   > Quali materie ti hanno richiesto più impegno personale nello studio? SCIENZE
   > Quali materie ti piacerebbe continuare a studiare? MATE, LETT
   > Quali materie non vorresti più studiare? MUS
   > In quali materie sei stato d'aiuto a qualche compagno o amico? NESSUNA
   > Ti sembra di aver dedicato sufficiente impegno allo studio? ABBASTANZA
   > Quali tra le materie che hai studiato a scuola pensi che ti saranno più utili nella vita? NON SAPREI
   > Preferisci le verifiche scritte o quelle orali? ORALI
   > Durante l'anno scolastico hai ottenuto valutazioni che corrispondevano alle tue previsioni? Pensi di essere stato sottovalutato? SI
   > Pensi che quello che hai imparato ti servirà per cavartela nelle scuole superiori? SI

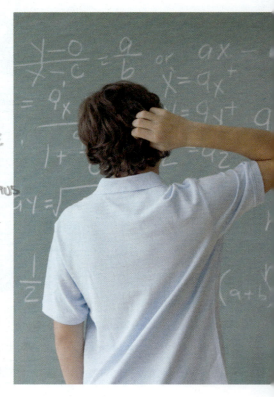

2. **Seconda prova:** *Le mie risorse, le mie attitudini*
   Quali sono le tue risorse personali, cioè i "punti forti" del tuo carattere e, di conseguenza, i tuoi "punti deboli"? Quali sono le capacità e le competenze che hai raggiunto finora, sia nell'ambito scolastico sia in quello al di fuori della scuola?

Questioni di scelta — U9

Per scoprirlo, rifletti sulle seguenti affermazioni e attribuisci a ciascuna un punteggio compreso tra 1 (= per nulla) e 5 (= molto), passando per i punteggi intermedi (2 = poco; 3 = così così; 4 = abbastanza). Alla fine, somma i punti ottenuti per ciascun gruppo di domande e leggi il tuo "profilo personale".

Domande	Risposte e punteggio				
	1	2	3	4	5
Gruppo 1					
a. Ho una buona abilità manuale.	○	○	○	●	○
b. Ho buone capacità tecniche e meccaniche.	○	○	●	○	○
c. Conosco il linguaggio informatico.	○	○	○	●	○
d. So leggere ed eseguire disegni tecnici.	○	○	○	●	○
e. Sono preciso e veloce nell'esecuzione di un compito.	○	○	●	○	○
f. Riesco bene nei puzzle e nei giochi di costruzione.	○	○	○	●	○
g. Sono molto attento ai particolari.	○	○	●	○	○

Totale punti **25**

	1	2	3	4	5
Gruppo 2					
a. So fare collegamenti tra informazioni diverse.	○	○	○	●	○
b. Riesco bene nei giochi di "logica".	○	○	●	○	○
c. Ragiono facilmente per concetti, senza necessità di fare esempi concreti.	○	○	●	○	○
d. Ho un metodo di lavoro efficace e produttivo.	○	○	●	○	○
e. Sono bravo nei compiti matematici.	○	○	○	●	○
f. Capisco con facilità argomenti scientifici.	○	○	○	●	○

Totale punti **21**

	1	2	3	4	5
Gruppo 3					
a. Ho senso estetico.	○	○	○	●	○
b. Sono capace di inventare e progettare.	○	○	○	●	○
c. Sono portato per le discipline artistiche.	●	○	○	○	○
d. Attribuisco una grande importanza a colori, forme, luci ecc. degli oggetti.	○	○	●	○	○
e. Mi piace maneggiare materiali diversi.	○	●	○	○	○
f. Ho una buona memoria visiva.	○	○	●	○	○
g. Mi interesso all'architettura e alle diverse forme di costruzione che ho occasione di vedere	○	○	○	○	●

Totale punti **31**

	1	2	3	4	5
Gruppo 4					
a. So ascoltare gli altri.	○	○	○	●	○
b. Ho facilità nel rapporto pratico con gli altri.	○	○	○	●	○
c. Sono una persona collaborativa.	○	○	✗	○	○
d. Comunico facilmente con gli altri.	○	○	○	✗	○
e. Contribuisco efficacemente a un lavoro di gruppo.	○	○	○	✗	○
f. Spesso faccio da "paciere" per risolvere litigi o incomprensioni fra compagni.	○	✗	○	○	○
g. So organizzare attività di gruppo.	○	○	✗	○	○
h. Sono capace di condividere con gli altri le mie idee.	○	○	✗	○	○

Totale punti **27**

Sezione 3 — Documentarsi, riflettere, discutere

Domande	Risposte e punteggio				
	1	2	3	4	5
Gruppo 5					
a. Sono in grado di parlare di argomenti diversi.	○	○	●	○	○
b. Partecipo attivamente a discussioni e dibattiti.	○	○	●	○	○
c. Mi esprimo con facilità.	○	○	●	○	○
d. So scrivere correttamente.	○	○	○	●	○
e. Conosco bene una lingua straniera.	○	○	●	○	○
f. Ho conoscenze letterarie.	○	○	●	○	○
g. Sono capace di sostenere le mie idee.	○	○	○	●	○
h. So sostenere un ragionamento in modo logico e ben organizzato.	○	○	●	○	○
Totale punti __26__					
Gruppo 6					
a. Sono capace di risolvere problemi logici e matematici.	○	○	○	●	○
b. Cerco sempre di essere documentato su una situazione.	○	●	○	○	○
c. Sono una persona abbastanza indipendente.	○	○	○	●	○
d. Sono in grado di prendere da solo decisioni piuttosto importanti.	○	○	○	●	○
e. So organizzare il lavoro mio e degli altri.	○	○	●	○	○
f. Sono cocciuto nel cercare di superare eventuali ostacoli.	○	○	●	○	○
g. So valutare le diverse alternative di una situazione.	○	○	●	○	○
Totale punti __23__					

Profilo personale		
Gruppo 1 Un punteggio alto indica capacità di creare, costruire, svolgere un'attività fisica e manuale.	**Gruppo 2** Un punteggio alto indica capacità di analisi, di sintesi e di ragionamento logico e attitudine per ciò che è meccanico e scientifico.	**Gruppo 3** Un punteggio alto indica sensibilità, capacità di creare, progettare, ideare, soprattutto nel campo delle arti visive.
Gruppo 4 Un punteggio alto indica facilità nella comunicazione e nel rapporto con gli altri, con buona attitudine per il lavoro di gruppo.	**Gruppo 5** Un punteggio alto indica capacità di usare il linguaggio scritto e orale, con interesse per le lingue e attitudine per i settori della comunicazione.	**Gruppo 6** Un punteggio alto indica buona capacità organizzativa per il proprio lavoro e per quello degli altri e buona attitudine nel risolvere problemi.

Il profilo ti corrisponde?
Motiva la tua risposta, sia essa positiva o negativa.
ABBASTANZA

3. Terza prova. *I miei interessi*

Valuta le esperienze di studio e di lavoro elencate. Allo stato attuale, quali ti piacerebbe praticare? Per ciascuna attività indica il punteggio corrispondente al tuo interesse personale: 0 = per niente; 1 = un po'; 2 = abbastanza; 3 = molto.

	Settore di interesse	Punti
Visitare un cantiere edile.	T	0
Conoscere e realizzare procedimenti chimici in laboratorio.	T	2
Comporre musica o fare arrangiamenti musicali.	M	0
Lubrificare un motore e farne la messa a punto.	T	2
Lavorare in una sartoria.	P	0
Studiare storia dell'arte e le caratteristiche dei vari stili architettonici.	A	0
Assistere a un concerto di musica classica.	M	0
Assistere a un concerto di musica rock.	M	1
Scrivere poesie o brevi racconti.	C	1
Studiare la vita e la struttura della cellula.	S	1
Scoprire gli elementi chimici che compongono una sostanza.	T	0
Insegnare ai bambini piccoli.	U	0
Insegnare disegno e storia dell'arte.	A	0
Studiare il disegno tecnico e la meccanica.	T	1
Insegnare fisica o chimica.	S/T	1
Saper leggere lo schema di un circuito elettrico.	T	1
Difendere una causa in tribunale.	E	1
Aiutare gli alunni ad acquisire un efficace metodo di studio.	U	1
Fare il parrucchiere da signora o da uomo.	P	0
Studiare le forme di vita dell'ambiente marino.	S	2
Lavorare come segretario alla reception di un albergo.	P/T	0
Lavorare in un commissariato di polizia.	P/E	3
Arruolarsi in un corpo militare (esercito, carabinieri, aeronautica, finanza ecc.).	P/E	3
Consigliare i clienti di un ristorante nella scelta dei vini.	T	0
Per lavoro, conversare in più lingue straniere.	L	1
Studiare nuovi metodi per allevare gli animali.	S	0
Realizzare l'impianto elettrico di una casa.	T	0
Conoscere la composizione degli alimenti e le tecniche di conservazione.	T	0
Organizzare mostre artistiche ed eventi culturali.	A	1
Conoscere e studiare i metodi educativi più efficaci.	U	1
Conoscere in modo approfondito tutti gli organi del corpo umano.	S	1

Sezione 3 — Documentarsi, riflettere, discutere

	Settore di interesse	Punti
Assistere i passeggeri di un aereo.	T/L	0
Saper cucinare i vari tipi di cibo.	T	1
Programmare software per computer.	T/P	2
Restaurare quadri, mobili, oggetti d'arte.	A	0
Tagliare e cucire un abito.	P	0
Conoscere i diversi tipi di ortaggi e saperli coltivare.	T	0
Studiare più di una lingua straniera.	L	1
Studiare le regole della grammatica e della sintassi.	C	1
Dirigere un grande magazzino o un supermercato.	E	0
Leggere e studiare libri di narrativa, poesia, letteratura.	C	1
Fare l'assistente sociale.	U	0
Fare l'interprete in congressi ecc.	L	0
Occuparsi della contabilità di un'azienda.	E	1
Cercare di trovare la soluzione di un caso giudiziario.	E	1
Per lavoro, occuparsi di numeri, calcoli, schemi, tabelle ecc.	S/E	1
Lavorare con trapani, torni, pinze, cacciaviti ecc.	T/P	0
Riparare apparecchi radiotelevisivi ed elettrodomestici.	T/P	0
Fare iniezioni, assistere i malati, somministrare medicine.	S	0
Illustrare a un cliente le caratteristiche di una merce o di un prodotto.	E/T	0
Lavorare in un ufficio legale.	E	0
Accompagnare gruppi in visite turistiche organizzate.	T	0
Studiare usi, costumi e civiltà dei vari popoli.	C	1
Insegnare una lingua straniera nelle scuole.	L	0
Calcolare buste paga ecc. ai dipendenti di una ditta.	E	0
Dirigere un museo di storia naturale.	S	1
Insegnare matematica nelle scuole.	S	1
Ballare e danzare per professione.	M	0
Conoscere i microbi e studiarne le caratteristiche.	S	1
Usare i programmi di scrittura elettronica.	E	1
Modellare vasi, statue o altre figure decorative.	A	0
Fare gettate di cemento e costruire muri in mattoni.	T/P	0
Fare parte di un'orchestra di professionisti.	M	0
Lavorare in un salone o in un centro di bellezza.	P	0
Progettare o sovrintendere alla costruzione di un edificio.	T	0

Questioni di scelta U9

	Settore di interesse	Punti
Studiare latino e greco per l'insegnamento.	C	0
Lavorare come ricercatore in un'industria chimica o similare.	S/T	1
Fare misurazioni di terreni per costruire strade o autostrade.	T	0
Lavorare come cameriere in un bar o ristorante.	T/P	0
Lavorare nella cucina di un ristorante o albergo.	T/P	0
Fare l'animatore in un villaggio turistico.	L/P	0
Studiare anatomia e fisiopatologia.	S	0
Dirigere un balletto o una scuola di danza.	M	0
Prevedere guadagni e perdite dell'impegno di denaro in un'attività.	E	1
Studiare psicologia e pedagogia.	U	0

Autovalutazione

La seguente tabella riporta la somma dei punti che hai totalizzato per ciascuna lettera.

Settore di interesse	Punti	Settore di interesse	Punti
A artistico	0	P professionale	2
C classico	4	S scientifico	10
E economico	11	U scienze umane	2
L linguistico	2	T tecnologico	11
M musicale	1		

In base al punteggio ottenuto, scopri se il tuo interesse per i seguenti settori (corrispondenti alle aree di insegnamento nella Scuola secondaria di 2° grado) è basso, medio o alto.

	Basso	Medio	Alto
Artistico	Da 0 a 3 punti	Da 4 a 9 punti	Da 10 a 15 punti
Classico	Da 0 a 3 punti	Da 4 a 9 punti	Da 10 a 15 punti
Economico	Da 0 a 12 punti	Da 13 a 22 punti	Da 23 a 33 punti
Linguistico	Da 0 a 4 punti	Da 5 a 12 punti	Da 13 a 18 punti
Musicale	Da 0 a 4 punti	Da 5 a 12 punti	Da 13 a 18 punti
Professionale	Da 0 a 4 punti	Da 5 a 12 punti	Da 13 a 18 punti
Scientifico	Da 0 a 12 punti	Da 13 a 22 punti	Da 23 a 33 punti
Scienze umane	Da 0 a 3 punti	Da 4 a 9 punti	Da 10 a 15 punti
Tecnologico	Da 0 a 20 punti	Da 31 a 40 punti	Da 41 a 55 punti

Sezione 3 — Documentarsi, riflettere, discutere

1) VERIFICA DI ASCOLTO

OBIETTIVI
– Ricavare informazioni e opinioni.
– Interpretare il messaggio.

Ascolta il testo e rispondi alle domande.

Non darti mai per vinto

1. Stabilisci chi è l'emittente e chi il destinatario della lettera che hai ascoltato.

   ....

2. Quale circostanza spinge l'autore a scrivere la lettera?
   - A ☐ L'imminente partenza di un parente caro.
   - B ☐ La riscoperta di un vecchio album di fotografie.
   - C ☐ Il diploma scolastico del figlio.
   - D ☐ La condizione di malattia che lo affligge.

3. L'autore dice di essere fortunato perché:
   - A ☐ vive in un luogo meraviglioso.
   - B ☐ ha una bella famiglia.
   - C ☐ ha avuto successo economico.
   - D ☐ ha avuto una vita intensa.

4. Secondo l'autore, qual è l'unico modo per vivere una vita «degna di essere vissuta»?
   - A ☐ Godere delle bellezze del pianeta meraviglioso chiamato Terra.
   - B ☐ Percorrere il sentiero della vita fino in fondo.
   - C ☐ Seguire quello che la voce interiore, quella dell'anima, ci detta.
   - D ☐ Accettare il fatto che i sogni non diventano mai realtà.

5. Spiega il significato metaforico della frase: «Soltanto chi cammina al ritmo della propria musica è davvero libero».

   ....

   ....

6. Che cosa suggerisce l'autore a chi, effettuando una scelta, si accorge di avere di fronte difficoltà e ostacoli?
   - A ☐ Di rinunciare a quella scelta e cambiare obiettivo.
   - B ☐ Di affrontare le avversità e procedere con coraggio.
   - C ☐ Di seguire l'esempio di qualcuno che abbia avuto successo.
   - D ☐ Di tenere ben presenti i suggerimenti degli altri.

7. Spiega il significato metaforico della frase: «Traccia la tua scia per la gioia tua».

   ....

Segui la correzione dell'insegnante e attribuisci il punteggio stabilito per ogni risposta esatta.

2 VERIFICA DI SCRITTURA La mia strada

OBIETTIVO

Esporre dubbi e certezze personali.

Tu sei già sicuro di quello che farai in futuro o, come la maggior parte dei tuoi coetanei, hai ancora le idee confuse? Spiega e racconta come stai vivendo il momento della scelta imminente della scuola superiore, meditando su:

- le tue attitudini;
- i tuoi interessi;
- il tuo successo o insuccesso scolastico;
- il parere dei tuoi familiari;
- i consigli degli insegnanti;
- le "voci" dei compagni;
- la "voce" che senti dentro;
- il contributo che le letture e l'informazione ti hanno eventualmente dato.

Puoi autovalutare il tuo scritto in base alla tabella proposta; confronta poi la tua valutazione con quella dell'insegnante.

Griglia di autovalutazione

		sì	abb.	no
Organizzazione delle idee	Ho organizzato le idee in paragrafi?	☐	☐	☐
	Ho disposto le idee secondo un ordine logico?	☐	☐	☐
	Sono stato attento a non ripetere idee?	☐	☐	☐
Stile della presentazione	Ho spiegato i perché delle mie opinioni?	☐	☐	☐
	Ho fatto degli esempi?	☐	☐	☐
Esposizione	L'ortografia è rispettata?	☐	☐	☐
	Ho usato verbi, espressioni, congiunzioni adatti?	☐	☐	☐
	Le frasi sono ben costruite?	☐	☐	☐
	La punteggiatura è corretta?	☐	☐	☐

VALUTA LE TUE COMPETENZE

Sezione 3 Documentarsi, riflettere, discutere

3 VERIFICA DI LETTURA

OBIETTIVI
– Ricavare e collegare le informazioni.
– Capire le opinioni.

Leggi il testo e rispondi alle domande.

Autori delle proprie scelte

Vi suggerisco di ascoltare le storie che vi raccontano gli adulti sulle loro esperienze di adolescenti: c'è sempre da imparare a conoscere il passato. Ma il presente e il futuro vi appartengono e voi non siete dei "replicanti". State piano piano acquistando una vostra identità, una conquista difficile che va perfezionata per tutta la vita.

5 Per farla breve, se ne avete voglia ascoltatemi, confrontate le mie parole con quello che la vita vi ha già insegnato e con le parole e i fatti delle persone di cui vi fidate, ma non perdetevi mai di vista. Ascoltatevi.

Oggi forse sentirete dentro di voi spinte confuse e contrastanti, desideri di ogni sorta, paura di agire, di essere mal giudicati, di non essere apprezzati. Capita a tutti, credetemi,
10 anche se alcuni non lo danno a vedere. Si impara a nuotare entrando in acqua, se possibile con buoni maestri. Una cosa è certa: non possiamo imparare a nuotare standocene dentro la vasca da bagno di casa. Dovremo vincere i nostri timori, trovare un buon maestro o una buona maestra, metterci in un gruppo di ragazzi come noi, esporci al confronto, non avvilirci se altri imparano prima e meglio di noi e, come ho detto prima, non perderci mai di vista.
15 Ci interessa imparare a nuotare? Ci piace? Se a queste domande rispondiamo «sì», allora prima o poi gli ostacoli saranno più facilmente superati.

Se non troviamo un nostro "perché" nelle cose che facciamo, tutto ci sembrerà più difficile di quanto non sia in realtà. Non è opportuno, ad esempio, avviarsi in un itinerario di studi solo perché altri vogliono che così noi facciamo. Se questi "altri" sono persone che
20 amiamo e stimiamo, faremo bene a tenere conto dei loro consigli e a capire le loro ragioni. Ma ora avete un'età in cui è possibile parlare di responsabilità individuale.

"Responsabilità" non è una brutta e pesante parola, ma la sua comparsa segnala che noi ci stiamo appropriando della nostra vita e diventiamo sempre di più autori della nostra storia.

Vi sto indicando una via difficile. Quella più facile è vivere scimmiottando gli altri oppure
25 vivere da servi o addirittura da ladri. Siccome crescere e vivere è difficile, ci espone a delusioni e sconfitte, noi prendiamo la scorciatoia: ci mettiamo al servizio di qualcuno che viva al posto nostro oppure ci prendiamo quello che vogliamo, almeno finché qualcuno o qualcosa non ce lo impedirà.

Questo non vuol dire rinunciare a vivere, se per vita intendiamo pensare e agire in modo
30 da poter essere orgogliosi di ciò che abbiamo conquistato con fatica. In questo mondo nulla di ciò che vale e dura si conquista e si conserva senza fatica. Gli obiettivi che avremo raggiunto saranno resi più preziosi proprio dall'impegno, dall'ostinazione, dalle rinunce che sono il costo inevitabile di ogni impresa della quale potremo dirci orgogliosi.

F. Scaparro, *La bella stagione*, Vita e pensiero, Milano 2003

Questioni di scelta U9

1. A chi si rivolge l'autore quando dice «Vi» [r. 1]?
   ....

2. A quanto afferma l'autore [rr. 1-7], i giovani, nei confronti dei racconti e dei consigli degli adulti, devono:
   A ☐ seguirli alla lettera, replicando le esperienze di chi ha già vissuto.
   B ☐ criticarli e non tenerne conto, perché sono sorpassati.
   C ☐ ascoltarli ma solo se ne hanno voglia.
   D ☐ ascoltarli ma valutarli alla luce della situazione e delle esigenze personali.

3. Considera i due punti (:) che compaiono alla r. 2. Essi possono essere sostituiti da:
   A ☐ tuttavia.   B ☐ infatti.   C ☐ quando.   D ☐ anche se.

4. «Si impara a nuotare entrando in acqua, se possibile con buoni maestri» [rr. 10-11]. Che cosa intende dire l'autore? Spiega con parole tue il significato metaforico della frase.
   ....

5. Quale altra frase esprime il concetto, sempre in forma metaforica, che non si può imparare a vivere evitando gli ostacoli? Trascrivila.
   ....

6. L'autore afferma [rr. 17-18] che se non troviamo un nostro "perché" nelle cose che facciamo, tutto ci sembrerà più difficile. Quale esempio porta per sostenere la sua opinione? Sintetizzalo.
   ....

7. Quale tra i seguenti termini potrebbe sostituire "Responsabilità", nell'accezione con cui è usato alla r. 22?
   A ☐ Libertà.   C ☐ Dovere.
   B ☐ Consapevolezza.   D ☐ Conoscenza.

8. Quale tra i seguenti termini potrebbe sostituire «scimmiottare» [r. 24]?
   A ☐ Imitare.   B ☐ Deridere.   C ☐ Criticare.   D ☐ Evitare.

9. Quali sono in termini concreti le due "scorciatoie" che bisogna evitare nella vita? [r. 26]?
   ....

10. Rileggi le rr. 29-33 e trascrivi la frase con cui l'autore descrive il suo ideale di vita.
    ....

11. L'impegno, l'ostinazione e le rinunce che si spendono per conseguire un obiettivo, quale valore aggiunto danno alle nostre imprese?
    ....

12. Quale tra i seguenti termini potrebbe sostituire «ostinazione» [r. 32]?
    A ☐ Inflessibilità.   B ☐ Tenacia.   C ☐ Cattiveria.   D ☐ Sofferenza.

13. Rileggi il periodo compreso tra le rr. 25-28 e trascrivi la frase subordinata che esprime un rapporto di causalità.
    ....

14. Rileggi il periodo compreso tra le rr. 29-30 e trascrivi la frase subordinata che esprime un rapporto di conseguenza.
    ....

Segui la correzione dell'insegnante e attribuisci il punteggio stabilito per ogni risposta esatta.

VALUTA LE TUE COMPETENZE

Unità 10
Dialoghi con Sofia: legge e legalità

Obiettivi
- Comprendere lo sviluppo di un paragrafo argomentativo.
- Ricavare informazioni e opinioni.
- Capire tesi, antitesi, argomentazioni pro e contro.

Conoscenze: saperi di base, metodi, strategie
- Le caratteristiche dell'argomentazione.
- I principi della legalità.
- Il testo argomentativo. ▶ QM2 Percorso 11
- Dialogare ed esporre. ▶ QM2 Percorso 3
- Preparare lo scritto per l'esame. ▶ QM2 Percorso 13

Capacità e abilità
- Leggere testi argomentativi, individuare tesi e argomenti a sostegno o argomenti confutatori dell'antitesi.
- Cogliere gli aspetti dei problemi.
- Cogliere il messaggio del testo.
- Discutere e dibattere sugli argomenti oggetto di trattazione.
- Elaborare opinioni su problemi riguardanti la legalità.

Dialoghi con Sofia: legge e legalità U10

Nell'aula della Legge

- Dove si trova Sofia?

- Ti sembra che questo luogo comunichi solennità? Perché?

- Prova a immaginare il luogo affollato di persone: di che cosa potrebbero discutere?

- Se tu potessi visitare il Parlamento italiano, che cosa vorresti chiedere ai deputati presenti in Aula?

Sezione 3 — Documentarsi, riflettere, discutere

Sofia e il filosofo

Sofia quest'anno conclude il suo ciclo di studi nella *Scuola secondaria di primo grado* ed è impegnata su argomenti molto importanti che riguardano il concetto di *libertà*, di *Costituzione*, di *legge*, di *convivenza civile*. Grazie all'aiuto dello zio filosofo è riuscita a chiarire alcuni dubbi e a capire idee e principi di base che tutti dovremmo avere ben chiari.

Seguiamo il dialogo tra Sofia e lo zio per imparare qualcosa di più...

Domande e risposte "speciali"

Sofia Ma... zio, che cos'è la **libertà**? Che cosa vuol dire essere liberi?

Filosofo Mi fai una domanda importante... la libertà è un modo di essere, una condizione che permette, a chi la possiede, di **agire senza costrizioni di qualsiasi genere**. Vivere da persone libere vuol dire poter pensare, operare, scegliere in modo autonomo. Non confondere, però... la libertà non è arbitrio: libertà non vuol dire che chiunque può fare ciò che vuole. Tu conosci il detto «la mia libertà finisce là dove comincia la tua»?

Sofia Sì, zio, lo conosco, ma come faccio a sapere dove finisce la mia libertà? Chi stabilisce i confini della libertà di ciascuno?

Filosofo La libertà personale, anche in un Paese democratico, è sempre limitata dal rispetto della libertà altrui, di tutti quelli che vivono insieme a noi, accettando le regole, quindi **le leggi della comunità sociale**. Nel corso della storia, le società civili hanno imparato che soltanto una legge approvata e condivisa da tutti può garantire la libertà individuale e quella collettiva. Per questa ragione tutte le nazioni evolute hanno una Costituzione. Se dico che la Costituzione è una legge fondamentale, è la base su cui viene costruita la vita dello Stato, è l'insieme delle regole alle quali deve conformarsi il potere... sto dicendo qualche cosa di troppo complicato?

Sofia Un po' complicato lo è...

Filosofo Allora cerco di semplificare. Lo Stato è un insieme di persone che vivono in un determinato territorio, riconoscono di avere punti di riferimento comuni e vogliono **vivere secondo regole uguali per tutti**. Queste regole vengono stabilite in un atto che prende il nome di Costituzione. La Costituzione nasce come limite, come forma di controllo anche verso chi esercita il potere, in altre parole contro chi comanda.

Pensaci bene: più di centocinquant'anni fa, il re comandava in modo assoluto. Faceva le leggi, le faceva applicare dai suoi funzionari, le faceva rispettare dai giudici che lui stesso nominava, ma poteva non farle applicare e non farle rispettare se questo non gli piaceva, o non era gradito alle persone che lo costringevano a fare certe scelte.

Sofia Comincio a capire... oggi il Presidente della Repubblica non può fare quello che vuole... abbiamo tutti, lui compreso, delle leggi da rispettare.

Filosofo Hai capito bene: *la legge è uguale per tutti*, e questo comporta dei diritti e dei doveri per tutti, primo fra tutti il dovere di rispettare la legge, di vivere secondo i principi della **legalità**.

Sofia Ma... noi cosa possiamo fare? Non siamo ancora troppo piccoli per occuparci di questi problemi?

Filosofo Credo proprio di no. I ragazzi devono capire presto che la realizzazione di una società più giusta e più libera, quindi il loro stesso futuro, dipendono dalla completa attuazione del programma sociale, culturale, politico ed economico indicato nella Costituzione. Ma non basta. I ragazzi devono prendere coscienza del ruolo di "cittadini attivi" che la Costituzione assegna anche a loro.

Sofia In pratica che cosa possiamo fare?

Filosofo Sofia, **la democrazia non ammette spettatori**. Anche i ragazzi devono essere cittadini consapevoli dei propri diritti e dei propri doveri, **non più indifferenti o passivi** di fronte alla "mala-politica", alla cattiva amministrazione, alla distruzione del paesaggio, all'illegalità diffusa, alla crisi dell'etica nei comportamenti pubblici e ai tanti mali che minano alla base la nostra società e pesano inesorabilmente sul futuro delle nuove generazioni. Tutte le persone possono mettere a disposizione della comunità energie e tempo, introducendo nella soluzione dei problemi di interesse generale il valore aggiunto del loro impegno e dei loro saperi. L'insegnamento della cittadinanza attiva dovrebbe essere uno dei primi compiti della scuola pubblica e educarsi alla **legalità** è principio fondante della convivenza civile.

Sezione 3 Documentarsi, riflettere, discutere

Lezione 1

T1 La legge rende liberi
Marco Tullio Cicerone

I contenuti | Cicerone (106-43 a.C.), una delle figure più rilevanti di tutta l'antichità romana, esercitò la professione di scrittore, oratore, avvocato e politico. In questo breve brano, tratto da una delle sue più abili orazioni giudiziarie, esprime il valore e l'importanza delle leggi sulla società.

1. al servizio: letteralmente, Cicerone scrive: «tutti siamo schiavi (o servi) delle leggi affinché possiamo essere liberi».

È una vergogna che in uno Stato di diritto si trasgrediscano le leggi.
Questo è infatti il vincolo che garantisce la nostra posizione sociale in seno allo Stato, questo il fondamento della libertà, questa la fonte della giustizia; la mente, il senno, il pensiero di una comunità, tutto
5 è basato sulle leggi. Come il nostro corpo non può reggersi senza la mente, così lo Stato senza la legge non può valersi delle sue parti, che sono come i suoi nervi, il suo sangue, le sue membra. Ad applicare le leggi sono chiamati i magistrati, a interpretarle i giudici, ma *tutti*, per concludere, *siamo al servizio*[1] *delle leggi per poter essere liberi*.

Cicerone, *Pro Cluentio* 146, in *Orazioni*, a cura di G. Bellardi, UTET, Torino 1978

Le parole della legalità **Stato di diritto** e **Stato di natura**

Lo **Stato di diritto** fonda la sua legittimità non su un potere arbitrario, come quello esercitato da un sovrano assoluto, ma su una costituzione e su una serie di leggi che tutelano i diritti fondamentali del cittadino. Esso si oppone allo **Stato di natura** in cui gli uomini vivono in condizione di massima libertà e indipendenza, senza essere regolati da un apparato governativo e dalle relative leggi.

Dialoghi con Sofia: legge e legalità U10

Obiettivo della lezione — Comprendere lo sviluppo di un paragrafo argomentativo

■ L'argomento e la sua dimostrazione

1. Completa la spiegazione del testo di Cicerone, inserendo le parole/espressioni elencate alla rinfusa.

   similitudine • liberi • trasgredire • Stato di diritto • magistrati • leggi • mente • garantire • giudici • schiavi

   Cicerone afferma che è vergognoso .... le leggi, a maggior ragione se si vive in uno .... Se lo stato si fonda sulle leggi, è indispensabile rispettarle perché solo queste possono .... l'ordine sociale, la libertà, la giustizia e il benessere della comunità. Lo stato e la legge dipendono, quindi, l'uno dall'altra e Cicerone sottolinea questo fatto usando una .... che mette a confronto il rapporto mente-corpo e legge-Stato. Egli intende dire che come la .... governa le varie parti del corpo umano, così le .... regolano le funzioni di tutto l'apparato statale. L'intera società è subordinata alle leggi, compresi i .... e i .... che applicano o interpretano la legge, perché solo se si è .... delle leggi, cioè solo se si obbedisce a esse come all'unico padrone, si è veramente .... come persone. Cicerone quindi esalta la legge in quanto fondamento di libertà per il cittadino.

2. Spiega oralmente la differenza tra Stato di natura e Stato di diritto.

Appunti della lezione

- Un **paragrafo**, come quello scritto da Cicerone, è un **blocco di testo**: esso comincia di solito con un *rientro di riga* e si conclude con un *punto e a capo*. Il rientro di riga serve proprio a evidenziare il "salto" rispetto al paragrafo precedente.
- Un **paragrafo argomentativo** sviluppa un'idea attraverso l'enunciazione di un'**opinione** («è vergognoso non obbedire alle leggi») e la relativa spiegazione tramite ragionamenti ed esempi («la legge è un vincolo che garantisce la libertà»; «la legge è per lo Stato come la mente per il corpo»).
- Più paragrafi argomentativi che si susseguono con ordine logico compongono un **testo argomentativo**, che ha lo **scopo di persuadere e convincere** i lettori della veridicità della **tesi generale** che sostiene.

I MIEI APPUNTI

Sezione 3 Documentarsi, riflettere, discutere

Lezione 2

T2 Legalità e altre parole da *sapere*
Gherardo Colombo, Anna Sarfatti

I contenuti | Nel brano, scritto da un ex magistrato noto per aver condotto importanti inchieste contro il crimine organizzato, sono contenute indicazioni essenziali per capire il valore della legalità e apprendere concetti complessi spiegati con parole semplici. Secondo l'autore, solo imparando a conoscere la Costituzione da giovani si può sperare di diventare cittadini consapevoli.

Educare non è facile in genere; non è facile nemmeno per quel che riguarda le regole e il loro mondo, quasi sempre dato per scontato, quasi mai approfondito, per certi versi sconosciuto: quante volte mi è successo, negli incontri con la cittadinanza, ma anche in quelli con
5 educatori, di chiedere loro se avessero letto la prima delle nostre leggi, la Costituzione; quante volte mi è stato risposto con vaghezza: «una parte», «qualche cosa», «i principi fondamentali», e quanto eccezionalmente mi è stato detto d'averla letta tutta!

Ciò dipende da una tendenza educativa (sarebbe forse più appro-
10 priato dire diseducativa) abbastanza comune nel nostro Paese; quella di ritenere che per insegnare non è necessario *sapere*. Si è di fronte a una specie di spirale perversa: legalità e regole non sono state insegnate agli adulti di oggi, e di conseguenza questi non possono insegnarle ai bambini e ai ragazzi, adulti di domani.

15 Coloro che dovrebbero non possono educare alla legalità, perché per farlo è necessario conoscerla e saperla trasmettere. È necessario cioè essere in possesso di una serie di elementi, che verranno precisati qui di seguito.

È parte rilevante del primo elemento la **conoscenza dei termini**.
20 Regola, norma, ordinamento giuridico, costituzione, legge, legalità, legittimità, diritto (nel duplice significato di diritto oggettivo e di diritto soggettivo), dovere, sanzione, cittadinanza, giustizia, per esempio, sono termini il cui significato talora sfugge: l'individuazione della definizione di "regola", e cioè la risposta alla domanda "che cosa è una regola?",
25 ha richiesto, in un incontro con insegnanti delle scuole superiori, un percorso non semplice, poiché le risposte spontanee e immediate individuavano ora la provenienza (la regola è una cosa fatta da...), ora la destinazione (serve per...), ora le conseguenze alla sua violazione (se la si trasgredisce si va incontro a...), ora l'indicazione di categorie più
30 ampie (è un principio) o più ristrette (è una legge). Alla definizione di

regola, di che cosa è una regola, si è arrivati con qualche difficoltà.

Riporto qui le definizioni molto stringate di alcune parole cardine, per un primo orientamento nella materia, avvertendo che non sempre corrispondono a quelle enunciate nei dizionari.

Regola: ciò che indica quel che si può, o che si deve fare in una determinata situazione; indicazione di un comportamento che è opportuno tenere costantemente.

Norma: sostanzialmente sinonimo di regola.

Ordinamento giuridico: insieme delle regole che disciplinano una comunità.

Costituzione: insieme delle regole fondamentali che stabiliscono come si vive insieme in uno Stato, definendo i diritti e i doveri principali delle persone e stabilendo quali sono e come funzionano le istituzioni pubbliche essenziali.

Legge (contenuto): regola generale (che riguarda tutti) e astratta (che non ha riferimento a uno specifico caso concreto) emanata dall'ente cui è riconosciuto il potere di farlo, generalmente (ma non necessariamente) munita di sanzione.

Legge (provvedimento): atto attraverso il quale si introduce la regola generale di cui alla precedente definizione.

Legalità: la situazione in cui la legge è rispettata; soggettivamente, il rispetto delle leggi.

Legittimità: caratteristica di ciò che rispetta i requisiti richiesti dalla legge.

Diritto (oggettivo): sostanzialmente sinonimo di ordinamento giuridico.

Diritto (soggettivo): ciò che è consentito fare, e anche ciò che non ci può essere rifiutato.

Dovere: ciò che siamo obbligati a fare, anche se non vogliamo.

Sanzione: conseguenza negativa imposta per la violazione della regola.

Cittadinanza: partecipazione a pieno titolo a uno Stato, con conseguente riconoscimento dei diritti e sottoposizione ai doveri dalle leggi di tale Stato previsti per i cittadini.

Giustizia: ciò a cui si ritiene debbano corrispondere le regole per essere degne di applicazione. Oggi, secondo lo spirito della Costituzione, pari carichi e opportunità, sul presupposto della dignità di tutte le persone, chiunque esse siano.

G. Colombo, A. Sarfatti, *Educare alla legalità*, Salani, Milano 2011

Sezione 3 — Documentarsi, riflettere, discutere

Obiettivo della lezione | **Ricavare opinioni e informazioni**

▬ Le opinioni [rr. 1-31]

1. L'autore afferma che il mondo delle regole «è quasi sempre dato per scontato, quasi mai approfondito, addirittura sconosciuto». Che esempio porta per sostenere questa affermazione?

   ....

2. Qual è, a suo avviso, la tendenza diseducativa comune nel nostro Paese? Quale ne è la conseguenza?

   ....
   ....

3. Quale principale difficoltà ha avvertito negli incontri con insegnanti e educatori?
   - **A** Una generale mancanza di sensibilità al problema della legalità.
   - **B** Una scarsa partecipazione al dialogo e al dibattito.
   - **C** L'impossibilità di comprendere concetti complessi.
   - **D** Una conoscenza superficiale dei termini giuridici e la conseguente difficoltà a definirli.

▬ Le informazioni [rr. 32-72]

4. Dopo aver letto e analizzato le definizioni date ai vari termini, stabilisci se le seguenti affermazioni sono vere o false. Nel caso in cui tu stabilisca che sono false, spiega anche il perché.

	V	F
a. La parola *regola* è sinonimo di *norma*.	☐	☐
b. La Costituzione è la partecipazione a pieno titolo a uno Stato.	☐	☐
c. La parola *legalità* indica ciò che è consentito fare.	☐	☐
d. Una *sanzione* è la punizione prevista per chi non osserva una normativa o un ordine.	☐	☐
e. La *giustizia* è il principio di equità cui devono corrispondere le regole per essere degne di applicazione.	☐	☐
f. *Provvedimento di legge* e *contenuto di legge* indicano sostanzialmente la stessa cosa.	☐	☐

Appunti della lezione

- Nel testo proposto sono riconoscibili:
  – l'**argomento** (il problema affrontato, cioè l'*educazione alla legalità*);
  – le **opinioni** dell'autore (cioè il suo parere sulla difficoltà di insegnare la legalità);
  – diverse **informazioni** (che riguardano le corrette definizioni di termini giuridici).
- Il testo costituisce una **fonte autorevole** sul tema della legalità, perché l'autore è persona esperta nel settore. **L'autorevolezza di una fonte**, infatti, è in rapporto alla **competenza** che l'autore ha sull'argomento.

I MIEI APPUNTI

....
....
....
....
....
....
....

Lezione 3

T3 L'etica, ovvero l'arte di fare la cosa giusta
Bruce Weinstein

I contenuti I dilemmi più delicati sono quelli che ci mettono di fronte alla questione su quale sia la cosa giusta da fare. Quando ti chiedi: «Che cosa devo fare?» in realtà ti stai chiedendo: «Qual è la cosa giusta da fare?». A volte è facile capire quale sia la cosa giusta; a volte, invece, anche se questo è chiaro, manca il coraggio di metterla in atto. Visto che i dilemmi sono tanti, la cosa migliore è avere una strategia per affrontarli. A questo proposito, l'autore del brano spiega alcuni concetti e propone un consiglio.

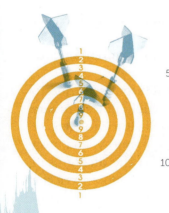

L'**etica** consiste nello studio e nella pratica del fare la cosa giusta, è il tentativo di rispondere a due domande semplici ma fondamentali della nostra vita:
1. Che cosa dobbiamo fare?
2. Perché lo dobbiamo fare?

Spesso le parole *etica* e *morale* vengono usate come se si riferissero a due concetti diversi. In realtà si tratta di due parole con una storia per molti versi comune. Cicerone, lo studioso e politico dell'antica Roma, coniò la parola *moralis*, radice dell'italiano morale, proprio per tradurre la parola greca *ethikos*, da cui deriva la parola etica. Tutte e due fanno riferimento al fare la cosa giusta, perciò si possono e si devono usare indifferentemente.

L'idea centrale dell'etica è semplice: ogni volta che diciamo o facciamo qualcosa, dobbiamo pensare all'effetto che le nostre azioni possono avere sugli altri. Sarebbe sbagliato, però, pensare che l'etica si occupi solo di come dobbiamo comportarci verso il prossimo; anche i nostri diritti e il nostro benessere sono importanti. In realtà l'etica cerca proprio di trovare il giusto equilibrio tra aiutare il prossimo e avere cura di se stessi: prodigarci troppo per gli altri ci può prosciugare, ma pensare troppo a noi stessi è... be'... da egoisti.

Come ha scritto John Donne, il poeta, «Nessun uomo (o donna) è un'isola». Abbiamo bisogno gli uni degli altri non solo per la sopravvivenza, ma per dare il meglio di noi stessi. Quasi tutti i gruppi organizzati di persone hanno un codice etico, una lista di regole e principi che costituiscono le linee guida per un comportamento adeguato all'interno del gruppo. I medici, gli avvocati, gli insegnanti e i giornalisti sono solo alcuni dei professionisti che si sono dati un codice deontologico, che indica che cosa si deve e che cosa non si deve fare e perché. Anzi, se dai un'occhiata ai vari codici deontologici che ci sono in giro, vedrai che sono tutti molto simili: «Di' la verità», «Mantieni le promesse»,

Sezione 3 Documentarsi, riflettere, discutere

«Non rivelare i segreti» sono indicazioni comuni a tutte le professioni.
Ciò nonostante, a giudicare dalle notizie dei giornali, ma anche dalle nostre esperienze quotidiane, potrebbe sembrare che le regole e i principi dell'etica tradizionale non stiano funzionando molto bene, troppa gente sembra vivere secondo quest'altro codice:

1. Mantieni le promesse, a meno che non ti capiti qualcosa di meglio.
2. Di' sempre la verità, a meno che una bugia non risulti più opportuna.
3. Non fare del male a nessuno, tranne quando è necessario per ottenere quello che ti serve.
4. Scegli la strada più semplice.
5. Tieni i dubbi per te e non alzare polveroni.
6. Sfoga la tua rabbia ogni volta che ti va.
7. Non chiedere scusa, non mostrare comprensione, non essere indulgente, perché sono tutti segni di debolezza.
8. Non rivelare mai un segreto, a meno che tu non abbia da guadagnarci qualcosa.
9. Usa i tuoi soldi o le tue conoscenze per fare strada nella vita o per evitare una punizione.
10. In qualsiasi situazione domandati: «Qual è il comportamento dal quale trarrei maggiori benefici?».

Pochi di noi vivrebbero bene e a lungo, se tutti seguissero questo codice di comportamento. Immagina se i bulli a scuola potessero fare quello che vogliono, tutti vivrebbero nella paura della loro violenza; se i tuoi genitori ti dicessero bugie ogni volta che ne hanno voglia, non potresti più avere fiducia in loro né credere a quello che dicono; se i tuoi insegnanti ti dessero i voti in base ai regali che ricevono, invece che per i tuoi risultati scolastici, qualcuno, imbrogliando, potrebbe sembrare più bravo di te.

Nell'immediato, alcuni possono trarre beneficio dal prendere scorciatoie per evitare dilemmi etici, ma alla lunga ci perdiamo tutti.

Vivere rispettando le regole dell'etica non è solo la cosa giusta da fare, ma è anche l'unica maniera per vivere bene.

B. Weinstein, *E se nessuno mi becca?*, trad. it. di L. Zanelli, Il Castoro, Milano 2013

Obiettivo della lezione Capire tesi, antitesi, argomentazioni pro e contro

— **Primo argomento: l'importante funzione dell'etica** [rr. 1-20]

1. Trascrivi le parole con cui l'autore definisce il significato della parola *etica*.

2. Quale origine ha la parola *etica*? E la parola *morale*?

3. Secondo l'autore, c'è differenza tra *etica* e *morale*?

4. Qual è l'idea centrale dell'etica?

5. In che cosa consiste un «giusto equilibrio» etico?

Dialoghi con Sofia: legge e legalità **U10**

■ Secondo argomento: necessità di un codice etico [rr. 21-31]

6. Che cosa significa l'espressione «nessun uomo è un'isola»?

7. Con quale esempio l'autore dimostra la sua affermazione?

8. Che cosa hanno in comune tutti i codici deontologici dell'etica tradizionale?

■ Presentazione dell'antitesi: i codici etici opportunistici [rr. 32-50]

9. Perché i 10 comportamenti elencati sono in netto contrasto con le regole tradizionali dell'etica? Quale obiettivo comune privilegiano?

10. Tra i 10 comportamenti elencati, in quali non ti riconosci assolutamente?

■ Confutazione dell'antitesi: critica ai codici etici opportunistici [rr. 51-58]

11. Che cosa accadrebbe se tutti praticassimo tali codici etici?

12. Quali esempi porta l'autore per dimostrare l'affermazione?

■ Conclusione con enunciazione della tesi [rr. 59-62]

13. Che cosa intende l'autore con la parola «scorciatoie»? Tale parola implica un giudizio morale positivo o negativo?

14. Solo alla fine del testo l'autore enuncia esplicitamente la sua tesi. Riscrivila con parole tue.

Appunti della lezione

I MIEI APPUNTI

- Il testo è suddiviso in **paragrafi**, ognuno dei quali sviluppa un punto della trattazione.
- Nel testo sono riconoscibili:
  – la **tesi**, espressa in fondo alla trattazione (è giusto e utile vivere rispettando l'*etica*). La tesi non deve essere necessariamente enunciata all'inizio del testo, anche se è la collocazione più consueta;
  – due **argomenti** che sostengono la tesi;
  – l'esposizione di un'**antitesi**, cioè di un'idea contrastante con la tesi ma comunque molto diffusa (*molti adottano un codice etico opportunistico*);
  – la **confutazione dell'antitesi**, cioè la dimostrazione della sua infondatezza e delle conseguenze negative cui porterebbe l'applicazione dei suoi principi;
  – la **conclusione**, che ribadisce la tesi.

LEGGIMI E STUDIAMI

Appunti delle lezioni

Sintesi

Le caratteristiche del testo argomentativo	
	- Un testo argomentativo è organizzato in paragrafi: un **paragrafo** è un **blocco di testo** che sviluppa un punto della trattazione; di solito comincia con un *rientro di riga* e si conclude sempre con un *punto e a capo*.
	- Un **paragrafo argomentativo** sviluppa un'idea attraverso l'enunciazione di un'**opinione** e la relativa spiegazione tramite ragionamenti ed esempi. Più paragrafi argomentativi che si susseguono con ordine logico compongono un **testo argomentativo**.
	- Un **testo argomentativo** ha lo **scopo di persuadere e convincere** i lettori della veridicità della **tesi generale** che sostiene; in esso bisogna dunque riconoscere: – l'**argomento**, cioè il problema affrontato; – la **tesi**, che non necessariamente deve essere enunciata all'inizio del testo, anche se è la collocazione più consueta; – gli **argomenti** che sostengono la tesi; – l'eventuale esposizione di un'**antitesi**, cioè di un'idea contrastante con la tesi ma molto diffusa; – la **confutazione dell'antitesi**, cioè la dimostrazione della sua infondatezza; – la **conclusione**, che spesso ribadisce la tesi.
Opinione e informazione	- In un testo argomentativo è importante distinguere le **opinioni** dalle **informazioni**. - Quando si legge un testo, in particolare un testo argomentativo, bisogna prestare attenzione **all'autorevolezza della fonte**: di solito una **fonte è autorevole** se l'autore è persona esperta e competente nel settore.

R.J. Palacio
T4
Agguato nel bosco

I contenuti Auggie è nato con il volto deforme perché colpito dalla sindrome di Treacher-Collins. Protetto per dieci anni dalla sua meravigliosa famiglia, deve ora affrontare la scuola media e relazionarsi con compagni e coetanei, esterrefatti di fronte all'aspetto del piccolo Auggie: pochi sono disposti a essere suoi amici. Ma Auggie, pur sfortunato, è tenace e sicuro di sé. Decide, quindi, di partecipare alla gita che la scuola ha organizzato in un riserva naturale. Fra gli intrattenimenti previsti per i ragazzi vi è anche la proiezione notturna di un film: il maxischermo è allestito in un grande prato e tutti gli alunni sono seduti sull'erba. Auggie e l'amico Jack si allontanano temporaneamente nel bosco, per urgenti bisogni fisiologici, dopodiché tornano indietro. Ma lungo la strada hanno uno spiacevole incontro e Auggie stesso narra quanto accade.

Abbiamo ripercorso i nostri passi, in direzione dello schermo gigante. È stato allora che ci siamo imbattuti in un gruppo di ragazzi che non conoscevamo. Erano appena spuntati dagli alberi, facendo qualcosa di cui non desideravano i loro insegnanti fossero a conoscenza, ne ero certo.
5 Sentivo odore di fumo adesso, sia di petardo, sia di sigaretta. Ci hanno puntato contro le torce. Erano in sei: quattro maschi e due femmine. Probabilmente di terza.

«Di che scuola siete?»[1] ha domandato uno dei ragazzi.

«Beecher Prep!» ha cominciato a rispondere Jack, quando, di punto
10 in bianco, una delle ragazze ha cominciato a strillare.

«Oh mio Dio!» ha urlato, portandosi la mano davanti agli occhi come se stesse per piangere. Ho pensato che un insetto mostruoso le fosse appena volato in faccia, o roba simile.

«Non ci credo!» ha gridato uno dei maschi e ha iniziato a menare
15 gran colpi per aria con la mano, come se avesse appena toccato qualcosa di molto caldo. E subito dopo si è coperto la bocca. «Che mostro incredibile, ragazzi! Che mostro assurdo!».

Adesso tutti avevano cominciato a ridacchiare e a coprirsi gli occhi con le mani, spintonandosi l'un l'altro e imprecando.
20 «Ma che cos'è?» ha detto quello che ci stava puntando contro la torcia, ed è stato solo in quell'istante che mi sono reso conto che il fascio luminoso era puntato dritto sulla mia faccia e che quello di cui stavano parlando – la cosa per cui stavano urlando – ero io.

«Andiamocene» mi ha detto Jack con calma e mi ha tirato per la ma-
25 nica della felpa cominciando ad allontanarsi.

«Aspetta aspetta aspetta!» ha gridato il ragazzino con la torcia, bloccandoci la strada. Mi ha puntato di nuovo la luce in faccia e a quel

---

1. **Di che scuola siete:** allo spettacolo allestito nel pratone partecipano più scuole medie.

> Sezione 3   Documentarsi, riflettere, discutere

punto distava da me non più di un metro e mezzo. «Oh Signore! Santo cielo!» ha esclamato scuotendo la testa, la bocca spalancata. «Ma che cosa ti è successo alla faccia?».

«Smettila, Eddie» ha fatto una delle ragazze.

«Non sapevo che stessimo guardando *Il signore degli anelli*, stasera!» ha continuato l'altro. «Guardate, gente, è Gollum!».

Cosa che ha fatto venire ai suoi amici la ridarella isterica.

Abbiamo cercato di nuovo di allontanarci e di nuovo il tizio che si chiamava Eddie ci ha ostruito il passaggio. Era alto almeno una spanna più di Jack, che era alto almeno una spanna più di me, quindi quel tipo mi sembrava enorme.

«Ma no, gente, è Alien[2]!» ha detto uno degli altri maschi.

«No, no, no, ragazzi. È un orco!» ha esclamato ridendo Eddie, puntandomi di nuovo contro la torcia. Questa volta era esattamente di fronte a noi.

«Lascialo stare, va bene?» ha detto Jack, spingendo la mano in avanti per spostare la torcia.

«Ma fammi il favore» ha fatto Eddie, spostando il fascio luminoso sulla faccia di Jack adesso.

«Si può sapere che problema hai, bello?» gli ha chiesto Jack.

«È il tuo amico, il mio problema!»

«Andiamocene e basta, Jack» ho detto io, tirandolo per il braccio.

«Oddio, ma parla!» ha urlato Eddie, illuminandomi di nuovo la faccia. L'altro tizio ci ha lanciato un petardo sui piedi.

Jack ha cercato di spingere da parte Eddie, ma Eddie gli ha messo le mani sulle spalle e gli ha dato uno spintone che lo ha fatto cadere all'indietro.

2. Alien: creatura extraterrestre dall'aspetto mostruoso, protagonista dell'omonimo film.

Le parole della legalità Bullismo e reato

Scherzo, *litigio* e *bullismo* sono alternative e riguardano la qualità della relazione:

- lo **scherzo** è un evento divertente, che non ha l'intenzione di ferire e ammette reciprocità;
- il **litigio** è un dissidio occasionale che nasce intorno a una incomprensione, a una differenza, a una competizione – ad esempio, amorosa – ma non è ripetuto nel tempo. Due persone possono litigare anche molto aspramente senza per questo rivolgersi delle prepotenze, e poi chiarirsi e tornare a rapportarsi in modo sereno;
- il **bullismo** è una relazione fatta di prepotenze ripetute, sempre tra le stesse persone, in una situazione di squilibrio di forze, dove chi ha il potere lo utilizza volutamente per ferire il più debole.

Un comportamento configura un **reato** se infrange una norma giuridica. Questo può accadere con atti di bullismo ma anche con azioni all'interno di semplici litigi.

www.smontailbullo.it

«Eddie!» ha strillato una delle ragazze.

«Sentite» ho fatto io, mettendomi davanti a Jack e alzando le mani per aria a mo' di vigile. «Siamo dei nani in confronto a voi e...»

«Stai parlando con me, Freddie Krueger[3]? Non credo proprio tu voglia mescolarti con me, mostro che non sei altro» ha ribattuto Eddie. Quello è stato il momento in cui ho capito che dovevo scappare più in fretta che potevo, ma Jack era ancora a terra e io non avevo nessuna intenzione di lasciarlo lì.

«Ciao, raga» ha detto una nuova voce alle nostre spalle. «Che sta succedendo?»

Eddie ha ruotato su se stesso e ha puntato la torcia verso la voce. Per un secondo, ho stentato a credere a ciò che vedevano i miei occhi.

«Lascialo stare, amico» ha detto Amos, con Miles ed Henry[4] subito dietro di lui.

«E chi lo dice?» ha ribattuto uno dei tizi che stavano con Eddie.

«Lascialo stare e basta, amico» ha ribadito Amos con calma.

«Sei anche tu un mostro?» gli ha chiesto Eddie.

«Sono tutti un branco di mostri!» ha esclamato uno dei suoi amici.

Amos non ha risposto a loro, invece ha guardato noi. «Venite, ragazzi, andiamocene. Il signor Kiap[5] ci sta aspettando». Sapevo che era una bugia, ma ho aiutato Jack a rimettersi in piedi e abbiamo cominciato a incamminarci verso Amos. Poi, di punto in bianco, Eddie ha afferrato il mio cappuccio mentre gli passavo vicino, tirandolo talmente forte da strattonarmi indietro, e sono caduto lungo disteso sulla schiena. È stata una brutta caduta e mi sono fatto un male cane al gomito contro un

---

3. **Freddie Krueger:** personaggio della serie di film dell'orrore *Nightmare*, dalla faccia deforme.
4. **Amos, Miles, Henry:** si tratta di compagni di Auggie e Jack, ma fino a quel momento non in buoni rapporti; per questo Auggie non crede ai suoi occhi quando vede che sono sopraggiunti in loro difesa.
5. **il signor Kiap:** il preside.

80 sasso. Non sono riuscito a capire bene che cosa è successo dopo, se non che Amos si è slanciato addosso a Eddie tipo un enorme camion e tutti e due sono caduti per terra vicino a me.

Dopodiché, tutto si è trasformato in una gran confusione. Qualcuno mi ha tirato per la manica e ha gridato: «Corri!» e qualcun altro ha
85 strillato contemporaneamente: «Prendeteli!» e per qualche secondo ho avuto veramente due persone che mi tiravano per le maniche della felpa in due opposte direzioni.

Li ho sentiti imprecare entrambi, finché la felpa non si è strappata e il primo tizio mi ha strattonato per il braccio e ha cominciato a trascinarmi dietro di sé mentre correvamo; cosa che ho fatto più veloce che potevo.

Sentivo passi dietro di noi e voci che gridavano e ragazze urlanti, ma era così buio che non sapevo a chi appartenessero le voci, sentivo tutto come se stessimo sott'acqua. Correvamo come pazzi ed era buio pesto e ogni volta che cominciavo a rallentare il tipo che mi tirava per il braccio urlava; «Non fermarti!».

Alla fine, dopo quella che è sembrata una corsa infinita qualcuno ha gridato: «Credo che li abbiamo seminati!».

«Sono qui!» ha detto la voce a qualche metro di distanza, dietro di noi.

«Non possiamo fermarci!» ha gridato Miles da più lontano.

«Jack!» ho strillato io.

«Ehi!» ha gridato Jack. «Sono qui».

«Non ci vedo un cavolo!»

«Sei sicuro che li abbiamo seminati?» ha chiesto Henry, lasciandomi andare il braccio. È stato lì che mi sono reso conto che era stato lui a trascinarmi sin lì nella corsa.

«Già».

«Shhh! Ascoltate!»

Tutti siamo ammutoliti, in ascolto di passi nell'oscurità. Ma tutto quello che siamo riusciti a sentire erano i grilli e le rane e il nostro respiro ansimante. Eravamo senza fiato, ci faceva male la pancia e stavamo piegati in due, appoggiati alle ginocchia.

«Li abbiamo seminati» ha concluso Henry.

«Uau! È stato forte!»

«E la torcia, che fine ha fatto?»

«Mi è caduta!»

«Come facevate a saperlo?» ha chiesto Jack.

«Li avevamo visti prima».

«Degli idioti».

«Ma tu ti sei lanciato addosso a lui con la testa!» ho detto ad Amos.

«Lo so, va bene?» ha detto Amos ridendo.

«Non lo ha nemmeno visto arrivare!» ha aggiunto Miles.

«Lui ha fatto: "Sei un mostro anche tu?", e tu, bam» ha fatto Jack.

«Bam!» ha ripetuto Amos, scagliando un pugno in aria. «Ma dopo che l'ho atterrato mi son detto tipo, corri, Amos, sei fesso, è dieci volte più grosso di te! E mi sono alzato e ho cominciato a correre più in fretta che potevo!»

Siamo scoppiati tutti a ridere.

«E io ho afferrato Auggie e gli ho detto: "Corri!"» è intervenuto Henry.

«Non sapevo nemmeno che fossi tu, a trascinarmi!» ho osservato io.

«Una cosa assurda» ha detto Amos scuotendo la testa.

«Completamente assurda».

«Ti sanguina il labbro, amico».

«Ho preso un paio di pugni» ha risposto Amos, asciugandosi il labbro.

«Credo fossero di terza».

«Erano enormi».

«Perdenti!» ha gridato Henry davvero forte, ma tutti lo abbiamo zittito.

Siamo rimasti in ascolto per qualche secondo, per essere sicuri che nessuno lo avesse sentito.

«Ma dove diavolo siamo?» ha chiesto a un certo punto Amos.

«Credo nei campi di granturco» ha risposto Henry.

«Già, siamo nei campi di granturco» ha confermato Miles, pungendo Henry con uno stelo di pannocchia.

«D'accordo, so esattamente dove ci troviamo» ha concluso Amos. «Dobbiamo tornare in quella direzione. Arriveremo sull'altro lato del pratone».

«Ehi, ragazzi» ha detto Jack, una mano alzata per aria. «È stato davvero forte che siate tornati indietro a cercarci. Dico sul serio. Grazie».

Sezione 3 Documentarsi, riflettere, discutere

«Non c'è di che» ha risposto Amos, dando il cinque a Jack. E poi anche Miles ed Henry si sono scambiati il cinque con lui.

«Già, ragazzi, grazie» ho fatto io, aprendo la mano come aveva appena fatto Jack, malgrado non fossi sicuro che avrebbero dato il cinque anche a me.

Amos mi ha guardato e ha annuito. «Forte come gli hai tenuto testa, amico» ha detto, dandomi il cinque.

«Già, Auggie» ha concordato Miles, dandomi anche lui il cinque. «Hai detto tipo: "Siamo dei nani in confronto a voi…"».

«Non sapevo che dire!» ho esclamato ridendo.

«Grande» ha commentato Henry, dandomi a sua volta il cinque.

R.J. Palacio, *Wonder*, trad. it. di A. Orcese, Giunti, Firenze 2013

COMPRENDERE E INTERPRETARE

■ **L'incontro** [rr. 1-62]

1. Il gruppo di ragazzi «spuntati dagli alberi» si connota da subito in modo ambiguo: che sospetto ha Auggie nei loro riguardi? Rileggi a proposito le rr. 1-7.

2. Perché il gruppo *urla*, *impreca* e *ridacchia* alla vista di Auggie?

3. Come definiresti il loro comportamento? Esprimi un breve giudizio.

4. Quale ragazzo del gruppo si caratterizza, più degli altri, per un comportamento da *bullo*? Motiva la risposta.

■ **Lo scontro** [rr. 63-91]

5. Chi sono Amos, Miles ed Henry? Perché intervengono?

6. Le parole e il comportamento dei ragazzi che fanno parte del gruppo di Eddie sono talmente aggressivi che la reazione di Amos [r. 81] appare del tutto comprensibile se non giustificabile. Sei d'accordo con l'affermazione? Motiva la tua scelta.

■ **La salvezza conquistata e l'amicizia ritrovata** [rr. 92-161]

7. Come si mettono in salvo Auggie e compagni? Ti sembra saggia la loro scelta?

8. Di che cosa sono fieri i ragazzi?

9. Alla fine della disavventura, i cinque compagni ritrovano l'armonia e la reciproca fiducia: quali comportamenti lo rivelano?

....

10. Anche Auggie, prima deriso ed evitato da tutti, capisce di essere diventato importante e di essere stato accettato nel gruppo. Perché?

....
....

STUDIARE LA LINGUA

11. Nel testo sono molte le espressioni che indicano violenza e aggressività. Scrivi un sinonimo per ognuna di quelle elencate:

- **a.** spintonarsi: ....
- **b.** imprecare: ....
- **c.** ostruire il passaggio: ....
- **d.** strattonare: ....
- **e.** slanciarsi addosso: ....

12. «Darsi il cinque» è un'espressione figurata: essa indica un gesto particolare e simbolico. Spiega il gesto e il suo significato.

PARLARE

13. Sono atti di bullismo[1] e come tali perseguibili penalmente i seguenti comportamenti:

- insulti, offese, prese in giro;
- voci diffamatorie e false accuse;
- razzismo;
- critiche immotivate ed eccessivo controllo;
- piccoli furti, estorsione;
- minacce;
- violenza privata, aggressioni, giochi violenti;
- lesioni personali;
- esclusione dal gioco;
- percosse;
- danneggiamento di cose altrui.

Quali tra i comportamenti elencati potrebbero diventare capi d'accusa contro Eddie e compagni? Motiva le tue scelte.

1. http://www.informagiovani-italia.com/bullismo_reato.htm

SCRIVERE

14. L'episodio narrato è a tuo parere verosimile o del tutto impossibile a verificarsi nella realtà? Conosci o sei venuto a sapere di altri fatti simili? Esponi ciò che sai e ciò che pensi a proposito.

Sezione 3 — Documentarsi, riflettere, discutere

T5 — Roberto Saviano
Furti e rapine: le baby-gang a Napoli

I contenuti | Con il termine **baby-gang** si intende un fenomeno di microcriminalità organizzata, diffuso nei contesti urbani, di cui sono protagonisti ragazzi minorenni che assumono condotte illegali e devianti ai danni di cose o persone. Roberto Saviano, il noto scrittore e saggista che da anni spiega con lucida analisi i fenomeni della camorra e della criminalità organizzata, ci offre una testimonianza del *modus operandi* delle baby-gang che affliggono il territorio di Napoli (ma che in realtà affliggono molte altre città, non solo italiane) e insieme all'informazione comunica alcune interessanti opinioni.

Quando scendono alla fermata di piazza Amedeo iniziano ad urlare. Appena mettono piede sulla salita che porta fuori dalla metropolitana lanciano grida belluine[1]. Il tunnel del resto si presta ad una eco fenomenale.

5   Qualche spintone ad un turista, un calcio poderoso contro la macchina che stampa i biglietti della metro e via a scorrazzare. Seguo questi tre ragazzi. Il grande non avrà più di sedici anni, ha un'ombra di baffo sotto il naso, uno zuccotto trapuntato calato aderente sulla testa, gli altri due sembrano fratelli, tozzi, ma tonici. Devono far palestra. Uno
10 indossa una t-shirt del Barcellona, l'altro dei jeans a vita bassa che gli fanno uscire fuori la riga verticale del sedere. Sono abbronzantissimi. Vedo che a nessuno manca un tatuaggio. Ma non capisco bene i disegni tracciati sulla pelle. Per beccare una banda di ragazzini ho viaggiato per più di due ore su diverse linee, toccando tutte le fermate. Questi tre
15 appena saliti si fanno un giro tra i vagoni. Li seguo a distanza. Due di loro si siedono vicini ad una ragazza sola. Avrà vent'anni, è vestita in maniera molto elegante. Le chiedono qualche spicciolo e poi «una cosa a piacere». Non riferendosi ad un'offerta, ma a qualcosa che indossava. Insomma una licenza di scegliere l'oggetto da rubare. Catenina, oro-
20 logio, braccialetto, occhiali da sole. Può decidere lei, è in fondo una concessione, persino un privilegio. La ragazza è impaurita ma sembra che stia pensando quale cosa dare ai tre piuttosto che resistere alla loro prepotenza. I ragazzini non hanno bisogno neanche di tirare fuori la *molletta*, il coltellino che forse neanche possiedono. Io ed un ragazzo,
25 credo pakistano, ci avviciniamo vedendo il viso impaurito della ragazzina. I tre non sembrano mutare idea vedendoci dietro le loro spalle. Ma arriva la fermata, le porte si aprono, la ragazza si alza di scatto e

---
1. grida belluine: grida simili a quelle delle belve, quindi bestiali, disumane.

sguscia fuori. Non sente neanche di aver subito una rapina o qualcosa di molto vicino. Passa davanti a un poliziotto privato che circola per la stazione di piazza Amedeo, ma non si ferma, non gli dice nulla. I tre del resto come se nulla fosse accaduto scendono, ma non la inseguono. Chiedo a un controllore se riesce a svolgere il suo lavoro anche con queste bande di ragazzini: «Io i biglietti non glieli chiedo proprio. Già se riesco a fargli fare il viaggio tranquilli io sento di aver fatto il mio mestiere. Quando sono con altri colleghi provo a farli scendere alla prima fermata. Quelli scendono pure, ma alla prossima corsa risalgono». Si riferisce a questi gruppetti, salgono a piazza Dante, altri vengono dalla periferia nord di Napoli. Capisco che nella mente dei passeggeri è ben presente l'organigramma informale[2] di questi gruppetti. E capisco, ascoltando le diverse persone, che più numerosi sono meno paura fanno. «Se sono in molti scherzano tra loro e si fanno i fatti loro, al massimo ti vengono addosso mentre si rincorrono o spintonano tra loro. Quando sono due o tre e vanno avanti e indietro allora non va bene c'è da avere paura». Quasi tutti sanno che la parte maggiore delle rapine avviene poco prima che si aprano le porte e conoscono la tecnica. Me la spiega Anna Paola 33 anni, ti circondano, uno ti avvicina la faccia, ti senti quasi il naso contro il tuo mentre uno dietro in qualche modo ti spinge, ti fanno diventare quasi un sandwich poi un attimo e ti portano via o la borsa o sei tu a dargliela perché ti minacciano. Anna Paola ha subito tre rapine, in tre anni. «Giusto una all'anno» dice.

Non sembra esserci resistenza alcuna alle volontà dei piccoli rapinatori e dei giovanissimi scippatori. Si spera solo che facciano presto, sen-

2. organigramma informale: semplice organizzazione; l'organigramma è uno schema che mostra i ruoli occupati in un'azienda o in un'organizzazione.

Sezione 3 Documentarsi, riflettere, discutere

> **3. falchi:** poliziotti in borghese, anti scippo e rapina che svolgono servizio sulle moto.
> **4. flagranza di reato:** nell'atto palese di commettere l'azione criminosa.
> **5. i bravi... Stato:** ne *I promessi sposi* di Alessandro Manzoni (ambientato nel Seicento), i bravi sono sgherri al servizio del prepotente signorotto locale, Don Rodrigo. Saviano istituisce dunque un paragone tra i mezzi con cui agisce lo Stato e quelli con cui agiva Don Rodrigo.

za far male o ammazzare: «Io preferisco che mi freghino senza che me ne accorgo. Se no magari reagisco e questi mi riempiono di mazzate», dice Aniello 78 anni ex operaio dell'Ilva di Bagnoli. Si subisce perché tanto nulla sembra possibile.

I falchi[3] sono il vero terrore delle bande di ragazzini. Appena arrivano in piazza Amedeo i tre lanciano occhiate a destra e sinistra. Hanno paura non per quello che intendono fare ma perché con grande probabilità uno di loro almeno è già noto ai falchi della zona. E i falchi non hanno bisogno di vederti in flagranza di reato[4] per intervenire. Se la faccia è nota arrivano, mazziano, picchiano forte, ma così forte che difficilmente ti andrebbe di finire nuovamente tra le loro mani. I falchi del resto sembrano darsi arie da commissario Gilardi, il celebre personaggio interpretato da Thomas Milian nei suoi film-cult degli anni '80. Ostentano le palette, sguardi feroci, non chiedono documenti, sembrano sapere già tutto, non vanno in giro col casco anche se nelle foto sui giornali – guarda caso – compaiono sempre cascomuniti. I falchi sono i centauri partenopei, i bravi del don Rodrigo-Stato[5], la Legge, con la «l» maiuscola come una sorta di materializzazione di carne, muscoli e pancetta della giurisprudenza. Su di loro le leggende nei vicoli si sprecano. Una volta nei pressi della stazione dei ragazzi fuori al bar Mexico mi raccontarono la loro versione: «Quelli quando li arruolano gli mettono le placche d'acciaio in testa» così possono viaggiare senza casco.

C'è una sorta di intimità tra falchi e piccoli criminali. Un'intimità che prescinde dai ruoli. Si chiamano per soprannomi anche i falchi, come i camorristi, ne hanno di divertenti come per esempio il celebre Hulk, falco degli anni '80 o il famoso Pino Daniele, falco sosia del cantante, si rincorrono con i microcriminali nell'annosa dialettica guardia e ladri da sempre. I falchi saltano le mediazioni. Un ragazzino sospetto è allontanato a scapaccioni e pedate. Ai falchi si deve l'unico argine alla diffusione capillare della microcriminalità. Ed emerge dai documenti della Questura che oltre il 90 per cento della refurtiva recuperata viene raccolta dai falchi pochi minuti dopo il furto o la rapina. Ai falchi, ai loro presidi perenni si deve ogni successo contro il microcrimine. Nel breve termine sicuramente i vantaggi di una pratica del genere sono esponenziali poiché superano le mediazioni burocratiche, praticano strade ibride⁶ costellate di informatori, atteggiamenti paternalistici, prassi che potrebbero sottrarre i tempi di vantaggio per le attività criminali ma che sul lungo termine perpetuano all'infinito uno stato d'emergenza che continuamente abbisogna di ricorrere ad argini momentanei e mai a soluzioni. Sul lungo termine non si ha in queste zone una reale mutazione delle dinamiche, anzi spesso tra falchi e microcriminali sembra svolgersi una battaglia tra due club metropolitani che devono spartirsi il territorio con ugual metodo. Presidiare Napoli è divenuta una prassi da squadre militari, da bande istituzionali, è possibile che questo sia l'unico reale freno al crimine di strada, ma si dovrà avere la necessaria consapevolezza che ciò innescherà risposte che alcune parti della città daranno rivoltandosi come parte di una scacchiera dove ognuno esiste solo in contrasto all'altro. Un laboratorio che sarebbe piaciuto al politologo Carl Schmitt ma che fa dell'episodio di piazza Ottocalli (dove le donne si rivoltarono contro la polizia per difendere due scippatori) non un caso di abitudine all'illegalità o di meccanica difesa del delinquente, ma un elemento del disastro, conservato e preservato da una situazione che non vuole e non può emanciparsi dall'emergenza. I quartieri sanno della prassi dei falchi. Sanno ed incamerano, sussumono⁷, e quando appena circola voce che un giovane è stato aggredito, non c'è ipotesi di dubbio. Troppe volte in queste zone si è visto come agiscono e quindi c'è la reazione, selvaggia, come una partita le cui regole si devono svolgere in un preciso modo, perché se da una parte v'è l'efferatezza⁸ della rapina, del furto, dall'altra v'è la risposta eguale e contraria. Ma la terza legge della dinamica non ha mai visto risultante la giustizia, né invero concede scorciatoie alla soluzione delle questioni sociali più gravi.

I tre ragazzini che stavo seguendo si perdono infilandosi nei vicoli di via Toledo. Proseguendo arrivo a piazza Dante, sui bus che vanno a Secondigliano si stipano la parte maggiore dei tossici del centro di Napoli. L'eroina qui a Napoli è la più economica d'Europa, ma questa è un'altra storia.

da www.robertosaviano.it

6. ibride: eterogenee, di diversi tipi.
7. sussumono: deducono, traggono conclusioni.
8. efferatezza: ferocia, crudeltà.

COMPRENDERE E INTERPRETARE

■ I piccoli rapinatori [rr. 1-56]

1. Come spieghi le «grida belluine» che i ragazzi lanciano nel tunnel della metropolitana?

2. Quali particolari caratterizzano l'aspetto dei tre ragazzi?

Sezione 3 Documentarsi, riflettere, discutere

3. Saviano osserva e descrive il loro comportamento mentre si aggirano nei vagoni. Che cosa capita alla ragazza sola, vestita in modo elegante?

4. Quali altre testimonianze vengono addotte? Che cosa riferiscono?

■ **I** *falchi* [rr. 57-130]

5. Chi sono i *falchi*? Qual è il loro modo di agire?

6. Quali particolari accomunano i *falchi* e i piccoli criminali?

7. Secondo l'opinione di Saviano, l'impiego dei *falchi* costituisce un vantaggio nel breve termine ma un grosso limite nel lungo termine. Perché? Spiega i suoi argomenti.

STUDIARE LA LINGUA

8. Rileggi le rr. 68-71 e spiega il significato delle espressioni figurate con cui Saviano, in modo ironico e sarcastico, descrive i *falchi*.

a. Centauri partenopei.	
b. Bravi del don Rodrigo-Stato.	
c. Materializzazione di carne, muscoli e pancetta della giurisprudenza.	

9. Trova nel testo, e spiega, qualche termine o espressione gergale, che appartenga al dialetto napoletano o alla lingua parlata.

PARLARE

10. Perché né la ragazza sola, importunata dai ragazzi, né le persone intervistate denunciano ciò che accade sulla metropolitana? Discutine con i compagni.

SCRIVERE

11. Un tuo coetaneo ha scritto in un tema: «Il compito che un'educazione adeguata svolge sui ragazzi d'oggi, è fondamentale, i delinquenti di domani sono infatti i ragazzi di oggi che essendo cresciuti con una mentalità negativa e distorta, commettono gravi scorrettezze ai danni della società. Secondo me dunque, un vero delinquente di domani, si nasconde tra un normalissimo ragazzo di oggi che però non ha avuto un'educazione adeguata».
Sei d'accordo con la sua opinione? Argomenta la tua risposta.

T6 Anna Oliverio Ferraris
Il mito della violenza

I contenuti | Spesso i giovani per farsi notare ricorrono alla provocazione o addirittura alla violenza. Perché? Per cercare di capire cosa c'è dietro certi comportamenti, leggi l'analisi che ha fatto Anna Oliverio Ferraris, docente di psicologia dello sviluppo all'università "La Sapienza" di Roma. Mentre leggi, individua le informazioni e fanne la sintesi a margine.

A che cosa serve un mito?

Ogni generazione ha miti diversi perché

Il mito può essere

La violenza

La funzione del nemico

Un gruppo di ragazzi non vive nel vuoto. I gruppi giovanili cercano una fantasia collettiva in cui identificarsi: uno scenario che offra la possibilità di immaginare se stessi all'interno di un contesto significativo. Da un lato questo scenario deve catturare la qualità della loro esistenza, dall'altro deve differenziarli dal mondo degli adulti. I gruppi giovanili hanno una cultura, delle immagini e dei simboli che esprimono un senso personale della vita, ossia un mito che dà un senso all'agire e la sensazione di essere unici.

Ogni generazione struttura i propri miti o scenari collettivi sulla base delle informazioni a cui accede e delle esperienze che fa. Questo spiega perché ogni generazione abbia i suoi ideali e perché all'interno della stessa generazione, sottoculture giovanili di diversa estrazione coltivino ideali differenti e di conseguenza anche differenti linguaggi e aspirazioni. Il mito può essere una filosofia di vita, un'ideologia politica, un credo religioso, l'adesione a uno stile musicale, a una squadra di calcio in cui ci si riconosce e persino a un tipo di abbigliamento, a un modo di esprimersi.

Può diventare mito il pacifismo ma può diventarlo anche la guerra. Nell'ambito delle gang giovanili la violenza può essere una ragione di vita: si acquistano meriti nel gruppo e ci si fa un nome grazie alle violenze che si riesce a compiere contro le bande nemiche, la polizia o i semplici cittadini. Essere temuti dalla banda avversa diventa un obiettivo e un titolo di merito, così come difendere il "territorio", ottenere "rispetto", vendicare l'"onore", violentare una ragazza, partecipare a una rapina, scontrarsi con le forze dell'ordine. D'altro canto una gang acquista identità, ha degli obiettivi e può considerarsi tale se ha dei nemici.

Sezione 3 Documentarsi, riflettere, discutere

Il mito come identità

Molte delle attuali gang metropolitane composte da giovani immigrati hanno un mito, rivendicano cioè un'origine, una storia, un codice di comportamento. I Latin King, per esempio, presenti a Genova, a Milano, a Torino e a Roma, furono fondati a Chicago alla fine degli anni Quaranta da cittadini portoricani con l'obiettivo di trasformare il mondo in una "nazione latina". I Neta, anch'essi presenti in Italia, furono fondati da un detenuto portoricano che pensava che i detenuti più deboli andassero protetti da quelli più violenti. Nel tempo hanno sviluppato un linguaggio dei segni facile da imparare e di cui vanno fieri. Per esempio, il dito medio appoggiato sopra il dito indice significa: il più forte soccorre il più debole.

I simboli

Abbigliamento, colori, graffiti, murales, tatuaggi, simboli, riti di iniziazione sono indicatori di appartenenza, modi per creare legami di lealtà e di dipendenza, forme di comunicazione. Una sigla o un simbolo tracciato su un muro può significare «siamo qui, questo è il nostro territorio». I colori indicano la "nazione" (per esempio la "nazione King" si riconosce dal bianco e dall'azzurro). La collanina è il segno che l'affiliato ha fatto il giuramento. I riti iniziatici[1] possono essere più o meno cruenti. In alcune bande

I riti iniziatici

il nuovo arrivato può essere picchiato dagli altri membri senza potersi difendere. Altre volte la prova di iniziazione consiste nel rubare un'auto o un motorino, nell'aggredire un passante, violentare una ragazza o anche partecipare a un omicidio. Gli "anziani" dei Templados (ecuadoriani) pretendono un rito di iniziazione dei nuovi arrivati che consiste nel battersi a mani nude con due della banda per dimostrare forza e tolleranza al dolore e, come prova di coraggio, un'aggressione contro la cosca rivale oppure rapinare un passante. Nelle bande giovanili il coltello è l'arma più diffusa ma qualche volta compare anche la pistola.

I bisogni dei giovani

Queste gang giovanili sono la dimostrazione che se i ragazzi non riescono a integrarsi nella società civile, nelle sue regole e nella sua cultura, si aggregano spontaneamente in gruppi che col tempo si organizzano secondo modalità arcaiche. Se ciò si verifica è anche perché queste aggregazioni, nel bene e nel male, assolvono a una serie di bisogni psicologici tipici dell'adolescenza:
- *identità e riconoscimento*: ci si sente "qualcuno"; si acquista una identità; ogni gang ha i suoi simboli;
- *senso di appartenenza*: la gang è una sorta di famiglia allargata; spesso fratelli, sorelle e cugini appartengono alla stessa gang;

---

1. **riti iniziatici:** prove di iniziazione per entrare nella banda.

- *protezione*: si entra in una gang per proteggersi dalle aggressioni di altre gang che agiscono sul territorio;
- *eccitazione*: per alcuni lo stile di vita della banda diventa una forma di droga;
- *partecipazione*: c'è una distribuzione dei ruoli e, quando il numero degli affiliati è elevato, ci sono livelli diversi di partecipazione in base all'età, all'esperienza, al sesso, alle caratteristiche individuali;
- *le ragazze*: la sottocultura delle gang è fortemente machista[2], le ragazze devono sottomettersi ai membri della gang.

Il mito della violenza, com'è noto, anima anche gli ultrà di alcune tifoserie. Individuare il nemico nei tifosi di un'altra squadra consente di organizzare azioni punitive "legittime" e rafforza la coesione del gruppo, che in questo modo acquista una identità per contrapposizione. Fatti insignificanti possono legittimare interventi violenti: un membro di un'altra tifoseria che sconfina nel territorio sbagliato, un apprezzamento a una ragazza della propria tifoseria, un gesto di troppo e a volte anche semplici impressioni, "esigono" rappresaglie immediate.

da A. Oliverio Ferraris, *Piccoli bulli crescono*, Rizzoli, Milano 2007

Le tifoserie

2. machista: maschilista.

Sezione 3 — Documentarsi, riflettere, discutere

COMPRENDERE E INTERPRETARE

I miti dei giovani

1. Secondo l'autrice, quali tra le seguenti caratteristiche deve avere il "mito" per affascinare un gruppo giovanile?

   A Apparire come una fantasia collettiva in cui identificarsi.
   B Richiamare un personaggio molto famoso.
   C Differenziare i giovani dal mondo degli adulti.
   D Essere un lavoro che fa guadagnare molto.
   E Esprimere il senso della vita.
   F Essere uguale per tutti i giovani di una generazione.

STUDIARE LA LINGUA

2. Considera il secondo paragrafo [rr. 10-20]. Qual è l'argomento espresso dall'autrice? Qual è l'esempio con cui lo sostiene?

   ....
   ....
   ....

3. Considera ora l'ultimo paragrafo [rr. 89-98]. L'autrice riporta esempi di fatti insignificanti che tuttavia provocano interventi violenti. Quali sono questi esempi?

   ....
   ....

4. Spiega il significato delle seguenti espressioni (presenti nel testo) e valuta se indicano comportamenti positivi, negativi o diversamente valutabili a seconda della circostanza.

   a. Acquistare meriti nel gruppo. ....
   b. Vendicare l'onore. ....
   c. Affrontare un rito di iniziazione. ....
   d. Integrarsi nella società. ....
   e. Rafforzare la coesione del gruppo. ....
   f. Legittimare interventi violenti. ....
   g. Effettuare una rappresaglia. ....

PARLARE

5. Le situazioni, i fatti, le argomentazioni esposti nel brano ti sembrano credibili o li ritieni esagerazioni? Motiva la tua risposta.

SCRIVERE

6. Secondo la tua esperienza, i giovani hanno bisogno di usare la violenza per affermare se stessi? Anche tu a volte provi l'impulso di trasgredire le regole, di commettere azioni fuori dalla norma, magari non criminosi ma eccitanti, per farti ammirare? Racconta e spiega.

Antonio Nicaso
Che cos'è la mafia?

I contenuti | Antonio Nicaso è un giornalista e scrittore che ha realizzato importanti ricerche sulla criminalità organizzata. È uno dei massimi esperti della 'ndrangheta a livelli internazionali e per questo svolge anche opera di consulenza alle istituzioni e alle forze dell'ordine. Nel libro *La mafia spiegata ai ragazzi* egli ci comunica le principali informazioni sulla mafia e sulle mafie, in Italia e nel mondo. Ci parla di ingiustizie, ma anche di giustizia, impegno e legalità.

Come si può definire la mafia?

Gerlando Alberti, vecchio boss di Palermo, a un poliziotto che gli chiede cosa sia la mafia, risponde ridendo: «Che cos'è? Una marca di formaggio?»

Totò Riina, uno dei mandanti delle terribili stragi di Palermo, alla domanda di un magistrato, finge di non conoscerla: «Questa mafia di cui tutti parlano io l'ho letta solo sui giornali».

Anche Mommo Piromalli, importante boss della 'ndrangheta, risponde con sarcasmo: «Che cosa è la mafia? È qualcosa che si mangia? È qualcosa che si beve? Io non conosco la mafia, non l'ho mai vista».

Nonostante quello che dicono i boss mafiosi, noi sappiamo che la mafia esiste sul serio. E sicuramente non è una marca di formaggio.

"Mafia" è un termine generico, spesso utilizzato per definire varie forme di criminalità organizzata.

Quando questa parola non è accompagnata da aggettivi, si fa riferimento alla mafia siciliana, una potente organizzazione criminale che gode di consenso sociale e di relazioni con la politica, le istituzioni e l'economia. In altre parole, intreccia rapporti con persone che dovrebbero combatterla: magistrati, rappresentanti delle forze dell'ordine, funzionari pubblici, politici, preti e reinveste nell'economia legale i soldi accumulati con la violenza.

La mafia non è semplicemente una forma di criminalità, ma una cosa molto più potente, organizzata e pericolosa. Il suo obiettivo è quello di ottenere denaro e potere, per i quali usa la violenza e uccide, se occorre.

Per definirla bastano solo tre parole: delirio di onnipotenza.

Il mafioso ritiene di avere un potere assoluto che cerca di accrescere in ogni modo.

Tuttavia esiste una definizione ancora più chiara: la mafia è come un sole nero. Si fa chiamare sole, ma non fa luce.

A. Nicaso, *La mafia spiegata ai ragazzi*, Mondadori, Milano 2010

COMPRENDERE E INTERPRETARE

▬ Il sarcasmo dei boss [r. 1-12]

1. Alla domanda «Che cos'è la mafia?», i tre boss citati rispondono in modo sfuggente e irridente. Secondo te, per quali motivi? Contrassegna quelli che ti sembrano adatti ed eventualmente aggiungine altri.

   A Perché la mafia non esiste in forma organizzata.
   B Perché non sanno rispondere.
   C Perché non conviene loro fare ammissioni o rivelazioni.
   D Perché vogliono canzonare i poliziotti.
   E Perché non sono informati.

2. Che cosa pensa, invece, l'autore?

▬ Un sole nero [r. 13-30]

3. Completa la sintesi ricavando le informazioni dal testo. Le integrazioni possono consistere in semplici parole ma anche in brevi espressioni.

   Il termine "mafia" ha un significato generico e viene spesso utilizzato per definire forme diverse di .... Di solito indica la .... , soprattutto quando il termine non è accompagnato da aggettivi che la qualifichino meglio. Questa organizzazione criminale è potente e pericolosa; il suo .... è quello di ottenere denaro e potere, per mezzo della .... anche più efferata.
   Purtroppo, la mafia è spesso sostenuta dalla .... e appoggiata in modo clandestino e fraudolento anche da .... , che invece dovrebbero combatterla.

STUDIARE LA LINGUA

4. Spiega il significato della metafora «sole nero» con cui Nicaso definisce la mafia.

5. Anche l'espressione «delirio di onnipotenza» ha un forte valore connotativo. Che cosa significa?

PARLARE

6. Nicaso riporta la testimonianza di una ragazza (Chiara, 14 anni), che scrive: «Io non so molto della mafia perché mi è sempre parsa una cosa complicata da capire. Per esempio le regole, come si manca di rispetto e perché reagiscono in un certo modo. Ma credo che la mafia ci sia ovunque, anche al Nord, solo che lo nascondono bene: al Sud invece lo fanno alla luce del sole».
   Condividi i dubbi e le opinioni di Chiara? Esponi le tue idee a proposito.

SCRIVERE

7. Scrivi una tua definizione di mafia e poi confronta la tua proposta con quelle dei compagni. Scegliete quelle più efficaci per farne un manifesto.

Luigi Garlando
T8
Incontro con il mostro

I contenuti | La lotta alla mafia ha avuto tanti protagonisti, modelli moralmente perfetti dello Stato legale, che si sono prodigati con ogni sforzo per combattere il "mostro"; molti di loro hanno perso la vita in questo gigantesco scontro: il giudice **Giovanni Falcone** è proprio uno degli eroi caduti per mano della mafia siciliana.
Luigi Garlando ha scritto un libro molto particolare, dedicato alla memoria del grande magistrato. Egli immagina che Giovanni, un bambino di Palermo, in occasione del suo decimo compleanno compia una gita attraverso la città, accompagnato dal padre che gli regala un'intera giornata di svago e di aperto dialogo, anche su problemi importanti della vita. Nel racconto del padre prendono vita i momenti chiave della storia di Giovanni Falcone, il suo impegno, le vittorie e le sconfitte, l'epilogo. Giovanni scopre che il papà non parla di cose astratte: la mafia c'è anche a scuola, la mafia è una nemica da combattere subito, senza aspettare di diventare grandi. E scopre anche il motivo per cui gli è stato assegnato il nome Giovanni.
L'episodio prende avvio nel momento in cui il bambino e il padre stanno facendo il bagno nella spiaggia di Mondello, a Palermo. Dopo il bagno, il padre riprende il racconto.

Alla fine tornammo a sdraiarci sugli asciugamani. Esausti. Mi sembrava di aver attraversato a nuoto tutto lo stretto di Messina. Era quasi mezzogiorno, ormai. Il sole era caldissimo ci asciugò in un attimo.

«A Trapani, Giovanni incontrò per la prima volta il nemico che
5 avrebbe combattuto per tutta la vita. Un mostro feroce, spietato, quasi impossibile da battere perché enorme e senza volto».

«Un mostro?» domandai.

Papà si mise a sedere. Avevo la netta impressione che la storia fosse arrivata a un punto molto importante.

10 «Te lo spiego con un esempio. Prendiamo la tua classe: quanti siete?»

«Ventisette.»

«Bene. La tua classe è una piccola città di ventisette abitanti, guidata dalla maestra, che detta le regole, dice cosa bisogna fare, dà buoni voti a chi fa bene i compiti, punisce chi arriva in ritardo o non si comporta
15 bene. Tutte le classi hanno una maestra, che dipende dal preside. Giusto? È lui che ha la responsabilità di tutta la scuola, deve mantenere l'ordine e curarsi che le lezioni si svolgano in modo corretto. Quindi, riassumendo: presidi e maestre hanno il compito di far rispettare la legge. Chiaro?»

20 «Chiaro.»

«Mettiamo il caso che un giorno uno studente, chiamiamolo Tonio[1],

---

1. Tonio: il fatto che il padre sta per esporre come esempio è effettivamente accaduto nella scuola di Giovanni, ma nessuno ne vuole parlare, Giovanni compreso. Tonio è un bulletto che tormenta i compagni e provoca incidenti messi a tacere dall'omertà di tutti.

> Sezione 3   Documentarsi, riflettere, discutere

si presenta da te e ti ordina: "Dammi i soldi che hai in tasca". Non è giusto. Quei soldi sono tuoi, è la tua mancia e tra l'altro ti serve per comprare le figurine dei calciatori. Allora tu vai dalla maestra per farti difendere. La maestra ne dice quattro a Tonio. Tonio ci riprova. Tu torni dalla maestra. La maestra porta Tonio dal preside che lo sospende per una settimana dalla scuola. È stata applicata la legge e tu sei stato difeso giustamente. Chiaro?»

Cominciavo a capire il senso di quella strana giornata al mare…

«Chiaro» risposi.

«Mettiamo invece che tu non vada dalla maestra, ma, spaventato dal coltellino di Tonio, gli dia i tuoi cinque euro. E tutti i tuoi compagni di classe fanno lo stesso. Tutti, tranne uno, che chiamiamo Simone. Lui non ha paura, non paga, ma un giorno Tonio, che è più grande e più forte, gli lega le stringhe delle scarpe, lo spinge giù dalle scale e Simone si rompe un braccio. Tonio dovrebbe essere punito, ma la maestra non può farlo perché non ha visto la scena e chi l'ha vista sta zitto per paura. Così Tonio può continuare a mettersi in tasca soldi non suoi. Il risultato è che nella tua classe ora esistono due leggi: quella giusta, della maestra e del preside, l'unica che dovrebbe valere; e quella di Tonio, illegale, la legge del più forte. Avrai già sentito la parola mafia.»

«Sì, papà.»

«È una parola molto antica. Pensa, apparve per la prima volta in un vocabolario nel 1868, con due significati: "miseria" e "prepotente". L'autore del vocabolario spiega che la mafia è la "miseria" di chi crede che vale solo la legge del "prepotente". E aggiunge: quell'uomo si crede tanto importante grazie alla sua forza e invece è una bestia, perché solo tra le bestie la ragione sta dalla parte del più forte. Si sente un uomo rispettato, un "uomo d'onore", e invece è come un animale. 1868: più di un secolo fa. Sai cosa succederebbe se Tonio per un secolo intero continuasse a intascare le mance dei compagni in classe?»

Non finirei mai un album di figurine, pensai. Ma risposi: «Non so».

«Te lo dico io» continuò papà. «Tra cento anni, dare quei soldi a Tonio non ti sembrerebbe più un'ingiustizia, ma una cosa normale. Pensaci. Abituato a farlo ogni giorno, ti sembrerebbe una cosa giusta, come dare i soldi al bidello in cambio della pizzetta all'intervallo. Non ricorderai più che la richiesta di Tonio era nata come una prepotenza e non ti verrà più in mente di andare dalla maestra per farti difendere. A

Le parole della legalità **Omertà**

L'**omertà** è l'atteggiamento di ostinato silenzio mantenuto da chi non denuncia reati più o meno gravi di cui è direttamente o indirettamente a conoscenza. Di solito, l'**omertoso** (cioè chi pratica l'omertà) cela l'identità di chi ha commesso l'infrazione o tace circostanze utili a chiarire i fatti e assicurare la giustizia.

forza di accettare l'ingiustizia, non vedrai più l'ingiustizia. Non vedrai più due leggi diverse in classe: quella della maestra, giusta, e quella di Tonio, ingiusta. No, ne vedrai una sola: quella della maestra, del preside e di Tonio. E ubbidirai allo stesso modo. Anzi, siccome Tonio usa il coltellino e la maestra no, ubbidirai alla legge di Tonio anche a costo di andare contro la legge della maestra. È quello che è successo nella nostra Sicilia.»

«Cioè?»

«Accanto alla legge giusta, quella dei sindaci, della polizia, dei giudici, che regola la vita delle città, se n'è formata un'altra, di prepotenti che, ad esempio, entrano in un negozio e dicono al proprietario: "Tu ogni mese devi darci dei soldi. In cambio noi ti proteggiamo. Se non accetti, mettiamo una bomba e ti salta in aria il negozio. Se provi a rivolgerti alla polizia, te ne pentirai". E come voi non andate dalla maestra e fate finta di non vedere Simone che rotola dalle scale, così il negoziante non andrà alla polizia, starà zitto e ogni mese pagherà per paura di saltare in aria col suo negozio. A forza di pagare, alla fine gli sembra una cosa normale, giusta, come pagare il canone della televisione. Capisci? Ricordati la data di quel vocabolario: 1868. Dopo oltre un secolo di ingiustizie del genere, la mafia, l'insieme di quei prepotenti che si credono grandi uomini e invece sono bestie, è diventata una legge accettata da molti, in Sicilia, rispettata come la legge dei sindaci e della

polizia. Anzi, spesso le due leggi sono la stessa cosa, perché ci sono poliziotti e sindaci che stanno dalla parte della mafia.»

«Come se Tonio dividesse i soldi che ci ruba col preside?»

«Esatto. Ed è proprio quello che Giovanni[2] vede per la prima volta da vicino a Trapani. Bisogna processare un certo don Mariano, un capo mafioso accusato di delitti terribili. A vederlo in aula non si direbbe. Don Mariano è un signore distinto, vestito bene, molto gentile, sorride, risponde in modo educato. Quando ti dico che Giovanni dovrà combattere un mostro senza volto, voglio dire anche questo: un mafioso non è un indiano in assetto di guerra che riconosci subito dalla faccia dipinta. Un mafioso può essere vestito da salumiere, da imbianchino o magari da carabiniere…»

«Sono in mezzo a noi come dei mostri travestiti?»

«Più o meno… In aula, a Trapani, ci sono la moglie e la sorella di due persone uccise. Incolpano don Mariano. Viene ritrovato anche un quaderno di un altro uomo assassinato e anche quei fogli accusano don Mariano. Vengono fatte ricerche sulla montagna di soldi che don Mariano ha in banca. Ma tutto questo non serve a far condannare il mafioso. Le prove non basta-
105 no, spiegano i giudici di Trapani: assolto. Capisci? Simone si è rotto il braccio, tutti accusano Tonio, ma il preside dice che le prove non bastano e Tonio torna a casa con le tasche piene di soldi. Giovanni, alla fine di quel processo, commenta: "La giustizia è stata sconfitta". Ma una battaglia persa spesso ti aiuta a vincere quella successiva. Quello fu il primo
110 incontro diretto di Giovanni con la mafia. Gli servì per capire che razza di mostro avrebbe dovuto combattere e che armi avrebbe dovuto usare. In quegli anni a Trapani si preparò al grande scontro che avrebbe affrontato a Palermo, nella sua città. Lì doveva giocarsi la grande partita».

L. Garlando, *Per questo mi chiamo Giovanni*, Rizzoli, Milano 2012

2. **Giovanni:** si intende Giovanni Falcone.

COMPRENDERE E INTERPRETARE

La classe è una piccola città [rr. 1-66]

1. Nel paragonare la classe a una piccola città, il padre stabilisce altre analogie.
   a. Chi rappresentano gli alunni nella classe-città?
   b. Chi sono i garanti della legge nella classe-città?
   c. La criminalità da chi è rappresentata?
   d. Chi sarebbero gli omertosi?
   e. Chi diventa simbolo della legalità?

2. A detta del padre, in lunga prospettiva l'ingiusta legge di Tonio vincerebbe su quella giusta della scuola. Perché?

La nostra Sicilia [rr. 67-113]

3. Secondo il padre di Tonio, che somiglianza c'è tra il comportamento degli alunni della classe di Giovanni e quello di certi negozianti ricattati?

4. L'accettazione del ricatto dei prepotenti ha prodotto due gravi conseguenze in Sicilia. Quali?

5. Chi o che cosa è «il mostro senza volto»? Perché è definito così?

6. Quale implicita accusa è rivolta ai giudici di Trapani che hanno assolto don Mariano?

7. Qual è la «grande partita» [r. 113] che Giovanni Falcone si doveva preparare a giocare?

STUDIARE LA LINGUA

8. A che cosa si riferisce il pronome *quello* («quello che vede») alla r. 86? Al fatto che:

  A Tonio divide i soldi con il preside.
  B i sindaci e i poliziotti stanno dalla parte della mafia.
  C don Mariano è convocato nell'aula del tribunale.
  D gli uomini d'onore sono bestie.

PARLARE

9. In un altro punto del romanzo, il padre di Giovanni afferma: «L'omertà è la più grande qualità dell'uomo d'onore: *nun lu sacciu*, non lo so, non ho visto. Per me è vero il contrario: la più grande qualità di un uomo è aiutare la giustizia a punire i colpevoli e liberare la gente dalla paura dei prepotenti». Discuti con i compagni sul significato della frase. Siete d'accordo?

SCRIVERE

10. Svolgi una breve ricerca sulla mafia: scopri le varie etimologie della parola, spiega le origini del fenomeno, esponi gli avvenimenti salienti della lotta alla mafia presentando i principali protagonisti degli opposti schieramenti, cioè i capimafia e i grandi difensori della legalità (che spesso sono stati uccisi). Ti suggeriamo di consultare il sito www.fondazionefalcone.it.

Sezione 3 Documentarsi, riflettere, discutere

T9
Claudio Stassi
L'albero delle figurine

I contenuti | Claudio Stassi ha interpretato il romanzo di Luigi Garlando in un fumetto dal forte impegno civile. Le tavole proposte sono quelle finali del libro e rappresentano la continuazione ideale del racconto fatto dal padre di Giovanni al piccolo figlio (▶T8): leggendole si comprende come Giovanni abbia capito e recepito il messaggio del genitore.

Le parole della legalità L'albero di Giovanni Falcone

Di fronte alla casa in cui abitava il giudice Falcone si erge un grande albero: una magnolia. Dopo la strage di Capaci, il 23 maggio del 1992, nella quale morirono il giudice, la moglie e gli agenti di scorta, su quell'albero iniziarono a essere affissi spontaneamente dei foglietti con messaggi, lettere, disegni che testimoniano il sentimento di dolore e di speranza dei palermitani e di tutti coloro che si impegnano nella lotta contro la mafia. Se anche tu vuoi lasciare un messaggio sotto l'albero vai al sito www.fondazionefalcone.it.

Sezione 3 — Documentarsi, riflettere, discutere

C. Stassi, *Per questo mi chiamo Giovanni*, Rizzoli, Milano 2008

Sezione 3 — Documentarsi, riflettere, discutere

COMPRENDERE E INTERPRETARE

Ritorno in classe [tavole 1 e 2]

1. Giovanni è tornato a scuola e Tonio impone di nuovo la sua prepotenza. Che cosa fa?
2. Qual è la reazione dei compagni nel momento in cui l'insegnante interviene?
3. Chi ha il coraggio di dire la verità?
4. Anche il preside compie un atto doveroso. Quale?

Nuove prospettive [tavole 3 e 4]

5. Chi è il nuovo amico di Giovanni?
6. In quale vignetta il cerimoniale del giuramento dei mafiosi viene imitato dai due ragazzi, ma con significato del tutto diverso? Qual è questo significato?
7. Che cosa ritrae la prima vignetta della tavola 4? Chi sono i due personaggi ritratti sul manifesto?
8. Considera l'ultima vignetta: chi è il *polipone*? Perché Falcone potrebbe essere fiero del piccolo Giovanni?

STUDIARE LA LINGUA

9. Spiega il significato figurato della frase che compare sul manifesto della prima vignetta della tavola 4.

PARLARE

10. Leggi e commenta insieme ai compagni il significato delle seguenti frasi.
    - «La mafia è come la grandine. Quando arriva in primavera distrugge i campi». Chiara, 12 anni, Cosenza.
    - «La mafia è come un terremoto. Non ci puoi fare niente e non lo puoi fermare». Marco, 16 anni, Roma.
    - «La mafia è come un'erba infestante. Cresce dovunque e vien portata in giro dal vento, uccidendo le altre piante». Giulia, 15 anni, Palermo.

    da A. Nicaso, *La mafia spiegata ai ragazzi*, Mondadori, Milano 2010

SCRIVERE

11. Giovanni Falcone diceva che «la mafia non è affatto un fenomeno invincibile, è un fatto umano e come tutti i fatti umani ha un inizio e avrà una fine». Secondo te, quali sono i metodi, i mezzi e gli strumenti da adottare per accelerarne la scomparsa?

Gherardo Colombo

T10 Legge, legalità, giustizia

I contenuti | Nel saggio *Sulle regole* (▸ Gruppo di lettura, p. 642), l'autore ci spiega che la giustizia è il punto di riferimento ideale cui deve ispirarsi la distribuzione di diritti e di doveri, di opportunità e di obblighi. Chi smarrisce questo riferimento ideale, soffre. Tuttavia, Gherardo Colombo ci fa riflettere anche sul fatto che il contenuto delle leggi è soggetto alle condizioni dell'epoca storica e del clima culturale in cui esse vengono promulgate. Segui la sua argomentazione che, per agevolare l'analisi, abbiamo organizzato in quattro paragrafi.

1. Sebbene ci sia chi pensa il contrario, delle regole non si può fare a meno perché non si può stare insieme senza applicarne, magari inconsapevolmente.

La regola è l'altra faccia della convivenza, sono due lati della stessa medaglia. Lo si può verificare empiricamente[1]: non possiamo incontrarci se non applichiamo regole comuni sulla misurazione del tempo; non possiamo comunicare se non applichiamo regole condivise di linguaggio; spesso, se non sempre, i contatti tra le persone hanno regole specifiche (per fare qualche esempio, stare a tavola, assistere a una conferenza, frequentare la scuola sono tutte attività che hanno le proprie regole). Allo stesso modo si può constatare che qualsiasi tipo di associazione, comunità o consorteria – un ordine religioso, una bocciofila, un cineclub, la mafia… – si basa su regole.

2. Regola, legge, legalità sono le parole più usate quando ci si trova di fronte a fatti, drammi e contraddizioni relativi ai rapporti umani. Sono termini neutri, il cui significato può variare indefinitamente in base al contenuto che esprimono. Per essere chiari: leggi erano quelle che prevedevano la schiavitù o quelle che discriminavano gli ebrei, e leggi sono quelle che prevedono, ancora in tanti stati, la pena di morte. Altrettanto, leggi sono quelle che prevedono la libertà e l'uguaglianza dei cittadini, e leggi sono quelle che escludono, oggi in gran parte degli stati, la pena capitale. Per dar senso concreto alle parole "regole", "legge" e "legalità" bisogna guardare al loro contenuto.

3. Le leggi, il diritto, le regole possono essere assai diversi e anche in contraddizione gli uni con le altre, a seconda del momento storico e dei paesi in cui vigono. Non tanto tempo fa (era il 1938), l'Italia emanò alcune leggi, chiamate "razziali" perché distinguevano i cittadini in base all'appartenenza etnica e introducevano pesanti discriminazioni nei confronti degli ebrei (ed entro limiti assai più ristretti, nei confronti di altri gruppi). Tra l'altro vietavano che persone di origine ebraica svolgessero impieghi pubblici, in particolare che insegnassero, e proibivano

1. **empiricamente:** praticamente.

> Sezione 3 Documentarsi, riflettere, discutere

ai bambini e ai ragazzi ebrei di frequentare le scuole. Caduto il fascismo, quelle leggi furono abrogate. Il sistema italiano era legale tanto prima quanto dopo la promulgazione e l'abolizione delle leggi razziali, ma la differenza è evidente. Meno di un secolo prima (nel 1865) occorse il Tredicesimo emendamento alla Costituzione americana (entrata in vigore nel 1787), perché in quel paese venisse sancita la fine della schiavitù. Fino ad allora, negli Stati Uniti d'America era legale che una persona fosse proprietà di un'altra. Dopo divenne legale il contrario. La legalità esisteva sia prima della modifica costituzionale sia dopo l'emendamento. Allo stesso modo oggi è legale tanto il sistema nel quale vengono eseguite pene capitali perché sono previste dalla legge, quanto il sistema in cui esse non vengono eseguite perché tale sanzione è esclusa.

4. Il fatto che possano esistere "legalità" così diverse e contrastanti mostra che un incondizionato apprezzamento dell'osservanza delle leggi può essere il frutto di un equivoco o di un inespresso sottinteso. È mai possibile che sia indifferente come venga organizzato lo stare insieme, che non abbia alcuna importanza il contenuto delle regole che lo disciplina, che prevedere la pena di morte o vietarla, che impedire ad alcune persone quel che è consentito ad altre, oppure escludere le discriminazioni siano misure equivalenti e di pari dignità, perché – comunque – organizzano, e quindi consentono, di stare insieme?

È evidente che non è così.

G. Colombo, *Sulle regole*, Loescher, Torino 2010

COMPRENDERE E INTERPRETARE

— Un'argomentazione da "smontare"

1. Dopo aver letto attentamente il testo, analizzalo nelle parti costituenti seguendo la scaletta.

1° paragrafo
Argomento: delle regole non si può fare a meno perché non si può stare insieme senza applicarne.
Dimostrazione con esempi: ....

2° paragrafo
Argomento: il significato delle parole *legge* e *legalità* può variare in base al contenuto che esprimono.
Dimostrazione con esempi: ....

3° paragrafo
Argomento: ....
Dimostrazione con esempi: ....

4° paragrafo
Conclusione: ....
Formulazione di un dubbio: ....

STUDIARE LA LINGUA

2. Nel testo compaiono alcuni termini che già conosci (▶T2) appartenenti al lessico filosofico, sociologico o giuridico, e alcuni nuovi elencati di seguito. Con l'aiuto del dizionario spiegane il significato.

　　a. Contraddizione [r. 15]: ....
　　b. Discriminazione [r. 18]: ....
　　c. Abrogazione [r. 33]: ....
　　d. Promulgazione [r. 34]: ....
　　e. Emendamento [r. 40]: ....

PARLARE

3. Il concetto di legalità si fonda, senza alcun dubbio, sul rispetto della legge, senza il quale non può esistere una convivenza civile. Tuttavia, a tuo parere, è consentito talvolta disobbedire alle leggi? La questione è oggetto di un dibattito che dura da millenni, visto che già era stato affrontato dagli antichi greci. Per fornirti ulteriore materiale di discussione ti proponiamo un'opinione che proviene da una fonte autorevole.

Nel 1955, a Montgomery, nell'Alabama, Rosa Parks, una donna di colore, infranse la legge, rifiutandosi di cedere il suo posto sull'autobus a un uomo bianco. Commise un atto illegale, ma fece la cosa giusta, perché una società degna di questo nome non ha una legge che indica come devono essere assegnati i posti nel trasporto pubblico in base alla razza (o al genere, alla religione o ad altre caratteristiche dell'aspetto o dello stile di vita di una persona). Certo, le leggi sono importanti per mantenere la pace e prevenire il caos, ma non possono essere l'unica base sulla quale determinare che cosa dobbiamo o non dobbiamo fare. Per ogni legge ci dobbiamo domandare: «È giusta? È equa? È legittima?». Le buone leggi hanno il loro fondamento nell'etica. Non solo abbiamo il diritto di non obbedire alle leggi ingiuste, ma si potrebbe addirittura sostenere che abbiamo il dovere di disobbedire (in questo caso, naturalmente, dobbiamo essere pronti ad accettare le conseguenze della nostra disobbedienza, cosa che, nel caso di Rosa Parks, significò andare in prigione).

B. Weinstein, *E se nessuno mi becca?*, trad. it. di L. Zanelli, Il Castoro, Milano 2013

SCRIVERE

4. Racconta un episodio in cui ti è capitato di trasgredire a una legge o a una regola e ti è sembrato giusto farlo. Puoi anche parlare di un fatto che non hai vissuto in prima persona, ma di cui sei stato testimone, che hai letto o che hai sentito raccontare.

Sezione 3 — Documentarsi, riflettere, discutere

SCOPRIRE un libro

(Loescher, Torino 2010)

Sulle regole
di Gherardo Colombo

L'AUTORE Gherardo Colombo (1946) ha svolto l'attività di magistrato per più di trent'anni, fino al 2007, occupandosi di alcune delle più importanti inchieste della recente storia giudiziaria italiana. Da quando, nel 2007, si è ritirato dalla magistratura, si è dedicato ad attività di ricerca e pubblicazione di testi di argomento giuridico. Egli dedica inoltre molte energie alla divulgazione tra i giovani e i meno giovani del tema della legalità, attraverso conferenze e incontri con gli studenti delle scuole.

IL LIBRO *Sulle regole* è un saggio divulgativo sul tema della legalità e della giustizia. Gherardo Colombo si propone, in esso, di migliorare il rapporto problematico tra il cittadino italiano e la giustizia, spiegando la necessità delle regole per la vita sociale. In particolare egli ci spiega due modi di intendere l'uomo e la società: un **modello "verticale"**, basato sull'organizzazione gerarchica e sulla diseguaglianza sociale fra gli uomini, e un **modello "orizzontale"**, che, in nome della dignità della persona, riconosce l'uguaglianza di tutti, di fronte alla legge e nei diritti fondamentali. Il modello della società "orizzontale" ha bisogno però, per realizzarsi concretamente, che i cittadini ne comprendano la mentalità e le finalità profonde.

ASCOLTARE un brano

Dinamica del tempo

Il brano che ascolterai è collocato verso la fine del libro, e parla della storia come di un percorso, talvolta faticoso, ma necessario, verso la giustizia. Durante l'ascolto prendi, se vuoi, qualche appunto, poi prova a rispondere alle domande.

1. A che cosa viene paragonato il tragitto storico dell'umanità?
2. In che senso siamo tutti impazienti nei confronti della storia? Come vorremmo che fossero i cambiamenti storici?
3. A volte l'idea che la giustizia richieda molto tempo ad affermarsi può sembrarci insopportabile. Colombo dice che le persone reagiscono in due modi opposti a quest'idea. Quali?

4. Le leggi possono anche essere inique a seconda dell'epoca storica in cui si collocano, ma la storia della giustizia progredisce, pur lentamente. Colombo fa alcuni esempi di antiche situazioni critiche, prodotte dalle leggi vigenti, che sono migliorate con il passare del tempo. Quali esempi cita?
5. Ricordi almeno uno dei due nomi di grandi figure politiche del Novecento menzionati alla fine del brano?

○ LEGGERE *il libro*

Leggi il romanzo suddividendo la lettura in quattro tappe. Poi confrontati con i compagni sulle risposte da dare alle domande chiave.

Prima tappa	Domande chiave
Prima Parte	1. Quali riferimenti alla realtà italiana hai potuto cogliere nella descrizione di un Paese immaginario con cui si apre il testo? 2. Quali caratteristiche deve avere una legge per essere una "buona legge"? 3. In che modo possono essere fatte le leggi negli Stati democratici? 4. Che cosa si intende per "legalità"?
Seconda tappa	
Seconda Parte	1. Che cosa intende l'autore con l'espressione "società verticale"? 2. Che cosa, invece, con l'espressione "società orizzontale"? 3. Quali sono i servizi di base che una società verticale non garantisce? 4. Da chi sono tutelati gli individui in una società orizzontale? 5. Che cosa si intende per principio di "selezione naturale"? 6. A che cosa dovrebbe mirare il carcere in una società orizzontale?
Terza tappa	
Terza Parte	1. Quali sono i principali contenuti della "Dichiarazione Universale dei Diritti dell'Uomo"? 2. Che cosa rende, tuttavia, inefficace tale Dichiarazione? 3. Che cos'è la Costituzione? Quando è stata formulata la Costituzione italiana? 4. La Costituzione italiana, pur essendo potentemente orientata a un modello di società orizzontale richiede, secondo l'autore, alcuni "aggiustamenti". Quali?
Quarta tappa	
Quarta Parte	1. Come appaiono, prese singolarmente, le piccole conquiste verso una società più giusta? 2. Secondo l'autore, qual è il valore della responsabilità individuale? 3. Perché sentirsi ininfluenti nei confronti del crimine organizzato può essere controproducente rispetto alla lotta contro questo fenomeno?

○ SCRIVERE *oltre*

Scrivi un testo in cui esponi la tua opinione in merito all'importanza dell'impegno individuale per il progresso verso una società più giusta. In quale modo tu potresti adoperarti per la giustizia e il rispetto delle regole nella tua vita quotidiana? Esponi le tue opinioni in merito facendo esempi concreti.

Sezione 3 Documentarsi, riflettere, discutere

STRUMENTI DEL LESSICO E FORME DI SCRITTURA

Le parole dell'onestà

1. Ti invitiamo, innanzitutto, a considerare bene il significato delle parole e delle espressioni elencate nella tabella, alcune delle quali conosci già (la consultazione del dizionario di italiano ti aiuterà a risolvere eventuali dubbi). Accanto a ciascuna parola scrivi il significato, scegliendolo tra quelli dell'elenco. Nell'esercizio B sarai tu stesso a elaborare un'appropriata parafrasi dell'espressione. Segui l'esempio.

A. Parole

incertezza • silenzio complice • ~~coscienza~~ • etica • integrità morale • legittimità

Onestà	
Legalità	
Scrupolo	
Consapevolezza	Coscienza
Moralità	

B. Espressioni

Condannare le malefatte	
Fare la morale	
Mettersi in discussione	Fare un approfondito esame interiore mettendo in dubbio le convinzioni personali
Confrontarsi con gli altri	
Negoziare le regole	
Farsi scrupolo	
Sentirsi a posto con la coscienza	

2. Leggi ora il testo. Durante la lettura dovrai scegliere l'opzione giusta fra le due che ti sono date.

L'onestà

Il senso che ciascuno di noi attribuisce al termine onestà è tutt'altro che scontato. Per parlare concretamente di onestà e di legalità bisogna prima di tutto smontare le nostre credenze, le nostre sicurezze, le nostre certezze e poi ricominciare daccapo, confrontandosi con gli altri / facendo la morale, discutendo e negoziando ogni regola e ogni valore.

Ciascuno di noi è portato a giustificare i propri comportamenti e le proprie scelte pur di sentirsi a posto con la propria coscienza / negoziare le regole. Persino il ladro professionista ha una sua morale e, a suo modo, si considera "onesto" nel momento in cui ritiene di averla coerentemente applicata. Al contrario siamo sempre pronti a farci scrupolo / condannare le malefatte altrui, anche perché ci forniscono un fondamentale alibi per giustificare le nostre omertà e le nostre piccole viltà quotidiane e per non doverci così sentire a posto con la coscienza / mettere in discussione, con il rischio di scoprirci peggiori di quanto vorremmo essere.

Non è possibile adottare scorciatoie: comprendere il senso della legalità e dell'onestà significa in primo luogo mettersi in discussione / abbandonare gli scrupoli e porre in secondo piano il nostro bisogno di coerenza a favore di un profondo ripensamento dei nostri valori e del nostro rapporto con il prossimo.

F. Croci, I. Biemmi, T.N. Ducci, *Giocando con l'onestà*, Franco Angeli, Milano 2010

Sei d'accordo con quanto l'autore ha scritto? Discutine con i compagni.

Mettere in discussione opinioni e valori individuali

3. Ora è il momento di capire qual è il senso che ciascuno di noi attribuisce al termine "onestà". Ti proponiamo una serie di situazioni problematiche e tu dovrai valutare se, a tuo avviso, il comportamento indicato è giusto (G) o sbagliato (S). Concentrati sull'esercitazione, ma senza drammatizzare troppo: non "farti la morale" da solo. L'attività serve semplicemente a mettere in discussione differenti pregiudizi che ciascuno di noi ha maturato, probabilmente senza rifletterci tanto sopra. L'attività è ancora più utile se, dopo che ognuno ha fatto il proprio esame, la classe discute le opinioni emerse. Ecco l'elenco di casi pratici da valutare[1].

1. Gli esercizi 3 e 4 sono liberamente tratti da F. Croci, I. Biemmi, T.N. Ducci, *Giocando con l'onestà*, Franco Angeli, Milano 2010.

	G	S
1 Rispettare sempre la coda è una cosa ingenua.	☐	☐
2 È legittimo poter scaricare ogni tanto musica o film piratati per uso personale.	☐	☐

		G	S
3	Non richiedere lo scontrino fiscale quando questo è dovuto ci rende complici dell'evasore.	☐	☐
4	È importante dire sempre la verità.	☐	☐
5	Tradire il proprio ragazzo la propria ragazza non è un male, basta non essere scoperti.	☐	☐
6	Non c'è niente di male nel truccare il proprio motorino.	☐	☐
7	Parlare con il telefono ad alta voce in luoghi pubblici è da maleducati.	☐	☐
8	Se al supermercato mi metto qualcosa in tasca senza pagarla, non è certo una cosa grave.	☐	☐
9	Bisogna sempre difendere gli amici anche quando hanno torto.	☐	☐
10	È giusto suggerire una soluzione al compagno di classe in difficoltà durante una verifica.	☐	☐
11	Se trovo un cellulare smarrito e me lo tengo, sto commettendo un vero e proprio furto.	☐	☐
12	Se non ti senti preparato e corri il rischio di essere interrogato, la cosa migliore è non andare a scuola.	☐	☐
13	A un insulto bisogna sempre rispondere con un altro insulto per non mostrarsi deboli.	☐	☐
14	Se il doping non danneggiasse la salute, sarebbe una cosa meno grave.	☐	☐
15	Quando porto a spasso il cane, se non c'è nessuno che si lamenta non è certo il caso di raccogliere i suoi bisogni.	☐	☐
16	Se si buttano cartacce per la strada potrà anche non essere una bella cosa, ma non si danneggia nessuno.	☐	☐
17	Fare un viaggio in autobus senza biglietto non è certo una cosa grave.	☐	☐
18	È conveniente trasgredire quando si è sicuri di non essere scoperti.	☐	☐
19	È buona norma non arrivare mai troppo puntuali agli appuntamenti	☐	☐
20	In macchina è impossibile rispettare sempre i limiti di velocità.	☐	☐

Facendo un rapido esame in classe, qual è il comportamento unanimemente ritenuto più sbagliato? Quale quello più accettabile?

4. Devi ora produrre un testo scritto in cui "metterti in discussione", argomentando le tue opinioni. Ecco il caso problematico su cui riflettere.

Sei in visita a un parente in ospedale. Vai un attimo nel bagno pubblico e ti accorgi che c'è un cellulare dimenticato da qualcuno sul lavandino. Ti vengono in mente diverse possibilità e non sai bene che cosa fare: potresti lasciare il cellulare lì dove si trova, così che se il proprietario lo cerca possa ritrovarlo facilmente, con il rischio però che il prossimo utente del bagno lo tenga per sé. Potresti consegnare il cellulare alla portineria dell'ospedale, ma ti viene il dubbio che alla fine anche gli impiegati dell'ospedale possano tenersi il telefono. Oppure potresti direttamente tenerti tu il cellulare.

Ora poniti le seguenti domande e rispondi in forma argomentata.

> Pensi che la tua decisione finale possa dipendere anche dal valore del cellulare?
> Se infine decidi di tenerti cellulare e i tuoi amici ti chiedessero dove lo hai preso, confesseresti di averlo rubato o fingeresti di averlo comprato o di averlo ricevuto in regalo? Perché?
> Hai mai smarrito un cellulare o un oggetto a te caro? Che cosa hai provato? Ti è stato restituito?
> Hai mai trovato un oggetto smarrito? Che cosa ne hai fatto? In che misura il tuo comportamento è dipeso dal valore dell'oggetto trovato?

Dialoghi con Sofia: legge e legalità U10

1) VERIFICA DI ASCOLTO

OBIETTIVI
- Capire opinioni e punti di vista.
- Individuare il messaggio trasmesso.

Ascolta il brano proposto poi rispondi alle domande.

A che cosa serve la scuola?

1. La prima immaginaria sosta di Chiara, l'autrice del tema, avviene in un quartiere popolare, dove «il grigiore dei palazzi e delle strade si confonde con l'umore della gente». Che cosa intende dire con questa espressione?
   ....

2. Nei confronti di Marco, Simone e Mattia, l'autrice dimostra un sentimento di:
   A ☐ totale condanna.
   B ☐ rancore.
   C ☐ indifferenza.
   D ☐ indulgenza.

3. Chi sono i due «tipacci in giacca e cravatta»?
   ....

4. Perché la coppia di anziani versa loro dei soldi?
   ....

5. Che cosa accomuna la situazione di Katrina a quella di Marco, Simone e Mattia?
   A ☐ Sono vittime.
   B ☐ Sono affaristi.
   C ☐ Sono senza dignità.
   D ☐ Sono diversi dagli altri ragazzi.

6. Qual è il reato che commette il padre di Tommy?
   A ☐ È disoccupato.
   B ☐ Beve eccessivamente.
   C ☐ Spende soldi in gioielli.
   D ☐ Percuote la moglie.

7. Chiara dice che il proprio padre ha *dignità* e *coraggio*. Perché gli attribuisce queste due qualità?
   ....

8. Le caratteristiche morali del padre di Chiara sono attribuibili anche alla madre? Perché?
   ....

9. Quale scelta di vita ci ha indicato Chiara? Spiega con parole tue.
   ....

Segui la correzione dell'insegnante e attribuisci il punteggio stabilito per ogni risposta esatta.

VALUTA LE TUE COMPETENZE

Sezione 3 — Documentarsi, riflettere, discutere

2) VERIFICA DI SCRITTURA — La legalità nelle mani dei ragazzi

OBIETTIVO

Esprimere opinioni fondate e motivate in merito alla convivenza civile.

Un noto quotidiano ha indetto un concorso per ragazzi, i quali devono scrivere un articolo che riguardi il tema della legalità. Una giuria sceglierà i migliori "pezzi", che saranno pubblicati in una pagina del quotidiano appositamente riservata. I vincoli sono i seguenti:

- lo scritto deve riguardare il tema della *legalità*, nei suoi vari aspetti;
- deve far capire il valore della legalità ai ragazzi, per convincerli della sua necessità;
- può contenere riferimenti a esperienze fatte;
- deve essere contenuto entro le 2000 battute (la funzione "Strumenti" del computer ti aiuta nel calcolo degli spazi).

Mentre scrivi puoi consultare gli *Appunti delle lezioni*.

Puoi autovalutare il tuo scritto in base alla tabella proposta; confronta poi la tua valutazione con quella dell'insegnante.

Griglia di autovalutazione

		sì	abb.	no
Organizzazione delle idee	Ho organizzato le idee in paragrafi?	☐	☐	☐
	Ho disposto le idee secondo un ordine logico?	☐	☐	☐
	Sono stato attento a non ripetere idee?	☐	☐	☐
Stile della presentazione	Ho spiegato i perché delle mie opinioni?	☐	☐	☐
	Ho fatto degli esempi?	☐	☐	☐
Esposizione	L'ortografia è rispettata?	☐	☐	☐
	Ho usato verbi, espressioni, congiunzioni adatti?	☐	☐	☐
	Le frasi sono ben costruite?	☐	☐	☐
	La punteggiatura è corretta?	☐	☐	☐

3 VERIFICA DI LETTURA

OBIETTIVO

Capire tesi e argomentazioni.

Leggi il testo e rispondi alle domande.

In nome della legge

Alla signora Erminia piace tagliare l'erba del suo prato al chiaro di luna, così, una volta al mese, sveglia tutto il quartiere. Ivo Dettori ha costruito dieci piani sopra la sua casa, così le persone che abitano dietro di lui non vedono più il mare. Quando il signor Gregorio fa la spesa, posteggia l'automobile in mezzo alla strada, così non può più passare nessuno. Ieri
5   Marcello Carpi ha ridipinto la porta della sua casa in verde mela, che non piace a nessuno. La signora Erminia, Ivo Dettori, il signor Gregorio e Marcello Carpi vogliono essere liberi. Non ci pensano proprio a obbedire a qualcuno, loro fanno quello che vogliono, quando vogliono, dove vogliono, come vogliono.
    Ma è facile capire che la loro libertà dà fastidio a quelli che abitano intorno a loro. Se vo-
10 gliono fare tutto quello che gli passa per la testa, se hanno voglia di decidere da soli di tutto, bisogna che vadano ad abitare su un'isola deserta.
    Gli esseri umani vivono insieme, in gruppi, in comunità, in villaggi, in città, in nazioni. E per poter vivere insieme, siamo a volte obbligati a fare cose che non abbiamo deciso noi, o a non fare cose che abbiamo voglia di fare.
15 Tuttavia, gli adulti decidono molte cose senza chiedere a nessuno, senza andare a vedere un capo che dica se è permesso o no. Decidono liberamente con chi vogliono vivere, se vogliono avere bambini, e che nome vogliono dargli. Decidono il colore dei loro divani, se fare una doccia o un bagno, decidono che film vogliono andare a vedere, se hanno voglia di andare in bicicletta, in automobile o in monopattino. Ma, per vivere bene con gli al-
20 tri, ognuno accetta comunque di seguire le regole, le leggi. Per esempio, non parcheggiare l'auto in mezzo alla strada, pagare le tasse, vestirsi quando si esce di casa, mettere il sacco della pattumiera ben chiuso sul bordo del marciapiede, non tagliare un albero della strada quando non si ha la legna per fare il fuoco nel proprio caminetto, chiedere un permesso di costruzione per ingrandire la propria casa…
25 Ma queste regole, da dove vengono? Un tempo, le regole venivano spesso fatte da un capo. Quello che il capo decideva diventava la legge che tutti dovevano rispettare. In questo sistema, chi fa la legge, è il capo. La gente obbedisce alla legge perché è stata decisa dal capo. Non perché la legge è giusta, buona, o decisa da tutti, non perché sono d'accordo. Evidentemente, questo sistema è pericoloso: il capo può decidere tutto, quindi può anche
30 decidere cose cattive. Può fare leggi che non servono per niente a rendere la vita in gruppo più facile, più piacevole; può fare leggi che servono solo a rendere la propria vita più facile e più gradevole.
    Nessuno vuole più questo genere di capi.
    Allora si è inventato un altro sistema. Al giorno d'oggi, normalmente, non sono i capi che

Sezione 3   Documentarsi, riflettere, discutere

fanno le leggi. Tuttavia, spesso crediamo che il capo di un villaggio o di una città, il sindaco, o il capo dello stato, il presidente della Repubblica, possano decidere tutto, possano fare le leggi. Niente affatto. Il lavoro dei capi consiste nell'organizzare la votazione delle leggi da parte di tutti, e poi, di farle rispettare.

In questo sistema, il capo non fa la legge: organizza la votazione delle leggi e fa rispettare i risultati del voto. In questo sistema, il vero capo è la legge.

Ma c'è di meglio: il capo deve ora domandare il permesso di essere capo.

Il Presidente della Repubblica non è il capo del paese perché è stato il primo della classe, perché è il più forte, il più intelligente, il più alto, il più bello, il più simpatico, il più ricco… Tutto questo non c'entra. Lui è il capo perché gli abitanti del paese gli danno il permesso di fare il capo: lo hanno eletto. Se non fa bene il suo lavoro, non voteranno più per lui. Se fa bene il suo lavoro, se fa quello che ha promesso di fare, se si occupa bene del paese, se la gente è contenta di lui, voteranno ancora per lui. Questo prova che sono gli abitanti che decidono, che sono loro i veri capi.

Il capo più grande ha un capo: tutti gli altri che non sono capi.

Il vero capo sono gli altri.

Tutto questo sistema, che gli uomini hanno inventato per vivere meglio insieme, si chiama "democrazia".

B. Labbé, M. Puech, I capi e gli altri, trad. it. di A. Tadini, Ape Junior, Milano 2002

1. **Qual è il problema da cui ha origine l'argomentazione [rr. 1-8]?**
   - A ☐ La mania di perfezionismo di alcune persone.
   - B ☐ L'eccessiva libertà che molte persone si prendono.
   - C ☐ La curiosità della gente verso ciò che fanno gli altri.
   - D ☐ L'insofferenza nei confronti dei vicini che disturbano.

2. **Trascrivi le parole esatte con cui l'autore afferma che la vita in comune richiede il rispetto obbligato di regole [rr. 9-14]:**
   ....
   ....

3. **Che valore ha il *ma* della r. 9?**
   - A ☐ Concessivo.
   - B ☐ Ipotetico.
   - C ☐ Avversativo.
   - D ☐ Causale.

4. **Quali sono le cose che siamo liberi di fare senza chiedere il permesso a qualcuno? Per quali comportamenti, invece, esistono regole codificate? Cita due esempi per ciascuna categoria.**
   - **a.** Comportamenti del tutto liberi: ....
   ....
   - **b.** Comportamenti vincolati da regole: ....
   ....

Dialoghi con Sofia: legge e legalità **U10**

5. **Spiega le possibili conseguenze di ciascuna delle seguenti azioni.**

   a. Se tutti parcheggiassero l'auto dove vogliono? ....

   ....

   b. Se non si pagassero le tasse? ....

   ....

   c. Se alcuni decidessero di andare in giro nudi? ....

   ....

   d. Se buttassimo la spazzatura in giro? ....

   ....

   e. Se tagliassimo nei giardini le piante che ci servono? ....

   ....

   f. Se non chiedessimo permessi al comune per costruire le case? ....

   ....

6. **Perché è pericoloso permettere che le leggi vengano decise da un solo capo? Spiegalo citando le parole del testo.**

   ....

   ....

7. **Quando si tratta di legiferare, un capo di Stato moderno ha la stessa libertà di azione di un capo del passato?**

   A ☐ Sì, perché ha funzioni tali che gli consentono di imporre leggi.
   B ☐ Sì, anche se deve seguire un altro sistema.
   C ☐ No, perché ha solo funzioni di controllo e di organizzazione del voto.
   D ☐ No, perché non riesce più a farsi rispettare.

8. **In che modo, nella società moderna, si diventa presidente o sindaco?**

   A ☐ Per meriti personali.
   B ☐ Per raccomandazione.
   C ☐ Tramite votazione.
   D ☐ Tramite il permesso della popolazione.

9. **In sostanza, quale tesi sostiene l'autore?**

   A ☐ Il vero capo è il Presidente; nessuno ci può obbligare a fare cose che non abbiamo deciso fare, tranne lui.
   B ☐ Il vero capo è il Presidente, perché gli abitanti gli hanno concesso il permesso di esserlo.
   C ☐ Il vero capo è la legge, ma dobbiamo fare solo le cose che ci procurano un effettivo vantaggio.
   D ☐ I veri capi sono i cittadini che eleggono i loro rappresentanti (i capi politici) e votano le leggi.

VALUTA LE TUE COMPETENZE

Segui la correzione dell'insegnante e attribuisci il punteggio stabilito per ogni risposta esatta.

Sezione 4

progettare
partecipare
collaborare

Competenze di cittadinanza

- Imparare a imparare
- Progettare
- Comunicare
- Collaborare e partecipare
- Agire in modo autonomo e responsabile
- Risolvere problemi
- Individuare collegamenti e relazioni
- Acquisire e interpretare l'informazione

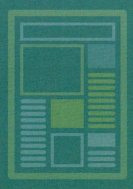

PROGETTO PER LETTORI DI CLASSE

Il giornale di classe

Realizzare, insieme con i compagni, un **giornale di classe** è un'attività impegnativa ma molto produttiva, per la quale sono necessarie diverse competenze e la buona volontà di ogni partecipante, come accade in ogni lavoro di gruppo.

In questa unità speciale proponiamo, dunque, un **lavoro collaborativo** che permetta di valorizzare le capacità comunicative del singolo e del gruppo, in particolare:

- conoscere i mezzi di comunicazione a stampa, in particolare i *quotidiani*;
- capire le modalità con le quali i quotidiani comunicano informazioni e opinioni;
- riflettere sulle esperienze di scuola più significative dell'ultimo anno;
- raccogliere le esperienze in una pubblicazione destinata al colloquio orale d'esame;
- usare le tecniche della scrittura giornalistica per presentare se stessi in un *portfolio* della classe.

Il giornale di classe

L'articolo di giornale

Leggi il testo

Lo **stile giornalistico** è molto diverso da quello narrativo dei romanzieri o degli scrittori di professione, perché lo scopo del giornalista non è creare un'opera di valore letterario, ma **fornire al lettore delle informazioni**. Nello scrivere il suo "pezzo", un buon giornalista deve saper **"scomparire" per lasciar parlare i fatti**, servendosi di uno stile corretto, rapido ed efficace. Ma com'è fatto l'**articolo di un quotidiano**?

Riflettiamo insieme

Un **quotidiano** a diffusione nazionale è composto solitamente di una cinquantina di pagine, nelle quali trovano posto più di **500 articoli** giornalistici, il cui numero supera il migliaio se si considerano le recensioni degli spettacoli e i resoconti degli avvenimenti sportivi.

> Nel giornalismo, un **articolo** è un testo che relaziona su un avvenimento, presenta dei fatti o espone un punto di vista.

- Il **titolo** è l'ultimo elemento dell'articolo che viene scritto, e spesso chi lo decide non è l'autore del "pezzo", ma un redattore specializzato. Questo perché il titolo è estremamente importante: deve essere **breve, chiaro, efficace**, deve saper **catturare l'attenzione** anche del lettore frettoloso e superficiale.
  Per cercare di condensare nel titolo il maggior numero possibile di informazioni, la sua **struttura** si compone di almeno tre elementi:
  - l'**occhiello**: la riga in alto, che serve a inquadrare la notizia;
  - il **titolo** vero e proprio: al centro, in carattere più grande e ben leggibile;
  - il **sottotitolo** o "sommario", che contiene un breve riassunto dell'articolo.

- Nei "pezzi" di cronaca è molto importante l'**attacco** (o *incipit*), cioè le **prime righe del testo**, con cui il giornalista deve saper "calamitare" l'attenzione del lettore, così da invogliarlo a proseguire nella lettura.

Il giornale di classe

> Al centro di un articolo c'è sempre una **notizia**, che deve essere presentata al lettore in modo chiaro e completo, con tutte le informazioni che rispondono a quelle **domande che ogni lettore si porrebbe**:

- **Che cosa** è accaduto? → Il fatto
- **A chi** è successo? → I protagonisti
- **Quando** è successo? → Il tempo
- **Dove** è avvenuto? → Il luogo
- **Come** si è svolto? → Le modalità
- **Perché** è accaduto? → Le cause

Questa impostazione, valida soprattutto per gli articoli di cronaca, può essere riassunta nella **"regola delle cinque W"**, perché nella lingua inglese le domande essenziali, alle quali il giornalista risponde con le informazioni contenute nel proprio articolo, cominciano con la lettera W (*What?* Che cosa? *Who?* Chi? *When?* Quando? *Where?* Dove? *Why?* Perché?).

1. Occhiello
2. Titolo
3. Sottotitolo
4. Incipit

Assessore Cristina Tajani

Cronaca di Milano

① **Gli appuntamenti** Il Comune organizza sette «colloqui» con le eccellenze internazionali

Milano incontra la scienza «Ecco il capitale umano ② della città della ricerca»

③ Tajani: «Fondi europei ai nostri centri»

④ Cellule staminali e nuove cure. Medicina del futuro e biotecnologie. Terapie antitumori, invecchiamento e Alzheimer. Etica e medicina.

Valore aggiunto
«Nei nostri istituti si realizzano più di mille progetti per un indotto di oltre trecento milioni di [...]

Temi da convegni [...] specialisti. Non [...] L'appuntamento [...] scienza è per tutti [...] di chiara fama pre[...] no temi comples[...] guaggio accessibil[...] pegno preso dall'a[...]

Università e ricerca Cristina Tajani, che ha organizzato un ciclo di sette incontri, «grazie alla collaborazione con la ricercatrice dell'università Statale e senatrice Elena Cattaneo» coinvolgendo enti di ricerca, ospedali, fondazioni e università.
Obiettivo dell'ope[...] presentare [...] città della ri[...] promuovere [...] tituti. «Que[...] lano è poco [...] tà è in pri[...] della ricerca [...] avorano nei [...] aggior parte [...] italiani più [...] estero ma non tutti i cittadini lo sanno — spiega l'assessore —. La ricerca qui è traino economico e occupazionale. Nei nostri istituti si realizzano più di mille progetti per un indotto di trecento milioni di euro».

Manovra di avvicinamento allora. «È questa iniziativa sarà anche un'occasione per promuovere la rete dei nostri enti e istituti di ricerca, in vista della assegnazione dei fondi europei per la ricerca di Horizon 2020». Per i sette

Il calendario

Tutti i dibattiti
Il primo incontro, oggi alle 18 a Palazzo Marino, è sull'utilizzo delle cellule staminali. Il 27 marzo a Palazzo Reale il tema sarà «Studiare per contrastare il cancro». Biotecnologie e Medicina saranno l'argomento del terzo incontro che si svolgerà il 10 aprile al Museo di Storia Naturale. Dopo Pasqua si riprenderà l'8 maggio a Palazzo Reale, con interventi su «Malattie degenerative e invecchiamento». Il giorno 22 al Museo di Storia naturale si parlerà di «frontiere della farmacologia». «Staminali e cordone ombelicale», il tema del dibattito del 5 giugno a Palazzo Reale mentre il 19 ultimo incontro su «Eccellenze e integrazione: occasioni per Milano» a Palazzo Marino

«Colloqui per la scienza» il Comune ha coinvolto gli istituti di ricerca, dal Mario Negri, allo Ieo, all'Ifom, all'Istituto nazionale Tumori, all'Istituto Besta, poi gli ospedali, dal Policlinico al San Raffaele, all'Humanitas, al San Gerardo e le università: Statale, Bicocca, San Raffaele.
Parlerà di immunità e cancro Alberto Mantovani di Humanitas («appena riconosciuto come lo scienziato italiano più influente dall'*European Journal of Clinical Investigation*», ricorda Tajani), su medicina ed etica interverrà Giuseppe Remuzzi dell'Istituto Mario Negri di Bergamo, e di prevenzione parlerà Umberto Veronesi dello Ieo. Primo appuntamento questo pomeriggio a Palazzo Marino, ad aprire i lavori il ministro della Salute, Beatrice Lorenzin, a moderare Elena Cattaneo. Primo tema da tradurre per la città: staminali e medicina rigenerativa. Il secondo incontro, a Palazzo Reale il 27 marzo, sarà sulla ricerca per contrastare il cancro.

F.C.

© RIPRODUZIONE RISERVATA

notizia
- Che cosa?
- Chi?
- Quando?
- Dove?
- Come?
- Perché?

Sezione 4 Progettare, partecipare, collaborare

Com'è fatto un quotidiano

La testata

In Italia vengono pubblicati circa novanta quotidiani, tra nazionali, regionali e locali. Secondo il settore d'interesse prevalente vi si possono distinguere:

- i **quotidiani d'informazione**, nei quali sono presenti, con maggiore o minore rilevanza, tutte le notizie sui diversi aspetti della realtà, comprese quelle della cronaca locale;
- i **quotidiani sportivi**, dedicati quasi esclusivamente agli avvenimenti che riguardano le diverse discipline sportive;
- i **quotidiani economici**, che riportano in prevalenza informazioni e notizie di economia, con particolare riguardo dell'andamento del mercato finanziario e della Borsa.

Ogni quotidiano ha una propria veste grafica e una struttura interna che lo caratterizzano e lo rendono facilmente individuabile in edicola. L'elemento distintivo più importante è il **nome del giornale** o, come si dice in gergo giornalistico, la **testata**, stampata con caratteri grafici tipici per ogni quotidiano e situata nella parte superiore della prima pagina.

Nella testata, oltre al nome del giornale, compaiono altre **informazioni importanti**: la data e il numero di pubblicazione, il prezzo, il luogo di edizione, il sito internet del giornale, il nome del direttore ecc. Non c'è una regola fissa per la **struttura della testata** di un quotidiano: ogni editore cerca di costruire un proprio schema tipografico, che caratterizzi quel particolare giornale.

La prima pagina

Di tutte le pagine del quotidiano, certamente la più importante è la prima, perché è la **"vetrina" del giornale**, ha lo scopo di suscitare l'interesse del lettore per invogliarlo a sfogliare e leggere le pagine interne del quotidiano.

Gli elementi importanti della prima pagina sono i **titoli**, con la dimensione del loro carattere grafico, e le **fotografie**.

La **composizione della prima pagina**, con la disposizione dei suoi articoli, è l'ultima cosa che si decide nella redazione di un quotidiano prima di "andare in stampa", per riservarsi la possibilità di inserire anche la notizia dell'ultimissima ora. Secondo l'impostazione tradizionale, la prima pagina di un quotidiano è divisa in **tre sezioni orizzontali**:

- *taglio alto*, in cui sono situati gli articoli più importanti, che trattano gli argomenti più significativi del giorno;
- *taglio medio*, con notizie di un certo risalto, ma meno importanti e,

Il giornale di classe

talvolta, con testi di richiamo e di approfondimento a quanto inserito nella parte alta della pagina;

> **taglio basso**, in cui sono posti di solito i richiami alle notizie più importanti, presentate e approfondite nelle pagine interne del giornale, oppure si trovano brevi articoli su fatti vari.

In base alla **posizione** che ha all'interno della pagina, ciascun **articolo** viene indicato con un nome e una definizione precisi. Ecco i principali:

> **di apertura**: l'articolo che tratta l'argomento del giorno, che il direttore e la redazione del quotidiano vogliono mettere in evidenza come notizia principale e che occupa una posizione centrale di taglio alto;

> **di fondo** o **editoriale**: situato nella prima colonna a sinistra, contiene il commento o l'interpretazione di un fatto importante. Solitamente è scritto dal direttore o da un suo collaboratore ed esprime il punto di vista del giornale sull'argomento trattato;

> **di spalla**: posto in alto a destra, è un po' meno importante dell'apertura; è anch'esso un articolo di opinione e, talvolta, può essere sostituito da una fotografia particolarmente significativa.

Altri elementi della prima pagina sono:

> **richiamo**: contiene i titoli dei principali servizi presenti nelle pagine interne;

> **civetta** o **sintesi**: riassunto di articoli pubblicati all'interno del giornale;

> **commento** o **corsivo**: breve articolo (che prosegue nelle pagine interne) di commento a un fatto principale importante;

> **pubblicità**: inserto a pagamento, a scopo pubblicitario.

ANNO 139 - N. 61 · www.corriere.it · EURO 1,40

CORRIERE DELLA SERA

Milano, Via Solferino 28 - Tel. 02 62821
Roma, Piazza Venezia 5 - Tel. 06 688281

Fondato nel 1876

Servizio Clienti - Tel 02 63797510
mail: servizioclienti@corriere.it

SNOB Confetti – www.crispoconfetti.com

Formula 1 Alonso: questa volta vinco il Mondiale – di Flavio Vanetti a pagina 48

Dialoghi E nel 1910 nacque lo sguardo moderno – Claudio Magris alle pagine 36 e 37

Su Sette Il Venezuela nel caos chiede aiuto ai social – Domani il magazine in edicola con il Corriere

Confetti CRISPO – i confetti della felicità – www.crispoconfetti.com

Renzi illustra le misure «della svolta». Entro luglio i pagamenti della Pubblica amministrazione alle imprese. Quelle tensioni iniziali con Alfano

Più soldi in busta paga, più tasse sulle rendite

Da maggio aumento annuo di 1.0… …500 al mese. Taglio del 10% all'Irap
Sugli interessi finanziari il prelievo dal 20 al 26%. Lavoro, meno vincoli per i contratti a termine

Annunci e realtà
di DARIO DI VICO

La «svolta» di Matteo Renzi: più soldi in busta paga da maggio per chi guadagna fino a 1.500 euro al mese. Il prelievo sulle rendite finanziarie sale dal 20 al 26%. DA PAGINA 2 A PAGINA 11

Colloquio con il premier

«E se i tempi s'allungano decreto legge pronto»

di ALDO CAZZULLO

Le misure del governo

CUNEO FISCALE – Da maggio +1.000 euro all'anno in busta paga a chi ne guadagna 1.500 al mese. Costo: 10 miliardi

LAVORO – Decreto per togliere vincoli a contratti a termine

IMPRESE – A luglio saldo di tutti i debiti della Pubblica amministrazione: 68 miliardi. Riduzione del 10% dell'Irap

RENDITE FINANZIARIE – Per ridurre l'Irap da… sale dal 20 al 26% la… sulle rendite finanziarie (titoli di Stato esclusi)

SCUOLA – Da aprile partirà un fondo da 3,5 miliardi per interventi di ristrutturazione sugli edifici scolastici

CASA – Piano da 1,74 miliardi per: 1) affitti a canone concordato; 2) alloggi popolari; 3) edilizia residenziale sociale

Le ipotesi

PENSIONI – Contributo di solidarietà per nuove assunzioni dal 15% delle pensioni

SEDI RAI – Intervento di risparmio sulle sedi regionali Rai che potrebbero essere chiuse

Il periodo di prova

Il decreto legge Poletti probabilmente inciderà sul mercato del lavoro di più che se fosse stato abolito l'articolo 18. Si estende in sostanza il periodo di prova da tre mesi a tre anni: una liberalizzazione senza precedenti dei contratti di lavoro a termine. A PAGINA 3

Esclusi i Bot conti e depositi …mbia così
…ssimo Fracaro e Nicola Saldutti

…colpite invece tutte le altre forme di investimento personale, dalle azioni alle obbligazioni ai depositi e ai conti correnti. A PAGINA 2

Fuga di gas, crollano due palazzi

Un'esplosione spaventa New York
di MASSIMO GAGGI

Una forte esplosione a New York, East Harlem, torna a scatenare l'incubo dell'11 Settembre. Due edifici di cinque piani, che ospitavano numerose abitazioni, sono crollati. Vittime e feriti. Escluso l'attentato. La causa dell'incidente è una fuga di gas. (Nella foto, vigili del fuoco tra le macerie dopo l'esplosione) A PAGINA 15

Tagli alla spesa Il piano del commissario Cottarelli

L'ipotesi di un contributo da 15 pensioni…

L'obiettivo del piano di revisione della spesa pubblica varato dal governo è risparmiare dai 5 ai 7 miliardi quest'anno, 18 il prossimo e 35 nel 2016. La Previdenza verrà coinvolta poiché la spesa è ritenuta «davvero consistente toccando i 270 miliardi», pari a circa il 16% del Pil e poiché i pensionati, stando alle indagini della Banca d'Italia, sono «tra coloro che riescono più a risparmiare». L'ipotesi è di imporre «un contributo temporaneo di solidarietà sui trattamenti più elevati a beneficio della fiscalizzazione degli oneri per i lavoratori neoassunti». Il contributo riguarderebbe solo il 15% degli assegni previdenziali. A PAGINA 6 Tamburello

Giannelli – APPROVATA LA LEGGE ELETTORALE PER LA SOLA CAMERA

La storia? Sta con le quote
di GIAN ANTONIO STELLA A PAGINA 42

LUCIO DALLA: I GRANDI SUCCESSI E LE RARITÀ CON IL CD 2, IL MEGLIO DEGLI ANNI '70 – IL SECONDO CD INEDITO È IN EDICOLA DALL'11 MARZO A SOLO € 9,99 – CORRIERE DELLA SERA – La Gazzetta dello Sport

Mantova Si parlò di tentato suicidio, poi lei ha disegnato l'auto che forse la investì

Alice esce dal coma. E riapre il mistero
di CLAUDIO DEL FRATE

Si pensava che volesse togliersi la vita gettandosi dalla finestra, invece probabilmente quel 3 maggio 2010 fu tr… della strada. … Cavrioli, di Ro… dopo cinque me… su una sedia a rotelle e senza memoria, a un certo punto disegna il profilo di un'automobile. E la Procura, sostenuta da una perizia medica, ora riapre il fascicolo e cerca il responsabile dell'incidente. A PAGINA 17

Il marito della Mussolini

La telefonata alla minorenne dei Parioli «Ci vediamo?»
di FIORENZA SARZANINI A PAGINA 21

HERNO

Le pagine interne

Ogni pagina del quotidiano è graficamente **suddivisa in colonne** verticali (di solito sette). A eccezione della prima, ogni altra pagina del giornale presenta notizie, informazioni e commenti che corrispondono a un **diverso settore della vita sociale**. La **distribuzione delle pagine di settore all'interno del giornale** varia da un quotidiano all'altro e dipende dalla tradizione del giornale stesso. Esistono comunque criteri generali, quasi sempre rispettati. Eccone uno schema riassuntivo.

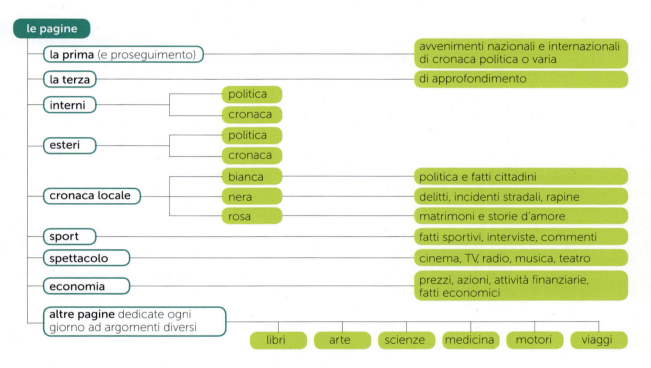

Gli articoli giornalistici presenti in un quotidiano possono essere di diversi tipi:

- **articolo di cronaca**: è il racconto dei fatti riguardanti gli episodi della vita quotidiana;
- **inchiesta**: è un articolo (o una serie di articoli, a puntate) di approfondimento su un argomento di grande interesse, con informazioni utili per fornire una visione chiara e completa dell'argomento trattato;
- **reportage**: (dal francese *reporter*, "riferire") è un servizio giornalistico (anche a puntate), scritto solitamente da un corrispondente o da un inviato speciale, per documentare e approfondire i fatti con la testimonianza diretta dai luoghi in cui si verificano gli avvenimenti;
- **recensione**: è un articolo nel quale un critico specializzato esprime la propria opinione su un'opera d'arte, un film, un libro o uno spettacolo teatrale;
- **intervista**: è uno strumento di cui il giornalista si serve in modo vario e consiste nel raccogliere la testimonianza diretta e l'opinione di qualcuno attraverso domande mirate, appositamente preparate dal giornalista.

IL PROGETTO

Il giornale di classe

Un numero speciale: la nostra "terza"

Proponiamo alla classe di realizzare un *giornale speciale* in cui saranno raccolte, raccontate ed esposte le esperienze più significative dell'ultimo anno di questo ciclo di studi. Il giornale che realizzerete sarà speciale per vari motivi:

- descriverà la classe e i suoi componenti;
- mostrerà i migliori lavori svolti, le esperienze curricolari ed extracurricolari più significative;
- presenterà articoli, ma anche disegni, temi svolti durante l'anno, interviste a insegnanti o altre persone, insomma tutto ciò che riguarda la vita scolastica;
- anticiperà, in forma di articolo, alcuni estratti delle tesine multidisciplinari che state preparando per il colloquio orale.

Dovete preparare tante copie quanti sono gli alunni della classe, più quelle destinate agli insegnanti, e una speciale per il Presidente della Commissione d'esame. Lo scopo del giornale, infatti, è quello di **diventare un originale *portfolio* della classe**: servirà a presentarvi all'esame, a far vedere chi siete e che cosa avete fatto. In sede di orale potrà servire a "rompere il ghiaccio" se deciderete, insieme agli insegnanti, di aprire il colloquio proprio sfogliando le pagine del giornale soffermandovi su alcuni punti, in particolare sul contributo che ciascuno di voi ha dato alla stesura delle varie parti.

Il giornale offre anche lo spunto per affrontare in modo interdisciplinare tanti argomenti di studio.

L'organizzazione del lavoro

I contenuti del giornale

Vi suggeriamo alcune idee, tra le quali potete scegliere quelle che meglio si adattano alla realtà della vostra classe:

- attività, manifestazioni, viaggi, visite guidate, lezioni speciali, concorsi, gare e campionati;
- intervista al preside su aspetti, problemi, progetti della scuola;
- interviste, anche scherzose e divertenti, a personaggi della scuola (un alunno, un insegnante);
- articoli di cultura, attualità, società, ambiente, scienza, salute, sport estratti dal materiale elaborato durante l'anno o preparato per la tesina d'esame;

- cronaca e commento di qualche significativo fatto accaduto;
- opinioni su libri, cinema, televisione, concerti, teatri, internet, videogames, computer, informatica, telefonino;
- fumetti, barzellette, caricature realizzati da disegnatori di classe.

Ovviamente le notizie saranno corredate da **fotografie** realizzate da voi: con l'aiuto di computer e stampante il giornale diventerà molto bello e rimarrà come piacevole ricordo di un anno importante di scuola e di vita.

Le pagine interne

Ecco una proposta per l'organizzazione delle pagine interne.

Prima pagina	È la "**vetrina**" del giornale.
Pagina 2	Proseguono gli articoli della prima pagina.
Pagine 3 e 4	**Parliamo di noi**: articoli che riguardano ancora la presentazione della classe e le esperienze fatte.
Pagine 5 e 6	**Notizie dall'interno**: articoli, interviste, commenti su fatti o persone che riguardano la scuola.
Pagine 7 e 8	**Speciale esame**: preparazione all'evento, elenco dei candidati, elenco delle tesine, suggerimenti per prepararsi alle prove ecc.
Pagine 9 e 10	**Sapere di più**: articoli di cultura, attualità, ecologia, scienza tratti dalle vostre tesine.

Ovviamente le pagine possono aumentare a seconda del vostro progetto e delle vostre disponibilità: dovete verificare su quali strumenti e materiali potete contare (computer, stampante, carta, spazi per lavorare, tempo...).

I gruppi di redazione

Se consideriamo il progetto di dieci pagine, la classe dovrà suddividersi in cinque gruppi, ognuno dei quali si occuperà di un argomento (quello indicato nella doppia pagina). Ogni gruppo formerà una piccola redazione con la responsabilità della realizzazione delle pagine affidate.

All'interno di ogni gruppo ciascuno dovrà svolgere i compiti per i quali ha più "talento": articolista, intervistatore, correttore, impaginatore, fotografo ecc. Lavoro preliminare è quello di preparare il **menabò** della pagina (▶p. 662), cioè lo schema da seguire per l'impaginazione.

È importante, anche, che ogni membro della classe pubblichi sul giornale un proprio articolo: quindi ciascuno dovrà presentare al proprio gruppo (o a un altro gruppo, dipende dal contenuto dell'articolo) un "pezzo" che sia scritto in forma corretta (chiedete all'insegnate di rivedere i vostri manoscritti prima di pubblicarli!).

Nelle pagine successive trovate esempi cui ispirarvi:

- il menabò della prima pagina e la corrispondente realizzazione;
- il menabò e la realizzazione di pagina 7, *Speciale esame*.

Sezione 4 — Progettare, partecipare, collaborare

testata

titolo apertura
(la mitica 3ªC)

foto

articolo
(gare atletica)

foto

articolo
(gita scolastica)

articolo
(le nostre tesine d'esame)

civetta
(Grande Mario)

disegno

LA NOSTRA TERZA

UNA MITICA 3ª C
Sara Forti: la mia classe è così

Molti professori la definiscono una bolgia infernale perché, quando ci siamo tutti, regna la baraonda più totale. Ma ogni carattere, ogni ogni elemento della nostra classe è come il tassello di un puzzle gigante: senza ognuno di loro il disegno risulterebbe incompleto. Tra tutti spiccano Mauro, che nasconde la sua intelligenza con casini e stupidate varie; poi c'è Leandro che attacca briga con tutti i prof, soprattutto con quelli che lo conoscono da molto; c'è Matteo che ama trasgredire e fa arrabbiare i bidelli; inoltre, come se non bastasse, c'è Mattia che si è aggregato al gruppo dei casinisti. Non tutti i maschi di questa classe sono così confusionari; infatti, Mirco è un ragazzo simpatico e altruista, di lui ci si può fidare perché è un ragazzo "per bene"; c'è anche Francesco che con il suo carattere "debole" si fa trascinare nei problemi più strani. Di lui mi piace il suo silenzio e la sua riservatezza, però quando si arrabbia è molto pericoloso.

Sara Forti [segue a p. 2]

A TUTTO SPORT
Giochi Studenteschi

Al di là delle normali lezioni curriculari, la nostra scuola offre, a tutti gli alunni, la possibilità di frequentare nel pomeriggio l'attività promozionale e l'avviamento alla pratica sportiva, che evolve naturalmente nella partecipazione ai Giochi Sportivi Studenteschi. L'attività promozionale prevede che tutti possano avvicinarsi allo sport e alle varie discipline, nel corso di incontri pomeridiani e manifestazioni in orario curriculare.

Leandro Della [segue a p. 2]

GITA A VENEZIA!

Arriva il giorno della partenza per la gita scolastica a Venezia. L'appuntamento è davanti alla scuola alle sei e trenta di mattina. Piove a dirotto, sembra che tutto il cielo venga giù, e puntuali alle sei e trenta ci sono solo il vecchio professore di lettere e l'autista del pullman con la barba non fatta, la cicca all'angolo della bocca e il suo bestione rosso parcheggiato storto sul piazzale.
I ragazzi arrivano con molta calma, alla spicciolata, in un lasso di tempo di un paio d'ore. Sono eccitatissimi, molle caricate al massimo. Appello: ci sono tutti, anzi no. Ne manca uno.

Mauro Doria [segue a p. 2]

Speciale esame

La preparazione del colloquio orale ci ha visti impegnati in approfondimenti e ricerche personali: un sentito grazie agli inseganti che ci hanno aiutato con consigli e indicazioni pratiche! Troverete nelle pagine del giornale alcuni articoli tratti dalle "sudate carte" delle nostre tesine. A pagina 6 potete leggere anche uno "Speciale esame" in cui vi spieghiamo come ci siamo preparati.

Mirco Finzi

Grande Mario!
Il nostro "superbidello"

Se non conoscete Mario è il momento di farlo. Andate a pagina 5 e scoprite il nostro supereroe.
Matteo Fabbri

Sezione 4 Progettare, partecipare, collaborare

Titolo sezione

disegno di Mirco

articolo
(lettera di DANY)

articolo
(INVALSI Andrea)

Speciale esame

PREPARARSI ALL'ORALE
Lettera aperta da una "ex terzina"

Ciao ragazzi, state per affrontare l'esame di terza media... avete paura?
State tranquilli... non c'è niente di cui preoccuparsi...
Ovvio che le farfalline nello stomaco verranno a tutti perché è normale "farsela sotto" nei giorni prima delle prove d'esame...
Quello che in genere terrorizza di più, è l'orale, perché comunque devi parlare ed esporre le tue tesine a voce, ed è la cosa più brutta...
Durante l'orale hai tutti i prof che puntano lo sguardo su di te e ti senti un po' a disagio, però dopo che inizi a dire le prime parole è come se ti sciogliessi, e inizi a parlare molto più fluidamente... (io, per esempio, mentre parlavo, mi stritolavo la pelle delle gambe, volevo quasi staccarmela di dosso, da quanto ero agitata; non immaginate le mie dita, che cercavo di smontare. Nota bene: non farlo, è sconsigliato!!!).
Durante gli scritti è tutto un po' più facile, perché è un po' come fare una verifica in classe, però mettendoci magari un po' più di impegno e cercando di mettercela tutta.
Per quanto riguarda il commissario o la commissaria, quella che è capitata a noi quest'anno è stata molto brava. Ha ascoltato tutto il mio orale senza dire una parola e mi sono accorta della sua presenza solo alla fine, quando mi sono voltata per vedere le mie due amiche Dalal e Rossella, che erano lì ad ascoltarmi.
Il mio terrore più grande era quello che potesse farmi domande all'infuori della mia tesina a cui io non avessi saputo rispondere.
Allora sì che erano cavoli amari... no dai scherzo, non succederebbe niente...
Ma per fortuna questo non è successo... SONO STATA GRAZIATA!!!
Comunque non preoccupatevi, perché l'esame andrà tutto ok...
Un bacione... la ex terzina: DANY...

Testimonianza raccolta da *Silvia Ferro*

L'INVALSI

La prova INVALSI ci preoccupa non poco. L'Istituto Nazionale per la Valutazione del Sistema Educativo di Istruzione e Formazione è l'ente che deve misurare la qualità e capire le principali falle della scuola italiana. Abbiamo intervistato alcuni ragazzi che hanno effettuato la prova l'anno scorso, cioè quelli che hanno finito la terza media. "Non è così facile", dice Simona "si tratta di una serie di test, che spaziano dalla comprensione del testo alla risoluzione di problemi, che vengono poi corretti dagli insegnanti di ogni scuola. Io vi consiglio di prepararvi e non buttare le risposte a caso".
Ci proveremo.
Andrea Cotti

Indice degli autori antologizzati

Achmatova, Anna, 472
Akbari, Enaiatollah, 306
Ammaniti, Niccolò, 144, 313
Asimov, Isaac, 253, 255
Bailly, Vincent e Kris, 360
Barbusse, Henri, 387
Beckett, Samuel, 515
Biemmi, Irene, 645
Bisutti, Donatella, 491
Brecht, Bertolt, 482, 510
Brontë, Charlotte, 77
Brown, Fredric, 223
Calvino, Italo, 297
Camilleri, Andrea, 192
Campana, Dino, 494
Caproni, Giorgio, 490
Capuana, Luigi, 142
Cardarelli, Vincenzo, 492
Carofiglio, Gianrico, 207
Čechov, Anton, 506
Chandler, Raymond, 165
Christie, Agatha, 154
Ciabatti, Teresa, 144
Cicerone, Marco Tullio, 602
Colombo Gherardo, 604, 639
Conan Doyle, Arthur, 141, 171, 201, 203
Consolo, Vincenzo, 143
Corradi, Guido, 568
Corradini, Matteo, 144
Cozzarini, Elisa, 40
Croci, Fabio, 645
Cutrufelli, Maria Rosa, 125
D'Annunzio, Gabriele, 426, 494
De Carlo, Andrea, 143
De Filippo, Eduardo, 535
De Maupassant, Guy, 274, 313
Dick, Philip K., 215
Dickens, Charles, 71
Djabali, Leila, 484
Dragnić, Natasha, 61
Ducci, Tania Nicole, 645
Éluard, Paul, 417
Fenoglio, Beppe, 345
Fo, Dario, 541
Frank, Anne, 334
Frost, Robert, 438
Garlando, Luigi, 629
Geda Fabio, 44, 128, 306
Giuffredi, Giovanna, 580
Gore, Al, 565
Gozzano, Guido, 494
Graf, Arturo, 454
Harjo, Joy, 456
Hemingway, Ernest, 141
Hikmet, Nazim, 442, 465
Hoch, Edward D., 234
Hornby, Nick, 19
Hosseini, Khaled, 98
Hughes, Langston, 474
Ibsen, Henrik, 520
Ichino, Pietro, 584
Ionesco, Eugène, 528
Joffo, Joseph, 352
Joyce, James, 142
Kane Annour, Ibrahin, 40
Keitetsi, China, 372
Khadra, Yasmina, 381
Labbé, Brigitte, 649
Laird, Elizabeth, 377
Levi, Primo, 366
Lussu, Emilio, 338
Mann, Thomas, 84, 314
Manzoni, Alessandro, 139, 143
Matheson, Richard, 227
Mazzucco, Melania G., 50
Medeiros, Martha, 440
Merini, Alda, 446
Montale, Eugenio, 414, 430, 497
Morante, Elsa, 342
Moravia, Alberto, 142
Morazzoni, Monica, 568
Murail, Marie-Aude, 31
Nicaso, Antonio, 627
Oliverio Ferraris, Anna, 623
Palacio, R.J., 611
Palandri, Enrico, 115
Pascoli Giovanni, 419, 423, 494
Pavese, Cesare, 269, 314
Pellai, Alberto, 36
Penna, Sandro, 452
Pennac, Daniel, 105
Piccolo, Francesco, 111
Pirandello, Luigi, 288, 545
Pozzi, Antonia, 434
Prévert, Jacques, 444
Puech, Michel, 649
Pullman, Philip, 140
Quasimodo, Salvatore, 412, 488
Raboni, Giovanni, 491
Rebora, Clemente, 494
Reinhardt, Dana, 9
Remarque, Erich Maria, 331
Rigoni Stern, Mario, 329
Rive, Richard, 486
Rossi, Sergio, 177
Saba, Umberto, 450
Salinger, Jerome David, 91
Sarfatti, Anna, 604
Savater, Fernando, 578
Saviano, Roberto, 618
Sbarbaro, Camillo, 436, 458
Scaparro, Fulvio, 596
Sciascia, Leonardo, 319
Scurati, Antonio, 144
Seferis, Georgios, 476
Sereni, Vittorio, 448, 498
Severgnini, Beppe, 571
Sheckley, Robert, 246
Smargiassi, Michele, 551
Spinelli, Jerry, 13
Stassi, Claudio, 634
Svevo, Italo, 140
Terzani, Tiziano, 392
Turoldo, David Maria, 463
Ungaretti, Giuseppe, 460, 478
Vargas, Fred, 184
Verga, Giovanni, 139, 264
Verne, Jules, 247
Villaroel, Giuseppe, 492
Vorpsi, Ornela, 301
Wallenfels, Stephen, 239
Weinstein, Bruce, 607
Westerfeld, Scott, 27
Whitman, Walt, 468
Zola, Émile, 281